主編　吴洪澤　尹　波
主審　李文澤　刁忠民

# 宋人年譜叢刊

第六册

四川大學出版社

全國高等學校古籍整理研究工作委員會規劃項目

全國古籍整理出版規劃項目

國家「211工程」重點學科項目

# 目録（第六册）

# 陳了翁年譜

（元）陳宣子 編

吴洪澤校點

《永樂大典》卷三一四三、三一四四

陳瓘（一〇五七—一一二四），字瑩中，號了翁，又號了齋、了堂，南劍州沙縣（今屬福建）人。元豐二年進士，調湖州掌書記。七年知濠州定遠縣。元祐間簽書越州判官，通判明州。紹聖中入爲太學博士，出通判滄州，知衛州。徽宗即位，召爲右正言，遷左司諫，極論蔡卞、章惇、蔡京，貶監揚州糧料院，出知無爲軍。建中靖國元年，遷右司員外郎兼權給事中，與宰相曾布議事不合，出知泰州。崇寧中，入元祐黨籍，除名竄袁州，移廉、郴二州。政和元年，安置通州。以著《尊堯集》詆《日録》，貶徙台州。宣和六年，卒于楚州。靖康初追贈諫議大夫，謚忠肅。

陳瓘爲人剛直，疏論蔡京、蔡卞，百折不撓，極爲士林推重。著述頗豐，有《陳瓘集》四十卷、《責沈》一卷等。現存《了齋易説》一卷，《四明尊堯集》十一卷、《了齋詞》一卷。《東都事略》卷一〇〇、《宋史》卷三四五有傳。

陳瓘年譜，初爲七世孫宣子所編。宣子字達觀，號松磵，生宋嘉熙元年（一二三七）。是譜成於元大德元年（一二九八），多載其祖行歷及立朝大節、奏議、著述繫年等。本譜曾經陳瓘十世孫陳澤刊刻，或題元陳綸編、陳澤編，蓋誤。《永樂大典》所載爲一卷，後有附録，間雜宣子跋語，編次較亂。譜前有《宋史》本傳等，譜後有崇祀、遺事等資料，爲後人補録，今不取。明陳載興編有《陳忠肅公年譜》一卷，載《陳忠肅公言行録》卷首。

# 陳了翁年譜序

了翁先生，意其才似寇萊公，而學術過之。不然，徐師川、范堯夫、游定夫、劉器之諸君子何獨許其當天下之重？《責沈》、《尊堯》諸作，家傳人誦，夫誰不知有先生。獨其家法相傳之要，不讀先生年譜，無以知之。事親以孝，事君以忠，爲吏以廉，立身以學，非惟可爲家法，直可爲天下後世法。而默堂請益龜山：伊尹之所覺、周公之所思、孔子之所貫、顔子之所樂，是四者聖賢所以立乎其身者也。立身爲體，孝也，忠也，廉也，其用。陳氏學述，過寇遠矣。夢兆公爲閩縣時，廉訪使者怒曰：「汝何恃而敢然邪？」公曰：「孤寒小官，無可恃，所恃者惟潔己自守而已。」此其家法之一而可用爲法焉者，故及之。泰定丁卯中元前六日，承直郎、延平路總管府推官三山林興祖敬書。

了齋先生，吾國故也。魯有孔，鄒有孟，國人知之，天下知之，千萬世而下皆知之。先生之忠肝義膽，輝爛青史，厥亦猶是。先生有文集行于世，吾邦甫惟兵火，煨燼無存。邑庠舊有《責沈》石刻，時亦散失。其雲仍松磵君諱宣子，字達觀，悉心殫力，四出搜訪，零碎收拾，迄爲完璧。今家塾有焉。前數年，世自富沙得《尊堯集》，歸語松磵，遂亟取以録，亦不敢吝。去年春，聞訪得《了齋文集》於他郡，手自繕寫，略無惰容。每得一見，亦不忍置。今年夏，適會其姪君詔家顧，且謂前輩文集各有年譜冠其首，吾祖文集獨闕是，近已編緝，畢當見之。忽一日出示此編，曰年譜畢矣。於此乎益信先生之後有人，而益敬其後人之有志。世生先生之邦，後松磵十有五年，聞道不早，幸而所見略同，而所值之時又同。其在鄉黨學校間，多不見棄。大抵受命也介，俱未免爲强項人所願，則學了翁决不能如洵仁、洵武輩。先生有云，氣質之用狹，道學之力大。的哉斯言，吾黨不敢不勉。了齋先生實生於嘉祐丁酉之四月，今其孫松磵生於嘉熙丁酉之四月，是編之作又見於大德元年丁酉之四月，其亦偶然邪，其亦豈偶然邪！後學樊世百拜盥手書于譜後。

了齋文凡五十餘卷，親手抄録，幸歲全書。暇日因修家譜，自公之曾祖、祖父而下，至于公生循州之日，又由公登第入仕之始，至卒于貶所之年，凡四十六年之事跡，隨其歲月，緝爲年譜，雖略有倫序，但中間書簡之往還，詩詞之寄送，其歲月不能詳考。舉其大而遺其細，撮其要而約其繁，固不敢方前賢年譜之萬一。但欲紀其大槩，以示本族方來之子孫，于以見吾祖一點之精忠義槩，一世之跋涉間關。後有仕於朝者，亦當體吾祖之立心，勿墜家聲，以期無忝可也。是編始於大德丁酉四月之既望，而畢工於六月之中澣。中間或有先後之訛舛，後之人儻改而訂正之，亦所深望也。時大德元年歲在丁酉六月二十有一日，七世孫宣子百拜謹書于了翁書院。此序多闕文。

了齋忠肅公著述不一，有文集四十卷，有《易説》，有《尊堯集》，有《責沈碑文》，有年譜，龜山、晦庵、南軒諸先生爲之序。我松磵翁嘗刊于祠下，俾子孫世守其家訓。至正庚子春，不幸毁於兵火，焚燎迨盡，澤嘗以爲憂。憲軺至邑，詣祠拜謁，尋訪是書不完，申命諸朝表章祠祀事，因詢貢川族人，得年譜一本，敬取抄録，復鋟梓于祠，傳諸不朽。告於族長文縉，曰宜。至正甲辰秋七月朔，十世孫陳澤百拜謹識。

公諱瓘，字瑩中，南劍州沙縣人。曾祖文餘，贈駕部尚書，朱梁正明三年丁丑生。祖諱世卿，周太祖廣順三年癸丑生。三十三歲，值宋太宗雍熙二年丙戌，狀元梁灝榜中進士第二甲第十九名，官至知廣州，政績告滿，未離任而歿，享年六十有四，累贈吏部尚書。父諱偁，祖世卿第五子。眞宗大中祥符八年乙卯六月生，仁宗明道元年壬申二月十八日，蒙恩補太廟齋郎，官至知洪州。元祐元年四月致仕，七月卒，年七十有三。累贈特進。

**仁宗嘉祐二年**

四月，生於循州官舍。

**神宗元豐元年**

秋，領太學魁薦。

**元豐二年**

三月，上親試舉人，狀元時彥榜中進士甲科第三名，初任招慶軍掌書記、湖州州學教授。神宗顧考官問家世，陳公襄對曰：「循吏陳偁之子。」上嘆曰：「循吏宜有此子。」

**元豐七年**

第二任改宣義郎、濠州定遠宰。

**元豐八年**

爲禮部貢院點檢官，適與校書郎范公淳夫同舍。范公嘗論顏子之不遷不貳，唯伯醇有之。公問范曰：「伯醇誰也？」范默然久之，曰：「不知有程伯醇耶？」公謝曰：「生長東南，實未知也。」時公年二十有九。自是以來，常以寡陋自愧。得其傳者如楊中立先生，亦未之識也。

**元祐五年**

除太學博士，不就。蔡京薦之。

**元祐六年**

十一月二十七日，作《順昌濟川橋記》。

**元祐七年**

**元祐八年**

**元祐九年**四月，改紹聖元年。

四月二十日，跋朱表臣所藏歐陽六一居士帖。

五月，復除太學博士。

紹聖初，章申公以宰相召，道過山陽，公適相遇，隨衆謁之。章素聞公名，獨請登舟，共載而行，訪以當世之務。公曰：「請以所乘舟爲諭，偏重其可行乎？移左置右，其偏一也。明此則可行。」章默然未答，公復曰：「上方虛心以待公，公必有以副上意者，敢問將欲施行之叙，以何事爲先，以何事爲後？何事當緩，何事當急？誰爲君子，誰爲小人？諒有素定之論，願聞其略。」章復竚思良久，曰：「司馬光奸邪，所當先辯，無急於此。」公曰：「相公悞矣，此猶欲平舟勢，而移左置右也。果然，將失天下之望矣。」章厲色視公曰：「光輔母后，獨宰政柄，不務纂紹先烈，肆意大改成緒，悞國如此，非奸邪而何！」公曰：「不察其心而疑其迹，則不爲無罪。若遂以爲奸邪，而欲大改其已行，則誤國益甚矣。」乃爲之極論熙豐、元祐之事，以爲元豐之政多異熙寧，則先志固已變而行之。溫公不明先志，而用母改子之說，行之太遽，所以紛紛至於今日。爲今之計，唯當絕臣下之私憤，融祖宗之善意，消朋黨，持中道，庶乎可以救弊。若又以熙豐、元祐爲說，無以厭服公論，恐紛紛未艾也。」辭辯淵源，議論勁正。章雖忤意，亦頗驚異，遂有兼取元祐之語，留公具飯而別。章到闕，召公爲太學博士。公聞其與蔡卞方合，知必害於正論，遂以婚嫁爲辭，久乃赴官，於是三年不遷。

公爲太學博士，薛昂、林自之徒爲正、錄，皆蔡卞之黨也，競推尊荆公而擠排元祐，禁戒士人不得習元祐學術。卞方議毁《資治通鑑》板，公聞之，因策士題特引序文，以明神考有訓。於是林自駭異，而謂公曰：「此豈神考親製耶？」公曰：「誰言其非也？」自又曰：「亦神考少年之文爾。」公曰：「聖人之學，得於天性，有始有卒，豈有少長之異耶？」自辭屈愧歉，遽以告卞，卞乃密令學中置板高閣，不復議毁矣。

紹聖大臣嫉元祐更改王荆公已行之法，乃用繼述之説以爲形迹。先朝追貶司馬溫公等，加以不孝之名，上謗宣仁，事傷國體。公時爲太學博士，被旨賜對，其奏劄曰：「道常然而不渝，事有弊則必變，故堯舜禹皆以若稽古爲訓。若者順而行之，稽則考其當否，或若或稽，必使合於民情，所以成帝王之治也。」造膝之言，遂明繼述之義，且論天子之孝與士大夫不同。泰陵喜所未聞，反覆詰問，語遂移時，迫於進膳，公乃引退。上意感悟，約公再見，有變更時事之意。執政聞而恨之，遂黜公于外。

泰陵聖顔英睿，臣下奏對，往往懾於天威，少或契合。公始召見，遽以人所難言逆意開陳，辭達義明，使人主豁然感悟，由是縉紳士夫罔不欽服。蘇黄門聞，撫几歎曰：「吾兄東坡最善論事，然亦不知出此。」遂以書抵公，歎譽甚至。紹聖初，用章惇薦爲太學博士。先是，惇之妻嘗勸惇無修怨。惇作相，專務報復，首起朋黨之禍。惇妻死，惇悼念不堪。公見惇客甚衆，謂惇曰：「公與其無益悲傷，曷若念夫人平生之言？」蓋譏惇報怨也。惇以爲忤，不復用。

公爲別試所主文。林自謂蔡卞曰：「聞陳瓘欲盡取史學而黜通經之士，意欲沮壞國是而動搖荆公之學。」卞既積怒，謀將因此害公，而遂禁絶史學。計畫已定，唯候公所取士求疵，立説行之。公預料其如此，乃於前五名悉取談經及純用王氏之學者，卞無以發。然五名以下，往往皆博洽稽古之士。公嘗曰：「當時若無矯揉，則勢必相激，史學往往遂廢矣。」故隨時所以救時，不必取快目前也。《言行録》。

**紹聖二年**

**紹聖三年**

除祕書省校書郎。執政聞之，不悦。

**紹聖四年**

四月，公謁章惇，求外補。因謂章惇：「主上篤於繼述，然今日廟堂述神考乎，述荆公乎？」惇默然，出公以宣德郎、借緋、通判滄州。

因聞太學博士林自用蔡卞之意，唱言於太學曰：「神考知王安石不盡，尚不及滕文公之知孟子也。」士大夫皆駭其説，公具其説以告。惇大怒，召自罵之，章、蔡由是不咸。以是忤執政，故有是命。

五月十二日，作《大相國寺智海禪院記》。

十月七日，跋徐仲車《有客》詩。

**元符元年**

除著作佐郎、樞密院編修官，辭。

**元符二年**

公前此自館職請外補，得倅滄州。秩滿，至是移守衛州。中間數有薦章，兩被內除，皆辭不就。

**徽宗元符三年**

三月，徽宗即位，召拜左正言，曾布、韓忠彥所薦也。布曰：「瓘等久當進，爲惇等所抑。卞無它，見人不附己者便惡之。」上曰：「所謂妬賢嫉能也。」皇太后亦諭忠彥等，甚以瓘差除爲得人。

徽宗即位，召公爲言事官，於是即日就道，論章、蔡繼述，平日之志略行。

公赴召命至闕，聞有中旨令三省繳進前後臣僚章疏之降出者。公謂宰屬謝聖藻曰：「此必姦人圖蓋己愆而爲此謀者。若盡進入，則異時是非變亂，省官何以自明？」因舉蔡京上疏請滅劉摯等家族，乃妄言攜劍入內，欲斬王珪等數事。謝驚悚，即白時宰，錄副本於省中。其後，京黨欺誣蓋抹之說不能盡行，由有此跡，不可泯也。

徽宗初政，欲革紹聖之弊以靖國，於是大開言路。衆議皆以瑤華復位，司馬溫公等敘官爲所當先。公時在諫省，獨以爲幽廢母后，追貶故相，彼皆立名以行，非細故也。今欲正復，當先辯明誣罔，昭雪非辜，誅責造意之人。然後發爲詔令，以禮行之，庶幾可以無後患，不宜欲速致悔也。朝廷以公論久鬱，且欲快悅人情，遽施行之。至崇寧間，蔡京用事，悉改建中之政，人乃服公遠慮。

四月，公言：「陛下欲開言路，首還鄒浩，

取其有既往之善，可謂得已試之才，允合人心，無可正救。而聞御史中丞安惇尚緣往事，論浩罪惡，欲寢已成之命，自明前舉之當。」又言：「安惇奏浩是先朝所棄，不當復用，國是所係，不可輕改。臣竊惟是非之心，人皆有之。古先王以百姓之心爲心，故朝廷之所謂是非者，乃天下之公是非也。是以國是之說，其文不載於二典，其事不出於三代。惟楚莊王之所以問孫叔敖者，乃戰國一時之事，非堯舜之法。然其言曰『夏桀商紂不定國是，而合其取舍者爲是，不合其取舍者爲非』，則是叔孫敖之意，亦不敢以取舍之私而害天下之公是非也。若是非取舍簡擇一以私意，合我者是，異我者非，此楚莊王所以不敢也，豈聖時所宜用哉！」因錄國是故事上之。又言：「鄒浩盡忠之言，以愛君憂國爲心。先帝一時之怒，無終絕言者之意。惇居風憲，理當助浩，默而坐視，愧責已多，況如前日之所爲者乎！極天下公議非所以爲國是，極人臣不改之孝以爲善述，昔以誤朝廷，今以非上，原情定罪，安可已乎。伏望檢會前奏，早賜施行。」惇聞公章已出，亦自請去。是月，罷安惇出知潭州。

五月，公言：「紹聖大臣以繼述神考爲說，以讎毀宣仁爲心，而瑤華乃宣仁所厚，又於先帝本無間隙，萬一瑤華有豫政之時，則元祐之事必復，是以過爲之慮。若刈草而去其根，則孟氏安得不廢。朝廷赦宥，爲罪人而設。掖庭秘獄，治世所無。今若以爲過而均之赦宥，以是廢興動靜，與衆同科，慢而不嚴，於禮未順。且瑤華前日得罪，外議藉藉，皆以爲先帝有悔悟之言。審如此，則皇帝下一詔書，明白其事，陛下付外庭使議典禮。縱令遂非之人自護其短，安敢以先帝之言爲不然乎？」不報。既而瑤華廢后用犢車還宮中，太后遣人以冠服易去道衣，乃入。中外聞者歡呼。

公又言尚書左丞蔡卞過惡，章惇前日所爲，皆卞教之。卞以繼述神宗爲名，以纂紹安石爲主，立私門之所好以爲國是，奪宗廟大美以歸私史。又言：「惇迹易明，卞心難見，春秋責意，則難見之罪，安所逃乎？」上曰：「只說與章惇，則卞自知矣。」惇令吳伯舉諭旨於卞，卞乃請去，遂罷卞出知江寧。

六月，言新知荆南邢恕傾司馬光、劉摯、梁燾等，幾至滅族，公議不容久矣，宜定其罪。是月，貶邢恕均州居住。

七月，熒惑犯房心，公上言：「咸平元年二月，彗出營室北，眞宗謂宰臣曰：『其祥安在？』呂端等奏曰：『變在齊魯之分。』眞宗曰：『朕以天下爲憂，豈獨一方耶？』其年十月，遂用李沆爲相，王旦參政，此二人天下所謂賢也。舉天下之賢而用之，則可以解天下之憂。眞宗銷變之道，如此而已。願陛下大正厥事，所用所棄，皆合人心，則合天心矣。漢元之時，蕭望之、周堪、張猛與石顯、許史之徒，議論交戰，邪正未決。當此之時，有夏寒日青之變，而許史之徒以爲堪、猛用事之咎。於是勢孤者危，有力者勝。臣嘗以謂天下大器也，譬如一舟，舟平則安，舟偏則危。自紹聖以來，宰舟之人，實右而虛左，舟勢不平，幾於傾覆，觀者瞻落，亦已久矣。陛下即位以來，好平惡偏，損諸右而遷諸左，十損一二，舟勢尚偏。臣願陛下察用偏同濟之人，採傍觀瞻落之語，廣諏博訪，而審其所以然也。且星文之變，昭示天下已數日矣。惟京師陰雨，見之最晚，則是遠方之所知，而陛下有所未知也。況房、心爲宋之分野，大星乃天房之位，前星乃太子之位，今幸未凌犯。願陛下預思所以銷復之。」

公言鍾正甫頃爲廣東運判，親往新州，追攝本州羈管人前諫官鄒浩就獄，根勘賓客往來饋遺等事，偶會大赦釋免。竊惟浩以言事得罪，於親戚故舊往來賙恤之義，朝廷未嘗有旨禁絕，而新州所劾，與御史臺羅織之獄，萬里相應，欲致浩於必死。其爲忍酷，不亦甚乎！然議者以爲造意爲虐者非正甫也。欲望命正甫供承所承受御史臺如何指揮、本路如何供承，但考兩處行遣次第，則造意爲虐者人得其人矣。」詔安惇落待制，依舊知潭州。正甫與御史左膚、石豫並送吏部，與合入差遣。

八月，作景靈西宮。初，景靈神宗未有館御，而居英宗之後殿。及哲宗崩，又無以處之。蔡京言：「若謂宮東迫民居難展，宜即其西，對御道立西宮，首奉神宗館御，而哲宗次之。」右僕射韓忠彥以下亦請立西宮以奉神宗，詔恭依，且命戶部尚書李南公總其役。公在左正言，言其不可者五：蓋國之神位左宗廟，故神宗建原廟于左，今乃在西，不合禮經，一也；唐徐嶠言大理寺殺氣盛而烏雀不敢棲，今即其基，則非吉地，二也；雖移宮舍，不動民居，而大理寺與軍器監及元豐庫、儀鸞司皆遷於他處，則彼亦有民居，不知遣幾家而後可就，三也；神宗以祖宗神御散在寺觀，故合於一宮，今乃析爲兩處，則鑾輿酌獻，分詣禮繁，四也；夫孝貴寧神，自安奉於顯慶殿，既安且久，不宜輕動，五也。章累上，且論京之矯誣，卒不能易。

九月，上幸潛邸龍德宮觀芝，公言：「伏聞車駕將幸蔡王外第，都下之人老幼相傳，歡呼鼓舞，願瞻天表。人心所歸，於此可見。然聞欲因幸龍德宮，而傳者以爲欲觀芝草。竊惟陛下即位以來，天下豐稔，慶瑞已多。芝草雖異，臣知不足以動聖意也。況自祖宗以來，乘輿所出，必正其名。若非爲民祈禱，即因謁見宗廟。今乘輿之出，固有名矣。因幸漸宮，何爲不可。然而觀芝之嫌，亦不可不恤也。此而不恤，則流傳浸廣，天下之人將有不遠萬里而獻芝者矣。」不報。

又言章惇獨相八年，迷國誤朝，罪不可掩；奉使失職，事干泰陵。遂命以特進出知越州。

是月，公除右司諫，上言云：「皇太后不待祔廟，果於還政，事光前古，名垂後世。陛下所以宜報皇太后者宜如何哉。臣恐假借外家，不足爲報也。」又言：「向宗良兄弟依倚國恩，憑藉慈蔭，所與游者連及侍從，希寵之士願出其門。裴彥臣無甚幹才，但能交通內外，漏泄機密，遂使物議藉藉，以爲萬機之事，黜陟差除，皇太后至今與也。良由中外關通，未有禁戒，故好事之人得以益傳耳。」上批：「陳瓘累言太后尙與國事，言多虛誕不根，可送吏部與合入差遣。」三省請以公爲郡，上不可，添差監揚州糧料院。

公初不知被責，復求見上，閤門不許。公即具以劄子繳進，其一再論景靈西宮，其二論章惇罷相制所稱國是，其三、其四皆指陳蔡京罪惡。其言京云：「國之大事，無過宗廟；可傳萬世，無過信史。今京以矯誣之言，唱西宮之事，妄謂先訓，以惑上下，自改《日錄》，以實其說。朝廷遂信其語，欲遷神考於西宮，豈非朝廷大政委曲遷就爲一京之地乎？京在紹聖，親入文字，請滅劉摯等家族。其言所以不行者，哲宗之大惠也。今哲宗之大惠不聞於天下，而京復自謂有究治平反之功，欲使天下皆謂哲宗有濫誅之意，而京有及物之仁。始則爲國生事，以復私讎；今則歸過先朝，自圖身利。前言既效，今計亦行，豈非朝廷大政委曲遷就爲一京之地乎？陛下善述神宗，欽承哲宗，至德美意，達于天下。而京乃矯誣兩朝，上累聖政。如此二事，未免委曲遷就，以爲京地，況其他乎。前日緘口之人，今欲有言於陛下，京在朝廷，則莫不以言爲戒矣；前日阻隔之士，今欲有望於陛下，京在朝廷，則莫不以進爲懼矣。以言爲戒則依舊箝默，以進爲懼則甘於沉廢，天下公議，與親政之初漸不侔矣。京之計策漸行，人之背向漸一，爲京之羽翼者漸多，爲陛下之耳目者漸阻。朝廷之威自此而漸弛，蒙蔽之患自此而漸成，安危治亂，漸可卜矣。」又言：「昔唐明皇欲用牛仙客爲尙書，張九齡以爲不可。明皇曰：『但加實封，可乎？』九齡又亦以爲不可。明皇變色曰：『事皆由卿耶？』李林甫曰：『仙客宰相才也，何有尚書？九齡書生，不達大體。』由是明皇悅林甫之言，卒相仙客，而九齡自此寖疏，終見黜罷。今忠彥及布無九齡之望，而京之氣焰過於仙客，因勢觀望而爲林甫之言者不知幾何人。崔群謂唐之治亂在林甫、九齡進退之時，今京輕欺先帝，與卞無異，而又歸過於先烈，賣禍於惇、卞，曲爲自安之計，而陛下果留之也。今既可以復留，後亦可以大用。天下治亂之勢係於一京，崔群之言，可不念耶？臣恐後之視今，亦猶今之視昔，治亂之機，不可以不早辯也。」

翌日，復有旨除公知無爲軍。公即露章辭免云：「蔡京關通交結，其勢益牢，廣布腹心，羽翼成就，愚弄朝廷，有如兒戲。陛下若不早悟，漸成孤立，後雖悔之，亦無及矣。陛下若以臣言爲是，則當如臣所請，按京之罪，明正典刑。然後改臣差遣，以示聽納。若以臣言爲非，則是臣事發更爲，其罪益大，重加貶竄，乃得允當。」詔不許辭免。

上嘗諭宰執曰：「瓘言事極不可得，暫貶亦不久。前日遣人送黃金百兩，瓘受賜泣下。」布曰：「陛下待遇如此，宜其感泣也。」初，公因朝會，見蔡京視日久而不瞬，嘗以語人曰：「京之精神如此，他日必貴。然矜其稟賦，敢敵太陽，吾恐此人得志，擅私逞欲，無君自肆矣。」尋居諫省，遂攻其惡。京聞公言，因所親以自解，且致情懇而以甘言啖公，公使答之曰：「杜詩所謂『射人先射馬，擒賊須擒王』，不得自已也。」於是攻之愈力。

未幾，翰林學士曾肇亦上書，其略云：「臣近曾論貶逐諫官陳瓘，及太后特下手詔留瓘舊職，未蒙聽納。臣竊以爲瓘言雖狂，其意則忠，何則？瓘以疏遠小臣，妄言宮闈之事，披寫腹心，無所顧忌，此臣所謂狂也。太后援立聖明不世之大功，有前期歸政過人之盛德，退安房闈，不與外事，然後人無間言，本末相稱。萬一或有纖毫可以指議，則於清躬不能無累。故瓘以愛君之誠，陳豫防之戒，欲以開悟聖心，保全盛美。忘身爲國，臣子所難，此臣所謂忠也。内外之分不可相干，家國之事各有攸主，詩書所戒，非不叮嚀，秦、漢以來得失可鑒。伏望留神省覽。」

先是，曾布嘗獨密啓東朝今與政否，上曰：「外間差除自不與，惟禁中及内臣事必須關白，凡章疏亦須呈單子來取看，稍不如意，煎迫極甚。」已而陳瓘論裴彦臣等交通内外，太后怒，至哭泣不食。上再拜乞貶瓘，而怒猶不解。左右近習或請擢蔡京執政，庶可解太后之怒者，群臣皆莫敢言，肇既先上書，與王詵俱入對。初留身而上遽及之，且曰：「卿文字但救陳瓘，無補於事。當更論東朝事，乃有補耳。」

十月，罷蔡京出知永興軍。長安闕帥，上欲遣京，韓忠彦以爲當遣，曾布曰：「京之出，天下所同欲。自差河東，太后不勝其怒，臣自此不敢復啓口。聖意如此，何幸如之！」上曰：「昨只是太后怒，朕元不主張。近日陳瓘有言，因詢其交通近習之狀，卻有簡與裴彥臣，云且煩於太后前主張保全。朕昨逐馮說，亦只爲京。」布曰：「聞王詵嘗向人說，既去卻馮說，如元長何？今聞聖諭，則此言不虛矣。京立朝如此，以理言之，何可使之善去。但以形迹東朝，且令補外可也。」罷章惇知越州。公論其責輕，於是中書省檢會公幷臣僚上言，云惇編類章疏，看詳訴理，受禍千餘家，凡士民暗昧言語，加以刀掊、釘手足、剝皮膚、斬頭拔舌之刑，責授武昌節度副使，潭州安置。責詞略曰：「先皇天資仁孝，勤儉愛人，每形德音，具見惻怛。及爾輔政，日肆誕謾，凡陳開道之言，無非殺害之事。陰挾仇怨，妄肆中傷，或稱圖危上躬，或託謗訕宗廟。擯除禁近，視若狐豚。排斥縉紳，棄如斷梗。投之荒裔，肯使生還，存者悉爲囚徒，死者不得歸葬。援引姦黨，布滿要路，造作語言，更相倡和。有司觀望，慘刻成風，殺戮無辜，道路以目。乖氣致異，上天降凶，水旱連年，民靡寧止。國有常典，宜即嚴誅。尙示寬恩，俾之遠竄。」中書舍人徐勣實爲之。

**建中靖國元年**

七月，重修《神宗實錄》。初，公言：「王安石《日錄》七十餘卷，具載熙寧奏對議論之語。紹聖再修《神宗實錄》，史官請以此書付史院，專據此書追議刑賞，遂使裕陵之美，皆爲私史所攘。所有《實錄》，願詔史臣別行刪修。」

八月，復召除著作郎兼實錄院檢討官，辭。除右司員外郎兼權給事中。公奏言：

「臣嘗乞別修《神宗實錄》，以成一代之典，而不聞施行。蓋紹聖史臣，今爲宰相故也。」不報。

時何執中爲禮部侍郎，一日以簡與公曰：「今早見貴人，即曾布。云公即眞矣。」公即呼正彙示之曰：「吾與丞相議事多不合，所聞乃爾，是欲以官爵相餌也。若受其薦，而復有異同，則公議私恩兩有愧矣(二)。吾有一書，將投之以決去就，汝爲我書之。」又曰：「郊祀不遠，倘不相亮，則失汝恩澤，能不介意乎？」正彙再拜願得書，公乃大喜。明日，特以入局，未及問。丞相約公相見，連价催促，公留使者少俟。已而同舍朱世英來，公拉之同詣政事堂，朱不知所以。丞相見公有同行者，有不豫之色。公不候坐定，遽出書爲獻。丞相大怒，辯論移時。公指事叙言，辭色不撓。堂吏比肩聳觀，朱以皇恐失指。丞相怒甚，翹足肆坐，語浸驕慢。公雍容起白曰：「瓘之所論者國事，是非當付之公議。相公未可失待士之禮也。」丞相整儀無語，公遂起，竟不聞所以相招者何言。

其書略曰：尊私史而壓宗廟，緣邊費而壞先政。此二者，閣下之過也。某所撰《日錄辯》，所謂尊私史而壓宗廟者可見矣。又以一年之內，連下五敕，而諸路三十年之蓄皆運於西邊，因述《國用須知》，所謂沿邊費而壞先政者可見矣。

遂以副本納布，布謂公所論爲元祐單見淺聞之說，又曰：「雖有十書，布亦不動。」公遂申三省，乞劾妄言之罪，早行竄黜。宰相將上，布云：「瓘責臣尊私史壓宗廟、沿邊費壞先政，皆非是。」上令責瓘。韓忠彥、陸佃曰：「瓘言誠過，曾布當能容。」信宿，隨有海陵之命，遂自右司員外郎出知泰州。

公所奏五勅貼黃云：「朝廷應副邊事，虛內事外，非一日也。故五勅之所取，雖有別用之處，然前後相因，以致匱乏，至於今日，遂耗天下根本之財者，初緣邊費也。一、元符三年九月，勅府界諸路見管坊場錢留出本路一年合支外，將剩數留半年準備支用，餘一半特令起發上京。一、其年十一月，勅起發見管常平免役錢如前勅。一、建中靖國元年二月，勅諸路提舉司將見在抵當息錢並起發上京。一、其年三月，勅起發諸路量添酒依抵當指揮。一、其年三月，又勅諸路助役錢內撥一半充常平糴本，餘一半計置起發上京，兌那往三路添助常平糴本。」又曰：「自元豐七年以常平等積剩錢補助邊費，歲取二百萬緡爲額，只以三年爲期，蓋不欲多費天下民財，以資邊用。神考愛民之慮，可謂深矣。豈宜取三十年間根本蓄藏之物，一旦大違成憲而偏用於一方乎！西邊財匱竭，則必取諸東南。東南積剩之物，今於無事之時，既巧取而偏用之矣。或東南有意外之患，又將取之何地乎？」又曰：「五勅之後，其年五月又降一勅，以廣西錢一百萬貫和預買紬絹，其文曰：『人戶願請價錢，若於年例外支散，可以接濟。』其實則人戶不願也。且以無爲軍言之，民間買絹一疋，須用一貫四五百文足，人戶請常平錢一貫文省，今年例外創添支之數，此乃聚斂之術。臣恐自此一勅之後，相繼無已。又況侵削十路百姓，只得絹一百萬匹，未足以充陝西三兩月之費，此豈神考接濟之法乎？」得太學生蔡薿長書。

**崇寧元年**

五月，籍黨人陳瓘、任伯雨等凡五十人，並令三省籍記，不得與在京差遣，尋責監建州武夷觀。

六月，曾布欲傾惇而未能，乃詭情薦陳瓘、張庭堅輩。及蔡京用，而布得罪矣。

閏六月初，劉后爲賢妃生子，時宮中虛位，后因是得立，然纔三月而薨，謚獻愍太子。后之立也，鄒浩三疏諫，隨削其藁，尋得罪貶。上初即位，召浩還朝，首及諫立后事，褒嘆再三，詢諫藁安在，對曰：「焚之矣。」退告公，公曰：「禍其在此乎！異時姦人妄出一緘，不可辯矣。」及是蔡京用事，素忌浩，乃使其黨爲僞疏，謂本宮人卓姬生子，后殺其母而取其子。其辭云：「殺卓氏而奪其子，欺人可也，詎可欺天乎！」詔暴其事，安置永州，明年移昭州，作青詞告上帝，有「追省當時奏御之三章，初無殺母取子之一字」，蓋爲是云。

九月，奉御寶批：應元祐謫籍幷元符末叙復過當之人，各具元籍定姓名人數進入。仍常切覺察，不得與在京差遣。文臣曾任待制以上官、餘官陳瓘等凡一百一十九人，御書黨籍，刻石端禮門。

十月，貶韓忠彥、陳瓘二十人有差。公坐黨籍除名勒停，送袁州編管。

**崇寧二年**

正月，論詆誣罪，貶竄任伯雨十四人。公移送廉州編管。作《福州大中寺雲會堂記》。作《賈誼治安策論》。

三月，親試舉人。時李階爲禮部進士第一，深之子，乃公之甥也。特奏名安忱對策云：「使黨人之子階魁南宮多士，無以示天下。」遂奪階出身，而賜忱第。忱，惇弟也。

著《合浦尊堯集》。

**崇寧三年**

三月五日，合浦作《了齋記》。

四月，作《心畫銘》寄正由。十七日，跋李氏所藏神宗奎畫。

十月丙午，作《廣中樞龜鑑》寄正彙，作《易說》。

**崇寧四年**

四月十五日，跋司馬溫公《送李益之侍郎歸廬山詩》後。

三月五日，在合浦，作《葵木杖銘》。作《眞贊》。

十月二十日，作《祭李德祖甥文》，又作《祭李叔平提舉文》。

**崇寧五年**

正月，彗星出西方，其長竟天。大赦，毀黨碑。公以星赦量移郴州，得自便。作《杜鵑詞》。尋居明州，作《伯瑜墓誌銘》。《陳伯瑜墓誌銘》，在政和年間作。和陶淵明《歸去來辭》。九日，跋蔡君謨帖。

九月二十八日，跋東坡詩曲。作《四明尊堯集》。

**大觀元年**

八月一日，作《明州延慶寺淨土院記》。

**大觀二年**

二月八日，作《湖州開元寺觀音記》。

十一月二十日，跋楊中立撰《陳居士傳》。

**大觀三年**

初，公自嶺外歸，居明州。嘗命正彙幹蠱

錢塘，偶聞承議郎蔡宗詫說，盛稱太師蔡京福厚，陰有搖動中宮之迹，不敢隱默，亟詣杭州告京有反狀。知杭州蔡薿方與京叙宗盟，結死黨，遂執正彙送京師，而飛書告京，俾爲計。事下開封制獄，上命中丞吳執中鞫之，獄辭果不右正彙。詔獄下明州，捕公甚急，士民哭送之。公不爲動。入獄，見其子被繫，笑曰：「不肖子，煩吾一行。」蔡京用酷吏權尹李孝壽治其事。孝壽使吏脅公證正彙之妄，又誘公承教正彙妄訴。公曰：「正彙聞京將不利於社稷，傳於道路，遽自陳告，瓘豈與知？若瓘以所知，忘父子之恩而指其爲妄，則情所不忍。挾私情以符合其說，又義所不爲。況不欺不貳，平昔所以事君教子，豈於利害之際，有所貪畏，自違其言乎。蔡京姦邪，必爲國禍，瓘固嘗論於諫省，亦不待今日語言間也。」一日，孝壽坐廳事，簾中列五木于庭，引公問之。公從容曰：「蔡京之罪，瓘實知之，不肖子不知也。願多得筆札，悉以聞。」孝壽懼不敢與。時內侍黃經臣監勘，聞公所對，失聲歎息，謂公曰：「主上正欲得實，右司但依此供狀。」

**大觀四年**

二月，獄具，竄公安置通州，正彙流沙門島。

十一月，放自便。公上《通州自便謝表》。

公在通州，張無盡入相，欲引公自助。時置政典局，乃自局中奉旨取公所著《尊堯集》，蓋將施行所論，而由史局用公也。公料其不能成事，辭以修寫未成。繼日承政典局牒，坐聖旨俾州郡催促。公於六月初五日，乃用奏狀進表，以黃帕封緘，繳申政典局，乞於御前開拆。或謂公當徑申局中而通書廟堂，公曰：「恨不得直達乙覽，豈復可與書耶？彼爲宰相，有所施爲，不於三省公行，乃置局建官，若自私者，人將懷疑而生忌，正恐《尊堯集》至而彼已動搖矣。遠其迹猶恐不免，況以書耶？」繼而悉如公言。

**政和元年**

四月，張商英罷。

九月，公亦有勒停台州之命。責詞謂私與張商英意要行用，於是衆人服公之遠慮，而怪何、執中，爲相。鄧洵仁，爲執政。輩敢欺罔上下也。

初，王安石嘗著《日錄》八十卷。初，公謂安石此書詆訕宗廟，誣薄神考，蓋著撰在退居鍾山、懟上熱中之時。讀其書，論其事，不考其時可乎。及公貶廉州，乃著《合浦尊堯集》，以《日錄》詆誣之罪歸于蔡卞。其後北歸，謂劉（世）安〔世〕曰：「昨在諫省，嘗以王荊公比伊尹。伊尹未嘗詆湯，胡可比也。又嘗以爲神考之師，神考用荆公九載，何嘗終以其人爲是乎？某之前言，可謂過矣。」於是復著《四明尊堯集》，痛絕王氏，以發揚熙寧用舍宰臣本末之緒，而自明區區改過之心。尊堯所以立名者，蓋以神考爲堯，以主上爲舜，而助舜尊堯也。書成，藏之于家。及是奏御，商英已罷，何執中等乃請治《尊堯》詆誣之罪，勒停台州羈管。

十九日，申通州。十一月初十日巳時，到台州。上《台州羈管謝表》。

七月二十八日，跋司馬溫公簡後。

公謫台州，朝旨下司行移峻急，所過州郡，皆令兵甲防送，不得稽留。至台久之，莫敢以居室借賃者，暫館僧舍。而郡守以十日之法，每遣廂巡起遣，故十日必爲之遷一寺。公處澹然，不以介意。及到台數月，朝廷起遷人石悈知州事，且令赴闕之官。士論訩訩，咸謂將有處分于公也。悈至，果揚言怖公。視事次日，即遣兵官突來，約束不得令出入，取責鄰人防守狀。又置邏卒數鋪，前後巡察，抄錄賓客書問之往還者。雖親家書，迨至隔絕。未幾，復令兵官突來所居，搜檢行李，攝公至郡。郡庭垂簾，如制獄，大陳獄具。蓋朝旨取索《尊堯集》副本，而悈爲此以相迫脅。且公知其意，遂發問曰：「今日之事，豈被旨耶？」悈非所料，失措而應曰：「有尙書劄子。」捲簾出示公劄子所行，蓋取《尊堯集》副本，以爲係詆誣之書，合繳申毀棄也。公曰：「然則朝廷旨（禪）〔揮〕取《尊堯集》耳。追某至此，復欲何爲？」因問之曰：「君知尊堯所以立名乎？蓋以神考爲堯，而以主上爲舜也。助舜尊堯，何爲詆誣？時相學術淺短，名分之義未甚講求，故爲人所袪使，請治尊堯之罪，將以結黨固寵也。君所得於彼者幾何，乃亦不畏公議，干犯名分乎？請具申瓘此語，瓘將顯就誅戮，不必刑獄相恐也。」悈不待公言畢，屢揖公，尋詔人曰：「不敢引其說，尙自如此，良可畏也。」繼又幽公僧舍，使小吏監守，對榻坐卧，窘辱百端。人情憂怖，慮有不測，公安之不以爲撓，悈亦終不能爲害。

公謫台州，於法合進表謝。台州不爲發遞，表未得達。而石悈之來，聲勢甚異。公料其必受蔡嶷風旨，意在得其元海陵所投書，必將搜索及行李。於是爲封事繳謝表，封緘於篋，題以臣名。悈至，果如所料，而以緘題之故，不敢輒開，遂以奏御。嶷與執中皆怒，未幾罷之。或問公何以審其如此，公於嶷初無他，嶷懷遺書之愧，而其黨未知，納忠相捃，實自爲計。今顯其迹，則法使之術不行矣。公雖緣蔡氏得罪，而首論私史，力排王氏，王、蔡之黨如薛昂、蹇序辰、何執中、鄧洵仁、鄧洵武、蔡嶷之徒，皆當時協力排陷，欲殺公者，亦不獨蔡京兄弟而已。蔡嶷與公初不相識，公上宰相書，謫居海陵，嶷爲太學生，以長書遺公，論天下事皆合天下公議。遣人致於海陵，謂公諫疏婉而有理，似陸宣公；剛而不撓，似狄梁公；文章淵源，發明正道，則韓文公其人也。至次年，嶷以對策爲大魁，所陳時務，與前書頓異。於是愧悔而欲殺公以滅口，密贊京黨，出力尤甚。正彙三山之竄，石悈台州紛紛，皆其所爲也。

**政和二年**

二月二日，跋《張氏邊事劄子》後。

八月九日，作《責沈文》貽知默姪。

**政和三年**

十月十九日，跋江左司《勸發菩提心文》。

**政和四年**

四月八日，跋張承老所藏孫元忠司諫簡後。

五月二日，書孫元忠上劉莘老《甘賦》後。

**政和五年**

三月二十八日，跋黃尙書《送左經臣序》

後。

政和六年

公在台州，屢該赦當自便，而刑部不敢檢舉。既而上旨令叙官放還，乃因郊霈霑恩。然初以宣德郎被謫，而叙官乃得承事郎，實降鐫也。被命之後，忽得州牒備坐省劄，云奉御批，叙復數內陳瓘未當，合於見在官外叙一官，仍取旨差遣。台州告示本官知委。公既供知（季）〔委〕狀陳乞差遣，人皆賀公，以爲起廢有漸也。公曰：「此廟堂欺君玩世之術爾。若與差遣，豈應見問？上聞吾叙官不當，而見於御批，諸公不敢但已，爲此遷延之説，以塞上旨。家狀雖可供，而差遣其可乞邪？彼謂吾不堪流落，而因茲見憐爾。」乃報云家狀昨因削籍毁棄，無憑供具，事果不行。

復叙宣教郎，主管江州太平觀。公因叙官自便，還通州。

時開封府尹盛章與石悈以私詒手，章密取旨送悈獄，以罪編置通州，因揚言爲公報忿。公聞而嘆曰：「此豈盛世所宜有耶！」因謀徙居以避之。時縣宰與公姻家，而於悈亦沾親。悈屬宰求館舍，宰以爲疑，公謂宰曰：「親戚患難宜相（州）〔周〕旋，置此恤彼，乃爲義事，無足嫌也。」宰於是與之盡力。悈聞而愧，遣其子來致謝。公曰：「吾爲宰盡親戚忠告之益爾，非欲以德報怨。」卻之不見。

月餘，遂挈家爲江上之遊。公泛江至江州，愛其江州之勝，因卜居于城外，杜門不出謁，來者不拒。士大夫經由江上者，往往不之公府，而必到公家，延接無間。

每爲燕豆之欵，踰年歡適。忽有朝旨，不許出城，月申存在。又更易守臣，日降下司文移，以俟新守之到。外間叵測，無不震懼，交遊中有來索與公往復書簡者，有碎公所書碑刻碑額者。公亦自期以死，惕息俟命而已。閱數日，乃令移南康居住。蓋緣蔡氏之黨，必欲殺公以快意。時王寀得罪，疾公者乘此時以怖公也。劉待制器之聞之，以書抵公曰：「此乃鶴相恐脅濮上之策，伎止此耳。」公適居江州，讒者以爲公來寀居之鄉郡，因危言陷公，賴徽宗聖察，止令移居南康。

七月朔，作《福州鳳池報慈院華嚴閣記》。

十一月晦，作《常州新修薦福寺記》。

**政和七年**

**重和元年**

**宣和元年**

八月十五日，作《〔祭〕鄧南夫文》。

**宣和二年**

**宣和三年**

春，因方寇嘯聚，京黨又造飛語，言公之壻爲方寇所刼取，欲以相中傷，復令移楚州。

公所論京、卞，皆披摘其用心而發露其潛慝，蔡氏最所嫉忌，故得禍比同時諸公爲最。猶以徽宗保全，不至死也。

公徙居山陽，經由江都。時淮帥毛友達，或疑其蔡氏腹心，勸公晦迹而過。公曰：「吾無私憾於蔡氏，蔡氏之人，豈無是非之公乎？」乃先遣書遺之，毛報書加禮，有「公立朝行己之道，願望見而不可得」之語，即出郊候公，語頗輸誠，公亦待之無間。後聞奏方寇事不爲議。至於了翁，心誠服之。每見公，或經旬月，必設拜禮。

忠宣范公純仁晚年，益以天下自任，尤留意人才。或問其所儲蓄人才可爲今日用者，答曰陳瓘。又問其次，曰：「陳瓘自好也。」蓋言公可以獨當天下之重也。至是，人憂大廈之將顛，或問游酢定夫察院以當今可濟世之人，定夫曰：「四海人才不能周知，以所知識，陳了翁其人也。」

**宣和四年**

**宣和五年**

**宣和六年**

二月，公卒于楚州，初葬廣陵。

**宣和七年**

**靖康元年**

欺隱，以書譽之於親舊曰：「蔽遮江淮，沮遏賊勢，斯人有助也。」蓋公與人爲善，不分彼此，大率如此，晚進後輩因公激發，默化而爲善者，不可一二舉也。

十月，張商英卒於京南。時公在山陽，方與賓舊會食，見邸報有張天覺所上遺表，遽止酒而起，歎傷異常。客有以爲疑者，公曰：「張固非粹德，且復才疏，然時人歸向之。今其云亡，人望絕矣。近觀天時人事有變革，正恐雖有盛德者未必孚上下之聽，殆難濟也。」

未幾，公亦感疾睢陽。

劉安世器之因公病，使人勉公以醫藥自輔，云天下將有賴於公，當力加保養，以待時用。

時徐師川以才氣自負，不肯降志於人，常言：「吾於魯直爲舅氏，然不免有所竊贈諫議大夫。

紹興二十六年

八月三十日，賜謚忠肅。

〔一〕有：原作「無」，據《宋史·陳瓘傳》改。

仁宗皇帝天聖二年，天子修先帝功臣，記之于史。因訪世卿之世族、州里、官次、行治之本末於其家。有詔次其功，著之令典，布之天下。中間節文曰：「維所以寵嘉陳氏之子孫者，其世世毋絕。」右寵世卿。

神宗皇帝元豐二年，皇帝臨軒親試舉人。陳瓘自諫省論蔡京交結外戚，迕欽聖也。

哲宗皇帝元符三年九月，陳瓘自諫省論蔡京交結外戚，迕欽聖也。欽聖未察，謫監揚州筦庫。被命數日，欽聖悔悟，遣中使宣諭以非本旨，方且開解，主上召還矣。上密遣中使賜黃金百兩，度牒十道，傳玉音令勿遽行，繼有改知無爲軍之命。瓘以蔡京猶在而復言者官，是非不辨，不敢祗受。及京外補，瓘乃拜命祗受，上表謝恩。右寵瓘。

高宗皇帝紹興八年三月，詔陳淵登對稱旨，授承事郎，有旨賜同進士出身。紹興九年，詔除陳淵監察御史，再詔遷右正言。以職事上殿，玉音宣諭，御札曰：「昔陳瓘爲諫官，論國家安危治亂係君子小人之用舍，及言蔡京等誤國之罪。逮靖康之難，無一不驗。儻使其言得用，不爲姦慝所乘，以抵于死，則朕今日豈至於披草莽以立朝廷乎！今命卿以此職，注意不輕，勿隤家聲，朕之所深望也。」嘉歎久之。時上方嚮儒術，論王氏、程氏之學，玉音曰：「聞卿是楊時壻，所學深得楊時之道。」淵對：「臣何足以知之。」玉音又曰：「楊時之學，乃是孔孟之道，《三經義辯》足以鍼王氏之膏肓矣。」淵對曰：「楊時初亦信王安石之說，後學於二程，乃知王氏之非。」玉音又曰：「有《三經義辯》，便見王安石穿鑿之失。」淵對曰：「穿鑿乃王安石小過，其罪在於不知大道，原本一失，無所不差，故行之天下，遂爲大害。」玉音問其差若何，淵對曰：「聖學之傳，止有《論語》、《中庸》、《孟子》之書，安石自未嘗知。」舉數條辯析，玉音稱善。右寵淵。

高宗皇帝紹興十年，御札曰：「朕思忠臣而錄用其子孫，如卿者抑又保家之主也。雖蹔能趨造於朝，而終以疾病退歸丘園，可勝慨嘆。今賜卿白金二百兩，聊助俶裝之費，至可領也。」右寵正彙。

欽宗皇帝靖康元年，臣僚上言：「審取舍以辯是非，行賞罰以明好惡，明主之先務也。切見蔡京於元符、建中之際，包藏既深，罪惡未顯，有識之士雖知其必亂天下，而嗜進妄佞之徒，亦且倚以爲宗主。故右司員外郎陳瓘，嘗爲諫官，獨能推測其用心，而披露其姦狀於未萌之前，詳言極論，明若蓍龜，至於今日，無一不效，故京尤畏忌之。此一時言事官得禍爲最酷，諸人既得自便，而瓘獨再貶，指定居住州郡，流離羈窮，終以廢死。忠義之士，至今悲之。語及瓘者，未嘗不爲之流涕也。竊考前代以忠直忤犯權倖，至於公議獲伸之時，雖已死亡，未有不褒崇爵秩而錄用其子孫者也。伏望睿慈，憫瓘齎恨沒地，不及目睹聖明優加追贈及官其子孫，以爲忠義之勸。增士習以厚民風，實天下幸甚。取進止。」

靖康元年三月十七日，三省同奉聖旨，陳瓘特贈諫議大夫，仍與二子恩澤。勅：「骨骾之臣，狥義而不顧；毀譽之實，既久而後明。爰錫憫章，式旌高節。故承議郎陳瓘，忠貫日月，名等岱嵩，以諫議爲心，安社稷爲說，凜凜乎蓍龜之先見，諤諤乎藥石之至言。別白正邪，效于今日。田夫野老莫不（敢）〔改〕容，元惡巨姦爲之喪膽。流落之久，志氣不衰，卒老窮鄉，識者太息。緬懷風烈，肆有褒嘉，寵以諫垣，錄其嗣子。庶幾天下忠義之士，咸知朝廷勸賞之公。噫！汲黯何爲，自致淮南之懼；魏公若在，必輟遼東之行。矧我舊臣，無愧前哲。尚歆異數，永賁九原。可特贈右諫議大夫。」右寵瓘贈諫議制。

高宗皇帝紹興二十六年八月十三日，勅中書門下省尚書關禮部狀，準紹興二十六年六月二十四日三省同奉聖旨，陳瓘昔爲諫官，議論忠讜，所言皆驗於後，及所著《尊堯集》指定王安石《日錄》之過，深明君臣之分，殊可歎嘉，可特賜謚，令有司議定以聞。本部尋行下太常寺施行去後，據本寺申，本寺今欲擬謚曰忠肅。慮國忘家曰忠，剛德克成曰肅。伏乞省部更賜詳酌施行。本部今欲依太常寺擬到事理施行，伏乞朝廷詳酌指揮施行申聞事。七月十六日，三省同奉聖旨，依關送中書門下省指揮吏部供到狀，勘會陳瓘生前係左承議郎、右司員外郎，贈右諫議大夫、贈左通奉大夫申聞事。奉勑：「傳曰太上有立德，其次有立功，其次有立言。朕嘗謂言苟立矣，二者在焉。故左承議郎、右司員外郎、贈右諫議大夫、贈左通奉大夫陳瓘，所謂沒而其言立者歟。昔孔子作《春秋》，貶諸侯，討大夫，以奬王室。爾明此義，故其言知尊君。昔唐明皇罷張九齡，相林甫，議者謂治亂自此分。爾用此説，故其言驗於後，若此者蓋朕賜之意也。爾義有所激，身且不顧，况於家乎；内有所守，死且不懼，况少貶乎。若此者蓋有司定謚之指也。噫！生而爲英，死而爲靈，朕意爾之精爽，尚凛凛乎如生，必能鑒此哉。可特賜謚忠肅。奉勑如右，牒到奉行。」紹興二十六年八月三十日，中書舍人王綸行。右寵瓘謚忠肅制。

臣仰惟皇帝陛下紹興之初，宵旰求治，思念忠臣，録其子孫。詔先臣正彙賜對行殿，將加擢用，而先臣久任，在貶所幽處窟室，時已抱病，扣陛懇辭，宸衷惻然憐之。偶寓直内閣，奉祠以歸。又寵降御札，賜白金以奬其行。顧念撫存之意，具載詔旨，宸翰寶章，雲漢昭回，榮動縉紳，輝生蔀屋。於戲休哉！先臣銜戴厚恩，迺以疾廢，不能仰酬天地之大德，爲終身恨。戒臣捐軀盡瘁，圖報萬一。臣追惟先大父臣瓘頃在諫垣，以論事忤權臣，南流合浦。先臣繼以言獲罪，北竄海島，十有三年。徽宗皇帝照其非辜，恩徙近甸。逮靖康間，始命以官，除丞太僕。主上龍飛，眷遇愈厚。非特先臣被寵若此，逦者先大父臣復蒙賜謚忠肅。父子際遇，人臣罕有其比。臣雖至愚，竊謂君臣之際實難，唐太宗待魏徵最厚，然徵幾沒未顧，其家衰矣。至文宗迺始錄用其五世孫謩。今臣一門三世，咸受聖恩，其爲榮幸，豈唐魏氏所能企及哉！臣材力駑下，懼無毫髮補報，如先臣所戒，謹昧死以所藏宸翰刊之琬琰，昭示天下萬世。且推原事迹，告于若孫，俾無忘聖天子之休德云。紹興二十八年五月朔日，右朝奉大夫、添差權通判建州軍州主管學事兼管內勸農事陳大方謹書。

吾大祖賀部尙書公《家訓》云：「事親以孝，事君以忠，爲吏以廉，立身以學。」所以自吏部尙書、特進、諫議而下，至直閣、正言及宗正少卿，累世俱蒙聖眷，御札玉音，褒嘉賜賚不一，史冊備載。今錄一二，附於年譜之後，以示子孫。如能恪守祖訓，忠以事君，孝以事親，廉以莅事，學以立身，不墜家聲，則豈不能動朝闕之眷遇耶？是又宣子之所深望也，子孫其勉旃。延祐二年歲在乙卯仲春之望，七世孫宣子百拜謹書。

《了齋先生舊祠堂記》：建中之初，右司諫陳公瑩中論蔡氏兄弟，忤旨竄嶺表。公之南遷，不以其罪，舉天下憤惜之，無敢言者。名隸黨籍，餘二十年，轉徙道途無寧歲，卒以窮死。初，京爲翰林承旨，以詞命爲職，潛姦隱慝，未形於事。雖未通顯，世之人蓋莫知其非也。公於時力言京不可用，用之必爲腹心患，宗社安危，未可知也。聞者往往甚其言，以爲京之惡不至是。已而陰結變倖，竊國柄，悉如公言，於是人始服公爲蓍龜也。昔王文公安石學行負時望，神宗皇帝用參大政，士大夫相慶於朝，謂三代之治可以立致。呂公獻可獨以爲不然，抗章論之，雖文正溫公猶以爲太遽，欲獻可姑緩之。未幾多變更祖宗故事，以興利開邊爲務，諸公雖悉力交攻之，莫能奪，其流毒至于今未殄也。故溫公每謂人曰：「獻可之先見，余所不及，心誠服之。」余以謂公之於京，言之於未用之前，獻可之於荆公，論之於既用之後。則公之先見，於獻可有光矣。二公之言，蓋異車而同轍也。靖康中，朝廷欲盡復祖宗之舊，而一時故老無在者。天子念公之忠，追贈諫議大夫，官其四子，所以寵嘉之甚厚。此非私於陳氏也，蓋將以風勵臣節也。而公之邑人乃相與即縣庠爲祠堂以奉公，祠堂成，屬予爲記。余曰：「公之德業，足以澤世垂後，雖不用於時，而其流風餘韻，獨足以立懦夫之志，非一鄉可得而擅也。然居今之世，流離擯斥，其施不廣。而邑之士大夫誦其書，尊其道，仗節秉義，繼其風烈，時有人焉，則功施於其鄉爲多矣。古者有功人則祀之，則公之祀，當載祀典，以遺來世。是宜書，乃爲之書。」建炎四年八月朔記。龍圖閣直學士、朝散大夫、提舉杭州洞霄宫楊時撰，從事郎、新差建寧府府學教授李經書并題額。

又記云：延平太守余景瞻以書語岊曰：「了齋忠肅公，此邦沙縣人。陳公以識見之明，議論之直，褒于靖康。比嘗采諫垣之制而立勸忠之坊也。了齋遺蹟而求之公生之年，距今一百五十六載，所居之屋尚存三間，并後楹一，累塹施桁，可謂甚古，則公生之十八年也。且公居合浦，謂室爲齋，名齋曰了，自爲之記，以著齋心享上之義。後居荆浙江淮之間，舉世以了翁稱。公之所用居，何適而非了齋，况於其鄉耶。葺其僅存與其既圮，復其齋扁，藏其遺書，肖像於楹，俾其雲仍歲時奉祀，是邦人尊慕所同者。而嶸也得舉而行之，願紀焉。」岊復於余侯曰：尚賢存古，教化之先務。夫了齋身居言責之時，憫邪説之誣民，憤小人之蠹國，明目張膽，力排其姦欺，痛誣詆其凶險。至於京之用舍，爲治亂之分，雖遠去於朝，流離轉徙，而籲天呼父，忠之所激，滔滔汩汩，如長江大河無所壅，嚴嚴烈烈，如迅風勁庭無所避。若乃平生學力，尤著見於《尊堯》之書。其在合浦，辨私史增加，昭裕陵之盛美，自謂對越在天。至于四明爲論四十九篇，拔本塞源，不遺餘力而後已。此其任宗社安危之責，視生死禍福爲何等物，聞風起者當如何其尊慕也。故昔之藤樞竹瓦，地雖尋丈，以了齋何陋之有。非惟合浦爲然也，凡公之居，人必加敬，尺椽寸甓，相期勿壞。今之模舊規新，匪質謂之了齋，不在茲乎。《詩》曰「豈不爾思，室是遠而。」孔子曰：「未之思也，夫何遠之有。」夫所思在心而不繫乎室之遠近，余侯之心，豈不曰屋已百餘年矣，修之復可百年。後來繼今者，敬益弗替，是此邦之人常目繫而道存也。抑了齋之道，存乎其言，既輯既藏，講明之，傳于學者，以無忘公志，則邦人之尊慕，達於天下之尊慕，龜山所謂誦其言，尊其道，仗節秉義，以繼其風烈者廣矣。嘉定三年二月朔記。奉議郎、權撫州軍州兼管內勸農營田事三山林岊撰，從事郎、福州路提點刑獄司撫法官郭詢直篆書，迪功郎、南劍州州學教授楊宏中隸額。

淳熙年間，朱文公先生知南康軍州，嘗立濂溪先生祠，以了翁先生配祀。見《朱文公先生年譜》，當考。

嘉熙三年，主簿兼簽廳黃商楫詣于郡守馬天驥，撥官田租米貳拾帳入焉。每歲以春秋二仲丁奉祀云。

《讀了翁文集》：嘗讀陳忠肅公之文，觀其述己之志，稱人之善，未嘗不推而決諸義利取舍之間。於是〔知〕公之所以常胸中浩然，前定不疚者，其所自得蓋有在也。孟子曰：「欲知舜與跖之分，無他，利與善之間耳。」又曰：「生亦我所欲，義亦我所取。二者不可得兼，舍生而欲義者也。」陳公之學，蓋得諸此。惟其察而精之也入毫芒，是以擴而充之也塞宇宙。新安朱熹敬書。

又云：「李氏曰：『舜之所以能瞽瞍底豫者，盡事親之道，共爲子職，不見父母之非而已。』昔羅仲素語此云：『只爲天下無不是底父母。』了翁聞而善之，曰：『唯如此，而後天下之爲父子者定。彼臣弒其君，子弒其父者，常始於見其有不是處耳。』」又云：「了翁於義利上看得最分明，凡作文字，多好正理。」又云：「了翁氣剛才大，至完道鄉不及也。」又云：「了翁有濟世之才，惜其不及用也。」

先儒云：明道先生之學，發乎誠敬。了翁先生之學，發乎忠勇。百世之下，聞其風而興起者，其志遠矣。

《龜山語錄》云：了翁乘舟之喻。（下闕）

《貶通州遇赦自便謝表》：臣久寄食於異縣，常委事於長男。所營不足以藩身，其出每緣於糊口。去庭闈者三月，聞道路之一言。耳授而輒行，親危而不顧。狐突教子，素存不貳之風；曾參殺人，寧免至三之惑。事既匿而難曉，時浸久而益疑。制所深嚴，就逮於重江之外；獄辭平允，閱實於片言之中。尋沐寬恩，移置（於）近地。海島萬里，不如無子之爲憂；淮渚一身，彌覺有生之有患。擢髮不足以數臣之罪，瀝血不足以寫臣之心。

初心馮先生跋文：嗚呼！此吾忠肅了翁先生之遺墨也。世豈復有斯人乎哉！公一片忠肝血，邪輩正如秋霜烈日，可畏而仰。公之孫以示余，余惟此表曾爲石憾祛篋而不能壞，劫火洞然，不燼惟玉，是可寶也。想公起草時，天地鬼神臨上質傍，其克有相。憾獨何人哉，而爲京、卞之所膺，小人亦枉爲小人。公每得明道先生文，必冠帶而讀之。余於公亦然。咸淳己丑，後學馮夢得謹跋。（以上見《永樂大典》卷三一四三）

《貶台州謝表》：九月二十一日都省劄子，奉聖旨，陳瓘自撰《尊堯集》，語言無緒，盡係詆誣，不行毀棄，送與張商英，意要行用，特勒停，送台州羈管，令本州當職官常切覺察，不得放出州城，月具存在申尙書省及大小急遞。臣即時望闕謝恩，發離本家，水陸並行，不敢住滯，今於十一月初十日巳時到台州城內者。言念畎畝之志，一書可通；蒭蕘之言，萬里不隔。集群辭而上達，遭一覽以爲榮。竄路雖遙，陳情已畢。中謝。伏念臣材如糞土，身若梗蓬，非敢以著書爲能，所陳者戴君之義。知詆誣之不可，志在尊堯；豈行用之敢忘，心惟助舜。語言無緒，議論至迂，獨歸美於先猷，遂大違於國是。不行毀棄，有誤咨詢，虛消十載之光陰，靡恤一門之溝壑。果煩揆路，特建刑章，若非恃庇於九重，安得延齡於再造。由淮入浙，自通至台，怒濤雖隔阻於重江，毒瘴素殊於五嶺。尚留頂踵，獨賴君親。茲蓋伏遇皇帝陛下天大并容，日明洞照，以至慈而善貸，推觀過之深仁，憫此顛擠，欲其存在。以身償怨，螻蟻之命至微；徇國捐生，犬馬之心未替。夢馳丹闕，日想清光。重干擢髮之誅，徒鬱戴盆之望。臣自今夏以來，彈奏蔡京罪惡，更涉寒暑，彈疏累上。伏蒙陛下洞察其情，以章付外。而三省大臣或陰私交結，或私懷畏避，並不疾速進呈，取旨謫降。國之典刑，幾廢不用，公議安在？伏望聖慈特賜詔問三省顧望稽逆之意，仍乞以臣前後所奏并臺諫官彈劾事理，速賜施行，以慰士論。候勅旨。

東崗徐先生跋文：忠肅了翁陳先生官諫議日，累疏斥京、卞姦邪，遂爲羣小所深仇，迄以所著《尊堯集》語言詆誣而下石之，乃坐貶天台。於是小人肆行無忌憚，稔成夷狄之禍。吁，尚忍言之！今讀公諫垣手藁及到台謝表，忠義之氣凜然，可與日月爭光於萬世。公之日雖不得行於一世，然天經人紀，隱然賴之而存，啓我宋中興之運者，其機在此。忠臣義士讀之，當自見也。咸淳五年歲在己巳六月十有七日，後學上饒徐直諒拜敬書于三山憲治繡綵堂。

澹庵胡先生跋文：了翁先生嘗跋六一居士帖云：「使二十年前見此書，皆如今日，則朋黨之論不起。」東坡曰：「美哉，瑩中之言也！」今觀此帖，使三四十年前人皆知愛敬了翁如合浦李侯，則豈復有靖康城下之盟哉！至今了翁名節爛然於殺青之上，子姪登臺省，或爲監司郡守，皆有能名，諸孫亦亹亹逼人。而合浦之子，亦布列仕路，聲稱籍甚。當時謀陷了翁者闃焉。乃知身賢賢也，賢者亦有後，天道豈可誣也！

朔齋劉先生跋文：忠肅陳公《尊堯集》，與介甫《日錄》字字對壘，使天下後世知神考之聖明、介甫之誣謗，較然如白黑之不可以貿亂。上以紓在天之憤，下以視無君之戒，猗歟偉哉！方京、卞得志，諸賢被禍，非公有貫日月、裂金石之忠義，有動山嶽、倒河海之力量，有蹈白刃、甘鼎鑊之氣節，奮此筆，誅此姦，則邪説肆行，天下惟王氏之信，而神考畏天法祖愛民之本心，亦將闇然莫能暴白。則是書也，直可與尊王一經並行於千萬世矣。嗚呼！介甫讀書人，非若世之鄙夫患失者，顧以險狠自用，剛愎好勝，所爲一不遂，則忿懥所發，天地易位。所謂「天命不足畏，祖宗不足法，人言不足恤」，雖小人之無忌憚者，亦不敢出諸口，介甫獨昌言之而不怍。食餌之詐，仁祖薄之，則銜恚不忘，而紛更之論起；新法之害，神考廢之，則怨懟不平，而誣謗之史作。二事皆無君之大者。無君之罪，浮於誤國。《尊堯》之書出，而是非始定。天生斯人，豈偶然哉。震孫蒙恩使閩，行部過延平，嘗有詩云：「川媚山輝寶氣鍾，尊堯而後幾儒宗。往來但指龍津説，不道人中自有龍。」蓋以識其景慕之意。一日，公之孫宣子袖此卷相示。斂容肅讀，生氣凜凜，如見公手題臣某謹封時。不意垂老有此奇事，乃粗記其梗槩於後。爲子孫者，其寶藏之。咸淳二年七月己亥，後學渤海劉震孫謹書。

龜山楊先生答了翁書：論《易·姤》女壯，因及陽城事，曰：「陽城於裴延齡未壯時，不能力救，及欲以毁白麻，哭殿庭。」某謂：「白麻，王言也，不可毁。天子之庭，非哭所也。使時君執而戮之，不爲無名，以其處於昏上亂相之間，則免也幸而已。」

# 了齋先生年譜後序

年譜自晋、唐來，有詩文傳世者皆有之。如淵明自書甲子書義熙，即其意。若昌黎、浣花詩文間自有紀年次第，後人惟萃而編之。乾淳諸老尤詳備，閩中與先生同時如龜山楊公，譜亦先成。而了齋先生忠烈如許，彤史美管，固已悉載本末矣。唯年譜最後，自嘉祐丁酉迨今二百數十年，始卒業於迺孫宣子之手。嘻！誠難矣。太史公未畢之願，盡留遷，遷竟就其志。觀於今譜，是或一道也。譜之成，乃孫年六十一。茲七十又五，尤以先公遺文恐負付託，今年成書，明年成廬，又明年成豐碑，又明年成祠宇。不惟先生年經月緯有攷，而迺孫日曆亦不虚費。余生晚後，得睹成書，某年而《責沈》，某年而《尊堯》，某年而彈章，某年而擊蔡，某年而遭石憾之厄，於是余平生無憾矣。史公稱孔子布衣，傳于數世。使其見於今，孔子何止幾數十世。吾於其孫五世而見，如君子之進退，時之治亂，可攷焉。姚、宋相則開元，楊、李用而天寶，每上下千數百年，爲之可慨者矣。觀《陳忠肅公年譜》，得以攷其進退，重爲當時流涕也，豈徒紀歲月以見平生梗槩而已。天下有非常之變，造物必生非常之人以儗之。其人之得志，則變消於無形，而天下受其福而不知；其人設不得志，非常之變，莫不撲滅，不惟禍天下，且貽後世患未已也。何則？造物逆知有紹聖、元符之小人，必釀成靖康不忍言之禍，故生公於嘉祐之四月，至元豐三年，公生已二十三年，即以甲科第三人顯矣，造物正有諉於公也。以公未壯之年，際功名之善述，然則公於朝廷爲忠臣。松礀於陳氏，可以爲孝子。象麓後學廣信朱懋子功父謹書于譜後。大德甲辰十月既望，客七峰冷廨。

# 先祖忠肅公了翁先生年譜序

以事繫日，以日繫月，以月繫時，以時繫年，此古人記事之法也。由唐以來，文人才士倣而效之，每於先賢文集之首，以紀其人平昔所行所爲之事，因其歲月而録之，名曰年譜，蓋欲尊其人而景其行，其來尚矣。至宋而後，前賢往哲亦皆有之。吾祖忠肅了翁所著之文，其行於世者不一，有《合浦尊堯集》、《易説》及《了翁文》。初則有龜山、南軒、晦庵諸先生跋之於其前，近則有初心、朔齋、東崗諸名公跋之於其後，無非表我公忠讜之忱，而述其景慕之意。況我公自少年登第入仕以來，忠於愛君，忘身狥國，獨立於群小之中，一齊衆楚，當時在朝巨姦，不獨京、卞，如惇如布，如何執中、蹇序辰，如鄧洵仁、鄧洵武、薛昂、林自、安惇、蔡薿、石械之徒，植朋結黨，專一擠排傾陷，摧折困辱，而欲寘公於死地。我公一片忠肝義膽，不畏强禦，不避誅殛，惟以愛君憂國之心爲心，確然不變，封章抗疏，至數萬言，連編累牘，幾成牛腰。言辭直捷，無所回諱，且深爲權姦所嫉，群邪所忌。今年貶海陵，明年竄嶺表，羈通州，置天台，移南康，徙山陽，轉徙流移，歲無寧日，我公安之，而不爲之撓曲。荷聖君存愛，不殺言者，保而全之，不抵于死，亦萬死一生之幸。今文集之外，比諸前賢，獨無年譜，非缺典歟！耳孫宣子自大元兵革蹂躪之後，收拾殘編斷簡於煨燼之餘，又得静得樊君歸由富沙而獲《尊堯》諸集，遂成其譜云。嗣孫某拜書。

# 忠簡公年譜

（宋）喬行簡 編
尹 波校點

清同治十二年刊本《宋宗忠簡公集》卷首

宗澤（一〇五九—一一二八），字汝霖，婺州義烏（今屬浙江）人。元祐六年進士，以廷對極陳時弊，被抑置榜末，調大名館陶尉。歷知龍游、趙城、掖縣，通判登州。宣和初，管勾南京鴻慶宫。忤林靈素落職，起監鎮江酒税，通判巴州。靖康元年，知磁州。金兵南侵，除河北義兵都總管，屢敗金兵，擢河北兵馬副元帥。宋高宗開大元帥府，宗澤率兵勤王，連戰皆捷，除徽猷閣待制。建炎元年，知青州，尋改知開封府，爲京城留守，兼開封府尹。積極備戰，前後上二十餘疏請皇帝還京師，爲權臣所抑，憂憤成疾。二年病危，連呼「過河」三聲而卒，年七十，謚忠簡。

宗澤爲北宋末抗金名將，赤心報國，氣貫日月。請高宗還都汴京一疏，頗爲後人稱許。其詩文集在南宋時編爲《宗忠簡集》八卷，現存有明嘉靖辛亥刊本、明崇禎間熊人霖校刊本、清同治八年重刊本，浙江古籍出版社有標點本《宗澤集》（一九八四年）。事蹟見王柏《宗忠簡公傳》（《魯齋集》卷一四）、《宋史》卷三六〇本傳。

宗澤年譜，除此譜之外，還有清宗嘉謨、劉質慧所編者。是譜舊題宋喬行簡編，而清以前目録均無著録，其繫事蓋據《宗忠簡公遺事》掇拾而成。康熙間王廷曾輯刊《宗忠簡公集》，附《遺事》，跋語云：「《遺事》詞氣，中多蔓複，無史家見叙述之法。然不敢效宋學士編《潘舍人年譜》。取其理通者爲之，特稍訂其甚者。」此譜或爲清人所編，託名喬氏，抑即王氏所爲。

公姓宗氏，諱澤，字汝霖。系出南陽漢汝南太守資公之裔。五代之亂，其祖避地江南，居婺州義烏，世爲義烏縣人。母夫人劉氏夢天大雷，電光燭其身而生公，有金麟現於縣治二都宗堂，時宋嘉祐四年己亥十二月十四日巳時也。

公爲人端方質直，平居不妄笑語，律己甚嚴。事悖於禮，雖毫髮不犯；義所當爲，鼎鑊在前不恤。爲文不事雕琢，渾然天成。於書無所不讀，尤邃《左氏》。親故貧者，多依以爲活，而自奉甚薄。

**元祐六年辛未，公年三十三。**

登馬涓榜進士。廷對，直陳時病，幾萬餘言。主文者惡其直，置末甲。

**元祐八年癸酉，公年三十五。**

以將仕郎調大名館陶縣尉，攝邑事，不奄月，訟庭闃然。

**紹聖二年乙亥，公年三十七。**

呂惠卿帥鄜延，辟公置幕府，辭。即檄與邑令視河壖。公適喪長子，捧檄遽行，惠卿曰：「可謂國爾忘家者。」適朝廷大開御河，時方隆冬，役夫僵仆於道中，使監督甚急。公上書帥司，身任其責，乞需之至初春。上聞，從之。

**紹聖四年丁丑，公年三十九。**

河浚成，所活甚衆。

**元符元年戊寅，公年四十。**

循通仕郎，遷衢州龍游令。民未知學，公爲建庠序，設師儒，講論經術，風俗一變，擢科者相繼起。里閭惡少嘗十百爲羣，持蛇虺擾民以規利，前令不能禁。公密白之州，籍其壯者爲軍，風遂革。

**元符三年庚辰，公年四十二。**

調文登令。未幾，丁母淑人贈夫人劉氏憂。

**崇寧二年癸未，公年四十五。**

調萊州膠水令。有溫包者挾勢害民，公案前後犯法治之。有強賊百餘人侵縣境，公率僚屬親捕之。一士族女被掠，匿旁郡，不能獲。公徑造賊壘，取女以出，斬首五十餘，焚其廬。州奏功於朝，進文林郎。同社生林迪者，先公登第，官萊之別邑，以病告。公親往視之，力任後事，以迪女妻康森，以親女妻森之弟劦，申愛好焉。迪子懋從公討賊，得官爲文登令，卒於官，公厚以俸資其行。

**崇寧五年丙戌，公年四十八。**

丁父贈朝散大夫公憂。

**大觀三年己丑，公年五十一。**

循承直郎，再調晉州趙城令。修媧皇祠，新趙簡子廟。上書於朝，請陞縣爲軍。書聞，不盡如所請。公曰：「今承平時固無慮，他日有警，當知吾言矣。」

**政和三年癸巳，公年五十五。**

以薦改奉議郎，知萊州掖縣。部使者得旨市牛黃，督責急，州縣惶懼，相與歛錢賂上下胥吏。公獨具狀申提舉，部使者怒，欲劾邑官，公曰：「此澤意也。」獨書銜以上，獲免。爲青帥王甹所知，辟置幕府。

**政和五年乙未，公年五十七。**

有旨遴選能吏，差通判登州。有宗室財用田數百頃，皆不毛之地，歲輸萬餘緡，率橫取於民，公條奏除免。黃縣有大俠請於朝，大起夫役治河事，公條具申乞寢罷。道士高延昭者，恃勢犯法，公窮治之不少貸。朝廷遣使結女眞爲海上之盟，公語所知曰：「軍興多事，自茲始矣。」磨勘承議郎。

**宣和元年己亥，公年六十一。**

丐祠，得主管南京鴻慶宫。退居東陽，結廬山谷間，著書自適，有終老之志。會延昭倖用，訴公改建神霄宫不當，林靈素主坐，褫職，編置潤州，居丹徒。

**宣和三年辛丑，公年六十三。**

兄汝賢卒。

**宣和四年壬寅，公年六十四。**

夫人陳氏卒，藁葬丹徒京峴山，結廬龍目湖上。經郊恩，叙宣教郎，就差監潤州都酒税，盡心酒職。

**宣和六年甲辰，公年六十六。**

除通判巴州事。

**靖康元年丙午，公年六十八。**

御史中丞陳過庭等列薦，召赴闕，奏對三策，上嘉之。假宗正少卿，充和議使。公力奏名不正，請改計議使。議者謂公剛方不屈，恐害和議，不遣，公抗章論列宰相非其人。

九月，除朝奉郎、直秘閣、知磁州。磁經敵騎蹂躪，人民逃徙，不復可守。公出俸募義勇，爲固守計，不逾月而辦。時太原失守，官兩河者率託故不行，公單騎就道，從羸卒十餘人往援。加河北義兵都總管。

十月，眞定陷，河北居民震恐。公條畫邊防要策，與勤王之議並上之。

十一月，詔加秘閣修撰。斡離不叩磁州，公以神臂弓射走，追擊大敗之。康王再使金，行至磁，分力陳敵情，諫阻勿從。因假神以留，請謁嘉應祠。夜以神馬唧車輦，以塞其路，王遂回相州。閏十一月，奉皇帝蠟詔，充兵馬副元帥。奪李固渡，遣壯士夜擣之，破三十餘寨。大元帥承制，除集英殿修撰。

**靖康二年丁未，公年六十九。**

正月，自大名至開德，捷敵十三戰。上大元帥書，乞檄諸道約日進兵。又移書趙野、范訥、曾懋，約入援京城，無一人應。公以孤軍進南華，遇敵，敗之。

三月，敵寇開德，公遣孔彥威敗之。犯濮州，遣權邦彥敗之。復向開德，遣邦彥、彥威合擊，敗之。公親提所節制兵進衛南直入，躬冒矢石，大敗之。公曰：「敵十倍於我，一戰而卻，必復來。」乃暮徙軍南華，敵果至，得空營，大驚，敵自是不敢復出兵。公遣兵過大溝河襲擊，屢戰屢捷。大元帥承制，除徽猷閣待制。聞二聖北遷，公即臨濮，提孤軍趨滑，走黎陽，至大名，欲徑渡河迎復乘輿，而勤王之兵無一至者。屢狀乞大元帥康王進位，以定民心。

五月，王南京即位，改元建炎元年，詔公赴行在，覃恩轉朝請郎。

六月，入對，涕泗交頤，陳興復大計。除龍圖閣學士，知襄陽府，提舉隨、房、郢州兵馬巡檢事，改知青州。上丞相李綱書。

七月，知開封府。到京城，首發爲敵之淵藪者誅之，由是盜賊屏息，市肆商賈如舊。除東京留守。

八月，除延康殿學士，京城留守，兼開封尹。具狀辭，復詔不允。賜對衣、金帶、鞍馬，屢詔獎諭。感上知遇，益自奮勵，繕城壁，浚隍池，治器械，募義勇，措置各有條緒。上疏乞回鑾益力。招巨盜王再興、丁進、李貴、王善、楊進、王大郎等兵百餘萬，悉聽命效死，各賞有差。秉義郎岳飛犯法將刑，公奇爲將材，釋罪，令復汜水，立功，補爲統領。授以陣圖，戒毋野戰，後遷飛爲統制。軍聲大振，敵人不敢稱名。上遣中使傳宣撫慰。

**建炎二年戊申，公年七十。**

正月，敵自鄭直抵白沙。公命榜市張燈，弛夜禁，密遣劉衍夜擣之，大捷。

二月，敵再犯西京。公遣李景良、閻中立、郭俊民趨鄭，大敗敵。衍班師，敵復入滑，張撝請往，衆寡不敵，撝爲所害。公聞報，遣王宣往援，設奇取勝，公即令宣權知滑州。迎撝喪還，爲服緦麻，哭甚慟，厚恤其家，乞䘏典。詔進公朝奉大夫、資政殿學士，辭。復詔，上表謝。詔進禦鎮江，爲統領都統元帥，賜對衣、玉帶、鞍馬。

三月，獲酋長王策於河上。公親釋縛，解衣與語。策感泣，盡陳敵情。召諸將議決大舉之計，泣約即日渡河。詔賜茶藥及傳宣撫慰。

四月，斬統制趙世隆，釋其弟世興，令取滑州，克敵。誅爨芻之趙海。給資糧文憑與契丹漢兒及被擄民，榜示陷沒州縣。奏乞差崔興知西京、閻勍保護陵寢。乞修隆德宮，迎復二聖。

五月，乞改修寶籙宮。遣少尹范世延及子機幕穎詣闕請回鑾，上撫勞，賜予有差。

六月，起師結連諸忠義山水寨民兵，約日進發。權臣忌嫉，從中阻之。積憤成疾，疽發於背。諸將問疾，公囑曰：「殲滅雠方，以成主上恢復之志，雖死無恨。」衆皆墮淚，公嘆曰：「出師未捷身先死，長使英雄淚滿襟。」無一語及家事，但連呼過河者三而薨。是日風雨晝晦，星殞於營，爲七月十二日未時也。

公先乞休，特進朝散大夫，依舊資政殿學士。繼以遺表聞，時已有旨拜門下侍郎、御營副使、依舊留守。至是贈觀文殿學士、通議大夫致仕。

公薨之日，朝野無賢愚皆爲號慟，三學之士爲文弔之。公子潁居戎幕，素得士心，都人相與請於朝，願以繼父任。時朝廷已命杜充留守，以潁直秘閣、充留守判官。充酷而無謀，盡反公所爲。數日間，將士去者十五。潁屢爭不從，力乞終喪。得請，與岳飛扶柩歸京口，與夫人陳氏合葬於丹徒京峴山。

潁乞謚於朝，賜禮部太常擬謚議，危身奉上曰忠，正直無邪曰簡。加贈開府儀同三司，卹典廕一子，五孫，曾孫十八人。

知婺州金華余翺爲公狀，顯謨閣學士曾楙爲墓銘。樞密副使岳飛建功德院於雲臺寺，吏部侍郎、知鎮江軍府俞烈即墓道建享堂。教授方符裒其文集，藏於學宫。浙西提點刑獄兼知鎮江軍府婺州喬行簡著。

# 宗忠簡公年譜

（清）宗嘉謨 編
吴洪澤校點

民國六年常熟桐柏山房鉛印本

宗澤（一〇五九—一一二八），字汝霖，婺州義烏（今屬浙江）人。其生平事蹟已見前譜簡介。

此譜爲宗澤二十五世孫嘉謨所編，有光緒十二年自跋及清沈曾植序，今存光緒間紅格抄稿本（上海圖書館藏）及民國六年（一九一七年）常熟桐柏山房鉛印本。是譜參輯《遺事》、史傳、家譜及喬行簡譜，又稽考《建炎以來繫年要録》、《續資治通鑑》及文集，叙述詳備，考證較確，頗具參考價值。又編者認爲宗澤、岳飛功敗垂成，以及黄潛善、汪伯彥、秦檜之得售其奸，與高宗不願迎回徽、欽二帝直接相關，也頗有見地。

# 忠簡公遺像

公之力足以旋乾而轉坤，公之功足以攘夷而安夏。始以一言，能反北旆而南還；終以二十四疏，不能回南轅而北駕。且留鑰之任方切，而巧言遽入於帝聰；渡河之志未酬，而大星已隕於中夜。何人之於公則知媢嫉，而天之於公則不知假借。此百世之下，有志之士所以想英風而激昂，拜遺象而悲咤也。

東吴吴伯宗敬題

此宗忠簡公遺象也。守仁讀史至公傳，未嘗不爲之扼腕而流涕。廣右廉訪使朝用先生，公之苗裔，余同年友也，屬爲之贊。余悲公見抑於權奸而積憤以死也，遂贊之曰：天之義氣，偉人受形，乃大雷電，以赫厥靈。宋帝蒙塵，惟公純臣，百萬義旅，一呼響臻。回鑾之疏，二十四上，積憤而逝，風雨震蕩。忠肝義膽，泰山莫撼，堂堂遺象，淚襟在覽。丹青載見，目光如電，英姿颯爽，怒髮思戰。三呼渡河，一語無他，千載憤激，轉谷盤渦。

姚江王守仁謹贊

# 序

《宗忠簡公年譜》二卷，公二十五世裔孫伯皋教諭所輯也。徵諸文集者若干事，引申史傳，旁推交通，徵諸譜錄別記者復若干事。靖康去今八百數十年，披卷讀之，當時艱難任事之心，與夫君相回皇失圖，守土吏之喪心，驕兵悍將之外逋而內畀，崩敗情由，年經月緯，條繫件附，本著未完，眎而可識。嗟夫！忠簡年三十始成進士，隨牒州縣，沈埋簿領，歷哲、徽兩朝，復三十餘年。及靖康初，侍從乃以任臺諫薦公，是時已六十八歲矣。自奉使而改差知磁州，而義兵都總管，而副元帥，遺大投艱，撐持危局，中間才旬月耳。固非有素養之威，預定不可動移之計畫，僚佐殆無足與言。烏合雲擾之衆，王善、孔彥舟、趙世隆、丁進之徒，名爲義兵，其實與古平、林下、江尤、來大槍等無有異，以之捍粘罕、斡離方張之敵，懸計情勢，軍府草創，可爲寒心。公於此時，仡立於蕩搖震悚之中，不告急，不乞援，指揮閒暇，壹以忠憤至誠爲倡率，義心昭激，鋒勢自張。金自建炎二年，西略關中，南蹂唐、鄧，再出入於西京，而當公世，卒不敢復突東京城壁。用此知名義綱常所固結，亡者可存，危者可安，抑且弱者可強，亂者可整。公所立，金人知之，盜賊知之，而南宋君臣瞠目若無所覩，甚且謂狂。然則北宋之亡，非亡於敵國，乃亡於不信仁賢，惡直醜正之卿士大夫。魚爛自內，百代同軌，可悲痛也！《宋史》公傳叙事多不著歲月，《本紀》有月日而事不具，王善、丁進之徒及所謂山水寨兵者，與岳武穆北伐軍情往往相涉。武穆之方略，即忠簡方略也。宗君若於有關兵事諸人，原始要終，更一一詳其本末，於宋金南北進退之故，益可洞知。證之劉知遠之卻契丹，而知宗、岳規模，固以運河北三鎮於掌上，「過河」之語，具有成算，豈僅策勵將士之常言哉。姚埭老民沈曾植書。

# 宗忠簡公年譜卷之上

宋仁宗嘉祐四年己亥

冬十有二月乙亥，公生。公子穎述《遺事》，喬行簡撰《舊譜》。

公姓宗氏，諱澤，字汝霖，系出南陽漢汝南太守資。五代之亂，避地江南，居婺州之義烏縣。

曾祖諱惠，祖諱拱，父諱舜卿，皆不仕。母劉氏。公生之前夕，劉太夫人夢天大雷電，光燭其身，翌日而生公，有金麟見於縣治二都宗堂。

公兄弟四人，長沃字汝賢，次即公，次嶧，次灝。公撰《伯兄汝賢墓誌》，參《宋史》本傳、《遺事》、《家譜》、《舊譜》。

謨按：《宋史》是年十二月爲壬戌朔，《家譜》公生巳時。

五年庚子，公年二歲。

六年辛丑，公年三歲。

七年壬寅，公年四歲。

八年癸卯，公年五歲。

英宗治平元年甲辰，公年六歲。

二年乙巳，公年七歲。

三年丙午，公年八歲。

四年丁未，公年九歲。

神宗熙寧元年戊申，公年十歲。

二年己酉，公年十一歲。

三年庚戌，公年十二歲。

四年辛亥，公年十三歲。

五年壬子，公年十四歲。

六年癸丑，公年十五歲。

七年甲寅，公年十六歲。

八年乙卯，公年十七歲。

九年丙辰，公年十八歲。

十年丁巳，公年十九歲。

元豐元年戊午，公年二十歲。

二年己未，公年二十一歲。

三年庚申，公年二十二歲。

四年辛酉，公年二十三歲。

五年壬戌，公年二十四歲。

六年癸亥，公年二十五歲。

七年甲子，公年二十六歲。

八年乙丑，公年二十七歲。

哲宗元祐元年丙寅，公年二十八歲。

二年丁卯，公年二十九歲。

三年戊辰，公年三十歲。

四年己巳，公年三十一歲。

五年庚午，公年三十二歲。

六年辛未，公年三十三歲。

是年春三月己巳，上御集英殿策進士。壬午，賜禮部奏名進士、諸科及第出身凡九百五十有七人。《宋史·哲宗本紀》。公登馬涓榜進士第。時宣仁聖烈皇后垂簾，詔廷對策限以字數，同輩相告曰：「必如詔可以中程。」公曰：「事君盡忠，自今日始，豈可圖前列而效寒蟬乎！」遂力陳時弊幾萬餘言，且及吴處厚、蔡確事，曰：「自古興衰治亂，悉由人材。人材之困厄於朋黨，今處厚箋註詩章，臣恐朋黨之禍自此始。」主文者以其言直，恐忤旨，置末甲，賜同進士出身。本傳，參《遺事》、《舊譜》。

七年壬申，公年三十四歲。

八年癸酉，公年三十五歲。

是年，以將仕郎調大名府館陶縣尉，攝令事。吏多易之，及諜訴遝至，剖析曲直，迎刃而解，不奄月，訟庭闃然。本傳，參《遺事》、《舊譜》。

紹聖元年甲戌，公年三十六歲。

是年在館陶。

春正月，次子穎生。《家譜》。

**二年乙亥，公年三十七歲。**

是年在館陶。

冬，呂參政惠卿自大名移帥鄜延，辟置幕府，固辭不就。即檄與邑令視河堤。檄到，適喪長子，名順。奉檄遽行。惠卿聞之，曰：「可謂國爾忘家者。」本傳，參《遺事》、《家譜》、《舊譜》。

**三年丙子，公年三十八歲。**

是年在館陶。

冬十月，撰《葉處士墓誌銘》。《文集》。

朝廷大開御河，隆冬役夫僵仆於道，中使不以申奏，督甚急。公上書帥司，略曰：「某非有避也，時方凝寒，銛钁一舉，冰凍已合，徒苦民而功未易集。少需之至初春，可不擾而辦，當身任其責。」卒用公言上奏，從之。本傳，參《遺事》、《舊譜》。

**四年丁丑，公年三十九歲。**

是年，御河浚成，所活甚衆。《遺事》、《舊譜》。

秩滿去官。《遺事》。

**元符元年戊寅，公年四十歲。**

是年，循通仕郎，遷衢州龍游令。

龍邑小，民未知學，公爲建庠序，設師儒，延見諸生，講論經術，風俗一變。自此擢科者相繼起。本傳，參《遺事》、《舊譜》。

謨按：《遺事》云「紹聖五年遷龍游令」，攷《宋史》紹聖止四年，所謂「五年」者，當係元符元年也。

**二年己卯，公年四十一歲。**

是年在龍游。

里閭惡少常十百爲羣，持虺蛇擾民以規利，稍不如意，輒鼓譟，前令不能禁。公密白之州，籍其壯者爲軍，風遂革。《遺事》，參《舊譜》。

**三年庚辰，公年四十二歲。**

是年夏五月，撰《龍游縣義學記》。《文集》。

調登州文登令。《舊譜》。

丁劉太夫人憂。《遺事》、《舊譜》。

**徽宗建中靖國元年辛巳，公年四十三歲。**

**崇寧元年壬午，公年四十四歲。**

**二年癸未，公年四十五歲。**

是年服除，調萊州膠水令。

膠號劇邑，豪奸宿蠹挾勢虐民。有溫包者，恃陰告人，率不實，公案前後所犯治之。州別駕某與包有連，以位臨曰：「令敢爾耶！」公曰：「包犯法，某以法治之，不知其他也。」《遺事》，參《舊譜》。

**三年甲申，公年四十六歲。**

是年在膠水。

有強賊百餘人侵縣境，率僚屬親捕之。《遺事》、《舊譜》。

一士族女被掠，匿旁郡，久之不能獲。公廉得其跡，越境徑造賊壘，取女以出，斬首五十餘級，焚其廬。州奏功於朝，晉文林郎。《遺事》、《舊譜》。

**四年乙酉，公年四十七歲。**

是年在膠水。

同舍生林迪者，先公登第，音問不相及者累年。官萊之別邑，公始至膠，迪絜家詣公，經旬而去。後以病告，公往視之，垂革，語曰：「迪身後如何？」公曰：「某任後事。」既以迪女妻修職郎康森，且慮居處南北，復以己女妻森之弟劢，申愛好焉。後迪子懋從公討賊，得令文登，卒於官，貧不能歸葬，公以俸資其家行。《遺事》，參《舊譜》。

五年丙戌，公年四十八歲。

是年，丁贈（朝散大夫）公憂。《遺事》、《舊譜》。

謨按：公撰《陳處士墓誌銘》有「某護先人喪歸自膠水」語，是公丁父憂在膠水令任也。

大觀元年丁亥，公年四十九歲。

二年戊子，公年五十歲。

三年己丑，公年五十一歲。

是年服除，循承直郎，再調晉州趙城令。下車修媧皇祠，新趙簡子廟。《遺事》、《舊譜》。

四年庚寅，公年五十二歲。

是年在趙城。

政和元年辛卯，公年五十三歲。

是年在趙城。

上書於朝，請升縣爲軍。書聞，不盡如所請。公曰：「方今承平固無慮，他日有警，當知吾言矣。」本傳，參《遺事》、《舊譜》。

二年壬辰，公年五十四歲。

是年在趙城。

三年癸巳，公年五十五歲。

是年，以薦改奉議郎，知萊州掖縣。部使者得旨市牛黃，督責急，縣坐數百兩，吏民惶懼無以應，相與斂錢賂上下胥吏丐免。公上書曰：「方時疫癘，牛飲其毒，則結爲黃。今和氣横流，牛安得黃？」使者怒，欲劾邑官，公曰：「此某意也。同僚何與？」獨書銜以上，牛黃竟免，亦不加罪。本傳，參《遺事》、《舊譜》、畢沅《續資治通鑑》。

公前後宰四邑，其綱條簡而不煩，所至稱治。嘗語人曰：「某之作邑，其始以信，濟之以威，信既孚矣，威亦何用。」直龍圖閣范公純粹知公深，每對客語及作縣，則曰：「如宗君所至有去思，雖古循吏未見其比。」《遺事》。

**四年甲午，公年五十六歲。**

是年在掖縣。

甫及考，爲青帥王公旉所知，辟置幕下。未幾旉罷，中書梁公子美來繼任。公投牒丐去，子美驚曰：「聞名舊矣，何疑而遽去也？」公力辭不獲。子美欲新青城壁，擬拆齊之樓櫓以助增修，檄公往視。公曰：「齊亦吾地，損彼益此，人必以公爲隘，願勿毁。」子美欣然從之。《遺事》。

**五年乙未，公年五十七歲。**

是年，有旨升登、萊、濰、密四州爲次邊，遴選能吏可任守貳者。子美以公名應選，差通判登州。郡有宗室財用田數百頃，皆磽瘠不毛之地，歲輸萬餘緡，無所收，率横取於民以應辦。公條奏得免。本傳，參《遺事》、《舊譜》。

黄縣有大俠，與河上居人有隙，以治河請於朝，下部使者大起夫役。公曰：「是役也，吾未見其利，而徒擾民。」條具乞罷，朝廷從之。《遺事》，參《舊譜》。

**六年丙申，公年五十八歲。**

是年在登州。撰《陳評事墓誌銘》。《文集》。

**七年丁酉，公年五十九歲。**

是年在登州。

道士高延昭者恃勢犯法，不復以州縣爲意，公窮治之弗少貸。《遺事》，參《舊譜》。

**重和元年戊戌，公年六十歲。**

是年在登州。

朝廷遣使由登州結女眞，盟海上，謀夾攻契丹。公語所親曰：「天下自是多事矣。」本傳，參《遺事》、《舊譜》。

磨勘〔轉〕承議郎。《舊譜》。

宣和元年己亥，公年六十一歲。
是年春三月甲子，坐知登州建神霄宫不虔，除名編管。《宋史·徽宗本紀》。
先是，公已丐祠，得主管南京鴻慶宫，方退居東陽，結廬山谷間，著書自適，有終焉之志。會高延昭訴於朝，以公改建神霄宫不當，林靈素主之，褫職，羈置鎮江府。公聞命，曰：「罪大責輕，丹徒善地。」即日就道。本傳，參《遺事》、《舊譜》。
謨按：公本官登州判，而《本紀》作知登州，似公已擢知州事，非復通判矣。
二年庚子，公年六十二歲。
是年在丹徒。
三年辛丑，公年六十三歲。
是年在丹徒。
春二月，伯兄汝賢卒。《汝賢墓誌銘》、《舊譜》。
四年壬寅，公年六十四歲。
是年在丹徒。
秋七月，夫人陳氏卒，葬京峴山之陽，結廬龍目湖上，賦詩誌感。《詩集》，參《遺事》、《舊譜》。
經郊恩，得自便。《遺事》，參《舊譜》。
差監鎮江府酒税，叙宣教郎，盡心乃職。《遺事》，參《舊譜》。
五年癸卯，公年六十五歲。
是年在丹徒。
冬十二月，撰《陳處士墓誌銘》。《文集》。
六年甲辰，公年六十六歲。
是年春，通判巴州。《遺事》、《舊譜》。
夏，撰《賢樂堂記》。《文集》。
秋，撰《重修英惠侯義濟廟記》。《文集》。
冬十一月，撰《義烏滿心寺鐘記》。《文集》。
七年乙巳，公年六十七歲。

是年在巴州。

冬，撰《伯兄汝賢墓誌銘》。《文集》。

謨按：《誌》云「卜宣和丙午正月乙酉葬兄於同義鄉」，攷《宋史》丙午爲欽宗靖康元年，非復宣和，大約撰此誌時，尚在乙巳之冬，不知來歲禪位改元故耳。

**欽宗靖康元年丙午，公年六十八歲。**

是年，有詔侍從官各舉所知，御史中丞陳過庭等薦公可任臺諫，召赴闕。公奏對三策，上嘉之。時粘沒喝、斡離不再犯河朔，王師一再失利，廷議遣使。本傳，參《遺事》、《舊譜》。

秋八月，假公宗正少卿使斡離不，假李若水祕書少監使粘沒喝，七日起發，公曰：「此行不生還矣。」或問其故，公曰：「某豈能屈節外庭，上辱君命耶！彼如悔過退師固善，否則與之力爭，必死敵手。」初名和議使，公力奏名不正，請改曰計議使，從之。議者謂公剛方難合，且徒死何補，時廷意主和，遂改命著作郎劉岑。本傳，參《遺事》、《舊譜》。

初，王雲使北歸，過磁、相，謂守臣曰：「敵聲勢非前日比，且善因糧，若清野則無所得矣。」兩州如其言。公抗章論列宰相非其人，及安撫使、副提大軍逗遛不前，并劾雲張皇敵勢，迫脅人主，及請河北西路清野，聲東應西，恐從東路入寇，雲墮賊計，先自困西路耳。上以章示雲，雲于是憾公切骨。《遺事》，參《舊譜》、李幼武《四朝名臣言行別録》。

九月，會詔選易河北帥臣等。辛未，除公朝奉郎、直祕閣、知磁州。

時太原新失守，眞定圍甚急，河東、北

州縣多闕官，被命者率託故不行。公曰：「食君祿而臨事畏避，君何賴焉！」即日單騎就道，從羸卒十餘人至河上。自北來者盡驚，曰：「敵已犯眞定矣，雖往何益！」公笑不納。庚辰至郡。磁經敵騎蹂躪，人民流徙，帑藏枵然，不復可守。公則繕城壁，浚隍池，治器械，募豪傑，爲必守計，不逾月而辦。惟糗糧不足，視帑中所有，盡以高價糴米數萬斛，然後廣募義兵，應者雲集。度所儲尚不能久贍，又出俸助之，由是民間爭獻金穀。本傳，參《遺事》、《舊譜》、《續通鑑》。

上疏乞邢、洺、磁、趙、相五州各養精兵二萬，敵攻一郡，則四郡應援，是一郡常有十萬兵也。上嘉之，嘗以語康王，其後諸郡議卒不用。《遺事》，參《言行録》、《續通鑑》。

敵人再犯河朔，攻堡寨，不克，遂治兵中山，大會酋長諸番部於眞定，晝夜急攻。壬辰，上親賜劄獎勵，除公河北義兵都總管。有招安強寇號第十三將，首令者恣横凶暴，不改故態，公命斬之，領所練義兵，直抵眞定，屢與敵戰，兵力單弱，圍不可解。本傳，參《遺事》、《舊譜》、《言行録》。

冬十月丁酉，眞定陷，居民震恐。公條畫邊防要策，與勤王之議併上之。本傳，參《遺事》、《舊譜》。

十有一月，詔除秘閣修撰。《遺事》，參《舊譜》、《言行録》。

斡離不自眞定引兵南進，陷慶源，安撫使范訥率兵五萬守滑、濬以扞之。公亦大治甲兵，聲振河朔。斡離不知有備，乃東趨大名，歷魏縣。乙亥，自李固渡渡河，恐公兵躡其後，遂分遣數千騎直叩磁州城下。公披甲乘城，令壯士以神臂弓射之，矢下如雨。敵退走，開門縱兵追擊之，斬首數百級，所得牛馬金帛盡以賞軍士。其用神臂弓者，尤厚賞之。自是義兵人人奮勵，迭出擊敵，或守要害，日有捷音。本傳，參《遺事》、《舊譜》。

初，刑部尙書王雲遣從吏李裕間道馳歸，傳斡離不語：「若得親王、兩府奉使議和，兵庶可解。康王嘗與斡離不周旋，北人畏服，乞遣康王。」朝廷從之。公抗章乞輟其行，上猶豫。會雲繼至，請益堅，乃用雲計。乙亥，王被旨出使，以雲副之，許割三鎭，奉袞冕車輅，尊其主爲皇叔，且上尊號。丁丑發京師，辛巳至磁，公率官吏迎謁，曰：「王乃欲親使敵中乎？」王曰：「奉上命，不可不行。」公曰：「更熟議之。聞敵由大名已渡河矣，恐不可去。萬一更如肅王爲敵所留，又將若何？某觀敵情豈有肯和之理，特設詭詞，欲誘致王耳，可不察乎？」會郊外塵飛蔽天，公密遣裨將張宗領騎數百覘之。甫行三十里，遇敵騎，遙問宗：「是非康王與王尙書使乎？」宗應曰：「是。」曰：「傳語尙書，可速來。」宗歸以告，公密戒城中爲備，且以宗所見白之王，曰：「敵情灼然可見，願王勿行。」王因問所養兵，公曰：「民兵可及萬人，皆在近地，急則呼之，饋不費糧，趙、洺、邢、相無有也。」雲面責公曰：「公前日見劾，何也？」公曰：「如公固不足劾。自安撫使副劉韐等，某無不劾之。大抵張皇敵勢者，天下所共疾，何獨某哉！」王行期未決，磁有嘉應侯祠，州人事之甚謹，請王與雲共謁祠。壬午，王謁祠，州民遮馬諫。參謀官耿延禧、高世則謂雲勿與辨，竟進至祠。民心益忿激，厲聲指雲曰：「此清野之人，爲敵計，眞細作也！」謁神畢，民如山擁，公謂雲曰：「外頗喧亂，可偕行。」雲易之，與延禧、世則先出，遂遇害。及王出祠門，父老前言曰：「今離北門五六十里，即有敵騎。」王諭以不復北去，衆始退。又令公取首亂者一人斬之，收雲從吏隸王府，內外乃定。於是發雲行李，得國書并上賜肅王及夫人書，長主與都尉曹晟書，咸已發封，知前後未嘗達也。又得皀裘一、番巾三、羅綾錦各一，王曰：「必有人見此，故謂雲爲細作也。」廟有馬，是夜果銜車輦等物以塞去路。公曰：「此可以見神之意矣。」衆因謂磁不可留。癸未，王回相州。是役也，議者以爲雲不死，王必無復還之理。《宋史》欽宗、高宗本紀，參本傳、《遺事》、《舊譜》、《言行録》、李心傳《建炎以來繫年要録》、《續通鑑》。《要録》註引汪伯彦《建炎中興日曆》、耿延禧《中興記》所載，似雲之死皆由於公，而心傳謂公與雲雖不協，然特不欲雲奉王入金，故邦人殺之而不救，非以私恨也。伯彦、延禧與公議論不合，詞多毀之。今但云磁人殺雲，庶不失實。

乙酉，斡離不軍劉家寺，京城戒嚴。《遺事》。

閏月癸巳，粘沒喝亦至，軍青城。《遺事》。

己酉，朝廷遣忠訓郎、閤門祗候秦仔等賫蠟書詣康王，令充兵馬大元帥，陳亨伯充元帥，公及汪伯彦充副元帥，率兵入援。《本紀》，參本傳、《遺事》、《舊譜》、《言行録》、《繫年要録》、《續通鑑》。

丙辰，京城失守。《遺事》。

戊午，王語僚屬曰：「吾夕夢上解衣賜我，我服之，此何徵也？」有頃，仔至，以蠟書進。王涕泣，望闕謝恩，軍民感動。《遺事》。

十有二月壬戌朔，王開大元帥府於相州，備御劄行下，公拜命感泣。《本紀》，參《遺事》、《繫年要録》。

甲子，御前再遣閤門祗候侯章至大元帥府，出蠟書，令康王盡起河北精兵入援。乙亥，王發相州，丁丑，至大名。先是，公屢言宜會兵李固渡，斷敵歸路，衆議不可。公聞敵騎往來不斷，自將秦光弼、張德出東西兩門夾擊之，敵兵大潰，斬首數百級，因拔城下寨。光弼兵不過千餘，更出迭進，以撓李固寨。敵既渡河，留兵數萬屯西岸，有寨數百，公時遣壯士夜擣之，破三十餘寨，奪其資糧。翌日，大元帥府檄至，約提兵會大名，遂班師。公即量留兵守磁，盡提所募兵渡漳水，宿鄴鎮。軍馬履冰渡河，時天大雪，公披堅乘馬，道逢郡守，往往卧氈車、賫庖具自隨。公與士卒同甘苦，故人樂爲用。癸未，公以二千人先諸軍至大名參王。王大悦，拊循甚至，談論終日。公曰：「京師受圍久，入援不可緩，乞早處分。」王諭公就副帥職僉書公名，公稟命退，劄除集英殿修撰，翌日入謝。《本紀》，參本傳、《遺事》、《舊譜》、《言行録》、《繫年要録》、《續通鑑》。

乙酉，知洺州王麟將千人，詣大元帥府告歸視親疾，允之，以兵隸公。《遺事》。

丙戌，王會幕府議行軍所向，公請直趨開德府，次第進發，以解京師之圍。伯彦曰：「不可。敵兵十萬圍京城，四控要害，自衛南抵都城，壁壘相望，覘者水火不通。吾當量力，何論解圍也。」公曰：「京城圍久，君父望援，何啻飢渴。方今之計，當言軍中久不聞天子詔，願見君父，既曰通和，請亟退師。設有異謀，吾兵已在城下矣。」王從之。伯彥等勸王命公先行，審敵情，大元帥以次進發。戊子，公發大名，以劉浩將前軍，尚公緒將左軍，陳淬將中軍，常景將右軍，王孝忠將後軍，河北轉運判官顧復本隨軍應付，趨開德，聲言王在軍中，恐金人知王所在，且再至也。庚寅，王發大名，如東平，自是公不得與府中謀議矣。《本紀》，參本傳、《遺事》、《言行録》、《繫年要録》、《續通鑑》。《要録》載是月戊子，命公以萬人進屯澶淵，註謂《遺事》云，命公提兵二萬先行，誤也。據《中興日曆》，此行實以帥府先鋒、右軍、後軍五千人及招到常景二千人、王麟千人隸之，明年春乃益以孔彥威所部萬人爾。又云，大名人楊青去爲盜，有衆萬人，最凶狡。磁、相間有盜常景者聚衆二千，據天平山。青自衛、濬破之，既而各以其衆降王，以青爲先鋒統制，景爲公右軍統領。

**二年**五月以後爲建炎元年**丁未，公年六十九歲。**

是年春正月辛卯朔，公至開德府。時遣精鋭與敵挑戰，前後十三戰，兵出輒捷，敵自是不犯開德。本傳，參《遺事》、《舊譜》、《續通鑑》。

癸巳，王次東平。敵挾帝迎王甚急。乙未，遣中書張澂行。戊戌，澂持詔直叩開德，問王所在，諸將以不知答之。澂曰：「敵方登城，援兵未可進，進退徒誤大事。」公曰：「此賊爲敵來款我師也。」令壯士乘城射之，澂與敵俱遁。《本紀》，參《遺事》、《言行録》、《繫年要録》。

辛丑，知冀州權邦彥帥州兵千人至大元帥

府，屯開德，受公節制。《遺事》，參《繫年要録》。

二月丁卯，王檄公及黄潛善分領勤王兵並發濮州，閭邱陞、姚鵬、孫振等二萬四千人聽公節制。《遺事》。

王會幕府議進兵，不決。《遺事》。

己巳，再檄行下，令審觀形勢，料度彼己，以爲動息。公得檄，即日謀進發，檄閭邱陞，人馬逗遛不前。聞王善叛去，遣人招集之，得三千餘人，以兵力單弱，不能進。《遺事》。

初，閤門宣贊舍人常景之將孔彦威告景叛，王命彦威擒景，許以景官及兵授之。至是彦威斬景首來，除閤門宣贊舍人，統景兵萬人赴開德，令受公節制。《遺事》，參《繫年要録》。《要録》「常景」作「常謹」，註謂景已先撥隸公軍中，姓名偶同音。彦威斬謹在是月丙寅，除彦威官在辛巳，今聯書之。

是時北道總管趙野與河北東路安撫使范訥命軍南京，自號宣撫司。趙軍自大名亂後，尤無紀律，剽掠甚於敵騎。獨公日夕以都城之圍未解，憂慮切至，書告大元帥曰：「敵果修好，即應退師。今兵久不解，疑生變，乞更檄諸道約日進兵，同會京城。」又遺書趙野、范訥及知興仁府曾懋，以君父危急，願協心入援。三人皆以公爲狂，不答。維時統兵者，或環京列屯不進，或徘徊於淮甸間，公料敵決有異謀，且會兵五旬，無一人至者，即欲以孤軍進，召諸將計議，都統制陳淬公中軍將。曰：「敵方熾，未可輕舉。」公怒欲斬之，諸將乞貸淬，使得效死，釋之。會大元帥府檄令會合，庚辰，公乃進柵南華境上，命淬曰：「汝當先諸將一行，贖前日之過。」淬曰：「敢不効力！」遂進兵，未十里，與敵遇，出其不意敗之，即駐兵南華。是日，王發東平，癸未，至濟州。時元帥府官軍及群盜來歸者凡八萬人，自黃河以南，分地而屯，開德府萬九千人，濮州七千人，以拒敵之在衛南、韋城、臨濮者，並隸公。本傳，參《遺事》、《舊譜》、《言行録》、《繫年要録》、《續通鑑》。

三月辛卯朔，二聖在郊宮。《遺事》。丁酉，敵冊太宰張邦昌爲皇帝。《本紀》，參《遺事》、《繫年要録》。

敵自宛亭引衆逼興仁，列柵而屯，復分兵寇開德。庚子，公遣孔彥威與戰，敗之。度敵必犯濮州，急遣權邦彥嚴爲之備。敵果至，接戰，復敗之，駐於近郊。辛丑，再戰，殺傷相當。公自南華遣三千餘騎援濮，敵引去，復向開德。邦彥、彥威合軍夾擊，又大敗之。壬寅，公親提所節制兵進至衛南，先驅報曰：「前逼敵營，當少避之。」公曰：「第言兩國既和，久不退師，我欲入覲君父，敵無得出寨。」諸將莫喻其意，公曰：「以將孤兵寡，不深入重地，不能成意外之功。」揮衆直前，敵亦陳兵以待。公操戈，親冒矢石，與敵戰，敗之，轉戰而東。敵益生兵至，刃既接，陽敗而卻，我師追擊，不利，傷者十二，先鋒將果州刺史王孝忠公後軍將。戰死。公令將士曰：「今前後盡敵壘，進退等死，不可不從死中求生。」士卒亦知必死，人人爭奮，莫不一當百，斬首數千級，敵大敗，退卻數十里，遂得韋城。已而公自計曰：「敵兵十倍於我，一戰而卻，勢必復來。若盡合諸營鐵騎夜以襲我，我軍殆矣。」暮，戒裨將辛叔禧、杜琳曰：「盡徙軍南華。」敵果夜至，得空營，大驚，自此憚公，深溝自固，兵不再出矣。

癸卯，《繫年要録》作「丑」，誤，今從《遺事》。公自南華遣兵過大溝河，出敵不意，襲擊敗之。自戊寅檄後，兵無會者，獨公屢與敵戰，每捷書至，王嘉歎不已，於是承制除徽猷閣待制。《本紀》，參本傳、《遺事》、《舊譜》、《言行録》、《繫年要録》、《續通鑑》。《要録》註引《中興日曆》與《中興記》，於公此次戰事，俱多毀詞。心傳以爲未足信，辨之甚詳。

戊午，公得陷敵宗室二人，問以都城事，言二聖留敵營未還，公具上大元帥府。《遺事》。

己未，公起南華，移屯臨濮。《遺事》，參《繫年要録》。

夏四月庚申朔，兩宮北狩。敵營定議以斡離不軍由滑州進，粘沒喝軍由鄭州進，兩路護送，日行數百里。辛酉，大元帥府傳檄諸郡，令亟會兵城下，以俟進發，奉迎二聖。初，公遣人覘敵動靜，見其日夜益兵，守禦甚嚴，公曰：「是款我師，必欲由他道遁也。」即夜遣兵襲之，得其所掠人，問以都城事，或言二聖已爲彼邀取，間道渡河北去矣。公未之信，方謀引兵渡河，據敵歸路，而對壘諸營，一夕解去，方知二聖果北遷，乃北望號慟。即自臨濮提孤軍趨滑州，走黎陽，由大伾，壬戌《遺事》作「午」，誤，今從《繫年要録》。至大名城南下寨，欲徑渡河迎還乘輿，而勤王之兵無一至者。又聞邦昌僭立，欲先行誅討，乃將所部還屯衛南，密遣健步間道持檄安慰京城士庶。本傳，參《遺事》、《舊譜》、《言行録》、《繫年要録》、《續通鑑》。

甲子，諜者言京城修守禦之具，王曰：「果如此，或諸道兵馬皆來討逆，則吾民重困矣。」乃致書於公，約移師近都，按甲觀變。公復書曰：「人臣安有張紅蓋、服赭袍、居正殿者乎！」並謂今二聖、諸王悉渡河而北，惟王在濟，天意可知。王宜早正天位，亟行天討，興復社稷。繼採報人申俊等申繳邦昌赦文，公讀之，益憤怒，即具申大元帥府。《本紀》，參本傳、《遺事》、《言行録》、《繫年要録》。

丁卯，公言：「敵騎渡絕，已使人焚河橋訖。」王乃檄兩河諸將邀擊敵兵，迎還二聖。《繫年要録》據《中興記》。

戊辰，邦昌使從官入延福宮，請元祐皇后垂簾聽政，遣奉迎使馮（解）〔澥〕、副使李回詣大元帥府迎王，隨行官屬耿南仲等上表勸進，公亦再上狀懇請。初，濟陰有紅光燭天，如赤烏翔翥狀，識者以爲宋火德之符。濟父老乃詣大元帥府，乞王即位於濟。幕府群僚或曰濟，或曰南京，公上狀謂張邦昌久在敵中，范瓊亦是草澤中起，恐其陰與敵結，未可深信。南京乃藝祖興王之地，取四方中，漕運尤易，於是南京之議遂定。《本紀》，參本傳、《遺事》、《言行録》、《繫年要録》、《續通鑑》。

壬申，公聞京城反正，復上劄於王，言：「今天下百姓所繫望者，惟大元帥一人。大元帥行之得其道，則天下將自安；不得其道，則天下從此亂。所謂道者，近剛正而遠柔邪，納諫諍而拒諛佞，尚恭儉而抑驕侈，體憂勤而忘逸樂，進公實而退私僞。」書既上，公謂所親曰：「恐結王之左右矣，不恤也！」本傳，參《遺事》、《言行録》、《繫年要録》。

丁丑，公檄至京城。《繫年要録》。即安慰士庶者。

戊寅，大元帥府命公先勤兵分駐長垣、韋城、衛南、南華，以備非常。己卯，以次進發。《本紀》，參《遺事》。

庚辰，王發濟州。癸未，至南京。《本紀》、《遺事》、《繫年要録》。

謨按：本傳云金人逼二帝北行，《遺事》云「夏四月庚申朔，兩宮北狩」，似徽、欽同時而北矣。然攷之《本紀》，則欽宗確於是月朔北去，徽宗則一作二月丁卯，《徽宗紀》。一作三月丁巳，《欽宗紀》。相距至五十日，一人之行，二《紀》之載，牴牾若是，雖不能決其爲二月或三月，要非與欽宗同行矣。而傳及《遺事》均以爲四月者，或公於同日聞耗也。

# 宗忠簡公年譜卷之下

高宗建炎元年四月以前爲靖康二年丁未，公年六十九歲。

是年夏五月庚寅朔，康王即皇帝位於南京，改元建炎，以黄潛善爲中書侍郎，汪伯彦同知樞密院事。《高宗本紀》，參本傳、《遺事》、《舊譜》、《繫年要録》、《續通鑑》。

辛卯，召公赴行在。《遺事》、《舊譜》、《繫年要録》。

甲午，公上表賀。《遺事》。

丙午，《遺事》作「乙巳」，誤，今從《要録》。準告覃恩轉朝請郎，上表謝。《遺事》、《舊譜》。

分兵河上，量帶數百騎，徑自衛南、南華詣行在。《遺事》，參《舊譜》、《繫年要録》、《續通鑑》。

庚戌，以公爲龍圖閣學士、知襄陽府，提舉隨、房、郢州兵馬巡檢事。時黄潛善等不欲公居中，故與河北勤王守臣權邦彦等並命。《本紀》，參本傳、《遺事》、《舊譜》、《繫年要録》、《續通鑑》。

謹按：公知襄陽府，《遺事》作六月癸亥，而《本紀》及本傳、《要録》皆作是月庚戌，想係庚戌拜命，癸亥赴任耳。

六月己未朔，與李綱相見，論國事，慷慨流涕，綱奇之。既而同入對，氣哽咽不能語，涕泗交頤，上亦爲之動容。復陳興衰撥亂大計，極論當時人材，上問勞甚厚。凡進四劄，其一論人主不可以喜怒爲賞罰，其二論職在任相，其三論當以諫官爲耳目，其四論時不可失。上納其言，將留之，而汪伯彦輩惡公，乃令之襄陽。本傳，參《遺事》、《舊譜》、《宋史·李綱傳》、《言行録》、《繫年要録》、《續通鑑》。

戊辰，時敵有割地之議，公上疏曰：「天下者太祖、太宗之天下，陛下當思傳之萬世，奈何遽議割河之東、西，又議割陝之蒲、解乎！臣雖駑怯，當躬冒矢石，爲諸將先，得捐軀報國恩足矣。」上覽其言壯之，改知青州，兼京東路制置使。本傳、《遺事》、《舊譜》、《繫年要録》、《續通鑑》。

上丞相李公綱書，綱爲上言：「綏集舊都，非宗某不可。」上曰：「某在磁，每下令，一聽命於崔府君。」綱曰：「古人亦有用權術假於神以行其令者，如田單火牛之類是也。京師根本之地，新經擾攘，人心未固，不得人以撫之，非獨外憂，且有內變。」上乃許之，徙知開封府。公拜命，即日就道。本傳，參《遺事》、《舊譜》、《李綱傳》、《言行録》、《繫年要録》、《續通鑑》。

乙亥，至東京。自敵兵退歸，樓櫓盡廢，諸道之師雜居寺觀，盜賊縱橫，人情恂恂。敵騎留屯河上，距京城無二百里，金鼓之聲，日夕相聞，京東西之民咸懷悚慄。公威望素著，首捕爲敵之淵藪者數人誅之，又令都市曰：「爲盜者，贓無輕重，並從軍法。」由是豪強退縮，胥小屛竄，人皆悅服，曰：「今有宗公，民無憂矣。」公察人情粗安，市肆商賈稍稍如舊，乃上疏乞回鑾，第一次。不報。本傳，參《遺事》、《言行録》、《繫年要録》、《續通鑑》。

一日，敵有牛大監等八人以使僞楚爲名，直到京師，公曰：「是假此以覘我虛實也。」即白留守范訥械繫之，且以聞於朝。本傳，參《遺事》、《言行録》、《繫年要録》、《續通鑑》。

乙酉，以公爲延康殿學士、開封尹、東京留守。具狀辭，降詔不允，上表謝。《本紀》，參本傳、《遺事》、《舊譜》、《言行録》、《繫年要録》、《續通鑑》。李綱《建炎進退志》云：「靖康間，公知磁州，上以康邸使虜，公力挽以爲不可行。後即大位，公之功爲多。同列忌之，譖毀百端，不得留府中，既而除守襄陽。余抵行在，公適至，與之語，衮衮可聽，發於忠義。余薦於上，得尹開封，後兼留守。雖嫉之者深，竟不能易其任也。」

繼聞有金陵之議，再上疏言懷忠義者皆願陛下歸京師，不報。《遺事》、《繫年要録》。

謨按：本傳云，金有割地之議，公上疏。《遺事》所載，是月癸亥相同，而註謂「建炎元年六月戊寅，遣傳雱使河東軍前通問二帝，割地之議，當在其時，而史不載，蓋爲公疏所止」，恐誤。戊寅後癸亥十五日，不應已諫止而仍遣使。《要錄》、《續通鑑》均謂黃潛善等復倡和議，公上疏，想因議和而及割地，非在通問時也。又公至京師，《遺事》作七月乙巳。《要録》註謂《遺事》云六月乙亥公至開封，實誤。《要錄》作是月乙亥，相距三十日。又公授留守，《要錄》作是月乙酉，註謂《遺事》云「八月壬戌兼副留守，會范訥罷，乃除留守」。按：訥於六月己卯罷，不應後四十餘日始爲置副，恐誤。今俱從《要錄》。又敵師至京，《遺事》作七月，《要錄》作六月，今亦從之。蓋械繫敵使，乃范訥任留守時事，不及待至七月也。又第一次《乞回鑾疏》，《要錄》繫在知開封之後、至東京之前，亦誤。蓋此疏於抵任旬日後始上，非初受命未履任時語也。

---

秋七月丁未，上命公移所拘敵使於別館，優加待遇。先是，公謂二聖在敵，必欲便行誅戮，恐貽君父憂；若縱之使還，又有傷國體。莫若拘縻於此，俟車駕還闕，登樓肆赦，然後特從寬貸。及是詔下，公上疏謂：「臣愚不敢奉詔，以彰國弱。」上乃親詔諭公，略謂：「卿保護都城，深所倚仗，但拘留金使，未達朕心。」公猶不奉詔。《本紀》，參本傳、《遺事》、《言行録》、《繫年要録》、《續通鑑》。

再上疏乞回鑾。第二次。

詔賜襲衣金帶，上表謝。《遺事》，參《言行録》、《繫年要録》、《續通鑑》。

謨按：詔公優待敵使，《遺事》作八月，《要錄》、《續通鑑》均作七月，今從之。又《遺事》謂上親詔諭公，公始釋八人縱之，上表謝。《要錄》則據傅雱《通問録》，謂明年宇文虛中使汴，公在病告，虛中始釋之，而以《遺事》爲誤。今姑從之。惟集中謝表具在，疑不能明耳。又詔賜衣帶，《遺事》作八月丙寅，《要録》、《續通鑑》均繫於七月丁未公上第二次《乞回鑾疏》之後，今亦從之。

八月壬申，詔公津遣布衣譙定赴行在。定，尚書右丞許翰所薦也。《繫年要録》。

乙酉，時議者多附潛善意，以公拘留敵使爲非，獨御史中丞一作尚書右丞。許景衡上疏謂：「宗某爲尹，威名政績，卓然過人，今之搢紳，未見其比，乞厚加任使，以成治民禦敵之功。」上大悟，下詔謂朝廷別無行遣，亦無臣僚章疏，仍封景衡奏示公，公上表謝。本傳，參《遺事》、《宋史·許景衡傳》、《言行録》、《繫年要録》、《續通鑑》。

九月壬辰，言者謂去歲京城之破，將士弛慢，嬉戲城上，坐觀塡濠，縱敵攻城，公然逃遁，請命留守於金人登城之所，考驗將士效命與逃遁者而誅賞之。詔以付公。《繫年要録》。

甲午，引兵至河北視師。時眞定、懷、衛間敵兵甚盛，州郡有乘城固守者，敵亦大治兵，爲攻拔計。公乃自游家渡過河，會招撫使張所並河西忠義統制等共議所宜。乙未，上《過河措置事宜劄子》，且乞罷講和，仍修武備。庚子，自河北引兵還京師。《本紀》，參本傳、《遺事》、《繫年要録》、《續通鑑》。

辛丑，降詔奬諭，上表謝。《遺事》。

乙巳，時公感上知遇，益自奮勵，乃於京城四壁立界至，各置統領、守禦使，以所募義兵分隸之，隨置教場，爲閱集訓練之地。且造決勝戰車千二百乘，乘用五十有五人，運車十有一，執器械輔車者四十有四，回旋曲折，可以應用。《要録》註謂《中興日曆》云，公戰車初是劉浩創造，每一兩左角、右角、前拒、後拒各二十五人，共四隊，凡用百人。今按：公車制甚備，與伯彥所記不同，疑彼得於傳聞，故不取。又據形勝，立二十四壁於城外，駐兵數萬。公往來按試，周而復始。沿大河鱗次爲連珠寨，結連兩河山水寨忠義民兵，及陝西、京東西路人馬，咸願聽公節制。開五丈河，以通西一作南。北商旅。京畿瀕河七十二里，命十六縣分守之，縣各四里有奇，皆開濠深廣丈餘，於其南植鹿角。又團結班直諸軍，凡民兵之可用者，以備緩急。乃上疏乞回鑾，第三次。不報。《本紀》，參本傳、《遺事》、《言行録》、《繫年要録》、《續通鑑》。

嗣又三上疏乞回鑾，第四至第六次。均不報。每奏，上以付中書省，黄潛善、汪伯彥皆笑以爲狂，張慤獨曰：「如某之忠義者，若得數人，天下定矣。」二人語塞。本傳，參《遺事》、《言行録》、《繫年要録》。

乙卯，詔成都、京兆、襄陽、荆南、鄧、潭皆備巡幸。公上疏乞回鑾，《奏疏》作第七次，《要録》作第九次，恐誤。蓋前僅六疏，後尚有十七疏也。不報。

時公防秋之具悉備，宗廟、宫室、臺省皆營繕，又以東門乃回鑾奉迎之地，特增修之，規模宏麗，不異盛時。所分領人馬及閲習戰車，招集民兵，足以禦敵。本傳，參《遺事》、《繫年要録》、《續通鑑》。

冬十月戊午，條上五可疑一疏。本傳、《遺事》、《繫年要録》。

庚申，一作午。復上疏乞回鑾，第八次。並論治兵兼陳製造決勝戰車千二百兩，兩用五十有五人，一卒使車，八人推車，二人扶輪，六人執牌輔，二十人執長槍隨牌輔車，十有八人執神臂弓弩、隨槍射遠。小使臣兩員專辦閱習軍事，每十車差大使臣一員，總領爲一隊。公前後申明，多降特旨，事由三省、樞密院，則沮抑之。《遺事》，參《繫年要録》、《續通鑑》。

壬戌，公見詔書有「俟四方稍定，即還京闕」之語，上疏謝，並乞回鑾，第九次。不報。《遺事》、《繫年要録》。又上疏乞回鑾，第十次。仍不報。《遺事》、《繫年要録》。

公自秉留鑰，威譽四馳，遠近歸心。招致豪傑，如群盜王再興兵五萬，王一作李。貴兵近二萬，往來河一作淮。上；王善兵號七十萬，車萬乘，一作以車百乘。寇濮州；楊進自號沒角牛，兵三十餘萬，幷王大郎等人馬百餘萬，連擾京西諸郡，公遣使諭以禍福，招來之，皆聽命相繼至。李綱《建炎時政記》云：湖北群盜赴行在，河北巨盜赴招撫司自效，餘皆赴東京留守納款，京東西與淮南州縣漸得休息。進尤爲敬慕効死，軍聲甚振。公諭曰：「軍中老弱婦女久被驅虜，吾不忍其無辜，宜盡釋之。」進等奉命，所放逹萬餘人。善之寇濮也，直欲據京城。公單騎馳入其巢，執其手，仰天號泣曰：「朝廷當危難時，無人出爲世用，使有如汝者一二輩，豈復患敵。今日乃汝立功之秋，不可失也。」善感泣曰：「敢不効力。」諸將慮公不返，及歸，迎於郊，公曰：「事畢矣。」善有帶甲解甲之請，幕下未有以處，公書「從便」二字。越三日來降，祇以五百騎隨，餘皆解甲。既至，左右止之，曰：「此留守司門，擅入者斬。」善乃下馬趨入，拜於庭。公旋以禮接之，曰：「軍禮不得不如此也。」延之飲，許以節使。善臨行，請公到寨撫視。有勸勿行者，公獨信之篤，入其寨，第賞有差。本傳，參《遺事》、《繫年要録》、《續通鑑》。

秉義郎岳飛犯法，有司欲正典刑。公一見奇之，曰：「此將材也！」留軍前。適羽報敵犯汜水，即遣飛爲踏白使，以五百騎授之，曰：「吾釋汝罪，汝當爲我立功。」飛稟命即行，大敗敵人而還，補爲統領。公謂之曰：「爾勇智才藝，古良將不能過。然好野戰，非萬全計。」因授以陣圖，飛曰：「陣而後戰，兵法之常，運用之妙，存乎一心。」公是其言。後以越職上書，奪官歸，詣河北招討使張所，所令從王彦渡河。彦見敵兵盛，不敢進，飛獨與戰，屢敗之，彦遂與飛有隙。飛復歸公，爲留守司統制，由是知名，軍聲益振。本傳，參《遺事》、《舊譜》、《宋史·岳飛傳》。

公誅鋤強梗，撫綏居民，經制財用，有條不紊。凡兩河及京西路諸郡求軍需者，則撤京師所有與之，欲其同心濟難，不以彼此爲間也。《遺事》，參《繫年要録》。

上遣中使傳宣撫問，上表謝。《遺事》，參《舊譜》、《繫年要録》。

繼聞車駕南幸，《本紀》：是月丁巳朔，帝登舟幸淮甸，發南京。上疏諫並乞回鑾，第十一次。上優詔答之。《遺事》，參《繫年要録》。

十有一月辛卯，河東軍前通問使傅雱等至汴京，詔趨還問所得金人意。雱見公，諷使縱遣所拘北使，公不從。雱至揚州，《本紀》：是年十月癸未，上至揚州。以金國書對於後殿，爲上言：「兵交，使在其間，今留之不足以壯威，徒使鄰國交惡。」上納其言。《繫年要録》。

十有二月癸亥，一作甲子。敵犯汜水關。初，敵左副元帥宗維一作翰。聞上幸維揚，乃約諸軍分道入寇，遣萬戶尼楚赫犯京西。先是知階州董庠以勤王兵入援，潰散無歸。公以庠知鄭州，及聞敵兵入境，公遣將劉達援之，未至，庠棄城走。是日，尼楚赫過鄭州不入，徑如西京，中原大震。《繫年要録》、《續通鑑》。

己卯，尼楚赫陷汝州。初，敵右副元帥宗輔既渡河，議先攻汴京，且分兵趨行在。而公修守禦之備，城外千里，無糧可因。敵擾瀕河州郡，諸將請斷河梁，嚴兵自固。公笑曰：「去冬城潰，正坐此耳。本傳：金將兀朮渡河，謀攻汴京，諸將請先斷河梁，嚴兵自固。公笑曰：「去冬金騎直來，正坐斷河梁耳。」厥鑒不遠，尚可襲乎。」命統制官劉衍趨滑，劉達一作遠，又作逵。趨鄭，各提兵二萬人，車二百乘，以分敵勢，且戒衍等毋得輕動，極力保護河梁，以俟大兵北渡。敵聞之，夜斷河梁而遁，所獲甚衆。宗維以獨力難攻，擬輟西京之行，併圍汴京。既而知公未可圖，遂已。時西京留守孫昭遠既棄河南去，西京殘民無主，乃開門出降。宗維入西京，以叛臣李嗣本燕人，宣和末以都統制守代州。宗維入代，義勝軍執之以降，因爲敵用。知河南府，自屯大內，與公相持。本傳，參《遺事》、《言行録》、《繫年要録》、《續通鑑》。

庚辰，武翼大夫、閤門宣贊舍人丁進特放罪，仍遷二官。初，進既去壽春，《要録》云：是年十一月初，壽春卒丁進被罪而竄。遇亂後，復還鄉里，聚衆於蘇村，後至數萬，皆面刺六點，或「入火」二字，進自號丁一箭，遂圍壽春府。守臣康允之悉取銀帛以賞將士，士皆効死。允之以城危急，募進士呂某權安撫司幹辦公事，出城見進，許以金幣犒師。進怒，殺使者，盡取士卒家屬之在城外者戮之。圍城二十五日不能拔，乃引去。公遣師招之，進遂納款。公以便宜補授言於朝，詔進充京城四壁外巡，以所部赴京城四面屯駐。《繫年要録》。

**二年戊申，公年七十歲。**

是年春正月壬辰，敵復自鄭入，直抵白沙鎮，距京三四十里，都人震恐。敵先堅壁不動，僚屬請問議守禦之策，公方對客圍棋，笑語如平時，衆莫敢言。退而布部伍，撤弔橋，披甲登城。公知之，戒諸將曰：「何事張皇？」命軍士解甲歸寨，曰：「劉衍等在外，必能爲我禦敵。」又遣何賢等選精騎數千以益之，戒曰：「宜繞出敵後，設伏歸路，毋輕出戰，伺其至則縱兵夾擊之。」且諭僚屬曰：「上元密邇，盍行故事。」命榜諸市，張燈五日，暫弛夜禁，車馬往來，不異平日，民始安堵。本傳，參《遺事》、《舊譜》、《言行録》、《繫年要録》、《續通鑑》。

庚子，敵游騎至城下，公不設備，敵疑不敢入。是日，統制官劉衍與敵人遇於板橋，大戰，伏兵起，前後夾擊，敗之，收復延津、胙城、河陰。至滑，尚有敵兵屯州西三十里，衍分兵夜擣之，盡得其輜重。甫及收燈，捷書疊至，人始知元夕正王師與敵兵鏖戰時也。公謂僚屬曰：「吾知劉衍必勝，百姓可使由之，不可使知之。若得豫聞，徒擾擾敗吾事。」《本紀》，參本傳、《遺事》、《舊譜》、《繫年要録》、《續通鑑》。

丁進既受閤門宣贊舍人、京城外巡之命，

遂引所部屯京城。甲辰來參公，將士疑其非眞，主管侍衛步軍司公事閭勍等請以甲士陰衛，公曰：「正當披心待之，雖木石可使感動，況人乎。」及進入，公撫勞甚至，待之如故吏，進等感服。翌日，請公臨其壁，公許之不疑，進益懷畏。後其黨有陰謀亂京師者，進自擒殺之。《遺事》，參《繫年要録》、《續通鑑》。

丁未，上疏乞回鑾，第十二次。遣開封府判官范延世一作世延。以聞。《遺事》，參《繫年要録》、《續通鑑》。

是月，敵陷潁昌府，守臣孫默死之。公假權通判府事裴祖德直祕閣、知潁昌府。《繫年要録》。

謨按：《要錄》云是月壬辰，金以知滑州王宣善戰，不敢窺其境，恐誤。蓋宣於二月辛未奉公命至滑，與敵大戰，後始令其權滑州，相距四十日，此時固未抵滑也。又劉衍、劉達，《續通鑑》作劉衍達，以二人爲一人，亦誤。

二月丙辰，敵騎再犯東一作西。京，公遣統制官李景良、閻中立、統領官郭俊民等領兵萬餘趨鄭、滑，遇敵大戰，爲敵所乘，中立死之，俊民降敵，景良遁去。公捕得之，謂景良曰：「勝負兵家之常，不勝而歸，罪亦可恕。私逃是無主將也！」命斬之。管軍閭勍、統制官藍整等爲乞貸責以後效，公姑收繫之，後卒斬以徇。既而敵令俊民持書招公，與敵將史儀、燕人何仲祖等以數百騎直抵八角鎮，與都巡檢使丁進遇，進生致之麾下，公數之曰：「俊民，吾統兵官也。中立失利死，尚可爲忠義鬼，不失血食。今爾全軀苟活，反爲敵持書相脅，有何面目見我乎！」命斬之，謂儀曰：「主上巡幸，領重兵在近甸，命我守此，有死而已。汝爲人將，不以死敵我，乃欲以兒女子語誘我耶？」亦斬之。顧仲祖曰：「爾本我宋人，脅從而來，豈出得已。」命釋其縛而縱之，諸將皆服。《本紀》，參本傳、《遺事》、《言行録》、《繫年要録》、《續通鑑》。

戊午，劉衍自滑領兵凱旋京師，公慰勞士卒、第賞戰功、散犒金帛有差。《遺事》，參《繫年要録》。

甲子，敵知衍班師，復入滑。報至，公謂諸將曰：「滑當衝要必争之地也，有變則京城不可守，不欲再煩諸將，當親提兵取之。」部將右武大夫、果州防禦使張撝曰：「願效死。」公大喜，即以鋭卒五千授之，特加賞勞，親餞於郊，戒之曰：「若衆寡不敵，毋輕戰，以需援師。」撝兼程至滑。《本紀》，參本傳、《遺事》、《舊譜》、《言行録》、《繫年要録》、《續通鑑》。

乙丑，范世延奉公疏至行在，上諭以旦夕北歸之意。公上疏謝，並乞回鑾，第十三次。不報。《本紀》，參《繫年要録》。

時楊進初以軍降公，公奏於上，授進武功郎、閤門宣贊舍人、充留守司統制。《本紀》、《繫年要録》。

丁卯，復延康殿學士爲端明殿學士，從舊制也。公遂由延康改授端明。《繫年要録》，參《續通鑑》。

己巳，張撝至滑，與敵遇，敵騎十倍於我，撝將士請曰：「衆寡不敵，宜少避其鋒，以求援兵。」撝曰：「避而偷生，何面目見宗元帥乎！」鏖戰至暮，殺傷相當，敵爲少卻。援未至，撝再戰，死焉。公聞攜急，命統領官王宣以五千騎往援，且戒之曰：「敵惟恃衆，當設奇制勝。」宣以辛未至滑，與敵大戰於北門，士卒爭奮，敵忽退兵河上，宣曰：「敵必夜渡河矣。」遂收兵不追，後果夜渡，及半，宣以千人進擊之，斬首數百級，殺傷甚衆。報至，公即以宣權知滑州。且令載攜喪歸，公爲服緦，哭於佛寺，哀慟感人，既優加撫卹，仍請於上，贈攜拱衛大夫、明州觀察使，錄其家四人。其餘死事者之家，均遣官問勞，出錢帛給之。人咸曰：「死亦榮矣！」條奏功績，上嘉納之。敵自是不復犯東京。本傳，參《遺事》、《舊譜》、《言行録》、《繫年要録》、《續通鑑》。

丙子，敵陷淮寧府，守臣向子韶死之。公檄知尉氏縣陳長寧權淮寧府。《本紀》，參《繫年要録》、《續通鑑》。

壬午，詔賜對衣、金帶、鞍馬，上表謝。《遺事》，參《舊譜》。

三月丙戌，一作二月丁丑。詔進朝奉大夫、資政殿學士。上疏辭，批答不允，上表謝。本傳，參《遺事》、《舊譜》、《言行録》、《繫年要録》。

先是，執政因山東盜賊蠭起，多以義師爲名，請下令止勤王。正月丁丑，一作二月壬申。乃有「遂假勤王之名，公爲聚寇之患」之詔。公恐豪傑解體，是日一作乙酉。上疏，力言以爲不可，並乞回鑾，第十四次。不報。本傳，參《遺事》、《繫年要録》。

王策者本遼舊將，善用兵，有謀略，敵付以千餘騎，往來河上，措置邊事。公密令統制官王師正擒之，釋縛解衣，坐之堂上，與以飲食，從容語之曰：「契丹本我宋兄弟之國，今女眞辱吾主，滅而國，汝何不悟？義當協謀以刷社稷之恥，他日復修舊好。我亦何忍殺汝！」策感泣曰：「策至庭下，自度必死。今蒙再生，且使曉悟，敢不出死力以報。」已而使就館舍，待之以禮，時呼與語，因盡得其虛實，大舉之計遂決。本傳，參《遺事》、《舊譜》、《言行録》、《繫年要録》。

己亥，時公招撫河南群盜聚城下，又募四方義士，合百餘萬，糧支半歲。並聞兩河州縣敵兵不過數萬，餘皆脅服，日夜望王師之來，即召諸將，謂之曰：「汝等夙懷忠義，樂於歸附，當思我宋二百年教養之恩。今二聖遠在沙漠，主上巡幸未返，能同心協謀，勦滅狂類，迎還二聖，以立大功，並請回鑾，則主上封侯建節，俱肯充賞。」言訖泣下，諸將亦同聲泣應曰：「今四方義士雲集京師，某等願即日渡河，以盡臣節。」公撫慰之，軍容之盛，前此未有。敵人數不利，至是悉退去，中外帖然。乃上疏乞回鑾，第十五次。並諫南幸。上遣中使譚燦賚詔書、茶藥撫諭，上表謝。本傳，參《遺事》、《舊譜》、《言行録》、《繫年要録》、《續通鑑》。

庚子，河南統制官翟進復入西京，公言於朝，即以進爲閤門宣贊舍人、知河南府兼充京西北路安撫制置使。《繫年要録》，參《續通鑑》。

乙巳，上疏乞回鑾，第十六次。遣僚吏呼延次升及公子穎以聞，不報。《遺事》，參《繫年要録》。

再上疏乞回鑾第十七次。並罷習水戰，不報。《繫年要録》。

再上疏乞回鑾，第十八次。不報。《繫年要録》。

是月，信王榛既倡義起兵，即遣使聞於朝，猶慮不達，先以其疏附公以聞。《繫年要録》。

謨按：中使賫詔撫諭，《遺事》作是月壬寅，《要錄》繫於己亥上第十五次《乞回鑾疏》之後，今從之。

夏四月甲寅朔。先是，磁州統制官趙世隆本磁之書佐，公在磁時，以爲中軍將，及去磁，以州事付兵馬鈐轄李侃。敵圍磁急，州有禁兵，有民兵，民兵甚衆，禁兵恐其勢盛，將校郭進乃作亂。世隆與進謀，遂殺侃，以通判趙子節權州事。至是，世隆與其弟世興以兵二萬一作三千。詣公，將士頗疑之，公曰：「世隆，吾一校耳，必無他，有所訴也。」乙卯，世隆入拜於庭，公詰之曰：「前日殺守臣者誰？」世隆曰：「事非得已，衆因無糧，殺斯人以止亂耳。」公笑曰：「河北陷沒，而吾宋法令與上下之分亦陷沒耶？」命引出斬之。衆兵露刃立庭下，世興佩刀侍側，左右莫不寒心。公徐謂世興曰：「汝兄犯法，當誅。汝能奮志立功，足以雪恥矣。」世興感泣叩頭曰：「公之號令如此，水火必入。」會滑州報有敵騎屯城下，公謂世興曰：「試爲我取滑。」世興欣然受命，出告部曲曰：「吾兄擅殺守臣，已正典刑。吾屬元帥釋而不問，使取滑以贖前過。」衆亦鼓舞請行，公遺以金椀、銀槍、戰袍等物，部屬之賜有差。世興以戊午至滑，掩敵不備，斬級數百，得州以歸，公復厚賜之。

《本紀》，參本傳、《遺事》、《舊譜》、《言行錄》、《繫年要錄》、《續通鑑》。

馬皋者，丁進之次，每命出戰，必先登。一日自陣被傷還，公方撫視之，而羽報又急，公曰：「誰可代汝行者？」皋曰：「非皋不可！」乃裹創而往，數日，仍擒一酋長歸。由公平日賞罰明，號令信，開誠見心，故人皆効命也。《遺事》。

降寇趙海者屯板橋，輒塹路以阻行者。管軍閭勍之芻者八人過其壘，海怒而臠之。覘事者以告，公召海，海以甲士五百人自衛而入。公方延客，詰海曰：「殺芻者誰？」海諉爲不知。公出報諜示之，海具服，公命械繫獄。客曰：「彼甲士甚衆，姑徐圖之。」公笑曰：「諸君怯耶？治海者某也。」諭其次將曰：「率衆還營，趙海已械送所司，告偏裨善護卒伍，明日誅海於市。」聞者股栗。《遺事》，參《繫年要録》、《續通鑑》。

統制官楊進屯城南，王大郎一作善。者有衆二千餘，皆山東遊手之人，先進來降，屯城北。二人氣不相下，一日，各率所部千餘人相距於天津橋，都人頗恐。公以片紙諭之曰：「爲國之人固如是耶？當戰陣立功時，勝負自見。」二人相視，慚沮而退。公當危疑之際，處之裕如若此。《遺事》，參《繫年要録》、《續通鑑》。

時公威聲日著，北方聞其名，常尊憚之，對南人言，必曰「宗爺爺」。本傳。

己未，上疏乞回鑾，弟十九次。不報。《遺事》，參《繫年要録》、《續通鑑》。

契丹九州之人日有歸中國者，皆曰公之威名，外人敬服。每有擒獲，公令契丹漢兒引近坐側，推誠與語，諭以期奮忠義，共滅仇方，以釋君父之恥，即釋之，仍給資糧使去。復賜公據爲照，俟官軍渡河，以爲信驗。又令各持數百本歸散國人。後有自燕來者，云契丹漢兒皆願得公據，以俟王師，復爲榜文散示陷沒州縣，更給公據付中國被擄在北之人，因驛疏以聞。《遺事》，參《言行録》、《繫年要録》、《續通鑑》。

公遂結連諸路義兵、燕趙豪傑。嘗謂人曰：「事可舉矣，必俟回鑾，當以身先之。」故請上歸尤力。本傳，參《言行録》、《繫年要録》、《續通鑑》。

丙寅，奏以保寧軍承宣使、主管侍衛步軍司公事閭勍爲保護（陸）〔陵〕寢使，並乞差崔興知西京，專一保護陵寢。《遺事》，參《繫年要録》。

己巳，上疏乞回鑾，第二十次。並言有招安到丁進者數十萬衆，願爲陛下守護京城；又李成願扈從還闕，即渡河剿絶強敵；又楊進領衆百萬，亦願率衆渡河，迎取二聖。不報。本傳，參《繫年要録》。

公以他日迎奉二聖還京，先修龍一作隆。德宮，以備道君皇帝臨御。《遺事》，參《繫年要録》。

丁丑，以淵聖皇帝未有宮室，奏修寶籙宮爲之，不報。《遺事》，參《繫年要録》。

五月甲申朔，上疏乞回鑾，第二十一次。奏未至，會尚書右丞許景衡建請渡江，黄潛善持不可。朝廷既得信王榛奏，或言榛有渡河入京城之謀，乙酉下詔還京。《遺事》，參《繫年要録》、《續通鑑》。

己丑，一作甲申。再奏乞灑掃龍德宮並改修寶籙宮，云使天下知陛下孝於父而悌於兄，乞自御前處分，不報。《遺事》，參《繫年要録》。

又上疏乞回鑾，第二十二次。不報。《遺事》，參《繫年要録》。

又上疏乞回鑾，第二十三次。上優詔答之。《遺事》，參《繫年要録》。

辛卯，陝西、京東諸路及東京、北京留守並奏敵人分道渡河，詔遣御營左軍統制官韓世忠、主管侍衛步軍司公事閭勍率所部迎敵，命公遣本司統制官楊進等援之。先是，公聞河北都統制王彥聚兵太行山，即以彥爲武功大夫、忠州防禦使，制置兩河軍事。彥所部勇士萬數，以其面刺八字，故號八字軍。彥方繕甲治兵，約日大舉，欲趨太原，公亦與諸將議六月起師，且結諸路山水寨民，定期進發，遂上疏乞回鑾，第二十四次。並言遣王彥等自滑州渡河，取懷、衛、濬、相等處；遣王再興等自鄭州直護西京陵寢；遣馬擴等自大名取洺、趙、眞、定；楊進、王善、丁進、李貴等諸頭項，各以所領兵分路並進；既過河，則山寨忠義之民相應者不啻百萬；契丹漢兒亦必同心抵禦金人。疏入，黃潛善等忌公成功，從中沮之。公歎曰：「吾志不得伸矣！」因憂鬱成疾。公尹京畿，歲修城池，治樓櫓，不擾而辦。屢出師以挫敵鋒。其抗疏請上還京，凡二十餘上，言極切至。汪伯彥輩雖嫉之深，竟不能易其任。本傳，參《遺事》、《舊譜》、《繫年要録》、《續通鑑》。《要録》註引《靖康小雅》云：建炎二年有旨，遣韓世忠之師屯伊洛；又令滄帥劉錫密結河陽之人，自青州絶河進兵；命公總大衆，自滑州而北，期集於中山府。公聞命欣躍，賫金銀兵械，纖細畢具，行有日矣，而黃潛善、汪伯彥恐公成功，又以奸計從中止之。公大憤懣，鬱鬱久之，疽發背而薨。此事史及公《遺事》皆無之，更須參考。

戊戌，河北制置使王彥以八字軍屯河南。時公以彥孤軍無援，不可獨進，乃以書延彥計事，遂合諸寨兵萬餘人，以是日濟河。後五日，彥至京師，公大喜，諭以京師國家根本，宜宿兵近甸，遂命其軍屯滑州之沙店。《繫年要録》、《續通鑑》。

謨按：公《乞回鑾疏》於正月上第十二次，遣府判范延世行；於三月上第十六次，遣僚吏呼延次升及公子穎行。而《奏疏》於五月上第二十二次，題云遣少尹范世延、機幕宗穎詣維揚。《遺事》於是月並有「范少尹等到闕」等語，而《要錄》則作延世於二月到行在。今觀第十三次疏首有「準范世延等賫降詔命」云云，則知范之行確爲第十二次；觀第十六次疏尾有「遣呼延次升及臣子穎詣闕以聞」云云，則知穎之行確爲第十六次，而皆非第二十二次。且世延與穎，並未同行矣。

六月，先是公承制以集英殿修撰知延安府王庶權陝西制置使，涇原經略使司統制官曲端權河東經制使。至是，上以庶爲龍圖閣待制，節制陝西六路軍馬，端爲右武大夫、吉州團練使，充節制司都統制。《繫年要録》。

秋七月癸巳，初，公因憂憤，疽發於背。至是疾甚，諸將楊進等排闥入問，公矍然起曰：「吾固無恙。正以二聖蒙塵之久，憂憤至此耳。爾等能爲我殲滅強敵，以成主上恢復之志，雖死無恨。」衆皆流涕，同聲應曰：「願盡死。」進等出，公復歎曰：「吾此疾度不起。」詠古人詩「出師未捷身先死，常使英雄淚滿襟」二語。翌日遂薨，風雨晦冥，大星隕於營。將沒，無一語及家事，但連呼「過河」者三。《要録》註引呂中《大事記》曰：自古未有內外不相應而能成功者！有張仲孝友主於內，而後吉甫得以專征於外；孔明欲出師於外，則必任禕、允於內。建炎之初，李綱在內，宗公在外，此正天擬二人以開中興之治也。使二人得盡行其志，必能復君父之仇，雪宗廟之恥，伸神人之憤。綱相則公之志行，綱去則公之計沮，蓋汪、黄既用事於中，公安能措手於外。二人既主幸東南之議，則公還京之請，雖二十疏而何益！縱使渡河而北，指日成功，亦何能免後患哉。先乞休，特命朝散大夫，依舊資政殿學士，賜如故。繼上遺表，猶贊上還京。先言已涓日渡河而得疾，其末曰：「屬臣之子記臣之言，力請鑾輿亟還京闕，大震雷霆之怒，出民水火之中。夙荷君恩，敢忘尸諫」云云。時已有旨除公門下侍郎、御營副使，依舊京城留守。命未下而訃聞，詔贈公觀文殿學士，進六官，爲通議大夫。

公尹京未久，而威行恩洽，流亡復業，商賈輻輳，人有長城之賴。始招集群盜，聚兵儲糧，自謂渡河克復，指日可冀。有志未就，識者恨之。薨之日，都人爲之號慟，朝野無賢愚相弔出涕，三學之士千餘人爲文以哭，丞相李公綱哭之以詩。詩有小引，略謂：「再造之功公爲多，及留守京師，誅奸惡，拊善良，大得都人之心。數表請車駕還闕，媢嫉者愈切齒，難其代者，故得不罷。今聞其疽發背而死，殆憂憤使然，當爲天下惜也。《詩》云：『人之云亡，邦國殄瘁。』方時危而失此一人，其可哀也矣！」

數日間，將士去者十五，都人憂之，相與請於朝，言公子宣教郎穎嘗居戎幕，得士卒心，願加獎拔，以繼其父任。會朝廷已除杜充爲留守，詔以穎直祕閣、起復充留守判官。充無意恢復，盡反公所爲，由是公所結兩河豪傑皆不爲用。《要録》註引《大事記》曰：宗公去而東京之地不可守也。公在則盜可使爲兵，充用則兵皆去爲盜矣。充守東京，則金至維揚；充守建康，則金至明州。以充繼公，何異以淵代遜，以姜維而續孔明之事功。李綱罷而汪、黄相於内，宗公死而杜充守於外，天下之事可知矣。穎屢爭不從，因力丐終喪，得請，偕岳飛扶公櫬至京口，與陳夫人合葬於鎮江府丹徒縣京峴山。

公生而趣尚不凡，幼即豪爽有大志，游學四方，藉藉有聲。爲人端方質直，平居不妄笑言，律己甚嚴，苟悖於禮，雖豪髮不犯，義所當爲，雖鼎鑊在前不恤。方謫居時，饘粥不繼，杜門卻掃，賦詩自娛。或清坐終日，啜菽飲水，晏如也。晚年祿入稍厚，而自奉仍薄，食不兼味，衣敝不易。嘗曰：「君父側身嘗膽，臣子乃安居美食耶！」親族故舊貧而無告者，多依以爲活，養孤遺幾百人，故家無留儲。爲文不事雕琢，渾然天成，豐約中度。於書無所不讀，尤邃於《左氏》。

後穎具狀乞謚於朝，賜謚忠簡，加贈開府儀同三司。

子二人，長順，早卒；次即穎，官終兵部郎中。

孫五人，嗣益，通判福州；嗣尹，通判慶州；嗣旦，浙東監司幹官；嗣良，知汀州；嗣安，沿海制置司幹官。

曾孫十八人，普，邵武軍大寧縣尉，餘未仕。

知婺州金華縣余翺狀公行。顯謨閣學士曾楙銘公墓。《本紀》，參本傳、《遺事》、《舊譜》、李綱《梁溪集》、《言行録》、《繫年要録》、《續通鑑》。

謨按：公薨之日，《本紀》作丙戌，《要録》作癸未朔，《續通鑑》從之。《日曆》謂甲午開封府言公卒，《遺事》作七月十二日。今定爲甲午，蓋《日曆》雖不盡可憑，《遺事》則以子述父，且於生卒之大者，自較他書爲足據耳。

嘉謨輯先《忠簡公年譜》既竟，不覺有感於中，因謹書其後曰：公之疽發於背而薨也，誠趙氏之不幸，猶公之幸也。蓋宋室之偏安，徽、欽之終於異域，非金人之力能然，高宗有以致之。使高宗而用公言，則二帝之歸，河北之復，易如反手。乃回鑾之疏二十四上，充耳不聞，豈真昏庸若彼哉？正其智巧過人也。揣高宗之意，以爲六飛而仍北幸，兩宫而果南還，道君雖仍爲上皇，淵聖未必不思復辟，己將退處於藩服。黄潛善、汪伯彦輩尤失所憑依，由是各顧其私，君臣一德，委父兄骨肉於沙漠，棄錦繡山河於腥羶，以公爲狂，抑之惟恐不至。厥後秦檜且冤死岳武穆矣，世皆指檜爲奸臣，不知檜特師黄、汪故智，有以窺人主之隱微，爲持禄固寵之謀而已，非有憾於武穆也。假令公不遽逝，安知潛善、伯彦之徒不先以檜之待武穆者待公哉！故曰：公之疽發於背而薨，誠趙氏之不幸，猶公之幸也。公既薨，賜葬潤州之京峴山，子姓有自婺往守祠墓者，而潤始有公裔。閲數傳有諱世臣者，自潤來遷，而公之裔又流衍虞陽。吾先世藏公全集，咸豐之末，邑城被寇，遂付劫灰。小子生晚，欲稍悉公之言行而無由，引爲恨事。歲己卯，應試金閶，偶經書肆，得覩公集，如猶異寶，亟購以歸。開卷讀之，見無年譜，後三十年，得義烏新刊本，有喬行簡編舊譜，然略甚。不揣弇陋，妄思有以補之，因循未果。越七載，始刺取《宋史》、《續資治通鑑》暨南宋諸家傳記、詩文，益以公子穎所述《遺事》，排比成編，非敢問世，亦聊以示我後昆，俾資考述云爾。時光緒十有二年歲次丙戌秋七月庚戌，二十五世孫嘉謨謹識。

是譜草創，後置篋中垂卅年，未敢示人。歲癸丑，識沈乙盦先生於海上，出而就正，辱賜弁言。明年甲寅，奉教於龐鄺亭丈，又承指示。今夏復與耿吾同源商榷，審核尤精。恐其久而散亡，致辜諸君子之雅意，遂付手民。所苦儲籍無多，搜羅未廣，俟他日有增訂，當列爲補編云。丁巳秋日，嘉謨又識。

# 道鄉先生年譜

（清）李兆洛 編

張尚英 校點

清道光十一年刻《道鄉先生文集》附

鄒浩（一〇六〇—一一一一），字志完，號道鄉，常州晋陵（今江蘇常州）人。元豐五年進士，歷揚州、潁昌府、襄州教授，擢右正言，以劾章惇諫立劉后，除名勒停，羈管新州。徽宗即位，復右正言，遷左司諫，中書舍人，歷兵部、吏部侍郎，出知江寧府，改知杭、越二州。蔡京用事，再被貶斥。大觀四年，復直龍圖閣。政和元年以疾卒，年五十二。紹興間賜謚曰忠。

鄒浩受程頤影響，又篤信禪學，而立朝敢言，所上奏疏，往往色正辭嚴，深中時弊。著有《道鄉集》四十卷。事蹟見陳瓘《鄒公墓誌》、《宋史》卷三四五本傳。

元謝應芳編有《道鄉先生年譜》一卷，見所輯《思賢録》卷一，較簡略。浩裔孫忠允、俞儀復有增補，忠允又别爲《外紀》，但《年譜》仍失簡略，而《外紀》則嫌繁復。清李兆洛在舊譜之上，參輯史書、文集、《思賢録》、《外紀》等，編爲此譜，考述譜主世次、仕歷、政績、奏疏等，兼爲詩文繫年，較爲簡明。

按，《忠公年譜》始編次於謝龜巢先生《思賢錄》，公十九世孫忠允校補之，二十一世孫兪儀復加增輯，益賅核矣。而集中文或全篇纂入，頗苦紙費，又逐年奏議詮次缺略。兆洛既採《長編》及《名臣奏議》補其遺篇，因依次按年月編列，而刪其可省者。忠允別爲《外紀》一卷，語多重複，故刺取有資考證者幷入《年譜》，而《外紀》不復刻。

公姓鄒氏，諱浩，字志完，號道鄉。先世居杭之錢塘，自公之祖宦游寓於常，遂爲常州晉陵人。高祖智，舊《譜》作知白，乃《思賢録》刊本誤，分「智」字爲二也，今從《文集》改正。任西京作坊使。曾祖元慶，任東頭供奉官、閤門祇候、舍人，贈左屯衛大將軍，生十子，皆力學以文著稱。長子賈、仲子覃相繼擢咸平進士第，覃以尚書刑部郎爲廣東轉運使，迎侍北歸。舍人卒，就葬荆門，其後昆弟隨所寓止。公之祖霖，字仲說，舍人第十子也，天禧三年擢進士甲科，初調筠州推官，舍人嘗以詩贐行，末云：「治取蒼生陰騭歸。」霖仰承庭訓，歷仕三紀，多以陰德及人，官至朝奉郎、守尚書都官郎中，知涪、鼎二州，卒。公有《手澤錄述》。父戩，字保之，以蔭補太廟齋郎，歷官廣濟軍錄事參軍，贈朝奉郎。母張氏，封安康郡太君，生五子，公其長也，次曰洞，曰洞，曰沼，曰況。《思賢録》。

**宋仁宗嘉祐五年庚子**

十月十八日，公生。

實仁宗即位之三十八年也。公有《示長卿詩》云：「君與我同庚子生。」又《古銅鎛序》云：「十月十八日，予生日也。」

**英宗治平元年甲辰，五歲。**

**神宗熙寧元年戊申，九歲。**

**八年乙卯，十六歲。**

公十六歲而學成，天資仁厚，器量閎博，事親以孝稱，端重寡言。坐不踞，立不倚，處屋漏暗室，其容肅然也。夜寐恐見祖先，卧必叉手。《思賢録》。

**十年丁巳，十八歲。**

入太學。

公十八歲入太學，聲譽赫然，試每在高等，議論挺特，不逐時好。《思賢録》。

志完修潔有志行，記覽該綜，援筆數千言立就，斯可畏者。然自視如未足，士有一善，無貴賤必與之交，無遠邇必收而取之。《崔正言集》。

公《辭同修國史狀》云：神宗皇帝改科造士，臣實執經太學。

**元豐元年戊午，十九歲。**

**五年壬戌，二十三歲。**

登黃裳榜進士第。

公《懷恩録序》云：「余以元豐五年賜第，獲綴仕版。」《祭曾内翰文》云：「浩以諸生，貢以元豐，春官別試，持衡則公，叨恩賜第，實公先容。」蓋公之登第出曾肇門。

調蘇州吳縣主簿，待次。

**七年甲子，二十五歲。**

改除揚州州學教授。

按：公以元祐壬申任太學博士，有《謝翟司業啓》云「一爲泮水之行，九換歲星之次」，則知初任揚州當在元豐甲子。三年秩滿，磨勘改官，故公以丁卯冬暮離揚州也。舊本謂壬戌、癸亥二年皆官揚州，誤矣。

八月，到揚州任。

公《祭蘇丞相頌文》云：甲子仲秋，始見公于廣陵。

公爲教授時，呂申公公著爲守，命公撰樂語，不可。申公曰：「使教授他時作翰林學士，如之何？」答曰：「爲翰林學士則可，爲祭酒司業則不可。」呂後首薦之。《維揚志》。

按：呂申公以元豐五年徙知揚州，公爲州學教授，范忠宣純仁以元祐四年徙知潁昌，公爲府學教授，前後相去八年。《宋史》併而書之，遂以屬撰樂語爲范忠宣事，《宋元通鑑》因之，並誤。

作《四柏賦》，有《謝呂運使啓》。

長子柄生，字德久。

此《思賢錄》所載也。然公有《冠子柄文》云：「二十而冠，禮故有儀。十五而冠，義亦從宜。」其時公已謫湖外，未赴昭州，而德久公年止十五，則當生于元祐戊辰、己巳間，而舊譜失其傳也，以別無確據，仍附此年。

是年有詔以孟子與顏子並配孔子，又追封荀況、揚雄、韓愈從祀廟庭。有《祭告先聖先師文》、《奉安先聖兗國公鄒國公文》。

**八年乙丑，二十六歲。**

官揚州。

上王左丞書。名安禮，是年由江寧府移鎮揚州。

**元祐元年丙寅，二十七歲。**

官揚州。

**二年丁卯，二十八歲。**

官揚州。

上蒲左丞書。名宗孟，是年由亳州移鎮揚州。

是歲，揚州秩滿，韓資政維薦充講讀科，公有謝啓。

**三年戊辰，二十九歲。**

赴吏部銓，移雄州防禦推官，知安州孝感縣事，待次。侍親保之公居廣濟軍。

按：廣濟軍今曹州府定陶縣。舊譜以爲居眞州，誤。

作《計過齋記》、《感年》詩。

**四年己巳，三十歲。**

改除潁昌府學教授。

《宋元通鑑》編入元豐六年，誤。

到任有《謝蘇尙書頌啓》、《謝胡右丞宗愈啓》。

館賓友于義齋。

按：田承君畫、崔德符鶡俱潁昌陽翟人，公與相善。義齋，其麗澤地也。有倡和詩。

公歷官維（陽）〔揚〕、襄、潁間，士有不遠千里，鼓篋而至者，踵門問道無虛席。公闢館居之，膳羞之事，取具于家，夫人區處之不少懈，病則躬爲之粥藥。公以長育人材爲己任，而夫人相之如此。見楊文靖撰《沈夫人墓誌》。

十二月，上皇帝書。

《宋元通鑑》編入元祐七年，誤。

是年三月，呂申公公著卒，公有祭文。

**五年庚午，三十一歲。**

官潁昌。

**六年辛未，三十二歲。**

官潁昌。

六月，作《義齋記》。

是年，有《趙教授送行序》。

教授名均國，字景平，伊川先生門人也。

公與伊川素未相識，可以爲證。

謝子蘭《請復墓啓》有云：「伊川夫子之門，英才輩出；道鄉先生之學，愼獨功深。」而後人遂目公爲程門高弟。

按《程氏外書》載公語云：「吾雖未識伊川面，已識伊川心。」則知公固未嘗受業伊川也。子蘭之啓，倘亦謂其學脈相符耳。《外紀》。

**七年壬申，三十三歲。**

官潁昌。

七月，秩滿，除太學博士。

尚書右僕射蘇頌薦除是職。

按：公作《易解序》云：「余元祐中爲太學博士，講《易》未終編，俄以罪去。」又按公作《潁昌題名記》在元祐七年七月初一日，時秩滿且去。

**八年癸酉，三十四歲。**

官博士。

四月，出爲襄州州學教授。

按《宋史》，蘇頌薦爲太常博士，來之邵論罷之。

公《謝改官啓》云：「十年外部，專泮水以横經；彌歲中都，分膠庠而授業。而緣異意，聿起煩言，致御史之交攻，動朝廷而聳聽。」

冬到襄州任。

按公《萬山居士頌經序》云：元祐八年冬，余至襄陽。

**紹聖元年甲戌，三十五歲。**

官襄州。

春，《上胡提刑求遷學書》。胡名宗炎，文恭公宿子。

四月，以遷學作《告先聖文》。

七月，新學成，作《奉安文宣王兗國公鄒國公文》，作《襄州遷學記》。

次子栩生，字德廣。

此亦《思賢錄》所載。然公以癸未謫昭州，夫人與兩子並寄零陵。若德廣生于甲戌，其時固已十歲。遇赦量移，又歷兩年之外，公先後作詩示子，不應無一語及之。其《洗幼子文》有「據瀟湘上遊」之句，或當生于南遷而未赴昭州之日，然亦未敢臆斷，姑仍附此。

**二年乙亥，三十六歲。**

官襄州。

著《論語解義》十卷、《孟子解義》十四卷成。

答何道鄉《論孟子解書》。

吳敏《中橋見聞錄》云：朱熙載言鄒志完在襄州教授日，聞襄州有隱君子號先生，既死久矣，有一子號小先生，然不能肖似也。志完謁見，問昔先生緒言餘論、遺書，皆不能道。因問先生平日喜讀何書，其子曰：「先生亦不多觀書，頃嘗讀一《常清靜經》。」志完因歸借《清靜經》讀之，忽若有得，翌日就邀其子入城，往拜先生之塔，而作《焚香頌》：「歸來須是報師恩，一炷清香塔下焚。大地八風吹不動，十方三世一時聞。」又言志完自貶所歸，有《謝表》，一語云：「昏昏瘴霧，盡爲受道之師。」餘不能記也。《長編》。

按：此事當即《集》二十七卷所序萬山居士，而傳之非其實。《表》見《集》十九卷，「盡爲受道之師」作「信爲提耳之師」。

**三年丙子，三十七歲。**

二月，丁父保之公憂，解官居制。

九月，葬保之公于林莊。

《故廣濟軍錄事參軍監眞州軍資庫鄒君墓志銘》，朝散郎、尙書屯田員外郎、飛騎尉、賜緋魚袋方蒙撰：晉陵鄒君保之之喪，其孤以君位不稱德，善不聞世，欲得分厚而交深者論撰之，走役夫以行誼之狀求銘。熙甯中，余仕爲婺州法曹掾，君錄參軍事，官守聯屬，得君爲詳。君聽獄審而用心仁，每決重辟，哀矜見于言色，其無求生之路，然後爲之設食飲，具棺衾，因見之慼泣無憾。職主郡帑，掌庫吏卒相因缺盜至百萬，君至則知之，慮坐死者之衆也，微露其端。衆懼，補償僅足，始按其餘罪，得減死論者四十二人。未幾，刑部以君昔爲眞州司戶時劾軍將王舜卿自盜，罪在大辟，未決，從坐者死獄中。舜卿骫法者也，知鞠獄之制，詐以亡者爲首，遂不伏誅，乞改推，舜卿竟得不死。至是，坐君失入，免歸。或曰：「死亡爲首者，朝廷之好生也，獄中何罪，宜辨。」君曰：「命也，可遽辨耶？」乃欣然引去。皆余見而知之者。雖淺陋，又何敢辭。爲之敘曰：君諱戩，字保之。其先居于杭之錢塘。曾大父智，作坊使。大父元慶，東頭供奉官、閤門祗候，贈左屯衛大將軍。子十人，宦游四方。父霖遂爲晉陵人，仕至都官郎中，年五十始有子，即君也。母樂安縣君孫氏。君以父任爲太廟齋郎，遷室長。十四歲而孤，事母恭順，勤色難之養。既冠，調池州貴池縣主簿，終更，改蘇州吳縣主簿，未行，丁樂安

〔縣〕君憂。服除，爲眞州司戶參軍，用薦者遷婺州錄事參軍。旣罷去，尋以泰州如皐縣令提舉市易司勾當公事。會前官繼後，而逋負逾千戶，窘急者往往忘生。君以身任其責，使之緩償，皆得完故產，保妻子，而公家之利蓋亦不廢。改湖州安吉縣丞，遇減罷，移廣濟軍錄事參軍。秩滿，監蘇州鹽務，使者才之，留久其任。元祐初，始訴王舜卿事于朝，雖有司沮抑而理不可屈，然法當進秩，竟不與也。君于是浩然有歸志，親故勸勉及郡太守以禮遣焉，不得已乃至京師，即被疾。少間，擬監眞州軍資庫，飭其子洞、沼治行，曰：「二月七日，吾決歸矣。」至期，疾革，執二子手語以無憾，凝然不亂而卒，實紹聖三年也。平居探玩釋典，日造妙理，乃能前示歸限，忘怛其心，豈非有得而然哉？享年五十有六。君性開達無畦畛，與人粹和不多，反更搆陷，君一不校，待之如初，人始服其長者。昔都官第進士，閤門爲詩以則焉，欲使惠加民而澤垂後世，都官敬奉，不敢失墜。至辭使者節，懼按吏之或差也，以閤門推是心，故都官克光其世。都官積之益厚，則遺澤所流，宜益宏遠。君雖爵齒不隆，然有賢子浩博學愼德，擢儒科，主教道，嘗選爲太學博士，諸生受業者爲矜式焉，且嘗顯於時而大其門矣，遺澤之萃，其在是乎？君娶同郡張氏，光祿卿、禮部尙書鑄之孫，職方員外郎天經之女。六子：長即浩也，自太學出爲襄州教授；洞、沼皆舉進士；竺僧早卒，況尙幼。一女，適應天府虞城尉宋靖。孫男四人：樞、柄、槪、梓，孫女三人。將以其年九月十日丙申，葬于晉陵縣德澤鄉林莊之原，都官塋之右。銘曰：惟鄒之先，受封于周。漢稱鄒陽，枚、馬是儔。逮君曾高，占杭之籍，宦游靡常，毗陵始宅。世載令善，澤物庇民，允矣中都，家法旣循。保之溫溫，粹範日懋，爵齒不稱，垂裕厥後。嗣子承之，敏行其文，源深流長，猗歟慶門。歸于故墟，禮至情備，納銘幽宮，以詔千歲。

按：是月，皇后孟氏廢。其後四年，公以諫立劉后貶，曾誕作《玉山對客問》譏其不知幾，而張時泰襲之，謂公不力諍于廢后之時，徒盡言于立妃爲后之際。不知孟后之廢，公方里居，未有言責也。《外紀》。

**元符元年戊寅，三十九歲。**

服闋，改宣德郎，召對，除右正言，具狀謝。不允。

元符元年八月辛丑二十三日，戶部侍郎呂嘉問舉宣德郎鄒浩太學教授、臺閣顧問，詔令閤門引見。九月壬子，以宣德郎鄒浩爲右正言。浩初得召對，曾布謂上曰：「浩雖呂嘉問所薦，然衆論甚稱之。元祐以太學博士爲來之邵、楊畏所逐，人以爲冤。」上曰：「待仔細詢問。」於是三省呈浩元祐間所上疏陳科舉去留之法未當，因及時事，云人才所當急，則云自古不乏才；國用所當憂，則云君子不言利；邊備所當修，則云在德不在兵。凡十餘事，皆深中當時議論者之病，衆莫不稱之。遂擢授諫職。已而布白上：「近日差除多出聖意，人情無不悅服，如趙挺之侍講，適又聞鄒浩諫官，皆協公議。」上云：「鄒浩亦言在上者好惡不同，故人才難進。」布曰：「此言誠中今日之病。」

吳敏《中橋見聞錄》云：叔夏云：哲廟時，陛對者多，不當上意者報罷，高者監司、寺監丞類爾，獨志完一見，即時改官除正言。《長編》。

請審察壅蔽。請令在京官司被受續降條貫指揮，關報門下中書後省。

十月，請牽復紹聖以來責降言官，論三經義出題試士。

十一月，以郊祀覃恩，父保之公贈通直郎，母張氏封仁壽縣太君，夫人沈氏封崇德君。

十二月，請申飭西邊將帥。

涇原路經略司言：折可適捕到西羌統軍威明阿邁、監軍穆賚多卜，詔稱賀，浩上言。《長編》。

論蕃官殿前呈試弓馬。奏論章惇。奏論執政大臣不和。

官正言。

二年己卯，四十歲。

正月，論郭時亮。

二月，論曾旼。論劉定。

三月，請廷集百官訪遼使事宜。論蹇序辰。

四月，論永裕陵買土利便。請選河北帥臣。

請疏放滯獄。

五月，請下河北路安撫轉運等司相度水患。

請回徙御河。請戒勵邊臣。論臺員曠缺。

六月，論增設水磨。論兩浙路丁鹽勘當。

請撫存陝西等路被水去處。論水旱相繼消息宜謹。論監司妄奏雨澤。

七月，論陸師閔。又奏。又奏請振濟河北。

論編類章疏。論看詳訴理輕重。論選用

水官。

八月，請黜責水官妄作。論國子監解額許開封府舉人就試。

近科詔下有司檢近例，欲以國子監解額許開封府舉人就試。蓋士人有且耕且養者，私計多不能入太學，又他處無戶貫即不得應舉，衆皆以爲未便，獨蔡卞堅執元豐七年先朝已罷不可改，同列自章惇以下議數四，終莫能奪。既而，諫官鄒浩上章極論。上亦以元豐已罷拒之，蓋先人之言也。《長編》。

按：此奏已無可考。

上疏劾章惇。

九月，上疏諫立劉后，除名勒停，送新州羈管。

《忠佞錄》：黃履家供到元符二年秋七月誕降皇子，貴妃劉氏所屬孌人之子也，劉氏以爲己子。九月，大丞相章惇乞立劉氏爲后，事已成，播告中外。方具冊禮，右正言鄒浩奏疏極爭其不可，歷陳在昔禍敗甚悉，及面奏對，且曰：「紹聖初，宗室中有以妾爲妻者，陛下疾之，以爲敗壞風教不可赦，尋奪其官。而今日陛下乃親爲之，是必有誤陛下者。」上曰：「古有之，母以子貴。今妃之子則太子也，禮在所隆，亦何不可？」浩曰：「分不可踰，其猶冠履，如太妃之有陛下，於今日太妃而已，母以子貴，非此之謂歟？又況非其所出者乎！」上曰：「此亦祖宗故事，豈獨朕耶？」浩曰：「祖宗大德在天下，可法者多矣。陛下不法祖宗之大德，而舉其小疵，臣恐後世責人無已者，於祖宗之大德不能無累，則必陛下之由矣。」上變容，拂衣而起。浩引其裾，泣曰：「臣愚淺薄孤賤，蒙陛下特達之知，臣之遭遇，非衆人比也。臣受陛下天地罔極之賜，今日之事，臣上割慈母之恩，下棄妻孥之愛，冒萬死以冀陛下之一悟，陛下幸聽臣則天下受其福，不聽則天下被其禍。臣螻蟻之命，何足以污陛下之斧鉞。」上入，浩出待罪。上亦不甚怒，批示宰相。次日，章惇見，深言其狂妄，謂宜痛懲之。尋責浩新州編管，御史安惇乘是欲窮治之。凡與浩來往及書簡贐遺者，若王回、傳楫、張庭堅二十餘人，下至太學生與夫僧道，無不罷罪。浩貶幾日，右丞黃履言乞輕浩罪，且言：「陛下即位以來，三黜諫官，願陛下容之，臣恐天下以言爲諱。」黃履由是得罪，出知亳州。呂嘉問坐薦浩，追兩官，罰銅三十觔。《長編》。

豐相之於舒信道，鄒志完於呂望之，其爲人似不類，然相與皆甚厚，不以鄉里及同僚故也。相之爲中司時，猶力薦信道。志完元符中進用，則實由望之薦也。及以直諫遠竄，望之坐薦非其人，《褫官謝表》云：「臣之與浩，實本素交，以其嘗備學校之選於先朝，能陳詩賦之非於元祐，比緣薦士，遂取充員。豈期螻蟻之微，自速雷霆之譴。」其叙陳終不以志完爲非，亦不易矣。

陸游《老學庵筆記》：元符二年九月，立賢妃劉氏爲皇后，右正言鄒浩上疏乞追停冊禮，詔浩除名勒停，竄新州。蔣之奇、呂嘉問、葉祖洽皆補外；王回除名勒停，坐與鄒浩語言交通也；王琳、吳師禮、李友諒、陳舉、朱紱、傅楫、胡安修、范致君、王溥勒停，白時中、岑穰、張庭堅、畢漸、蔡蹈、范致虛、蔣求、葉承各責罰，坐以銀錢遺浩，且致簡叙別也。《續通鑑年編》。

十月，赴新州。張太君、沈夫人俱自京師歸常州。

公謫新，道潭州，州守溫益下逐客之令，旅店不敢舍。夜絕湘江，會天大風雨，扁舟掀舞幾覆。既抵岸，有嶽麓山惠光寺，僧列炬迎之。後南軒張先生即寺中法華臺易爲道鄉臺，晦庵朱先生手書刻石其上。見黃佐《道鄉臺記》。

道鄉赴貶到衡州，劉元承爲守，舟人覆云：「若在鄒正言，不敢取一錢。」元承撻之。見《朱子大全集》。

**三年庚辰，四十一歲。**

二月，復宣德郎、添監袁州酒稅。

是年正月，哲宗崩，徽宗即位。登極大赦，準告復官及移差遣，同時坐累者王回等二十六人牽叙有差。《續通鑑年編》。

公竄新州，鍾正甫將漕廣東，廣帥朱行中約正甫上元觀燈，已就坐矣，忽得密旨令往新州制勘公事。正甫不待杯行，星馳以往，逮公赴司理院，荷校囚之。正甫即院中治事，極其暴虐，公甘爲几上肉矣。詰旦，忽令推吏去其杻械，請至（廉）〔簾〕下，勞問甚勤，云：「初無其他，正言可安心，某亦便還司矣。」公出，正甫果去，且遣騎致饋極腆，公惘然不知所以。又明日，郡中宣徽宗登極赦書，蓋正甫先已知之矣。王明清《揮麈後録》。

三月，除右正言，三具狀辭，不允。

制曰：宣德郎、新添監袁州酒稅鄒浩，

上書元祐，列經術取士之美意，先帝嘉獎，擢寘諫垣，而徑行直情，無所顧避。其還供奉之職，再備闕遺之選。無近虛言，無憚貴寵。百官有邪，汝察；政事有失，汝規。畢奏是非，不匿不訐，贊定國是，時乃之休。《思賢録》。門下侍郎韓忠彦等所薦也。御史中丞安惇言：「浩先朝所棄，不可復用。」帝曰：「立后，大事也，中丞不言而浩獨敢言，何爲不可復用？」惇懼而退。於是左正言陳瓘不平之，疏惇罪惡曰：「臣竊惟天下萬事，人主所當同者一事而已，用人是也。堯舜之法，試而後用，是以九年然後見伯鯀之罪，歷試然後見大舜之聖。陛下欲開言路，首還鄒浩，取其既往之善，可謂得已試之才，允合人心，無可正救。而聞御史中丞安惇尙緣往事論浩罪惡，欲寢已成之命，自明前舉之當。其説謂先朝之事，且當遵承，國是所繫，不可輕改。臣請以祖宗故事明其不然。昔唐介之忤仁廟也，内指貴妃，外詆宰相，竄於嶺表，昭示天下。是則鄒浩盡忠之心，何異於唐介？先帝一時之怒，何異于仁廟？仁廟有日新之意，久而變通，是以還介於一年之内；先帝有日新之意，未及改命而棄天下於數月之間，愛君之人，念此傷痛。光續前緒，正在今日，豈有事事不改而可謂之善繼，天下皆非而可以執爲國是乎？國家一繼一述，皆本於孝，善繼人志，善述人事，是以太平之久，自漢唐皆不及焉。一人有慶，兆民賴之，孰大於此？若夫不改父之臣與父之政，則是（孟）〔蒙〕莊子之孝爾，何足爲天子道哉。陛下居武王繼述之位，而執法之臣援〔孟〕〔蒙〕莊子不改之說。曲狥其情，則臣下享因循之利；不從公議，則聖主被徽妄之譏。上誤朝廷，一以私意，豈風憲之職當如是乎？然則鄒浩既來，惇可去矣。雖聖度寬容，姑示含貸，而明示好惡，亦不可緩，黜幽之典，宜自惇始。伏望即降指揮，以警列位，天下幸甚。」不報，章再上，其略曰：「臣竊惟鄒浩盡忠之言，以愛君憂國爲心，先帝一時之怒，無終絕言者之意。臺諫之官，所職雖異，而國有大事，則皆所當言。惇居風憲之任，理當助浩，默而坐視，愧責已多，況如前日之所爲者乎？極天下公議之所非以爲國是，拘人臣不改之小孝以爲善述。昔也誤朝，今復非上，原情定罪，安可已也！且惇之去留，實繫國體，明示好惡，於此乎在。」上於是下其章三省，而惇亦上章請外，遂出知潭州。李丙《丁未録》。

狀乞給假歸常州迎侍，不允。疏請察爲學之本。疏論向族子弟，乞密加訓敕。見《名臣奏議》。乞如神宗故事，詔侍從言事。請申敕太史無諱天象。

遷左正言，遷左司諫。疏請恤公議、謹獨斷。

九月，改起居舍人，兩具狀辭，不允。

**徽宗建中靖國元年辛巳，四十二歲**。

除通直郎，試中書舍人，仍改賜章服，兩具狀辭，不允。疏乞至誠終始納諫。疏請繼述五朝善政。疏論太學生不當以言事殿舉。

秋，賜三品服，差同修神宗國史，三具狀辭，不允。除依前通直郎，試尚書吏部侍郎，仍賜對衣金帶，具狀辭，不允。

十一月，郊祀覃恩，父保之公贈朝奉郎，母張氏封安康郡太君，夫人沈氏封蓬萊縣君，奏弟洞假承務郎。

十二月，特授依前通直郎，試尚書兵部侍郎，差遣如故。以選部事繁，故易兵曹，以便史職也。狀乞外補，不允。

徽廟初，游定夫酢爲察院，忽申本臺乞外，鄒志完駭之，定夫曰：「公何見之晚，如公亦豈能久此？」按，是時國是紛更，蔡京起用，故公與游定夫先生相繼乞外補也。《朱子語類》。

**崇寧元年壬午，四十三歲。**

官試尚書兵部侍郎。

春，復具狀乞外補。

夏，充寶文閣待制、知江寧府兼管內勸農使，充江南東路兵馬鈐轄，仍加武騎尉，封文安縣開國男，食邑三百戶，賜如故。

公具狀辭免職名，不允。

自此至安置永州，《思賢錄》譜入辛（辛）〔巳〕，又脱去改知越州一條，並誤。

改知杭州未赴，尋改知越州。六月八日，出京。

公癸未六月八日，有《追思去歲此日出京》詩。

閏六月甲寅朔，至京口，有《祭蘇丞相頌文》。十八日辛未，詔責授衡州别駕，永州安置。

初，公召還，入對，帝首及諫立后事，奬歎再三，詢諫草安在。對曰：「焚之矣。」退告陳瑩中瓘，瑩中曰：「禍其在此乎！異日姦人妄出一緘，則不能復辨矣。」至是蔡京用事，使其黨內侍郝隨屬館客僞爲公疏，謂：「劉后殺卓氏而奪其子，欺人可也，詎可欺天乎？」又云：「臣觀祖宗有唐堯虞舜之德，陛下有桀紂幽王之行。」又云：「臣諫陛下，不欲歸田里，爲亂世之民，願膾臣心獻惇，丐惇首以謝天下。」於是朝廷大怒。

閏六月辛未，詔曰：「朕惟哲宗皇帝元符之末，是生越王。姦人造言，謂非后出。比閱臣僚舊疏，適見椒房訴章，載加考詳，咸有顯證，殺母取子，實爲不根。詆誣欺罔，罪莫大焉。其鄒浩可重行黜責，仍檢會元奏劄子，宣示中外。」於是責授衡州別駕，永州安置。李丙《丁未錄》。僞疏附見《文集》。

七月，赴永州，沈夫人偕行。

公以前事竄零陵，沈夫人欲留侍，張太君謂曰：「前者兒遠適，汝不行，吾身則安矣，而心未嘗寧也。今汝行，則吾無憂，是乃所以安吾心也。」見《沈夫人墓誌》。

九月七日，舟次黃陵廟下，有《祭告湘君湘夫人祝文》。

是月，立黨人碑端禮門，列公名于黨籍。

按：公在元祐中，一任太學博士，即爲來之邵所論，出之襄州，則宣仁柄政之時，公未嘗一日居得爲之地也。列名黨碑，蔡京爲之。公之大節，固不以元祐黨爲重輕耳。

十月三日，到永州。

**二年癸未，四十四歲。**

正月，除名勒停，昭州居住。

時以復廢元祐皇后孟氏，殿中侍御史石豫首言公罪，再竄昭州。見王明清《揮麈後錄》。

三月，赴昭州，沈夫人與兩子仍留永州。有《將往昭州示柄》詩。又，在永州有《悼范丞相純仁》詩、《除名別零陵》等詩。二十一日，至昭州，居朝天坊拾青閣。作《翱風亭記》。郡守王藻以公寓居易拾青閣爲來僊，公有詩。作《拱北軒記》、

**三年甲申，四十五歲。**

在昭州。著《易解成》，作《易繫詞序》。

**四年乙酉，四十六歲。**

在昭州。

九月，詔徙元祐黨人于近地，惟不得至畿甸。

十一月七日，公自昭州移漢陽軍居住。

公謫昭州，江水不可飲，飲輒發瘴。日用汲井，乃在二三里外。忽于所居仙宮嶺下有泉出焉，甘涼瑩澈，因疏導爲小池，日得四五斛，名之曰「感應泉」。將北歸，泉乃涸，旋有醉人呼曰：「侍郎歸矣。」明日命下。見《昭州志》。

有《與道人徐清》詩、《在昭州寄蓬萊并示柄》詩。

十二月十九日，游永州澹巖，有《訓狐六一巖》諸詩。

《冷齋夜話》云：零陵郡澹巖有訓狐，貴客至則鳴，公將至而狐鳴，寺僧出迎，公怪之，寺僧以告，公有詩。

**五年丙戌，四十七歲。**

正月，赦除一切黨人之禁。崇寧以來，左降者無間存歿，稍復其官，盡還諸徙者。

二月九日，公至漢陽軍，準告復承奉郎，遂攜家口還常州。

有零陵市戶呂絢者，以錢二百萬造一大舟，俟公賜環，送歸浙中，公有詩。

是月二十九日，過黃陵廟，復有祝文。有《喜陳瑩中瓘同預歸田之命并寄曾敷文誕》諸詩。

四月，到常州。

是月朔日，有《懷恩錄序》。作知恩堂。

公自嶺表歸，即屏居，闢小圃，號曰道鄉，學者稱道鄉先生。《毗陵人物志》。

按：公有《將歸先寄道鄉》詩，則道鄉之號，當不始嶺表歸後。

公嘗語學者曰：「聖人之道備于六經，六經千門萬戶，從何而入？大略在《中庸》一篇，其要在謹獨而已。但于十二時中，看自家一念從何處起，即檢點不放過，便見功力。」《胡氏傳家録》。

鄒志完雖遇冗劇事，處之常優游，因論《易》曰：「常雜而不厭，若雜而厭，非所以爲常。」《晁氏客語》。

**大觀元年丁亥，四十八歲。**

居鄉。

**二年戊子，四十九歲。**

居鄉。

十月，以八寶恩赦授宣義郎。尋敘復宣德郎。

按：徽宗以大觀二年春正月，御大慶殿受八寶，大赦天下，公之敘復由是。《思賢錄》譜入丁亥，又脫去宣德郎一條，蓋仍墓誌刊本之誤。

是年，有《與錢弱翁論春秋書》。

**四年庚寅，五十一歲。**

居鄉。

二月，公弟至明卒，公爲誌銘。

十一月，郊赦改元，特復直龍圖閣。

**政和元年辛卯，公五十二歲。**

春，瘴疾作。

公自嶺表還，瘴疾歲作，是年春，大病，遂不起。

三月六日，楊龜山先生來省疾。九日，公卒于正寢。

公之亡，鄉人賻之甚厚，其子柄欲歸之，謂無以累先德。沈夫人曰：「非汝所知也，爾諸父皆貧，空受而推與之，使闔門無啼饑號寒之聲聞于安康，不亦善乎？且賻賵，禮也，而吾無與焉，庸何傷。」柄從之。見《沈夫人墓誌》。

十二月二日，葬公於林莊。陳忠肅公瓘作墓誌。

**政和四年甲午**

張太君卒。

陳忠肅公瓘爲墓誌，銘文曰：夫人張氏，常州晉陵人。祖鑄，光祿卿。父天經，職方員外郎。母吳氏，旌德縣君夫人。

在家爲賢女，以適鄒氏，爲贈朝奉郎諱戩之妻。姑樂安縣君孫氏治家嚴，夫人事之順。朝奉公仕三十餘年，連蹇不得調，而所莅必以誠，無滅裂不適之意，夫人有助焉。子男五人：浩，宣德郎、直龍圖閣；洞，假承務郎；洞、沼、況皆士也，未仕。元符元年，哲宗擢浩爲右正言，明年以言事竄新州，今上即位召還，四遷爲吏部侍郎，崇寧元年復貶永州。明年竄昭州，五年蒙恩復官北歸。初，志完聞除諫省，不敢受，欲終辭，夫人問其故，浩稽首而對曰：「有言責者，義不可默，恐或以是貽夫人憂。」夫人止之曰：「勿辭也，兒所以報國者，若無愧于公議，則我何憂乎？」及新州命下，弟沼亦坐志完事，連逮繫獄，一門震駭，惟夫人克踐前言，懼而弗擾。

志完再竄益危，而夫人不易初意，顰送其往，笑迎其歸，非無苦樂之情也，而一視險夷，斯其所以爲鄒公之母歟。志完既自嶺表得歸，繼被直閣之寵，夫人嚮闕抃蹈。志完適夫人之適，鼓舞爲壽，如是六年，而夫人哭志完矣。前一年，洞先卒，夫人年過七十，再哭其子。夫人徐自開釋，常依持佛語以蕩滌情累，被疾雖久，而氣守不亂，臨終之日，須湯沐更衣而卒，政和四年六月己酉也。享年七十有五。十二月壬寅，葬于晉陵縣德澤鄉林莊之原朝奉公之兆。夫人初封仁壽縣君，進封安康。孫柄、栩。前葬，諸孤遣人來丹丘求銘于瓘。瓘以竄廢老疾，棄筆捐書，省愆待盡，四年于此矣，何以發揚夫人之美？勉爲叙行狀之語而繫之以銘。銘曰：七十有五，非曰不年。子乃遄逝，其夭也天。世事有訖，不訖者壽。勿銘亦昭，鄒公之母。

**宣和元年己亥**

沈夫人卒。

楊文靖公時爲墓誌銘，文曰：夫人沈氏，其先嘗仕吳越。父充，將作監主簿，母費氏。夫人生有淑質，及笄，明慧絕人，時鄒公隨父官歷陽，遂以歸之。公歷官維（陽）〔揚〕、襄、潁間，士有不遠千里鼓篋而至者，踦門問道無虛席。公闢館居之，膳羞之事取具于家，夫人區處之不少懈，病則躬爲之粥藥，故士得悉意于肄業，而忘其旅瑣者，夫人之力也。公以長育人才爲己任，而夫人相之如此，非夫歸一德，能如是乎？元祐中，以言事謫嶺南，夫人侍其姑安康歸毗陵，左右順事之，無一不適其意者。迨建中初，公召還，登禁從，復以前事竄零陵。夫人欲留侍，安康謂曰：「前者兒遠適，汝不行，吾身則安矣，而心未嘗寧也。今汝行，則吾無憂，是乃所以安吾心也。」至零陵，席未及溫，而公徙昭平，以夫人與兩兒留零陵而去，遠寄異土，門庭肅如也。夫人兩經患難，其留也，使其夫無將母之念；其行也，安其姑無南顧之憂。非躬盡歸道，疇克爾哉？公之亡，鄉人賻之甚厚，其子柄欲歸之，謂無以累先德。夫人曰：「非汝所知也，爾諸父皆貧，空受而推與之，使閫門無號寒啼饑之聲聞于安康，不亦善乎？且賻賵，禮也，而吾無與焉，庸何傷。」故其子柄卒從之。昔司徒旅歸四布，孔子可之，而未善也。子碩既葬其母，欲以賻布之餘具祭器，子柳曰：「吾聞之也，君子不家于喪，請班諸兄弟之貧者。」著在《禮經》，以爲萬世法。夫人之是舉也，其合矣乎，非遠識庸有是哉？宣和元年七月二十五日，以疾卒。享年五十有九。庚子年二月二十五日，祔于公之墓右。始以公恩封崇德縣君，再封蓬萊縣君。男二人：曰柄，曰栩。柄以布衣召對，除承務郎、樞密院編修。栩未仕。皆以學行世其家。銘曰：幼施于內，維婦之常。中外有聞，婦道之光。作配君子，一德靡悔。銘無溢辭，其永不墜。

**欽宗靖康元年丙午**

詔復承議郎。

是年五月，楊時上言元祐黨籍中惟司馬光一人獨蒙褒顯，而未及呂公著、范純仁、韓維輩。建中初言官陳瓘已褒贈，而未及鄒浩。於是諸臣次第牽復。見《宋元通鑑》。

**高宗建炎三年己酉**

秋九月辛未，詔追復龍圖閣待制。

制曰：朕履茲艱運，跡彼亂源，傷諂佞之成風，悼忠良之獲罪，肆追遺直，用勸在官。故承議郎鄒浩，處心不欺，養氣至大。言期悟主，引裾常犯于雷霆；計不惜身，去國再遷于嶺徼。具臣動色，志士傾心。方除錮黨之文，遽起憖遺之歎，久稽顯命，未白沉冤。英爽不亡，想生氣之猶在；姦諛亦死，知朽骨之尚寒。其還延閣之清資，少慰重泉之幽憤。噫！爲善之效，其報也長。身雖抑于生前，志卒伸於地下，尚其肸蠁，歆此寵光。可特追復龍圖閣待制，餘如故。翰林學士綦崇禮撰。

按：《宋元通鑑》以此條入紹興四年十月壬寅，蓋爲《綦崇禮傳》「帝在平江」四字所溷，不知建炎三年九月，高宗亦在平江，而紹興四年十月，所加贈者陳東、歐陽澈，非公也。今據《高宗本紀》改正。

**紹興六年丙辰**

二月己酉，詔贈寶文閣直學士，賜謚忠。

制曰：身名俱泰，孰不願爲良臣；忠孝難全，蓋亦從其大者。此古人事上之義，亦當時各志于仁。朝有直臣，世爲昌運。故承議郎、追復龍圖閣待制、賜紫金魚袋鄒浩，昔居諫霤，擢自泰陵，會椒房議立之初，欲裨聖主，遂草疏論救其失，取嫉權臣，激怒九重，投荒萬里，生與母訣，死絕身謀。未數月而召還，復遭讒而見逐。朕念我宋，得此諍臣，隆加華閣之名，再賜命書之寵。歎九原之莫作，誄一字之維忠。下逮魂營，上承恩渥。可特贈寶文閣直學士，謚曰「忠」。《思賢録》。

時公子柄入對，上公《諫立元符皇后章疏手藁》。給事中吕祉等奏：「其言直而婉，肆而隱，有古諫諍之風，與世所傳僞疏激訐淺俗謬妄之説不同。竊惟浩之名德，表在一世如是，而前日追復止于舊職，未厭公議，欲望優加贈典，仍許依曾肇、豐稷例賜謚，庶以副主上優䘏黨人、旌顯忠直之意。」故有是命。《建炎繫年録》。

徐度《卻掃編》：鄒志完以論立后事，世所傳疏，其辭詆訐，蓋小人僞爲之以激主怒者也。其子柄後因賜對，首辨此事，且繳原疏副本付史館。予嘗見之，緩而不迫，藹然忠厚之言也。

公子柄，字德久，莊重篤學，幼負雋聲。棄科舉學，從龜山先生遊，盡傳其業。靖康初，以李芾薦，布衣補承務郎，除編修，權給事，疏請恤忠公冤，且言遷謫不出泰陵意，朝奏夕可，贈官贈謚，典禮優渥。以剛鯁聞。輯《伊川語録》一卷，著文集二十卷，終天台守，因家天台。

栩，字德廣，號存誠子，官處州太守，居晉陵趙墅，始立宗譜。今晉陵之鄒，皆其裔也。

# 吕忠穆公年譜

（宋）佚名　編

刁忠民　校點

清乾隆四十二年孔繼涵抄自《永樂大典》本

呂頤浩（一〇七一—一一三九），字元直，齊州（今山東濟南）人。紹聖元年進士，爲密州司户參軍、邠州教授。徽宗末年，歷河北都轉運使、燕山府路轉運使。高宗即位，知揚州，拜同簽書樞密院事，改江東安撫制置使兼知江寧府，苗、劉之變，率兵勤王，拜右相。金兵渡江，獻航海避難之策。四年，罷爲江東安撫制置大使。紹興初，與秦檜分任左、右相。次年，力主抗金，獨攬大權。三年罷相。五年，奏論戰守方略十事，起知潭州。六年，知臨安府、建康府，以疾去職，充醴泉觀使。九年卒，年六十九，贈秦國公，謚忠穆。

呂頤浩善鞍馬弓劍，南渡之初，獨當重任，但挾私用人，排斥李綱、趙鼎等人，故在軍政上作爲不大。著有《呂忠穆集》十五卷，原本已佚，清四庫館臣自《永樂大典》中輯出詩文，重編爲八卷。事蹟見《宋史》卷三六二本傳及《呂忠穆公遺事》。

《呂忠穆公年譜》，據謝巍《中國歷代人物年譜考録》著録，爲宋佚名編，譜中行文稱公，蓋其子孫所爲。又著録今人王德毅編《呂頤浩年譜》，未見。是譜極簡略，而多録頤浩詩句，與其他年譜體例有别（《四庫全書總目》卷五九）。

**神宗皇帝熙寧四年辛亥**

公生是年。

**哲宗皇帝紹聖元年甲戌，公二十四歲。**

畢漸（牒）〔榜〕登科，調北京城安尉。及第後，道中，燈（不）〔下〕讀書，有詩云：「他年若遂平生志，肯爲長檠棄短檠。」

**紹聖二年乙亥**

**紹聖三年丙子**

公鄉居。家貧，自此凡數年不調官。

**紹聖四年丁丑**

**元符元年戊寅**

**元符二年己卯**

**元符三年庚辰**

初赴密州司戶參軍。有《呈張智周仲英》詩云：「宦塗忽忽六周星，萬事于今一未成。」

**徽宗皇帝建中靖國元年辛巳**

**崇寧元年壬午**

**崇寧二年癸未**

就除大名府國子監教授。

**崇寧三年甲申**

避親改邠州教授。

**崇寧四年乙酉**

**崇寧五年丙戌**

**大觀元年丁亥**

邠州教授再任。

**大觀二年戊子**

**大觀三年己丑**

**大觀四年庚寅**

改宣教郎，代還，除周王宮（崇）〔宗〕子博士。有《貽謝任伯》詩。

**政和元年辛卯**

**政和二年壬辰**

通判延安府。

**政和三年癸巳**

就除兩浙路提舉常平等事。行至鄜州，改差充提舉蔡河撥發措置糴買。

**政和四年甲午**

**政和五年乙未**

**政和六年丙申**

除河北東路提舉常平等事。

**政和七年丁酉**

**政和八年戊戌**

修北京城及被旨行常平賑濟法，特轉兩官，除直秘閣。

**重和元年己亥**改宣和元年

**宣和二年庚子**

除河北路轉運判官。未幾召對，除太府少卿，繼除直龍圖閣、河北路轉運副使、借紫。謝表云：「舜陛堯庭，方遠趨朝之路；朔風塞雪，〔蓋〕〔益〕深戀闕之心。」

**宣和三年辛丑**

以職事修舉，特轉朝奉大夫，除右文殿修撰，賜金帶。

**宣和四年壬寅**

除徽猷閣待制、河北路都轉運使。

**宣和五年癸卯**

緣上書諫開邊之失，徽宗皇帝震怒，落徽（猶）〔猷〕閣待制，依舊爲河北路都轉運使兼經制燕山，有河北京東路財賦。後金人需求不已，徽宗皇帝感悟公前日之言，遂復公職，進徽（猶）〔猷〕閣直學士。

**宣和六年甲辰**

被旨起復還任。

**宣和七年乙巳**

**欽宗皇帝靖康元年丙午**

公以病乞宮祠，除提舉西京嵩山崇福宮。

**建炎元年丁未**

光堯壽聖太上皇帝即位於南京，召赴行在。方就道，差知揚州。未幾，聖駕幸揚州，召對，進職徽（猶）〔猷〕閣學士，繼除戶部侍郎，兼知揚州。

**建炎二年戊申**

進戶部尚書，依舊知揚州。未幾，除吏部尚書。

**建炎三年己酉**

除資政殿學士，同簽書樞密院事，江淮兩浙制置使兼知建康府。緣逆臣苗傅、劉正彥作亂，遂（侶）〔倡〕義統率諸將勤王復明辟，除宣奉大夫、尚書右僕射兼知樞密院事、御營使。未幾，除金紫光祿大夫，進尚書右僕射。公力陳故事，納七官，止帶通議大夫。

**建炎四年庚戌**

罷相，除鎮南軍節度使、開（封）〔府〕儀同三司，充醴泉觀使，任便居住。寓居台州。未幾，除江南東路安撫制置大使，兼知池州。

**紹興元年辛亥**

召赴行在，除少保、尚書左僕射，固辭少保，授特進。是年春，公屯兵左蠡。有《寄晁守》詩云：「玉帳夢回烽（遂）〔燧〕曉，水鄉春夏鐵衣寒。」

**紹興二年壬子**

除依前特進、尚書左僕射，領都督江淮兩浙荊湖諸軍事。

**紹興三年癸丑**

公以病召還，是年罷相，除特進、觀文殿學士，提舉臨安府洞霄宮，任便居住。

先是，有《乞宮祠表》云：「侵尋甲子六十有三，補報朝廷萬分無一。」

**紹興四年甲寅**

食洞霄宮祿，寓居台州。旋營小（圖）〔圃〕于東郊，起居數椽，牓曰退老堂，自號退老居士。一時名士皆有篇什，公亦有屬和者，《和張全眞》詩云：「天台山下紫荆路，白首棲遲學灌園。」

**紹興五年乙卯**

除鎮南軍節度使、開（封）〔府〕儀同三司，依前提（學）〔舉〕臨安府洞霄宮，任便居住。未幾，除荆湖南路安撫制置大使，兼知潭州。

**紹興六年丙辰**

**紹興七年丁巳**

除兩浙西路安撫制置大使，兼知臨安府。未幾，進除少保，兼行宮留守。是年明堂大禮，進封成國公。

**紹興八年戊午**

除少傅、鎮南定江軍節度使、江南東路安撫制置大使兼知建康府，兼行宮留守。力具辭免，改除（水）少傅、鎮南定江軍節度使、醴泉觀使，任便居住。緣固辭少傅、兩鎮節鉞，續降制依前少保、鎮南軍節度使、醴泉觀使、成國公，任便居住。

**紹興九年己未**

召赴行在，以病還，除少傅，依前成國公致仕。是年公薨，享年六十九。贈太傅，後以郊祀恩追封太師、秦國公，謚忠穆。淳熙十五年戊申，蒙恩配饗高宗廟庭。

# 和靖先生年譜

（宋）黄士毅　編

刁忠民校點

清光緒間刊《和靖尹先生文集》卷一

尹焞（一〇七一—一一四二），字彦明，一字德充，洛陽（今屬河南）人，尹源孫。師事程頤，曾應舉，見策題有誅元祐諸臣語，不對而去，聚徒講學於洛中。靖康初召對，賜號和靖處士。次年，避亂至閬州，得程頤《易傳》，精研之。紹興四年居涪州，侍郎范冲舉以自代，授左宣教郎，充崇政殿説書。八年，除秘書少監。繼除太常少卿，仍兼説書。擢禮部侍郎兼侍講，以反對和議，乞致仕，隱居平江虎丘西庵。十二年卒，年七十二。

尹焞以道學知名，學者稱和靖先生。著有《論語解》、《門人問答》、《和靖文集》，其集中所存奏札二卷多爲門人代筆，《師説》三卷亦其門人所輯。今存《和靖先生文集》八卷，有明嘉靖九年洪珠刊本，明隆慶刊本、《四庫全書》本、清刊本。事蹟見吴稽中《和靖先生墓志銘》（《和靖文集》附）、《宋史》卷四二八本傳。

宋人黄士毅、清人李振綱均編有尹焞年譜。黄士毅，字子洪，自號壺山，莆田（今屬福建）人，徙居吴（今江蘇蘇州）。嗜學，慶元中禁道學，嘗徒步入閩師事朱熹。後纂次朱子《書説》七卷、文集一百五十卷、《語類》一百三十八卷。事見《閩中理學淵源考》卷一九。《吴都文粹續集》卷一四載黄士毅嘉定九年所作《重遷和靖先生祠堂記》，稱「嘗推明先生之學，以勵後進」，而未明言纂次年譜事，則年譜之作，或在此後。黄氏《年譜》至元至正二十一年始刊行於世，後收入明嘉靖刻本《和靖集》。李振綱所編《年譜》一卷，收入清道光二十年刊《尹和靖全集》。

神宗皇帝熙甯四年辛亥

是歲七月辛未日戊戌時，先生生於河南府河南縣嘉善坊之第。祖河内先生諱源，字子漸；叔祖河南先生諱洙，字師魯，皆有文集行於世。考虞部員外郎諱林，妣陳氏，澗上陳公廙字叔易之女。

五年壬子

六年癸丑

七年甲寅

八年乙卯

九年丙辰

十年丁巳

元豐元年戊午，先生年八歲。

丁虞部憂。

二年己未

三年庚申

四年辛酉

五年壬戌

六年癸亥

七年甲子

八年乙丑

哲宗皇帝元祐元年丙寅，先生年十六。

二年丁卯，先生年十七。

爲舉子。時教授蘇昞季明一見大奇之，謂先生曰：「子以狀元及第，即學乎？唯復科舉之外更有所謂學乎？」先生疑。一日，蘇因會茶，舉盞示曰：「此豈不是學？」先生遂往見伊川先生。

三年戊辰

伊川先生授先生以《大學》、《西銘》，又令看「敬」字。

四年己巳

五年庚午，先生年二十。

應進士舉。策問誅元祐黨籍，先生嘆曰：「以此策士，吾尚可以干祿乎！」不對而出，告於伊川曰：「吾不復應進士舉矣。」伊川曰：「汝有母，何以爲養？」先生歸白陳夫人曰：「焞昨應舉，策問如此，焞不忍答而出。焞將不復應舉矣，恐無以爲養。」夫人曰：「汝以仕可爲善耶，汝以學可爲善耶？」先生曰：「皆爲善爾。」夫人曰：「吾但知汝以善養，不知以祿養。」先生喜，出告伊川，伊川曰：「賢哉母也！」

**六年辛未**

先生學《易》於伊川。

**七年壬申，先生年二十二。**

娶張氏。

**八年癸酉**

**紹聖元年甲戌**四月十二日改元。

**二年乙亥**

**三年丙子**

**四年丁丑**

伊川先生謫涪州。

**元符元年戊寅**六月一日改元。

**二年己卯**

**三年庚辰**

**徽宗皇帝建中靖國元年辛巳，先生年三十一。**

**崇寧元年壬午**

**二年癸未**

**三年甲申**

**四年乙酉**

**五年丙戌**

伊川先生以《易傳》授先生。

**大觀元年丁亥，先生年三十七。**

新學日興，諫官范致虛上言曰，程頤倡爲異端，尹焞、張繹爲之羽翼。

二年戊子
三年己丑
四年庚寅
政和元年辛卯
二年壬辰
三年癸巳
四年甲午
五年乙未
六年丙申
七年丁酉
八年戊戌、重和元年
二年己亥、宣和元年三月一日改元。
二年庚子
三年辛丑
四年壬寅
五年癸卯
六年甲辰

七年乙巳、欽宗皇帝靖康元年

是歲九月，鎭洮軍節度使、同知樞密院事、京畿河北東路宣撫使种師道上表薦先生，乞召寘經筵。《劄子》云：「臣竊惟陛下自臨御以來，德政更新，中外人才凡爲公論所與者無不收用。况於尙德之選，苟有其人，理不可遺。伏見河南府布衣尹焞，故尹源之孫、尹洙之姪孫，學專師古，行足勵俗，潛心允蹈，踰三十年，西都學者皆稱仰之。未嘗應書，不求仕進。若蒙召致，俾預講說，必有補益。臣非職事素所深知，冒昧薦聞，不勝惶懼之至。取進止。」

有旨召赴闕，令河南府以禮津遣。先生辭曰：「欲寡過而未能，安足以上副此遣？」河南府守臣王襄引孔子「不俟駕」

之語促行，先生曰：「焞草萊之臣，不敢當君命。不俟駕，此孔子當位時事，若不在其位，則不然也。」王襄曰：「先生辯矣。」再有旨促召，先生不得已至闕，又謝不敢朝。上知不能留也，十月，詔賜和靖處士，放還山。

告詞云：「勅西京布衣尹焞：慶曆間有賢臣焉，朕不見也，每覽國史，高其節概。爾能力學操行，以世其家，甘貧守約，不競榮利，是亦可嘉矣。用錫美名，式勸頹俗。爾其以行義敎鄉里，使有矜式焉，則予惟爾嘉。可特賜和靖處士。」靖康元年九月日，中書舍人劉正行。

戶部尙書梅公執禮、兵部尙書孫公傅、御史中丞呂公好問、戶部侍郎邵公溥、中書舍人胡公安國、諫議大夫徐公秉哲又同奏，乞特加識擢。奏曰：「臣等伏見河南布衣尹焞，德備中和，學窮根本。言動惟時，皆可師法。器識宏遠，可以任大。臣等淺陋，不足以盡知，然近來招延之士無出其右者。昨蒙朝廷特（召）〔詔〕河南府津遣赴闕，伏聞命之處士以使歸。使焞韜藏國器，不爲時用，未副朝廷仄席求賢之意。伏望聖慈特加識擢，以慰天下士大夫之望。謹錄奏聞，伏候勅旨。」

**二年丙午**

金人陷洛陽。先生闔門遇害，張夫人與子均俱死於賊。先生死而復甦，門人潛載以逃，尋訪尹氏遺族，遇先生之弟武功府君燭，及武功夫人全氏，攜姪墺逃匿民舍。時亂兵間，尹氏僅存者，先生與燭、墺三人耳。墺時甫八歲，後以先生郊恩補將仕郎，終於通判金州。先生傷重不能行，家人輿舁匿山谷間。

**高宗皇帝建炎元年丁未，先生年五十七。**

在長水山中。

**二年戊申**

先生在長水山中。長安陷，劉豫僭號，使其僞帥趙斌卑詞厚禮，儀從甚盛，以兵劫先生於山中。先生抗駡不屈，夜徒步渡渭，攜墺及邢氏女潛匿鄜水谷中。

**三年己酉**

先生在鄜水。

**四年庚戌**

先生自秦中至永興軍黄箕谷。

**紹興元年辛亥，先生年六十一。**

**二年壬子**

先生隨楊彦中入蜀至閬州。時張公浚宣撫川陝，門人呂稽中爲計議官，延請館先生於閬中。遂至遂甯，復往瀘南子壻邢純官所。又過戎、溆。

七月二十五日，有《題伊川易傳後語》。

**三年癸丑**

先生往來至巴中廣安軍。弟燭武功府君卒於廣安。

**四年甲寅**

七月二十三日，邢純監涪陵酒税，復迎侍先生以往。先生寓館於涪州千福院。

十二月望日，門人馮忠恕來，有《題馮聖先墓銘跋語》。

**五年乙卯**

先生寓涪，扁一室曰六有齋，名所居曰習堂。

六月十五日，左朝奉大夫、充徽猷閣待制、提舉建隆觀、兼史館修撰、兼侍講、兼資善堂翊善范冲舉先生自代，有旨，尹焞召赴行在，仍令川陝宣撫司以禮津遣。

九月十二日，左朝奉大夫、充徽猷閣待制、提舉建隆觀、兼史館修撰、兼侍講、兼資善堂翊善臣范冲再奏：「蜀道雖通，然行旅艱難，自非州郡委曲津遣，無緣起發。」十三日，三省同奉聖旨，令川陜宣撫司差撥人船，優給路費，以禮敦遣，前來赴行在所。

十月初三日，宣司發省劄至涪州，時涪守李瞻備禮至千福院津遣，先生申宣司辭免。二十八日，宣司再牒涪州，備坐聖旨指揮，差撥人船，以禮津遣。先生再申宣司，乞備錄奏免。時上謂侍臣曰：「昔召程頤，蓋自布衣除崇政殿説書。」

十一月六日，遂降旨，尹焞特授左宣教郎，除崇政殿説書，仍令川陜宣撫司依累降指揮加禮津遣赴行在所。

十一月二十七日，宣司準入内内侍省御前金字牌并御前實封劄子，付下《左宣教郎説書告》，并差幹辦官蔣世雄來涪州尋訪先生居處，催促起發。涪守李瞻申：「尹處士獨處一室，嘉遯養浩，志尚高潔，邦人莫得而見，非有司文移可致。」

**六年丙辰**

正月，宣司差官委夔路運副韓固、運判王肇、知涪州李瞻詣先生之廬，備禮再三，勸勉起發。十三日，先生以告繳納涪州軍資庫，再申宣司辭免。

三月六日，又降旨促召。

四月六日，又準省劄催促。

五月七日，宣司再得旨催促，及又差使臣史諴等解袍笏等來。先生不受，仍以繳納涪州軍資庫。

八月十八日，有《跋馮聖先墓銘後序》。自五月以來，宣司所差官日夕候門不敢去，至九月十七日，先生迫不得已，登舟啓行。又申制司，以病不敢受誥，乞於前路聽候指揮。

先是伊川先生有祠在涪之北巖，九月二十五日，先生以文告於伊川之祠而行。其文云「有補於世則未也，不辱師門則有之」云云。先生既行，蜀人又於北巖立先生之祠焉。

十月，至夔。

十二月二十六日，朝廷又降劄促令疾速兼程前來，仍不許再有辭免。

**七年丁巳**

正月十三日，先生至荆南，朝廷再降劄促召。二十一日至鄂州。二十三日，又準尚書省及御前實封劄子促召，先生又以疾乞自便將理。

二月十九日，至江州。二十五日及三月十七日，又連準省劄催促。二十一日，又申江州乞具奏辭免。

四月四日至五月五日，凡三劄催促。

五月二十日，左僕射、同中書門下平章事兼樞密使、都督諸路軍馬張浚又上疏力薦，乞更加禮津遣。五月二十日，三省同奉聖旨依奏。

五月二十九日巳時，御前金字牌備張公浚劄子又加促召。先生又繳申江州，乞自便尋醫。

六月二十四日，又準省劄促召，先生又以疾辭。

八月，又得旨令江州守臣以禮津遣。

九月，先生至建康府界。先是左司諫陳公輔上言，請禁伊川學。至是先生因併引以辭，涪州所差隨行軍員何伸以本州所繳《崇政殿説書告》及袍笏等繳納行在激賞庫。何仲狀云，見附集。

九月十一日，朝廷又以官告袍笏等劄下，責付先生家屬交領。又辭，上曰：「尹焞可謂恬退矣，辭免之奏十數上而未止。候疾痊安，即召對。」又降旨遣宰相趙鼎及參知政事秦檜出國門存問慰勞，仍先賜御府金、帛、藥等，先生再力以疾辭官。

九月十三日，又降旨：「體劄下事理，疾速祇受告命。仍具知委文狀申尚書省。」先生又列前後所上二十狀繳連，乞收還恩命。

十月八日，又劄下令候痊安日，令閤門引見上殿，先生以病未敢受告。

閏十月一日，又劄下：「訪聞本官今已痊安，所有告命，即疾速祇受。」

閏月初八日，奉聖旨尹焞除秘書郎兼崇政殿說書，先生又辭。十一日，奉聖旨不允，令先次朝見，赴講筵供職。十二日，先生始入見，力辭於上前。上曰：「朕渴卿久矣。知卿從程頤學，俟卿以講學，不敢以他。」先生遜謝，辭不獲命，遂供職講筵，承續講衛靈公之末章稱旨，遂給筆札，解《論語》以進。時先生又力辭秘書之命，十五日，奉聖旨不允。先生既再辭不允，又乞致仕。左僕射趙公鼎奏曰：「尹焞有山林之志，不樂留此，願以禮留之。」上遂再加錫賚。

八年戊午

二月，車駕還錢塘，先生以病從百司先行。二十七日，除秘書少監，仍兼崇政殿說書。先生又凡五辭。

三月，病少愈，力疾赴講筵。先生每當赴講之日，前一夕必沐浴更衣，以所講書置案上，朝服再拜，齋於燕室。學者問之，先生曰：「必欲以所言感悟君父，安得不敬。人君其尊如天，必須盡己之誠意。吾言得入，則天下蒙其利，不能入則反之，又安得不敬？」十三日，詔促解《論語》。

四月九日，乞免史館并修日曆職事，從之。十四日，再乞歸田里。十七日，又於經筵留身求去，且曰：「士大夫不理會進退，安用所學！」上曰：「待與卿在內宮觀。」先生力辭。翌日，上以諭參知政事劉公大中曰：「尹焞學問淵源足爲後學矜式，班列中得老成人爲之領袖，亦足以見朝廷氣象。」十八日，除直徽猷閣、主管萬壽觀，依舊兼崇政殿說書。凡三辭不允，又乞致仕，又不允。二十日，進呈所解《論語》。

五月四日，詔賜緋衣銀魚，復被旨解《孟子》。上曰：「楊時物故，胡安國、朱震又亡，同學之人，今無存者，朕甚痛惜之。」趙鼎曰：「尹焞學問淵源可以繼震。」上曰：「震亦薦焞。」

八月十三日，詔先生講《尚書》。

冬，講筵初開，講好之者不如樂之者，先生曰：「此安而有之？」上語中書舍人呂本中曰：「此尹焞受用處。」二十三日，除試太常少卿，兼職如故，先生力辭不允。

十一月十六日，先生以疾在告。十九日，除左通直郎，權禮部侍郎。時先生已再乞宮觀，不允。二十一日，又除兼侍講，凡十辭皆不允。

是時秦檜獨相，力主和議。金虜遣張通古爲詔諭江南使，通古在館浹旬，朝議未定，人情洶洶。先生在病中，力疾上疏極諫，以爲「不可墮虜計，陛下此膝一屈，不可復伸」，反復千餘言。又以書切責秦檜，檜大怒。《書》、《疏》并見《文集》。

**九年己未**

正月，除徽猷閣待制，提舉萬壽觀，仍兼侍講。先生曰：「病不能朝，而寵祿日至。雖主上賢我，大臣安我，我何功德以當之？」上表力陳當去之義有五，檜見而益銜之，乃見上具言尹焞負天下重望，凡所奏陳，乞付中書詳酌行之。先生又力辭，乞歸田里，遂差提舉江州太平觀，待制如故。

十五日，先生既得祠，即離國門，仍乞追還待制職名，不允。二十日至平江，寓居虎邱西庵，扁上方所居之室曰三畏齋。時門人呂稽中、呂堅中、祁寬、蔡仍、蔡迨、黃循聖、徐正夫侍。

十月十七日，有《書伊川修禊帖跋語》。

**十年庚申，先生年七十。**

正月十七日，有《題蘭亭碑軸後語》。

先生曰：「吾無功而爲從臣，吾去而不能復辭，七十而老，尚矣。」遂上章乞致仕。二十二日，得旨遷一官，依所乞致仕。

時先生子壻程暐爲桐廬令，九月十五日，先生自平江往桐廬，館於縣齋。二十五日，有《題桐廬縣齋》詩。

十月初十日，有《題雜說後語》。

十二月，子壻邢純爲浙東撫屬，遂迎侍先生往會稽。時門人呂稽中、堅中、虞仲琳、祁寬從行。

**十一年辛酉**

先生寓居會稽。

十二年壬戌

三月晦日，有《題溫公莊子節帖》。

六月二十六日，有《答謝用休書》。

十月，先生病。

十一月初四日，先生病革。初五日，先生卒，年七十二。

上聞而悼惜之，命特贈四官，自奉議郎贈朝請郎、徽猷閣待制，依條與致仕遺表恩澤，賜銀絹三百疋兩給葬事，仍遣中使護其喪，葬於會稽縣五雲鄉龍瑞宮山之原。

# 和靖先生年譜序

故宋侍講尹和靖先生嘗寓平江虎丘之西庵，後人因築祠祀之。國初祠廢，有司遷麗郡城，尋請署額爲書院，因名曰和靖。且置師弟子員，以先生之道教之。而先生之道見於門人祁君寬所記《語録》若干卷，前山長沈維時既已刻之書院矣。其出處始終，言行本末，著於黄君士毅所纂《年譜》，顧未之刻焉。今山長葉顒實始出俸廪爲之倡，而儒士陸寧因率同志若干人裒錢以相之，用是譜與《語録》并傳，而先生之道益著矣。初，先生棄舉子之業而從程叔子也，豈非欲聞聖賢之道乎？及遭難靖康，脱身劉豫，間關百罹，誓死不屈，當是時也，知不辱師門而已焉。太師張公浚、趙公鼎之倫，交口論薦，不絶於朝，玄纁束帛之使趣召赴闕者，相屬於道，蓋非先生之志也。及屢召屢辭，卒辭弗獲，遂以布衣入侍經帷，爲帝者師。其勸講也，每齋宿而後進，深覬所言悟主，以利天下，此則師門之志。而先生奉以周旋，蓋所謂不失其正者也。然張、趙二公去位，秦檜以議和竊柄，而君子小人遂與夷夏同盛衰，而宋之爲宋蓋可知已。先生獨毅然不顧，上疏切諫，且移書責檜，皆不報。此其自任以天下之重何如也！而道之不行，蓋非先生之不幸也。於戲！先生之道不必行於秦檜，先生之譜不必不傳於後世。蓋譜傳則道傳，秦氏之子，其如天下後世哉！先生家世爵里與師友授受之懿，在列傳、《墓誌》、《伊洛淵源》、《語録》皆可考。是譜也，蓋攟摭諸書，參聞以己，而先後次第之。俾百世之下誦其詩而讀其書者，觀乎此，亦可以由階及户而窺其奥矣。維時、顒皆鄉貢進士云。至正辛丑二月癸未序。元陳基《夷白齋稿》補遺。

# 唐庚年譜

馬德富 編

據《宋代文化研究》第三輯增訂

唐庚（一〇七一——一一二〇），字子西，眉州丹稜（今屬四川）人。少時學爲文，出語已驚人，年十八游太學。紹聖初進士及第，爲利州司法參軍，歷閬中令、鳳州教授等職，爲州縣官十年。崇寧二年爲宗子博士。張商英爲相，舉薦提舉京畿常平。張商英罷相，唐庚坐貶惠州六年。政和初，復官承議郎、提舉上清太平宫，歸京師，僦居于景德寺。後歸蜀，卒于道，年五十。

唐庚善詩文，其詩學蘇軾，其遭遇也與蘇軾相似，故有「小東坡」之稱。其詩文于北宋末在蜀、閩兩地分別刊刻流行，有《唐子西集》十卷，又有二十卷本。紹興間鄭康佐合而編爲《唐眉山先生文集》三十卷。此外，尚有《唐子西文録》一卷傳世，爲評論唐宋以來詩文的專録。其事蹟見《東都事略》卷一一六、《宋史》卷四四三本傳。

本譜據史傳、文集，考述譜主世系里貫、歷官事蹟、詩文著述繫年，兼記時事、師友交遊，較爲簡明，於唐庚里貫、稱號、生卒年之訛等，多有考辨。原刊於四川大學古籍所編《宋代文化研究》第三輯，本書所收，略有改動。

唐庚，字子西，眉州丹稜（今屬四川）人。王偁《東都事略》卷一一六：「唐庚字子西，眉州丹稜人也。」《宋史·唐庚傳》與此同。民國十二年《丹稜縣志》卷二引邑人彭遵泗《紀略》：「（唐庚）丹稜人也，家邑之西鄙。」又卷三云：「唐家祠，舊名唐家廟，在縣西七里，祀鄉賢唐子西父子兄弟。」再據《眉山唐先生文集》卷十六載《唐先生行狀》等，唐庚爲丹稜人可謂確鑿無疑。然唐庚《水東廟記》末云：「眉山唐某記。」《書姑蘇張自強教授所編寅申錄》末云：「眉山唐子西書。」（分别見《眉山唐先生文集》卷九、卷十四）其友人鄭總宣和四年五月作《眉山先生文集序》，中云：「眉山唐先生名庚，字子西。」另一友人呂榮義同年八月作《眉山唐先生文集序》，中云：「先生名庚，字子西，眉州眉山人也。」晁公武《郡齋讀書志》卷四下徑稱唐庚爲「眉山人」。四部叢刊唐庚集名《眉山唐先生文集》，每卷卷端標「眉山唐庚子西」六字。四庫本名爲《眉山詩集》和《眉山文集》。

唐庚既爲丹稜人，何以自稱「眉山唐某」，而他人稱其「眉山先生」呢？據《隋書·地理志上》：隋大業三年改眉州爲眉山郡，轄今樂山、眉山、青神、丹稜、洪雅、峨邊、峨眉等縣。故丹稜隋時屬眉山郡。唐庚詩文中好用古地名，如稱利州爲益昌，瀘州爲江陽，即如此。因之其自稱「眉山」，乃以丹稜古地域爲稱。又，據唐庚《上任德翁序》，他青少年時期曾在眉山讀書，且丹稜距眉山不遠。故其自稱「眉山唐某」，是很自然的，其友人遂因此而稱他爲眉山先生，稱他的集子爲《眉山先生文集》。但並不能因此認爲他是眉山縣人。晁公武徑稱他爲「眉山人」，實不確切，而呂榮義直接說他是「眉州眉山人也」，則大誤。四部叢刊本唐庚集每卷卷首標「眉山唐庚子西」，亦顯得含混。

又，四部叢刊本唐庚集總目下標「魯國先生唐庚著」七字。將魯國先生說成唐庚是錯誤的，此誤由來頗久，宋人王象之《輿地紀勝》卷一五三就說唐庚「號魯國先生」，民國十二年《丹稜縣志》卷二引邑人彭遵泗《紀略》亦謂「宋魯國先生唐子西」云云。然據《眉山文集》卷五《史夫人行狀》：「夫人史氏（按即唐庚之母）……魯國先生諱某之配也。」可見，魯國先生乃唐庚父之號，非唐庚本人的號。

父唐淹（一〇二六—一〇八八），字彥通，眉州丹稜人。

《眉山文集》卷五《唐先生行狀》云：淹六歲而孤，勤苦自立，卒爲名儒。輕財好施，學問淵博。其族本以治產富饒，而淹專業儒。「自堯舜三代以來理亂廢興，莫不考論，旁至諸子百家，天文地理，方技醫卜之書，莫不通曉。」特深於經術，著《四經微旨》三十卷，《辨三傳》七卷。自嘉祐、治平間，已有盛名，西南學者爭宗師之，授經者累數百人，然應進士舉，反不中。龍圖閣直學士陸詵薦之，亦不報。浮沉丘園，無復仕進意。元祐三年閏十二月二十五日卒，年六十三。另可參唐庚《先君眞贊》、《焚黃祭文》及唐文若《書先集後》（見四部叢刊本《唐先生文集》末附）。

母史夫人（一〇三三—一〇八八），眉州青神縣（今屬四川）人。

據《眉山文集》卷五《史夫人行狀》：其曾祖史著明，曾任嘉州軍事推官。祖史昭吉，曾任大理寺丞。父史及，進士。夫人安貧樂善。唐淹未嘗督責三子以學，而夫人則不然，躬課諸郎讀書，至丙夜乃寢，率以是爲常。元祐三年春，唐淹遇疾幾殆，夫人焚香祈禱，願以身代死。俄而疾暴作，擲香爐於地，扶掖就枕，已不知人，後六日遂不起。時二月二十日也。崇寧三年二月二十八日與淹合葬於丹稜縣鼓面山。

母家氏。

按：此爲唐庚前母。《眉山文集》卷十一《祭家氏文》有「敢昭告於前母家氏孺人之靈」云云。

兄唐瞻（一〇五五—一一〇六），字望之，改名伯虎，字長孺，丹稜人。

其治《易》、《春秋》，皆有家法。性眞率。元符二年冬以弟庾貢舉事繫獄逾年，掠治無完膚，其詞一不及庾。獄久不具，會赦得免。崇寧五年卒，年五十二。其事蹟參見唐庚《亡兄墓銘》及《宋史·唐庚傳》。

弟唐庾，字端孺。少有文名。元符二年因貢舉事繫獄臨邛，後會赦得免。崇寧中從兄游綿州，大觀中從兄游京師。庚謫嶺表，萬里追隨。庚歿，庾序其集行世。見《亡兄墓銘》、《宋史·唐庚傳》、唐庚《十月十八日與舍弟同登越王樓……》、《大觀四年春，吾與友人任景初、舍弟端孺自蜀來京師……》、《送舍弟干事廣州》

等詩，及民國十二年《丹稜縣志》卷七。

妻某氏，姓名待考。

庚《南行祭江瀆文》中有「兄弟妻孥，泣涕攝挽」句，知庚赴京就讀太學前已結婚。庚有《代內》詩，以其妻口吻表達辭官歸隱之意。又有《代內醮文》等。庚《惠州謝復官表》云：「奮空拳於嶺表，不保朝昏；托衆口於江陽，莫知存殁。」知庚貶惠州時，其妻率子女寄居瀘州。庚政和七年北歸返瀘，有《答合守程元老書》：「婦稚病肺，比老益甚，五月中垂死復活。」亦指此人。

妾黎氏，隨庚至惠州，政和七年五月十五日北歸返瀘時卒於江津。

庚《船娘銘》云：「船娘，吾幼女也……其母黎氏。」又《黎氏權厝銘》：「侍女黎氏揚越人，八年隨吾遷海濱，丁酉北歸至江津，一疾即死不及伸，月實丙午日壬寅。」

**神宗熙寧四年辛亥，一歲。**

唐庚墓誌銘及行狀等今均不存，《東都事略》、《宋史》等寥寥數語，語焉不詳，故其生年只能據其詩文等資料推算。大約有兩說：據庚《亡兄墓銘》：「吾少兄十有五年。」其兄瞻崇寧五年（一一〇六）卒，年五十二，由此推算，則當生于仁宗至和二年（一〇五五）；庚少其兄十五歲，當生于熙寧三年（一〇七〇）。《宋人傳記資料索引》即定于此年。然陸心源《三續疑年錄》據宣和四年八月呂榮義序：「先生死不一年。果有槀其文以來京師者。」遂以爲庚卒于宣和三年。又據《宋史》庚本傳：「卒年五十一。」由此上推，將生年定于熙寧四年（余嘉錫《四庫提要辨證》卷二十二引）。

今按：定于熙寧四年近正。然庚非卒于宣和三年，而是卒于宣和二年；卒非五十一，而是五十（詳後）。由此推算，當生于熙寧四年。此其一。又，庚《上俞澧書》：「年二十四，始得一官。」考庚紹聖元年（一〇九四）進士及第，始授官。由此上推，亦當生于熙寧四年，此其二。另外，定于熙寧四年，與庚其它詩文所述年月較爲吻合，而定于熙寧三年，則多抵牾。鑒于此，今定爲四年。

本年歐陽修六十五，王安石五十一，曾鞏五十二，蘇軾三十五，蘇轍三十三，黄庭堅二十七，秦觀二十三，賀鑄二十，陳師道十九，晁補之十七，張耒十八，周邦彦十六，李方叔十三，晁説之十三。

**神宗元豐七年甲子，十四歲。**

六月夏人侵德順軍，九月圍定西城，十月寇西河。十二月司馬光修《資治通鑑》成。李清照生。

唐文若《書先集後》：「先君（按指庚）自幼承學于皇大父（按指唐淹），若與蜀先諸儒異轍也。」庚《上俞澧書》「某自少暗塞，不通曉世務，獨好觀古人經籍、傳記，上自堯舜三代，下迄隋唐五季，數千年事，僅能涉獵。」唐庚《眉山詩集序》：「予兄子西，自齠齓學爲文，出言已驚人。如賦《明妃曲》、《題醉仙崖》什、《上任德翁序》之類，時年方十四、五，老師匠手見之，無不褫魄落膽。」（均見《眉山唐先生文集》）

**元豐八年乙丑，十五歲。**

三月，神宗卒，太子煦即位，是爲哲宗，太皇太后高氏權同處分軍國事。四月，詔寬保甲、養馬法，罷免役錢。五月，司馬光爲門下侍郎。

讀書于眉山，師從任德翁，深受賞識。

庚《上任德翁序》云：「薛郡任公之教授通義（按即眉山縣）也，士之曳長裾，服方領，抱書束帶，優游于泮宮者數百人。……有少年書生唐某者，一日持一軸書，掉三寸舌，草衣麻屨，攘袂登門，危言高論，不顧忌諱。公一見而嗟異之，再見而禮貌之，三見而憐惜之，勸戒勤篤，敎諭款密。」按，此文四庫本題下注：「時年十五。」

**哲宗元祐元年丙寅，十六歲。**

二月，司馬光爲尚書左僕射兼門下侍郎。罷雇役，後又罷青苗錢。四月，王安石卒。九月，司馬光卒。十一月，呂大防爲中書侍郎。黃庭堅、張耒、晁補之試學士院，並擢館職。

庚在眉山讀書。

**元祐二年丁卯，十七歲。**

蘇軾任翰林學士。正月，傅堯俞、王巖叟、朱光庭等彈劾蘇軾試館職策題失當，軾四上章請郡，仍詔令供職。洛蜀黨爭起。

**元祐三年戊辰，十八歲。**

四月，呂大防爲尚書左僕射兼門下侍郎，范純仁尚書右僕射兼中書侍郎。

二月二十日，母史夫人歿，年五十六。庚持母喪于家。（《眉山文集》卷五《史夫人行狀》）

閏十二月二十五日，父唐淹終于家，年六十三。

庚《亡兄墓銘》云：「元祐三年秋，先公游瀘南，予兄弟持母喪於丹山。兄夜半蹴予曰：『吾夢收尊書，發之，得亟未二字，何也？尊得無恙乎？』……二日半至瀘，而先公果病甚。」「兄具大舟迎侍以歸。居數日，疾復作，遂卒。」另參《眉山文集》卷五《唐先生行狀》。庚《上俞漕書》謂：「年十八始游京師，遂與群俊並驅爭先，未嘗少卻，鼓吹虛譽，相扇於場屋間。是時年少氣銳，未歷世事，遂以功名唾手可得，而不信造物之能厄己也。」按此段敘述，似是就讀于太學時情形。「年十八」可能有誤，因本年持父母喪在家，絕不可能「游京師」。

**元祐四年己巳，十九歲。**

三月，蘇軾除龍圖閣學士，知杭州，七月到任。六月，蘇轍爲翰林學士兼吏部尚書。

庚在家居喪。

**元祐五年庚午，二十歲。**

二月，文彥博致仕。三月，以韓忠彥同知樞密院事，蘇頌爲尚書左丞。四月，蘇轍爲御史中丞。六月，陳與義生。

庚在家居喪。

庚《中秋遇雨感懷呈世澤彥直》詩云：「初游東都年二十，清歡趁得中秋及。」似本年已赴京，但這是不可能的。庚本年仍在服喪期，不可能「游東都」。此詩是作者後來回憶之作，所謂「年二十」者，舉其概數也，實際上赴京似在元祐七年，庚年二十二。

**元祐六年辛未，二十一歲。**

二月，以劉摯爲尚書右僕射兼中書侍郎。蘇軾自杭州召還，但受洛黨賈易等攻擊，再乞外郡。八月，除龍圖閣學士，知潁州。十一月，劉摯罷。

庚在家居喪。

**元祐七年壬申，二十二歲。**

六月，蘇頌爲尙書左僕射兼中書侍郎，韓忠彥知樞密院事，蘇轍爲門下侍郎。八月，蘇軾以兵部尙書召還，十一月遷禮部尙書兼翰林侍讀。

庚沿江而下，假道荆楚，南行赴京，就讀太學。

《眉山文集》卷十《南行祭江瀆文》云：「僕草萊野夫，愚不知分，不能與田夫野老傭耕南畝，而背書腰劍，假道荆楚，以游大梁。鄉里親識笑其狂妄，兄弟妻孥泣涕撮挽，而擊鼓發棹，奮然不顧，其志蓋將有所爲也。他日登金門，上玉堂，垂璫珥筆，昂軒峨冠，亦在于此；榮耀父母，庇蔭兄弟，兼濟友朋，養活妻子，亦在于此；安國家，定社稷，立功名，使千萬世不泯，亦在于此。」從文章內容和口氣看，抱負宏大，意氣英爽，必是青年時期初次離鄉赴京所作。文中但云「兄弟妻孥，泣涕撮挽」，而不言父母送行，必是父母歿後所作。且此時庚已結婚，有子，然其具體結婚日期待考。又，《眉山文集》卷八《上蔡司空書》云：「自念往時閣下鎭蜀，某游太學。」據《北宋經撫年表》，蔡京知成都乃元祐七年四月至紹聖元年四月，由此知元祐七年四月前，唐庚已離蜀赴京游太學。

**元祐八年癸酉，二十三歲。**

九月，太皇太后卒，哲宗親政。起復章惇爲資政殿學士，呂惠卿爲中大夫。八月，蘇軾罷禮部尙書，出知定州。十月到任。

庚在太學。

八、九月，謁東坡于京師。

強行父《唐子西文錄》記唐庚云：「東

坡赴定武，過京師，館于城外一園子中。余時年十八，謁之。問余：『觀甚書？』余云：『方讀《晉書》。』卒問：『其中有甚好亭子名？』余茫然失對，始悟前輩觀書用意蓋如此。」今按，東坡赴定武在元祐八年八、九月，唐庚謁之必在此時。時唐庚已二十三，非十八，蓋行父追錄時記憶不確之故。

**紹聖元年甲戌，二十四歲。**

哲宗漸復熙寧新法，召用新黨人物。二月以李清臣爲中書侍郎，鄧潤甫爲尚書右丞。三月呂大防罷，蘇轍罷。四月曾布爲翰林學士，張商英爲右正言，章惇爲尚書左僕射兼門下侍郎。六月蘇軾貶惠州，十月至貶所。十二月黃庭堅貶涪州別駕，黔州（治今四川彭水）安置。陳師道罷潁州學。

三月，唐庚進士及第。

《宋史·哲宗紀》：紹聖元年三月庚辰（九日）詔：「太學合格上舍生推恩免省試，附科場春榜。」《續資治通鑑》卷八三：紹聖元年三月乙酉（十四日）御集英殿，試進士。策曰：「今復詞賦之選，而士不知勸；罷常平之官，而農不加富；可差可募之說紛，而役法病；或東或北之論異，而河患滋；賜土以柔遠也，而羌夷之患未弭；弛利以便民也，而商賈之路不通。夫可則因，否則革，惟當之爲貴，聖人亦何有必焉。」此策問乃李清臣所擬。時考官多主元祐，而楊畏覆考，乃悉下之，而以主熙豐者置前列。「丁酉（二十六日）賜禮部奏名進士諸科九百七十五人及第出身」，「拔畢漸爲第一」。宋呂榮義《眉山唐先生文集序》謂庚「紹聖中以進士中第」。光緒《丹稜縣志》卷五：「唐庚，紹聖元年甲戌畢漸榜進士。」庚自云：「年二十四始得一官。」（《上俞漕書》）意即謂本年中進士得官。然《宋人傳記資料索引》謂庚乃元祐六年進士，顯誤。

作《謝及第啓》。

中云：「某者，少不好學，老方讀書，左右圖史者十年，涉獵經傳者萬卷。」

釋褐爲利州（治今四川廣元）治獄掾。

《上蔡司空書》云：「呂丞相罷，章丞相用事，當此之時，某爲利州治獄掾。」考呂大防紹聖元年三月罷相，章惇于紹聖元年四月拜相。由此知庚此時爲利州治獄掾。又同書中還云：「閣下還朝，而某已歸蜀。」考蔡京于紹聖元年四月知成都任滿還朝，由此知庚進士及第後即授官歸蜀。又，唐庚授官後曾返丹稜，再由丹稜赴任。其《祭祖墳文》：「天子哀其愚，錫以一命，俾俟罪于益昌（即利州）。」據此知此文必爲赴官益昌前在家鄉祭祖墳時所作。其《先君眞贊》亦必作于此時。又，其《祭程公儀文》云：「我昔攜孥，赴官益昌，公時送我，泣下沾裳。……我舟既行，翁止于岸。」據此知庚赴利州，乃由故鄉出發，攜家前往。其《赴益昌六言》云：「樂職如含酒美，判司敢嘆官卑。」顯然是解嘲口吻，唐庚對此官並不滿意。

本年作《聞東坡貶惠州》一詩。

**紹聖二年乙亥，二十五歲。**

二月，呂大防貶分司南京，安州居住。十月許將爲尚書左丞，蔡卞爲尚書右丞。蔡京爲翰學士兼侍讀。黃庭堅四月到貶所黔州。

庚爲利州治獄掾。

庚在《亡兄墓銘》中説自己：「年二十五即去爲吏四方，五年十年乃一歸，歸不過旬月復去。」

**紹聖三年丙子，二十六歲。**

是年章惇爲相。七月以蔡京爲翰林學士承旨。十月，夏人侵鄜延，陷金明寨。

庚爲利州治獄掾。

與王蕃（字觀復）游。

庚《送王觀復序》云：「紹聖丙子歲，予官益昌，始從吾友王觀復游。方是時，其文已如擊石拊石，誠非世俗之樂，獨音節未和爾。」

五月，作《箕踞軒記》。

中云：「予今以五斗紅腐，置身于憂患之場，是非利害洶洶百出，以一身之微，受無窮之責，目視上帶，則輒取怪怒，方且遠讒畏譏，規規然從事于禮法，柔聲和容，斂版罄折，拜揖跪起，以取媚於世，惟恐其不悦。」遂名官舍舊軒爲「箕踞軒」，「往往獨游於此，解衣盤薄，箕踞於胡床之上，含爪賦詩，暴背閲書，以釋其忽忽不平之氣。」據四部叢刊本《眉山唐先生文集》後附張元濟匯校，知此文作于本年五月二十日。從此文可看出唐庚爲官的概況及內心的苦悶厭煩，他急欲擺脱官場的羈束，以求身心的自由。

**紹聖四年丁丑，二十七歲。**

正月，李清臣罷。二月，追貶司馬光、呂公著等。蘇轍貶化州別駕，雷州安置。蘇軾責授瓊州別駕，昌化軍安置，七月二日至儋州貶所。文彥博、呂大防、劉摯卒。

庚爲利州治獄掾。

作《自笑二絶》。

「案頭故紙如撥山，三年只有馬上閑。」

「平生所學盡虛談，爲吏文書百不諳。喚作參軍眞浪漫，軍中底事更須參？」自紹聖元年至本年，唐庚爲治獄掾三年餘。治獄掾，宋無此官名，庚實際官職可能是司理參軍，據《職官分紀》卷四十一：「司理參軍，國朝別置，以專鞫獄事。」庚作于益昌的《黎城酒》詩就稱自己是「獄曹參軍」。另有一首《訊囚》詩，中云：「參軍坐廳事，據案嚼齒牙。引囚到庭下，囚口爭喧嘩。」「參軍在場屋，薄薄有聲稱。只今作參軍，幾時得騫騰？」詩亦作于利州，全詩反映了自己爲治獄掾的苦悶矛盾心情，其中「參軍」即自謂。

作《謝家提舉啓》。

中有「軍事方參，未知拜起」、「逮今三載」等語，似應作于本年。

**哲宗元符元年戊寅，二十八歲。**

七月，蘇轍移循州。九月，秦觀除名，移送雷州。本年蘇軾在儋州。黄庭堅六月遷戎州（治今四川宜賓）。

庚爲利州治獄掾。

**元符二年己卯，二十九歲。**

張商英權工部侍郎。蘇軾在儋州，黄庭堅在戎州，陳師道在徐州。

庚爲利州治獄掾。

《眉山文集》卷八《上監司書》云：「往在益昌五年。」從紹聖元年赴官益昌，至本年，恰五年餘。又卷九《書朱（按「朱」當爲「宋」之訛）尚書集後》云：

「元符二年，其子（按指宋祁子）衮臣爲利路轉運判官，予典獄益昌，始得尙書平生所爲文讀之。」

五月，代人作《賀進築表》二篇。

篇中賀涇源、熙河等路進築安西州及天都等砦。據《續資治通鑑》卷八六，進築事在元符二年五月。

唐庚弟唐庾因貢舉事繫獄臨邛，語連兄唐瞻，臨邛並械之。凡對吏逾年，掠治無完膚。

此據《眉山文集》卷四《亡兄墓銘》和《宋史·唐庚傳》，事在元符二年。二文中均將唐庾誤爲唐庚，庚本年爲官益昌，決無繫獄臨邛之事。當據四部叢刊本後附張元濟匯校改正。

《陳子美竹軒記》、《上錢憲雜文序》，以及《張求》、《書新堂》等詩均作于利州，具體年月待考。

**元符三年庚辰，三十歲。**

正月，哲宗趙煦卒，弟端王佶即位，是爲徽宗。四月，韓忠彥爲尙書右僕射兼中書侍郎，李淸臣爲門下侍郎。敘復元祐臣僚。蘇軾離儋州北歸，十一月復朝奉郎，提舉成都玉局觀。秦觀八月卒于藤州。黃庭堅七月泛舟往靑神縣（今屬四川），十一月返戎州。

庚爲閬中縣（今屬四川）令。

《眉山文集》卷三二《重修思政堂記》云：「元符元年，管城虞公來守是邦，明年，始作整暇堂……（又作思政堂）逾年一新。」故知此文作于元符三年。文中云：「是歲，某爲閬中宰。」又，卷二《寄傲齋記》云：「吾官閬中時，嘗考論晉宋人物，至《淵明傳》，慨然有感于吾心，時年三十，便有歸歟之興。」知三十已爲閬中令。

與王蕃相會于閬中，並送王蕃離任，作《送王觀復序》。

《序》云：「紹聖丙子歲，予官益昌，始從吾友王觀復游。……其後四年，相會於南隆。」按，南隆即閬州，紹聖丙子後四年即本年。據黄庭堅《答王子雲書》：「某之友王蕃觀復，今爲閬州節推。」似王蕃由節推離任。《序》中又云：「或者便謂涪翁（按即黄庭堅）在宜城，觀復以書相切磨，涪翁奇之，相與反復論辨，復書柳子厚效淵明古體詩十數解示之，然後知有文章低昂疏密之節。」王蕃與黄庭堅書信往來，論辨切磨，因之受益非淺。本年黄庭堅在戎州、青神，與庚僅咫尺之遙，從現存唐庚作品看，卻無書信與之往來，唯有《晝寢效魯直》一詩，惜哉！

作《顏魯公祠堂記》。

中云：「元符三年，余友馬強叔來尹是邑，始爲公作祠堂於其側，而求文以爲記。」

作《愚齋記》。

中云：「元符三年，洛陽蘇公通守南隆，治書室於廳事之東偏，名之曰愚齋，而屬某爲之記。」又，《蘇君愈通判愚齋》詩似亦作于本年。

四月，韓忠彦爲右僕射，庚代人作《賀右僕射韓相公啓》。

弟庚、兄瞻繫獄臨邛。獄久不具，卒會赦，除之。

本年，庚有一女名木蘭。

《眉山詩集》卷二《長沙示甥郭聖俞》：

「我昔官閬中，子時趨長安。相過日夜飲，肯使笑語乾。」「誓言早歸休，愼勿貪高官。時未有添丁，眼前惟木蘭。」

**徽宗建中靖國元年辛巳，三十一歲。**

正月，皇太后向氏卒。二月章惇責授雷州司户參軍。七月，以蔣之奇知樞密院事。凡落職之紹聖要臣漸皆叙復。七月二十八日蘇軾卒于常州。

庚爲閬中縣令。

正月十四日皇太后卒。代人作《慰國恤表》，七月，作《賀蔣樞密啓》。

作《上監司書》。中云：「某誠不肖，蒙諸公誤知，過有論薦，遂得循資，作邑于此。……到官二年，前日治一豪右，而不勝其忿，狂怒詆詩，移文紛然。……賴執事聰明，不以爲過。」

作《謝陳使君啓》。中云：「部封七邑，歲薦二人，首及庸虚，良深感愧。伏念某備員百里，至是再期。」

**徽宗崇寧元年壬午，三十二歲。**

五月，韓忠彦罷相。追貶司馬光等人官職。七月，以蔡京爲尚書右僕射，兼中書侍郎。八月，以趙挺之、張商英爲尚書左、右丞。九月，立黨人碑于端禮門。

庚爲閬中縣令。

庚《上蔡司空書》：「章丞相罷，韓丞相用事，當此之時，某爲閬中令。」考韓忠彦于元符三年二月爲門下侍郎，四月爲右僕射，至崇寧元年五月罷相。由此可知唐庚本年仍爲閬中令。又，《綿州謝監司舉辟啓》云：「某……負三年之令弩。」自元符三年爲閬中令，至崇寧元年，爲三年，亦可知本年仍在閬中令任上。前人對于唐庚任閬中令的時間說法多含混，如《輿地紀勝》卷一八五：「（庚）元符間爲閬中令，以清嚴著聞，庭下風生。」民國十五年《重修閬中縣志》卷二四：「（庚）崇寧間知閬中，爲政清肅，公庭寂然。」（咸豐《閬中縣志》與此同）一說是元符間，一說是崇寧間，不知乃由元符三年至崇寧二年也。

六月，始修閬中敕書樓，親董其役，十二月成。事見《眉山文集》卷三《新修敕書樓記》。

《惜梅賦》、《有翠亭銘》、《謝晴文》及《東巖》、《戲贈王推官誠中》、《寄杜蓬州》、《中秋遇雨感懷呈世澤彥直》、《通判蘇君見和復次韻答之》、《喜雨呈趙世澤》、《蓬州杜使君洪道屢稱我于諸公，聞之愧甚，爲詩謝之》等詩均作于閬中任上。

**崇寧二年癸未，三十三歲。**

詔毀三蘇、黃庭堅、秦觀文集。九月，令州縣立黨人碑，蔡京親書刻石。蘇轍遷汝南。

正月十五日，在閬中作《新修敕書樓記》。

七月離閬中（見《新修敕書樓記》）。

赴官綿州（治今四川綿陽）。

庚在綿州所任何職，前人所說不一。宋祝穆《方輿勝覽》卷五四綿州云：「唐庚爲倅。」倅即通判。同治《綿州志》卷十四引明成化十八年知州唐平之碑文稱唐庚爲「判州」，但同書卷三五《職官表上》卻謂庚「熙寧中知綿州事」。卷三八復云：「唐庚子西，綿州知州。」卷四九又稱庚爲刺史。光緒《丹稜縣志》卷七謂：「（庚）守綿州有政績，州人繪像于思賢堂。」民國十二年《丹稜縣志》卷二引邑人彭遵泗《紀略》云：「（庚）守綿州，州人德之。」從筆者所見到的資料來看，大約宋、明人說是州倅或州判，而清人則多說是知州。今按，知州誤，州倅亦非。庚《上蔡司空書》云：「章丞相罷，韓丞相用事，當此之時，某爲閬中令。韓丞相罷，曾丞相用事，當此之時，某爲督郵。」足見閬中令後，庚任督郵。督郵，漢官名，乃郡守佐吏，掌督察糾舉所領縣違法之事。鄭樵《通志》卷五六云：「督郵，功曹之極位。」宋無督郵，此官職大約與錄事參軍相當。馬端臨《文獻通考》卷六三錄事參軍條云：「後漢有郡主簿官，在漢魏間及江左爲督郵、主簿，後魏有錄事參軍。……宋朝沿唐制，州有錄事參軍。」「熙寧三年，詔繁難去處錄事參軍，並差職官知縣及奏舉縣令人充。」《宋史·職官志》：「錄事參軍掌州院庶務，糾諸曹稽違。」諸州稱錄事參軍，諸府則稱司錄參軍，其品級與諸州簽判大略相當，均從八品（據《文獻通考》卷六七）。大觀二年一度改簽判爲司錄參軍。唐庚在綿州作《上俞漕書》，就說自己「雖名從八品，實胥校市評爾」。在《綿州謝監司舉辟啓》中，又說自己「參兩任之卿軍，自云得趣；負三年之令弩，未始辭勞。」所謂「參兩任之卿軍」，乃指任利州司理參軍和綿州錄事參軍而言。由此可見，唐庚在綿州極有可能是任錄事參軍。到任後遊覽綿州名勝，作《登越王樓》、《將家游治平院蓋老杜所謂東津也》、《游天池院》等詩。

十月八日，與弟庾重登越王樓，作《十月十八日與舍弟同登越王樓便道趨開元寺上天池得句滿紙顛倒雜亂幾不可讀明日詮次成二十二韻》詩。

首云：「休浴罷趨局，幽居愁杜門。重登帝子樓，共吊詩人冤。」

**崇寧三年甲申，三十四歲。**

五月，蔡京自尚書左僕射加司空。六月，以王安石配享孔子，重定黨人三百零九名刻石朝堂。七月，復行方田法。

在綿州任錄事參軍。

春作《上俞漕書》。

中云：「某以章句書生，備員屬部，官府之務，十掌其八，刑禁法令、簿書錢穀、芻秣市井，無所不隸，而兼領權攝者，蓋不與焉。」「念趨事以來，忽忽半載。……今三十四矣，蒼顏白髮，奔走塵埃中，雖名從八品，實胥校市評爾。」「年二十四，始得一官，隨牒推移，十載于此。」

二月二十八日，父唐淹葬丹稜縣南二十里鼓面山之原，以史氏祔（見《唐先生行狀》）。

初夏游仙雲宮，作《游仙雲宮》詩。

中有「雀飛田有麥，蠶罷野無桑」句，知爲初夏。

初秋作《率諸人飲開元寺勉翁有詩因次其韻》詩。

首云：「三伏光陽過，初秋宇宙新。」

冬作《游雪峰院書所見院在開元寺之西越王樓之東蓋小院也》詩。

中云：「憶昨苦盛夏，數來避煩蒸」，「日月當幾何，霜雪遂發凝。」談到夏和冬，必是本年作。

此外，如《富樂山》、《芙蓉溪歌》、《六一堂》、《談勉翁詩章老夫所畏而以能問于不能此殊不可曉也愧而作詩》、《既以前韵贈勉翁復懷庭玉因爲次韵》、《直舍書懷》、《直舍夜坐》等詩，均作于綿州。

**崇寧四年乙酉，三十五歲。**

八月，詔徙元祐黨人于近地。九月，黄庭堅卒。十一月，朱勔領蘇杭應奉局及花石綱事。

秋，仍在綿州任上。

《受代有日呈譚勉翁謝與權》詩云：「老來忽忽流年緊，三見涪江秋葉隕。」綿州州治在涪江畔，自崇寧二年至本年，庚在綿州三見秋葉。

聞除鳳州教授，頗感失望，作《除鳳州教授非所欲也因作此以自寬》詩。中云：「今承學校乏，頗訝名字錯。」除授此官，庚殊覺意外。

作《綿州謝監司舉辟啓》。

中云：「命教之始，置師爲難，既非所堪，適覺爲愧。」按，此啓《五百家播芳大全文粹》卷八題作《謝辟充教授啓》。

**崇寧五年丙戌，三十六歲。**

正月，毁元祐黨人碑，復謫者仕籍，赦天下。二月，蔡京罷相。

唐庚爲鳳州教授。

《眉山文集》卷八《上鄧左丞書》云：「甚愚無知如某等輩，猶得備員學校。……某自到此，忽忽歲餘。……所不滿者，勢有不便耳。風土氣候非所宜，而飲食醫藥多不如意，此其所以戚戚思蜀，而輒布腹心于受恩之地也。」按，鄧左丞即鄧洵武，成都雙流人。大觀元年正月爲尚書左丞，三月爲中書侍郎，五月罷知隨州。故此文當是大觀元年正、二月作。由文中「某自到此，忽忽歲餘」二句，知庚「備員學校」至遲始于崇寧四年春。宋本《方輿勝覽》卷六九鳳州云：「皇朝唐庚，眉山人。爲州學掾，以文名世。」光緒《鳳縣志》卷五亦云。

五月二十一日，兄瞻卒於丹稜。子唐文若生。

**徽宗大觀元年丁亥，三十七歲。**

正月，蔡京爲尙書左僕射兼門下侍郎。十月，張商英貶爲安化軍節度副使。是年蘇轍閑居潁昌。

庚爲鳳州教授。年初作《上鄧左丞書》。作《上蔡司空書》。中云：「閣下當軸，某自常調，蒙朝廷記錄，脫之于刀筆之間，而處之于師儒之任。」又云：「十五年前，呂丞相用事，當此之時，某爲布衣諸生。」考呂大防元祐三年拜相，紹聖元年罷。庚元祐七、八年爲太學諸生，至此正十五年。

**大觀二年戊子，三十八歲。**

正月，蔡京進太師。二月，張商英移峽州居住。

庚爲鳳州教授。作《戊子大水二首》。又，《晚春寄友人》也作于鳳州任上。因中有「丈夫出處端無據，猶恐辭家再入秦」句。他如《雪意》、《寓精道齋有感懷家山》、《春日雜興七首》等似亦作于鳳州。

**大觀三年己丑，三十九歲。**

六月，蔡京罷相，以何執中爲尙書左僕射兼門下侍郎。十二月，以張商英爲龍圖閣學士知杭州。

庚爲鳳州教授。

作《上席侍郎書》。

中云：「某備員學校，三載于此。」「今閣下還朝，曉夕大用。……歸見何丞相，其亦以此説之。」按，席旦大觀三年由成都守召爲户部侍郎。何執中大觀元年正月爲中書侍郎，七月爲門下侍郎，大觀三年六月拜相。故此文必是席還京途徑鳳州時所上。

作《蘇時中惠茶》詩，首句云：「三年泮宫苦幽獨。」作《任滿未聞除代》詩，中云：「館下諸生笑，門東稚子饑。」

離鳳州還家，作《受代還眉》詩。

中云：「仕宦幾半世，奔走遍九圍。」半世，十五年也。自紹聖二年官利州算起，至此正十五年。

**大觀四年庚寅，四十歲。**

---

二月，以張商英爲資政殿學士、中書侍郎。

五月，貶蔡京爲太子少保，出居杭州。

六月，張商英爲尚書右僕射。

春，由蜀赴京。

作《赴闕》詩。

中云：「此行敢僥倖，政爾求便安。恐或得所欲，聖主天地寬。」對此行頗存希望。行至劍州道中，作《劍州道中見桃李盛開而梅花猶有存者》，末二句云：「即今已是丈人行，肯與年少爭春風。」光緒《丹稜縣志》卷九載此詩，題下注云：「時張商英被召，以此投之，大見稱賞。」

寒食，至長安，與弟庾、友人任景初游九龍池。

後來唐庚有詩回憶此行，詩題是《大觀四年春吾與友人任景初舍弟端孺自蜀來京師至長安時方寒食吾三人相與戎服游九龍池飲酒賦詩樂甚……》至京，爲宗子博士。

呂榮義《眉山唐先生文集序》云：「（庚）至大觀始入爲博士。」《東都事略》卷一一六：「舉進士，稍用爲宗子博士。」庚《寄傲齋記》：「頃任博士，自以出處既不與隆替對，而迂愚拙直，又不能從英俊游，數懇丞相，求西南一官以歸。」

六月，作《內前行》詩。

《宋宰輔編年錄》卷十二：「商英視事之明日，大雨，彗不見，上亦喜甚，書『商霖』二字賜之。於是唐庚作《內前行》以紀其事。」

張商英薦其才，除提舉京畿常平。作《誡諭諸路提舉常平司恤民》文。

九月罷提舉常平，貶謫廣南。

《宋會要輯稿》職官六十八：「九月十五日，新除京畿路提舉常平唐庚送吏部，與廣南遠小處監當，以給事中蔡薿論其出入權門，輕儇憸薄故也。」《東都事略》卷一一六云：「商英罷相，庚亦坐貶，安置惠州。」《宋史·唐庚傳》以及《宋人傳記資料索引》等均如此說，但這是不正確的。因爲商英政和元年罷相，而前一年唐庚已被貶。下述兩條資料較爲允當：《宋史·張商英傳》云：「何執中、鄭居中日夜醞織其（按指商英）短，先使言者論其門下客唐庚，竄之惠州。」《續資治通鑑》卷九一：「商英爲政持平，謂蔡京雖明紹述，但借以劫制人主，禁錮士大夫耳，於是大革弊事。……初，何執中與蔡京同相，凡營立皆預議，至是，惡商英出己上，與居中日夜醞織其短，先使言者論其門下客唐庚，竄之惠州。」

十月，自京赴惠州。

《眉山文集》卷四《張曲江畫像贊》序云：「大觀四年冬，吾南遷至曲江。」又《眉山詩集》卷一《南征賦》：「始攝提（按即寅年，大觀四年）之孟冬，予負罪而南馳。」「凡再信而至許」，「訪景福之遺基」，「道昆陽而流嘆」，「過叔子之舊邦，登峴山而痛哭」，「盡荆門之犖確，瞰蜀江之湯湯」，「稍回翔于澧浦，忽淩亂于瀟湘」，「造郴嶺之窮處，云湟關之故基」，「經韶陽而再宿，寫石上之遺聲」，「嘲峽山之媚柔」，「探羊城之浩茫」，「蓋明年之正月，始稅駕于羅浮。」唐庚南遷路綫大約是：由許昌而襄陽，而江陵，在江陵會見故人。由江陵至武陵，作《武陵道中》。至武陵與弟庾分手（後來有《舍弟既到有作》一詩，中云：「武陵倉卒記他時，我獨南翔子北飛」句）。由武陵至長沙，途中遇惡風，舟行危甚，作《長沙道中》、《長沙示甥郭聖俞》詩。由長沙經郴州至韶陽，游韶石，作《張曲江鐵像》詩。然後放舟清遠峽，游碧落洞，抵廣州，作《到羅浮始識秧馬》、《南遷》等詩。

途經鄢陵時，受鄢陵知縣劉汲之請，作《徐夫人墓誌銘》。

**徽宗政和元年辛卯，四十一歲。**

八月，復蔡京爲太子太師。張商英罷右僕射，十月貶爲崇信軍節度副使，衡州安置。

正月，道出番禺，與客游越王臺。有《游

越王臺記》。至惠州，作《初到惠州》、《謝人送酒》詩。

光緒《惠州府志》卷三一：「庚安置惠州，時大觀四年也。始至，寓舍人巷，繼居郡城南沙子步李氏山園，築小廬，觴咏自娛。……人號其所居地曰『子西堂』。」

七月，作《省愆賦》。

中云：「唐子謫居嶺表已半載，杜門時省愆而慨曰……。」

重陽，作《九日懷舍弟》詩。

中云：「去歲京城雨，茱萸對惠連。」由「去歲京城」知必作于本年。

本年作《寄傲齋記》。中云：「（吾）三十便有歸歟之興，求田問舍，親友皆怪之。自是以來，俯仰十年，雖未即去，然田園之樂，未嘗一日不繫於心，而《歸去來辭》未嘗一日不諷於口。」《卓錫泉記》、《游湯泉記》、《佛迹記》似亦作于本年或次年。

**政和二年壬辰，四十二歲。**

二月，詔蔡京復太師。五月，命蔡京落致仕，以太師三日一至都堂議事。十一月進封魯國公。以何執中爲少傅、太宰兼門下侍郎。十月，蘇轍卒。

庚在惠州。三月，與人鬭茶於寄傲齋，作《鬭茶記》。

秋，作《遣興》詩，中有「南來不覺兩秋砧」句。又作《壬辰九月二十三日天氣始寒，以詩記之》、《十月復暄》。另外，《雙榕》、《園蛤》、《白小》詩似亦作于本年（《白小》中有「二年遵海濱」句）。

又，本年還作《有所嘆二首》，對張商英罷相深致慨嘆，並寄予慰安。

**政和三年癸巳，四十三歲。**

正月，追封王安石爲舒王，配享文宣王廟。

六月，張商英責授汝州團練副使。

庚在惠州。

寒食，作《大觀四年春吾與友人任景初舍弟端孺自蜀來京師……》詩。中有「故都回首三寒食」句，故知作于此年。

三月，有象逸於惠州北門，作《射象記》。

又作《壬辰九月不雨到癸巳年三月稽事去矣今夕輒復沛然喜甚卧作》詩。

秋，作《雜興》詩十三首。末首云：「萬里非吾土，三年失我常。」

作《夜坐懷舍弟》。中有「不見今三載」句。又有《舍弟書約今秋到此》、《舍弟既到有作》、《送舍弟干事廣州》等詩。《李氏山園記》云：「吾兄弟甥舅，無日不往來逍遙其下。」知此文必是弟庚到後所作，今繫于本年。

子蜇生。作《示蜇》詩：「我今四十三，始得幼子蜇。」又作《蜇兒歌》：「瀘南二子天一邊，思之不見今三年。」按，庚南遷，只妾黎氏相隨，全家寄于瀘州。《嗚鵲行》云：「百口寄食西南隅，三年莫知安穩無？」

**政和四年甲午，四十四歲。**

庚在惠州。

正月，作《甲午元日》、《春歸》、《春日五言》、《春日七言》詩。

冬，作《有感示舍弟端孺》。中有「一出湟關五見梅」句，出湟關在大觀四年冬，至本年冬爲五年。

**政和五年乙未，四十五歲。**

三月，張商英復通奉大夫，提舉崇福宮。

詔立皇子，見責降文武臣僚並與牽復甄

叙，凡千五百人。正月，與弟泛舟游西溪，作《乙未正月丁丑與舍弟棹小舟窮西溪至愁絶處度不可進乃歸溪側有榕甚奇淸蔭可庇數十榻……》詩。聞復官命，作《惠州謝復官表》。中云：「今月八日，惠州送到告身一道，伏蒙聖恩，復臣承議郎。」「奮空拳于嶺表，不保朝昏；托衆口於江陽，莫知存殁。夷居萬里，烟瘴六年。」六月二十四日，作《水東廟記》。中云：「竄伏于五嶺之南、羅浮之東，披黃茅而居者，五年而後歸。」九月發惠州，次番禺，艤舟滄浪亭。十月初三，幼女船娘生（見《眉山文集》卷四《船娘銘》）。作《北歸至廣州寄惠州故人陳伯修李文輔梁怡德》、《游廣州悟性寺……》詩。過韶州，作《舜祠》詩。過臘嶺，作《臘嶺戲書》詩。至長沙，作《長沙竹筍聞于天下……》詩。在惠州作《名治論》、《存舊論》、《辨同論》、《禍福論》、《辨蜀論》、《正友論》、《察言論》、《憫俗論》、《議賞論》、《羅浮二賢贊》等。

**政和六年丙申，四十六歲。**

四月，詔蔡京三日一朝，通治三省事。九月，童貫爲開府儀同三司。十月，張商英復觀文殿學士。

五月，至江陵，寓居沙頭。幼女船娘卒，時五月二十六日（見《船娘銘》）。

五月，鄭居中爲太宰，劉正夫爲少宰（據《宋宰輔編年録》卷十二）。代人作《賀鄭太宰啓》、《賀劉少宰啓》。

九月十日，與張商英泛舟東湖，有《重陽

後一日從無盡泛舟游處士臺……》詩，張商英有《和韵》詩。

作《走城西別處厚居正二宗兄會居正出獨與處厚笑語終日頗有卜鄰之興因屬買田江陵作此詩》。

歲末，作《江陵逢故人宋德粹自播守罷歸南陽以詩見貽依韵和酬》。

**政和七年丁酉，四十七歲。**

正月，以高俅爲太尉。十一月，命蔡京五日一赴都堂治事。十二月，以童貫領樞密院。張商英爲觀文殿大學士。

立春，在江陵作《和觀文相公立春日示詩》。

中有「閑把流年指上輪，朝來七十五回春」句。張商英生于慶曆三年，至本年正七十五。

溯江西行，至宜都，作《生還至宜都逢李六》詩。

四月過夔。

《舟中》詩云：「去楚及梅落，過夔逢麥秋。」麥秋，四月也。

至江津，妾黎氏卒，時五月十五。

《眉山文集》卷四《黎氏權厝銘》云：「丁酉北歸至江津，一疾即死不及仲，月實丙午日壬寅。」丙午月壬寅日即五月十五。

六月五日到瀘州。

《再上張觀文書四幅》云：「某六月初五日到瀘南，僦居安夷門外，無屋以居，無田園以耕以植，雖不及陶淵明歸柴桑時，然老弱具在，無所損失，勝杜子美歸鄜州矣。」

九月，返丹稜，因游峨眉、青城諸山。

庚《答合守程元老書》云：「九月間送

女到丹稜，因放腳一到峨眉、瓦屋、霧中、青城諸山，至春末可歸。」作《史南壽墓銘》。史南壽，丹稜人，政和七年卒。

**徽宗重和元年戊戌，四十八歲。**

七月，以西師有功，加蔡京恩。八月，以童貫爲太保。九月，以王黼爲中書侍郎。

春，在丹稜。

作《亡兄墓銘》、《史夫人墓誌銘》。史夫人爲庚姨母，政和八年十一月一日葬。

**徽宗宣和元年己亥，四十九歲。**

三月，知登州宗澤坐神霄宮不敬，除名編管。五月，起居郎李綱貶爲沙縣稅務。七月，以童貫爲太傅。十一月，朱勔以花石綱媚上，太學生鄧肅進詩諷諫，詔放歸田里。

赴京師。作《將赴闕有感示聃》。中云：「白首趨行在，青袍奉起居。」至京，僦居景德寺。與呂榮義、強行父等交往。

呂榮義《眉山唐先生文集序》：「（庚）其後歸京師，僦居于景德寺。予時與先生比舍，而日得見先生之所爲文。」強行父《唐子西文錄記》：「宣和元年，行父自錢塘罷官如京師，眉山唐先生同寓于城東景德僧舍，與同郡關注子東日從之游，實聞所未聞，退而記其論文之語，得數紙以歸。自己亥九月十三日盡明年正月六日而別。」曾協《雲莊集》卷五《強公行狀》：「（强行父）罷官去京師，寓景德寺，與眉山唐子西以文字相酬酢；子西夜過公語，或到鐘鳴。」

冬，作《次韻強幼安冬日旅舍》詩。

十二月一日，作《書姑蘇張自強教諭所編寅申錄》。

十二月三十日，作《除夕感懷》詩。

本年作《資政韓公家傳》。

**宣和二年庚子，五十歲。**

六月，蔡京致仕，仍朝朔望。十月，方臘起義，十二月攻取建德、歙州。

正月六日，強行父別庚，庚作《次韵幼安留別》詩。末云：「力請宮祠知意否，漸謀歸老錦江濱。」由此知唐庚此時正力請宮祠歸蜀。強行父說此詩是唐庚「絕筆」。

是年，庚得請提舉上清太平宮，歸蜀，道卒于鳳翔。

強行父《唐子西文錄記》云：「先生北歸還朝，得請宮祠歸瀘南，道卒于鳳翔，年五十一。」《東都事略》、《宋史》本傳均本此說唐庚五十一歲卒。陸心源《三續疑年錄》認爲庚卒於宣和三年。今按，唐庚之子唐文若《書先集後》（四部叢刊本唐庚集後附）謂：「先君年二十擢第，四十南遷，五十而死。」說自己父親的卒年，絕不可能用概數，如果唐庚壽五十一，其子卻說是五十，這在當時是極爲不敬極乖情理也是極不可能的，因此五十必非虛舉而是實數。唐文若的話無疑比強行父更具權威性，今從之，定庚卒年爲五十。另外，從庚《次韵強幼安留別》詩來看，宣和二年正月已在「力請宮祠」，一般來說，不久即可批下，不會拖到次年。強行父說此詩是「絕筆」，更證明庚卒于二年，而非三年。

民國十二年《丹稜縣志》卷二：「承議郎唐庚墓在縣西飄然山下。」

唐庚有三子，女若干。《眉山文集》卷十一《再上張觀文書四幅》之三：「某昨去鄉時，兒女大率皆幼稚，今歸，二子皆通經，諸女亦復長大識字。」此書作于由惠州北歸瀘州時。二子，一爲唐文若，一爲唐聃，字景老。庚有《名小子說》：「名小子曰聃，字以景老。」又有《將赴闕有感示聃》詩。另外，庚南遷惠州時生子蜑（見《示蜑》詩）。蜑，似是小名。女中知名者，唯長女木蘭（見《長沙示甥郭聖俞》），幼女船娘（見《船娘銘》）。船娘早夭，餘不可考。

子唐文若（一一〇六—一一六五）字立夫，一字仲懿，晚號遁庵。少英邁不群，爲文豪健。紹興五年進士。分教潼川府，通判遂寧，後入爲光祿寺丞，改秘書郎，擢起居，自秦檜主和，朝論諱言兵，文若獻《文思箴》以諷。又請收西北人材，以固根本。金兵入侵，首建大臣節制江上之議。累遷敷文閣待制，知漢州，尋改都督府參贊軍事。乾道元年卒。有《遁庵文集》，今不存。《宋史》卷三八八有傳。亦可參周必大《文忠集》卷四八《跋唐子西帖》。

孫唐輅，字德輿，文若子。亦能文，乾道中由大理司直出通判漢州。淳熙十三年冬提轄榷貨務。後通判隆興府，慶元中守利州。見周必大《跋唐子西帖》。

# 蘇過年譜

舒大剛
曾棗莊
編

據《四川大學學報》叢刊二十七輯增訂

蘇過（一〇七二—一一二三），字叔黨，眉州眉山（今屬四川）人，蘇軾幼子。元祐七年，以父廕任右承務郎。蘇軾貶官惠州、儋耳，過皆隨侍。初至海上，撰文曰《志隱》。蘇軾卒，過家于潁昌，營湖陰地數畝，稱小斜川，自號斜川居士。政和二年出監太原税，六年知偃城縣。宣和五年，權通判中山府，暴疾而卒，年五十二。

蘇過善書畫，工詩文，風格類蘇軾，文徵明所謂「妙有家法」「亂真乃翁」（《跋東坡五帖叔黨一帖》），故有「小東坡」之稱。著有《斜川集》二十卷，原本已佚，清四庫館臣自《永樂大典》輯出，重編爲《斜川集》六卷，巴蜀書社一九九六年出版舒大剛等校注《斜川集》。事蹟見晁説之《蘇叔黨墓誌銘》（《永樂大典》卷二四〇一引）、《宋史》卷三三八《蘇軾傳》附傳。

蘇過年譜，最初由曾棗莊、舒大剛等合編，刊載於《四川大學學報》叢刊第二十七輯。本書所收，又經舒大剛增補訂正，臚述蘇過生平事蹟，兼記蘇邁、蘇迨行實，較爲詳悉。

蘇軾有四子：長子蘇邁，字伯達，前妻王弗嘉祐四年（一〇五九）生于眉山。蘇軾《亡妻王氏墓誌銘》說：「君諱弗，眉之青神人，鄉貢進士方之女，生十有六年而歸于軾，有子邁。」蘇過《送仲豫兄赴官武昌敘》說：「長兄年五十有三，猶爲州縣吏。」蘇過此敘作于政和元年（一一一一），上數五十三年即嘉祐四年。

次子蘇迨，字仲豫，後妻王閏之熙寧三年（一〇七〇）生于京城開封。蘇軾本年《與都督（蘇）子明書》：「昨五月生者嬰兒名叔寄，甚長進。」叔寄即蘇迨。見《成都西樓帖·蘇帖》；又元豐八年《與楊康功書》說：「某有三兒，其次者十六歲。」由元豐八年（一〇八五）上數十六年，即熙寧升年。蘇過《送仲豫兄赴官武昌敘》云：「仲兄少不樂仕進，親戚強之，今四十有二始爲管庫官。」過詩作于政和元年（一一一一），上數四十二年，亦爲熙寧三年。

三子蘇過，字叔黨，晚號斜川居士，時稱小坡，王閏之所生，著有《斜川集》。

第四子蘇遯，侍妾王朝雲生，早殤。故文獻每云蘇軾三子：蘇轍《東坡先生墓誌銘》：「子三人：長曰邁，雄州防禦推官知河間縣事；次曰迨，次曰過，皆承務郎。」《東都事略·蘇軾列傳》亦云：「子邁、迨、過，俱善爲文。邁仕不顯。迨靖康初爲駕部員外郎。過終于通判定州。」（《宋史·蘇軾傳》同）關於蘇過的傳記，有晁說之撰《蘇叔黨墓誌銘》；《宋史·蘇軾傳》附蘇過傳。一些地方志和筆記野史，也多有蘇過的記錄。特別是佚而復輯的《斜川集》，還保存了蘇過各個時期的大部分詩文，基本可以反映蘇過生平綫索。兹細繹本集，廣稽史乘，勒爲一譜。并旁及蘇邁、蘇迨行實，用資考證，以廣見聞。

**熙寧五年壬子，一歲。**

歐陽修卒。蘇軾因與王安石政見不合，出任杭州通判。熙寧四年（一〇七二）十一月到任。

本年蘇過生於杭州。

蘇過《斜川集·小斜川》引（巴蜀書社版《斜川集校注》本，下同）曰：「淵明詩曰：『開歲倏五十』，今歲適在辛丑，而予年亦五十，蓋淵明與予同生於壬子歲也。」陸游《老學庵筆記》卷七：「陶淵明《游斜川》詩，自叙辛丑歲，年五十。蘇叔黨宣和辛丑亦年五十，蓋與淵明同甲子也。」

按：陶淵明不生於壬子而生於乙丑，「五十」當作五日，叔黨爲訛本所誤（詳宣和三年條），但叔黨實生於壬子，確然無疑。晁説之誌蘇過墓謂「元祐五年，先生（蘇軾）知杭州，叔黨年十有九」（《景迂集·宋故通直郎眉山蘇叔黨墓誌銘》，下稱《墓誌銘》），元祐五年爲公元一〇九〇年，逆數十九年，即本年。故王文誥《蘇文忠公詩編注集成·總案》（下稱《總案》）卷八亦謂：「過字叔黨，以是年壬子生，至宣和三年辛丑歲，年五十。」

生母王閏之，字季章，封同安郡夫人。

蘇軾《書金光明經後》：「軾之幼子過，其母同安郡君王氏諱閏之，字季章。」《墓誌銘》：「宋通直郎蘇過叔黨，東坡先生之季子也。母同安郡夫人王氏。」同安郡夫人，即王閏之。

是時，長兄蘇邁十四歲，仲兄蘇迨三歲。

孫勰（字志康）稟父命來從蘇軾學，與蘇邁作少年游。

孫勰，字志康，孫立節子。蘇過《孫志康墓誌銘》：「熙寧初，先君通守錢塘，孫君介夫（立節）使其子志康，贄所業以見，願留授經於門下。時年未弱冠。先君嘉之，使與余長兄游。既卒業歸，自是走四方，爲文章士。」

**熙寧六年癸丑，二歲。**

隨父在杭州。

仲兄蘇迨四歲不能行，辯才法師爲摩頂，遂行。

蘇軾《贈上天竺辯才師》：「我有長頭兒，角頰峙犀玉。四歲不知行，抱負煩背腹。師來爲摩頂，起走趁奔鹿。」（《蘇軾詩集》卷九，中華書局一九八二年版。下簡稱《詩集》）長頭兒，蘇軾《迨硯銘》：「旌苦學，昇長頭。」長頭即蘇迨，蓋用《後漢書·賈逵傳》典故：逵好學愛問，且「身長八尺二寸，……諸儒爲之語曰：『問事不休賈長頭。』」蘇轍《龍井辯才法師塔碑》：「予兄子瞻中子迨，生三年不能行，請師爲落髮，摩頂祝之，不數日能行如他兒。」（《欒城後集》卷二四，上海古籍出版社一九八七年版，下引蘇轍集稱《欒城集》、《後集》、《三集》）

**熙寧七年甲寅至九年丙辰，三至五歲。**

隨父在杭州、密州。

熙寧七年五月，蘇軾奉命知密州（治今山東諸城），九月離杭州，十一月到任。熙寧九年十一月移知河中府，十二月離密州。蘇過隨行。

軾熙寧八年有《小兒》詩：「小兒不識愁，起坐牽我衣。我欲嗔小兒，老妻勸『兒癡。兒癡君更甚，不樂愁何爲？』還坐愧此言，洗盞當我前。大勝劉伶婦，區區爲酒錢。」（《詩集》卷一三）時蘇邁、蘇迨已長，詩所詠「小兒」，當即蘇過。

**熙寧十年丁巳，六歲。**

隨父在徐州。

蘇軾赴河中府，蘇轍自京師來迎，抵陳橋驛，詔下徙知徐州，不得入國門。寓郊外范鎮東園。蘇過隨行。

長兄蘇邁年十九，娶石揚休孫女爲婦。

蘇軾《與眉守黎希聲》書（三）：「向自密將赴河中，至陳橋，受命改差彭城。便欲赴任，以兒子娶婦，暫留城東景仁（范鎮）園中。」（《全宋文》卷一九〇二，下引準此）又《與邁求婚啓》：「里閈之游，篤于早歲；交朋之分，重以世姻。某長子邁，天資樸魯，近憑一藝于師傳；賢小娘子，姆訓夙成，遠有萬石之家法。聊申不腆之幣，願結無窮之歡。」（同上卷一八八九）又《下財啓》：「夙緣契好，獲講婚姻。顧門閥之雖微，恃臭味之不遠。敬陳納幣之禮，以行奠雁之儀。庶徼福于前人，永交歡于二姓。」（同前）王文誥《總案》卷一五：「邁是年十九歲，其婿于誰氏，不可考也。」

今按：眉山一九八三年發現蘇山撰《蘇符行狀》：「父諱邁，母石氏，故中書舍人（石）昌言之孫。」石昌言，「名揚休，善爲詩，有名當時，終于知制誥」（蘇軾《跋送石昌言引》，《全宋文》卷一九三三），眉山人，蘇洵幼姊適昌言之兄弟石揚言（見蘇軾《蘇廷評行狀》，《全宋文》卷一九九二），故《求婚啓》云「里閈之游，篤于早歲；交朋之分，重以世姻。」《下財啓》又云「庶徼福于前人，永交歡于二姓。」又清張道《蘇亭詩話》卷二《故事類》上：「邁字伯達，見《斜川集》。東坡《與黎希聲尺牘》云：『以兒子娶婦，暫留城東景仁園中。』時熙寧十年。按邁爲嘉祐二年生，至是整二十歲。」虛歲爲二十。

仲兄蘇迨病，求醫於都下。

蘇軾《書李若之事》：「學道養氣者，至足之餘，能以氣與人，都下道士李若之能之，謂之布氣。吾中子迨，少羸多疾，若之相對坐，爲布氣。迨聞腹中如初日所照，溫溫也。」（《東坡志林》卷二）《總案》卷四五《蘇迨傳》：「然多宿疾，熙寧十年，軾移守河中，遇人，坐而呵氣，覺腹中如初日之照，四體皆溫，失疾所在。」

四月，蘇軾兄弟謁張方平於南都（今河南商丘），同月二十一日到徐州任所。蘇過隨至。

**元豐元年戊午，七歲。**

隨父在徐州。

八月十二日，蘇邁長子蘇簞生於彭城，蘇軾命名曰楚老。蘇轍一女出閣，召蘇邁往南京襄助。

蘇軾《與李公擇書》：「某輒有一孫，體甚碩重，決可以扶犁荷鋤。想公亦爲我喜也。八月十二日生，名楚老。……邁往南京，爲舍弟此月十一日嫁一女與文與可子，呼去幹事。」（《全宋文》卷一八九七）又《中秋見月和子由》：「卷簾推戶寂無人，窗下咿啞惟楚老。」自注：「近有一孫名楚老。」《欒城集》亦有中秋詩，乃元豐元年作。《總案》卷四五：「簞，軾孫，邁長子，符之兄也。元豐戊午八月十二日生於彭城，軾命之曰楚老。年二十四而軾卒。」

過兄弟幼年，厭棄軒華，崇尚隱逸。

過《北山雜詩》：「余幼好奇服，簪組鴻毛輕。羽人儻招我，攜手雲間行。」又《和叔寬贈李方叔》：「早歲厭華屋，曲肱慕飲水。躬耕二畝田，僅可畢祭祀。」

**元豐二年己未，八歲。**

在徐州、湖州。

文同卒於陳州。

正月己亥，蘇邁從父遊徐州桓山，分韻賦詩。

蘇軾《遊桓山記》：「元豐二年正月己亥晦，春服既成，從二三子遊於泗之上。登桓山，入石室。……從遊者八人：畢仲游、舒煥、寇昌朝、王適、王遹、王肄、軾之子邁、煥之子彥舉。」（《全宋文》卷一九六八）又有詩，題云《遊桓山會者十人以春水滿四澤夏雲多奇峰爲韻得澤字》，既爲十人分韻，蘇邁當亦在分韻之列，其詩不存。

三月，蘇軾改知湖州，四月二十九日到任。

蘇邁與父嘗遊峴山亭諸勝境，分韻賦詩。

蘇軾題詩曰《與王郎昆仲（即王適子立、王遹子敏）及兒子邁，繞城觀何花，登峴山亭，晚入飛英寺，分韻得「月明星稀」四字》（《詩集》卷一九），此亦分韻，邁當有詩。

七月二十八日，蘇軾因烏臺詩案被逮入都，蘇邁隨行。王適、王遹兄弟送蘇過母子於南京（商丘）蘇轍處。

蘇軾《黄州上文潞公書》：「軾始就逮赴獄，有一子稍長，徒步相隨。其餘守舍皆幼稚。至宿州，御史符下，就家中取文書。州郡望風，遣吏發卒，圍船搜取，老幼幾怖死。既去，婦女恚罵曰：『是好著書，書成何所得，怖我如此！』悉取焚之。」《總案》卷四五：「軾急徵，邁年二十一，徒步相隨，周旋險難中。」又蘇軾《王子立（適）墓誌銘》：「子立諱適，趙郡臨城人也。……與其弟遹子敏，皆從予於吳興，學道日進，東南之士稱之。……余得罪於吳興，親戚故人皆驚散，獨兩王子不去。送予出郊，曰：『死生禍福，天也，公其如天何？』返取余家，致之南都。」（《全宋文》卷一九九六）

蘇過兄弟與王適游。

蘇軾《王子立墓誌銘》：「余與子由有六男子，皆以童子從子立遊，學文有師法，人人自重，不敢嬉宕，子立實使然。」（《全宋文》卷一九九六）《總案》卷四五：「邁：……與弟迨、過皆從學於王適。」

蘇軾繫御史獄，生活所需皆由蘇邁提供。久之糧盡，邁往陳留籌糧，囑人代饋，其人送魚，蘇軾誤以爲有性命之憂。

葉夢得《避暑錄話》：「蘇子瞻元豐間赴詔獄，與長子邁俱行。與之期：送食惟菜與肉；有不測則撤二物而送魚，使伺外間以爲候。邁謹守。一日忽糧盡，出謀於陳留，委其親戚代送，而忘語其約。親戚偶得魚鮓送之，不兼他物。子瞻大駭，知不免，將以祈哀於上而無以自達，乃作二詩寄子由，屬獄吏致之。蓋意獄吏不敢隱，則必以上聞，已而果然。神宗初無殺意，見詩益心動。自是遂從寬釋，凡爲深文者皆拒之。」《總案》卷一九謂「此説妄甚！此何等約，邁可忘之？以忠見罪，豈肯詭遇？歷守三郡，只裹一月糧詣獄？窘乏不至是也。」存此以供考證。

十二月二十九日案結，蘇軾謫黃州（治今湖北黃岡）。蘇轍坐貶筠州（治今江西高安）。

是年蘇邁次子蘇符生。

蘇山《蘇符行狀》：「命下未拜而薨，實（紹興）二十六年七月丁未，享年七十。」由紹興二十六年（一一五六）上朔七十年，應爲熙寧十年，然十年蘇邁方娶妻，次年（元豐元年）生長子楚老（蘇簞），蘇符生最早也在二年，蘇山稱「七十」，蓋舉其成數。《總案》卷四五：「符，字仲虎，幼能詩，軾呼爲作詩孫。從邁至惠，已弱冠。軾顧而喜，聘王適女爲之婦。」甚是。

**元豐三年庚申，九歲。**

隨父貶黃州。

二月一日，蘇邁侍父到達黃州。

《東坡志林》卷一：「僕以元豐三年二月一日至黃州，時家在南都，獨與兒子邁來郡中，無一人舊識者。」

五月二十日，蘇轍赴筠州貶所，繞道送蘇過母子到黃州。

蘇軾黃州《與章子厚參政書》（一）：「然軾平生未嘗作活計，子厚所知之。俸入所得，隨手輒盡。而子由有七女，債負山積，賤累皆在渠處，未知何日至此。」（《全宋文》卷一八九一）又《與章子厚》（二）：「舍弟自南都來，挈賤累繚繞江淮，百日至此，相聚旬日，即赴任到筠。」（同上引卷一九〇七）據蘇軾黃州《答秦太虛》（四）「五月末，舍弟來，得手書勞問甚厚。」（同上引卷一九〇〇），即知蘇軾五月到黃州。

八月中秋後十日，蘇邁陪父軾泛舟赤壁（黃崗赤鼻磯）。

蘇軾《與參寥書》：「去中秋不十日，秋潦方漲，水面千里，月出房心間，風露浩然。所居去江無十步，獨與兒子邁棹小舟至赤壁。西望武昌，山谷喬木蒼然，雲濤際天。」（《全宋文》卷一九二二）

養視蘇過三兄弟之蘇軾乳母任氏卒，十月葬之。

蘇軾《乳母任氏墓誌銘》：「趙郡蘇軾子瞻之乳母任氏，名采蓮，眉之眉山人。……乳亡姊八娘與軾，養視軾之子邁、迨、過，皆有恩勞。從軾官於杭、密、徐、湖，謫於黃。元豐三年八月壬寅，卒於臨皋亭。享年七十有二。十月壬午葬於黃之東阜黃岡縣之北。」（《全宋文》卷一九九六）

**元豐四年辛亥，十歲。**

隨父在黃州。

蘇軾是年作《念奴嬌·赤壁懷古》詞。

**元豐五年壬戌，十一歲。**

隨父在黃州。

秋，蘇邁與父夜坐聯句。

蘇軾《夜坐與邁聯句》：「清風來無邊，明月翳復吐（自）。松聲滿虛空，竹影侵半戶（邁）。暗枝有驚鵲，壞壁鳴饑鼠（自）。露葉耿高梧，風螢落空廡（邁）。微涼感團扇，古意歌白紵（自）。樂哉今夕遊，獲此陪杖屨（邁）。傳家詩律細，已自過宗武。短詩膝上成，聊以感懷祖（自）。」（《詩集》卷二一）《總案》卷二一：「七月，與邁夜坐聯句詩。」《詩藪》雜編卷五：「甲秀堂坡一帖云：『……迨論古今事廢興成敗，稍有可觀。過作詩楚辭，亦不凡也。』……可謂過得坡筆，迨得坡舌，不知邁何所得也。續考《坡集》有與邁聯句，自擬杜氏父子云。」

十月，蘇軾作《後赤壁賦》。

**元豐六年癸亥，十二歲。**

隨父在黃州。

正月，巢谷自蜀來，遂留，蘇迨、蘇過從谷學於雪堂。

蘇軾《與子安兄》書：「巢三見在東坡安下，依舊似虎，風節愈堅。師授某兩小兒極嚴。」（《全宋文》卷一九二〇）巢三即谷，初名穀，字元修，眉山人，幼與軾相識，蘇軾貶黃州，谷一來相訪；及蘇轍再貶循州、蘇軾再貶嶺南、儋耳，谷年七十三，又千里訪轍于循州，復前往嶺南訪軾，卒于途。蘇轍爲作《巢谷傳》，《宋史·卓行傳》有傳。兩小兒即迨、過。《總案》卷二三：「是年巢谷年五十六歲，迨十四歲，過十二歲。」巢元修初來黃，蘇軾作《元修菜》詩，引曰：「余去鄉十有五年」，「元修適自蜀來，見余于黃。」（《詩集》卷二二）蘇軾自熙寧二年（一〇六九）自居父喪釋服還朝，自此再未回蜀，至元豐六年已十五年。詩有「我老忘家舍，楚語變兒童」之句，幷有托子爲教之意。巢別後，坡又有《與巢元修書》（同上引同卷），意在招其歸黃。

三月，參寥來訪，蘇過始識之。留彌年乃歸。

蘇軾《參寥泉銘幷叙》：「余謫居黃，參寥子不遠數千里從余於東坡，留期年。」（《全宋文》卷一九八五）蘇過《送參寥道人南歸叙》：「浮屠中有參寥子者，年六十，性剛狷，不能容物。……余始見之於黃，今二十年。」

按：過送叙作於崇寧元年壬午（一一○二），逆數二十年，即本年。東坡于元豐七年四月自黃州量移汝州，是年三月上巳日，尚與參寥及二三子遊黃州定慧院東山，賞海棠，賦詩，旋參寥別去。其來「留期年」，即在六年三月。故《總案》卷二二于本年三月記「參寥自杭來訪，館於雪堂，同游武昌西山」云云。

九月二十七日，弟蘇遯生，未期年而夭。

蘇軾有《洗兒戲作》：「人皆養子望聰明，我被聰明誤一身。惟願孩兒愚且魯，無災無難到公卿。」查注：「詩中有玩世疾俗之意，當是生幹兒時所作。」（《詩集》卷四七）又有《去年九月二十七日在黃生子遯小名幹兒頎然穎異至今年七月二十八日病亡於金陵作二詩哭之》：「吾年四十九，羈旅失幼子。幼子眞吾兒，眉角生已似。」（《詩集》卷二三）詩作于元豐七年七月。蘇遯爲蘇坡侍妾王朝雲所生，蘇軾《朝雲墓誌銘》：「東坡先生侍妾曰朝雲，字子霞，姓王氏，……生子遯，未期而夭。」（《全宋文》卷一九九六）又《朝雲》詩引：「朝雲姓王氏，錢塘人。嘗有一子曰幹兒，未期而夭云。」（《詩集》卷三八）

蘇邁得命，以次年尉德興。

蘇軾《與錢濟明書》：「江上久居益可樂，但終未有少田，生事漂浮無根爾。兒子明年二月赴德興，人口漸少，當稍息肩，餘無可慮。」（《全宋文》卷一九〇一）

冬，巢谷辭歸眉山（《總案》卷二二）。

**元豐七年甲子，十三歲。**

在黃州，繼赴汝州。

三月，蘇軾奉命遷汝州，四月離黃州，過

等隨行。

蘇軾《滿庭芳·歸去來兮》叙：「元豐七年四月一日，余將自黃移汝，留別雪堂鄰里二三君子。」詞曰：「坐見黃州再閏，兒童盡楚語吳歌。」

五月，蘇過與父繞道筠州看望蘇轍。與蘇轍子遲、适、遠端午出游，有詩。留十日，別去，蘇轍爲詩盛贊蘇過兄弟。

蘇轍《次韻子瞻來高安相别先寄遲适遠卻寄邁迨過遯》：「聞兄盡室皆舊人，見面未嘗惟遯耳。邁（原作遲，從王文誥說改）年最長二十六，已能幹父窮愁裏。豫兒揚眉稍剛勁，黨子溫純無慍喜。」《總案》卷一：「豫兒乃迨字仲豫，黨子乃過字叔黨也，『遲年最長』，乃『邁年最長』之訛。子由卻寄四姪，必無獨略去邁而以己子遲夾入之理。集刻顯誤。」王說是。又《次韻子瞻端午日與遲适遠三子出遊》：「誰令觸網羅，展轉在荆楚。平生手足情，但作十日遊。」又《次韻子瞻留別三首》之三：「東西南北無住身，羈末封胡四男子。彫鎪不遺治章句，爛漫先令飽文字。」（俱載《欒城集》卷一三）

六月，蘇邁赴德興（在今江西）尉，蘇軾

送之湖口，夜游石鐘山。

蘇軾《石鐘山記》：「元豐七年六月丁丑，余自齊安舟行適臨汝，而長子邁將赴饒之德興尉，送之至湖口，因得觀所謂石鐘者。……至暮夜月明，獨與邁乘小舟至絶壁下。」（《全宋文》卷一九六八）

蘇軾以硯與邁，作銘以勉之。

蘇軾《邁硯銘》：「邁往德興，賚以一硯，以此銘之：以此進德常若渴，以此求進常若驚，以此治財常思予，以此書獄常思生。」（《全宋文》卷一九八四）

七月，舟行至當塗，蘇軾以天石硯付迨、過。

蘇軾《天石硯銘跋》：「元豐二年秋七月，予得罪下獄，家屬流離，書籍散亂。明年至黄州，求（天石）硯不復得，以爲失之矣。七年七月，舟行至當塗，發書笥，忽復見之，甚喜，以付迨、過。」（《全宋文》卷一九八四）

按：同卷又有《迨硯銘》：「有盡石，無已求。生陰壑，閟重湫。得之艱，豈輕授。旌苦學，畀長頭。」該銘無確切紀年，姑繫此。洪邁《辨歙石説跋》：「邁智不足鑒物，頗幸蓄兩研。其一，方正爲斗形，徑可五寸許，腹有東坡先生爲仲豫銘二十四言，常篋櫝藏弆。」知爲洪邁所收藏。

七月二十八日，幼弟蘇遯夭折於金陵（詳六年九月條）。

八月至儀眞，九月渡江至京口。蘇迨奉父命持錢往宜興購田宅。

蘇軾《答范蜀公書》：「蒙示諭欲爲卜鄰，此平生之至願也。……但囊中止有數百千，已令兒子持往荆渚，買一小莊子矣。恨聞命之後。」(《全宋文》卷一八九四)又《書范蜀公約鄰》:「范蜀公呼我卜鄰許下。許下多公卿,而我蓑衣篛笠,放浪於東坡之上,豈復能事公卿哉。」(同前引卷一九七五)又《答蘇子平先輩》(二):「兒子令往荆南幹少事,未還,還即令答教也。」(同前引卷一九一三)是時,蘇邁已赴德興,蘇過尚少,所稱往荆南幹事者,必蘇迨無疑。又《與王定國》(十六):「近在常州宜興,買得一小莊子,歲可得百石,似可足食。非不知揚州之美,窮猿投林,不暇擇木也。」(同前引卷一八九九)又《與秦太虚》(五):「某宜興已得少田,至揚附遞,乞居常。仍遣一姪孫賚錢往宜興納官(自注:蓋官田也)。須其還,乃行。」(同前引卷一九〇〇)

十月至揚州,蘇軾上表求常州居住。十二月抵泗州。蘇過隨行(蘇軾《與藤達道》(四四),《全宋文》卷一八九七)。

**元豐八年乙丑,十四歲。**

在常州、登州。

宋神宗卒,哲宗即位。

二月,蘇過一家至南都(商邱),告下,許常州居住。三月,神宗去世。四月發南都。五月二十二日,至常州。六月起知登州。九月抵楚州,至淮口遇大風,蘇迨作《淮口遇風》詩,蘇軾覽之喜,和其韻贊之。

蘇軾《迨作淮口遇風詩戲用其韻》:「我詩如病驥,悲鳴向衰草。有兒真驥子,一噴群馬倒。養氣勿吟哦,聲名忌太早。風濤錯筆力,勢逐孤雲掃。何如陶家兒,遶舍覓梨棗。君看押強韻,已勝郊與島。」（《詩集》卷二六）又《與楊康功書》（三）：「兩日大風，孤舟掀舞雪浪中，但闔戶擁衾，瞑目塊坐耳。……某有三兒，其次者十六歲矣，頗知作詩。今日忽吟《淮口遇風》一篇，粗可觀，戲爲和之，并以奉呈。子由過彼，可出示之，令發一笑也。」（《全宋文》卷一九〇八）。《總案》卷四五《蘇迨傳》：「及長，南尚奇逸，好楚詞。元豐八年，從軾赴文登，賦《淮口遇風》詩，爲軾所稱，時年十六矣。」

十月十五日，隨父抵登州，旋蘇軾被召還朝。十一月二日，蘇過遊登州延洪院，捨銅鏡。

蘇軾《佛心鑑偈》叙曰：「軾第三子過蓄烏銅鑑，圜徑數寸，光明洞澈。元豐八年十二月二日遊登州延洪禪院，院僧文泰方造釋迦文佛像，乃捨爲佛心鑑。」（《全宋文》卷一九九〇）

十二月，到京師。

**元祐元年丙寅，十五歲。**

隨父在京師開封。

王安石卒，司馬光卒。

閏二月六日，蘇軾書蘇轍夢中詩付蘇過。

《東坡志林》卷一《記子由夢》：「元豐八年正月旦日，子由夢李士寧，草草爲具，夢中贈一絕句云：『先生惠然肯見客，旋買鷄豚旋烹炙。人間飲酒未須嫌，歸去蓬萊卻無喫。』明年閏二月六日，爲予道之，書以付過子。」

九月丁卯，蘇軾自試中書舍人爲翰林學士、知制誥（見《宋史·哲宗紀一》）。

蘇過兄弟相從，得天倫之樂。

蘇過《冬夜懷諸兄弟》：「憶昔居大梁

（開封），共結慈明侶。晨窗惟六人，夜榻到三鼓。」六人，即叔父三子遲、适、遠，及二兄邁、迨與己。

元祐初，蘇軾、蘇轍還朝，要求貶逐新黨呂惠卿。時惠卿之弟呂溫卿知饒州，爲防溫卿報復，蘇轍上《乞罷兄子德興尉狀》。蘇邁自德興罷，復以雄州防禦推官知河間縣，蘇轍在政府，作詩送之。

《總案》卷四五《蘇邁傳》：「邁出爲德興尉。元祐更化，轍登諫垣，盡發呂惠卿、和卿奸狀，溫卿方守饒，將捃邁，轍奏罷之。旋以雄州防禦推官知河間令，轍在政府，作詩送之。歷兩考。」蘇轍《送姪邁赴河間令》：「爾赴河間任，莫嫌野老譏。」（《後集》卷二）

蘇軾于此時爲次子迨娶歐陽修孫女、歐陽叔季（棐）之女爲妻。

蘇軾潁州《祭歐陽文忠公夫人文》：「元祐之初，起自南遷。叔季在朝，如見公顏。入拜夫人，羅列諸孫。敢以中子，請婚叔氏。夫人曰然，師友之義。」（《全宋文》卷一九九八）蘇轍《歐陽文忠公夫人薛氏墓誌銘》：「孫女七人」，「其次（六）許嫁承務郎蘇迨，其次尚幼。」李廌《師友談記》「東坡先生居閶闔外白家巷子，一夕次子迨之婦歐陽氏產後因病」云云，注：「文忠公孫、棐之女。」《總案》卷四五：「元祐初政，軾召還朝，以歐陽文忠公師友之義，請于薛夫人，求（歐陽）棐女爲迨婦。自是敭歷中外凡九年中，迨未嘗一日離。」

按：棐女歐陽氏之適蘇迨者，元豐八年前已卒，殯于京師惠濟院。而韓元吉《蘇峴墓誌銘》又稱靖康之亂後，蘇迨夫人歐陽氏「始居陽羨」，是迨復娶歐陽氏女爲繼室。

**元祐二年丁卯，十六歲**

隨父在京師。蘇過卧聽父軾夜讀。《拊掌錄》：「東坡在玉堂（翰林院），一日，讀杜牧之《阿房宫賦》，凡數遍。每讀一遍，即咨嗟嘆息，至夜分猶不寐。有二老兵皆陝人，給事左右，坐久甚苦之。一人長嘆，操西音曰：『知他有甚好處？夜久寒甚不肯睡。』連作冤苦聲。其一曰：『也有兩句好。』（西人作好為吼）其人大怒曰：『你又理會得甚底？』對曰：『我愛他道「天下之人不敢言而敢怒」。』叔黨卧而聞之，明日以告，東坡大笑曰：『這漢子也有識鑒。』」

**元祐三年戊辰，十七歲。**

隨父在京師。

春，蘇軾知貢舉，李廌落第，蘇軾作詩送之（見《詩集》卷三〇《余與李廌方叔相知久矣領貢舉事而李不得第愧甚作詩送之》）。

孫勰（志康）擢第。蘇過《孫志康墓誌銘》：「元祐間，先君知禮部貢舉，志康以薦書來京師，先君得其程文於黜籍中，擢置第六人，廷試復居第六。天下然後知取之者嚴而得之者固有可必也。」

七月，蘇軾館伴北使於都亭驛，蘇迨、蘇過、蘇遠往省，令同作詩。蘇軾《跋盧鴻學士草堂圖》：「此唐盧丞相、段文昌本，今在内侍都知劉君元方家。元祐三年七月，予館伴北使於都亭驛，劉以示予，爲賦此篇。迨、過、遠來省，書令同作。」（《全宋文》卷一九四二）

十月，蘇轍婿、東坡門人王適卒，蘇迨作詩吊之，蘇軾和韻。

蘇軾《王子立墓誌銘》：「子立諱適，趙郡臨城人也。始予爲徐州，子立爲州學生，知其賢而有文，喜怒不見，得喪若一，曰：『是有類子由者。』故以其子妻之。與其弟遹子敏，皆從予于吳興，學道日進，東南之士稱之。……元祐四年冬，自京師將適濟南，未至，卒于奉高之傳舍，蓋十月二十五日也。享年三十五。」（《全宋文》卷一九九六）又有《哭王子立次兒子迨韻三首》（見《詩集》卷三一）。

十二月六日，蘇軾作《評詩人寫物》付蘇過。

蘇軾《評詩人寫物》：「詩人有寫物之功，『桑之未落，其葉沃若』，他木殆不可以當此；林逋《梅花》詩云：『疏影橫斜水清淺，暗香浮動月黃昏』，決非桃李詩；皮日休《白蓮花》詩云：『無情有恨何人見，月曉風清欲墮時』，決非紅蓮詩。此寫物之功。若石曼卿《紅梅》詩云：『認桃無綠葉，辨杏有青枝』，此至陋語，蓋村學中體也。元祐三年十二月六日，書付過。」（《全宋文》卷一九三七）

**元祐四年己巳，十八歲。**

自京師入杭州。

三月，蘇軾被命知杭州，四月末離京，七月三日到杭州。蘇過隨父自京至杭。

舅父王箴（元直）自蜀來杭，蘇過始識之。

蘇過《王元直墓碑》：「西蜀有隱君子王元直者，吾母舅同安郡君之弟也。過生二十年，不識外家，侍二親錢塘，舅氏自蜀來見先君子，相與論契闊，談仁義。」

按：王元直來杭，實在四年，蘇軾有《書贈王元直》三首，其一云：「王箴，字元直，小名三老翁，小字惇叔。元祐四年十月十八日夜，與王元直飲酒」，其二云：「王十六見惠拍板兩聯……，元祐四年十一月四日三鼓」，其三云：「元祐四年十一月二十八日，既雨微雪，予以寒疾在告，危坐至夜，與王元直飲酒一盃，醺然徑醉。」（《全宋文》卷一九七五）都是元祐四年，其時過僅十八歲，《墓碑》說「生二十年不識外家」，蓋語其整數。

過與秦觀游，常爲父檢書摘典。

何薳《春渚紀聞》：「秦少章言，公觀書，夜常以三鼓爲率，雖大醉歸，亦必披展至倦而寢。然自出詔獄之後，不復觀一字矣。某於錢塘從公學一年，未嘗見公特觀一書也。然每有賦及著譔，所作故實，雖目前極爛熟事，必令秦與叔黨諸人檢視而後出。」

**元祐五年庚午，十九歲。**

隨父在杭州。

蘇轍爲御史中丞。

春，王箴歸蜀，蘇軾作詩送之，蘇過兄弟皆次其韻。

蘇軾《仲天貺、王元直自眉山來見余於錢塘，留半歲，既行，作絕句五首送之》，其四曰：「更欲留君久住，念君去國彌年。空使犀顱玉顏，長懷髯舅凄然。」犀顱玉顏，指蘇過兄弟。蘇過《王元直墓碑》：「留卒歲而歸。舅氏之歸，先君作六言詩餞之，而使諸甥皆賦其後，名公卿和者甚衆。」軾曰「留半歲」，過曰「留卒歲而歸」，即謂其頭年來，逗留至年終（卒歲），開春乃歸。

十月，蘇迨、蘇過赴禮部試，參寥子以詩送之。

《墓誌銘》：「元祐五年，先生知杭州，叔黨年十有九，以詩賦解兩浙路，禮部試，下。」《宋史·蘇軾傳》附蘇過傳：「軾知杭州，過年十九，以詩賦解兩浙路，禮部試下。」《參寥子詩集·送仲豫叔黨二承務赴試春闈》：「炯炯雙黃鵠，雍容振羽儀。風高辭溟國，歲暮及天池。文彩非凡近，周旋竟陸離。明年翺集處，九萬是君期。」

**元祐六年辛未，二十歲。**

自杭州，至京師、潁州。

蘇轍爲尚書右丞。張方平卒。

春，迨、過應禮部試，下第（見頭年）。

二月二十八日，蘇軾被召還朝，三月離杭，五月到京，任翰林學士。家于京師閶闔白家巷，蘇迨妻生子，遇疾。

李廌《師友談記》：「東坡先生居閶闔門外白家巷，一夕，子迨之婦歐陽氏產後，因病爲祟所憑。曰：『吾姓王氏名靜奴，滯魄于此久矣。』公曰：『吾非畏鬼之人，京師善符籙者多，決能逐汝。汝善去，明日昏時，當用佛功德之法與汝。』婦輒合爪曰：『感尚書，去也。』婦良愈。明日昏時，爲自書功德書一道，仍爲置酒炙香火遣送之。頃迨之幼忽云：『有賊貌瘦黑，衣以青。』公使人索之，無有也。」

過娶妻范氏，乃范鎮（蜀忠文公）之孫、范百嘉之女。

蘇軾《與過求婚啓》：「敢議婚姻，蓋恃

鄉閭之末，遂忘門閥，亦緣聲氣之同。龜筮既從，祖考咸喜。伏承令子弟二小娘子，慶闈擢秀，豈獨衛公之五長；而某第三子某，駑質少文，庶幾南容之三履。恭馳不腆之幣，永結無窮之歡。悚忭于懷，敷述罔旣。」（《全宋文》卷一八八九）《墓誌銘》：「娶范氏，蜀忠文公之孫、承事郎百嘉之女。」朱弁《曲洧舊聞》卷八：「范百嘉，字子豐，忠文蜀公之子也。識量頗類忠文。」忠文公，即范鎭，成都華陽人，故軾曰「侍鄉閭之末」。趙懷玉校刻《斜川集》，於《大隱堂爲范氏西田題》篇，謂東坡《藥師琉璃光佛贊序》有「佛弟子蘇籥與其妹德孫」，「其父過、母范氏」之說，「知叔黨所配爲范氏。此范侯爲忠宣之裔，詩中有『行歌道上慚妻孥』之語，其言頗親切，豈即叔黨妻兄弟邪？」忠宣即范仲淹次子純仁，江蘇吴縣人，不與蘇氏同里。趙説不確。

蘇邁自德興罷，復以雄州防禦推官知河間縣，蘇轍在政府，作詩送之。

八月，蘇軾出知潁州，迨、過皆隨行。十月，潁州久旱，迨奉父命與陳師道禱雨。

蘇軾《禱雨迎張龍公祝文》：「維元祐六年歲次辛未，十月丙辰朔二十五日庚辰，龍圖閣學士、左朝奉郎、知潁州軍州事蘇軾，謹請州學教授陳師道，并遣男承務郎迨以清酌庶饈之奠，敢昭告于靈侯張公之神。」（《全宋文》卷二〇〇三）

十一月一日，潁州禱雨得雪，夜復得雨，蘇軾、蘇迨、陳師道等賦詩相慶。

蘇軾《書潁州禱雨》詩：「元祐六年十月潁州久旱，聞潁上有張龍公神祠極靈異，乃齋戒遣男迨與州學教授陳履常往禱之。迨亦頗信道教，沐浴齋居而往……至三更歸時，星斗燦然，就枕未幾，而雨已鳴簷矣。……是日，景貺（趙令畤）出迨詩云：『吾儕歸卧髀骨裂，會友攜壺勞行役。』僕笑曰：『是男也，好勇過我。』」（《全宋文》卷一九三七）按，此二句爲迨詩僅存者。

陳師道贈迨詩，盛贊其清談高論。

《詩藪》雜編卷五：「甲秀堂坡一帖云：『……迨論古今事廢興成敗，稍有可觀。……』陳無己送迨詩：『眞字飄揚今有種，清談絕倒古無傳。』……可謂過得坡筆，迨得坡舌。」當亦在此時。

**元祐七年壬申，二十一歲。**

在潁州、揚州、京師。

二月，蘇軾罷潁州任，改知揚州。三月三日赴揚州途中，蘇迨、蘇過與父軾同遊塗山、荆山（在今安徽省）。

蘇軾《上巳日與二子迨過遊塗山荆山記所見》：「小兒強好古，侍史笑流汗。」

三月十六日，抵揚州。八月，蘇軾復以兵部尚書召還朝，九月至京。蘇過恩授右承務郎。

《墓誌銘》：「七年先生爲兵部尚書，任右承務郎。」《宋史》過傳同。按，承務郎，文散官，從八品。

是年，蘇轍爲門下侍郎。

約於是時，蘇迨夫人歐陽氏卒，殯於京城惠濟院。

蘇軾《祭迨婦歐陽氏文》：「昔先君與太師文忠公恩義之重，粗結婚姻，以永世好。故予以中子迨求婚于汝。……云何奄忽，一旦至此。使我白首，乃反哭汝。

命也奈何！嗚呼哀哉。以吉月良日殯于京城之西惠濟院之僧舍。」(《全宋文》卷一九九八)崇寧元年，蘇轍令蘇邁遷「迨初婦」葬于郟城，即此歐陽氏。後迨再娶，亦爲歐陽氏(見韓元吉《蘇峴墓誌銘》)。

**元祐八年癸酉，二十二歲。**

在京師、定州。

高太后去世。哲宗親政。章惇、呂惠卿用事。

八月一日，母王閏之病逝於京師。

蘇軾《書金光明經後》：「軾之幼子過，其母同安郡君王氏諱閏之，字季章，享年四十有六，以元祐八年八月一日卒於京師，殯於城西惠濟院。過未免喪，而從軾遷于惠州。」(《全宋文》卷一九三四)又《祭亡妻同安郡君文》：「維元祐八年歲次癸酉八月丙午朔初二丁未，具位蘇軾謹以家饌酒果，致奠于亡妻同安郡君王氏二十七娘之靈。嗚呼！昔通義君，沒不待年。嗣如兄弟，莫如君賢。婦職既修，母儀甚敦。三子如一，愛出於天。」(同前引卷一九九八)

按：王閏之生蘇迨、蘇過，而蘇邁乃其姊王弗所生。「通義君」，即王弗。張耒有《祭蘇端明郡君文》，見《張耒集》卷五八。

同月，蘇軾被命知定州(治今河北定縣)。

九月三日，高太后卒，哲宗親政。蘇軾九月二十七日離京，十月二十三日到達定州。蘇迨、蘇過隨行。

蘇過《送孫海若赴官河朔叙》：「中山府，昔吾先君之甘棠也。」中山府，即定州。《墓誌銘》：「明年(八年)，先生出帥定武。」自茲而後，過一直隨行。

蘇邁罷河間任。

《總案》卷四五《蘇邁傳》：「以雄州防禦推官知河間令，……歷兩考，軾之撫河北，復以親嫌罷。」

**紹聖元年甲戌，二十三歲。**

隨父自定州貶嶺南。

司馬光奪謚。黄庭堅遷黔南，晁補之遷蕲水。蘇轍罷門下侍郎，知汝州。

四月三日，蘇軾以前掌制命，有譏訕神宗之嫌，落職知英州（治今廣東英德），蘇邁、蘇迨、蘇過同行。過臨城，蘇軾作詩付蘇邁。

蘇軾《臨城道中作》引：「予初赴中山，連日風埃，未嘗了了見太行也。今將適嶺表，頗以是爲恨。過臨城、内丘，天氣清澈。西望太行，草木可數，岡巒北走，崖谷秀傑。忽悟嘆曰：『吾南遷其速返乎？退之《衡山》之祥也。』書以付邁。使志之。」（《詩集》卷三七）王文誥注：「公赴中山，惟迨、過侍行，邁以罷河間令至中山也。」《墓誌銘》：「即謫知英州，繼貶惠州安置，三年遷儋耳安置，既四年，漸徙廉州、永州居住，邈乎萬死不測之險也，獨叔黨侍先生以往來。」

過湯陰，食豌豆大麥粥，蘇軾作詩付邁、迨、過。

蘇軾《過湯陰市得豌豆大麥粥示三兒子》（《詩集》卷三七）。

十四日，抵滑州（河南滑縣），决定讓蘇邁往近地就食。

蘇軾《赴英州乞舟行狀》：「素來不善治生，禄賜所得，隨手耗盡，道路之費，囊橐已空。……輒已分散骨肉，令長子帶往近地，躬耕就食，衹帶家屬數人前去。」（《全宋文》卷一八八四）蘇軾挈家過汝州，輒分俸七千，使蘇邁就食宜興。

蘇軾《與參寥書》（一三）：「某垂老被嚴譴，皆愚自取，無足言者。……子由分俸七千，邁將家大半就食宜興。」（《全宋文》卷一九二二）《詩藪》雜編卷五：「甲秀堂坡一帖云：『邁往宜興，迨、過隨行。』」

六月，至金陵，蘇邁與父分別，率家人趕赴宜興。

蘇軾《阿彌陀佛贊》：「蘇軾之妻王氏，……臨終之夕，遺言捨所受用，使其子邁、迨、過爲畫阿彌陀像。紹聖元年六月九日像成，奉安金陵清涼寺。」（《全宋文》卷一九八八）《總案》卷三七：「邁從至金陵，薦同安君後，始歸（宜興）。」

蘇軾《書金光明經後》：「軾之幼子過，其母……卒於京師，殯於城西惠濟院。過未免喪，而從軾遷于惠州。」（《全宋文》卷一九三四）《墓誌銘》：「其初爲嶺外之役，時叔黨方居母喪，有以動塗人之泣者。」

六月二十五日，抵當塗，告下，蘇軾以詆斥神宗罪，詔謫惠州。蘇軾令蘇迨亦歸宜興，書生平所作六賦付之。獨與幼子過赴貶所，蘇過妻小亦隨迨歸陽羨。

蘇軾《書六賦後》：「予中子迨，本相從英州，舟行已至姑熟，而予道貶建昌軍司馬、惠州安置，不可復以家行。獨與少子過往，而使迨以家歸陽羨，從長子邁居。迨好學，知爲楚詞，有世外奇志，故書此六賦以贈其行。紹聖元年六月二十五日，東坡居士書。」（《全宋文》卷一九三三）又《與王庠書》（一）：「初欲獨赴貶所，兒女輩涕泣求行，故與幼子過一人來，餘分寓許下、浙中，散就衣食。既不在目前，便與之相忘，如本無有也。」（同前引卷一九二〇）又《與陳季常》（一六）：「自當塗聞命，便遣骨肉還陽羨，獨與幼子過及老雲（朝雲）并二老婢共吾過嶺到惠。」（同前引卷一九〇二）《總案》卷三八：「此書，是時過一房亦從迨一房同歸陽羨。其後邁赴仁化令，復爲過搬挈至惠州也。」

七月，至湖口，觀湖口人李正臣所蓄異石，蘇軾作《壺中九華》詩，命過同作。

蘇軾詩見《詩集》卷三八，引曰：「湖口人李正臣蓄異石九峰，予欲以百金買之，與仇池石爲偶。方南遷未暇也。名之曰壺中九華，且以詩紀之。」蘇過《湖口人李正臣蓄異石，廣袤尺餘，而九峰玲瓏，老人名之曰壺中九華，且以詩紀之，命過繼作》：「何人誤持一嶂出，恍是九華巉絶峰。令人卻信劉郎語，當年霹靂化爲龍。誰將眞形寫此石，太華女几分清雄。終當作亭號秋浦，刻公妙句傳無窮。」按，此爲蘇過現存最早的詩作。

八月，過虔州（今江西贛州），與父遊鬱孤臺，蘇軾作詩，過亦有《題鬱孤臺》一篇。

蘇軾《鬱孤臺》詩，見《詩集》卷三八。過《題鬱孤臺》：「澤國風烟惡，平居念少遊。三冬霜樹暖，八月火雲流。旅館那堪暑，危臺獨覺秋。……丘壑從兹逝，軒裳豈足留。終當思范蠡，歸泛五湖舟。」用韻與蘇軾相同。在虔州，蘇軾另有《廉泉》、《塵外亭》、《天竺寺》三篇，過獨存和《鬱孤臺》詩。

九月十二日，蘇過隨父遊壽聖寺。

蘇軾《題壽聖寺》：「蜀蘇子瞻南遷惠州，艤舟巖下，與幼子過同遊壽聖寺，遇隱者石君汝礪器之，話羅浮之勝，至暮乃去。紹聖元年九月十二日書。」（《全宋文》卷一九七六）

過英州，蘇過與父遊碧落洞，有詩。

蘇軾《碧落洞》詩，見《詩集》卷三八。蘇過《遊英州碧落洞》：「未到朱明眞洞府，先看峽口小昆侖。捨舟欲問桃源路，安得漁人與共論。」趙懷玉：「紹聖元年，坡自江西赴惠州有《碧落洞》詩，紹聖二年又有《與程正甫遊碧落洞》詩，叔黨此詩，未知作於何時。」詩中明云「未到朱明眞洞府」，朱明洞在惠州附近的羅浮山，知寫詩時尚在赴惠途中，與蘇軾《碧落洞》同時作。

九月十三日，至廣州清遠峽，蘇過侍父遊峽山寺。

蘇軾《題峽山寺》：「軾與幼子過同遊峽山寺，徘徊登覽。……紹聖元年九月十三日。」（《全宋文》卷一九七六）按：峽山寺，又名飛來寺，爲道家第十九福地。

至清遠縣，見顧秀才，極談惠州風物之美（《詩集》卷三八），遊城西天慶觀。侍父遊白雲山蒲澗寺、滴水巖諸勝，訪安期生舊迹；與蒲澗信長老別，發扶胥口，游南海神廟，登浴日亭（《總案》卷三八）。

二十六日，至石瀧鎮，駕小舟至泊頭鎮，嘗卓錫泉水，過幷侍行。

《總案》卷三八：「石瀧鎮跨大江之濱，東莞縣所屬也。游羅浮者，自此易舟以入，凡十五里至泊頭墟。出陸又十五里至羅浮山。」坡《書卓錫泉》：「今游羅浮，酌泰禪師錫杖泉，則清遠峽水又在其下矣。嶺外唯惠人喜鬬茶，此水不虛出也。紹聖元年九月二十六日書。」（《全宋文》卷一九七六）

二十七日，至羅浮山，蘇過侍父遊羅浮，父子均有詩。

蘇軾《遊羅浮山一首示兒子過》：「小兒少年有奇志，中宵起坐存黃庭。近者戲作凌雲賦，筆勢仿佛《離騷》經。負書從我盍歸去？群仙正草新宮銘。汝應奴隸蔡少霞，我亦季孟山玄卿。」（《詩集》卷三八）蘇過《和大人遊羅浮山》：「我公陰德誰與京，學道豈厭遲飛鳴。世間出世無兩得，先使此路荒承明。謫官羅浮定天意，不涉憂患那長生。」蘇軾《題羅浮》：「紹聖元年九月二十六日，東坡公遷於惠州，艤舟泊頭鎮。明日肩輿十五里至羅浮山，入延祥寶積寺，禮天竺瑞像，飲梁僧景泰禪師卓錫泉，品其味，出江水遠甚。東三里至長壽觀，又東北三里至沖虛觀，觀有葛稚川丹竈，次之，朱仙者朝斗壇，觀壇上所獲銅龍六、魚一。壇北有洞，曰朱明洞，榛芒不可入。……坐遺履軒，望麻姑峰。……還宿寶積寺中閣。夜大風，山燒壯甚，有聲。晨粥已，還舟，憩花光寺。從遊者，兒子過，巡檢史珏，寶積長老齊德，延祥長老紹沖，沖虛觀道士陳熙明。」（《全宋文》卷一九七六）

十月二日，到達惠州，惠之父老夾道相迎。

蘇軾《十二月二日初到惠州》：「仿佛曾游豈夢中，欣然鷄犬識新豐。吏民驚怪坐何事，父老相攜迎此翁。」（《詩集》卷

三八）

初寓居合江樓，繼遷嘉祐寺。

蘇軾《遷居》詩引：「吾紹聖元年十月二日至惠州，寓居合江樓。是月十八日遷於嘉祐寺。二年三月十九日復遷於合江樓。三年四月二十日復歸於嘉祐寺。」

一在惠州，凡蘇軾生理所需，過一身任之。

《墓誌銘》：「或曰先生南遷而樂焉，非也。先生憂國憂君之心日加，循省而鬱結，則何敢樂？惟是叔黨，於先生飲食服用，凡生理晝夜寒暑之所須者，一身百爲而不知其難。」

嘉祐寺旁有松風亭，爲蘇過與父寓居遊觀之所，過作有《松風亭詞》。

《松風亭詞》見《斜川集》。是詩，《總案》卷三九繫於紹聖二年末，謂「皆惠州作，年月無考，附載此案之末」。按，

---

松風庭在歸善縣東，嘉祐寺旁，旁有松三十餘株，故稱松風亭。過詞稱「款戶庭」、「簾飛卷」、「扃柴門」，顯係寓居松風亭時所作。過與父在惠期間，曾兩居嘉祐寺，一在元年十月至二年三月，一在三年四月至四年二月，是必不作於二年。蘇過與父元年初居嘉祐寺，常拽杖游松風亭，多見於詩文之中。蘇軾《題嘉祐寺壁》：「紹聖元年十月二日，軾始至惠州，寓居嘉祐寺松風亭。杖屨所及，鷄犬皆相識。明年三月，遷合江之行館。」（《全宋文》卷一九七六）又《記游松風亭》：「余嘗寓居惠州嘉祐寺，縱步松風亭下，足力疲乏，思欲就床止息。」（同前引）該年，軾又有游松風亭詩：《十一月二十六日，松風亭下梅花盛開》及《再用前韻》，有「春風嶺上淮南村，

昔年梅花曾斷魂。豈知流落復相見，蠻風蜑雨愁黄昏」之句，皆初居嘉祐寺時情形。過此詞，亦當作於是年冬。

十二月十二日，隨父遊白水佛迹巖，浴於湯泉，父子均有詩。

蘇軾《白泉山佛迹巖》、《詠湯泉》，見《詩集》卷三八，有「山中惟木客，戶外時芒鞋。雖無傾城浴，幸免亡國污」之句。蘇過《白水巖湯泉》詩亦有「只知驪山天子浴，未信窮海湯泉出」；「雖云得地古招提，未遇賞音同汩沒」。蘇軾《白水巖遊記》：「紹聖元年十二月與幼子過遊白水山佛迹院，浴於湯泉，……循山而東，少北，有懸水百仞，山八九折，折處輒爲潭。……水涯有巨人迹數十，所謂佛跡也。暮歸，倒行，觀山燒壯甚。……到家，二鼓矣。復與過飲酒，食餘甘，煮菜，顧影頹然，不復能寐。書以付過。」（《全宋文》卷一九七六）

十九日，蘇軾生日，過有《大人生日》詩。

《大人生日》：「一封已責被敷天，十萬饑民粥與饘。」「況是玉皇香案吏，御風騎氣本泠然。」「已責」即已債，指軾在揚州奏免債民積欠事；「粥饘」指軾在杭州賑濟災民事；「香案吏」指軾曾爲起居舍人事。詩歷數蘇軾政績，與現實受貶相反襯，當是其初貶惠州時心情。

冬，惠州人教作地爐取暖，蘇過作詩寄許昌諸兄弟。

蘇過《地爐歌寄伯仲》：「野人勸我鑿地鑪，才能容膝便有餘。土床屈曲方六尺，墐塗何必髹丹朱。」又曰：「我遊東南古佛刹，潭潭大屋千浮屠。」據此知在惠寓居嘉祐寺時。又曰：「坐想潁川十日雨，尺薪如桂求里閭。此時無人知我樂，惜哉不與二仲俱。我兄何時結茅廬，小窗請試新規模。」詩曰「遙想潁川」云云，知所寄之伯仲爲潁川兄弟，即蘇轍二子蘇遲、蘇适。

是年，蒼梧太守李安正受代還漳江，枉道訪蘇軾父子於惠州。

蘇過《書漳南李安正防禦碑陰》：「紹聖初，先君子謫羅浮，是時法令峻急，州縣望風指，不敢與遷客遊。蒼梧太守李公安正引車騎叩門，請交於衡門之下。……先君驚喜，以相見爲晚。而公冒犯簡書之畏，卒留十日而後行。」又《跋李防禦遺文》：「防禦公以儒者尉南海，設方略，破劇賊，通秩至蒼梧太守，知名南服，受代還漳江，過羅浮，爲先君留十日。過方侍行，俱見其事。」《總案》卷三八：「李安正出守蒼梧，枉道來訪。」據蘇過跋文，李安正來惠，不是出守蒼梧，而是受代還漳江。

本年，蘇軾有詩寄蘇遠。

蘇軾《寄虎兒》：「獨倚桄榔樹，閑挑蓽茇根。謀生看拙否，送老此蠻村。」（《詩集》卷三八）虎兒即蘇遠，蘇轍幼子，隨父謫居筠州。又以龍尾硯寄遠，有《龍尾硯寄猶子遠》：「吾衰安用此，寄與小東坡。」（《詩集》卷三九）

除夜守歲，蘇軾書潤州道上詩付蘇過。

蘇軾《書潤州道上》詩：「『行歌野哭兩堪悲，遠火低星漸向微。』……僕時三十九歲，潤州道中，值除夜而作。後二十年在惠州守歲，錄付過。」（《全宋文》卷一九三七）按：三十九歲加二十年，爲五十九，蘇軾貶惠之年，正五十九歲，其初到惠州《無題》詩云「六秩行當啓」。

侍父在惠州。

紹聖二年乙亥，二十四歲。

張耒徙宣州。

正月二日，蘇過與父作詩寄羅浮道士鄧守安。

蘇軾《寄鄧道士》引：「羅浮有野人，相傳葛稚川之隸也。鄧道士守安，山中有道者也，嘗於庵前見其足迹長二尺許。紹聖二年正月二日予偶讀韋蘇州《寄全椒山中道士》詩……，乃以酒一壺，依蘇州韻，作詩寄之。」詩云：「一杯羅浮春，遠享采薇客。」（《詩集》卷三九）蘇過詩三首，題曰《用韋蘇州〈寄全椒道士〉韻，贈羅浮鄧道士三首》，有「是身如傳舍，富貴同過客」，正用其韻。鄧守安，字道立（一作玄），羅浮山道士，蘇軾《仇池筆記》謂其「山野拙訥，然道行過人，廣惠間敬愛之」。

二十四日，蘇過侍父與王原（子直）等游惠州羅浮道院、棲禪山寺，作詩；蘇軾次其韻，寄陽羨蘇邁、蘇迨。

蘇過《正月二十四日侍親遊羅浮道院棲禪山寺》：「居夷信何陋，即此可遁世。」「何必懷故鄉，吾駕隨所稅。」蘇軾《正月二十四日與兒子過賴仙芝王原秀才僧曇穎行全道士何宗一同遊羅浮道院及棲禪精舍過作詩和其韻寄邁迨一首》：「寄書陽羨兒，并語長頭弟。門戶各努力，先期畢租稅。」（《詩集》卷三九）陽羨兒，即邁，時在宜興；長頭弟即迨。又王原，字子直，虔州秀才，以本月來訪，留七十日而去。

二月十一日，蘇軾書陶淵明詩付蘇過。

蘇軾《書淵明東方有一士詩後》：「紹聖二年二月十一日，東坡居士飲酒食飽，默坐思無邪齋，兀然如睡，既覺，寫淵明詩一首，示兒子過。」（《全宋文》卷一九三五）

三月二日，蘇州僧卓契順爲蘇邁攜書來惠，蘇軾書《歸去來辭》贈行。

蘇軾《書歸去來辭贈契順》：「余謫居惠州，子由在高安，各以一子自隨，餘分寓許昌、宜興。嶺海隔絶，諸子不聞余耗，憂愁無聊。蘇州定慧院學佛者卓契順謂邁曰：『子何憂之甚？惠州不在天上，行即到耳。當爲子將書問之。』紹聖二年三月二日，契順涉江渡嶺，徒行露宿，僵僕瘴霧，黧面繭足，以至惠州，得書徑還。」（《全宋文》卷一九四一）

按：卓契順，宜興人，學佛於蘇州定慧院長老守欽。兹奉守欽命爲邁、迨送書，以三月二日到，而以本月二十四日離惠，蘇軾書贈亦在二十四日（詳《總案》卷三九）。

同日，蘇軾得參寥專使寄書，又得陳慥（季常）書，作書答陳季常，盛贊蘇過兄弟。

蘇軾《與陳季常書》：「至惠半年，風土食物不惡，吏民相待甚厚。」「長子邁作吏，頗有父風；二子作詩騷殊勝咄咄，皆有跨竈之興。想季常讀此，捧腹絶倒也。今日遊白水佛迹山，……自山中歸，得來書，燈下裁答，奉筆而書，紙盡乃已。」（《全宋文》卷一九〇二）

四日，蘇過誦陶淵明《歸園田居》詩，蘇軾聞而和之。

蘇軾《和陶淵明園田居》詩引曰：「三月四日，遊白水山佛迹巖，沐浴於湯泉。

晞髮於懸瀑之下，浩歌而歸。……歸臥既覺，聞兒子過誦淵明《歸園田居》詩六首，乃悉次其韻。」

七日，程之才（正輔）巡按廣州，是日至惠州，迎之者即蘇過。

蘇軾《與程正輔》（六）：「某深欲出迎郊外，業已杜門，知兄愛之深，必不責此，然愧悚甚矣。專令小兒去舟次也。」（《全宋文》卷一九〇四）此書本不記月日，《總案》卷三八考曰：「正輔當以七日來，留惠十日，鞫獄既畢，當以十六日去。」茲從之。

按：程正輔，蘇軾母程氏姪兒，軾姊八娘嫁之，於蘇過既是表叔，又是姑父。八娘因事舅姑不得志早死，蘇洵憤而作《族譜亭記》以責之，從此蘇程二家絕交，至此已四十二年。蘇軾貶惠，章惇等人以蘇程世怨，特放程正輔巡按廣州，欲假手報復蘇軾。

十九日，遷居合江樓。

蘇軾《遷居》詩引：「二年三月十九日復遷於合江樓。」（《詩集》卷三八）按，合江樓係惠州行衙，蘇軾遷此，乃得程正輔之助（詳《總案》卷三九）。

三月末，王原歸，蘇過與父均有詩贈之。

蘇軾《贈王子直秀才》：「萬里雲山一破裘，杖端閑挂百錢游」；「幅巾我欲相隨去，海上何人識故侯。」過《贈王子直》：「南行幾萬里，親舊書亦缺。誰知傾蓋交，乃勝白頭節」；「怪君一事無，訪我此窮髮。」按，蘇軾又有《題嘉祐寺壁》：「紹聖元年十月二日，軾始至惠州，寓居嘉祐寺松風亭。……明年三月（十九日），遷于合江之行館。……虔州鶴田處士王原子直，不遠千里，訪予於此。留七十日而去。」（《全宋文》卷一九七六）坡此題壁，在三月十九日遷合江樓之後，又言王原留七十日而去，而正月二十四日，又曾與王原遊羅浮道院、棲禪山寺。倘若王原之來在正月二十日左右，則其去即在三月末。

四月，衢州進士梁琯來訪。蘇軾書秧馬法贈之，幷示蘇邁、蘇迨及參寥子。

蘇軾《題秧馬歌後》（一）：「惠州博羅縣令林君抃，勤民恤農，僕出此歌以示之。……今惠州民皆已施用，甚便之。念浙中稻米幾半天下，獨未知爲此，而僕又有薄田在陽羨，意欲以教之。適會衢州進士梁君琯過我而西，乃得指示、口授其詳，歸見張秉道，可備言範式尺寸及乘馭之狀，仍製一枚，傳之吳人，因以教陽羨兒子，尤幸也。……試更以示西湖智果妙聰禪師參寥子，以發萬里一笑，尤佳也。紹聖二年四月二十二日，軾書。」（《全宋文》卷一九三七）

蘇軾與孫勰（志康）書，告以明年蘇邁當南來，且攜過一房同來。

蘇軾《與孫志康》（二）：「某謫居已逾年，諸況粗遣。……舍弟筠州甚安，時時得書。兒姪輩或在陳，或在許，兩兒子在宜興，某獨與幼子過在此。明年長子邁當挈一房來此，指射差遣，因般過房下來。」（《全宋文》卷一九〇九）

初夏，淫雨江漲，蘇過作《江漲》詩，父軾、叔轍皆有和作。

按過《江漲》詩已佚。蘇軾《江漲用過韻》：「春江圍草市，夜浪浮竹屋。已連漲海白，尚帶霍山綠。」（《詩集》卷三九）霍山，爲惠州東江發源處。合江樓位於東江與西江交匯處，兩江水漲，爲合江樓一時景觀。此詩乃三月末寓合江樓時作。又蘇轍《次姪過江漲》有「陰淫夏爲秋，雨暴溪作瀆」。又似作於夏天。蘇軾又有《連雨江漲》二首，蘇轍亦有次韻，有「東郊晚稻須重插，西舍原蠶未及眠」；「卧覺晨炊稻飯香」，「荔餉深紅陋櫻棗」，亦初夏景物。蓋過與父晚春作詩，寄筠州蘇轍，及轍作詩，即已初夏。

蘇軾致書徐得之，贊蘇過。

蘇軾《與徐得之》（一三）：「某到惠已半年，凡百粗遣，既習其水土風氣，絶欲息念之外，浩然無疑，殊覺安健也。兒子過頗了事。寢食之餘，百不知管。亦頗力學長進也。子由頻得書，甚安。一家今作四處住：惠、筠、許、常也，然皆無恙。」（《全宋文》卷一九一二）

五月，蘇軾寄書王鞏，贊蘇過超然物外。

蘇軾《與王定國》（四〇）：「某到此八月，獨與幼子（過）、三庖者來，凡百不失所。某既緣此棄絶世故，身心俱安，而小兒亦超然物外，非此父不生此子也。」（《全宋文》卷一八九九）

八月一日，蘇過書《金光明經》成，蘇軾作跋，贊其純孝。

蘇軾《書金光明經後》：「軾之幼子過，其母同安郡君王氏諱閏之，字季章，享年四十有六。以元祐八年八月一日卒於京師，殯於城西惠濟院。過未免喪而從軾遷於惠州，日以遠去其母之殯爲恨也。念將祥除，無以申罔極之痛，故親書《金光明經》四卷，手自裝治，送虔州崇

慶禪院新經藏中，欲以資其母之往生也。……紹聖二年八月一日。」（《全宋文》卷一九三四）

廣州、惠州颶風，毀樹拔屋，過作《颶風賦》，一時馳名。

過《颶風賦》：「仲秋之夕，客有叩門指雲物而告予曰：……此颶之漸也。子盍備之。……蓋三日而後息也。父老來唁，酒漿羅列。勞來僮僕，懼定而說。」蘇軾《與程正輔》（四一）：「廣倅書報，近日颶風異常，公私屋倒二千餘間，大木盡拔。乾明（寺）訶子樹已倒，此四百年物也。父老云：平生未見此異。」（《全宋文》卷一九〇五）

按：蘇過此賦，係其著名作品，《蘇叔黨墓誌銘》及《宋史》本傳俱載「其《思子臺賦》、《颶風賦》早行於世」，且亦載在《東坡文集》（「續集」），爲世所重。金元好問《遺山集·跋蘇叔黨帖》：「叔黨文筆雄贍，殊有鳳毛。坡嘗云：『海外無以自娛，過子每作一篇，輒喜數日。』蘇氏父子昆仲，文派若不相遠，俗子乃疑《黃樓賦》，坡亦嘗辯之。《颶風賦》，亦謂非坡不能作，不然，亦嘗增入點竄之也。風俗薄惡如此。文賦且不論，至如叔黨此帖，其得意處豈坡代書邪？可以發一笑也。」《詩藪》雜編卷五：「甲秀堂坡一帖云：『過作詩楚辭，亦不凡也。』……過《颶風賦》、《鼠鬚筆》詩，各奇偉，可謂過得坡筆。」《古賦辯體》：「蘇過字叔黨，以文章馳名，時號小東坡。過嶺作《颶風賦》，尤爲人膾炙。若其《思子臺賦》，則有韻之論爾。」

重九漸近，蘇軾作和陶詩，令過同作，寄許昌、高安、宜興諸兄弟。

蘇軾《和陶貧士》引曰：「余遷惠州一年，衣食漸窘，重九伊邇，樽俎蕭然，乃和淵明《貧士》七篇，以寄許下、高安、宜興諸子姪。幷令過同作。」詩之七曰：「我家六兒子，流落三四州。」「未能遣一力，分汝薪水憂。坐念北歸日，此勞未易酬。」（《詩集》卷三九）王文誥曰：「子由有田在許，其自汝謫筠，過許，命遲、适因田爲食；及歸，遲、适力田已成，遂家於許，初非本意也。遠從子由於高安。邁、迨家宜興，公與過在惠。公嘗云：今一家作四處住也。」

九月既望，蘇軾與客夜游惠州西湖諸勝，賞月，逮曉乃歸，作《江月五首》，過次韻。

蘇軾《江月五首》引：「嶺南氣候不常。吾嘗曰：『菊花開時乃重陽，涼天佳月即中秋。』不須以日月爲斷也。今歲九月，殘暑方退，既望之後，月出愈遲。予嘗夜起登合江樓，或與客遊豐湖，入棲禪寺，叩羅浮道院，登逍遙堂，逮曉乃歸。杜子美云：『四更山吐月，殘夜水明樓。』此語殆千古絶唱也。因其句作五首，仍以『殘夜水明樓』爲韻。」（《詩集》卷三九）按豐湖，即惠州西湖，以其「漑田數百頃，葦藕蒲魚之利數萬」，故曰豐湖。引曰「夜起登合江樓」，知作於寓居合江樓時。元年十月初居合江樓，未越月即遷嘉祐寺；「二年三月十九日復遷於合江樓，三年四月二十日復歸於嘉祐寺」，正好歷一夏、秋、冬，故此「九月望」後所作之《江月五首》，必在二年。過《次韻大人五更山吐月》，其一：「一更山吐月，鑑影搖空瀾。懸知今夜遊，不減蓬瀛看。」詩曰「懸知」，蓋未曾親與其遊。

過在惠州，有《詠三瘦》詩。

詩曰「勿輕三士各鳶肩，氣吐虹霓詩涌泉。共與扶持加藥餌，要令山澤著臞仙」。三瘦即三士，亦即葛洪（稚川）、陶潛（淵明）、蘇軾。蘇軾《和陶讀山海經》，其一：「愧此稚川翁，千載與我俱。畫我與淵明，可作三士圖。學道雖恨晚，賦詩豈不如。」據叔黨詩，蓋即題畫之作，想必蘇軾作詩後，過即作《三士圖》，既成，復題詩其上。蘇軾詩，據王文誥定在紹聖二年秋後，過詩亦相距不遠。

東坡嘗告後輩詩法，謂當以杜甫《北征》爲法。

宋吳可《藏海詩話》：「蘇叔黨云：東坡嘗語後輩：『作古詩當以老杜《北征》爲法。老杜詩云：「一夜水高二尺強，數日不可更禁當。南市津頭有船賣，無錢即買繫籬傍。」與《竹枝詞》相似。蓋即俗爲雅。』」此語不詳其時，姑繫於惠州時。

蘇軾作《小圃五詠》，過亦作詩，今存二首。

蘇軾《小圃五詠》，共《人參》、《地黃》、《枸杞》、《甘菊》、《薏苡》五首。《人參》詩曰：「上黨天下脊，遼東眞井底」；「移根到羅浮，越水灌清泚。」《枸杞》詩：「越俗不好事，過眼等茨棘。」蘇過集存有《人參》、《枸杞》二篇。其《人參》詩曰：「羅浮仙者居，靈質不自藏。移根植膏壤，椏葉粲以長。東南雖異產，遼海誰爲航。誓將北歸日，從我涉漢湘。種之眉山陰，得與伯仲嘗。」《枸杞》：「瘴海風土惡，地氣侵腰膝。玄鬢或傴僂，襁褓顏已墨。西河安可冀，北歸願如昔。」父子俱作於惠州，趙懷玉認爲：「此首（《人參》）及《枸杞》一首，蓋是時同作，而佚《地黃》、《甘菊》、《薏苡》三首。」馮應榴《蘇文忠公詩合注》亦曰：「《斜川集》有《人參》、《枸杞》二首，雖不同韻，而亦是五古體，必同時所作。」可從。

十一月，朝廷郊赦，獨元祐黨人不赦，且終生不徙。元祐臣僚，再申嚴譴，黃庭堅（魯直）、張耒（文潛）俱坐謫。文潛徙宣州，來書，并傳邁、迨家信。軾作答，書中甚贊蘇過有幹蠱之才。

蘇軾《與張文潛》（一）：「某清淨獨居，一年有半爾，已有所覺，此理易曉無疑也。然絕慾天下之難事也，殆似斷肉。……蒙遠致兒子書信，感激不可言。子由在筠，甚自適，養氣存神，幾於有成，吾儕殆不如也。聞淳父、魯直遠貶，爲之淒然。……某見寓監司行館（合江樓），下臨二江，有樓，劉夢得《楚望賦》，句句是也。瘴癘雖薄有，然不惡，與小兒不曾病也。過甚有幹蠱之才，舉業亦少進。侍其父亦然。」（《全宋文》卷一九〇〇）

十二月十九日，蘇軾生日作詩，過次其韻。

蘇軾所作《生日》詩已佚。蘇過《次大人生日》：「直言便觸天子嗔，萬里遠謫海南濱。朝夕導引存吾神，兩儀入腹如車輪。羅浮至今餘怪珍，稚川藥竈隱荆榛」；「丹砂儻結道力純，泠然御風歸峨岷。」趙懷玉曰：「蓋紹聖元年在惠州時作。」在惠州作則是，但不必在元年。過元年另有《大人生日》詩（一封己責被敷天），《總案》卷三九繫於二年，今從之。

蘇軾與孫勰（志康）書，告以明年蘇邁當南來，且攜過一房同來。

蘇軾《與孫志康》（二）：「某謫居已逾年，諸況粗遣。……今北歸無日，因自謂惠州人，漸作久居計。正使終焉，亦有何不可。志康聞此，可以不深念也。……舍弟筠州甚安，時時得書。兒姪輩或在陳，或在許，兩兒子在宜興，某獨與幼子過在此。明年長子邁當挈一房來此，指射差遣，因般過房下來。……示諭開歲來此相見，雖爲厚幸，……千萬寢之。……諸兒子爲學頗長進，迨自吳興寄詩來，文采甚可觀。」（《全宋文》卷一九〇九）

過畫偃松屏風，蘇軾作贊。

蘇軾《偃松屏贊并敘》：「幼子過從我南來，畫寒松偃蓋，爲護着小屏。爲之贊曰：『孺子介剛，從我炎荒。霜中之英，以洗我瘴。』」

蘇軾命蘇過作《思子臺賦》，并爲作敘。

蘇軾敘曰：「予先君宮師之友史君諱經臣，字彥輔，眉山人，與其弟沆子凝皆奇士，博學能文。……予少時嘗見彥輔所作《思子臺賦》，上援秦皇，下逮晉惠，反復哀切，有補於世。蓋記其意而忘其辭，乃命過作補亡之篇。庶幾後之君子，猶得見斯人胸懷之仿佛也。」（《全宋文》卷一九三二）按，畫偃松屏及此賦，俱不詳年代，茲從《總案》繫於本年。

**紹聖三年丙子，二十五歲。**

侍父在惠州。

正月五日，過與父出遊，俱作和陶詩。

蘇軾《和陶游斜川》詩，引曰：「正月五日，與兒子過出遊作。」過詩題曰《次陶淵明正月五日游斜川韻》，即同時作。《總案》卷四二繫在元符二年在海南作，不確。按，軾詩曰：「謫居澹無事，何異老且休。雖過靖節年，未失斜川游。春江淥未波，人卧船自流。我本無所適，泛泛隨鳴鷗」；「過子詩似翁，我唱而輒酬。未知陶彭澤，頗有此樂不。」過詩曰：「歲豐田野歡，客子亦少休。糟床有新注，何事不出游。春雲翳薄日，磻石俯清流」；「澄江可寓目，長嘯忘千憂。儻遂北海志，餘事得何求。」詩中云「豐年田野歡」，與「海南連歲不熟」（元符二年軾《與姪孫元老》書）、「今歲米皆不熟」（元符二年軾《記諸米》）的情況不符，而與紹聖二年惠州「今秋大熟」（軾《與程正輔》）相應。其「糟床新注」，也與過父子在惠期間時常釀酒的事實吻合。至於「清流」、「澄江」、「春江」云云，更是惠州景物。故知父子《和陶斜川》詩作於惠州無疑。又考，二年程之才按臨惠州、四年正月初曇秀來訪，此兩年正月皆無父子獨遊之理，故必作於紹聖三年正月。

蘇邁妻亡，至都下指射差遣；蘇軾託程之才捎書與之，且令邁南來，而迨則教其赴舉。作長住惠州計。

蘇軾《與程正輔》（一七）：「兄去此後，恐寓行衙，亦非久安之計，意欲結茆水東山上，但未有佳處，當徐擇爾。姪孫既喪母，當令長子邁來此，指射差遣。

因挈小兒子房下來。次子迨，且令試法赴舉也。……今有一書與邁，……乞令本司邸吏分明付之。邁必已到都下也。」（《全宋文》卷一九〇四）按，程之才被召在本年正月，其啓程在二月。故繫於年初。

三月，蘇過與父在白鶴峰買地築室，其營造之勞，過一人當之。

蘇軾《與曹子方》（四）：「長子未得的耗。小兒數日前暫往河源，獨幹築室，極爲勞冗。」（《全宋文》卷一九一六）《墓誌銘》：「翁板則兒築之，翁樵則兒薪之，翁賦詩則兒更端起拜之，爲能須臾樂乎先生者也。」按，蘇軾《和陶移居二首》引：「去歲三月，自水東嘉祐寺，遷居合江樓。迨今一年，多病鮮歡，頗懷水東之樂。得歸善縣後隙地數畝，父老云：此古白鶴觀也。意欣然，欲居之，乃和此詩。」（《詩集》卷四〇）又《遷居》引：「三年四月二十日，復歸於嘉祐寺。時方卜築白鶴峰上，新居成，庶幾其稍安乎。」去歲三月移居，至今一年而得白鶴峰地；而三年四月，新居建築已在進行之中，是其築室白鶴峰上，始於三年三月（至明年二月始完工）。

四月二十日，遷居嘉祐寺。

蘇軾《遷居》詩引：「三年四月二十日復歸於嘉祐寺。」

夏，蘇邁授仁化縣令。

蘇軾《與南華辯老》（五）曰：「至此二年，再涉寒暑，粗免甚病。……九月中，兒子般挈南來，當一禮祖師。……伏暑中，爲衆自重。不宣。」又書（六）：「兒子（邁）被仁化令，想與南華相近也。」（《全宋文》卷一九二三）又《與蕭朝奉》：「兒子邁般挈數房賤累，自虔易小舟，由龍南江至方口，出陸至循州，下水到惠。」（同前卷一九一六）又《與王敏仲》（四）：「新屋旦夕畢工，即遷入。長子邁自浙中般挈，由循州徑路來，閏月可至此。」（同前卷一九一〇）又書（七）：「此月十四日遷入新居，江山之觀，杭越勝處，但莫作萬里外意，則眞是，非獨似也。又長子邁將家來，已到虔，近遣幼子過往循迎之。閏月初可到此。老幼復得相見，一幸事也。」（同前）又《與范純夫》（一〇）：「某謫居瘴鄉，惟盡絕欲念，爲萬金之良藥。……長子邁自宜興挈兩房來，已到循州，一行幷安。過近日往迎之，得耗，且夕到此。某見獨守耳。次子迨在許下。子由長子名遲者官滿來筠省覲，亦不久到。」又《與林天和》：「小兒往循已數日矣，賤累閏月初可到此。新居旦夕畢工。」（同前卷一九〇六）按《江鄰幾雜志》謂「蘇伯達，東坡長子，豪邁雖不及其父，而學問語言，亦勝他人子也。……後東坡貶惠州，伯達求潮之安化（當爲仁化）令，以便饋養，果卒於官。」清宋長白《柳亭詩話》同，俱誤。

過與父自種蔬菜，終年飽飫。

蘇軾《擷菜》引：「吾借王參軍地種菜，不及半畝，而吾與過子終年飽飫。夜半飲醉，無以解酒，輒擷菜煮之。味含土膏，氣飽風露，雖粱肉不能及也。人生須底物，而更貪耶？」（《詩集》卷四〇）

八月九日，蘇過隨父遊棲禪寺，觀巨人迹。

蘇軾《題棲禪院》：「紹聖三年八月六日

夜，風雨，且視院東南，有巨人跡五。是月九日，蘇軾與男過來觀。」（《全宋文》卷一九七六）

叔轍作《寓居六韻》，過與父皆有詩。

轍《寓居六韻》見《後集》卷二，分詠秋菊、山丹、新竹、榴花、鷄冠、甘井六物，乃紹聖三年貶居在筠州作。蘇軾《次韻子由寓居六詠》，見《詩集》卷四〇，有「幽人正獨樂，不知行路難」（其一），「新居已覆瓦，無復風雨憂」（其六），正是紹聖三年因不得北歸，反自認作惠州人，乃於白鶴峰築室的境況。又有「萸盤照重九，纈蕊兩鮮明」（其二），「誰云三伏熱，止須一杯涼」（其三），乃夏秋之間時令。刻本《斜川集》有《次韻叔父所居六首》，實爲四首；又另卷有《和叔父所居六首之一》，實與前同題而逸出者。共存五首，依轍詩順序，即《秋菊》、《山丹》、《新竹》、《榴花》、《鷄冠》，而佚《甘井》一篇。

重九，蘇過與父均有詩。

蘇軾《丙子重九二首》其一：「三年瘴海上，越嶠眞我家。登山作重九，蠻菊秋未花。惟有黄茅浪，堆壠生坳窊。」蘇過《九日》詩：「勿云瘴海惡，山水侶吴浙。我有環堵居，危臺俯清絶。及時要行樂，鷄黍隨豐乏。眞一撥新釀，九華襲前哲。西鄰有書生，破帽衣百結。勿憚往來頻，杯中猶有物。」（北圖藏清舊鈔本《斜川集》）按，詩云「勿云瘴海惡，山水侶吴浙」，瘴海即惠州；「眞一撥新釀」，眞一，即眞一酒，蘇軾至惠州所釀酒，紹聖二年有《眞一酒》詩。據此，知此詩作于惠州。又云「我有環堵居，危臺俯淸絕」；「西鄰有書生，破帽衣百結」。環堵居，係指蘇過與父在惠州歸善縣白鶴峰上所築之白鶴居。西鄰書生，指翟逢亨。蘇軾《白鶴峰新居欲成夜過西鄰翟秀才二首》：「林行婆家初閉戶，翟夫子舍尙留關。」王十朋注：「先生《白鶴故居圖》，翟氏、林行婆居，皆在新居之西。」蘇過所詠，即白鶴居與鄰居翟逢亨。白鶴居築成于紹聖四年二月，自嘉祐寺遷入。又據蘇軾《到昌化軍謝表》云：「今年（紹聖四年）四月十七日奉被告命，現授瓊州別駕，昌化軍安置。臣尋于當月十九日起離惠州。」蘇過與父四月即離開再謫瓊州。可見，此詩作于白鶴新居將成之時，即紹聖三年重九日。與蘇軾《丙子重九二首》詩當爲同時作。都是五言，但不同韻。

吳子野絕粒避穀，過作詩戲之，芝上人陸道士皆和，蘇軾亦次其韻。

過《戲贈吳子野》：「麥飯葱羹俱不設，館君淸坐不論年。（自注：子野絕粒不睡）」蘇軾《吳子野絕粒不睡過作詩戲之芝上人陸道士皆和予亦次其韻》，見《詩集》卷四〇。吳子野，隆慶《湖陽縣志》卷十二：「吳復古，字子野。本揭陽人，初以父陰當及，讓於庶兄，去揭入潮之麻田山中，作遠游庵以居。間出，遍歷名山大川，所與遊者皆名士。其時學士蘇軾安置循州（當爲惠州），又移昌化軍，復古咸往訪之。」芝上人，即曇秀，蘇軾帥揚州，與之相識，及貶惠州，上人兩度來訪，與過父子俱成至交，見於東坡與斜川詩文。陸道士，即陸惟忠，字子厚，眉山人。好丹藥，能詩，久客江南，無知之者。蘇軾貶惠，與吳子野同來造訪。

按：過又有《聞潮陽吳子野出家》詩：「子昔少年時，氣蓋閭里俠。自言似劇孟，扣門知緩急」；「世事如余何，禪心久空寂；世間出世間，此道無兩得。」本詩亦載《東坡續集》，非是。舊題王十朋《集注分類東坡先生詩》、施元之等《注東坡先生詩》等南宋蘇詩編注，俱不載，王文誥《蘇詩編注集成》亦刪之。《永樂大典》引作蘇過詩，可從。其創作年代，當與前詩同時。又蘇軾有《吳子野將出家，贈以扇枕屏》詩，亦五言，各本繫在元祐七年，當係復古讓兄蔭襲，而入潮陽麻田山、建遠游庵之事，當時并未出家。

夜雨之後，月色皎然，過作詩詠之。

過《雨後見月》：「薫風轉亭午，流汗浹絺綌。隆隆空山雷，跨海飛雨黑。」「懸知歲有待，已喜瘴先滌。」「隔籬喚西家，倒榼共餘瀝。西家長苦貧，而有好顏色。終年飯半菽，愛酒無從得。嗟余不解飲，看爾時舉白。豈不賢老兵，聊慰羈旅夕。」據詩意，當作於嶺南。詩曰「隔籬喚西家」，西家即白鶴居西鄰翟逢亨秀才，蘇軾本年有詩：《白鶴峰新居欲成夜過西鄰翟秀才》（《詩集》卷四〇），有「林行婆家初閉戶，翟夫子舍尚留關」（其一）；「甕間畢卓防偷酒，壁後匡衡不點燈」（其二）之句，林行婆善釀酒，翟夫子則喜飲酒，好酒而貧，故需防其偷。過與其父有關二人的詩篇，皆以酒爲主題。詩又曰「西家常苦貧」、「愛酒無從得」，與過紹聖三年《九日》詩「西鄰有書生，破帽衣百結，勿憚往來頻，杯中猶有物」，情形相同。故知本篇亦該年作。

李安正子李幾仲爲縣令，作愛人堂，蘇過爲賦二詩。

過《愛人堂爲李幾仲賦》：「彈冠小縣何所爲，長養善類惡者誅。作堂之名固有在，要使膏澤流海隅」；「使我三年飯脫粟，活此千人爲親娛。」又《寄題幾仲所居二詩次定國王父舊韻》（清舊鈔本《斜川集》），其一：「菽水奉甘旨，親安吾不貧。平反一笑喜，公子情何眞。」王定國相應的詩作已佚，東坡有多首次韻之作，但未有用本詩韻者。幾仲，即李幾仲，漳南人，李安正子，過《碑陰》文有曰：「某於是時拜公，且與公之子幾仲、微仲游。」詩曰「菽水奉甘旨，親安吾不貧」，典出《禮記·檀弓下》「啜菽飲水，盡其歡，斯謂之孝」，此蘇過自謂。又說「平反一笑喜，公子情何眞」，典出《漢書·雋不疑傳》「每行縣錄囚還，其母輒問不疑有所平反，活幾人，即不疑多有所平反，母喜笑」云云，此喻李幾仲，與《愛人堂》賦「活此千人爲親娛」同旨。蓋其時，李幾仲正爲惠州某縣縣令（李安正之訪蘇軾於惠，當亦視其子也）。作者兩相對比，謂己惟能菽水甘旨以奉其親，而子卻能惠政愛民以娛其親，都是孝子，而行事不同，正是侍父貶惠情節。詩又謂「使我三年飯脫粟」，李幾仲或即惠州歸善縣令，而「三年」云者，蘇過與父居惠，自元年至此已三年。

十二月十九日，蘇軾生日，過有詩爲壽。

過《大人生日》：「窮寓三年瘴海濱，簞瓢陋巷與誰鄰？維摩示疾原非疾，原憲雖貧豈是貧。」過與父元年適貶所，至此虛歲已三年。

居嘉祐寺期間，蘇過作有《不睡》詩。詩曰：「海風蕭蕭振槁葉，溪聲泣泣決廢塘。二三黃冠眞可憫，空祠夜禱寒欲僵。步虛聲斷翠微遠，鐘磬時款幽人堂。」有客夢，有海風，有黃冠，有梵鐘，正是寓居惠州嘉祐寺情形。故繫於紹聖三年冬居嘉祐寺期間。

**紹聖四年丁丑，二十六歲。**

侍父在惠州、再遷儋州。

正月，曇秀歸，蘇過作詩送之。

蘇軾《書過送曇秀》詩：「『三年避地少經過，十日論詩喜琢磨。自欲灰心老南岳，猶能繭足慰東坡。』……僕在廣陵作詩送曇秀云：『老芝如雲月，炯炯時一出。』今曇秀復來惠州見余，余病，已絕不作詩。兒子過粗能搜句，時有可觀，此篇殆咄咄逼老人矣。特爲書之，以滿行橐。丁丑正月二十一日。」（《全宋文》卷一九三八）丁丑即紹聖四年，吳長元曰：「此紹聖三年作，《永樂大典》缺載，從《東坡題跋》補錄。」蘇軾題款明云丁丑，則在四年，非三年，吳氏偶誤。

二月十四日，白鶴新居成，過與父自嘉祐寺遷入。

蘇軾《和陶時運四首》引：「丁丑二月十四日，白鶴峰新居成，自嘉祐寺遷入。」（《詩集》卷四〇）

蘇邁授仁化令，攜挈蘇過一房南來，軾遣過迎於循州。蘇迨已由宜興至許昌。

蘇軾《與蕭朝奉》：「兒子邁般挈數房賤

累，自虔易小舟，由龍南江至方口，出陸至循州，下水到惠。」（《全宋文》卷一九一六）又《與王敏仲》（四）：「新屋旦夕畢工，即遷入。長子邁自浙中般挈，由循州徑路來，閏月可至此。」（同前引卷一九一〇）又書（七）：「此月十四日遷入新居，江山之觀，杭越勝處，但莫作萬里外意，則眞是，非獨似也。又長子邁將家來，已到虔，近遣幼子過往循迎之。閏月初可到此。老幼復得相見，一幸事也。」（同前）又《與范純夫》（一〇）：「某謫居瘴鄉，惟盡絕慾念，爲萬金之良藥。……長子邁自宜興挈兩房來，已到循州，一行幷安。過近日往迎之，得耗，旦夕到此。某見獨守耳。次子迨在許下。子由長子名遲者官滿來筠省覲，亦不久到。恐要知。六婦與二孫，幷安健。」又《與林天和》：「小兒往循已數日矣，賤累閏月初可到此。新居旦夕畢工。」（同前引卷一八九四、一九〇六）

閏二月初，蘇邁將兩房大小到達惠州，來者有蘇簞、蘇符、蘇籥。蘇軾作詩詠之。

蘇軾《和陶時運四首》引：「長子邁，與余別三年矣，挈攜諸孫，萬里遠至，老朽憂患之餘，不能無欣然。」其四：「旦朝丁丁，誰款我門。子孫遠至，笑語紛如」；「三年一夢，乃得見余。」（《詩集》卷四〇）《總案》卷四〇：「是時惟邁、過兩房至惠，迨一房尚居宜興（應在許，詳前條），已授承務郎，公仍令舉進士，故不至也。簞，即楚老，邁長子也，生於元豐戊午，時年二十矣。符，字仲虎，即作詩孫，邁次子也，年無考，時將成立矣。籥，乃過長子也。公所見六孫，過有七子，其六子俱未生也。箪、符、籥三孫之外，其箕、筌、籌三孫，又名普兒、淮德，不可辨也。」

蘇軾爲符娶王適女爲婦。

蘇軾《求婚啓》：「結縭早歲，已聯昆弟之姻親；垂白南荒，尚念子孫之嫁娶。敢憑良妁，往款高閎。軾長子某之第二子符，天質下中，生有蓬麻之陋；祖風綿邈，庶幾弓冶之餘。伏承故令弟子立（王適）先輩之愛女第十四小娘子，稟粹德門，敎成家廟。中郎墳典之付，豈在他人？太眞姑舅之婚，復見今日。仰緣夙契，祇聽僉音。」（《全宋文》卷一八八九）又《王子立墓誌銘》：「始予爲徐州，子立爲州學生，曰，是有類子由者，故以其子妻之。……一女。」王子立爲蘇轍婿，一女，即適符者，故曰「結縭早歲」、「姑舅之婚」，然則蘇符既爲蘇轍姪孫，又爲蘇轍外孫女婿。《總案》卷四五：「符，字仲虎，幼能詩，軾呼爲作詩孫。從邁至惠，已弱冠。軾顧而喜，聘王適女爲之婦。」

蘇過爲子籥、女德孫造佛像，蘇軾作贊。

軾《藥師琉璃光佛贊》引曰：「佛弟子蘇籥與其妹德孫，病久不愈，其父過、母范氏，供養祈禱藥師琉璃光佛，遂獲痊損。其大父軾，造畫尊像，敬拜稽首，爲之贊。」（《全宋文》卷一九八八）

章惇以韶州與惠州地近，蘇邁不當爲仁化令，邁不得赴任。

蘇軾《與王敏仲》（六）：「自幼累到後，諸孫病患，紛紛少暇，不若向時之闐然也。小兒授仁化，又礙新制不得赴，蓋惠、韶亦鄰州也。食口猥多，不知爲計。

數日，又見自五羊來者，錄得近報，舍弟復貶西容州，諸公皆有命。」（《全宋文》卷一九一〇）

閏二月，元祐黨人再申貶斥，蘇轍爲化州別駕，安置于雷州（今廣西海康）；蘇軾責授瓊州別駕，移昌化軍安置（《宋史·哲宗紀二》）。

四月十五日，蘇軾書《付邁》，告以謹言慎行。又自畫像，題「元祐罪人書以示邁」八字。

《佩文齋書畫譜》卷八二「宋蘇軾自畫背面圖」引《吳禮部集》：「畫舉扇障面，幷作『元祐罪人寫形付邁』八字，楊廷秀有跋。」當在惠州作。

十七日，責授文告傳至惠州，十九日蘇軾離惠州，蘇過隨行，蘇邁留處惠州。

蘇軾《到昌化軍謝表》：「今年四月十七日，奉被告命，責授臣瓊州別駕、昌化軍安置。臣尋於當月十九日起離惠州。……而臣孤老無託，瘴癘交攻。子孫慟哭於江邊，已爲死別；魑魅逢迎於海外，寧許生還。」（《全宋文》卷一八六五）過《將至五羊先寄伯達仲豫二兄》：「伯兄陽羨來，萬里逾烟嶠。未溫白鶴席，已餞羅浮曉。江邊空忍淚，我亦肝腸繞。」蘇軾《與王敏仲》：「某垂老投荒，無復生還之望。昨與長子邁訣，已處置後事矣。今到海南，首當作棺，次便作墓。乃留手書與諸子，死則葬於海外。」（同前引卷一九一〇）《總案》卷四五《蘇邁傳》：「軾南遷，……既而授仁化令，及赴，章惇謂惠、韶鄰郡，當避。邁棄去，從軾惠州，軾渡海，邁家焉。」

五月十一日，軾、轍相遇於藤州（今廣西

藤縣）。六月五日同至雷。

蘇軾《吾謫海南子由雷州被命即行了不相知至梧乃聞其尙在藤也且夕當追及作此詩示之》（《詩集》卷四一）。又《和陶止酒》引：「丁丑歲，予謫海南，子由貶雷州。五月十一日，相遇於藤，同行至雷。」

九日至徐聞渡，謁伏波祠，蘇過作碑記。

蘇過《伏波將軍廟碑》：「僕侍親南遷，逾五嶺，將涉大海，過將軍祠下。哀將軍之身見誣於千載之上，而嘆將軍之澤不斬於百世之後，豈彼造物者能困其人而不能困其功名也耶？」伏波將軍，即馬援。王文誥《蘇海識餘》卷二：「叔黨《伏波將軍廟碑》云：『光武定天下，功臣莫不有封，而伏波獨以讒奪，至永平圖形靈臺，而伏波乃以椒房之故不與。』此皆馬伏波事也。又云『僕以侍親南遷五嶺，將涉大海，過將軍祠下』，此即徐聞伏波將軍廟也。及公北渡，重過廟下，碑而銘之，則以路伏波幷載，與叔黨所見不同。」

十一日，與叔父相別，渡海到海南。

《和陶止酒》引：「六月十一日，相別，渡海。」（同前）

七月二日，到達昌化軍貶所。

蘇軾《到昌化軍謝表》：「臣尋於當月十九日起離惠州，至七月二日至昌化軍訖。幷鬼門而東騖，浮瘴海以南遷。生無還期，死有餘責。」（《全宋文》卷一八六五）

軾夜夢歸白鶴峰新居，作詩懷蘇邁。

蘇軾《和陶還舊居》引：「夢歸惠州白鶴山居作。」詩曰：「鶴城亦何有，偶拾鶴毳遺」；「大兒當門戶，時節供丁稚。」

（《詩集》卷四一）

九月，過以椰子冠寄贈叔父轍，并作詩，父、叔皆有和。

過《椰子冠》：「玉珮犀簪暗網絲，黃冠今習野人儀。著書豈獨窮周叟，說偈還應見祖師。」「平生冠冕非吾意，不爲鳶飛跕墮時。」《後集》卷二有《過姪寄椰子冠》詩，《詩集》卷四一有《椰子冠》詩，并和過韻。趙懷玉曰：「是此詩蓋倡於叔黨，而坡、潁俯同其韻也。」良是。

叔父作《寓居二首》，詠《東亭》、《東樓》，過與父俱有和詩。

轍《東亭》：「十口南遷粗有歸，一軒臨路閲奔馳。」「慚愧天涯善知識，增添城外小茅茨。」《東樓》：「久已無心問南北，時能閉目待儀麟。颶風不作三農喜，舶客初來百物新。歸去有時無定在，漫隨俚俗共欣欣。」又蘇軾《次韻子由三首》，有《東亭》、《東樓》、《椰子冠》，其前二篇即和轍《寓居二首》，後一篇則和《過姪寄椰子冠》韻。今本《斜川集》唯存《東亭》一首，曰：「自信丹田足梨棗，不憂瘴雨滯茅茨。三山咫尺承明遠，世路榛蕪誰與披。」即和轍韻，趙懷玉以爲「似佚《東樓》一首」。

叔父轍雷州居所月季，伐而復生，與蘇遠作詩，過與父皆有次韻。

轍《所寓堂後月季再生與遠同賦》：「何人縱尋斧，害意肯留枿」；「我行天涯遠，幸此城南芟。」（《後集》卷二）軾《次韻子由月季再生》：「還爲久處計，坐待行年迎（子由明年六十）。」（《詩集》卷四一）過《次韻叔父月季再生》：「瘴海不知秋，幽人忘歲月。只記庭中花，幾度開還枏。憶昔移居時，始是青荑茁。殷勤主人惠，浸灌寒泉冽。顏色日鮮好，條枝爭秀拔。意無後人翦，喜託先生茇。海康接儋耳，雲水何由躡。俯楹獨四顧，悵此波濤匝。聞道海門松，偃枝出繁葉。困窮不足道，喜有千人活。不似玄都花，蔌蔌那容折！」（清舊鈔本《斜川集》）

十二月十九日，過作詩祝父生日。

過《大人生日》：「勿驚髀減帶圍寬，壽骨巉然正隱顴。」四年蘇軾有《聞子由瘦》詩：「海康別駕復何爲？帽寬帶落驚童僕；相看會作兩癯仙，還鄉定可騎黃鵠。」又自注：「海南至難得肉食。」（《詩集》卷四一）蘇轍有《子瞻聞瘦以詩見寄次韻》有「經旬輒瘦駭鄰父，未信腦滿添黃玉」；「海南老兄行尤苦，樵爨長鬚同一僕。」（《後集》卷二）俱言雷州、儋耳生活艱苦，身體消瘦，與過詩情形正同。

冬，蘇過作詩懷諸兄弟。

過《冬夜懷諸兄弟》：「念我手足愛，相望若秦楚。兩兄寄陽羨，耕稼事農圃。簞瓢有餘樂，菽水未爲窶。兩兄客潁川，耿耿懷去魯。近聞營菟裘，稍亦葺環堵。有弟雖咫尺，相逢猶齟齬。黃灣隔小海，孤嶺度大庾。今年厄陳蔡，夫子嗟兕虎。惟我二兄弟，頗亦嘗險阻」；「我今處海南，日與漁樵伍。」趙懷玉曰：「此在海南作。」而未詳具體年代。今案詩曰「有弟雖咫尺」、「黃灣隔小海」，係指蘇遠隨轍貶雷州，過隨軾貶儋耳情形。蘇轍貶雷州，自紹聖四年六月至次年六月，前後一年，知此詩必作於四年冬。又曰「近聞營菟裘，稍亦葺環堵」，亦與次年蘇轍《同子瞻次過、遠重字韻》「潁川築室久未成，夜來忽作西湖夢」相合。

**元符元年戊寅，二十七歲。**

侍父在儋州。

正月十五日，蘇過赴儋守張中宴。

蘇軾《上元夜過赴儋守召獨坐有感（自注：戊寅歲）》：「使君置酒莫相違，守舍何妨獨掩扉。」

張中常與蘇過對弈，軾旁觀不以爲疲。

蘇軾《觀棋》引：「予素不解棋，……兒子過乃粗能者。儋守張中日從之戲，予亦隅坐竟日，不以爲厭。」詩曰：「小兒近道，剝啄信指。勝故欣然，敗亦可喜。優哉游哉，聊復爾耳。」（《詩集》卷四二）

海南幽居寂寞，蘇軾作詩訴之。

蘇軾《和陶雜詩十一首》其一：「一笑問兒子，與汝定何親？從我來海南，幽絕無四鄰。」

叔父轍浴罷，作詩，過與父皆和。

轍《浴罷》：「逐客例幽憂，多年不洗沐。予髮櫛無垢，身垢要須浴。」（《後集》卷二）蘇軾《次韻子由浴罷》，見《詩集》卷四三，查慎行、王文誥次在元符元年，未知所據，茲從《後集》繫在紹聖四年。過《次韻叔父浴罷》：「黃門昔萬機，下士勤握沐。今已與世疏，雅志追沂浴」；「謫居百事乏，惟喜薪水足。常濯西風塵，一寓歸鴻目。」

杭僧參寥子作詩懷蘇邁、蘇迨，邁、迨和之，過亦次韻。

參寥子集《重居夜坐懷蘇伯達昆仲》：「狂風吹林聲怒號，隔垣洶洶似秋濤」；「東鄰書生勤且勞，粲然文采眞鳳毛；遙想下帷應未寢，短檠相對課《離騷》。」邁治和詩已佚，過《次韻伯達仲豫二兄和參寥子》：「羅浮插天猿晝號，飛步絕頂觀雲濤」；「道人航海曾何勞，久將身世輕鴻毛；只恐西湖六橋月，無人主此詩與騷。」詩當作于元符元年。蘇軾有《與參寥子》（一八）：「轉海相訪，一段奇事，但海舶遇風，如在高山上墮深谷中，非愚無知與至人，皆不可處。胥靡遺生，恐吾輩不可學。若是至人，無一事冒此險做甚麽。千萬勿萌此意。」（《全宋文》卷一九二二）元符初，朝廷復追譴元祐黨人，呂溫卿爲兩浙轉運使，構陷參寥子，編管兗州，其欲航海訪軾必在編管前。據蘇軾《書贈游浙僧》：「其傍智果院，有參寥泉及新泉，……當特往一酌，仍尋參寥子妙總師之遺迹；見穎沙彌，亦當致意。……元符二年五月十六日，東坡居士書。」（《全宋文》卷一九七六）知二年時，參寥子已離杭編管于兗。

蘇過於海泊得長兄寄書，作詩，父軾、叔轍皆和。

蘇軾《過於海泊得邁寄書酒作詩遠和之皆粲然可觀子由有書相慶也因用其韻賦一篇并寄諸子姪》：「譽兒雖是兩翁癖，積德已自三世種。」轍《同子瞻次過遠重字韻》：「兄弟六十老病餘，萬里同遭海隅送」；「大男留處事田畝，幼子隨行躬釜甕。」

按：從以上二詩題，知過、遠皆作「重」字韻詩，今俱不傳。

二月二十三日，蘇軾書陶淵明形、影、神詩付過，仍和其韻。

軾《和陶形贈影》、《和陶影答形》、《和陶神釋》三詩，見《詩集》卷四二，王文誥引東坡紀年錄，繫於是年，兹從之。

四月，蘇過與父被廣西察訪使董必遣小使逐出官房，遂卜居城南污池旁桄榔林下。

《宋史·蘇軾傳》：「又貶瓊州別駕，居昌化。昌化，故儋耳地，非人所居，藥餌皆無有。初僦官屋以居，有司猶謂不可，軾遂買地築室，儋人運甓畚土以助之。」蘇軾《與程秀才（天倬）》（一）：「僕離惠州後，大兒房下亦失一男孫，亦悲愴久之，今則已矣。此間食無肉，病無藥，居無室，出無友，冬無炭，夏無寒泉，然亦未易數，大率皆無耳。惟有一幸：無甚瘴也。近與兒子結茅數椽居之，僅庇風雨。然勞費已不貲矣。賴十數學生助工作，躬泥水之役，愧不可言也。」（《全宋文》卷一九〇六）又《與程全父》（九）：「某與兒子粗無病。但黎蜑雜居，無復人理。資養所給，求輒無有。初至，僦官屋數椽，近復遭迫逐，不免買地結茅，僅免露處。而囊爲一空。」又書（二）：「新居在軍城南，極湫隘，粗有竹樹，烟雨濛晦，眞蜑塢獠洞也。」（同前）又《與鄭靖老》（一）：「某與過亦幸如昨。初賃官屋數間居之，既不可住，又不欲與官員相交涉。近買地起屋五間，一龜頭在南污池之側、茂木之下。亦蕭然可以杜門面壁少休也。但勞費貧窘爾。此中枯寂，殆非人世，然居之甚安。」（同前卷一九〇九）

有客自潁川來，勉過以功名進取，過作《志隱》以述志，蘇軾覽而嘉之。

過《志隱》：「蘇子居島夷之二年，客有

自許來唁，問其安否，而勉之進取。……蘇子曰：……乃欲夸三晉而陋百粵，棄遠俗而鄙島夷，竊爲子不取也。」又自跋《志隱》曰：「昔余侍先君居儋耳，丁年而往，二毛而歸，蓋嘗築室，有終焉之志，遂賦《志隱》一篇，效昔人《解嘲》、《賓戲》之類，將以混得喪，忘羈旅，非特以自廣，且以爲老人之娛。先君子覽之，欣然嘉焉。」知其作於到儋州第二年築室之後。《墓誌銘》：「其初至海上也，爲文一篇曰《志隱》，效於先生（軾）前，先生覽之曰：『吾可安於島夷矣。』先生因欲自爲《廣志隱》，以極窮通得喪之理焉。」《宋史》本傳：「初至海上，爲文曰《志隱》，軾覽之曰：『吾可安於島夷矣。』」

六月，改元元符，蘇過代人作《元符改元奉敕告祭文》兩通。

鮑廷博曰：「元符元年，叔黨尚隨侍東坡於儋州，未嘗筮仕，此二首亦代人作。」良是。

蘇轍再貶循州，將家過惠州，留家小於惠，與蘇邁同住於白鶴峰新居（《後集》卷二一《書白樂天集後》）。

過與父既居城南，海南士人夜獵，以肉饋之，過作詩記其事。

過《夜獵行》曰：「海南多鹿豨，土人捕取，率以夜分月出，度其要寢，則合圍而周阹之，獸無軼者。余寓城南，戶外即山林，夜聞獵聲，且有饋肉者，作《夜獵行》以紀之。」

九月十五日，蘇過與父因久不得蘇轍消息，以《周易》筮之。

蘇軾《書筮》：「戊寅九月十五日，以久

不得子由書，憂不去心，以《周易》筮之，遇《渙》之内三爻……，吾考此卦甚精詳，口以授過，又書而藏之。」（《全宋文》卷一九七六）

十二月十九日，蘇軾生日，過作詩爲慶。

過《大人生日》三首，其三：「大士來淮泗，神交寤寐中。應緣濟物意，豈爲寫經功。」（清舊鈔本《斜川集》）三詩皆作于侍父南貶之時，「大士來淮泗」蓋指僧伽送蘇軾渡海的傳説。

過與父於海南，常與人借書，日以讀書、著作爲樂，過有《借書》詩一篇。

蘇過《借書》：「海南寡書籍，蠹簡僅編綴。《詩》亡不見《雅》，《易》絶空餘《繫》。」（清舊鈔本《斜川集》）。

過手鈔《唐書》和《前漢書》。

蘇軾《與程秀才》（三）：「兒子到此，鈔得《唐書》一部，又借得《前漢》欲鈔。若了此二書，便是窮兒暴富也。」（《全宋文》卷一九〇六）過有《書田布傳後》、《書周亞夫傳後》、《蕭何論》、《記交趾進異獸狀》、《書二李傳後》、《讀楚語》、《書張騫傳後》、《東交門箴》等篇。縱論漢唐，寓諷時事，借古諷今，感慨繫之。當與海南鑽研《漢書》、《唐書》有關，數篇當亦作於海南。

過讀《南史》，東坡論物以人貴。

朱弁《曲洧舊聞》：「東坡因子過讀《南史》，卧而聽之，語過曰：『王僧虔居建康禁中里馬糞巷，子孫賢實謙和，時人稱爲馬糞諸王爲長者。《東漢》贊論李固云：視胡廣趙戒如糞土。糞之穢也，一經僧虔便爲佳號，而以比胡趙則糞有時而不幸，汝可不知乎？』」當爲海南讀史時事。

蘇軾曾命過作《孔子弟子別傳》，未成。

《墓誌銘》：「（蘇軾）嘗命叔黨作《孔子弟子別傳》，則固有以處其子矣。」又銘曰：「《孔子弟子傳》之不成，尙何懟也？」《宋史》本傳：「因命作《孔子弟子別傳》。」據墓誌銘，《孔子弟子別傳》并未成書，然曹學佺《蜀中廣記》卷九二著錄：蘇過《孔子弟子別傳》；朱彝尊《經義考》卷二三二亦著錄：蘇氏過《孔子弟子別傳》（佚）。殊不知并未著成，無所謂佚與不佚。又按，王圻《續文獻通考》卷一七七作《孔子弟子列傳》，《總案》卷四二亦作《列傳》，并謂「《孔子弟子別傳》，《斜川集》不載。」意謂《列傳》有書而集失載，俱不確。

叔黨之風義，足以動海民而化夷獠。

《墓誌銘》：「當是時，叔黨之風，使蠻蜑夷獠若可以語禮義，而中癘噬毒，莫爲之疾病，雖有欲殺吾親者者，亦無以措其斧斤。其傳而北也，霈然起天下父子之性，則叔黨之自處者如何哉！」

海南乏食，蘇過取土芋細作，爲「玉糝羹」，蘇軾譽爲天上人間絕味。

蘇軾《過子忽出新意以山芋作玉糝羹色香味奇絕天上酥陀不可知人間決無此味也》：「莫將南海金虀膾，輕比東坡玉糝羹。」（《詩集》卷四二）《總案》卷四五《蘇過傳》：「及赴儋耳，市無肉或至累日，軾惟食芋飲水，杜門送日。過無以爲養，乃變煮芋法，爲玉糝羹，軾甘之，而喜爲賦詩。其能養親類如此。」

佳墨將盡，蘇軾書記其事以付過。

蘇軾《付過》（二）：「吾平生無嗜好，

唯好佳筆墨。既得罪謫海南，凡養生具十無八九。佳紙墨行且盡，至用此等，將何以自娛。爲之慨然。書付過。」（《全宋文》卷一九二一）軾又有《書海南墨》：「此墨吾在海南親作。其墨與廷珪不相下。海南多松，松多故煤富，煤富故有擇也。」又《記海南作墨》：「己卯臘月二十三日，墨竈火大發，幾焚屋，救滅，遂罷作墨。得佳墨大小五百丸，入漆者幾百丸，足以了一世著書用，仍以遺人，所不知者何人也。餘松明一車，仍以照夜。二十八日二鼓作此紙。」（同前引卷一九七三）由此知過與父在海南曾缺佳墨，後二記作於元符己卯（二年），其時已自製佳墨，則其佳墨將盡之嘆當在元年。

歲末，蘇邁、蘇迨作詩懷蘇過。過復作詩抒懷。

過《歲暮見懷》二首，其一：「爾來萬里別，南北如囚拘」。其二：「紛紛月挂樹，征人念行路。行路何茫茫，誰爲供扉屨。努力治蕪穢，公歸定非暮。」

按：過伴父海南，計歷三年，紹聖四年有《冬夜懷諸兄弟》，元符二年有《己卯冬至儋人攜具見飲既罷有懷惠許諸兄弟》，則此詩當作於元年冬。

**元符二年己卯，二十八歲。**

侍父在儋州。

正月，五色雀見，蘇軾作詩并記，過次韻。

蘇軾《五色雀》引：「海南有五色雀，常以兩絳者爲長，進止必隨焉。俗謂之鳳凰云。久旱而見輒雨，潦反是。吾卜居儋耳城南，嘗一至庭下。今日又見之進士黎子雲及其弟威家。既去，吾舉酒祝曰：『若爲吾來者，當再集也。』已而果然，乃爲賦詩。」（《詩集》卷四三）又參《書羅浮五色雀》。《總案》卷四二認爲「此詩戊、己二年皆可作」，作模棱兩可說。但其《蘇詩編注》則繫在三年，并明確斷語：「此詩乃庚辰正月所作。」前後矛盾。蘇過《五色雀和大人韻》曰：「與公作新年，禬禳陋桃符；南遷不見鵩，屢集昇平鳥」；「年來翟公門，寂寞誰與娛。」知其作於卜居城南一年後的新年之際，自當爲二年正月。

上元夜，蘇軾與海南書生出遊，歸，與過論人生得失。

蘇軾《書上元夜遊》：「己卯上元，予在儋州，有老書生數人來過，曰：『良月嘉夜，先生能一出乎？』予欣然從之。步城西，入僧寺，歷小巷，民夷雜糅，屠沽紛然。歸則三更矣。舍中掩關熟睡，已再鼾矣。放杖而笑：『孰爲得失？』過問：『先生何笑？』蓋自笑也。然亦笑韓退之釣魚無得，更欲遠去，不知走海者未必得大魚也。」（《全宋文》卷一九七六）

四月十五日，蘇軾得《十八大阿羅漢圖》，命過易其裝軸。

蘇軾《十八大阿羅漢頌》：「蜀金水張氏畫十八大阿羅漢，軾謫居儋耳，得之民間。……乃命過躬易其裝標，設燈塗香果以禮之。」（《全宋文》卷一九八六）

十九日，海南乏糧，蘇軾書龜息法付過。

蘇軾《書龜息法》：「元符二年儋耳米貴，吾方有絕糧之憂。欲與過子共行此法，故書以授之。四月十九日記。」（《全宋文》卷一九八〇）

蘇治來書，報京師盛傳蘇軾仙去。

蘇軾《書榜》：「吾昔謫居黃州，曾子固居憂臨川，死焉。人有妄傳吾與子固同日化去，如李賀長吉死時事，以上帝召也。時先帝亦聞其語，以問蜀人蒲宗孟，且有嘆息語。今謫海南，又有傳吾得道，乘小舟入海，不復返者。京師皆云。兒子書來言之。今日有從廣州來者，云：太守何述言：吾在儋耳，一日忽失去，獨道服在耳。蓋上賓也。」（《全宋文》卷一九七六）

蘇軾與元老書，誇贊治、過文章。

蘇軾《與姪孫元老》（二）：「姪孫近來爲學如何？想不免趨時。然亦須多讀史，務令文字華實相副，期於適用乃佳，勿令但得一第後，所學便爲棄物也。海外亦粗有書籍，六郎（過）不廢學，雖不解對義，然作文極峻壯，有家法。二郎（邁）、五郎（迨）見說亦長進，曾見他文字否？姪孫宜熟看前、後漢史及韓柳文。有便，寄近文一兩首來，慰海外老人意也。」（《全宋文》卷一九二一）元老，字子廷，軾伯父蘇渙（評庭）之孫。軾轍南遷，數以書往還，軾喜其學有功底，轍亦愛獎之。傳附《宋史·蘇轍傳》後。

葛延之來訪，月餘歸，過作詩送之，兼寄諸兄弟。

過《送人泛海北歸兼寄諸兄弟》：「怪君胡爲冒此險，象犀珠玉非所役。凜然風義照古人，尺書爲我通消息。」「憑君爲語諸季孟，耐事忍慚眞子職。」「三吳想見稻如雲，舶還時救陳蔡厄。」蘇軾貶海南，友人來訪者無多，考之其人，以葛延之略近。葛立方《韻語陽秋》卷三：

「東坡在儋耳時，余之從兄諱延之，自江陰擔簦萬里，絕海往見，留一月，坡嘗誨以作文之法，吾兄拜其言而書諸紳。」江陰近宜興，其來當捎蘇迨家信，故是年蘇軾得「兒子書來」；其往也，過又得「兼寄諸兄弟」。又詩云「三吳想見稻如雲」，知其時令當在夏秋間。

蘇軾又與蘇元老書，稱贊過之超然物外，裁書寄許下，託元老轉致。

軾《與姪孫元老》（一）：「姪孫元老秀才，久不聞問，不識即日體中佳否？蜀中骨肉，想不住得安訊？老人住海外如昨，但近來多病瘦瘁，不復如往日，不知餘年復得相見否。循、惠不得書久矣。旅況牢落，不可言知。又海南連歲不熟，飲食百物艱難，及泉、廣海舶絕不至，藥物鮓醬等皆無。厄窮至此，委命而已。老人與過子相對，如兩苦行僧爾。然胸中亦超然自得，不改其度，知之，免憂。……姪孫既是東坡骨肉，人所覷看。住京，凡百加關防，切祝切祝。今有一書與許下諸子，……切速求便寄達。」（《全宋文》卷一九二二）軾《冬至》詩有「歸期那敢說，安訊不曾通」，正此時情狀。

冬至日，儋人攜具邀過與父飲，過作詩懷惠、許兄弟，極言海島異況。坡次其韻。

蘇過《己卯冬至儋人攜具見飲既罷有懷惠許兄弟》：「寂寞三冬至，飄然瘴海中；不嫌羈寓遠，屢感歲華窮。」「已慣鳶飛墮，眞忘馬首東。南音行自變，重譯不須通。椰酒醍醐白，銀皮琥珀紅。傖獰醉野獠，絕倒共鄰翁。藷芋人人送，囷庖日日豐。瘴收黎母谷，露入菊花叢。海蜑羞蚶蛤，園奴饋韭菘。檳榔代茗飲，吉貝禦霜風。悵望懷諸阮，遙知憶小馮。客身雖嶺嶠，逸想在瀛蓬。介隱惟偕母，龐團獨侍公。故山千萬里，此意託飛鴻。」蘇軾《用過韻冬至與諸生飲酒》：「里閈峨山北，田園震澤東。歸期那敢說，安訊不曾通。」（見《詩集》卷四二）

十二月十九日，蘇軾生日，蘇過作詩。

蘇過《大人生日》：「未試淩雲白日仙，此聲固已速郵傳。（自注：公在海南，四方傳有白日上昇事。）」（其一）「塞馬未還非叟病，鏌鋣偶棄豈鉛銛。」（其二）

蘇過作文論海南黎事，提出「拊循其民」的和夷主張。

過《論海南黎事書》：「某觀海南黎人一事，議者紛紛，利害未決。……僕侍親海南，實編於民，所與游者，田父野老、閭里之民耳，道不足以相休戚，而言之者又忘其忌諱，故所得爲最詳。若默而不言，孰爲執事者論之。……吏若拊循其民，歲有以賞之，則吾藩籬不可窺矣。」書作於海南，年月不詳，姑繫此。

**元符三年庚辰，二十九歲。**

侍父在儋州，繼遷廉州、永州。

宋哲宗卒。章惇罷相。秦觀卒。

正月初一，蘇過取薤蜜作粥啖父。

蘇軾《記養黃中》：「元符三年歲庚辰，正月戊辰朔，是日辰時，則丙辰也。三辰一戊，四土會焉，而加丙與庚。兩土母，而庚其子也。土之富，未有過於斯時者。吾嘗以斯時肇養黃中氣。過子又欲以此時取薤薑蜜，作粥以啖。吾終日默坐以守黃中，非謫於海外，安得此慶耶？東坡居士記。」（《全宋文》卷一九八〇）

十月十五日，蘇軾作詩，盛贊蘇過夫婦篤於孝道。

軾《追和戊寅歲上元》，王十朋注引軾《自跋》云：「戊寅上元在儋耳，過子夜出，余獨守舍，作《違字韻》詩。今庚辰上元，已再期矣。家在惠州白鶴峰下。過子不眷婦子，從余來此。其婦亦篤孝，悵然感之，故和前篇，有『石建』、『姜龐』之句；又復悼懷同安君，末章故復有『牛衣』之句，悲君亡而喜予存也。書以示過。看余面，切勿感懷。」（《詩集》卷四三）「違字韻詩」即元符元年《上元夜過赴儋守召獨坐有感》，首句即「使君置酒莫相違」；同安君，即過母王閏之。

過畫枯木竹石，蘇軾爲題詠，贊其能爲竹傳神。

軾《題過所畫枯木竹石三首》，其一曰：「老可能爲竹寫眞，小坡今與石傳神。」（《詩集》卷四三）黄庭堅亦有次韻，謂「眼入毫端寫竹眞，枝掀葉舉是精神」。

三月清明，過誦書朗然，軾聞而有感，遂和淵明詩二首。

蘇軾《和陶郭主簿二首》，引曰：「清明日聞過誦書，聲節閑美。感念少時，悵焉，追懷先君宫師之遺意，且念淮、德二幼孫。無以自遣，乃和淵明二篇。」其一：「良辰非虚名，清和盈我襟。孺子卷書坐，誦詩如鼓琴。卻去四十年，玉顔如汝今。」「當年二老人，喜我作此音。淮、德入我夢，角羈未勝簪。孺子笑問我，君何念之深。」其二：「雀鷇含淳音，竹萌抱静節。誦我先君詩，肝肺爲澄清。猶如鳴鶴和，未作獲麟絶。願因騎鯨李，追此御風列。丈夫貴出世，功名豈人傑。」（《詩集》卷四三）從《東坡繫年錄》繫於此。

軾致書劉沔，贊蘇過文奇，在海外爲文以娛父。

軾《答劉沔都曹書》：「軾窮困，本坐文字，蓋願刳形去智，而不可得者。然幼子過文益奇，在海外孤寂無聊，過時出一篇見娛，則爲數日喜，寢食有味。以此知文章如金玉珠貝，未易鄙棄也。」（《全宋文》卷一八九二）《墓誌銘》：「或曰先生南居而樂焉，非也。惟是叔黨，……翁賦詩著書，則兒更端起拜之，爲能須與樂乎先生者也。」魏了翁《跋斜川帖》（《鶴山先生大全文集》卷六二）：「斜川侍坡翁至儋耳，父子相對如霜松雪竹，堅勁不搖。而作詩結字乃爾潤麗，其襮順裏方者乎。」

與父論秦觀、張耒才學。

朱弁《曲洧舊聞》卷五：「東坡嘗語子過曰：『秦少游、張文潛才識學問爲當世第一，無能優劣。二人者，少游下筆精悍，心所默識而口不能傳者，能以筆傳之；而氣韻雄拔，疏通秀朗，當推文潛。二人皆辱與予遊，同升而並黜。有自雷州來者，遞少游所惠書詩累幅，近居蠻夷，得此，如在齊聞韶也。歸可記之，勿忘吾言。』」按，元符元年秦觀徙雷，據《總案》，過與父至三年四月始得秦觀書，則此論當在四月或其後。

蘇軾告過，決不爲海外人。

《曲洧舊聞》卷五：「東坡在儋耳，謂子過曰：『吾嘗告汝，我決不爲海外人，近日頗覺有還中州氣象。』乃滌硯索紙筆焚香曰：『果如吾言，寫吾平生所作八賦，當不脱誤一字。』既寫畢讀之，大喜曰：『吾歸無疑矣！』後數日而廉州之命至。」

四月二十一日，朝廷命蘇軾等徙内郡居住。告下，蘇軾遷廉州（治廣西合浦）。蘇過整裝，還書待發。蘇軾托人捎書與蘇邁。

蘇軾《與姜唐佐秀才》（六）：「某已得合浦文字，見治裝，不過六月離此。……有一書到兒子邁處，從者往五羊時，幸爲帶去，轉託何崇道附達爲幸。兒子治裝冗甚，不及奉啓。所借《烟羅子》兩卷、《吳志》四冊、《會要》兩冊，拼馳納。」（《全宋文》卷一九一四）又《答秦太虛》（六）：「某書已封訖，乃得移廉之命，故復作此紙。……今有一書與唐君，內有兒子書，託渠轉附去，料舍弟已行矣。」（同前引卷一九〇〇）

蘇過與父初欲從惠州搬家來，作終老廉州計。

蘇軾《答秦太虛》（七）：「廉州若得安居，取小子（過）一房來，終焉可也。」（《全宋文》卷一九〇〇）

六月，過隨父登舟啓航，渡海離儋，儋人相送於海邊。

蘇過《用伯充韻贈孫志舉》：「送車反自厓，異獠紛來賓。蛙蟆與蚳醢，敬我如族姻（自注：南夷風俗，非姻家不得與蛙蛤蟻醬之會）。海風吹余舟，夜渡徐聞垠。往來一漚間，勞生竟非眞。」蘇軾《別海南黎民表》：「我本海南民，寄生西蜀州。忽然跨海去，譬如事遠游。平生生死夢，三者無劣優。知君不再見，欲去且少留。」又《六月二十日夜渡

海》：「參橫斗轉欲三更，苦雨終風也解晴」；「九死南荒吾不恨，兹游奇絶冠平生。」（《詩集》卷四三）

月底，過與父至海康適合浦，水漲遇險。

蘇軾《合浦舟行記》：「予自海康適合浦，遭連日大雨，橋梁盡壞，水無津涯。自興廉村淨行院下，乘小舟至官寨，聞自此以西皆漲水，無復橋船。或勸乘蜑舟並海即白石。是日六月晦，無月，碇宿大海中。天水相接，疏星滿天。起坐四顧，太息：『吾何數乘此險也，已濟徐聞，復厄於此乎？』過子在旁鼾睡，呼不應。所撰《易》、《書》、《論語》皆以自隨，世未有别本。撫之而嘆曰：『天未喪斯文，吾輩必濟。』已而果然。七月四日合浦記，時元符三年也。」（《全宋文》卷一九七六）

七月四日抵廉州，八月告下，軾再遷舒州（治安徽潛山）團練副使，永州（今湖南零陵）居住。過與父擬欲過中秋後離廉。蘇迨已到惠州。軾令邁還書鄭靖老，挈家至梧州會合。

軾《與鄭靖老》（三）：「别來百罹，不可勝言，置之不足道也。《志林》竟未成，但草得《書傳》十三卷，甚賴公兩借書籍檢閲也。向不知公所存，又不敢帶行，封作一籠寄邁處，令訪尋歸納。如未有便，且寄廣州何道士處。已深囑之，必不敢墜。某留此過中秋，或至月末乃行。至北流作竹筏，下水歷容、藤至梧，與邁約，令般家至梧相會。中子迨亦至惠矣。卻顧舟溯賀江而上，水陸數節，方至永。」（《全宋文》卷一九〇九）

八月二十九日，過與父離廉州，九月六日

至鬱林，聞秦少游死訊。

蘇軾《與歐陽元老》：「某與兒子八月二十九日離廉，九月六日到鬱林，七日遂行。初約留書晦夫處，忽聞秦少游凶問，留書不可不言，欲言又恐不的，故不忍下筆。……哀哉哀哉，何復可言。當今文人第一流，豈可復得？此人在，必獲大用；不用，必有所論著以曉後人。前此所著，已足不朽，然未盡也。哀哉哀哉。其子甚奇俊，有父風，惟此一事，差慰吾輩意。某不過旬日到藤。」（《全宋文》卷一九一五）

九月中旬至藤州（今廣西藤縣），藤守徐疇（元用）與其子陪遊東山，父子皆賦詩。

蘇軾《徐元用使君與其子端常邀僕與小兒過同遊東山浮金堂戲作此》詩：「使君有令子，眞是石麒麟。我子乃散材，有如木輪囷。二老白接離，兩郎烏角巾。」（《詩集》卷四四）過《次韻大人與藤守遊東山》：「灘聲已悲秋，澗色猶藏春。駕言東山遊，頃彼千載人」；「爾來乘桴翁，歸路物色新。高情寓箕潁，絕意登麒麟。三吳有負廓，穲稏秋盈囷。瘴茅喜欲脫，下澤還當巾。縹緲九疑行，此生定知津。」又蘇軾有《藤州江上夜起對月贈邵道士》詩「我心本如此，月滿江不湍」，知在月中。

至梧州，而邁、迨未到，遂順西江赴廣州，與之會合。九月二十四日過康州（今廣西德慶），遊三洲巖，父子同遊，題名。

《總案》卷四四注：「石刻云：『東坡居士自海南還，來遊。武陵弓允明夫、東坡幼子叔黨同至。元符三年九月二十四日也。』」

將至廣州，過作詩寄邁、迨伯仲二兒，軾次其韻。

過《將至五羊先寄伯達仲豫二兒》。按，《總案》卷四四引《斜川集》改「憶昔與仲別」爲「與伯別」、「伯兒陽羨來」爲「仲兒」，幷申說曰：「過此詩，前與邁別于金陵，故曰『憶昔與伯別，秦淮匯秋潦』，蓋是年閏四月，公以六月九日薦同安君于金陵清涼寺，二十五日至當塗，過與邁別去之時，已在立秋之後，是以有『匯秋潦』之詞也。迨方自宜興至惠州，故云『仲兒陽羨來，未溫白鶴席』，謂迨甫至白鶴新居，尚未溫也。原刻本作『憶昔與仲別』，『伯兒陽羨來』，訛，今更正。蓋邁以丁丑至惠，時僅四年，而詩乃統計七年之離別，前後截清也。惟誥能發之，他人無由臻此境也。」今按，原刻不誤，王說不確。通觀全詩，蓋謂七年相別情狀，非僅敘本年事也。詩曰「伯兒陽羨來，萬里踰烟嶠。未溫白鶴席，已餞羅浮曉。江邊空忍淚，我亦肝腸繞。」謂四年前父軾惠州再貶，遠渡海峽，與初到的伯兒相訣于羅浮、痛哭于江邊，既見于蘇軾書信、表文之中，王氏此改，反而多事！「與仲別」之仲，即「二仲」，叔仲、夷仲，俱古賢人，不必改爲「伯」字。軾《將至廣州用過韻寄邁迨二子》：「皇天遣出家，臨老乃學道。北歸爲兒子，破戒堪一笑。披雲見天眼，回首失海潦。蠻唱與黎歌，餘音猶杳杳。大兒牧衆稚，四歲守孤嶠。次子病學醫，三折乃粗曉。小兒耕且養，得暇爲書繞。我亦困詩酒，去道愈茫渺。紛紛何時定，所至皆可老。」（《詩集》卷

四四）

十月，抵廣州，蘇邁、蘇迨及蘇簞、蘇符、蘇籥等家小皆至。迨告以參寥子編管，復落髮事。

蘇軾《與錢濟民》（六）：「去歲海南得所寄異士太清中丹一丸，即時服之，下田休休焉，蓋數日。後又得迨所賫來手書，今又領教誨及淸詩數篇，高妙絕俗。」又書（九）：「得來書，乃知廖明略復官、參寥落髮……，皆一時慶幸。……因見參寥復服，恨定慧欽老早化，然彼視世夢幻，安以復服爲？聞兒子迨道其化于壽州時，甚奇特。」（《全宋文》卷一九〇二）

在廣州，盤桓月餘，邁、迨、過等陪父遍遊羊城名勝。

《總案》卷四五：「元符三年，軾自儋海內渡，迨往迎嶺外，與邁、過侍于羊城，從游粵秀、靈洲、峽山、曹溪、韶石諸勝。」

謝民師來訪，贈蘇過詩，過次其韻。

過《次韻謝民師》：「老鶴過海仍將雛，澹然若將沒齒疏。」「飄流僅似虞夫子，饑坐弦歌古儋耳。不堪秦嶺望家山，敢有玉關生入理？」蘇軾《與謝民師書》（二）：「此去，不住許下，則歸陽羨。……兒子輩幷沐寵問，及覽所賜過詩，何以克當？然句法有以啓發小子矣。」（《全宋文》卷一九〇九）按，《宋詩紀事》卷三九：謝舉廉，字民師，新喻人。元豐進士，曾任廣州推官，又知南康。受知東坡，有《藍溪集》。

十一月離廣州，十二月至韶州，十九日蘇軾生日，蘇過有詩相慶。

蘇過《大人生日》：「七年野鶴困鷄羣，匪虎眞同子在陳。四海澄清待今日，五朝光輔屬何人。」過隨父自紹聖元年貶惠，至此已歷七個春秋，故詩有「七年野鶴」之慨。

蘇軾讀程天侔（全父）詩，題其後付蘇過。蘇軾《書程全父詩後》：「讀其詩，知其爲君子，如天侔者，豈易得哉？予識之於罪謫之中，不獨無以發揚其人，適足以污累之。乃書以付過子，善藏之。異時必有知此子者。元符三年十二月日。」（《全宋文》卷一九三八）

**建中靖國元年，三十歲。**

侍父北返。

蔡京爲相。陳師道卒。

正月渡大庾嶺，抵虔州。得孫志舉寄書，見蘇遲《贈孫志舉》詩，蘇過與父皆和。

---

蘇軾《和猶子遲贈孫志舉》：「我從海外歸，喜及崆峒春。新年得異書，西郭有逸民」；「我家六男子，樸學非時新。詩詞各璀璨，老語徒周淳。願言敦宿好，永與竹林均。六子豈可忘，從我屢厄陳。」（《詩集》卷四四）過《用伯充韻贈孫志舉》：「重尋江南遊，再款空同闉。山中有異士，束書來卜鄰。胸中出虹霓，奮袂勇且仁。」「臧孫固有後，仲子先離倫」；「季子又一奇，武庫戈矛新。」按，孫志舉，乃孫志康之弟，孫立節之子。據過《孫志康墓誌銘》「世爲虔州感化（義）人」，志舉家居，故得寄書慰問。過有《江天上梁文》，當作於虔。

過《江天上梁文》：「鄱川澤國，楚地名邦。民物阜蕃，有山水禽魚之樂；人情樸願，無陂池臺榭之娛。誰知隱莽之丘，乃得寬閑之野。天憐此老，日愛斯游。野處老人，年過七旬，仕嘗三黜……」鄱川，即鄱江，在江西鄱陽縣，流入鄱陽湖。當爲侍父北歸經途虔州時作。

過舅父王箴（元直）將訪於海南，二月卒於途。

蘇過《王元直墓碑》：「先君之遷於南也，平昔親舊屏跡不敢問安否者七年。舅氏慨然奮不顧身，曰：『公盛時在朝廷，典方面，則往見之。今厄窮瘴癘之地，吾等乃畏避形跡，非夫也。』率同往者無一人，遂獨浮江而下，將自洞庭、桂嶺而南。會先君有詔北還，而舅氏疾於途以卒。」又曰：「建中靖國元年春二月二十有八日，以病卒於夔州之傳舍。」

三月下旬，離虔州。四月至南康軍（今江西星子），十二日，蘇過侍父爲劉羲仲題寫墓表。

蘇軾《與劉壯輿》（二）：「方令小兒研墨，爲君寫數大字。……恐墓表小字中亦有題目，則額上不當復云墓表，故別寫四大字以備或用也。」（《全宋文》卷一九〇三）

五月抵金陵。過與父本欲歸宜興，因蘇轍乞歸許，蘇軾命邁、迨往宜興收拾變賣家產，以備北遷。

蘇軾《與李端叔》（一〇）：「某本以囊裝罄盡，而子由亦久困無餘。已而深念老境，知有幾日，不可復作多處。又得子由書，及見教語尤切至，已決歸許下矣。但須至少留儀征，令兒子往宜興，刮刷變轉，往還須月餘，約至許下，已七月矣。」（《全宋文》卷一九〇〇）又《與程德孺》（三）：「某此行本欲居淮浙間，近得子由書，苦勸來潁昌相聚，不忍違之，已決計從此計。溯汴至陳留出陸也。今有一狀，干漕司一坐船，乞早爲差下，令且在常州岸下，候邁到彼乘來。切望留意，早早得之。」（同前引卷一九一〇）

蘇軾作書與李廌（方叔），贊蘇迨、蘇過不廢學。

軾《與李方叔》（一六）：「比年於稠人中，驟得張（耒）、秦（觀）、黄（庭堅）、晁（説之）及方叔、履常輩，意謂天不愛寶，甚獲蓋未艾也。比來經涉世故，間關四方，更欲求其似，邈不可得。……迨、過皆不廢學，可令參侍几硯。」（《全宋文》卷一九〇三）

五月下旬，至儀眞，與程之元（德孺）等會於金山，聞政局有變，蘇軾決計歸常州。并計劃遣蘇邁注官，自己與迨、過閉門終老。

蘇軾《與子由弟》（八）：「行計南北，凡幾變矣。遭值如此，可嘆可笑。兄近已決計從弟之言，同居潁昌，行有日矣。適值程德孺過金山，往會之，并一二親故皆在坐。頗聞北方事，有決不可往潁昌近地居者。……今已決計居常州。借得一孫家宅，極佳。浙人相喜，決不失所也。更留眞十數日，便渡江往常。逾年行役，且此休息。恨不得老境兄弟相聚，此天也，吾其如天何？……候到，定叠一兩月，方遣邁去注官，迨去般家，過則不離左右也。……兄萬一有稍起之命，便具所苦疾狀力辭之，與迨、過閉戶治田，養性而已。千萬勿相念。」（《全宋文》卷一九二一）

舟中熱不可勝，蘇軾常夜間露坐，且飲冷過度，中夜暴下，過曉夜扶持。過誦米芾《寶月觀賦》，軾悅而致書米芾。

軾《與米元章》（二六）：「某昨日飲冷過度，夜暴下，且復疲甚。」又書（二一）「兩日來，疾有增無減。雖遷閘外，風水稍清，但虛乏不能食，口殆不能言也。兒子於何處得《寶月觀賦》，琅然誦之，老夫卧聽之未半，躍然而起。恨二十年相從，知元章不盡。若此賦，當過古人，不論今世矣。」（《全宋文》卷一九一七）

聞蘇頌（子容）卒，蘇軾遣過往弔。

宋邵博《聞見後錄》卷一五：「東坡歸自儋耳，舟次京口，子容初薨，東坡已病，遣叔黨來弔，自作《飯僧文》。」

蘇過代父作《薦蘇子容功德疏》。

《總案》卷四五：「此疏未竟，公但述其所欲言耳，後截似命過續之。」

六月十四日，章惇（子厚）之子章援（致平）奉書蘇軾，軾覽之，向過稱其文采。

趙彥衛《雲麓漫鈔》卷九：「東坡先生既得自便，以建中靖國元年六月次京口，時章子厚丞相有海康之行，其子援尚留京口，以書抵先生……，先生得書大喜，顧謂其子叔黨曰：『斯文司馬子長之流也。』命從者伸楮和墨，書以答之。『……某頓首拜致平學士閣下，六月十四日。』」按，過有《秋蠅篇》詩：「秋風中人如劍芒，飛蠅側翼何處藏？晨憂霜露避暗壁，晚集户牖依斜陽。斜陽寂寂能幾許，股翼未溫寒日暮。縱饑不敢近華筵，屏跡何須待揮麈。」「微物盛衰還有數，得意何曾念寒暑。帳中相弔定饑蚊，窗外巧尋惟蝎虎。糜身枯死不足憐，耳目所憎欣且去。」蓋有爲而作。

十五日，發舟赴毘陵，至，寓於孫館。七月立秋，蘇過代父爲書與米芾。

米芾《蘇東坡輓詩》，其四「古書跋贊許維新」自注：「公立秋日於其子過書中批云：『某一病幾不相見，今始覺有絲毫之減，然未能作書也。跋尾在下懷。』」（參《全宋文》卷一九一七《與米元章》二八）知蘇過曾代草《與米元章》書。

蘇軾病危，令蘇邁、蘇迨、蘇過侍側。

蘇轍《東坡先生墓誌銘》：「未終旬日，獨以諸子侍側，曰：『吾生無惡，死必不墜。愼無哭泣以怛化。』」（《後集》卷二二）

七月二十八日，蘇軾卒於常州（王宗稷《東坡先生年譜》）。

**崇寧元年壬午，三十一歲。**

居父喪在郟城縣。

黨禍再起，五月，追貶司馬光以下四十四人；七月，蔡京相，罷元祐法；九月，籍元祐及元符宰相文彥博等、侍從蘇軾等、餘官秦觀等凡百二十人，御書刻石端禮門。張耒因爲軾舉喪，貶黃州。

春，蘇過兄弟扶蘇軾靈柩自淮入汴，至陳留登陸西行。四月，蘇轍遣蘇邁往京城遷王閏之及迨亡妻歐陽氏靈柩，至郟縣待葬。

轍《再祭亡嫂王氏文》：「天禍我家，兄歸自南，沒于毘陵。諸孤護喪，行于淮汴，望之拊膺。自嫂之亡，旅殯西圻，九年于今。兄沒有命：葬我嵩山，水厚土深。邁往告遷，及迨初婦，靈輀是升。」（《後集》卷二〇）

閏六月，蘇過兄弟葬其亡父亡母於河南郟

城小峨眉山。

轍《再祭亡兄文》：「地雖郟鄏，山曰峨眉。天實命之，豈人也哉？我寓此邦，有田一廛。子孫安之，殆不復遷。兄來自西，於是盤桓。卜告孟秋，歸於其阡。潁川有蘇，肇自兄先。」又《東坡先生墓誌銘》：「明年閏六月癸酉，葬於汝州郟城縣釣臺鄉上瑞里。」（《後集》卷二〇、二一）《蘇叔黨墓誌銘》：「先生還，至永州，稍遷仕版；居陽羨，不幸疾不起。叔黨兄弟得吉地於汝州郟城縣之小峨眉山以襄事。」《宋史》本傳：「軾卒於常州，過葬軾汝州郟城小峨眉山。」

蘇邁、蘇迨隨叔父歸許，生事蕭然，蘇轍鬻別業以助之。

蘇籀《欒城遺言》：「東坡病歿於晉陵，伯達、叔仲（仲豫）歸許昌，生事蕭然。公篤愛天倫，曩歲別業在浚都，鬻之九千數百錢，悉以助焉，囑勿輕用。時公方降三官，謫籍奪俸。」（《雙溪集》附）

蘇過與姪蘇符居郟城小峨眉山守喪。

過《送參寥道人南歸叙》謂參寥來自香山，「見余上瑞」；又《戲李方叔》詩有「我欲叩門來上瑞」，知其在郟城縣上瑞里守喪。又《山居苦寒》詩自注有「默謂猶子符」，知與符一道居喪。

秋八月，參寥子訪蘇過於郟城上瑞里，將歸，過作詩及叙送之。

蘇過《送參寥師歸錢塘》：「我昨南來自炎州，師亦方解鍾儀囚。握手流涕古汴溝，生死骨肉我未瘳。衆人見棄誰相休，累然獨處空山幽。忽聞剝啄師過我，灑掃茅堂三日留。」又《送參寥道人南歸叙》：「壬午歲秋八月來自香山。見余上瑞。曰：『吾將南歸，何以贈我？』」

李廌曾來郟城卜兆葬蘇軾，過居喪期間有詩多篇贈之。

過《北山雜詩》：「默李吾所畏，文字班馬流。空齋鎖長夜，尺瀆橫呑舟。誰令效方朔，顧盼侏儒羞。不如談天李，高論隘九洲。能爲齊諧語，自許監河侯。浮沉閭里間，與世眞無求。」《宋史·李廌傳》：「（軾）亡，廌哭之慟，曰：『吾愧不能死知己，至於事師之勤，渠敢以生死爲間。』即走許、汝間，相地卜兆授其子，……中年絕進取意，謂潁爲人物淵藪，始定居長社，縣令李佐及里人買宅處之。」過詩之「默李」，蓋即長社縣令李佐，詩中說其「尺瀆橫呑舟」、「效方朔」、「羞侏儒」，俱爲縣令之况。「談天李」，即李廌，蘇軾「謂其筆勢瀾翻，有飛沙走石之勢」，史稱其「喜論古今治亂，條暢曲折，辯而中理」，「睥睨而起，落筆如飛馳」（本傳）。李廌於潁川營水磨，過有詩戲之，見下。

蘇過、蘇符於北山結茆爲廬，鑿牆爲牖，掘地穴作爐，掘井以分甘鄰里。

過有《北山雜詩》十首及《山居苦寒》詩，其中有「西南望平原，汝水稻千頃」、「歸來逢歲惡，半臂換湯餅」，及「陰風怪穴步步高」，自注：「汝有風穴，故常多大風。」知作於居喪郟城之時。詩曰：「牆東新鑿牖，朝陽催我起」；「午枕不能寐，床頭井百尺。轆轤下長綆，鏗響鳴山骨。分甘遍鄰社，甚旱猶湍碧。」又《山居苦寒》：「牆東鑿牖納朝光，掘地爲爐作土床。快焰生薪聊禦臘，茅茨未必愧華堂。」

秋淫雨，歲不登，蘇過、蘇符生計聊倒。

過《北山雜詩》：「慟哭悲素秋，言登北山腳。昏埃迷澠嶺，疲馬戰犖確。歲月苦易得，俯仰成今昨。山雨壞古道，春淙變溪壑。飛妖雖已息，空毯那堪獲！農夫抱耒嘆，四顧淚雨落。」又曰：「歸來逢歲惡，半臂換湯餅。悵望雲子白，悲辛殘炙冷。採薇聊卒歲，雅志在箕潁。」

冬，蘇過以紙被禦寒。有樵叟求售，因貧，無以賑之。

過《山居苦寒》：「吾儕貧亦巧，紙被陋紈綺。」又曰：「空山寂無聞，獨擁寒爐火。時時黃犬吠，知有行人過。叩門但樵叟，束薪求售我。辛勤易一飯，空腹安能果。我困亦無幾，僮僕行憂餓。明朝且食粥，彈鋏悲楚些。」

東鄰有梁媼，年八十餘，缺衣少食，過與符製紙被施之。

過《北山雜詩》：「東鄰有病媼，髮白垂鸛鵠。擁竈坐無衣，何曾飽脫粟。」又《山居苦寒》：「傍舍孤嫠八十餘，背無完絮況裙襦。分衣愧無莊公惠，紙被聊將慰老臞。」（自注：草堂之東南有梁姬，八十餘歲，形貌瘠傴，耳目皆廢。余偶見而哀之，默謂猶子符：「天寒甚，是且凍死，當製紙被與之。」既而忘之。一日，忽遣其子來索紙被，其子亦不知媼安授此意。余卒與之。）

冬雪，作《小雪》詩，寫貧富憂樂之狀。

《小雪》：「小雪不盈寸，陰風何凜冽？那堪平地尺，奈此衣百結。」「誰憐華門士，破壁穿飛屑。捉襟肘常見，納履指屢決。夜長不可度，薪濕何由爇。饑吟數更鼓，坐嘆生理拙。」

**崇寧二年癸未，三十二歲。**

居父喪在郟城縣，秋除服歸潁昌。

詔毀刊行《唐鑑》幷三蘇、秦、黃等文集。詔宗室不得與元祐姦黨子孫爲婚姻。冬，詔以元祐學術政事聚徒傳授者，必罰無赦。自兹凡二十四年，至金人圍開封（今河南開封）乃解。

春夏皆居喪於郟城，聞李廌（方叔）於潁川長社縣治水磨，過以詩戲之。

過《李方叔治潁川水磨作詩戲之》：「李侯平生無一廛，衹有便便五經笥。儒冠半世已誤身，老欲歸耕無耒耜。近聞潁川有瀑布，碓磨能窮溪谷利」；「今年麥熟春雨足，車載斗量應有備」；「待君結廬秋風初，我欲叩門來上瑞。」上瑞，即上瑞里，蘇軾葬處。

蘇遠（叔寬）作田園詩，蘇過次韻，以寄隱逸情致。

蘇過《和叔寬田園六首》，其六：「十年資章甫，人棄我亦閑。」「長爲田舍翁，所樂非所歡。」自紹聖元年隨父南貶，至此已十年。又其五：「近聞復河湟，羽書獲萬姓。」童貫收復河湟，在崇寧二年六月。

蘇遠作詩贈李廌，過亦次韻。

過《和叔寬贈李方叔》：「不求桑榆暖，乃慕松桂寒。學稼雖可賤，樂志良獨難。當觀五鼎食，不異瓢與簞。卜築願俱棲，勿學鷄相連。」

過與王遹（子敏）相別十年，王以書召過，作詩寄之。

過《與王子敏相別十年今在汝見招以書將往從之聞其齋素卧病以詩勸之肉食》：

「已矣君休問十年，相逢定怪兩華顛。」「隙駒安用徒勞苦，爲我西來數擊鮮。」子敏，名遹，王適（子立）弟，趙郡臨城人。與王適皆從蘇軾遊於吳興，「學道日盛，東南之士稱之」（蘇軾《王子立墓誌銘》），蘇軾以蘇轍女妻子立。蘇軾蘇轍南貶，子立從蘇轍於高安、績溪，既而卒。王遹「失官居潁」（蘇轍《祭王子敏奉議文》）。蘇軾爲蘇符娶王子立之女爲妻，啓文即與子敏，故啓文稱「故令弟子立」。其時，子敏居潁，子立女眷隨蘇轍在筠，故蘇過幷未與子敏相見。從紹聖元年之別，至此已十年，故有「休問十年」、「相見華顛」之語。

七月，服除。過與姪符歸於潁昌。

過《祭叔父黃門文》：「過也昔喪，而歸於許。奉杖屨者十春。」轍卒於政和二年（一一一二），逆數至此，正好十年。

閑居許昌。

**崇寧三年甲申，三十三歲。**

詔元符姦黨通爲元祐姦黨，凡三百有九人，徽宗親書刻石于文德殿之東壁。又命蔡京書之頒于天下。

三月上巳，過與諸昆仲子姪遊於許昌西湖，曲水泛舟。蘇轍臥病未行，作詩示兒姪，過次其韻。

蘇轍《上巳日久病不出示兒姪二首》，其一：「牛鳴頗覺西湖近，鳳去長憐北榭荒。欲出老人無伴侶，退歸諸子解農桑。」其二：「臥聞諸子到西湖，鵠鷺翩翩衆客俱。」（《後集》卷三）過《次韻叔父上巳二首》其二：「幾年零落臥江湖，樂事何人與我俱。上巳偶尋流水禊，泛觴聊爲小兒娛。」

十八日，蘇轍葺東齋居之，作詩，過次其韻。

轍《葺東齋》（自注：三月十八日）：「弊屋如燕巢，歲歲添泥土」；「況復非吾廬，聊爾避風雨」；「兒孫喜相告，定省便早暮。我生溪山間，所至輒成趣。苦恨無囊金，莫克償地主。投老付天公，著身豈無所？」（《後集》卷三）過《和叔父移居東齋》：「去鄉三十年，夢寐猶西土。阨窮未能歸，諒亦君子固。結廬淇潁間，絕意爲霖雨。聊淸一室地，僅作跏趺處。邇來又謝客，不待羹轢釜。西齋舊猶密，日晏窗先暮。東軒得爽塏，眞作禪侶住」；「公今觀此心，湛然忘客主。」

按：轍詩之「弊屋」即過詩「西齋」，轍「東齋」即過「東軒」。過詩謂轍「去國三十年」，即自熙寧元年（一〇六八）最後一次離川，至此已逾三十年，此蓋舉其成數，亦係引用陶淵明《歸園田居》「誤落塵網中，一去三十年」的成語。

蘇轍作《詠竹二首》，過次韻。

轍《詠竹二首》，其一：「湖濱宜草木，修竹可三尋。廛居多野思，移種近牆陰。」其二：「南鄰竹甚茂，門巷不容賓」；「翠旌稍亂起，犀角筍初勻。」（《後集》卷三）過《次韻叔父詠竹二首》，其一：「江湖猶在眼，水竹負幽尋。故買比鄰宅，期分數畝陰。」其二：「此君非草木，勁節凜佳賓。」「琳琅風葉響，水墨月窗勻。」

蘇過兄弟與母仲山唱酬，叔父轍亦次韻。

過《和母仲山雨後》，其一：「柴門似郊

居，烟草碧萋蒨。君能慰幽獨，數面情已眷。」其二：「我似廣文貧，飽食平生少。忍饑山澤儒，未易窺三島。」其三：「西湖跬可至，不畏城闉陰。芒鞋與竹杖，穿泥未爲苦。」其五：「吾廬不知暑，心閑自清涼。醉鄉豈難入，不假陶令觴。白髮我摧折，青雲子軒昂。」蘇轍《後集》卷三有《兒姪唱酬次韻五首》，即用過韻。

蘇轍初得南園，作詩，過次其韻。

轍《初得南園一首》：「倒囊僅得千竿竹，掃地初開一畝宫。千里故園魂夢裏，百年生事寂寞中。」（《後集》卷三）過《和新葺南園》：「道眼年來等色空，塊蘇不羡化人宫。敢嫌仲蔚蓬蒿陋，久娱邯鄲夢幻中。」過詩即次轍韻，詩題當有「叔父」二字。

**崇寧四年乙酉，三十四歲。**

閑居潁昌。

五月，除黨人父兄子弟之禁；九月赦天下，詔元祐人貶謫者依次徙近地，惟不得至京畿（《宋史·徽宗紀二》）。

仲夏，觀呂知止所藏唐人畫馬圖，作跋語。

《鐵琴銅劍樓藏書題跋集録》卷二「蘇叔黨」：「先子賦申王馬圖，有『肉騣汗血盡龍種，紫袍玉帶眞天人』之句。見得當時不獨曹緯輩畫骨而不畫肉，諸王留意摹寫亦然。故後世纔見畫馬，便指爲曹緯輩作，定知諸王肆意馳騁，所見既多，下筆益高，其間造入微妙處，曹緯所不□（易）到，其可概以畫目之邪？崇寧作噩歲仲夏，呂知止家避暑，因觀唐馬，遂書卷末。眉陽蘇叔黨題。」「賦申王馬圖」，即《申王畫馬圖》詩，見

《分類東坡詩》卷一二、《東坡詩集》卷四九。《苕溪漁隱叢話》謂此詩及《老人行》非東坡作，有過此一帖，可明其誣。「作噩」，《爾雅·釋天》：「太歲在酉爲作噩」，作噩即崇寧四年，文即作于此時。

泗州士人李積（元秀）從過問學，遂爲至交。

王明清《揮麈後錄》卷九：「蘇叔黨以黨禁，屏處穎昌，極無憀。有泗州招信士人李稹元秀（稹，當作積）者，鄉風慕義，歲一過之，必遲回以師資焉，且致饟甚腆。叔黨懷之。」《宋史》卷三七九有《李積傳》，謂：「李積，字元直，泗州臨淮人。幼聰敏篤學，兩舉于鄉。從父中行客蘇軾門，太史晁無咎見之曰：『此國士也。』以女妻焉。」王明清作「招信人」，《宋史》作「臨淮人」，俱

屬泗州，一在北，一在西南，未知孰是。又過有詩送其「歸盱眙」，盱眙爲泗州治所。據《宋史》，李積從父李中行，乃東坡門生，過與積本爲世契。

范正平於穎昌西湖築園，題名「大隱」，過題詩。

過《大隱堂爲范氏西田題》：「范侯作園湖之隅，繚以修竹千芙蕖。鴨陂下浸波瀾闊，箕山西指峰巒孤。有堂翼然照通衢，路人尙憶華嚴居」；「人懷忠宣及其子，遺愛何止屋上烏。小范更無膏粱氣，閉門一味如蠹魚」；「嗟我與君涉世疏，短綆汲深爾自愚。行歌道上慚妻孥，坐令家無甔石儲。欲將大隱欺誰歟？人不吾以盍早圖？未須直學西山夫，槁項終爲山澤臞。」

按：此范氏，爲忠宣公之子，即范仲

淹孫、純仁子范正平。紹述時期，正平羈管象州，會赦，得歸潁昌，「退閑久，益工詩，尤長五言」，《宋史》附《范純仁傳》後。趙懷玉校《斜川集》曰：「坡集《藥師琉璃光佛贊序》云：『佛弟子蘇籥與其妹德孫病，久不愈，其父過、母范氏供養祈禱藥師琉璃光佛，遂獲痊損』云云，知叔黨所配爲范氏。此范侯爲忠宣之裔，詩中有『行歌道上慚妻孥』之語，其言頗親切，豈即叔黨妻兄弟邪？」今按：蘇軾《與過求婚啓》謂「敢議婚姻，蓋恃鄉閭之末；遂忘門閥，亦緣聲氣之同。」范仲淹，江蘇吳縣人，軾無由稱「鄉閭之末」。況《永樂大典》卷二四〇一《蘇叔黨墓誌銘》曰：「娶范氏，蜀忠文公之孫、承事郎百嘉之女。」蜀忠文公，即范鎮，成都華陽人，與三蘇正同鄉閭。晁說之集《蘇叔黨墓誌銘》後半缺，趙懷玉未見其全誌。

李積歸，過作詩送之。

過《送李積秀才歸盱眙》：「濁流盡處見淮山，水作淸羅擁髻鬟」；「妙年肯作小坡客，瓢飲來同陋巷顏。」

**崇寧五年丙戌，三十五歲。**

閑居許昌。

正月，毀元祐黨人碑，復謫者仕籍，除黨人一切之禁。二月，蔡京罷。三月，詔黨人許到畿縣。

張耒自黃州還許，過與呂知止造訪，作詩戲之。

張耒《蘇叔黨呂知止許下見訪叔黨有詩戲贈以此奉答》：「三年齊安舊江山，可當中原故人面。北來塵埃逢故人，眼前卻做江山見」；「蘇郎下筆妙無敵，呂郎與談驚未識。雛鳳驥子未宜輕，囊香各有千金璧。」（《張右史集》）

按：齊安，即黃州。《宋史·張耒傳》載：崇寧初年，耒因曾爲蘇軾「舉哀行服」，再貶房州別駕，黃州安置。五年得自便，居陳州。過詩稱「三年齊安」，當爲「五年」。又張居陳州（河南睢陽），近許，故過等得以相訪。

二月二十日，叔父生日，過有詩相慶。

過《叔父生日》，其一：「重耳飄零十九年，我公涉世屢艱難」；「幅巾從此追巢許，永愧蒼生起謝安。」其三：「退藏欲遂箕山志，談笑歸來潁水濱。」其四：「爾來卜築安懸罄，空使蒼生望濟川。」詩云「歸潁」、「卜築」，俱蘇轍四年自汝南歸潁川，葺南園事。當作於五年春二月。

過族姪蘇在庭（元老）領漕歸蜀，蘇轍、蘇遲、蘇過等人皆有詩送之。

轍《次遲韻示陳天倪秀才姪孫元老主簿》：「茅簷有佳客，肅肅清風興。吾孫成鈞來，左右皆良朋。爲憐衆兄弟，將冠未有稱。」又《再次前韻示元老》：「豪桀多自悟，不待文王興。四方有餘師，十室豈無朋？我老不知時，早歲誰誤稱？歸來理茅屋，對客食藜蒸。」過《送在庭姪領漕歸蜀》：「伯祖昔爲郎，出乘使者車。德星照東蜀，遺愛及後昆」；「迢迢六十年，乃復見曾孫。曾孫早讀書，待詔金馬門。一選文昌省，駸駸西掖垣」；「收拾五車書，歸掃西山墳」；「況茲甘棠俗，尚懷挾纊恩。上以慰慈母，一笑請平反。下以慰父老，俯不怍九原。更酌老翁水，爲我歃此言。」過詩即次叔父詩韻。又蘇轍有《送元老西歸》：「晝錦西歸及早秋，十年太學爲親留」；「莫嫌簿領妨爲學，從此文章始自由。家有吏師遺躅在，當令耆舊識風流（自注：伯父仕宦四十年，當時號為吏師）。」（《後集》卷四）過稱「伯祖」，轍稱「伯父」者，即蘇洵兄蘇渙，元老即渙之曾孫。

**大觀元年丁亥，三十六歲。**

閑居許昌。

正月，蔡京復相；五月，詔自今凡總一路及監司之任，勿以元祐學術及異議人充選。

長兄蘇邁出任嘉禾令，過作詩送之。

過《送伯達兄赴嘉禾》：「我生三十餘，憂患恰半生。飄零萬里外，偶存三兄弟。去去復遠別，朔風催客征。相看各華髮，豈免兒女情。五載卧箕潁，分甘一廛氓。嗟哉生理拙，口腹不解營。各逐升斗仕，彈冠愧淵明。誰知三徑荒，聊代十畝耕。我政牛馬走，君乃簿書嬰。壯心已灰槁，焦芽不復萌。」趙懷玉謂此詩作於崇寧二三年間，誤。蘇轍《三集》政和二年（一一一二）春，《喜姪邁還家》有「一別匆匆歲五除」，其別即在本年。《總案》卷四五《蘇邁傳》亦云：「大觀元年，起知嘉禾。」

堂弟蘇遠監汝南酒稅，將之任，蘇轍、蘇過皆有詩送之。

轍《送遜監淮西酒并示諸任二首》，其一：「疇昔南遷海上雷，艱難唯與汝同來」；過「相與閉門尋舊學，誰言復出理官醅。乘田委吏先師事，莫學陶令到即回。」（《三集》卷一）過《送八弟赴官汝南》：「君年逾三十，閉門試幽討。父兄逼從仕，攬轡方稍稍」；「效官麴蘖間，區區營一飽。」汝南，即蔡州，治今河南汝南縣。漢於其地置汝南郡，故過稱「汝南」。唐方鎮淮西道曾治於此，故轍稱「淮西」。宋置蔡州、汝南郡、淮康軍節度使。

**大觀二年戊子，三十七歲。**

閑居許昌。

春，過有《次韻伯充詠牡丹二首》詩。

詩其一：「珍重誰移洛下根，玉盤徑尺露花新」；「美惡本非春有意，栽培直恐伎凝神。」其二：「尤物端能耗地力，癡兒竟欲費精神。願回春色歸南畝，變作秋成玉粒勻。」伯充，即從兄蘇遲。蘇轍集有《同遲賦千葉牡丹》，作於大觀二年春。但與此不同韻。又頭年有《謝人惠千葉牡丹》及《移陳州牡丹偶得千葉二本喜作》二詩，與此同韻，但韻腳用字不同。蘇轍寓居潁昌，多種牡丹，常有題詠。蘇籀《欒城遺言》：「公潁昌牡丹時，多作詩，前後數四。有『□上□似雒濱□，帝遣姚黃比玉真』之句，又曰：『造物不違遺老意，一枝頗似雒人家。』稱道雒家，殷勤不已。」過又有《次韻歐陽誠發牡丹》詩，「青春過隙不多時，佳會應須日日期。羨子多情勤秉燭，尋芳問柳每題詩。洛花名字爭新見，尤物東君翦刻遲。安得韓湘寫奇句，世間鉛粉謾勞施。」歐陽誠發，當即歐陽修後人，過仲兄蘇迨妻族。似皆作於潁昌。

過出示當年張方平詩草，轍次其韻。

蘇轍《追和張公安道贈別絕句》引曰：「元豐初，子瞻以詩獲罪，竄居黄州，予謫筠州酒稅。公凄然不樂，酌酒自相命，手寫一詩爲別……。及自龍川還潁川，姪過出子瞻遺墨，中有所贈章，覽之泣下不可止。乃追和之。」《三集》卷一繫於是年夏。

初秋，呂本中（居仁）歸潁昌，夜宿范氏盤溪，作詩，過次韻。

過《和呂居仁宿盤溪》：「窮通有定分，鳬脛悲所續。一醉盤溪堂，自取君詩讀。」呂本中《東萊集》有《夜宿潁昌范氏水閣》詩（趙懷玉謂「宿盤溪詩，《東萊集》不載」，失考）有：「賢哉五年別，有此一室獨。」蘇呂用韻幷同，即唱和之作，知盤溪乃居仁詩題之「范氏水閣」，也即過所題「大隱堂」，以其臨西湖建閣，故稱。該閣當爲居仁離潁五年後所建。《東萊集》又有大觀二年眞州與呂知止詩，屢有「五年卻走各南北」、「五年坐此如囚拘」句，皆作於同時。呂居仁，名本中。壽州人。元祐宰相呂公著曾孫、好問子。從楊時受學，蔭承務郎。紹聖黨禍，本中坐廢。崇寧開禁，乃漸次出仕。紹興六年特賜進士，官至中書舍人、直學士院。《宋史》有傳。元祐大僚，晚年受挫，多居潁昌，范鎮子孫、范仲淹子孫、呂公著子孫、韓琦子孫俱如此，本中即其中之一。故蘇軾《書范蜀公約鄰》有「許下多公卿」之説（《全宋文》卷一九七五）。呂居仁，曾注蘇詩。王文誥《蘇海識餘》卷二：「叔黨《和呂居仁宿盤溪》有『歸來詩滿囊，大勝富潤屋』句，而不及注蘇事，蓋其時居仁年尙少也。」

過與呂本中、韓華國、劉知命等相與約遊嵩山少室，因雨，暫未成行。

過《和呂居仁宿盤溪》：「我懷嵩少游，已辦巾一幅。願言山中友，先登惟子獨。須煩懸河辯，令我千兔禿。歸來詩滿囊，大勝富潤屋。」又《次韻韓華國相約遊嵩少》：「春糧已辦登山計，積潦車輪四角生；勇健無人先接淅，滯留愧我說重盟」；「刻石題名須絕巘，蓬萊頂上記曾行。」又《贈知命劉居士》：「言乘下澤車，來赴嵩少約。」

十天之後，雨止，遂行，至大成崗，初見嵩少，登峻極頂，俱有詩。

過《後旬日雨止遂行至大成崗初見嵩少》：「青山眞似有情人，百里相迎列萬屯」；「少寬眼界塵埃外，卻見醯鷄井陌喧。方知胸中有餘地，青丘雲夢不勞吞。」《登峻極頂》：「言登嵩高峰，結束兩芒屩。攝衣上天梯，股栗戰犖確。不知幾流汗，躍出萬仞壑」；「依稀兩仙童，遺我一丸藥。平生井底蛙，未見宇宙廓」；「得窮恢譎眼，賴有騰趠腳。東觀扶桑升，北瞰天河落。不須議雄尊，培塿眇廬霍。」按，呂本中《東萊集》有游嵩山詩多篇，亦有《登太室絕頂》詩。

見劉知命居士，約其卜居許下。

過《贈知命劉居士》：「言乘下澤車，來赴嵩高約。青山多雨露，咫尺負丘壑。眷余實畸人，雅與世緣薄。問途忽我顧，扣門煩剝啄。」「箕山宛在目，穎水清帶廓。何年定卜居，伴我採薇藿。」（清舊鈔本《斜川集》）

遊十日歸，途中呂本中作詩，過次韻。

過《歸途次韻呂居仁》：「勝遊喜得六人閑，說有談空許肆言。欲學顰眉追世好，自知捩手觸羹翻。雄夸頗快平生願，笑語欣陪十日溫。」按，本韻呂集不載，蓋佚。

過與李方叔言蒲宗孟（傳正）家事。

李廌《師友談記》：「蘇過叔黨言其堂姊嫁蒲瀓，瀓資政傳正之子也。傳正守長安日，瀓之婦閉戶不治事，惟滴酥爲花果等物。每請客，一客二十餘飣，皆工巧，盡力爲之者，祇用一次，復速客則更之。以此諸婦日夜滴酥不輟。」「叔黨又曰：蒲公有大洗面、小洗面、大濯足、小濯足、大澡浴、小澡浴，蓋一日兩洗面，兩濯足，間日則浴焉」云云。

按：蒲傳正，名宗孟，閬州新井（今四川南部）人，《宋史》有傳，謂軾嘗以書勸其「一曰慈，二曰儉」。馬永卿《嬾眞子》卷四：「政和中，僕仕關中，於同官蒲氏家，乃宗孟之後，見漢印文。」政和中，蒲氏已定居關中，則過所述其堂姊在關中滴酥事，自應在政和前；且方叔卒於政和元年，故將此事繫於大觀末年。

**大觀三年己丑，三十八歲。**

閑居潁昌。

六月，蔡京罷；七月，詔謫籍人，除元祐姦黨及得罪宗廟外，餘幷錄用。

八月，蘇邁題鄭天覺書。

《三希堂法帖》蘇邁《題鄭天覺書》：「鄭天覺自除直殿以後，筆力驟進，無一點畫工俗韻。比來士中罕見出其右者，爲冰華居士錢濟明作《明皇幸蜀圖》，又作《單于並騎圖》，皆清絕可人。予從冰華求此一軸，以光畫篋。大觀三年八月十日眉山蘇邁伯達作。」

李廌（方叔）卒，過作挽詞。

過《李方叔挽詞二首》，其一：「廣文流落坐才名，世爲長沙惜賈生。明主愛才非忍棄，大鈞播物豈能爭。空嗟抱藝頻三黜，不待驚人試一鳴。賴有遺編照千古，賢於萬戶寫銘旌。」

按：方叔卒年，史無明文。今檢《永樂大典》卷二二五三七「集」字韻，李之儀《濟南月巖集序》云：「方叔沒後八年，其子穎秀川，集其文若干卷，號月巖，以書抵余，曰：『願有以序之。』……政和六年八月十一日。」由政和六年（一一一六）逆推八年，即本年。

呂欽問（知止）初仕，爲筦庫官，過作詩送之。

過《送呂知止》：「王謝風流要有種，誰比君家俱得鳳」；「英標颯爽吾知止，割鷄今欲牛刀用。胡爲從事筦庫役，無乃漢陰工抱甕。嗟余飄零同閭里，一味窮愁惟子共。詔恩雖脫鍾離囚，未敢彈冠效王貢。平生世味似嚼臘，丘壑暮年尤自縱。爲君懸榻待歸來，故人蚤破邯鄲夢。」呂知止，公著孫，本中叔。居潁昌，時與蘇叔黨、張耒相過從，張耒稱「呂郎與談驚未識，鳳雛驥子未宜輕」。據呂本中《東萊集》，大觀二年，呂知止尚在潁作歗傲軒，其出仕必在二年以後。

除夕，叔父轍作詩，過次其韻。

轍《己丑歲除二首》，其一：「閱遍時人身亦老，卷殘舊曆意茫然。髭須白盡無添處，甲子重來又十年。」過《次韻叔父黃門己丑歲除二首》，其二：「坐閱星周幾變遷，恆河見性但依然。求田問舍追三徑，面壁灰心過九年（自注：公自庚辰歲歸潁昌，杜門不出今十年矣。）」庚辰，即崇寧三年（一一〇〇）。

閑居許昌。

**大觀四年庚寅，三十九歲。**

過善畫，嘗作西軒枯木怪石，叔父轍題詩，過次其韻。

轍《西軒畫枯木怪石》詩：「東坡妙思傳子孫，作詩彷彿追前人。筆墨墮地稱奇珍，閉藏不聽落泥塵。」（《三集》卷三）蘇籀《欒城遺言》：「公曰：六郎作詩彷彿追前人，畫墨竹過李康年遠矣。」六郎，即蘇過。蘇軾《與范純夫》稱過妻爲「六婦」，又《與姪孫元老》稱蘇迨「五郎」，過爲「六郎」，并其證。籀所言當指此詩。蘇過有詩次其韻：「屏間怪石千年根，端爲先生來結鄰。毫端雖愧蜀兩孫，要非丹青閱世人。」（《次韻叔父題畫木石屏風》）知西軒木石，爲蘇過所畫。《墓誌銘》說蘇過「書畫之勝，亦克肖似先人」，故常有丹青墨石之作。清舊鈔本又載過《次韻答徐翼之畫木石》二首，其一：「我觀徐夫子，六藝自警飭。肯回少年駕，閉戶志匪石。彈冠豈不好，恐遂林泉隔。一朝墮世網，頓判雲間翮。曲高和自寡，得喪什相伯。願子保歲寒，功名當遠索。俛首簿書間，聊將逃譴謫。」其二：「士貴貧時交，菽水清而眞。我爾兩相從，良是茅茨鄰。太息屢書空，氣橫戈戟新。跰跚定笑我，曳踵隨車輪。壯志早摧折，羈縲易傷神。放懷筆硯間，聊欲出怪珍。老木卧千歲，不才得終身。持此壽君子，勿愁脱粟貧。相將老湨水，烟雨共垂綸。」據詩題，乃蘇過畫木石，徐翼之題詩，過次韻答之（「徐翼之」後，當有「題」字）。詩云「相將老湨水，烟雨共垂綸」，湨水，爲潁水支流，在潁昌，可見此詩作於潁昌。詩又曰「士貴貧時交，菽水清而眞。我爾兩相從，良是茅茨鄰」，則爲閑居景況。與西軒題詩，在時間（初居潁昌）、情境（未出仕）和題材上（畫木石），都相吻合，不知即是同時之作否。

洛陽倉曹參軍岑彥明作猗蘭軒，求詩，過題寄。

過《寄題岑彥明猗蘭軒》詩：「端來從子遊，定覺同臭味。岑子少絶俗，厭貧聊試吏。官曹冷如水，終日學奇字。未能三徑歸，故作九畹藝。後來當勿翦，伴我倉庾氏（自注：彥明為洛司倉，代者乃吾仲南是也）。」仲南，即蘇适。過又有《送仲南兄赴官水南倉》，作於政和元年。據此詩意，岑彥明尚在司倉職，其作當在受代之前不久。政和中，過監稅太原，亦曾與彥明遊開化、明仙諸寺，亦見於詩章，詳下卷。猗蘭軒，相傳孔子作《猗蘭操》，茲用其典。

閑居許昌。

**政和元年辛卯，四十歲。**

三月十九日，過與仲兄蘇迨，與客人崔遐紹、趙漢英遊朱園，放生，作詩。

過《三月十九日同仲豫兄長率崔遐紹趙漢英遊朱園放魚》：「眷余二三子，行春訪修竹。危橋得小憩，涸鮒哀窮蹙。汲井叩鄰里，捐金勸童僕。好生人所欣，稚子助擘掬。」按，蘇迨以政和元年出仕武昌，過有送序，則此游最遲不過元年春。

過已得太原除書。從兄蘇适赴官洛陽，以詩送之。

過《送仲南兄赴官水南倉》：「十年不知簪組味，萬里能舒陳蔡厄。丈夫昇沉何足道？竭身養志眞奇才」；「邇來彈冠本非好，黽勉聊從父兄迫。區區試吏倉庾間，定知蠟屐何曾得。嗟余白髮亦自笑，眷眷一官乃鷄肋。明年趨車走太行，政坐相如空四壁。」蘇遲《蘇仲南墓誌銘》：「起監西京河南倉。」河南倉，即洛倉，在洛陽，洛陽在宋代爲西京，又稱河南府，故兩稱之。崇寧元年，詔元祐弟子不得任在京差遣，蘇适罷太常祝，閑居潁昌，至此已十年，故「十年不知簪組味」。

蘇迨赴官武昌，過作叙送之。

過《送仲豫兄赴官武昌叙》：「吾長兄年五十有三，不能俯仰於人，猶爲州縣吏。仲兄少不樂仕進，親戚強之，今四十有二，始爲筦庫官。」《總案》卷四五《蘇迨傳》：「軾卒，敦守舊學，抱遺編者十載，政和元年四十有二，始爲武昌筦庫官，過送別而爲之叙。」

十月二十九日，雨雪，蘇轍作詩詠雪，過次韻。

轍《十月二十九日雪四首》，其三：「幽居漫爾存三徑，燕坐何妨應六窗。老憶舊書時展卷，病對藥酒旋開缸。」（《三集》卷三）過《次韻叔父小雪二首》，其二：「夜來小雪猶凝地，睡起扶桑已著窗。卻喜少陵時炙背，不憂北海屢空缸。」

蘇邁、蘇迨、蘇過編蘇軾遺墨爲《先公手澤》。過有《書先公字後》。轍《再題老子解卷後》：「政和元年冬，得姪邁等所篇《先公手澤》。」（《老子解》後）所謂《先公手澤》，即《東坡志林》，陳振聲《直齋書錄解題》：「《東坡手澤》三卷。今俗本《大全集》所謂《志林》者也。」今傳《志林》五卷，蓋後人增益。《四庫全書總目·東坡志林提要》：「（《志林》）蓋軾隨手所記，本非著作，亦無書名，其後人裒而錄之，命曰《手澤》，而刊軾集者不欲以父書目之，故題曰《志林》耳。」

按：「志林」一名，本軾所定，其在海南《與鄭靖老》（三）：「別來百憂不可勝言，置之不足道也。《志林》竟未成，但草得《書傳》十三卷。」（《全宋文》卷一九〇九），即其證。過《書先公字後》：「過侍先君居夷七年，所得遺編斷簡皆老年字，落其華而成其實。如太羹玄酒，朱弦疏越，將取悅於婦人女子，難矣。世方一律，殆未可言。」蘇軾文章書畫走俏，必在黨禁既解之後，蘇轍頭年有《題東坡遺墨卷後》，過此文當與其爲前後作。

過編定《東坡後集》。考定東坡詩集誤字。

錢求赤《書東坡後集》（繆荃孫《東坡全集跋》引）：「《後集》，其子過編。」宋張邦基《墨莊漫錄》卷一：「東坡作《儋耳山》詩云：『突兀隘空虛，他山總不如。君看道旁石，盡是補天餘。』叔黨云：『石當作者，傳寫之誤。』一字不工，遂使全篇俱病。』」以上二條材料均無明確紀年。因該年蘇邁、蘇過等編其《先公手澤》，當亦整理其文集；《儋耳》詩作於海南，其時過侍其側。姑繫於此。

**政和二年壬辰，四十一歲。**

閑居潁昌，繼仕於太原。

二月二十日，蘇轍生日，過作詩爲慶。

過《叔父生日四首》，其一：「斯文有盟主，坐制狂瀾漂。天實相我公，高卧不知招。手持文章柄，燦若北斗標。」其二：「老人卧箕潁，初非厭簪紱。時哉莫吾容，道大俗隘迫。」其三：「我公廟堂人，端委四夷憚。豈惟福蒼生，高風激貪懦。云何卧箕潁，當宁方宵旰。」按：四詩皆作於蘇轍晚年，疑非同年所作，作年亦不詳。《三集》卷三有《壬辰生日兒姪諸孫有詩所言皆過記胸中所懷亦自作》，雖是五言，但爲律體，過詩爲五古，未知即同時否？轍卒於本年十月，故繫於此。

王進之作綠陰軒，過題詩。

過《題王進之綠陰軒》：「君家將相山西種，世世剖符門列戟。圖形未肯上凌烟，卻掃何爲清一室。胸中定有不凡處，對客何妨仍蠟屐。」過又有《送王晉之還朝》，曰：「承平絕羽書，盛德戢武威。將臣歸宿衛，禮樂班王畿。君侯褒鄂裔，汗血餘光輝。」「我卜潁水居，里社得所依。」晉、進相通，王進之即王晉之。王氏蓋潁昌武官，綠陰軒詩作於王在任，還朝詩作於王離任。俱爲過閑居潁昌時作。

嘗遊許昌賈氏曲水園，作詩四首。

過《次韻曲水泛舟四首》（自注：曲水，賈文元公園），其一：「駕言二三子，往尋隱者居。城隅有喬木，人言于公閭。

當年乞身歸，買田將結廬。悲哉絲竹地，今爲狐兔墟。」其三：「我有賢太守，手撫瘡痍痕。未遽捨我去，壽公福祉繁。」「顧予一廛氓，聊誦野老言。」其四：「性不事軒冕，敢從公卿遊。田歌扣牛角，誰意樂府求。」陪太守達官出遊，而自己卻爲一廛氓，未事軒冕，即初居潁昌時事。葉夢得《石林詩話》：「賈文元曲水園，在許昌北，有大竹三十畝，潩水灌其間。初本州民所有，文潞公爲守，買得之。潞公移鎮北門，文元爲代，題詩壁間云：『畫船載酒及芳辰，丞相園亭潩水濱。虎節麟符拋不得，卻將清景付閑人。』遂使持詩寄北門，潞公大喜，即以地券歸賈氏，文元亦不辭。」文潞公即文彥博；文元即賈昌朝。過所遊即葉夢得所記者，至過時，似已荒圮。

杭僧從信自浙經潁入都，訪叔黨，過作詩贈之，且招老友杭僧思聰。

過《贈詩僧從信》：「我久客塵土，雖窮詩未工。要知筆硯廢，似缺山水供。上人三吳來，句法乃有從（自注：信學詩於參寥）。老潛已黃壤，弟子傳清雄。亦復訪雲水，高情謝樊籠。試草《北山移》，爲我招琴聰（自注：錢塘琴僧思聰亦妙於詩文，久遊京師不歸）。」陸游《老學庵筆記》：「杭僧思聰，東坡爲作字說者。大觀政和間，挾琴遊梁，日登中貴人之門，久之遂還俗，爲御前使臣。方其將冠巾也，蘇叔黨因浙僧入都，送之詩曰：『試誦北山移，爲我招琴僧。』詩至已無及矣。」過詩曰「老潛已黃壤」，老潛，即道潛，參寥子。陸游《筆記》又謂「政和中老矣，亦還俗而死」。知此詩必作於政和中。又見《密齋筆記》卷五。

六月下旬，出監太原府稅。

《墓誌銘》：「初監太原府稅。次知潁昌府郾城縣。皆以法令罷。」而不詳具體時日。過《予寓洛陽寶壇……作此詩別之》：「我生江海上，性與魚鳥逸。端來入世網，竟坐形骸役。此心本洞然，六月遭忧迫。」謂六月始入世網，即出仕。又《孫團練墓誌銘》：「政和二年六月十九日，終於太原官舍。」又曰：「過始發於太原之歲也，公已病，不及見，既沒。」孫氏卒於二年六月十九日，而過至太原不及見，則所到之日必在下旬。

途經太行山，有《山行》詩。

過《山行》：「肩輿歷盡黃茅崗，青山壁立聳太行。」知其赴任乃乘肩輿，經太行也。又其《次韻承之紫巖長句》：「我昔千里上太行，身世飄零悲逆旅。」又《張倅彥政赴闕》：「信馬來幷州，幷州在何許？太行如登天，憔悴欲誰語？」

過潞州紫巖、行銅鞮山中，俱有詩。

過《次韻承之紫巖長句》：「我昔千里上太行，身世漂零悲逆旅。莫投紫巖稍自慰，欲扣僧房無可侶。」又《田家書事》：「路入銅鞮草木幽，不堪隴水斷腸流。稍逢烟火人家住，似有桑麻場圃秋。」

既至，張近（幾仲）亦帥幕府到太原，趙鼎臣（承之）、孫勰（志康）、梁與可、孫海若俱爲幕中客。

張近，字幾仲，開封人。《宋史》有傳，謂其「出鎮高陽八年，累加顯謨閣待制、直學士，徙知太原府」。吳廷燮《北宋經撫年表》將張近帥太原府繫於政和三年，但《初寮集·河間詔書記》載近鎮高陽在崇寧四年，八年後移鎮太原，即二年。

過代人作賀張幾仲啓。

過《代人賀啓》：「某官德并河岳，學參天人。才足以潤色皇猷，道足以躋民壽域。徘徊趙魏，虜畏之如敵國長城；出入巖廊，人仰之如太山北斗。君臣合德，終始一心。頃居宥密之司，夙見倚毗之重。方佇登庸于元老，遽懷補外之高風。盗已試于奔奏，民舉思于借寇。敦詩閲禮，果膺謀帥之求；卧鼓息烽，行見安邊之效。」此篇見于《永樂大典》卷一五○四○「啓」字條，影殘本一七頁上。啓曰「卧鼓息鋒，行見安邊之效」，乃移帥邊鎮。蘇過曾監税太原、權通判中山府，兩地于時皆爲邊。過在中山府時間較短，在職期間乃陳遘爲帥，無易帥之事。唯在太原期間，兩易其帥。一爲張近（字幾仲），一爲張之繼任者（名姓不詳）。張近約于政和二年秋冬之間，自高陽移鎮太原。啓文有「徘徊趙魏」、「出入巖廊」，與《宋史·張近傳》「提舉河北東路常平、西路刑獄」、「累加顯謨閣待制、直學士」經歷吻合。此啓乃政和二年張近帥太原時，蘇過代人所作。

趙鼎臣以紫巖詩相示，過次其韻。

過《次韻承之紫巖長句》：「南陽持節奉詔歸，夜上崢嶸攜幕府。是時六月火令熾，千騎解鞍人按堵。登臨豈爲謝公賞？七子賦詩歌趙武。」「公留三日看溪漲，白晝魚蝦落飛雨。我昔千里上太行，身世漂零悲逆旅。暮投紫巖稍自慰，欲扣僧房無可侶。」「何似元戎從掾吏，落日紅旗照洲渚。椎牛釃酒勞還役，號令三更傳部伍。君能筆力記其事，句法更知山峻阻。」「歸來尚可詫朋友，雲夢青丘俱不數。」過詩極言元戎西行之威風，以反襯自己逆旅之悲辛，對比鮮明，益形官卑職微之窘。趙承之，名鼎臣，衛城人，自號葦溪翁。元祐六年進士，紹聖二年復登宏詞科，宣和中以右文殿修撰知鄧州，官至太府卿。有《竹隱畸士集》。紫巖，山名，在潞州（今山西潞州市），《潞安府志》卷四：「紫巖山在縣東南十三里，高三里，周三十五里，巖石紫，土人名石巖頭。」

太原府戶曹參軍任況之以詩相贈，過次韻。過《次韻任況之見贈》，其一：「强辭南畝服儒冠，敢意青雲例可干。似是馬曹宜嬾病，卻慚鷄肋眷微官。眼前簿領成何用，夢裏雲山得暫歡。爲問崎嶇緣底事，鬢毛蕭颯帶圍寬。」

趙鼎臣乞孫勰篆題「竹隱軒」，作詩，過亦次韻述志。

趙鼎臣《竹隱畸士集》本年有詩，題曰《余少年嘗種竹於所居之南號竹隱今二十年矣而隱之志蓋未遂也孫志康善篆嘗欲得竹隱二字題其上因叙所以爲詩以乞之且呈好事諸君子各乞一詩以爲歸隱光華》。過《和趙承之竹隱軒》詩：「莫將不貲身，玩此有限年。」「陶令甑無粟，阮公不言錢。可憐六尺軀，坐受衆目憐。我正犯此病，隱憂浩無邊。」「聞君昔種竹，妙意誠超然。」「早知文章累，不願銘燕然。一爲世所羈，遂與昔志捐。富貴豈不欲，孤高易蹟顛。翻然回吾駕，造物報爾天。」「邯鄲一夢破，懷抱良蹁躚。寄語山中友，信歸在言前。」「君言誠起余，肺腑不待鐫。強顏爲升斗，情態等市廛。投紱亦從此，過君請擊鮮。」

崔鈞自河東轉運副使，轉本路提刑，過代張近作賀啓。

過《代人賀啓》之一：「光奉綸恩，寵移使節。輟從漕計，榮領憲司。」「緩刑平獄，昔已著張廷尉之風；積穀屯田，今復收趙充國之效。恩還舊物，事類甘棠。遺愛重臨，平反有待。」漕計，即轉運使；憲司，即提刑。過《河東提刑崔公行狀》謂嘗「請改轉運副使」，「久之，復除本路提刑」。與啓文所述相符。又曰：「某謬膺使指，遂忝交承。既忻易地之勞，又獲告新之幸。」易地蓋謂張近自高陽移鎮太原；告新即崔公轉河東提刑。其二，亦有「司刑一路」、「掌計逾年」、「還舊秩」等語，亦崔鈞復職事。

九月，孫海若改官中山安喜縣令，以詩贈過，過次韻。

過《次韻孫海若見贈》其三：「折腰爲五斗，強言筦庫職。譬如彈隨珠，徒喪竟何得。」其六：「仕宦才百日，邴公有餘歡。君今吏一邑，蕭然懷抱安。」其十：「君有中山行，嚴風彫塞草。日月遽如許，相逢恨不早。」仕宦百日，即在九月間。孫海若，衛（今河南淇縣）人，博學多才，先佐忠武軍幕，改中山安喜縣令。

孫海若赴任，過作送敘。

過《送孫海若赴官河朔叙》：「衛人孫君海若則其人也。以儒術佐忠武軍幕。官滿，改中山安喜令，欣然而往。……君之大略，溫文深厚，不見慍喜，貫穿六藝，而尤長於《春秋》。」

過親家常子然卒，作文遥祭之。

過《祭常子然文》：「猗歟子然，信道自持。抱其家學，衡吾氣機。」「嗟我先君，昔遷南夷。萬里致書，公時布衣。同臭使然，忘其禍危。先君即世，義不敢遺。請婚後人，不謀於龜。嗟我兄弟，坎壈無依。方鑿圓枘，公獨見私。倒其廩囷，決其藩籬。我倡子和，終日不違。曰我有財，汝其宰之。豈其一別，訃音遽隨。」「易簀之言，我不獲知。兩楹之奠，莫薦其歸。」「庶幾英靈，舉此一卮。」常氏，過姻親。《墓誌銘》謂過有「女四人，長適將仕郎常任俠」，常子然即常任俠之父。過又有與常希古（安民）詩，疑與子然同族。常安民，邛州人，其時罷居許下。朱弁《曲洧舊聞》卷六：「政和間，常子然、謝任伯、江子我同訪晁伯宇及其弟于昭德之第。」知常子然政和年間猶存，而過云「豈其一別，訃音遽隨」，當指政和二、三年官太原事。

重九前數日，趙鼎臣作詩呈孫勰、蘇過，過次其韻。

過《次韻承之重九》：「庾郎自誑誇重九，北海常憂客無酒。」「圖形未肯凌烟上，草檄觀君試豪放。山陰回時迹已陳，高陽大醉情何暢。」「行行且作歸裝束，子雲校書入天祿。」「買田早約鴟夷子，相與躬耕不計年。」趙鼎臣《竹隱畸士集》卷三有《重陽前數日夜坐不寐偶思江南塞北舊遊作詩呈志康諸友》：「昔在江東作重九，斬新凉風生杯酒。」「重陽更欲登高去，莫遣風流減去年。」似即初到太原第一個重九。

蘇邁罷嘉禾令，還潁昌，叔父轍喜而作詩。轍《喜姪邁還家》：「一別匆匆歲五除，還家怪我白髭鬚。懷中初見孫三世，巷口新成宅一區（自注：姪屋添一男孫，予亦葺成敝屋，皆別後事）。」又《次前韻》：「居連里巷知安否？食仰田園問有無。我已閉門還往絕，待乘明月過君廬。」《總案》卷四五《蘇邁傳》：「大觀元年起知嘉禾，又四年罷，轍聞邁歸，有詩。是年冬轍亦卒，蓋政和二年也。」

蘇邁以大觀元年知嘉禾，至此已五年（按：蘇邁卒年不詳，此為邁最晚的紀年史事）。史稱其「仕不顯」（《東都事略·蘇軾傳》附），蘇軾又說他爲吏「頗有父風」。《宋史·蘇軾傳》說「邁，駕部員外郎」。據《東都事略》，駕部員外郎乃蘇迨。《宋元學案》（卷九九）引《姓譜》：「蘇邁，字伯達，東坡長子，知仁化縣，文章政事，卓有父風，以政最遷雄州防禦推官。終駕部員外郎。」《總案》卷四五《蘇邁傳》：「邁……至駕部員外郎。」「邁駕部員外郎」之説，俱從《宋史》致誤。韓元吉《蘇峴墓誌銘》：「始文忠公愛陽羨山水，買田欲居，僅田數畝，屋數楹也，而家于許昌。至離亂，駕部即世，歐陽夫人始居陽羨。」（《南澗甲乙稿》卷二一）

蘇邁娶石氏，迨娶歐陽氏，知韓元吉所謂駕部即迨。又《周省齋集·乾道丁亥泛舟游山錄》：「大府寺丞蘇峴叔子，……今爲駕部迨之後。」周必大直稱蘇迨爲駕部，可見《東都事略》所言爲的。

邁有二子：簞、符。簞小名楚老，生于元豐戊午，事蹟不詳。符，自幼能詩，蘇軾呼爲「能詩孫」，南渡後官至禮部尙書，《宋史翼》有傳，今又出土蘇山《先公行狀》。邁善詩，《蘇軾詩集》有多首和作，軾稱其「傳家詩律細，已自過宗武（杜甫子）。短詩膝上成，聊以感懷組。」《宋代蜀文輯存》錄其文一首。蘇軾《書邁詩》（《蘇文忠公全集》卷六八）：「兒子邁，幼時嘗作《林檎》詩云：『熟顆無風時自脫，半腮迎日鬭先紅。』于等輩中，亦號有思致者。今已老，無他技，但亦時出新句也。嘗作酸棗尉，有詩云：『葉隨流水歸何處，牛載寒鴉過別村。』亦可喜也。」又《江鄰幾雜志》：「蘇伯達，東坡長子，豪邁雖不及其父，而學問語言，亦勝他人子也。少年作詩云：『葉隨流水知何處，牛帶寒鴉過別村。』先生見之，笑曰：『此村長官詩。』」（亦見《詩話總龜》前集卷一四、《苕溪漁隱叢話》引，後二句有詩話作叔黨句，不確）又善書，其眞迹見于諸「書畫譜」。李之儀《姑溪居士集》卷十《跋蘇黃衆賢帖》載邁亦工書，「東坡帖，乃其子邁所作，大抵蘇氏諸子源同派異，種種皆有過人處。」（亦見《佩文齋書畫譜》卷十）王惲《玉堂嘉話》卷三：「蘇氏寶章，東坡、黃門、邁、遲等帖。遲即潁濱子也。」世傳邁遺墨三篇：《題鄭天覺書》（《三希堂法帖》，見大觀三年條）、《臺眘帖》：「邁拜問臺眘一一萬福，別紙所悉，尙容細處之。他委勿鄙。邁拜問。」《辱書愈勤帖》：「邁頓首主管學士坐下，辱書愈勤，感不勝道。即日庚暑，伏惟台候萬福，茲承叙遷崇秩，想惟慶慰。未即瞻近，切幾精立，保理以前異渥。不宣。頓首，再拜主管學士坐下。」（二帖俱見《式古堂書畫匯考》卷一〇）《永樂大典》中有題蘇邁詩文者，乃蘇過之誤。

十月，叔父蘇轍卒，過奔喪於許，作祭文。

過《祭叔父黄門文》：「維我王父皇考，以及叔父，天祚有宋，篤生良臣。……忽山頹而梁壞，何蒼蒼之不仁？豈吾宗之不祐，天實禍於搢紳。過也昔孤，而歸公於許，奉杖屨者十春。維二父之篤愛，推其餘於子孫。痛里門之一訣，哭來訃於并汾。恨易簀之不見，猶及拜其冠巾。恍高堂其如在，疑謦咳之或聞。誓不辱於教誨，期可見於九原。傾一奠而永已，不得執紼，挽公之歸葬於西岷也。」《宋史·蘇轍傳》：「致仕，築室於許，號潁濱遺老，自作傳萬餘言，不復與人相見。終日默坐，如是者幾十年。政和二年卒，年七十四。」南宋孫汝聽《蘇潁濱年表》政和二年壬辰：「十月三日，轍卒，年七十四。」據祭文意，過與叔父別後官太原（并汾），叔父卒，訃告來，過即赴喪。雖未能在轍病危之際（易簀）時相扶持，但還拜見了蘇轍的遺物；又説「一奠永已，不得執紼」歸葬於西岷，説明轍卒時有歸葬四川之議，而過作祭文時，轍還未下葬（三年三月二十五日，轍夫人史氏卒，「同葬汝州郟城縣上瑞里」，見《年表》）。

自太原歸潁，途經洛陽，寓寶壇，與僧悟超遊龍門，作詩別之。

過《予寓洛陽寶壇有僧悟超類有道者與語論事能援古證今蓋未祝髮時讀孔氏之書涉獵大義爲浮屠不廢今老矣不復讀也

形骸枯槁眞能遺世故而玩死生者送予至龍門陪予游東西兩山作詩別之》：「我生江海上，性與魚鳥逸。端來入世網，竟坐形骸役。此心本洞然，六月遭怵迫。」「送行聊過溪，共躡登山屐。」從「入世網」、「六月」詩句看，作詩時間在政和二年六月出仕太原之後。又從「送行」、自洛陽寶壇至龍門的方位看，又是自北而南行。當爲政和二年從太原奔喪潁昌時作。

**政和三年癸巳，四十二歲。**

太原監稅。

初春，蘇過歸自潁昌，任況之有詩相勞，過次其韻。

過《自潁昌歸任況之有詩次其韻》：「暫抛彭澤故園歸，趁見春山筍蕨齊」；「故人念我勤車馬，走筆題詩寄象犀。」又《次韻任況之》：「溪山豈遠人，吏縛苦難到。豈惟畏簡書，誰與同嗜好。我作汝潁行，蹉跎春事老。況逢懷抱惡，千里風霜冒。」「世故定可憎，覆車寧復蹈。」

孫勰等作牡丹花會，勰賦牡丹詩，歸示蘇過，過次其韻。

過《次韻孫志康牡丹》，其一：「春事依稀見一班，山花灼灼強施丹。能容丞掾歌呼處，信是平陽肚量寬。溪上有人歸獨晚，夜闌秉燭若爲歡。但知草櫬催詩債，何必重尋落蘂看。」其二：「草草春光雖未稱，人人酒令暫須寬。興來勿廢無何飲，老去難尋特地歡。慰我窮愁眞待子，憑詩寄與故人看。」

過與任況之、賈子莊相約遊西溪，子莊不至，任有詩怨之，過次韻。

過《次韻任況之》：「故人知我歸，尺書遠見勞。似尋西溪約，故遣一介報。何時脫繮鎖，著我林泉帽。」又《子莊約況之遊西溪不至任有詩次其韻》：「邊城無一娛，孰云從軍樂？惟有退食閒，柴門可羅雀。念我江湖人，久負漁樵約。安得漫浪遊，時解冠帶縛。令尹我輩人，孤標寡然諾。晚逢任參軍，詩思涌泉落。」「庶結三友歡，一笑忘杯酌。」「目斷君不來，孤鴻沒山腳。」子莊，即賈子莊，時爲太原陽曲縣令。

任況之建樗隱軒，過題詩寄意。

過《寄題任況之樗隱軒》詩：「自貽斧斤厄，信坐文章累。不如樗與櫟，生理默自遂。」「卻羨任公子，蕭然居畏壘。彈冠聊爾爾，頗似漆園吏。」又有《樗隱堂》詩，曰「果爲才名困廣文，天涯從仕老仍貧。一廛未有歸耘處，五斗聊爲束帶人。衆棄已甘棲廣莫，先容那復慕輪囷。幅巾他日衡茅去，紈褲儒冠總誤身。」詩言「天涯從仕」、「一廛未有」、「甘棲廣莫」，皆太原行事。當亦爲任況之題。

雨中與孫志康、趙承之遊柳溪，捕魚，有詩紀之。

過《雨中遊柳溪呈志康諸公》：「脫我芒鞋與杖藜，強隨車蓋著荷衣。青山綠水苦相喚，細雨斜風不忍歸。」「瀟湘起我江湖興，只恐扁舟明日非。」又《志康得魚或勸捨之諸公有詩議未判吾誰適從亦賦一篇》：「溪魚有如緣木求，縱有瑣細不受鉤。我居恨不如江頭，長江巨浪一葦游。」「邇來越吟思命騶，齋廚空無萍藻羞。披決泥涉窮澗陬，掇拾小鮮饌糗餱。」

秋，太原府通判張仲綱（彦政）任滿歸京師，趙鼎臣、蘇過皆作詩送別。

鼎臣《送張彦政歸京師（仲綱）》：「欲歸未得住也難，客子秋來頗蕭瑟。并州人情薄於紙，覆雨翻飛雲而已。」過《送張倅彦政赴闕》：「青衫百僚底，屏氣不敢吐。謂當哭途窮，何當折腰膂。」「念我丘壑人，老矣事簪組。端如赴縲囚，坐受獄吏侮。感公懷抱開，一笑忘羈旅。雖知抱關惡，未忍賦歸去。相從僅滿歲，公已歌《杕杜》。秋風忽零落，吹盡西山雨。」「區區亦自憐，從此歸農圃。」過以政和二年六月赴太原任，與張彦政相從，至此僅一年，故詩云「相從僅滿歲」。

趙鼎臣作數詩，過次韻。

《次韻趙承之數詩》：「一生拙自謀，老去復誰諫。二年此流落，汝豈宜仕宦。三拙固不辭，難堪妻孥訕。」「十室請老焉，佩弦吾敢慢。」二年流落，自政和二年至此已兩年。

趙鼎臣乞魚於保德王粹公，作詩，過次韻。

過《次韻承之乞魚於保德》：「蓴鱸一別信音疏，食指令人盡信書。不是分甘慰愁思，臨淵空羨計無如。」又《次韻趙承之寄保德倅王粹公》：「目送秋鴻凌絕漠，坐傳烽火到甘泉。笑君坐嘯空齋冷，庭下蒲鞭無可鞭。」王粹公，時爲保德軍通判。

王粹公離任還朝，過以詩送，自言壯心銷盡。

過《送粹公保德通守還朝》：「與君相見西并州，眉目炯炯清而溫。」「青衫塵土百僚底，忍饑不解安田園。壯心銷盡憂患在，乞憐何異從丘墦。」王離任，趙鼎臣亦有送詩，知其在張近離任、幕府例罷之前。

賈子莊還任，孫勰有詩爲慶，過次韻。

過《次韻孫志康喜賈子莊還任》：「君王物物與恩均，令尹還須畏吏民。投劾賦歸無二頃，上書遮闕有千人」；「看取子文無喜愠，從來冰鑑恃堯仁。」據詩意，賈子莊似曾被誣停職，至此乃平反復職。

十一月十九日，大雪，趙鼎臣、梁與可訪賈子莊，孫勰不得與，有詩怨之，過亦次韻。

過《大雪日趙承之梁與可訪賈子莊飲爽亭孫志康不得預故有詩怨之亦次其韻和一首》：「三十高談常絶席，不數漢庭人九尺（東方朔）」；「夜歸過我天下黑，燈影照坐如僧房。峨冠切雲服亦奇，勝遊何不早遣知？」按趙《竹隱畸士集》同韻詩即《十一月十七日大雪晝夜不止平地盈數尺十九日雪中與與可載酒相率出謁子莊因坐爽亭臨軒縱酒四望浩然須洞一色眞奇勝也孫志康畏寒不出已而有詩因次其韻》。按，蘇過與趙鼎臣、孫勰、梁與可共歷兩冬，政和二年冬，過在潁，故知此詩必在三年冬天。

陳觀性、張子先俱有《喜雪》詩，過次韻。

過《和清源陳觀性喜雪》：「斗酒豚蹄語未終，飛花弄態作沖融」；「爽入西山千仞色，潤添南畝一犂工。先生休道催科拙，趁著河東歲屢豐。」清源，縣名，屬太原府。又《次韻張子先喜雪》：「信道東君有化工，翦裁花雨落春風。忽驚區脱無餘地，變作瑤池第一宮。南畝麥秋先作瑞，西山玉粒未教融。」二詩都作於監稅太原時，或即三年冬。

**政和四年甲午，四十三歲。**

太原監稅。

張耒卒。

初春苦寒，過有詩呻吟。

過《苦寒行》：「句芒司春懦不職，縱使玄冥氣凌轢。三冬肅殺歸爾時，長物豈容長凜慄」；「春風漫漫薪不屬，破竈無烟愁四壁」；「問余何爲不碌碌，反老抱關守甑石；十日春寒何所覬，坐想朝陽生屋隙。」按，過在太原凡歷兩春，三年自潁歸，春事已老，不應苦寒；唯四年初春有此境。

清源縣令鑿池引渠，植芙蓉，建亭爲娛，寄詩告過。過亦作詩寄之。

過《清源大夫吳人到官之數月鑿池引泉植芙蓉大變晉俗遂忘江湖之想作詩寄題芙蓉亭》：「汾水濁惡山童枯，不知先生何爲娛。忽然寄詩遺長鬚，報我縣圃開榛蕪」；「願君越吟小踟躕，晉楚未覺肝膽殊。」清源屬太原府，詩作於太原任上無疑，唯不知具體時期。

太原府帥張近曾薦蘇過於朝，過作啓謝之。

過《謝張帥啓》：「如某簪裳衰冑，樗櫟棄材，效官米鹽刀筆之間，救過簿書期會之役。折腰五斗，粗安燕雀之危；糊口四方，僅免牛衣之泣。故平居不敢以竿牘自致，而左右亦莫借齒牙先容。夫何薦鶚之書，下取抱關之吏。增光蔀屋，改觀同僚，重慚枯朽之餘，實費吹噓之力。」

河東提刑崔鈞（元播）薦過，過有謝啓。

過《河東提刑崔公行狀》：「過昔從仕太原，公爲部使者，數得以事見公。風姿秀整，……過嘗辱公之知，論薦於朝。」

又《謝薦舉狀》：「偶竊簪裳之餘胄，得齒搢紳之後塵。蓋將糊口於四方，敢憚折腰於五斗。抱關擊柝，已絕望於清流；毀瓦畫墁，尙庶幾於食志。然自念征商之至賤，種髮可羞。不過效米鹽刀筆之勤，僅稍免簿書期會之責。……豈謂薦書，忽光蔀屋。」此啓原無謝主，考過於太原，凡膺兩薦，一爲張近，一爲崔鈞，見於行狀，此啓所謝蓋即崔鈞。

七月，過作太原兵馬鈐轄孫貴（和叔）墓誌銘。

過《孫團練墓誌銘》：「故太原兵馬都鈐轄孫公，……諱貴，字和叔……，政和二年六月十七日卒於太原官舍，享年七十有三。政和四年七月十二日，卜葬於眞定府元氏縣某村之新塋。」誌文之作，當在卜葬之時（或稍後）。

張近奉詔還朝，其幕僚孫勰、趙鼎臣等作詩送，過亦次韻。

過《張幾仲召還朝其幕府趙承之送至漳水用杜子美詩爲韻作詩十篇既還孫志康亦取其韻追送過方官幷門因幾仲之來遂得諸公相遇今幕府例罷不能無離索之意故亦用此韻以見意》，其七：「三士從公歸，浩然志已諧。嗟余哭窮途，命也與時乖。」其九：「我營溴水居，晏子近市隘。聞公欲卜鄰，會築于門大。」其十：「幷門逢歲惡，寂寞如在陳。況我官獨冷，對客寒無茵。謀生求二頃，蓽門安賤貧。」詩後自注：「幾仲方卜居潁昌，約爲閭里相從之好。」按，張近此行，非調任，乃停職。據《宋史》本傳，近帥太原，「以疾罷」，後二年乃復職。《續資治通鑑長編拾補》，其復職在政和六年，故知其罷任在四年。

孫勰有《書事》詩，過次韻。

過《次韻孫志康書事》：「午枕睡方濃，雷車殷地雄」；「似催詩句急，添得錦囊豐。」作年不詳，大概在太原時。

孫勰、趙鼎臣、任況之離任，過俱有詩送別。

過《送趙承之官滿還朝》：「蹉跎二十年，塵滿幷州路。」

按：過紹聖元年隨父南遷，至此正二十年。又《送孫志康》：「晚從南陽客塞上，豈爲文章工草檄」；「翻然賦歸一何速，越吟久自同莊舄」；「不如乞身向嵩少，問舍求田乃良策。」按，過《孫志康墓誌銘》：「南陽張公幾仲帥高陽也，精選幕府士，薦紳間請行者不一，幾仲獨曰：『……若得斯人，則吾知過。』遂辟與俱往，在高陽八年……。幾仲移幷門，又與之同往。」又《餞任況之》：「問君當何之，駕言返舊廬。息肩子有日，我愧今不如」；「秋風送鴻鵠，萬里翔天衢。」

梁與可赴中山爲倉曹參軍，過作詩送行。

過《送梁與可赴中山倉》：「言辭將軍幕，去作倉庾氏。君懷著雲夢，尚有恢恢地。」「嗟余南畝人，投老坐關市。蕭然見眉宇，眞足忘漿餽。平生南陽館，市駿得千里」；「翻然若鴻鵠，飛去今無幾。我行抽手板，亦復還耒耜。安能久俛首，自困刀筆吏。」詩謂張近幕客所剩已無幾，是趙鼎臣、孫勰，俱已在梁與可前離任。

八月七日，劉昱（晦叔）卒，過作挽詞。

過《劉晦叔挽詞二首》，其一：「蚤歲聲名聳搢紳，晚途端合付經綸。綉衣曾是先朝舊，郎省空驚白髮新。」其二：「泗濱初獲拜荆州，潁水欣從杖屨游」；「里門尚想諸郎下，薤露俄驚素旐秋。」據畢仲游《西臺集·吏部郎中劉公墓誌銘》，晦叔，名昱，葉城人，嘉祐中進士。崇寧五年，「居許下，日與許下諸老及賢士大夫，以書詩琴弈自娱」。政和四年八月七日卒。

秋雨連綿，過與楊良卿、王謹常作詩唱酬。

過《次韻楊良卿秋雨有感二首》，其一：「一飽眞難得，凶豐特未分。連綿窗外滴，惆悵隴頭耘。」「誰能補天漏，我欲跨重雲。」其二：「身作三年客，愁隨萬點鴉。家書空繫雁，燈信未占花。夢裏尋歸計，柴桑似有涯。」自政和二年至此，即三年。又《王謹常再和前韻復次其韻》，其一：「旅枕何曾睡，悽悽到夜分。崎嶇世路走，辛苦夏畦耘。老棄林泉樂，來居戎馬群。登高一悲咤，杳杳是燕雲（自注：燕山、雲中）。」楊良卿，事蹟不詳，據過詩意，當是繼趙鼎臣、孫勰、任況之等而至者，時爲河東提舉教閲。過與楊唱酬頗多，尚有《和楊良卿》、《山行次韻楊良卿見寄二首》、《和楊良卿病目在告》諸詩。俱政和四年作於太原。

過作《秋思》述懷。

過《秋思》：「秋入郊墟早，霜高宇宙寬。頭風思草檄，髀肉怯征鞍。俯傴非吾事，歌呼強覓歡。自知毛羽短，松桂不禁寒。」秋日、郊墟、霜高，皆北方節物；頭風思檄、髀肉征鞍，亦太原行事。

不事俯傴、强顔覓歡、毛羽短、松桂寒，當是張近去後境況，亦爲其「以法令罷」埋下伏筆。

冬，過與吳坰（子駿）之河外，大水道阻，食波菜粥，吳作詩，過和其韻。

過《和吳子駿食稜波粥》：「朔風吹雪塡廬屋，一味饑寒尋范叔；綈袍安敢望故人，藜莧從來誑空腹」；「波稜登俎稱八珍，公子未應譏世祿」；「肉食紛紛固多鄙，吾寧且啜小人羹。」吳坰《五總志》：「余昔在晉，與蘇叔黨自太原之河外，避暴水于□廣道，行李隔絶，而腹中枵然，詢諸驛吏，唯有波稜與米爾，即取以爲糜。余有詩戲叔黨曰：『誰知吾子波稜粥，壓倒東坡玉糝羹。』叔黨和云：『肉食紛紛固多鄙，吾寧且食小人羹。』」吳子駿，即吳坰，興國永興人，紹興中累官樞密院編修官，提舉浙西茶鹽、兩浙運判，二十三年，由成都轉運知荆南，未幾卒。

十一月中旬，過與岑彦明游洛陽開化、明仙諸寺，有詩。

清周在浚《晉乘》載：「明仙寺有蘇斜川詩碣，……後題：『政和甲午孟冬中休後一日，蘇過叔黨、彦明自開化寺至明仙，時念老禪師復出世矣，因題壁間：暫抛塵土扣雲扉，山色空濛翠濕衣。澗水松風俱有恨，道人缾鉢幾時歸。』」甲午即政和四年，時蘇過尚爲官太原。彦明，疑即岑彦明，曾爲洛陽司倉，過從兄蘇适前任，過有《寄題岑彦明猗蘭軒》詩。

洛陽人作撫松堂，過寄詩題詠。

過《寄題撫松堂》：「西洛有君子，築室

城之隅；種松在庭戶，志與淵明俱；朝挹西山爽，暮尋南澗娛」；「主人應相似，節抱凌雲孤」；「我恨營口腹，斂板慚妻孥；三逕未及歸，高臥子不如；青衫百僚底，何時返樵漁；未用《北山移》，我來只須臾。」知此詩作於太原，且將卸任之時。

過在太原尚有《跋折太尉碑陰》、《寄題折嗣益襲慶閣》詩。碑陰文：「余於并門始得太尉武安公之墓碑於其子嗣益，讀之竦然。見其制勝料敵，得士死力，有古名將之風，非特能世其家者也。公守河西逾三十年，虜在其目中如几上物，所使偏將部曲，如臂之使指，安得不爲虜所憚？」詩曰：「帝有虎臣司北門，虛弦坐落天驕魂。百年不敢南牧馬，草木尚有威名存。」折太尉，即折克行，雲中人，《宋史》有傳；其子折嗣益，名可大，營州團練使，知府州。傳附《折克行傳》。并門，即并州，太原附近有山相對如門，汾水流經其間，稱并門。州稱并州。

又有《跋南安巖主頌》、《代人賀啓（拜恩中禁）》、《代人謝啓（觀風全晉）》、《代人謝啓（將漕逾年）》諸篇，俱作於太原，但不知確年。

**政和五年乙未，四十四歲。**

罷太原府監稅任。

《墓誌銘》：「初監太原府稅」，「以法令罷」。

按：在太原，過詩文以怨苦、鬱抑爲主調，且有晉人難與處之慨，知其十分不得志。

歸潁，卜築於城南，兄弟甥姪有詩爲慶，

作詩酬答。

過《卜居城南二首酬兄弟甥姪》，其一：「蕭蕭素髮插人頭，世上功名得汝求？神馬尻輿安所稅，寸田尺宅早歸休。結茅但使才容膝，解劍還須便買牛。更慕少游乘下澤，不妨閭里自沈浮。」似初解太原任後作。

與趙朝議遊其亡友遺亭，作詩三首弔之。

過《和趙朝議追詠其亡友園亭三首》，其一：「挂劍嗟吾晚，懸車嘆汝伸。西州不忍過，朱戶鎖埃塵。」此謂辭官歸來，已不及探視亡人。其二：「軒冕眞餘事，林泉獨我親。揚雄雖有宅，王翰孰爲鄰？」此謂棄軒冕而歸林泉，雖有園宅卻無仁者與鄰。其三：「引退元非病，歸田卻患貧。躬耕聊自給，知命敢言屯。」此言自太原「以法令罷」，歸耕自給。

過居城南，與王仲弓、史得之諸人唱酬。

過《次韻王仲弓贈史得之》：「春風回東皋，春雨濕田舍。芒鞋問修竹，小圃條疏柘。史侯得此趣，十年官早謝。定知猿鶴志，衣繡空夜行。」似爲卜居城南，向史得之求竹之事。又《和王仲弓雪中懷友之什》，其一：「出門無所之，懷刺名欲滅。要求我輩人，庶緩禮法設。城南有勝士，塊坐方禪悅。不嫌來往頻，相對餐氈雪。」據詩意，過乃閑居於潁，且卜居城南。其二：「我非淳于狂，君勿怖燭滅。時能啜少醴，誰爲穆生設。明窗坐弈棋，聊以寄怡悅。」此詩說時能少飲，明窗弈棋，皆過性不解飲，而善對弈之自道。王仲弓，趙懷玉曰：「仲弓名實，王文恪樂道之子。」樂道即王陶，許昌人。仲弓幼從司馬光學，超然不以仕宦爲意，詩法陶謝韋杜，靜深婉麗。元祐初，曾爲籍田令，繼守信陽，謝歸居許，元陸友《硯北雜志》曰：政和中，「王文恪公樂道之子實仲弓，浮沉久不仕，超然不嬰世故，慕嵇叔夜、陶淵明之爲人。」故過謂其爲「勝士」。葉夢得守潁昌，相與唱酬甚多。卒於靖康南渡後。史得之，事蹟未詳。過集尚有史強本，二史氏，未知即蘇轍夫人史氏之本家否。

蕪湖人韋許築室曰獨樂，常安民賦詩，屬過同賦寄之。

過《湖陰有隱君子作軒曰獨樂鄉人常希古爲賦詩屬予同作寄之》：「嗟我晚聞道，一官眞蘧廬。得之不爲喜，失之分所無。塵垢未忘掃，冰炭久已除。」「江南有高士，以樂名其居。嗜不同衆好，德則良不孤。」「安得乘扁舟，訪君在五湖。」

按：湖陰即蕪湖，蓋誤讀《晉書·明帝紀》帝「微行至于湖，陰察（王）敦營壘而出」，後遂稱于湖爲湖陰。隱君子，即韋許，《蕪湖縣志》卷四九：「韋許字深退，家世蕪湖，志尚矯潔，赴義若渴。從姑溪李之儀學，讀書務通大義，不事科舉，築堂曰『獨樂』，……自號湖陰居士。」常希古，名安民，邛州（今四川邛州）人，熙寧六年進士，選成都教授。累官至御史。紹聖初召對，論章惇、蔡京奸惡。「蔡京用事，入黨籍，流落二十年，政和末卒，年七十」。有子曰同，紹興名臣。父子《宋史》均有傳。據過詩，知常希古晚年亦居潁昌。

河東提刑崔鈞降官，過代作謝表。

過《河東提刑崔公行狀》：「公在河東凡十餘年，既倦遊，慨然有歸志，乃買田陽翟，將老焉。方築室，會以事罷，乃竟請歸，闔門不治外事。絕賓客，專以道家養生煉氣之術爲意。無何，無甚疾而終。」又《代崔憲謝降官表》：「繆於刺舉，以干越職之誅；尚賴寬仁，止就削官之罰。」

七月十四日，崔鈞卒。八月十七日葬，過作行狀。

過《河東提刑崔公行狀》：「享年六十有六，時政和五年七月十四日。……是年八月十七日，合葬於陽翟縣某原周宜人之塋。」

八月，趙鼎臣自京師出守鄧州，過潁相訪，作詩留別，過次韻。

趙鼎臣《竹隱畸士集》卷二《發潁昌留別韓次律（琯）、蘇叔黨（過）》：「潁川多名士，古來豪俠區。歷代愧不能，叩門韓與蘇。酌我甕頭酒，舞我閨中姝。」過《次韻趙承之留別》：「出處事莫拚，昔諳今則疏。一從畏軒冕，意遂甘泥塗。種髮日就白，衰顏寧再朱？壯心空萬里，老病寄一區。故人來蓬海，過門問樵蘇。平生詩酒豪，醉倒扶吳姝」；「去去南陽野，何以爲君娛。三年方赤地，政成少踟躕。」「古來賢守多，方略想可圖。民言或可酌，近聞崔大夫。惜哉事大謬，誰爲焚丹書。」今考趙集，乙未之歲，趙鼎臣被知鄧州，八月二十日發於開封，二十三日次於潁昌，過舊府帥張近宅，題詩：「緬懷大觀初，慕德參下賓」；

「凄涼十年內，梓樹忽輪囷。」又與韓琯、蘇過道別，留詩，過即次其韻。又「崔大夫」，似即崔鈞，因故罷任，閑居以卒。

從弟蘇遠（叔寬）赴瀘南通判任，過作詩送行。

過《送叔寬弟通判瀘南》：「老人出鄉不得歸，西山潁水含清悲。脂車獨辦入蜀計，欒城季子眞男兒。」「想歡里門下父老，寒食上冢先蟆頤。吾弟平生得詩禮，大吾門戶惟子期。巴川僰道人鄙遠，誰肯仁義變蠻夷？」「請君擕泥一丸去，持此塞關安黔黎。」瀘南，即瀘州，政和五年，置瀘南緣邊安撫司使。叔寬通判瀘南，或在五年。

冬，蘇過得敕知河南郾城縣。

過《郾城縣遷土地祭文》：「某以乙未歲之冬奉敕宰是邑。」

**政和六年丙申，四十五歲。**

過出知郾城縣，作《志隱跋》。

過《志隱跋》：「政和丙申來潁水，偶發書篋，得舊稿，悵然感嘆。小兒籥在總角時，逮事先君子者，惜此篇久亡而今存，請書其事而藏之，庶幾不忘在莒云耳。」

故人任况之有詩見寄，過和其韻。

過《和任况（之）詩》：「簪裳如縲囚，我生三年繫。一落罝網中，遂負山林志。憶故晉陽城，訪古尋前事。荒涼麋鹿游，正坐金湯累。西山鬱崢嶸，氣勢翔天際。固知神所托，千歲有其地。綿綿邑姜祠，盛德百世繼。汾橫地軸壯，泉涌山骨碎。我時正行役，忽此烟雨滯。頗遭溪谷留，使失鄉關異。是時薰風初，殿閣微涼至。

碧井照眼寒，山光濕衣翠。文舫縱弱浪，野鶴下晚吹。平生謝公心，雅志東山醉。端來乞五斗，兹事復且置。悽悽百僚末，舉首觸嗔忌。早知折腰惡，誰敢朱雲吏。願君志吾言，身外皆漚寄。臨淵休羨魚，早決歸來意。榮枯夢已破，何時邯鄲記。」

按：此詩見清舊鈔本《斜川集》，原題作「和任況詩」，蘇過在監太原稅時，屢與任況之唱和，宜有「之」字。詩云：「簪裳如縲囚，我生三年繫。一落罝網中，遂負山林志。憶故晉陽城，訪古尋前事。」乃詠政和二年到四年期間，監稅太原事。又云：「平生謝公心，雅志東山醉。端來乞五斗，兹事復且置。」則是罷任太原後，再度出仕情形。據蘇過《郾城縣遷土地祭文》，政和五年冬，「奉敕」知郾城縣，此詩當作於政和六年（一一一六）以後。

蘇過至中都，嘆一切變古，以醉寄慨，超然於當世之外。

《墓誌銘》：「泯泯浮沉里巷，或時一至京師，自得於醉醒，而徜徉一世之外。所遇者與談，靡不傾盡。造次大笑，謔浪間節概存焉。唯有知之者知之也。」陸游《老學庵筆記》卷六：「叔黨政和中至中都，見妓稱『錄事』，太息，與廉宣仲曰：『今世一切變古，唐以來舊語皆廢。此猶存唐舊，爲可喜。』」

在京師，題蔡致君藏書目。

過《夷門蔡氏藏書叙》：「比遊京師，有爲余言：吾里有蔡致君，隱居以求其志，好古而博雅。閉門讀書，不交當世之公卿，類有道者也。余矍然異之。一日，造其門，見其子，從容請交焉。……余將負笈而請觀焉，乃持其總目三卷，爲叙而歸之。」

過曾客高俅館，趙鼎臣有詩相戲。

趙鼎臣《竹隱畸士集》卷六《聞蘇叔黨至京客於高殿帥之館而未嘗相聞以詩戲之》：「小坡不見二年餘，聞到都城信有諸？雪裏便回非興盡，魚中不寄是情疏。朱門但識將軍第，陋巷難逢長者車。別後欲知安否在，試憑青鳥問何如？」高殿帥，即高俅，時爲殿前都指揮使（《宋史·徽宗紀三》：政和七年春正月庚子，以殿前都指揮使高俅為太尉），故稱「殿帥」。過與趙政和四年別於太原，至此已兩年。

秋，徙郾城縣敕書樓（詳下年）。

**政和七年丁酉，四十六歲。**

知郾城縣。

過卧病，兒子籥與友人置酒泛舟於郾城濦亭，作詩唱酬，過次韻。

過《小子籥與其友作濦亭置酒泛舟唱酬之什予亦戲用其韻》：「勝事隨年阿堵中，老夫久絶馬牛風。消磨藥石一春過，寂寞罇罍萬事空。亭下麥秋驚翠浪，山前雨脚卷晴虹。」濦亭，在郾城，《許州志》卷八「郾城縣」曰：「濦亭，在縣南濦河之陽，裴晉公平淮西時，築此以爲游息之所，今廢。」據過詩意，郾城乃一派豐收景象，與後來數年「雨暘不時」，禾苗困旱事實不合，當在政和七年。

襄城程彪（美中）卒，其子鼒求銘，過撰銘，并賦詩。

過《襄城程先生美中墓誌銘》：「有襄城

布衣之士曰程美中，素以儒術教其鄉人。不汲汲於富貴，不戚戚於貧賤。獨尚氣節，不妄交於人。鄉閭皆嚴憚之，尊之曰先生。……先生諱彪，美中其字也。……政和七年，鼐以上舍士貢於京師，而先生以免解將同試於春官，未行而以疾終於其家。……鼐來請銘。」又《次韻程秀才求作其先人埋銘》：「有子人人壯門戶，新詩句句琢珉瑜。夜光明月毋輕付，誤認空空叩鄙夫。」

冬，敕書樓建成，又修土地廟，爲文祭之。

過《郾城縣遷土地祭文》：「某以乙未之冬奉敕宰是邑。既至，環視公宇，墊隘圮壞十七八，而外有樓以藏敕書，欹傾將壓，不可枝梧。……乃請於府，……因農之隙，徙敕書樓稍南，……始於丙申之秋，成於丁酉之冬。……始卒兩歲，雨暘以時，疾疫不作，吏亦安堵。意土木之興，必有陰相之者，乃鳩餘財，作新斯廟。」

過以事至洛陽，歸游龍門，作詩別同行僧超暉。

過《僕以事至洛言還過龍門少留一宿自藥寮度廣化潛溪入寶應翼日過水東謁白傅祠游皇龕看經兩寺登八節尤愛之復至奉先作此詩以示同行僧超暉》：「僧稀梵唄少，石險松竹瘦。惟當效樂天，早晚棄冠綬。」按，詩題稱「以事至洛，言還，過龍門」，其方向爲南行。詩稱將師樂天「棄冠綬」，知在爲宦。過凡歷三任，一在太原，一在中山，一在郾城，祇有郾城在南，故知此時尚爲官郾城縣，姑繫於此。

**重和元年戊戌，四十七歲。**

知郾城縣。

葉夢得知潁昌府，過與仲兄迨及潁昌諸公卿後裔與之唱酬，集爲《許昌唱和集》，風流儒雅極一時之盛。

宋韓元吉《書許昌唱和集後》：「葉公爲許昌，時先大父（韓君表）貳府事，相得歡甚。……紹興甲子歲，某見葉公於福唐，首問《詩集》在亡，抵掌慨嘆，且曰：『昔與許昌諸公唱酬甚多，許人類以成編，他日當授子。』其後見公石林，得之以歸。又三十餘年矣。今年某叨守建安，蘇峴叔子（過孫）爲市舶使者，會於郡齋，相與道鄉閭人物之偉，因出此集披玩，始議刻之。蓋叔子父（蘇籥）祖（蘇過）諸詩亦多在也。」元陸友《研北雜志》卷上：「葉夢得鎮許昌日，通判府事韓縉公表，少師持國之孫也，與其季父宗質彬叔，皆清修簡遠，持國之風烈猶在。其伯父丞相莊敏公玉汝之子宗武文若，年八十餘致仕，耆老篤厚，歷歷能論前朝事。王文恪樂道之子實仲弓，浮沉久不仕，超然不嬰世故，慕嵇叔夜、陶淵明爲人。曾魯公之孫誠存之，議論英發，貫穿古今。蘇翰林二子迨仲豫、過叔黨，文彩皆有家法，過爲屬邑郾城令。岑穰彥休已病，羸然不勝衣，窮今考古，意氣不衰。許亢宗幹譽冲澹靜深，無交當世之志。皆會一府。其舅氏晁將之無斁，自金鄉來過；說之以道居新鄭，杜門不出，遙請入社。時相從於西湖之上，輒終日忘歸，酒酣賦詩，唱酬迭作，至屢返不已。一時冠蓋人物之盛如此。有《許昌唱和集》。」

按：《宋史·葉夢得傳》：「政和五年，

起知蔡州，復龍圖閣直學士。移帥潁昌。」又《四朝名朝言行錄》稱：「葉夢得重和初知潁昌，宣和二年提舉鴻慶宮。」葉在潁凡三年，郾城縣屬潁昌府，爲屬邑，且近許，故過得相從唱酬。

春，與葉游西湖。

《次韻少藴二首》，其一：「畫師安得老龍眠，寫此西湖李郭船。談塵生風看落屑，詩壇餘勇戰空拳。拍堤春漲雲空闊，夾岸桃蹊錦接連。到處聚觀千萬目，要公膏雨作豐年。」據詩意，當是葉夢得初至潁時。

葉夢得奉詔祠神霄，過作詩。

過《葉守奉詔祠神霄二首》。《宋史·徽宗紀》：政和七年，林靈素造神，詔「改天下天寧萬壽觀爲神霄玉清萬壽宮」，此詩，當爲葉初到潁時作。

五月端陽，與葉夢得集於西湖，有詩唱酬。

過《次韻葉守端陽日湖上宴集》：「謬玷英髦齒故鄉，西溪雲日曉蒼涼。樽傾北海佳節至，樂入熏風晝漏長。未放巾車陶令去，且容拓戟少陵狂。他時儻與安昌客，還許門生到後堂。」過集中有兩端陽詩，今分繫於重和元年和宣和元年。

與韓縉（公表）、曾誠（存之）和陶唱酬。

過《次韻韓君表讀淵明詩餽曾存之酒唱酬之什》：「彈冠本爲米，挂冠不待稔」；「曾韓輕軒冕，雅意妙無畛」；「攝衣請從之，嗟我獨後警。」據詩意，其時過尚在郾城任。韓君表，即韓縉，又字公表；曾存之，即曾誠，詳下年。

與韓宗武（文若）游展江亭，次韻。

過《次韻韓文若展江五詠》，其二：「閑尋短棹問溪源，乘興眞爲酒載船。應學二疏辭漢旱，勝遊兼作地行仙。」言將辭官歸隱。其三：「綠暗紅稀禁火時，使君軒馭雨仍隨。清風吹得江湖句，急遣詩筒挑鼓旗。」使君即葉夢得。其六：「我欲退休從杖屨，春明門外有雲泉」，言將辭官與韓文若遊。展江，嘉靖《許州志》卷八：「展江亭在州西湖中，宋韓持國（維）所作，蓋取宋元獻公（祁）『展盡江湖極目天』詩意也。」

秋，淫雨爲災，過作禱文祈晴。

過《祈禱祝文》，其一：「吏依民而立，民恃食以生。歲之不登，民將告病。水潦艱食，吏責安逃？」其二：「淫雨爲災，欲害垂成之稼，下民告病，冀回從欲之仁。」其三：「郾之爲邑，地卑水聚。秋稼在野，甚畏淫雨。茲以病告，冀獲開霽。」其四：「水潦之餘，秋成無幾。牟麥未種，嗣歲可憂。商賈告病於泥塗，穡人未終於場圃。而連雨不止，積潦尚多。民亦何辜，吏實不德。」按，過七年作《郾城縣遷土地祭文》曰：「始卒兩歲，雨暘以時」，知政和六、七年風調雨順。又《訟風伯》：「天胡久不雨，我欲訟之天」；「昨者六七月，屋溜如繩懸」，知雨災在前，旱災在後。因此，禱晴祝文俱作於重和元年六、七月間，而禱雨文則在宣和元年。詳下。

冬又不雪，過作文祈雪。

過《祈禱祝文》（一）：「涉冬不雪，常暘爲災。方興嗣歲之憂，輒有望霓之請。威靈如在，民欲必從。瑞雪應祈，南畝霑足。甦麥芽於既槁，消癘氣於未有。神實有功於人，吏當何以報德。敢伸薄奠，以薦嘉誠。」

宣和元年己亥，四十八歲。

知郾城縣。

春夏皆旱，禱雨龍潭。

過《禱雨孚濟龍潭祝文》：「爰自去歲之冬，迄此季春之月，時雨未降，常暘爲災。念禱雨山川之勤，本州縣守令之職。恐精誠之未格，致德意之或違。眷言畎畝之人，何負神天之譴？麥禾告病，農夫俱憂。餱糧將絶於嚥喉，饑饉繼之以盜賊。賦斂有常而無損，死亡必至而何逃？此豈上天好生之仁，亦非龍神廟食之福。」又《送聖水還孚濟龍潭祝文》：「伏以千里之災，抑有徵於度數；再三之瀆，敢失信於神明。眷言歲旱之哀號，輒勤見馭之至止。微衷莫違，德意未敷。殆一方罪戾之所招，雖十日窮呼而靡應。謹遵首志，躬餞歸途。」《禱雨懺文》：「今爲亢陽不雨，害於麥禾，迎請龍王，未獲感應。……膏澤未降，農末俱憂；饑饉將興，死亡必至。」

潁昌州佐范元禮將官太常協律郎，過作叙送之。

過《送范元禮序》：「高平范元禮，始仕筦庫，三遷州佐，皆治潁昌。余以占籍閭里，得從之游將十年。每見使人忘其鄙吝，雖更僕而語不厭，愈扣而德音愈豐。歲在己亥，京師以協律召，將行，語余：『古有贈言，子曷賦之。』」

友人趙儀之赴官汝陰，作詩送行。

過《送趙儀之丞汝陰》：「公子生華屋，翛然山澤癯。胸中一丘壑，結髮談詩書」；「清華通帝籍，簪綬輝里閭。我獨求試吏，十室聊卷舒」；「淮壖久薦饑，待子活焦枯。前賢迹相踵，詠歌載西湖。

麥秋未可期，往哺當勁劬，作詩聊祖道，請以書鄰虛。」據詩，趙乃宋朝宗室，居於潁。於蘇過任郾城之時丞汝陰；又曰「淮壖薦饑」、「麥秋未期」，正是重和元年淫雨、宣和元年久旱情形。

禱祈不應，過作文訟之。

過《訟風伯》：「天胡久不雨，我欲訟之天！二麥槁欲死，驕陽如繩懸」；「昨者六七月，屋溜如繩懸」；「我請酌民情，血誠通帝淵。風雨要有時，乃不爲咎愆」；「區區訟風伯，聊賡退之篇。」

葉夢得移竹於賈昌朝舊園，作詩，過次韻。

過《次韻少蘊移竹於賈文元園二首》，其一：「年來王子猷，來乘刺史藩。請分一畝陰，自訪三家村。」年來，葉夢得重和元年莅潁，至此已一年。

端午與葉夢得遊西湖，唱和。

過《次韻葉守端午西湖曲水五首》，其三：「一葉何時縱棹歌，空悲急景怨羲和。斜風細雨添愁絕，青篛蒙頭映綠蓑。」

秋，禱雨獲應，過作詩爲慶。驚喜之下，不覺沉疴爲之一掃。

過《郡守禱雨獲應》：「精誠發仁惻，誠意輒上訴」；「披衣夜不眠，聽此簷間語。沉疴忽去體，黃壤流膏乳。少寬縣令責，盡復南畝故。」又《再和》：「祝祠往無愧，飛雨來半路。」按，此郡守，當即葉夢得。似因過自己禱雨無應，而染沉疴，葉作爲郡守祈雨，而獲響應。

席貢以徽猷閣待制知成都，過代作謝表。

過《代席帥謝除徽猷閣待制知成都表》：「起於琳館，付以名邦。復玷除書，洊膺謀帥。寵以禁嚴之職，畀增方面之崇。

誤恩曲加，撫躬知愧。」《代成都帥到任謝上表》：「西南都會，古稱巴蜀之雄；表裏山川，國本蠶叢之舊。……眷此坤維，號稱錦里。其民務本而力穡，其士好學而有文。組綉被於中原，富饒甲於天下。」席帥，即席貢。謝文有「兄弟持橐，愧先後於一門；銅竹請符，蓋屢窮於五技。」許景衡《横塘集·席貢母趙氏特贈燕國夫人制》：「克訓諸子，爲時聞人。持橐禁塗，分閫帥路。」席貢與弟席旦，曾先後知成都，故云。《宋史新編·席旦傳》記其履歷甚詳，兩知成都，但無除徽猷待制事。而《北海集》卷四則謂席貢「除徽猷閣學士知遂寧府」，并於宣和元年知成都，其知成都時，已自徽猷閣學士陞待制。今定爲席貢，且繫在元年。

按：此二文雖收入過本集，然恐爲輯錄者誤收。考蘇、席行實，無二人交往記載。其次，席貢乃自「琳琯」除知成都，而蘇過時知郾城縣，不可能爲席貢代撰謝表。姑錄於此，以俟續考。

范季遠作止齋，過題詩。

過《范季遠作止齋求詩以此寄之》：「世間軒冕如嚼蠟，自覺山川天下貴」；「政憂功名來未免，吾駕不回誰與柅。」當作於郾城任上。又《陪郡守遊西湖泛舟曲水分韻得會字》：「謝公東山志，杖履未冠蓋。興成江湖遊，意落軒冕外。」郡守，亦當爲葉夢得。

過嘗與葉夢得論東坡海南作墨事。

《墨史》：「葉少藴云：宣和初，有潘衡者，賣墨江西，自言嘗爲東坡造墨海上，得其秘法，故人爭趨之。予因問東坡之子過，求其法。過大笑曰：『先人安得有法？在儋耳，衡適來見，因使之別室爲煤，夜遺火，幾焚廬。翼日煨燼中得煤數兩，而無膠，以意和之，不能爲挺，壘塊僅如指者數十。公亦絕倒。衡因謝去。』」

按：葉夢得之言，未必爲眞。東坡有三篇短文記海南作墨事，一《書潘衡墨》：「金華潘衡初來儋耳，起竈作墨，得烟甚豐，而墨不甚精。予教其作遠突寬竈，得烟幾減半，而墨乃爾。其印文曰『海南松煤東坡法墨』，皆精者也。當防墨工盜用印，使得墨者疑耳。此墨出灰池中，未五日而色如此，日久膠定，當不減李廷珪、張遇也。元符二年四月十七日。」又《書海南墨》：「此墨吾在海南親作，其墨與廷珪不相下。海南多松，松多故煤富，煤多故有擇也。」又《記海南作墨》：「己卯臘月二十三日，墨竈火大發，幾焚屋，救滅，遂罷作墨。得佳墨大小五百丸，入漆者幾百丸，足以了一世著書用，仍以遺人，所不知者何人也。餘松明一車，仍以照夜。二十八日二鼓作此紙。」（《全宋文》卷一九七三）據三文可證葉氏之誣：其一，東坡不僅在海南製墨，而且作法考究，時稱「東坡法」，與名家李廷珪、張遇所製不相上下；其二，潘衡嘗去海南爲東坡造墨，而且確實受東坡指點，造成佳墨；其三，遺火與潘衡造墨非一事，潘去海南在元符二年四月，而失火在臘月，本係兩事。且遺火之後，仍得佳墨入漆者百丸，并非無墨。由此觀之，葉夢得所記，如果不是虛構誣罔，就是蘇過有意回避，不願告訴其東坡墨法。不可據其説，遂謂東坡無墨法。

過謂葉夢得，東坡作《志林》未遂。

邵博《聞見後錄》卷一四：「蘇叔黨爲葉少藴言：東坡先生初欲作《志林》百篇，才就十三篇，而先生病。惜哉，先生胸中，尚有偉於武王非聖人之論者乎？」

按：此語確實。東坡離海南《與鄭靖老》(三)：「《志林》竟未成，但草得《書傳》十三卷。」可證。

**宣和二年庚子，四十九歲。**

罷郾城任，閑居潁昌。

《墓誌銘》：「次知潁昌郾城縣，皆以法令罷免。」

按：是時宦者楊戩、李彥相繼爲虐，轉運花木竹石，括田許、潁，葉夢得、范寥俱以不作幫凶而罷，過亦於此時罷免，蓋亦葉范之比？「法令」云者，蓋隱辭婉語。

春，與岑彥高、史強本諸友，吟誦抒懷。

過《次韻岑彥高史強本春日抒懷》：「逝水不可復，百年行中分。自嗟齒髮故，晚境桑榆鄰。」據詩意，過已再度罷任；又詩曰「百年行中分」，是年過四十九歲，行將五十。

葉夢得重浚西湖，作詩唱酬。

過《次韻晁無斁與葉少藴重開西湖唱酬之詩》，其一：「鑿開北渚漲痕收，倚杖波吞立鷺洲」；「雖走蓬萊通帝籍，邦人眞欲寇公留。」似葉夢得已有去留之論。其三：「自分鉏耰畢此生，不須窮達問君平。黃粱正與夢俱熟，環堵眞無爨欲清。晚客強陪金谷侶，小詩聊學候蟲鳴。空懷老驥心千里，憔悴窮途敢請纓。」據此首，則其時過已罷郾城任，已以布衣身份陪遊。晁有詩多首，見《晁具茨先生詩集》。

時，佞倖楊戩、李彥大索民田，收花木，葉夢得以觸忤罷任。過作詩送行。

過《送葉少蘊歸縉雲》：「言乘刺史藩，曾覩金鑾草」；「未忘經濟心，甘爲窮鬼笑。手援溝壑危，自上蠲賦表」；「方安龔遂政，遠賦陽城考。越吟念莊舄，贈策嗟秦繞。」詩所謂「手援溝壑危，自上蠲賦表」，實謂葉夢得不爲楊戩勒索樣米，拒李彥在潁昌括田。《宋史·葉夢得傳》：夢得不附楊戩、李彥，「戩、彥交惡，尋提舉南京鴻慶宮」。楊戩卒於宣和三年；《四朝名臣言行錄》亦謂夢得宣和二年罷任，故繫於此。

九月十二日，孫勰（志康）卒，過作墓誌銘。

過《孫志康墓誌銘》：「志康居官不碌碌，議論勁正有不可犯之色，終身不畔所學。以宣和二年九月十二日，卒於淮寧之私第。其子虬泣血以告，曰：『虬之先人寡所合，仕才至尚書郎。自少至老，受國士知者，莫如東坡公。不得公銘其墓，得公子銘之，亦庶幾矣。敢以外祖黃才叔所狀行事來請。』……乃爲泣而書之。」

過舅父王元直葬，表弟王先、王光來書，求作碑文。

過《王元直墓碑》：「建中靖國元年春二月二十有八日，以病卒於夔州之傳舍，享年五十三。……又二十年，先與光以書來告曰：『先君隱德未有以表出之者，子其毋辭。』過矍然有感於心，泣而書之。」又曰「宣和二年十月二十八日，葬於青神縣玉臺鄉仁慎里鑪頭山之塢。」墓碑蓋下葬時所作。

梁師成自河東節度使爲太尉。師成自稱蘇軾出子，廣收蘇軾翰墨。

《宋史·梁師成傳》：「梁師成字守道，慧黠習文法，稍知書。……師成實不能文，而高自標榜，自言蘇軾出子。是時，天下禁誦軾文，其尺牘在人間者皆毀去，師成訴於帝曰：『先臣何罪？』自是，軾之文乃稍出。以翰墨爲己任，四方儁秀名士必招致門下，往往遭點污。多置書畫卷軸於外舍，邀賓客縱觀，得其題識，合意者輒密加汲引，執政、侍從可階而升。王黼父事之，雖蔡京父子亦諂附焉，都人目爲『隱相』。」陸游《家世舊聞》卷下：「師成自幼警敏，敢爲大言，始自言母本文潞公侍兒，生已外□者。或告以師成貌美類韓魏公，因又稱韓公子。久之，有老女醫言蘇內翰有妾出外舍，生子，爲中書梁氏所乞，師成于是又盡變其說，自謂蘇氏子。每侍上言及公，輒曰『先臣』，聞者莫不笑之。」見其爲軾子乃師成自己假託。何薳《春渚紀聞》卷六：「先生（蘇軾）翰墨之妙，既經崇寧、大觀焚毀之餘，人間所藏蓋一二也。至宣和間，內府復加搜訪，一紙定直萬錢，而梁師成以三百千取吾族人莫州石橋銘，譚積以五萬取沈元弼月堂榜三字」云云。

是時盛傳蘇過依附梁師成。

《朱子語類》：蘇東坡子過，范淳夫子溫，

皆出入梁師成之門下，以父事之。又有某人亦然。師成妻死，溫與過欲喪以母禮，方疑忌某人，不能已，衰絰而往，則某人先衰絰在帷下矣。師成自謂東坡出遺腹子，待叔黨如親兄弟，諭宅庫云：「蘇學士使一萬貫以下，不須復。」師成爲文甚鄙陋，招致名士，蘇過於其時時一過之，容或有之。而朱子遂謂其父事之，則大謬時情。朱彝尊《書晁以道撰蘇叔黨墓誌銘後》曰：「考東坡先生以徽宗建中靖國元年卒於常州，先生既卒，而蔡京由尚書左丞進左右僕射，蔡卞旋知樞密院事。自崇寧元年迄於四年，籍黨人榜朝堂，定上書人上中下六邪等，責逐責降，而又編管，子弟不許到闕。一刻石於端禮門，再刻石於諸州，三刻石於文德殿。帝親書之，京復自書頒之天下。是時叔黨潛身救過之不給，寧有富貴利達之念萌於中哉？惟因梁師成自言爲東坡出子，嘗愬於裕陵（祐陵）曰：『先臣何罪，禁誦其文章，滅其尺牘。』於是先生遺文手蹟始稍稍復出。叔黨之不忍顯絶師成者，此也。然黨禁初弛，後雖得入京師，借詼諧以玩世，未嘗薰染。以道所云『嘻笑謔浪，節概存焉』是已。乃毁之者謂叔黨諂事師成，自居乾兒。夫師成既以東坡爲父，稱曰『先臣』，則必以昆弟遇叔黨。豈有業爲兄弟，而又降稱乾兒之理？此助洛攻蜀者謗之，貝錦南箕，尚論者不可不白其冤也。」但朱弁《曲洧舊聞》謂東坡在海南所書「八賦墨跡，始在梁師成家，或云入禁中矣」。軾在海南書八賦，衹有蘇過侍側，八賦何以落入梁師成之手，當與過依附師成不無關係。至於入禁中，當與師成敗後籍沒財產有關。師成欲結交蘇元老，元老不爲所動，罷中朝任，未幾卒。

《宋史·蘇轍傳》附元老傳：「元老外和內勁，不妄與人交。梁師成方用事，自言爲軾外子，因緣欲見之，且求其文，拒不答。言者遂論元老蘇軾從孫，且爲元祐邪說，其學術議論，頗倣軾、轍，不宜在中朝，罷爲提點明道宮。元老嘆曰：『昔顔子附驥尾而名顯，吾今以家世坐累，榮矣。』未幾卒，年四十七，有詩文行于時。」王文誥《蘇海識餘》卷二：「蘇元老字在廷，公從孫也。公誨以作文法……，舉進士，官至太常少卿，有《九峰集》。」《宋史·藝文志九》載其集四十卷。《宋詩紀事》、《補遺》載其詩四首。《宋代蜀文輯存》載其文七篇，《新刊二百家國朝名賢文粹》有蘇元老一家。

范寥（信中）以刊蘇軾詩集獲罪，罷潁昌兵馬鈐轄，居潁，築室城市，作郎官庵，雪中賦詩，過次韻。

過《次韻范信中》詩，曰：「將軍山林士，本無軒冕意。乘流亦悠悠，得坎便止止。平生劇孟徒，作詩建安似」；「人窮語益工，天或相夫子。念君結髮初，四海一身耳。要見元魯山（指黄庭堅），萬里立自致。許君窺藩籬，竟以身後委。翩然復躡蹻，便非昔隱几。豈料小卜築，一溪城市裏。從兹儻來物，不足置愠喜。用尋巢許遊，無愧汝潁士。」又《次韻信中郎官庵》：「飛流半山來，忽作長劍倚。吾知有奇境，何畏虎尾履。郎官初得名，山川雖信美。誰能此巖居，暫寓非終止。吾儕世外緣，壯心殊不已。每懼懷與安，同是非夫耻。」又《和范信中雪詩二首》，其二：「春事已稍稍，雪泥阻遊觀。壯心本無多，老境嗟易闌。念子功名士，早嫌懷與安。棄繻事遠遊，肯待齒髮殘」；「激流成一快，勇退人獨難。愼守林泉幽，莫辭松桂寒」；「願同王翰鄰，未暇貢禹彈。粃糠身外物，況復子所嘆。」觀以上三篇詩意，係范信中初免任時作。范寥，字信中，成都華陽人，范鎭族裔，事蹟見《梁谿漫志》卷十，謂「其人縱橫豪俠，蓋蘇秦、東方朔、郭解之流」，少年客游，落魄不羈，嘗留翟汝文門下，後抵宜州，客於黃庭堅。庭堅死，親友皆散去，信中獨爲辦棺斂。以告發張懷素逆謀有功，授供奉庫副使，累遷潁昌兵馬鈐轄。《宋史·李彥傳》載，「潁昌兵馬鈐轄范寥不爲取竹，誣刊蘇軾詩文于石爲十惡，朝廷察知其捃摭，亦令勒停。……靖康初，……彥削官賜死，籍其家。……復范寥官。」按，楊戩、李彥相繼用事於政和宣和間，楊戩宣和三年死，李彥靖康初賜死。范寥被勒停，當在宣和二年。

岑穰（彥休）卒，作文祭之。

元陸友《研北雜志》：「岑穰彥休已病，羸然不勝衣，窮今考古，意氣不衰。」過《祭岑彥休文》：重和初，「惟彥休父，世業於儒。自誠而名，六經自娛」；「早陟巍科，馳聲天衢。金馬玉堂，指日可須。乃請試吏，遭迴闊迂。弦歌兩邑，古良大夫」；「期月而歸，遂與士疏。幅巾深衣，築室端居。左墳右典，東觀石渠。

嗟余通家，三世里閭。嗅味既同，婚姻與俱。逾年不見，凜然清臞」；「豈期斯人，千里半途。望哭其堂，若見巾裾。」

閑居潁昌。

**宣和三年辛丑，五十歲。**

蘇過卜築城西，營水竹可賞者數畝，慕陶淵明之爲人，號小斜川，自號斜川居士。作詩以遺李行夫、范信中諸人。

《墓誌銘》：「遂家於潁昌，叔黨偶從湖陰營水竹可賞者數畝，則名之曰小斜川，自號斜川居士，以視終焉之志。」《宋史》本傳：「遂家潁昌，營湖陰水竹數畝，名曰小斜川，自號斜川居士。」蘇過《小斜川》詩引：「予近卜築城西鴨陂之南，依層城，繞流水，結茅而居之，名曰小斜川。偶讀淵明詩《辛丑歲正月與二三鄰曲同遊斜川，各賦詩》，淵明詩云『開歲倏五十』，今歲適在辛丑，而予年亦五十，蓋淵明與予同生於壬子歲也。畸窮既略相似，而晚景所得又同，所乏者高世之名耳。感嘆兹事，取其詩和之，以遺行甫、信中、巽夫三友。請同賦，庶幾仿佛當時之遊，而掩彼二三鄰曲之無聞也。當以榜予堂上。」詩曰：「我老不自愛，幾時眞罷休。浮沉閭里間，漫效馬少游。年來五十化，逝水無停留。」「淵明我同生，共盡當一丘。試築小斜川，佳名偶相儔。亦復辛丑歲，與公更唱酬。」陸游《老學庵筆記》卷七：「陶淵明《遊斜川》詩，自叙辛丑歲，年五十。蘇叔黨宣和辛丑亦年五十，蓋與淵明同甲子也。是歲得園於許昌西湖上，故名之曰小斜川云。」又《續筆記》：「叔黨宣和辛丑歲，得隙地許昌之西湖，葺爲園亭，是年叔黨甫五十，嘗曰：陶淵明以辛丑歲遊斜川，而詩云『開歲倏五十』，是吾與淵明同甲子也。今吾得園之歲，與淵明遊斜川之歲適相同，因以小斜川名之，……或者謂叔黨家本川人，而在元祐邪籍，故名斜川，恐不然也。」按：鮑廷博校曰：「《嬾眞子》曰：『淵明乙丑生，至乙巳賦《歸去來》，是時四十一矣。今《游斜川》詩爲辛丑歲，則年三十七歲。或云辛酉歲則已五十七，而詩云「開歲倏五十」，皆非也。近得廬山東林舊本，作「五日」，邵康節手寫淵明詩亦作「五日」，宜以爲正』云云。是叔黨蓋爲行本所誤，而放翁亦未深考也。又案：朱翼《遊曹源庵》詩序云：『淵明以正月五日遊斜川，時年五十。予以正月二日遊曹源庵，年亦五十二矣。』知承其誤者非一人也。」今按，李公煥《箋注陶淵明集》作「五日」，而焦竑刻陶集校記曰：「宋本作十」，知宋本確實將「五日」誤爲「五十」，非叔黨、放翁之過。

李行父遷居盤溪，作詩爲賀。

過《賀李行父遷居盤溪》：「揚雄無儋石，而有宅一區。陶令官可棄，未免愛吾廬。古來賢達士，忘世未忘軀」；「平生李居士，挈攜四壁無。常有好顏色，直緣身世殊。前年家城東，一椽爲有餘；今年家城西，隱几猶昔吾。此生正如此，夢覺兩徐徐。」李行父，即《小斜川》詩引之「行甫」，爲過晚期朋友。據「陶令官可棄，未免愛吾廬」句，知作於過卜築小斜川之後。

三月二十日，爲李安正遺文作跋。

過《跋李安正防禦遺文》：「宣和辛丑三月二十日得之於其子大忠，跋其後而歸之。」過又有《書漳南李安正碑陰》，未標年月，當與此跋爲前後作。又有《題李微叔所藏戴嵩暮雨圖》：「春雲漠漠雨垂垂，水滿平疇秧稻時。青篛綠蓑晚歸去，爲問市朝儂不知。」李微叔，應即李安正之子。過《碑陰》文有曰：「某於是時拜公，且與公之子幾仲、微仲游。」微仲，當作微叔，傳寫之誤。

閏五月甲子，韓縉（公表）卒，過與王幼安作詩哭之。

過《次韻王幼安哭韓君表》：「公子雖軒冕，山林契夙心。坐禪新活計，脫屣舊冠簪。共笑謀生拙，知非涉世深。」按：晁說之《宋故韓公表墓誌銘》載其卒年在宣和三年閏五月甲子。

過嘗從范寥覓竹，有詩往還。

過《從范信中覓竹》：「將軍嬾著駿鸃冠，買得林丘小洞天。十畝琅玕寒照座，一溪羅帶恰通船」；「雨洗娟娟君會否，乞分半畝慰垂涎。」又《信中見和復以前韻答之》：「年來短髮不勝冠，終老茅茨敢怨天？小築強追三徑樂，遠游未遂五湖船。」年來，即謂罷鄜城任以來已年餘。又《信中惠竹以詩謝之》：「篳門主寶百不宜，大紅艷紫無所施。主人愛竹尤成癖，獨欠此物如渴饑。君家十畝等茨束，羅生川谷壞藩籬。揀林許我恣所愛，有力夜負竹不知。」過與范寥唱酬尚有：《次信中韻》：「萬古溪流去不回，春撞澗谷石門開。尋源不必武陵客，過眼驚看灔澦堆。寒碧照人無底寶，鏗轟殷地半空雷。結茅安得從僧住，自把鋤稷闢草萊。」爲遊山題記之作，俱作於晚居潁昌時。

潁昌天寧寺住持普融鑄鐘，過作銘。

過《天寧寺鐘銘》：「有宋宣和辛丑某月日，潁昌府天寧寺萬壽禪寺住持比丘普融老，憫昔之鐘壞，募人改作增大之。爲銅五千金，未期年而成。蜀人蘇某觀茲勝事，讚嘆稀有，而說謁言。」按，過又有《普融老眞贊》，當作於同時。

蜀人宋衍進士及第，萬里尋親至潁昌，過作詩贊之。

過《蜀人宋衍蚤孤母去力學取科第遂獲見母蓋自蜀至許六千餘里聲迹不至逾二十年感念茲事作此詩以送其歸》。葉昌熾《邠州石室錄》「宋仲宏題詩」：「宣和三年，侄衍登第西歸，因與子炎載游慶壽，歷覽石室，慨想文皇西征遺迹……韻作一首，蓋十月十有二日也。宋仲宏父。」過詩蓋同年作。宋衍其人，榮遠大、劉雨茂《斜川集校注考古補注》（待刊）有專門考訂。據《氏族譜》，宋構一族爲蜀中大姓，「右仁生桓（實爲構之誤），桓（構）生京，京生衍，同登科聯四世。」所叙譜系基本詳實，唯衍非京子，而是宋亮所生，亮卒，過繼與京。榮遠大等據新出土宋構、宋京墓誌銘，已有考訂，其引宋衍所撰《宋京墓誌銘》稱：「衍幼孤，乳於叔父母之側室。」即蘇過詩所謂「四歲兒啼母不知」。衍撰京墓誌銘時，題署「侄宣教郎知彭州九隴縣事衍撰」，與宋京說衍「登第西歸」及蘇過「力學取科第」、「作詩送其歸」的情形吻合。

宣和四年壬寅，五十一歲。

閑居潁昌。

姚美叔約遊春，有詩唱和。

過《次韻姚美叔約尋春之什》：「厭看塵土暗春晴，喜見池塘翠浪生。曲水會當追逸少，斜川終擬學淵明。」似作於卜築西湖小斜川後。

潁昌知府王復入掌都水監，過有賀啓。

過《賀王憲拜水衡啓》：「伏審光膺帝制，入掌水衡。……某久忝屬吏，夙被仁風。欣太平之得賢，睹嘉猷之入告。願同燕雀，遠伸賀廈之誠；尚冀桑榆，晚借餘光之末。」

按：王憲即王復，劉昌詩《蘆浦筆記》卷八《王復家傳》載：方臘平，遷都轉運使，歲餘知潁昌。方臘以宣和二年起事，三年失敗被殺。王復知潁昌，當在四年。又《宋史·河渠志（六）》載宣和五年三月，詔使王復領兩浙河渠事，知其時王已爲都水使者。是知其入掌都水監在四、五年之間。

過嘗至京都，爲徽宗畫壁。

王明清《揮麈三錄》：「宣和中，蘇叔黨遊京師，居景德寺僧房，忽見快行家者同一小轎至，傳旨宣召，亟令登車。叔黨不知所以，然不敢拒，才入，則以物障其前，惟不設頂，上以一小涼傘蔽之。二人肩之，其疾如飛。約行十餘里，抵一修廊，內侍一人自上而下引之，升一小殿中。上已先坐，披黃背子，頂青玉冠，宮女環侍，莫知其數，弗敢仰窺，始知爲崇高莫大之居。時當六月，積冰如山，噴香若烟霧，寒不可忍，俯仰之間，不可名狀。起居畢，上喻云：『聞卿是蘇軾之子，善畫窠石。適有素壁，欲煩一掃，非有他也。』」叔黨再拜承命，然後落筆，須臾而成。上起身縱觀，嘆賞再三，命宮人捧賜醑酒一鍾，錫賚極渥。拜謝而下。復循舊廊間，登小輿而出。亦不知經從所歷何地。但歸來如夢復如癡也。」

在京師與趙夔遊，趙訪以東坡詩事。

宋趙夔《東坡詩注序》：「崇寧年間，僕年志於學，逮今三十年，一句一字，推究來歷，必欲見其用事之處。……頃者赴調京師，繼復守官，累與小坡叔黨遊從至熟，叩其所未知者，叔黨亦能爲僕言之。……三十年中，殫精竭慮，僕之心力，盡於此書。今乃編寫刊行，願與學者共之。」趙謂其崇寧中年十五，經三十年注蘇詩成，則在南宋紹興二年左右。又稱「頃者」在京師見叔黨，最遲也在宣和四五年間。

九月八日，從兄蘇适卒於官。

蘇遲《蘇仲南墓誌銘》（河南出土，載《文物》一九七三年七期）：「中山帥趙公述美薦通判廣信軍，時契丹衰亂，燕人歸附，金穀甲兵之務方興。仲南晝夜勤倅，事得以濟，而疾亦作矣。……宣和四年九月八日卒於官舍，享年五十五，官至承議郎。」廣信軍，北部邊防重鎮，在今河北徐水縣，時屬中山府。

過居潁還有《次韻張次應見寄》詩。

詩曰：「西城夜雨一追攀，前輩風流頓覺還。窮似少陵無裋褐，空懷大廈庇千間。」西城，許昌城西，蘇轍居即在城西。

爲宋景輝二子作《字說》。

過《宋景輝二子字說》：「元憲宋公之曾

孫曰肱、曰膰，余問其所以名之說，其父景輝語余曰……」景輝，宋庠孫，曾爲潁昌通判。知此文作於居潁期間。

冬，趙伯充招游西湖。

過《次韻趙伯充雪中見招》，其二：「擁鼻袁生方塊然，不知玉色浩無邊。西陂欲與箕山并，賀監風流太白船。」趙伯充隱居潁昌，西陂即潁昌西湖。

**宣和五年癸卯，五十二歲。**

閑居潁昌，繼權通判中山府。

王黼專政。七月，禁元祐學術，凡舉人傳習元祐學術者，以違制論。

季春，方踐趙伯充之約，游曲水，分韻賦詩。

過《同趙伯充遊曲水趙氏莊分韻得抱字》：「三春失行樂，風雨與病惱。忽驚節物改，樹密鷹聲老。濫陪閑中客，載酒尋芳草。」此首與去年見招篇呼應，爲隔年之作。

四月十日，過爲海印作塔銘。

過《安邑縣壽聖寺第一代住持海印塔銘》：「政和五年十一月二十二日示寂，壽八十有四。……宣和五年四月初十日記。」

天寧寺平老陞任住持，過作請開堂書。

過《請平老開堂疏》：「今天寧長老平公，嗣眞如法，傳達摩衣。學道爲衆宗師，出衆隨緣利益。聲名籍甚，未許逃於空虛；悲智兼修，正可行之願力。重提祖令，大振宗風。作江海之慈杭，施山川之法雨。妙高峰上，本爲一大因緣；毘邪城中，蓋自兩無言默。鼓鐘一時改觀，瓦礫莫爲非人。」本篇輯自《播芳大全》卷七八。《大全》收錄蘇過文章甚多，吳長元曾據之補輯，但仍有漏佚，本篇即爲所漏。開堂，《祖庭事苑》卷八：「今世宗門長老新住持、初演法，謂之開堂。」疏稱「今天寧長老平公，嗣眞如法，傳達摩衣」，知即天寧寺新長老平公初任住持時作。過《天寧寺鐘銘》，作於宣和三年（一一二一），所記爲天寧寺住持普融老。「平公」，當是普融後繼者，其時應在宣和三年後。蘇過卒于宣和五年（一一二三）十一月，故繫此文於宣和四年。

過薦李積於向子諲（伯恭）。

《揮麈後錄》：「宣和末，向伯恭出爲淮漕，自京師枉道以訪叔黨，留連淸宴。叔黨道李（積）之義風，而屬其左顧之。伯恭入境，首令訪問，加禮以待。」

夏，過爲通直郎，權通判中山府。

《墓誌銘》：「晚權通判中山府，無幾何。」《宋史》本傳「晚權通判中山府」。俱未詳具體年代，但墓誌銘謂其權職至卒「無幾何」，蓋在任不久即逝。又考之過集，宣和五年四月，尙居潁爲海印塔作銘；其在中山所作諸詩，節令俱在秋天。故知過權通判中山府，在夏秋之間。又本年十月爲從兄蘇适題寫誌蓋，題款爲「通直郎權通判定武軍府事蘇過」，知其時已陞通直郎。

行經邯鄲，賦詩弔古。

過《叢臺》：「百尺危臺高入雲，欲將羅綺炫強秦。長平一戰坑俱滿，臺上應無豪杰人。」叢臺，《漢書·鄒陽傳》顏師古注：「叢臺，趙王之臺也，在邯鄲。」邯鄲在前往中山途中，當赴任時作。

友人單某以書相慶，作啓答之。

過《回單靖州啓》：「某忝茲別乘，預切

依仁。方殘暑之秋風，多生寒之夜雨。更祈善攝，以永壽祺。」別乘，別駕，即通判。

行於軍城，有詩。

過《行軍城道中》：「北望青山幾百重，秋來翠色欲摩空」；「北行豈得功名事，聊欲探奇訪葛洪。」軍城，砦名，北部邊防軍寨，屬中山府，在今河北唐縣西北。據詩意，爲中山任期時作，其節令爲秋天。過又有《道中買得草屨》：「買得芒鞋拄杖挑，心先向足躡雲霄。山林本是吾歸處，不待移文辱見招。」似與上詩同時作。

與中山帥陳遘登城觀獵，作詩。

過《陪中山帥登城口號》：「西風卷雨出群山，曉色矇朧未散烟」；「賣劍買牛從此始，陪公千騎看秋田。」又《再次韻答陳帥和詩》：「電掃天驕到海邊，長城千里靜無烟。」

八月，遼蕭幹稱大奚王，引兵攻破景薊二州，遂攻燕。郭藥師與戰，破之，過作詩相慶。

過《聞郭太尉出師大捷奚人擒契丹酋領四軍來獻作長句古調一首》：「遼人猖獗敗綱紀，鳥獸驚駭自取亡。歸我五季舊土疆，有如宣宗復河湟。」據史載，郭破奚人在是年八月，而郭封太尉在十一月。此詩乃過在中山任上作，詩題乃十一月重定。

九月七日，過與陳遘等飯於定州天寧寺，過有題名。

趙懷玉校刻本《斜川集》附錄：「題名，六行正書，其文左行。今在本寺大殿前壁。嘉定錢少詹見而錄寄。與王阮亭

《秦蜀驛程後記》參校，多『延康』、『仍』三字。『飯素』誤『飯於』。今更補錄原文於後：『大帥延康陳公邀廉訪梁公飯素天寧，仍率其屬游企、盛侖、蘇過、王執中、趙奇、韓楫同來，孫仲舉、王昭明、劉用之皆與。癸卯九月七日過題。』」王士禎《秦蜀驛程後記》：「十三日抵定州，謁韓忠獻、蘇文忠二公祠。祠爲從春園舊址，叔黨嘗通判中山，今配享蘇祠」；「又天寧寺壁，舊有叔黨楷書云：大帥陳公，邀廉訪梁公飯於天寧，率其屬游企、盛侖、蘇過、王執中、趙奇、韓楫同來，孫仲舉、王昭明、劉用之皆與。癸卯九月七日過題。」

在中山，曾代人作謝啓。

過《代人謝啓》：「而某學不足以經遠，才未能以過人。久玷朝廷之誤恩，尙處承明之秘職。兼收并用，錄其薄效於東南；捨短取長，姑又責成於燕趙。」趙懷玉案：「此似通判中山時作。」

十月，從兄蘇适下葬，蘇遲撰誌，蘇過爲蘇适及其夫人黃氏題寫誌蓋。

蘇遲《蘇仲南墓誌銘》：「以五年十月晦日，合葬於汝州郟城上瑞里先塋之東南巽隅。」《文物》所發表墓誌拓本，題款爲「通直郎權通判定武軍府事蘇過題蓋」。李紹連撰文亦謂：「黃氏墓誌銘誌蓋刻『宋故孺人黃氏墓誌銘』九字，亦爲蘇過所題。墓誌銘文，則由其長子蘇籀撰，蘇過長子蘇籥書。」

從兄蘇遲得戎州通判，欲歸蜀，與朋友唱和，過次韻。

過《和伯充兄唱酬二首一贈伯充一寄高仲貽》，其一：「倦客難堪走世塵，空嗟林下見何人。坐令歲月徂清夜，夢想田園趁食新。老境已浸無幾髮，垂堂共愛不貲身。一官聊爲家山住，要看明年濯錦春(自注：伯充時得戎倅，欲歸蜀)。」此首贈伯充。伯充，即蘇遲；戎州，即四川宜賓。詩稱「倦客」、「林下」、「老境」，皆晚年罷任境況；蘇遲之通判戎州，不見於史，唯過此詩有載。政和末年，蘇遠通判瀘南，過有詩，稱「脂車獨辦入蜀計，欒城季子眞男兒」，知蘇遠以前，二蘇子姪尙無入蜀爲官者，則蘇遲通判戎州必在其後。又該年十月，蘇适下葬，蘇遲嘗爲作墓誌幷書銘，其赴戎倅任，當在十月之後。其二：「家風凜凜嗣前哲，元祐庵中老道人(自注：仲貽家庵，自謂老道人)。形似子綦獨枯槁，詩如開府日清新。功名軒冕眞餘事，富貴籧篨誤此身。不有胸中萬頃陂，肯教白髮負青春。」此寄高仲貽。高名世則，高太后外孫，幼以恩補左班殿直。宣和末金使泛海來，徽宗令其掌客。靖康初，佐高宗定位，除保靜軍承宣使，卒贈太傅，謚忠節。《宋史》有傳。據過此詩，知世則此時正退隱於許，建庵自晦，題名「元祐庵」，蓋即繫累於元祐黨爭；自號「老道人」，即有粃糠軒冕之意。此皆可補史書之不足。

十二月，蘇過因事入鎭陽(河北眞定)，暴疾，卒於行道中，年五十二。

《墓誌銘》：「晚權通判中山府，無幾何，以事入鎭陽焉」，「而暴疾以卒於鎭陽行道中。年五十有二，時宣和五年十二月乙未。」鎭陽即眞定。

按：王明清《揮麈後錄》卷八：「叔

黨靖康中得倅眞定，赴官次河北，道遇綠林，脅使相從。叔黨曰：『若曹知世有蘇內翰乎？吾即其子，肯從爾輩求活草間耶？』通夕痛飲，翌日視之，卒矣。惜乎，世不知其節也。」過晚所通判乃中山府，在定州，非眞定；過卒於宣和五年十二月，非靖康時；過已至中山任職，非死於赴任途中。王氏所記三事俱誤，不足據。而元袁桷《淸容居士集》卷四七《跋小坡竹石牧牛圖》：「小坡竹石，綽有父風，後倅定武，罵賊不屈以死。其氣節不墜，光於前人矣。」朱彝尊《書晁以道撰蘇叔黨墓誌銘後》仍謂：「靖康中，蘇叔黨以眞定倅赴官，次河北，爲賊所脅。叔黨語賊曰：『若知世有蘇內翰乎？吾即其子，肯隨若求活草間乎？』通夕痛飲，翌日視之，卒矣。王明淸《揮麈後錄》載之。而晁以道誌其墓，稱以疾卒於鎭陽。繹其文，可云孝子。合而觀之，不媿其父矣。」（《曝書亭集》）俱誤信王明淸。

宣和七年四月，葬於河南郟城縣小峨眉山蘇墳，晁說之爲撰墓誌銘。

晁《蘇叔黨墓誌銘》：「其葬以七年四月辛酉。墓在先生兆之東南。籥等以說之有奕世之好，辱在先生薦賢中，求銘，不敢辭。」《雲橋詩話》：「蘇文忠、文定窆其東山之麓，中奉明允衣冠爲虛冢。迨、過六子咸東西祔。」《總案》卷四五《蘇過傳》：「及卒，晁說之誌其墓。」

蘇過著有《斜川集》二十卷，其《思子臺賦》、《颶風賦》早行於世。

《墓誌銘》：「叔父欒城公每稱其孝以訓

宗族，且言：『（吾兄）遠居海上無他，成就此兒能文也。』有《斜川集》二十卷。其《思子臺賦》、《颶風賦》早行於世。」《東都事略·蘇軾列傳》：「過終於通判定州，有《颶風賦》、《思子臺賦》行於世。」定州，即中山府。《宋史》本傳：「有《斜川集》二十卷。其《思子臺賦》、《颶風賦》早行於世。時稱小坡，蓋以軾爲大坡也。其叔父每稱過孝以訓宗族，且言：『吾兄遠居海上，惟成就此兒能文也。』」王明清《揮麈後錄》卷八：「蘇過字叔黨，東坡先生季子也。翰墨文章能世其家，士大夫以『小坡』目之。」陸游有「焚香細讀斜川集」之句。《斜川集》著錄。宋陳振孫《直齋書錄解題》卷一七：「《斜川集》十卷，通直郎蘇過叔黨撰。

坐黨家，不得仕進，終於通判中山府。晁以道誌其墓，稱其純孝。給事中嶠，其孫也。」馬端臨《文獻通考》卷六四：「《斜川集》十卷。」《宋史·藝文志》：「蘇過《斜川集》十卷。」明焦竑《國史經籍志》卷五：「蘇過《斜川集》十卷。」按：墓誌及本傳皆言二十卷，《書錄解題》及《藝文志》云十卷，《斜川集》本爲二十卷，行於北宋末年，南渡草草，斯集佚散，僅傳十卷。王士禎《香祖筆記》卷十二：「乙酉，有書賈來益都之顔神鎮，攜蘇過《斜川集》，僅二冊，價至二百金有奇。惜未得見之，其存亡今不可知。」按：王氏之說，得之傳聞，疑不可靠。《四庫全書總目》存目一《斜川集提要》：「士禎所記，多傳聞之詞，未必確也。」邵晉涵《江南文鈔》卷八《書坊本僞斜川集後》：「蘇叔黨《斜川集》十卷，《絳雲樓書目》有之，徐巨源所謂『千里致書，求觀至寶』也。絳雲樓火毀，此書存沒無考。」

後人以劉過《龍洲集》冒充《斜川集》售利。

邵晉涵《江南文鈔》卷八《書坊本僞斜川集後》：「己丑予客燕中，聞藏書家有《斜川集》刻本，假而觀之，則取劉龍洲詩而冒以叔黨姓氏者。」《四庫全書總目》存目一《斜川集提要》：「《斜川集》十卷，舊題宋蘇叔黨撰。……其集《文獻通考》作十卷，世無傳本。……此集近時坊間所刊。其本但有邊欄，而不界每行之烏絲。此本染紙作古色，每頁補畫烏絲，而僞鐫『虞山汲古閣毛晉圖書』一印於卷末。蓋欲以宋版炫俗。……案劉過《龍洲集》中所載之詩，與此盡同。蓋作僞者因二人同名爲過，而鈔出冒題爲《斜川集》，刊以漁利耳。」吳長元《校刻斜川集原序》：「宋蘇叔黨先生《斜川集》，……以世艷稱之，鷄林黠賈，時以贋本鈎致厚價，今好事家往往有錦題緗帙，列之文房玩好，間以供清賞者，皆龍洲道人劉過詩也。」趙懷玉《校刻斜川集序》：「蘇氏《斜川集》，南宋以來流傳已寡。康熙間有詔索之，不得，故四朝詩中祗錄一首，以存其眞。自餘贋本，大率因謝幼槃、劉改之二人名與叔黨相類，竄其集以欺世。東南士大夫家置一編而不覺。近日蜀中有新刊《斜川集》，亦龍洲道人作也。」

孫源湘《天眞閣集》卷四三《書斜川集贗本後》：「此世所傳鈔之《斜川集》也。嘉慶戊辰歲，太倉馮立方以之見遺。按其題中所遊歷，所贈答，與夫詩中子劉子云云，疑與叔黨不合，因憶《上吳居夫》二絶見《劉龍洲集》，……既閲王弇州題跋，乃知以劉集充《斜川》自元季已然。」

阮元《研經室外集·斜川集六卷提要》：「其書久已失傳，世間行本，大率因謝幼槃、劉改之二人之名與叔黨同，竄改集名，聊以欺世。」

乾隆修《四庫全書》，周永年從《永樂大典》中輯出蘇過詩文，吳長元編校爲《斜川集》六卷。

吳長元《校刻斜川集原序》：「歲在癸巳，朝廷開館纂修《四庫全書》，特詔儒臣從《永樂大典》中搜羅遺籍，時山右周編修永年於各韻下得先生詩文散片，共若干首，緣《全書提要》將外省所進《斜川集》贗本駁去，乃留笥不辦。繼予妹婿余編修中翰溶，偶見稿本，亟以告予，予驚喜過望，借歸錄副。從《宋文鑑》、《東坡全集》、《播芳大全》諸書考訂訛舛，增補闕遺，釐爲六卷。」

趙懷玉《校刻斜川集序》：「乾隆辛丑冬，集大興翁學士蘇齋，修東坡先生生日之祀，學士手編示余曰：『此叔黨《斜川集》，從《永樂大典》錄出』……會請急南下，未及假鈔，以爲耿耿。越六年丙午，客授桐鄉，偶語鮑君以文，則以文已先屬其友人仁和吳君麗煌錄寄。喜極欲狂，亟索校閲，……釐爲六卷。

乾隆丁未四月付梓，中間作輟，涉冬而後蕆事。」

嘉慶修《全唐文》，總纂官法式善復從《大典》輯出補遺二卷。

法式善《斜川集補遺序》：「越二十年太歲在戊辰，詔修《唐文》，充總纂，檢《永樂大典》，偶睹《志隱篇》、《叔父所居六首》，昔吳君作跋至憾缺略者，屬草錄歸。較趙刻，復得詩五十三首，文十五篇，遺珠之憾，或尚弗免。就兹勒爲《補遺》二卷，已自裒然，且於《直齋》十卷原數，不甚懸絶。」按：法式善補遺二卷詩文，并未單刻，後收入鮑廷博《知不足齋叢書》本（亦六卷）中。

蘇過娶妻范氏，有子七人，女四人，孫男二人。

《墓誌銘》：「娶范氏，蜀忠文公之孫、承事郎百嘉之女。男七人：籥、籍、節、笈、簞、篴、笁。女四人，長適將仕郎常任俠。孫男二人：嶠、峴。」《宋史》本傳：「七子：籥、籍、節、笈、簞、篴、箾。」文字稍異。

蘇籥。

過長子。紹聖四年，曾隨伯父蘇邁至惠州探望蘇軾和蘇過，蘇過與夫人范氏造觀音像爲籥及其姝德乞福，見於蘇軾題記。建中靖國元年北歸，隨行。過居潁昌，籥亦在側。過知郾城縣，籥曾與其友塞堰唱酬，見於蘇過詩歌。宣和五年，堂叔父适及其夫人黃氏下葬，籥手書《黃氏墓誌銘》，此後事蹟不詳。有子二人：峴、嶠。

蘇籍。

字季文，官博士，與程揆、范元功以文

字往來。紹興中累官右承事郎，十年爲太常主簿，十二年正月罷。二十五年以右朝散郎，爲荆湖南路提點刑獄。事蹟具《建炎以來繫年要録》、《宋史翼》。

蘇嶠。

字季眞，蘇過之孫，蘇籥之子，過繼于蘇迨子蘇簞爲後。曾爲江東從事，湖北憲漕司屬官（見韓元吉《送蘇季真赴湖北憲司屬官》），右朝奉郎、尙書吏部員外郎（韓元吉《舉蘇嶠自代狀》），歷諫省，給事黄門，待制顯謨閣（韓元吉《蘇峴墓誌銘》）。《宋代蜀文輯存》卷七三録其文二篇：《論廖顒進羨餘狀》（輯自《宋會要輯稿》崇儒七之五一）、《蘇後湖詩翰跋》（輯自《式古堂書畫彙考》卷一三）。

蘇峴。

字叔子，蘇過之孫，蘇籥之子，蘇嶠生於政和七年，因蘇迨無後，以諸叔父之命，過繼爲迨子蘇簞爲子。初爲海陵縣丞，以參知政事錢端禮薦，賜對垂拱殿，爲太常寺主簿。遷太府寺丞，易將作監丞，知邠州，掌船舶司於閩。以樞密使趙雄薦，再召對，除吏部郎，太府卿，由福建轉運移江西。孝宗念「東坡之孫，唯峴有家法在，宜與職名」。詔充秘閣修撰。淳祐十年（一一八三）十二月七日卒，年六十六。《咸淳臨安府志》卷八録其乾道五年三月八日《將作監題名》。韓元吉爲作墓誌銘。

過一房，自金至明清，代有傳人。

清乾隆《重修許州志》卷八：「蘇過……後與叔子由同居許下，代有傳人。金之蘇宗之，明之蘇太常，興朝之明經進士蘇羽宸、蘇濟世，皆其後裔。」按：蘇太常，即蘇平仲（伯衡），乃蘇轍後裔。又按：據耶律楚材《蘇夫人墓志銘》，耶律楚材續娶即蘇軾曾孫女，生子鑄，官至宰相。

過仲兄迨靖康初爲駕部員外郎，尋卒，終年五十六歲。有子蘇簀，一女；以過孫峴爲後，居陽羨。

《東都事略·蘇軾列傳》：「迨，靖康初爲駕部員外郎。」韓元吉《蘇峴墓誌銘》：「始文忠公愛陽羡山水，買田欲居，僅田數畝，屋數楹也，而家于許昌。至離亂，駕部即世，歐陽夫人始居陽羨。」（《南澗甲乙稿》卷二一）《周省齋集·乾道丁亥泛舟游山錄》：「大府寺丞蘇峴叔子，……今爲駕部迨之後。」迨長于議論，有「過得坡筆，迨得坡舌」之譽；又善詩，有深受蘇軾、陳無己稱賞。《詩藪》雜編卷五：「迨論古今事廢興成敗，稍有可觀。……可謂過得坡筆，迨得坡舌。」蘇軾《書六賦後》：「迨好學，知爲楚詞，有世外奇志。」又稱其《淮口遇風》詩「君看押強韻，已勝郊與島」。又惠州《與孫志康書》：「迨自宜興寄詩來，文采甚可觀。」《與陳季常書》：「長子邁作吏，頗有父風；二子作詩騷，殊勝咄咄。」今殘存「吾儕歸卧髀骨裂，會友攜壺勞行役」兩句。迨與李廌往還，廌《師友談記》常及之。其一：「蘇仲豫迨言：新宗正丞程遵彥內行全好，人所難及」云云；其二：「蘇仲豫言：蔣穎叔之爲江淮發運也，其才智有餘，人莫能欺」云云；其三：「蘇仲豫言：頃在先帝朝，葉溫叟嘗提舉陝西保甲，忽有詔」云云。

過文彩風致，不減乃父，惜其遭黨禁，未獲大用于時，鬱鬱以卒。《墓誌銘》：「且若世未嘗有小人也，孰非君子也哉？使叔黨以其屋岣嶁、桴溟渤之純孝，而一旦忠藎於九德俊乂之朝，則先生之立言者，叔黨之功業也。惜乎不及使有見於此，而暴疾以卒。」劉克莊《跋小米畫》：「叔黨之才，百倍元暉。元暉至侍從，叔黨小官，命也夫。」張問陶《欒城眉山書院》（《船山詩草》卷九）：「入蜀何年事，三峨賴此行。弟兄名父子，忠孝古人情。健筆過先世，斜川喜後生。一門無俗物，眞是舉家清。」

一其書畫亦不遜，咄咄有逼老翁之勢。有「蘇氏三虎，叔黨最怒」之稱。《墓誌銘》：「而書畫之勝，亦克效似先生，人稱之曰小坡。」金元好問《遺山集·跋蘇氏父子墨帖》：「次公字畫，端厚而靖深，類其爲人。小坡筆意稍縱放，然終不能改家法。」又《題蘇氏寶章詩注》：「長公忠義似顏平原，次公沖澹似林西湖，故字畫有不期合而合者。最後數帖，所謂蘇氏三虎，叔黨最怒耳。」王惲《秋澗集》卷七三《書蘇氏章後》：「忠、定二公書金聲玉振，如清廟之瑟，一唱三嘆，有遺音者矣。今觀迨、過等帖，筆勢圓熟，俱有伯父氣韻，而遲之此幅爲尤佳。所謂王謝子弟以生長見聞，猶足以超人君也。」《寶眞齋法書贊》卷一二贊：「文章之祥，厥有原委。父師昆弟，以及諸子。文兮斜川，道兮潁水。以文貴道，一家濟美。施及翰林，特游戲耳。于風味中，亦復是似。以坡爲骨，以穎爲體。蘇門之英，來者視此。」《佩文齋書畫譜》卷三二「蘇過」引《石門文字禪》：「叔黨行草，筆法亞乃翁。」又引《定州志略》：「蘇過楷書石刻，在定州天寧寺壁，書法古勁，有父風。」又虔州崇慶禪院藏蘇過所書《金光明經》四卷。一九七三年河南出土《蘇适墓誌銘》，誌蓋爲叔黨所題。

前人又論其畫：宋鄧椿《畫繼》卷三：「蘇過字叔黨，坡公之季子也。……善作怪石叢篠，咄咄逼翁。坡有《觀過所作木石竹三絶》，以爲『老可能爲竹寫眞，小坡解與竹傳神』者是也。晁以道誌其墓亦云：『書畫之勝，亦克肖似其先人。』又時出新意，作山水，遠水多紋，依巖多屋木，皆人跡絶處，並以焦墨爲之。此出奇也。」《總案》卷四五《蘇過傳》：「邁、迨爲詩文字，皆有家法，過於書畫亦續一燈。」文徵明《跋東坡五帖叔黨一帖》（《甫田集》卷二一）：「斜川詩語字畫，妙有家法，昔人謂能亂眞乃翁。此帖非題名，固莫能辨也。」元袁桷《題小坡竹石牧牛圖》：「坡翁流落困苦，有『悔不長作多失翁』之語，將買田終老於陽羨，而志不遂。此圖之作，無乃聆於庭訓，以寓初意，與江南穲稏，千里一色。久客於京塵，莊舄故鄉之思，無言而色已動。」又明朱謀垔《畫史會要》、《圖繪寶鑒》卷三、清王毓賢《繪事備考》卷五下俱論過書畫，可參考。按：日本君臺觀藏有蘇過所作畫。

# 豫章羅先生年譜

（清）毛念恃 編
李春梅 校點

乾隆十年刊延平四先生年譜本

羅從彦（一〇七二—一一三五），字仲素，世稱豫章先生，南劍州（今福建南平）人。自幼穎悟，刻苦爲學，初從吴國華游，後從學於楊時，又至洛陽向程頤問學。以特科恩授惠州博羅縣主簿，紹興五年卒于官，年六十四，淳祐間謚文質。

從彦爲東南理學之先，嘗居鄉授徒，朱熹爲其再傳弟子，故後世多尊崇之。著有《遵堯録》、《春秋解》、《毛詩解》、《中庸説》、《語孟解》、《豫章要語》、《臺衡録》、《春秋指歸》、《豫章先生文集》等。現存《豫章羅先生文集》十七卷，有明成化、萬曆刻本、《四庫全書》本等。事蹟見《豫章先生事實》（《豫章羅先生文集》卷一四）及《宋史》卷四二八本傳。

《豫章羅先生文集》附有年譜一卷，不足二千字，舊題元曹道振編，而據曹道振跋，則稱爲吴紹宗所纂。其後清毛念恃、沈涵、張伯行、鍾體志皆在此譜之上，有所增補，編爲《豫章羅先生年譜》，沈譜見於南劍州刊《三先生集》本《豫章集》卷首，張譜見《正誼堂叢書》本《羅豫章先生文集》卷首，鍾譜見光緒間刊《豫章先生集》卷首。本譜爲毛念恃所編，乾隆十年刊入《延平四先生年譜》。首載《事實》，自序稱與年譜「先增訂而彙梓之」。其年譜則就文集所載曹譜，有所增訂，多在原按之下，又加按語。然所繫行歷事實，仍嫌簡略。據謝巍《中國歷代人物年譜考録》載，今人羅培均編有《羅從彦年譜》，惜未見流傳。

# 文質羅豫章先生年譜引

豫章先生之集，舊刻十七卷，其實非全書也，全書止《遵堯録》八卷爾。其《事實》附録於卷之十四，事亦不甚詳。先生舊無年譜，其見於集端者，至正間曹進士道振所輯也。今欲得先生大槩，以誌景仰之思，舍此無由。而或載於《事實》者遺於《年譜》，或有大指應載於《事實》而舊本遺之者，念恃不揣，竊先增訂而彙梓之，俾過劍南者，即如見先生嚴毅清苦之概。所謂簞瓢如顔，質問如曾，言志如箴，雍和如仲弓者，亦可髣髴其萬一矣。晋陵後學毛念恃勑五氏謹題。

# 豫章羅先生事實

先生諱從彦，字仲素，家世隱士。先生自幼穎悟，不爲言語文字之學。及長，堅苦刻厲，篤意求道。初從審律吴公國華游。已而，聞龜山先生得伊洛之學於河南，遂往學焉，迺知舊日之學非也。三日，驚汗浹背，曰：「幾枉過了一生。」龜山倡道東南，從遊者千餘人。然語其潛思力行、任重詣極如先生，一人而已。嘗講《易》至《乾》九四一爻，龜山云：「曩聞伊川先生説得甚好。」遂鬻田裹糧，至洛見伊川，其所聞亦不外龜山之説。及歸，於是盡心力以事龜山。摳衣侍席二十餘年，盡得不傳之秘，爲編《龜山語録》三卷。默堂陳幾叟與先生俱遊龜山之門，情好尤密，定交幾四十年。默堂嘗云：「憶初從龜山，龜山以孟子『饑者甘食，渴者甘飲，與人能無以饑渴之害爲心害，則不及人不爲憂矣』，令先生思索。且云：『此語若易知易行，而有無窮之理。』先生思之數日，疏其義以呈龜山，曰：『飲食必有正味，饑渴害人，則不得正味而甘之，猶學者必有正道，不悦於小道而適正焉，則堯舜人皆可爲矣，何不及之有哉？』龜山曰：『此説甚好，但更於心害上一着猛省，則可以入道矣。』」先生一生服膺此語。凡世之所嗜好，一切禁止，故學問日新，尤不可及。然先生清介絶俗，里人知之者尚少，惟郡人李愿中、新安朱喬年聞先生得伊洛之學於龜山之門，遂執弟子禮從之遊。愿中以書謁先生云：「先生性明而修，行全而潔，充之以廣大，體之以仁恕，精深微妙，多極其至，漢唐諸儒無近似者。至於不言而飲人以和，與人並立而使人化，如春風發物，蓋亦莫知其所以然也。故讀聖賢之書，稍有見識者，皆願授經門下以質所疑。」其愿中之所以心服於先生而善爲形容與！凡從先生學問者，終日相對端坐，解説文字，未嘗一及雜語。晚年以特奏中下科，授惠州博羅縣主簿，或曰博羅尉。紹興二年壬子八月上丁，延平郡守周綰命之領袖諸生，行釋菜禮，有洙泗斷斷氣象焉。蓋先生之道上得之楊龜山，再上則得之河南程夫子，一傳而爲李延平，再傳而爲朱紫陽，則先生其繼往開來之人哉！其山居有顔樂齋、寄傲軒、邀月亭、獨寐軒、白雲亭，又池畔有亭曰濯纓，每自賦詩，默堂諸公皆有唱和。嘗曰：「士之立朝，要以正直忠厚爲本。正直則朝廷無過失，忠厚則天下無怨嗟。」又曰：「朝廷大奸不可容，朋友小過不可不容。若容大奸，必亂天下；不容小過，則無全人。」又云：「教化者，朝廷之先務；廉恥者，士人之美節；風俗者，天下之大事。朝廷有教化，則士人有廉恥；士人有廉恥，則天下有風俗。或朝廷不務教化，而責士人之廉恥；士人不尚廉恥，而望風俗之美，其可得乎？」又曰：「君子在朝，則天下必治，蓋君子進則常有亂世之言，使人主多憂而善心生，故天下所以治。小人朝，天下必亂，蓋小人進則常有治世之言，使人主多樂而怠心生，故天下所以亂。」先生之言，其體用兼該如此。所著《詩》《春秋》《〔詩〕〔論〕》《孟》解説、釋例，今多不傳。其著《遵堯録》八卷，歷言宋之祖宗紹述，綱舉目張，無漢唐雜霸之未醇；君聖臣賢，若舜禹遵堯而不變。迨乎熙寧之間，王安石用事，管心鞅法，甲倡乙和，卒稔裔夷之禍，爲痛心疾首，義激由中，言言剴切。書成未奏。公殁之後七十九年，爲寧宗嘉定癸酉，延平郡守劉允濟上其書於朝，乞宣付史館，錫謚號。至理宗淳祐六年，提刑楊棟請謚羅、李兩先生。七年，乃錫謚文質。至正三年，有沙縣知縣曹道振者，輯先生之行實爲《年譜》一卷。事雖不詳，亦可寓景行之一班焉爾。善乎，廬陵劉將孫之跋先生遺稿也！其文曰：「《學記》曰：『三王之祭川也，先河而後海，此之謂務本。』至哉言乎，此師友之定論也。考亭朱子出延平李氏，延平出豫章羅氏。今朱氏之書滿天下，豫章、延平之遺言緒論，未有聞者。將孫一來延平，適兵革之後，慨然求之耆舊間，久乃得《延平問荅》。其詞語渾樸，皆當以三隅反者。且自謂不能發揮以文。又久之得《豫章家集》，所傳者寥寥僅見，又非延平比。益信二先生之所以上接伊洛，而下開考亭者。或曰：其簡也若是，道烏乎傳？余作而言曰：茲道之所以傳也，子曰：『余欲無言。』又曰：『文莫吾猶人也。躬行君子則吾未之有得。』言語之道盛而自得之學隱矣。二先生之自得者，有不能得於言也。其所以傳朱氏者，亦不在於言也。朱氏之得於二先生者，亦有不能言者也。而朱氏之所爲言之長者，其所授者無二朱氏也。朱氏之言，不得已而言者也。而世之求道者，往往必求之言也，則吾爲斯道慨然於此久矣。此集鳩集勞矣，寶守尤不易，正不必他求而附益之。先生之所以爲先生者不在此，蓋嘗拜先生之睟容矣，光風霽月，玉色金聲，劍山青青，劍水流清，徘徊瞻極，何往而不聞金石絲竹之音也。是可爲善言道南之學者矣，是可爲善讀豫章先生之集者矣。」

# 豫章羅先生年譜

**宋神宗熙寧五年壬子**

先生生於劍浦之羅源鄉。劍浦即今南平縣。

按：先生《行實》及羅革《題語孟解後》，皆云先生享年六十四。嘉定六年癸酉，郡守劉允濟《繳進遵堯錄狀》云：「八十九年，孤憤之氣鬱鬱未伸」云云。咸淳六年庚午，馮夢得題先生文集云：「余後七十年而生。」又云：「自生髮未燥，已知敬慕，今六十五年矣。」以是知先生生於壬子，歿於乙卯，蓋六十四歲也。

**哲宗元祐元年丙寅，先生一十五歲。**凡遇改元，雖無事必書，此論世之義也。後例倣此，李先生譜例亦倣此。

**紹聖元年甲戌，先生二十三歲。**

**元符元年戊寅，先生二十七歲。**

**徽宗建中靖國元年辛巳，先生三十歲。**

**崇寧元年壬午，先生三十一歲。**

**大觀元年丁亥，先生三十六歲。**

**政和元年辛卯，先生四十歲。**

**二年壬辰，先生四十一歲。**

始受學於龜山楊先生之門。

按：《龜山年譜》，是年赴蕭山知縣，延平羅仲素來學。自公得伊洛之學，歸倡東南，從遊之士肩摩袂屬。晚得羅仲素，遂語以心傳之秘，於是公之正學益顯於世。

**六年丙申，先生四十五歲。**

郡人李侗、新安朱松，始受學於其門。

按：李延平上先生書：「幸得聞先生長者之風十年，於今二十有四歲矣。」延平先生歿於隆興元年癸未，年七十一，以是知是年來受學。晦菴夫子之父朱松，字喬年，以詩聞。從羅仲素先生遊，與延平先生爲同門友，聞龜山先生所傳伊洛之學，則受業之年應與李先生同。

**七年丁酉，先生四十六歲。**

見楊先生於毗陵。

按先生《春秋指歸序》：「政和歲在丁酉，余從龜山先生於毗陵，授學經年，盡裒得其書以歸。」

**重和元年戊戌，先生四十七歲。**

自京師歸鄉。

**宣和元年己亥，先生四十八歲。**

按羅漸《題龜山中庸義稿》：「戊戌年五月，余與仲素、伯思自京師歸鄉。」又按先生《春秋指歸序》：「宣和之初，自輦下趨郟鄏。」「宣」字當作「重」。

按：先生鬻田裹糧，至洛見伊川，而譜中不載，茲宣和之自輦下趨郟鄏，爲見河南夫子也。至戊戌爲重和，己亥爲宣和，意先生於重和自都發，而宣和方至郟鄏乎？且先生《濯纓亭和陳默堂韻》有「十載猶緇京洛塵，歸與邢復列朝紳」，則先生之往返於洛非一次，不必深辨。

**六年甲辰，先生五十三歲。**

作《韋齋記》。

按《韋齋記》：「宣和癸卯，朱喬年得尤溪尉，治一室，名曰韋齋。齋成之明年，使人來求記。」

《遵堯錄》成。

**欽宗靖康元年丙午，先生五十五歲。**

**高宗建炎元年丁未，先生五十六歲。**

**紹興元年辛亥，先生六十歲。**

**二年壬子，先生六十一歲。**

以（持）〔特〕科授博羅縣主簿。八月上丁，以郡守周綰之命，領袖諸生，行釋菜禮。

按：先生《行實》及《延平志》、《沙陽志》，皆云晚以特科授惠州博羅縣主簿，胡文定公荅先生書亦稱「主簿足下」，惟石公轍誌先生釋菜事稱惠州博羅尉，當改。

又按：簿、尉之異同不必計，而先生於是年得官博羅，而又延平行釋菜禮，意先生將之官，而郡守特重之以寵其行也。不然，則先生自後終於廣矣，豈得再至延耶！

**五年乙卯，先生歿。**

按：先生行實及《沙陽志》，皆云先生卒於官。子敦叙，早歿，喪不得歸。數年，族人羅友爲惠州判官，遣人特護以歸。至汀州，遇草寇竊發，遂寄叢於郡之開元寺。又數年，其門人李愿中，始爲歸葬於本郡羅源黄濟坑之源。然先生族弟革題先生集《二程語孟解》後云：「享年六十有四。自廣回，卒於汀州武平縣。」龜山先生《荅胡康侯書》，亦云仲素死於道塗，又與前説不同，要不足爲先生重輕也。

按：先生之子早歿，則先生存歿之詳不甚可證，但存其大概耳。且因宦〔遊〕卒於道者，即謂歿於官亦可。再考朱文公記李先生問荅中，有云：「昔見延平説羅先生解《春秋》也淺，不似胡文定，後來隨人入廣，在羅浮山住三兩年。那裏心静，須看得較透。」則先生在廣非止一年，而享年非止六十四也。中不言其爲何官，止云隨人入廣，意先生亦非爵命於朝之官，止是淵明聊試爲吏之意。後來請謚，亦未説爲某官應加某爵也。

**明萬曆四十二年甲寅**

從閩學臣熊尚文之請，從祀文廟。

**大清康熙四十五年丙戌**

允學臣沈涵疏，賜御書祠額曰「奥學清節」。

# 葛勝仲葛立方年譜

王兆鵬 編

據《兩宋詞人年譜》節編

葛勝仲（一〇七二—一一四四），字魯卿，常州江陰（今屬江蘇）人。紹聖四年進士，調杭州司理參軍。元符中試宏詞，授河中府知録參軍。歷兖州教授，入爲太學正，政和中累官禮部員外郎，權國子司業，除國子祭酒。宣和元年，知汝州，改湖、鄧二州，以忤朱勔罷歸。建炎四年，起知湖州。紹興元年致仕，十四年卒，年七十三，謚文康。勝仲熟悉古今典故，盡讀佛學藏經，所作文字多闡明佛理。所作詩文由其子葛立方編爲《文康葛公丹陽集》八十卷，已佚，今存輯本《丹陽集》二十四卷及《丹陽詞》一卷。事蹟見周麟之《葛文康公神道碑》（《海陵集》卷二三）、《宋史》卷四四五本傳。

葛立方（一〇九二—一一六四），字常之，號歸愚，勝仲子。早年隨父宦游，宣和中，以蔭補國子監書庫官。紹興八年進士，歷秘書省正字，累官權吏部侍郎，出知袁州，旋罷職，終老湖州。著述今存《歸愚集》十卷、《歸愚詞》一卷、《韻語陽秋》二十卷。事蹟散見《南宋館閣録》卷八、《宋詩紀事》卷四五等。

葛氏父子俱以詩詞名家，《韻語陽秋》更是宋代詩話中的佼佼者，歷來爲人所重。本譜將父子二人合爲一編，考述其家世、里貫、交遊及詩詞著述等，博引詳考，可補史傳缺略之憾。原譜收入《兩宋詞人年譜》（臺灣文津出版社一九九四年）。本書所收爲原譜之節編本。

葛勝仲，字魯卿，常州江陰人。

章倧《宋左宣奉大夫顯謨閣待制致仕贈特進謚文康葛公行狀》（下簡稱《行狀》）：「公諱勝仲，字魯卿，其先……漢魏之世著籍廣陵，唐天祐中有諱濤者避孫楊連兵之禍，徙江陰家焉。」（《丹陽集》卷二四附録）周麟之《海陵集》卷二三《葛文康公神道碑》（下簡稱《神道碑》）亦云：「公諱勝仲，字魯卿。其先嬴姓，夏后世封國於葛，後因以爲氏。漢魏之際，著籍廣陵。唐天祐中有諱濤者，避孫楊連兵之禍，徙江陰家焉。」葛勝仲撰乃兄葛次仲行狀亦謂：「惟葛氏世序，自晉稚川（葛洪）爲散騎常侍居丹陽，至公之六世祖自廣陵徙貫江陰，故今爲常州江陰人。」（《丹陽集》卷一五《太中大夫大司成葛公行狀》）孫覿《鴻慶居士集》卷三〇《文康葛公丹陽集序》亦稱勝仲「常州江陰人」。熊克《中興小紀》卷三一、李心傳《建炎以來繫年要録》卷三五亦作「勝仲，江陰人」。勝仲之爲江陰人，明甚。明成化《重修毗陵志》卷二〇、嘉靖《江陰縣志》卷一九俱以勝仲爲江陰人。然《宋史》卷四四五《葛勝仲傳》（下簡稱《宋史》本傳）謂勝仲爲「丹陽人」。至清人之《宋詩紀事》卷三四、《詞綜》卷八、《歷代詩餘》卷一〇三、《四庫全書總目》卷一五六《丹陽集提要》及《全宋詞》等俱作「丹陽人」。

案：清末江陰繆荃孫《丹陽集跋》曾辨之，謂：「江陰葛氏，世籍廣陵，唐天祐中避孫楊連兵之禍渡江南徙，宋代門祚鼎盛，五世登科，第三世掌詞命。《宋史》有傳三人，附見十人，最爲江陰望族。魯卿再守湖州，有全城功，遂卜居吳興泛金溪上。集中有《泛金溪宅上梁文》。其子立方《韻語陽秋序》云：『歸休吳興，泛霅溪上。』是舊家江陰，徙居吳興，可見者如此。葛氏以葛洪著望稱丹陽，魯卿自署丹陽，乃宋人之舊習，集亦署曰《丹陽集》，是晉時之丹陽郡，非宋時之丹陽縣也。自陳振孫《書錄解題》誤以爲丹陽人（鵬案：今本《書録解題》作「江陰」人，馬端臨《文獻通考》引《解題》亦作「江陰」人），而《宋史》因之，遂以魯卿爲舊居丹陽，徙居吳興，似與江陰無涉者。因歷考《丹陽》、《歸愚》兩集、《韻語陽秋》，均無徙居丹陽之文。《京口耆舊傳》、嘉定、至順兩《鎭江志》，亦不載葛氏父子（《鎮江志》如陳昇之、蘇頌、曾布之寓居者均載之，豈有獨遺葛氏父子之理）。《韻語陽秋》云：『余曾祖通議楊寘榜登科，未四十致政，享年八十七。居江陰軍青暘之上湖，自號草堂逸老。』又云：『先人文康公罷官南陽，適當兵擾，復還舊業，奉伯父工部居焉。別建二老堂於宅南，眷望由里諸山皆在目。』考由里山離江陰城九里，距青暘亦在指顧。孫鴻慶作序文有曰『覿與公同州里』，亦可爲魯卿居江陰之證。若爲丹陽人，則屬鎭江府，不得謂同州里（鵬案：孫覿為常州人，宋丹陽縣屬鎭江府，江陰縣屬常州）。《丹陽集》卷二一有《里中無居寓丹陽縣》詩，五六聯云：『退食井腴如就國（原注：某見封丹陽郡），遙尋祖系似還鄉(原注：葛稚川，丹陽人)。』觀此更可見非丹陽人矣。至近代之志，又據《宋史》鈔入，不足據也。」(《藝風堂文集》卷四)所辨極是。

又，《宋史》卷三三三有勝仲伯祖《葛宮傳》及其祖葛密、父書思附傳。傳謂「葛宮，字公雅，江陰人」。勝仲父祖俱爲江陰人，勝仲自當是江陰人。此亦見《宋史》本傳以勝仲爲「丹陽人」實誤。今臺灣昌彼德等《宋人傳記資料索引》謂勝仲爲「常州江陰人」，甚是，然謂其「徙居丹陽」，則不確。蓋勝仲平生只寓居丹陽數月(詳後譜宣和七年)，其晚年則寓居湖州(吴興)十餘年。實應曰勝仲「常州江陰人，徙居湖州(或徙居吴興)」。

葛立方爲勝仲長子，亦爲江陰人。《南宋館閣錄》卷八即謂：「葛立方，字常之，江陰人。」《全宋詞》謂葛立方「丹陽人，徙吴興」，亦應改爲「江陰人，徙吴興。」

六世祖濤，唐末自廣陵移居江陰。五世祖劇，宋太宗時以高年有德，賜爵公士。高祖詳，隱居不仕。曾祖惟甫，贈吏部尚書。見《神道碑》、《行狀》。

伯祖葛宮，官至工部侍郎。有詩集。

《宋史》卷三三三《葛宮傳》：「葛宮字公雅，江陰人。舉進士，授忠正軍掌書記。善屬文，上《太平雅頌》十篇，眞宗嘉之，召試學士院。又獻《寶符閣頌》，爲楊億所稱。」積官秘書監、太子賓客。治平中，轉工部侍郎。熙寧五年卒，年八十一。成化《重修毗陵志》卷二〇、嘉靖《江陰縣志》卷一七俱謂葛宮「所著有《青陽集》二十卷」。今失傳。

祖密，官至太常博士。有詩集。

《宋史》卷三三三《葛宮傳》：「宮弟密，亦以進士爲光州推官。」「仕至太常博士。天性恬靖，年五十，忽上章致仕，姻黨交止之，笑曰：『俟罪疾、老死不已而休官者，安得有餘裕哉。』即退居，號草堂逸老。年八十四乃終。平生爲詩慕李商隱，有西崑高致。」成化《重修毗陵志》卷二〇謂密字子發，五十請老，「即退居青陽之上湖」，有《上湖集》二十卷。《韻語陽秋》卷二〇載葛密有「《上湖集》二十卷、《弋陽酬唱》三卷、《隱居唱和》十卷藏於家」。今俱不傳。其佚詩，分別載於《韻語陽秋》卷一、卷一一、卷一二、卷一六、卷一八和嘉靖《江陰縣志》卷一九《冬夕宿演教禪院》。

父書思，官至朝奉郎，特謚清孝。有詩集。

《丹陽集》卷一五《朝奉郎累贈少師特謚清孝葛公行狀》：「公諱書思，字進叔。」「考曰密，進士擢第，卒官承議郎。」「熙寧六年進士。」「移和州防禦推官，知楚州漣水縣丞。」「生平著文，釐爲十卷，辭理精詣，誇誕浮躁之語，一不關筆，號《安遇集》。」《安遇集》不傳，《韻語陽秋》卷一八載有其佚詩一首。

案：嘉靖《江陰縣志》卷六載有奉祠吳季札、宋葛宮、葛密、葛書思、葛邲等之「鄉賢祠」。

長兄次仲，官至太中大夫、大司成；仲兄儀仲，鄉貢進士；和仲，官至中散大夫、工部尚書。次仲、和仲俱有詩集。

次仲，字亞卿，與勝仲同年進士。歷官至大中大夫、大司成。有遺稿三十卷、集句詩三卷。事詳《丹陽集》卷一五《太中大夫大司成葛公行狀》。

儀仲，鄉貢進士（見前引《清孝葛公行狀》）。

和仲，字堯卿，官至中散大夫。勝仲詩詞中所稱「中部兄」、「中散兄」，即其人。有詩集。見《丹陽集》卷八《中散兄詩集序》。

有子六人：立方、立中、立器、立卓、立豫、立參。

長子立方，字常之，號歸愚。官至吏部侍郎（詳後譜）。

次子立中，官右迪功郎、提舉河北鹽香司幹辦公事。嘗試開封爲第五（見《行狀》）。南渡初，在拱州爲金人掠去（見後譜紹興五年勝仲《答胡學士書》）。

次子立器、立卓、立豫、立參俱早卒（見《行狀》）。

有孫五人：郛、郯、郃、鄰、邲。

《神道碑》：「孫男五：郛，右從政郎、臨安府新城縣丞；郯，左宣教郎、江東路轉運司幹辦公事；郃，左宣教郎、太平州州學教授；鄰，右承奉郎、湖州歸安縣丞；邲，右承奉郎、監漳州南嶽廟。郛、邲，嘗預國子，爲名儒。」

案：郛，郯、邲爲立方之子；郃、鄰爲立中之子。

郛，爲立方長子。《韻語陽秋》卷一八：「長子郛，亦不廢學業，故期之於後。」乾道八年至淳熙元年任江寧知縣（《景定建康志》卷二七）。

郯，字謙問，紹興二十四年進士（嘉靖《江陰縣志》卷一四）。乾道七年，通判常州。守臨川。淳熙八年卒。著有《信齋詞》一卷，今傳。

邲，字楚輔，隆興元年進士。後官至宰相，《宋史》卷三八五有傳。原有文集二百卷、《詞業》五十卷（嘉靖《江陰縣志》卷二〇），今佚。

郜，字周先，立中長子。紹興十八年進士。

案：繆荃孫《藝風堂文集》卷四《江陰葛氏世表》謂「郜字周克，立方三子」，誤。葛邲乃立方第三子，郜實爲立中長子。《紹興十八年同年小錄》載葛郜題名云：「葛郜字周先，小名衍孫，小字祖命，年三十五。三月初八日生。外氏盧具慶下第小五。兄弟二人，一舉。娶丁氏。曾祖書思，故左朝奉郎，贈少師，謚清孝。祖勝仲，故左宣奉大夫、顯謨閣待制，贈特進，謚文康。父立中，見任迪功郎。」

鄰，立中次子，右承奉郎、鹽官縣丞。繆荃孫《江陰葛氏世表》謂「鄰，立方四子」，誤。葛郜自稱「兄弟二人」，鄰即其弟。

綜上所考，列葛勝仲世系表如次：

濤→劘→詳→惟甫→密→書思→

- 次仲
- 儀仲
- 和仲
- 勝仲
  - 立方
    - 郛
    - 郯
    - 邲
  - 立中
    - 郜
    - 鄰
  - 立器
  - 立卓
  - 立豫
  - 立參

案：葛氏文業相傳，人各有集，簪纓相繼，連五世登科。《韻語陽秋》卷一八云：「余家自曾伯祖侍郎諱葛宮以甲科起家，至慶曆中曾大父通議（密）楊寘榜相繼及第，爾後世世有人。大父清孝公（書思）余中榜，先人文康公何昌言榜，某黃公度榜，至小子邲木待問榜，連五世矣。」「通議之子若孫若曾孫在桂籍者，於今已十有三人。」《丹陽集》卷八《中散兄詩集序》云：「昔王銙論家集，謂崔氏、應氏累葉文才，然不過父子三兩世，未有名德重光、爵位相繼、人人有集如吾門者也。予於江陰葛氏亦云。」又案：次仲、和仲諸子孫，可參繆荃孫《藝風堂文集》卷四《江陰葛氏世表》。勝仲著有《丹陽集》、《丹陽詞》、《考古通論》等。

勝仲《丹陽集》，由立方編成，凡八十卷、外集二十卷。孫覿《文康葛公丹陽集序》：「公之子吏部侍郎立方裒公遺文八十卷，號《文康葛公丹陽集》。」「某與公同州里，視公爲前輩盛德，而與公羣從游最久，蓄公詩文爲多，核今所藏猶有在八十卷之外者，侍郎葛公方紀次別集，未出也。」而據《行狀》、《神道碑》「有文集八十卷、外集二十卷」云云，知外集爲二十卷。

《丹陽集》初刻於紹興十九年前後，由洪興祖在眞州付梓。宋曉《丹陽集跋》云：「曩者洪君出守儀眞，因嘗鏤板。」（四庫全書本《丹陽集》卷二四附）立方《謝洪郎中（興祖）啓》即爲感謝洪興祖刻《丹陽集》而作。啓謂「猥蒙高誼，特眷遺編於鈴齋，嘯諾之時，命蓮幕紀綱之吏，伐木鄰境，惠工四方，雕鎪殆閱於一期，讎校盡刊於三家。親著冠篇之序引，曲記平生之話言。遠邇爭傳，存沒俱耀。」

案：《宋史》卷四三三《洪興祖傳》：「起知廣德軍，……擢提點江東刑獄，知眞州。」據勝仲所作《軍學記》（詳後譜），知洪興祖紹興十三年尙知廣德軍，其爲江東提刑，當在紹興十四至十六年間。而知眞州，則在紹興十六年後三、四年內。又立方稱洪興祖爲「郎中」，蓋興祖紹興初曾爲駕部郎官（見《宋史》本傳）。紹興二十一年三月洪興祖在臨安以朝奉大夫充試院檢點試卷官（《宋會要》選舉二〇）。若立方謝啓作於紹興二十一年以後，當稱「洪朝奉」，據知立方謝啓必作於紹興二十一年前，洪興祖刻《丹陽集》亦在此之前。故定《丹陽集》最初爲洪興祖紹興十九年前後知眞州時所刻。又據立方謝啓，知洪興祖刻《丹陽集》時，曾作序言。《直齋書錄解題》卷一八《丹陽集》有云：「洪慶善序其文，有所謂『絕郭天信、拒朱勔、慚盛章而怒李彥』者。」是陳振孫尙及見洪氏所作序。

至紹興末，《丹陽集》經兵火戰亂，散失過半。隆興元年（一一六三），知眞州宋曉復刻之。前引宋曉《丹陽集跋》續云：「比以兵火蹂踐，散失殆過其半，曉不忍斯文之墜，因學糧之餘，搜訪舊本，命工補缺，庶可傳之永久。……隆興癸未仲夏甲寅日，右朝請大夫、知眞州軍州、主管學事兼管勸農營田事宋曉題。」

至淳熙十三年（一一八六），知眞州姚恪再行刻印。王信《丹陽集跋》云：「（勝仲）有《丹陽集》傳于世，儀眞（即真州）舊嘗鋟板，以兵火不全。姚君恪爲守，復刊之。屬余識歲月，因筆一二，以發幽光之緒餘。……淳熙十三年七月初一日，朝奉大夫、試中書舍人兼修玉牒官王信跋。」（四庫全書本《丹陽集》卷二四附）至此，《丹陽集》已三刻於世。

眞州三次刻本是否爲八十卷並外集二十卷，不得而知。周麟之紹興二十九年作勝仲《神道碑》謂「有文集八十卷、外集二十卷傳於世」，或即洪興祖紹興十九年前後所刻本。然紹興二十七年前後孫覿作《文康葛公丹陽集序》時又謂當時「別集（即外集）未出」，似孫氏作序時外集並未梓行。姑誌此疑，以俟識者。

宋、明書目所載傳本，又與立方原輯本不合。《直齋書錄解題》卷一八著錄《丹陽集》四十二卷、《後集》四十二卷，凡八十四卷。《文獻通考》著錄同。而明焦竑《國史·經籍志》卷五載「葛勝仲《丹陽集》八十卷，又《後集》四十四卷。」前集八十卷與葛立方原輯本同，《後集》卷數則不合。明楊士奇《明書·經籍志》載「葛文康《丹陽集》十四冊，全。宋徽宗朝葛文康公勝仲著，凡八十卷」。此本與原輯本前集卷數相合，然无外集。錢謙益《絳雲樓書目》載「葛文康公《丹陽集》六冊，四十二卷」，則又與《直齋書錄解題》所著錄之前集或後集卷數相同。據此，《丹陽集》在宋明之世有三種版本：一爲前集八十卷、外集二十卷；一爲前集八十卷、後集四十卷本；一爲前後集俱爲四十二卷本。此三種版本，至清初俱絕。

今傳《丹陽集》二十四卷本，爲四庫館臣自《永樂大典》中輯出，有文淵閣四庫全書本、清乾隆四十一年孔繼涵家鈔本、清鈔本、《常州先哲遺書》本（據文瀾閣四庫全書本校刊）。今人欒貴明《四庫輯本別集拾遺》又從現存《永樂大典》中輯得四庫全書本所漏收之二十二篇。

《丹陽詞》一卷，自宋時即別刻單行。《直齋書錄解題》卷二一著錄長沙坊刻本《丹陽詞》一卷。此後各書目所載及今傳明吳訥《唐宋名賢百家詞》本、明紫芝漫鈔《宋元名家詞》本、明毛晉《宋六十名家詞》本、明鈔本、《四庫全書》本、《常州先哲遺書》本等，俱作一卷。

《考古通論》六十卷（《神道碑》）。《行狀》：「又取諸史，考證異同，發摘秘隱，褒善貶惡，皆古今名賢所未到者，別成一書，號《考古通論》，合若干卷。」此書早佚，歷代公私書目俱無著錄。

立方著有《歸愚集》、《歸愚詞》、《韻語陽秋》等。

立方所著《歸愚集》，原有宋芮煇所作序（《常州先哲遺書》本）。芮煇序未言卷數，《直齋書錄解題》卷一八、《宋史·藝文志七》俱作「《歸愚集》二十卷」，是宋本爲二十卷。明代尚存其舊。焦竑《國史·經籍志》卷五即載「葛立方《歸愚集》二十卷」。然至清代，宋刻本僅存五至十三卷。黄丕烈《求古居宋本書目》：「《葛歸愚集》殘本，五至十三卷，四冊。」汪士鐘《藝芸書舍宋元本書目》

亦載宋本「《葛歸愚集》，存五至十三卷」。潘祖蔭《滂喜齋宋元本書目》作「宋板《葛歸愚集》一匣」，亦當爲殘宋本。

案：此殘宋本，爲宋撫州刻本，今藏上海圖書館，有黄丕烈跋。

今通行本《歸愚集》，爲十卷，乃清人據殘宋本所存九卷重編，並益之以《歸愚詞》一卷，合爲十卷。丁日昌《豐順丁氏持静齋書目》載：「《歸愚集》十卷，舊鈔本，顧儀藏，程慶餘以景宋鈔本校過，甚精備。程跋云：『宋本自卷五至卷一三，共九卷，無樂府。今世所傳鈔本皆有樂府，蓋後人從它本補入，以足十卷之數。』」黄丕烈於舊鈔《侍郎葛公歸愚集》十卷本跋云：「宋本自五卷至十三卷與此本合，而此本多樂府一卷，爲宋刻所無。大約後人從他處補入，以足十卷之數，惜與宋刻刺謬耳。」（日本静嘉堂文庫藏。又參葉廷琯《吹綱録》卷五、繆荃孫《藝風藏書記》卷六《侍郎葛公歸愚集》）。

案：《歸愚集》十卷，今存鈔本甚夥，北京、上海、南京等圖書館俱有庋藏，刻本則唯有《常州先哲遺書本》。另清金星軺《文瑞樓藏書目録》著録有「葛立方《歸愚集》八卷」，未知爲何代刻本。

《歸愚詞》，原别刻單行。《直齋書録解題》作一卷。今傳吳訥《唐宋名賢百家詞》本、明紫芝漫鈔《宋元名家詞》本、明毛晉《宋六十名家詞》本、《四庫全書》本，俱作一卷。《歸愚集》十卷本中收詞亦作一卷。

《韻語陽秋》二十卷，撰成於孝宗隆興元

年（詳後譜）。《直齋書錄解題》卷二二有著錄。今傳有宋刻本、明正德二年葛諶重刊本、《四庫全書》本、《學海類編》本、《歷代詩話》本、《常州先哲遺書》本、《藝圃搜奇》本、《叢書集成初編》本（據《學海類編》本）等。其版本源流，可參繆荃孫《藝風藏書再續記》卷五、郭紹虞《宋詩話考》。

另，嘉靖《江陰縣志》卷二〇謂常之所著還有《外制集》五卷、《西疇筆耕》五十卷、《方輿別志》二十卷。毛晉《歸愚詞跋》所載相同。今俱不傳。

案：縣志與毛跋俱稱《歸愚集》五十卷，「五」或當爲「三」之訛。毛跋似本縣志，故亦因之而誤。

**神宗熙寧五年壬子，魯卿一歲。**

仲冬，魯卿生。

《行狀》、《神道碑》謂魯卿「享年七十有三，（卒）時紹興十四年九月八日也。」自紹興十四年逆推七十三，得其生年在本年。

《陳與義集》外集有《承知府待制誕生之辰輒廣善思菩薩故事成古詩一首》賀魯卿生日，詩首句云：「歲星欲吐芒不開，昴星避次光低回。」

案：《尚書·堯典》：「日短星昴，以正仲冬。」知陳與義此詩作於仲冬，據知魯卿生日亦在仲冬十一月。

**元豐三年庚申，魯卿九歲。**

已能屬文。

《神道碑》：「九歲能屬文，時出驚人語。」

**哲宗元祐元年丙寅，魯卿十五歲。**

通經史。

《行狀》：「年十五而學成，於經史無不精通。」

**元祐二年丁卯，魯卿十六歲。**

赴京應開封府舉。

《行狀》：「年十六，應開封舉，中其選。」孫覿《文康葛公丹陽集序》：「年十六，隨計詣京師。」

**元祐五年庚午，魯卿十九歲。**

隨父官居漣水。

《丹陽集》（下簡稱本集）卷一〇《題佛本行經》：「元祐庚午歲，侍先君官此邑。」是歲魯卿父書思爲楚州漣水縣丞（見本集卷一五《清孝葛公行狀》），故侍居此地。

與夫人張氏完婚。

本集卷一四《妻碩人張氏墓誌銘》：「元祐中，通議公（指魯卿岳父張磐）爲漣水軍，我先人開府儀同三司府君佐之，同僚且同郡，復聞其女賢，爲某受室。」

母卒，丁內艱。

《行狀》：「年十九，丁內艱。」又見本集卷一〇《題佛本行經》，卷一四《妻碩人張氏墓志銘》云：「既歸，不逮事皇姑溫國夫人。」說明魯卿完婚在前，母卒在後，且俱在本年。

**元祐六年辛未，魯卿二十歲。**

居漣水。丁內艱。

**元祐七年壬申，魯卿二十一歲，常之一歲。**

居漣水。丁內艱。

是年，長子立方生。

立方生年難確考，姑依其侄郃之年歲大略推之。郃爲立中長子，紹興十八年（一一四八）進士及第時三十五歲（見《紹興十八年同年小録》），則郃生於大觀四年（一一一四）。若立中二十歲生郃，立中當出生於紹聖元年（一〇九四）前後。立方爲立中之兄，假定立方長於立中二歲，則立方當生於元祐七年前後。

**元祐八年癸酉，魯卿二十二歲，常之二歲。**

再赴開封應舉，爲第四。

《行狀》：「二十二（歲），再試開封，爲第四。主文歐陽叔弼見其封策，愛嘆之。」

**紹聖三年丙子，魯卿二十五歲，常之五歲。**

復應開封舉。

《行狀》：「紹聖三年，復預開封優選。」

**紹聖四年丁丑，魯卿二十六歲，常之六歲。**

是年春，進士及第。

《行狀》：「明年，試南宮。時再用經義取士，知舉文節林公希謂公邃於經旨，乃擢置高等，遂登是歲進士第。」是歲同登進士者有乃兄葛次仲。本集卷二〇《吾家故事子侄登第必有酬獻詩什去歲立悌立經二侄中科選未有慶以詩者偶示四韻》，「同榜連榮追紹聖」句自注：「予與伯兄大司成同中紹聖四年第。」

**元符元年戊寅，魯卿二十七歲，常之七歲。**

入律學，試爲第一。

《行狀》：「登是歲進士第。朝廷方興律學，公居學才閱月，於法令貫通若素習，試爲第一。」

**元符二年己卯，魯卿二十八歲，常之八歲。**

調杭州右司理參軍。

《行狀》謂魯卿試律學第一後，「國子監上其程文，乞旌擢以勵衆。元符二年，調杭州右司理參軍。」

在任上，明法善斷。

《行狀》云：「公自以儒生且年少，恐其易己，乃痛繩以法，而於鞫獄必委曲詳盡。旬月間，滯獄一空，吏益畏憚，不敢肆。」

**元符三年庚辰，魯卿二十九歲，常之九歲。**

春三月，入京試學官與宏詞科，俱第一，遷河中府知錄事參軍，充兗州州學教授。

《行狀》：「文節林公赴召京師，陰求天下奇士，一見公謂曰：『君文詞經術，宜爲當今模範，獄訟冗職，奈何久居？』因薦試學官。元符三年春，公以《詩》《書》《禮》三經試於有司，又試宏詞二科，俱爲第一，特遷河中府知錄參軍，改登仕郎。士林歆艷，見其文以爲不可及。公之華問，自是彌大矣。」《宋會要》選舉一二：「元符三年三月，三省言：試宏詞、知河中府錄事參軍，充兗州州學教授葛勝仲考入次等，循一資。」中宏詞科後，魯卿等遷知河中府錄事參軍充兗州州學教授。《行狀》謂除兗州州學教授在建中靖國元年，今依《宋會要》，繫於本年。《神道碑》亦將「除教授兗州學」與中宏詞科連書，亦當爲同年之事。

有《謝試宏詞及三經義入等啓》（本集卷四）。同時又有《上揚州蹇尙書》。

是年魯卿試宏詞科所作《瑞成殿芝草頌》、《代高麗王謝賜太平御覽表》、《重摹太宗皇帝御飛白玉堂記》，分別見《丹陽集》卷九、卷二、卷八。

**徽宗建中靖國元年辛巳，魯卿三十歲，常之十歲。**

在兗州州學教授任。

魯卿到任後，即上《兗州教授到任謝啓》（本集卷四）。又有《答李集正書》（本集卷三）。

上書兗州太守，請興修學校（本集卷三《上兗州太守書》）。

案：明年祝康任兗州太守（詳下），則此太守爲祝康前任，據知此書爲本年所上。

時州學諸生絕糧，有《諸生絕糧偶作二首示勉夫》（本集卷一九）詩。

案：此詩謂諸生絕糧，與《上兗州太守書》謂「生師悽悽，有陳蔡絕糧之色」相合，當爲同時作。又有《學正郭勉夫示詩次韻》、《勉夫示詩鳴其窮甚哀因次韻答之極其貧悴之態而卒勉之以科舉庶廣其意也》詩（本集卷一九）。

**崇寧元年壬午，魯卿三十一歲，常之十一歲。**

在兗州教授任。興辦學校、教育甚力（《行狀》）。

兗州新任太守祝康到任，魯卿有賀啓。

本集卷四《賀兗守祝刑部啓》。卷一三《左朝議大夫致仕祝公墓誌銘》云「崇寧元年，守魯郡，時某分教諸生。公遇之厚。」據知祝康本年任兗州太守，賀啓作於本年。

送諸生赴京應舉，席上《次韻祝守康鹿鳴宴贈諸先輩》（本集卷一五）詩。

爲《策問》數篇以課諸生，頗有憂時之心。

本集卷六《策問·遠識》：「天下大物也。基廣根深，故無傾拔之慮。苟目前之安而不思長久之計，則禍隙雖未露而識者寒心矣。方策所載，諸生講求熟矣，悉條舉以告愚陋者。」

案：卷六《策問》凡十七篇，俱作於兗州。爲諸生所出之對策練習、試題。其中《策問·勸學》篇提及「鄒魯」、「泮林」、「洙泗」等兗州一帶地名，亦證諸篇《策問》皆作於兗州。

曾與同僚子充游堯祠，有詩。

本集卷一八《同子充游堯祠見交代李行正待追李太白舊韻因亦次韻呈子充》：「官寺相望無百步，泮林正對河陽花。」知魯卿與子充爲兗州同僚。卷一六《兗學敘舊呈子充》亦爲同期所作。卷一九又有《次韻子充九日建天寧道場罷遂游堯祠》詩。

案：堯祠，在兗州瑕丘縣（治所）城東南。《太平寰宇記》卷二一：「堯祠在縣東南七里。」

又本集卷一七《柏閱堂宴集晚移望嶽亭德昇有詩復次韻》、卷一九《次韻德昇游堯廟》、《次韻德昇見懷》、《次韻德昇再講酬唱》、卷二〇《旬休誕聖院納涼周澶州招隱呈德昇詩二首》、卷二二《次韻德昇七夕二首》、《次韻德昇頤軒詩五首》、《次韻德昇惠新茶》、《望嶽亭》、《泮水》等亦皆作於兗州任期內，蓋堯廟，即堯祠；誕聖院、泮水，亦在兗州。姑併繫於此。

曾赴青州試諸生，有詩紀事。

本集卷一九《青州試院次監門韻四首呈同事李無咎補之簽判王柏立之劉及至父二宰鄭與權存戶李致志道縣丞》謂「速發試題乘不備，毋令掩耳及驚霆。」「樽酒重陽泛菊英」句，當是重陽節前後作。同卷《再次韻四首呈至父》爲同時次韻之作。

外舅張磐卒，魯卿有祭文二篇。

本集卷一五《祭外舅張朝散文》：「昔我弱齡，從親漣水。公實奇之，有答無訛。思勤綢繆，乃妻以子。出入門牆，將逾一紀。」

案：元祐五年魯卿識張磐並與其女成親，至本年已十三年，正所謂「將逾一紀」。同卷又有《再祭外舅文》。同時又有送友赴試鉅野詩，亦言及外舅去世。

本集卷一六《送友赴試鉅野送之西門時方有外舅之戚極目無聊歸不得臥作詩五首卻寄以風雲入壯懷爲韻》詩，有「秋風濟陽戰」、「寒齋篁竹間」云云，詩當作於深秋。

**崇寧二年癸未，魯卿三十二歲，常之十二歲。**

入京爲太學正。離兗州時，有詩紀事。

《行狀》：「崇寧二年，始行三舍法於天下，朝廷以太學首善之地，故除授學官非第一流人，不在選。除公學正，清孝喜謂公曰：『士積學非獨爲己，蓋將淑諸人，汝其勉旃。』」

離兗州任時，諸生詣府挽留再任，魯卿作《諸生詣府見留再任示勉夫二首》以見意，其二末聯云：「誰識白雲千里念，終更計日望吾廬。」（本集卷一九）

**崇寧三年甲申，魯卿三十三歲，常之十三歲。**

在京任太學正。曾回故鄉江陰，迎乃父至京師居住。

本集卷一五《清孝葛公行狀》：「崇寧三年，幼子勝仲官學省，聞公得謝（致仕），取告近侍，不得已至京師，暇日多賦詩自適，喜爲巨篇強韻，識者服其老而精強。」《行狀》亦云：「清孝自謝事高卧，未嘗出閭門，公因力請迎親，從之。公官卑祿薄，且處桂玉之地，日營滫瀡之奉，極其誠。」

八月，遷文林郎。奏賦數千言，列爲第一。

《行狀》：「至崇寧三年八月，以薦者遷文林郎。是歲，天子幸太學，公奏賦數千言，時四方文儒之士，上歌頌文章者以千計。徽宗皇帝命中書省第其優劣，公居其首。」案《宋史·徽宗紀》：崇寧三年十一月甲戌，幸太學。魯卿獻賦，當在十一月四日甲戌後幾日。

十一月二十九日，父卒。丁外艱。

《行狀》：「（崇寧元年）十一月，丁外艱。」本集卷一五《清孝葛公行狀》謂乃父書思「不幸冬十一月二十九日終城南里第」。

**崇寧四年乙酉，魯卿三十四歲，常之十四歲。**

居鄉丁外艱。日讀佛經。

《行狀》：「丁外艱，執喪哀毀過制。既舉大事，貧甚，無以贍其孥，至全家食粥，終喪未嘗飲酒茹葷。居苫廬，閱釋氏所謂《大藏經》者，盡其卷帙。」

三月，原兗州太守祝康病卒，魯卿爲作《祝公墓誌銘》。

**崇寧五年丙戌，魯卿三十五歲，常之十五歲。**

居鄉丁外艱。有《侍其公墓誌銘》。

本集卷一三《朝散大夫致仕上柱國賜紫金魚袋侍其公墓誌銘》：「洎然而逝，崇寧三年十月丙辰也，壽八十有三。五年九月丙申葬於宣城縣萬松山之原。」案：墓銘作於本年九月丙申侍其瑋安葬之前。

十一月，葬乃父於江陰縣青暘鄉。見本集卷一五《清孝葛公行狀》。

**大觀元年丁亥，魯卿三十六歲，常之十六歲。**

五月，服除，充提舉議曆所檢討官。

《行狀》：「大觀元年五月，用幸學恩循承直郎，差充提舉議曆所檢討官。是冬天子祀南郊，文武官通朝籍者例皆得封，贈公以檢討。在職若滿半歲，則於格當改奉議郎，預計其日適在蕆事之後，乃拜章乞減秩一等，及大禮前授命。朝廷嘉其孝，特改通直郎，由是恩沾泉壤，鄉里榮之。」《神道碑》略同。

八月，除知大宗正丞事。

《行狀》：「八月，除知大宗丞事，檢討如故。」《宋史》本傳：「差提舉議曆所檢討官兼宗正丞。」

案：《行狀》、《神道碑》俱作「知大宗正丞事」，《宋史》本傳謂「知宗正丞」，不確。

以拒郭天信，罷議曆所提舉官。

《行狀》：「始朝廷以從臣提舉議曆所，至是俾郭天信代之。公深惡其人，弗欲與共事，謂之曰：『是局既易長，則其屬義亦不可留。』堅請引退。天信曰：『公譽望如此，豈久爲檢討官者。苟能暫屈相從，正字指日可得。』公曰：『富貴在天，儒者但當顧義耳。』明日，抗論于朝，爲丐罷。天信聞之，大怒。公請不已，并乞罷宗正職。上喜其不可奪，特許罷曆局。縉紳稱其難能。」（《神道碑》同）

**大觀二年戊子，魯卿三十七歲，常之十七歲。**

在京知大宗正丞事。正月以恩轉奉議郎，旋特轉承議郎。

《行狀》：「二年，以皇帝受八寶恩轉奉議郎仍加武騎尉。宗室仲琛妄議學制，公劾之。上喜公能舉職，特轉承議郎。」

三月，除秘書省校書郎，有《謝除館職啓》。

《行狀》：「三月，除秘書省校書郎。」

《神道碑》作「除秘書省正字」。《行狀》撰於前，姑從之。本集卷四有《謝除館職啓》，即三月除校書郎後所作。

五月，遷禮部員外郎。

《行狀》：「五月遷尚書考功員外郎，以親嫌改禮部員外郎。時方承平，四方上符瑞者沓至，公掌南宫牋奏，或日草數牘，曾無滯思，時人服其敏而工。」

**大觀三年己丑，魯卿三十八歲，常之十八歲。**

在禮部員外郎任。六月，磨勘轉朝奉郎（《行狀》）。

八月，以議事不合，責知歙州休寧縣。有謝表。

《行狀》：「八月，以議廟制與時論不合，責知歙州休寧縣。」《神道碑》、《宋史》本傳同。

案：《宋會要》職官六八：大觀三年「七月二十三日，尚書禮部員外郎葛勝仲送吏部，以言（者）論其議僖祖殿室，唱爲異端故也。」據此，魯卿議僖祖廟事在七月，貶責在八月。

到職後，魯卿上《休寧知縣謝上表》（本集卷二）。

到任三日，作《初莅任祀神文四首》以明心跡（本集卷一一）。

雖遭貶而不改其節操，有《上前宰相書》（本集卷三）。

勤於吏事，尤善斷獄。

《行狀》：「公視職甚謹，雖細務檢飭必親，簿書錢穀悉井井有條次，無絲忽不治。每聽訟，必先爲民辨曲直，已乃從容告以慈孝禮遜之節，恂恂然猶父兄之詔子弟，民多在庭中感泣，願息所爭。由是獷俗頓革，鬬訟衰止。」

吏事之繁，時或形於歌詠。

本集卷一六《閱訟訴忽疲起卧少頃復視事》，卷一九《次韻德林新亭詩韻》，《圄空訟息復遇視眚庭事蕭然蒙良器解元寵詩輒以二章爲謝》，可與《行狀》所云「曾未遇月囹圄告虛」參證，上述詩當作於本年。

當地士人慕名求見者甚夥，有願執師禮者。

本集卷三《答王齋長書》云：「某才智學問無足算錄，又方竄逐於朝，宜人士擯而弗顧。吾子獨惠然見存，抵以長書，且引李白『不願萬戶侯，願識韓荆州』之語，何嗜好趨尙與俗背也。」同卷《與程嘉量秀才書》：「方咎美之不暇，乃有師資之說，何撝挹過乎！」

冬夜，感懷作《江神子》詞。

魯卿《江神子·初至休寧冬夜作》（《丹陽詞》。下引魯卿詞，俱見此書，不另出注），既曰「初至」，可知爲本年作。魯卿所存詞，編年自此始。此首亦爲《丹陽詞》壓卷之作。

**大觀四年庚寅，魯卿三十九歲，常之十九歲。**

在休寧知縣任。創眞意亭於南溪，時嘯詠其上，有詩紀游。

本集卷一六《次韻良器眞意亭探韻並序》云：「某自年來頗知景仰其（陶淵明）素風，到海寧，築亭於南溪之上，取其《雜詩》句名以眞意，今顯東、良器諸公相率飲酒，賦鉅篇強韻，春容豪逸，配古名筆矣。模寫景物，不復餘蘊，獨恨不道淵明，因次良器韻呈五君子，書其後。」又有《游眞意亭得二絕句示良器》，當爲本年前後事，姑繫於此。卷一八《程良器嘉量解元許爲寫照作詩求之》亦爲同期作。眞意亭初成，有《漁家傲·初創眞意亭於南溪游陟晚歸作》詞二首。三月望日泛舟南溪，賦《南鄉子》、《木蘭花》諸詞。《南鄉子·三月望日與文中諸賢泛舟南溪作》，《木蘭花·與諸人泛溪作》或與《南鄉子》同時，並繫於此。又《西江月·次韻林茂南博士杞泛溪》、同調《三月初六日席上代監酒和》爲同時而先後泛南溪次韻之作，前首有「肯嗟流落在天涯」句，是貶責休寧時語，當爲本年三月或明後年三月所作。魯卿在休寧任期內所作詩詞，大多難以確切繫年，姑酌情編列。秋，與程嘉量泛秀南溪，往返次韻，有《水調歌頭》三首。

魯卿《水調歌頭·程良器嘉量別賦一闋紀泛舟之會往返次韻》三首，其一有「夜泛南溪月」，「坐久桂花落」云云，知爲秋日游南溪作。

愁坐縣齋，作《點絳唇》。

魯卿《點絳唇·愁坐縣齋作》：「秋晚寒齋，藜床香篆橫輕霧。」亦是秋日所作。魯卿平生僅此次爲縣令，既曰「坐縣齋」，必是在休寧。

愁況無聊，賦《行香子》。

魯卿《行香子·愁況無聊作》有「漸老人，不奈悲秋。羈懷都在，鬢上眉頭」云云，亦是秋日在休寧縣作。

又《臨江仙·尉姜補之托疾卧家作》詞，有「小雨作寒秋意晚」之句，亦爲晚秋所作。

十一月二十日，有《記夢詩》二首、復次

韻二首。

本集卷一八《記夢詩並序》：「新定姜補之，十一月二十日讀書齋中，疲極假寐，夢與半山老人相遇於長干、白下之間，大相譚賞，且授以巨硯曰：『余昔所用也。』舊史載此類事，皆爲文藝顯名之兆，因作記夢詩二首。」同卷《補之見和復次韻二首》即和前詩韻，爲同時作。又同卷《邑尉姜補之師仲枉詩甚寵率爾酬和》亦在休寧作，並繫於此。

除夕獨坐縣齋，有詩次乃兄和仲韻。

本集卷二〇《次韻工部兄除夕見寄三首》自注：「除夕獨坐縣齋……，因成長句二首呈良器。予年數三十九，是日持六齋。」

**政和元年辛卯，魯卿四十歲，常之二十歲。**

正月十七日，與曹文中遍游歙、黟、祁門山水，有《西江月》詞二首。

本集卷二〇《婺源祁門二令母年八十求爲保官注家便闕慨然慕之作詩二首自悼》或同時在祁門作。

二月，作《著作佐郎陶公墓誌銘》（本集卷一四）。

四月八日，有詩贈縣丞曹文中。

本集卷二二《四月八日蒙文中餉黑飯作詩二首紀謝》、同卷《比作黑飯新茶二首未蒙文中縣丞寵和走筆再賦以助一笑》，爲同時而先後次韻之作。

五月十五日，會食普滿院，作詩二首。

本集卷二〇《五月望日會食普滿院夜歸作詩二首呈文中縣丞玉老禪師江斅王彧》有云：「簿書塡委我何堪，茶串攜尋井水甘。」

同卷《二十四日葉氏林亭燕集成句呈文

中縣丞》云：「執熱何從避火雲，山居岑寂背城闉。」當爲盛夏所作，或爲五月二十四日，姑繫于此。同卷《葉左卿隆見和復次韻和答之》即用二十四日所作詩韻，爲同時所作。

卷二二《蒙文中縣丞以詩送苦筍走筆六首爲謝》：「碧澗哪憂盛夏無，駢頭聊取供齋枝。」亦作於盛夏，並附於此。卷一六《盆池放魚呈曹文中》亦同期作。

七月，爲祁門縣作辟支佛舍利銘。

本集卷九《歙州祁門縣青羅山辟支佛舍利銘並序》謂佛塔「政和元年正月告成」，「是歲七月十日夜毫光出輪杪，亘數千丈」。此文作於七月十日後不久。

九月二十五日，游鳳凰山，有詩紀游、酬唱。

本集卷二二《鳳凰山泉石勝絶去城無幾里而前此未有知者偶因休吏與文中良器二士訪尋得瑰奇卓絶之觀於荆棘草莽因崇基址築亭榭疏泉甃池爲登臨嘯詠之地九月二十五日游陟歸夜作小詩十首》。同卷《再賦十絶》、《走筆再和鳳凰山十韻酬良器解元兼呈文中宣德》皆係和前十首詩韻，當爲同時作。案弘治《徽州府志》卷一：「鳳凰山，在（歙）縣北十五里，高三十仞，周十五里。」

十月，撰《文林郎姜公墓誌銘》（本集卷一四）。

案：姜師仲補之，爲墓主姜周臣之子，即前與魯卿唱和之姜縣尉。

是年，磨勘轉朝散郎。

《行狀》：「考課爲江東第一，外臺列薦諸朝。政和元年磨勘轉朝散郎加雲騎尉。」

**政和二年壬辰，魯卿四十一歲，常之二十一歲。**

在休寧知縣任，時與賓友酬唱。

《行狀》云：「暇日攜賓友登覽泉石，吟詠酬唱，略無遷謫之嘆。」茲將魯卿在休寧任内所作詩而無年月可考者，述如次：本集卷二〇《次韻韓景賢承議自金陵沿檄宣歙道中見貽二首》，作於休寧。同卷《周文之彦質運使巡按海寧追憶曩歲與伯仲同奉板輿之東感慨賦詩……次韻和二首》。海寧，即休寧。

**政和三年癸巳，魯卿四十二歲，常之二十二歲。**

復召爲禮部員外郎。

《行狀》：「（政和）三年，復召爲禮部員外郎。」

途經昌化，有《昌化紫霄閣次長老仲希賦》（本集卷二〇）。

案：魯卿此次赴京，當是自休寧經歙縣、績溪，越大鄣山，過昌化、於潛、臨安諸縣，至杭州，然後自杭州入運河北上抵汴京。先陸行，後水路。陸行途經昌化時，作此詩。

回朝後再遷吏部員外郎。

《行狀》：「以預議元圭轉朝請郎，遷吏部員外郎。」

案：魯卿明年已擢爲國子司業，其遷吏部郎官，當在本年。

**政和四年甲午，魯卿四十三歲，常之二十三歲。**

擢國子司業，一變科場文風。

《行狀》：「四年，擢國子司業。時興學久，成均之士爲文，轉相模倣，率一律。公恐其漸入卑陋，每考試，必取卓然不羣者，置之上列，文格翕然大變。士相慶以爲得師，質經叩疑者屨滿戶外，幾無食息之間。其爲當世推重如此。」

七月，增秩一等。

《行狀》：「朝廷命諸生習雅樂，樂成，上御崇政殿，按視大悅，學官皆增秩一列，轉朝奉大夫。七月，以公在吏部編修《大使臣名籍》成，轉朝散大夫。」

九月，遷太常少卿。纂《政和續因革禮》三百卷。

《行狀》：「（政和四年）九月，遷太常少卿。皇朝自建隆至治平初所行典禮，歐陽文忠公嘗裒集刊定爲書，凡百篇，號《太常因革禮》。及是，朝廷以公明習典章，俾續其書。公自治平迄政和四年用文忠公條目纂錄爲三百卷。於是五十年間禮文之事，粲然在目。書成，上覽而嘉之，使與前書併藏太常焉。」（又見《五禮通考》卷首第四）

是年，作《朝奉大夫吳公墓誌銘》（本集卷一二）。

**政和五年乙未，魯卿四十四歲，常之二十四歲。**

在京任太常少卿。兼太子右諭德。

《行狀》：「政和五年，初建太子府，以公兼太子右諭德。」案：魯卿有《辭免太子右諭德劄子》（本集卷一）。劄上而未允，遂聽命。

獻《孝論》、《學論》、《仁論》。

《行狀》：「公每見太子，未嘗不言治心修身之要。且以仁、孝、學三言各著一論獻之，勉之使進。於是大蒙嘉納。」

案：《仁論》已佚，《孝論》、《學論》見本集卷七。

本集卷七尚有《齊論》、《南齊論》、《梁論》、《陳論》、《論魏野》、《論彰義》、《論鎮翼》、《論盧龍》、《論澤潞》、《外戚論》、《衛青論》等，亦當作於太子右諭德任上。

是春，何㮚狀元及第，魯卿有《答何狀元啓》（本集卷四）。

九月，磨勘轉朝請大夫。

《行狀》謂魯卿獻仁、孝、學三論後，「復採春秋戰國以來歷代太子善惡成敗之跡，日進數事。即久，遂成一書，號《承華詔幟》云。九月，磨勘轉朝請大夫。」《神道碑》謂《承華詔幟》有十卷。

案：此書未傳刻，久佚。

是年，有《樞密吳公墓誌銘》（本集卷一二）。

**政和六年丙申，魯卿四十五歲，常之二十五歲。**

任太常少卿兼太子右諭德。七月，移太府少卿。

《行狀》：「六年七月，移太府少卿。時盛章以諂媚權貴，驟用爲開封尹，勢傾中外。忽遣其子並謂公曰：『外府左遷，士論甚鬱，某能爲公即還舊物，其許之乎？』公正色曰：『進退百官，當自宰相。某雖不佞，顧安肯由他歧進以重速戾哉！』並歸以告，章大慚，遂與公爲仇。識者聞而韙之。」（《神道碑》同）

**政和七年丁酉，魯卿四十六歲，常之二十六歲。**

在京師。除國子祭酒。

《行狀》、《神道碑》俱謂魯卿移太府少卿後「除國子祭酒」，而未書年月。

案：魯卿去年七月移太府少卿，今年

又由國子祭酒遷大司成，其除國子祭酒當在去年底或今年初。

遷大司成。有辭免劄子及謝表。

《行狀》：「（政和）七年，遷大司成。」魯卿先上《辭免大司成劄子》（本集卷一），所請未允遂就任，再上《大司成謝上表》（本集卷二）。

轉朝議大夫。

《行狀》：「以前任司業訓導高麗生有勞，轉朝議大夫。」

是年，有《次韻宏道游三宮院園時余往辟雍不果往》（本集卷二〇）詩，謂因往辟雍督學而未與宏道等同游，當作於任大司成期間內。張勸，字宏道，是年在京任度支員外郎（《宋會要》食貨六四），故得與魯卿從游唱和。魯卿又有《元巳日王循德孝迪招飲方池宏道兄有詩奉和以紀一時之事》（本集卷二〇）、《次韻張宏道勸釋奠致齋》（卷一六）諸什，當爲本年前後所作。

作《宗正寺少卿壁記》（本集卷八）。

卷一四《徐太令人葛氏墓誌銘》亦爲本年作。

**政和八年**重和元年**戊戌，魯卿四十七歲，常之二十七歲。**

正月，罷大司成，奉祠居澠水。有謝表。

《宋會要》職官六八：「政和八年正月二十七日，葛勝仲罷大司成，提舉江州太平觀，以言者論其邪僻，不足當師儒之任故也。」落職後，魯卿上《謝江州太平觀表》。

離京後，魯卿居澠水。本集卷一〇《題佛本行經》云：「元祐庚午歲，侍先君官此邑，……後二十有八年自大司成出領宮祠寓居。……時先君捐館十四年矣。」

案「此邑」，指漣水（參前元祐五年）。自元祐五年至本年恰爲二十八年。其父崇寧三年卒，至今正「十四年矣」。

是春，有《回王狀元啓》（本集卷四）。

王狀元，指王昂，王昂本年狀元及第（參《宋會要》選舉七、《宋史全文》卷一四），知此啓爲本年作。

又有《西江月》詞二首。

魯卿《西江月·漣水東樓燕集》有「飛絮落花春晚」之句，知作於春天。魯卿在漣水僑居兩年，此詞必作於本年春或明年春。同調《泛舟》之「恨寄飛花簌簌」，亦是春日之景，乃同時作。

常之是年隨父居漣水。

《韻語陽秋》卷一三：「漣水軍有眞君泉，在軍治園中。……又有藍家井亦佳絕。……余隨侍文康公僑寄此軍二年，每日烹茶，更用二水。」

案：文康公，指乃父魯卿。魯卿本年起僑寓漣水，據「侍文康公」云云，知本年及明年魯卿父子同寓漣水。

**宣和元年己亥，魯卿四十八歲，常之二十八歲。**

居漣水。年底，復右文殿修撰，除知汝州，有謝表、啓。

《行狀》：「宣和元年，朝廷明公非辜，復右文殿修撰，仍改宮觀，作自陳，繼除知汝州。」

案：《行狀》等俱未書月日。常之謂侍乃父居漣水二年，而去歲正月魯卿父子始居漣水，則魯卿起知汝州離漣水，當在本年底。

聞朝命後，魯卿有《謝復右文殿修撰表》

（卷二）、《復修撰謝兩府啓》（卷五）。到汝州任後，魯卿又上《汝州到任謝表》（本集卷二）和《汝州到任謝兩府啓》（本集卷五）。

常之亦隨父至汝州居住。《韻語陽秋》卷一四：「余時隨家先文康公至汝州。」

**宣和二年庚子，魯卿四十九歲，常之二十九歲。**

在知汝州任。到任初，謁顔眞卿廟，有祝文二篇。本集卷一一《顔魯公祝文二首》其一：「某視職之初，首修祝謁。」

拒宦官李彦括田。有賀宰相王黼啓。《行狀》：「宦官李彦爲京西之民率盜佔官地，括其田而歸之官，號『西城新法』。由是破產者比屋，有朝爲豪姓而暮乞丐於市者。公下車數月，會彦至，一境騷然。公見彦，垂泣曰：『某任郡寄，當爲天子牧養斯民，而坐視其離散如此，深所不忍。願公稍霽威嚴。』退而條具不當括者數千戶，請蠲之。彦大怒曰：『是欲沮壞西城新法耶？』奏劾公，朝廷壯公敢爲，寢其奏不行。自兹西城及貢奉之事，專委通判，而彦亦不復再至州境矣。」

案：《行狀》謂魯卿「下車數月，會彦至」，時當本年。又，李彦括田，敢肆行無忌，實因與宰相王黼相表裏。而魯卿敢拒李彦，則又因魯卿與王黼有妻黨之連。魯卿《妻碩人張氏墓誌銘》謂其妻之季妹崇寧間「許嫁今丞相王公，時碩人從予官太學」（本集卷一四）。「今丞相王公」，即指王黼，宣和元年至六年一直居相位（參《宋史·宰輔表》），墓誌作於宣和五年，故稱之爲「今丞相」。宰相王黼與魯卿爲連襟，自當爲魯卿奧援；魯卿有宰相爲之蔭庇，故不懼激怒李彥。《行狀》謂「朝廷壯公敢爲，寢其奏不行」，實因王黼之故。本年十一月，王黼自少宰進太宰兼門下侍郎（《宋史·宰輔表》），魯卿作《賀太宰啓》，其中有「伏念某小器窘用，孤根易搖，久困風波，幸托帡幪之庇」云云（本集卷五），亦可證魯卿曾得王黼之庇護。

詩人陳與義丁母憂來居汝。未幾，其母病故，復丁憂居此。魯卿與陳氏兄弟唱酬甚多，兹依時間先後編列。陳詩之編年，白敦仁先生《陳與義年譜》、《陳與義集校箋》有詳考，故此處不另考證，若有不確處則辨之。

本集卷二〇《和若拙弟說汝州可居已卜一邱韻》，作於本年春。

本集卷二〇《和元方寄若拙弟托覓顏淵之五十畝韻》亦作於春日。

魯卿《蒙若拙復見和復次韻》詩（本集卷二〇），乃叠前詩韻，亦同時作。

本集卷二一《和西郊春事招元方同游韻》，爲春日作。

本集卷二一《和元方用韻見寄次韻奉謝呈元東詩二首》有「紅杏飄筵得意秋」句，亦爲春日作。

陳與義弟若拙有《碧綫泉》詩，魯卿與與義俱有詩酬和。魯卿和作題《次韻若拙碧綫泉》（本集卷一九）。

是冬魯卿有《景純到汝數日遽求别僕固不敢留客然宋伯舉軒爲兄蘇勤道大寧爲

婦之兄遽見去似非人情輒賦是詩率二僚留之》、《次韻景純後圃宴集》（本集卷二○）。

景純別後有詩寄與，魯卿作《次韻景純見寄叙相從之樂》及《奉酬景純道中見寄之什》和之（本集卷二○）。

魯卿同時又有《次韻景純將赴襄陽眷戀里第》、《次韻景純寄陳去非昆仲》諸什（本集卷二○）。

是年，磨勘轉中奉大夫，加丹陽縣開國男（《行狀》）。

是歲，常之居汝州。

《韻語陽秋》卷一三記有其在汝州見聞，及登汝州崆峒山。

**宣和三年辛丑，魯卿五十歲，常之三十歲。**

正月，伯兄次仲卒，魯卿作祭文及行狀。

本集卷一五《太中大夫大司成葛公行狀》、《祭亡兄司成文》。章倧所撰魯卿《行狀》亦云：「宣和辛丑歲，司成不幸，而公方守汝陽，爲位哭之，盡期而撤，復推己奉贍其孤。」（本集卷二○）

次仲喪歸故里江陰，魯卿遣常之祭奠，有詩（本集卷二○《伯氏喪歸有日遣立方祭奠》）。

除顯謨閣待制，有謝啓、謝表。

《行狀》：「（宣和）三年，復顯謨閣待制。」

案：「復」當作「除」，蓋前此魯卿並未除顯謨閣待制。而魯卿之謝表、謝啓亦俱作「除」。

除待制後魯卿有《除顯謨閣待制謝兩府啓》，其中謂「遽纏哀於伯氏」（本集卷五），則是除待制在其伯兄卒後。魯卿又有《謝除顯謨閣待制表》（本集卷二）。

陳與能將魯卿詩編成小集，魯卿贈詩請爲作序。

本集卷二〇《邇日詩卷承若拙編爲小集見示且有詩因次韻》有云：「似聞警策耽佳句，何用編摩載惡詩。敢請冠篇重作序，二難文采勝延之。」

詩卷曾爲友人借閱，魯卿有《次韻叔才以詩卷見還有作》（本集卷二〇），又有《蒙若拙寵次陳敏彥振韻三和》（同上卷）詩。

七月，游汝水，有詩。

本集卷一七《涉汝》詩序云：「汝河在臨汝門外半里所，余屢攜客坐河橋上，觀水石搏激爲雷霆洶湧之聲，然未泛舟也。今歲秋七月甲子，連雨三日，水暴漲數丈，渺如湖海，始招三舟，攜二子出泛，以微熱不敢率去非昆仲，歸作是詩。」詩有「居官行兩周」之句，指知汝州行將兩周年，知詩作於本年七月間。魯卿又有《再和涉汝詩呈去非伯仲》。

本年與陳與義唱和詩尚有：

本集卷一六《次去非韻簡元忠使君》。

本集卷一七《乾明院作》，陳與義和作爲《游峴山》其一（《陳與義集校箋》外集）。案《校箋》謂陳與義《游峴山次韻三首》所和之魯卿「原唱未見，當是今本《丹陽集》佚之。」不確。陳作《游峴山次韻三首》其一即用魯卿《乾明院作》詩韻，至於其二、其三所和之魯卿原唱則確佚之。又，魯卿同時作有《游峴山》詩（本集卷一七），然用韻與陳作《游峴山次韻》不同。二人當曾同游襄陽峴山。

本集卷一八《次韻去非題紫邏洞》、《次韻去非謝前（當作錢）教授餉澤州瓦硯》、《和陳簡齋韻》、《次韻去非梅花》，卷二〇《呈去非》、《四桂坊》詩。本集卷一九《二陳作抒懷詩亦次韻》、《和送張元方南京掾》，後者係和陳與義《送張迪功赴南京掾二首》其二（《校箋》卷五）。

是年，有《擬明節皇后奉上冊寶前一日奉告太廟隆登殿明節皇后本陵祝文》（本集卷一一）。

曾上疏乞免賦斂。

《行狀》：「大河歲修埽岸，費稍草不貲，皆取辦旁郡，而汝獨倍。民大困，不堪命，公喟然嘆息，上疏乞免，且令民緩輸待命。轉運使怒不及期，符檄督迫日峻，僚屬惶怖，不知所爲。公慰撫之曰：『諸君第勿書紙尾，某當獨任其責。』頃之，詔允。積年重斂，一朝而除，民叫歡交賀，家家畫公像，歲時率子孫環拜，相語曰：『微葛公，吾儕非餓死，即流徙異鄉，能復自保於此乎？』」

《行狀》又云：「前太守常建言，汝州崆峒山實黄帝問道之所，宜築宫奉廣成子，既得請，則竭力以事土木。工未究，罷去。及公至，主觀道士出大言，脅公促繼前役。公叱之曰：『歲饑民匱，可困以不急乎？』即上疏，乞須豐登，有旨特從。」以上二事，究在汝州任内何年，難以考實，姑繫於此。

是年，常之自汝州回江陰祭奠伯父。

正月，伯父次仲卒於京師，旋歸葬故里江陰。乃父遣其回鄉祭奠（詳前）。

返汝州途經楚州時，與樊氏結親。

常之《祭外舅樊寺丞文》云：「嗚呼，

宣和山陽，公始女女。不余陋庸，甥館見處。」（《歸愚集》補遺）山陽，即楚州，今江蘇淮安。此謂宣和間樊寺丞在山陽嫁之以女，時當宣和三年，是年常之自汝州回鄉祭奠伯父，沿運河往返都必經楚州。回鄉時行程甚匆，似不可能結親，而自鄉中返汝州，則可在途中逗留。又明年常之母卒，隨即護喪歸江陰，丁憂三年。在丁憂三年內，常之似亦不可能結親，故定其與樊氏結親在本年。常之何以如此晚婚，未詳。或樊氏夫人爲繼室，原配夫人已卒。

**宣和四年壬寅，魯卿五十一歲，常之三十一歲。**

在知汝州任。舉薦陳與義、富直柔、段拂等。

《韻語陽秋》卷一八：「先文康公知汝州日，段寶臣爲教官，富季申爲魯山主簿，而陳去非以太學録持服來寓。先公語人曰：『是三子者，非凡偶近器也。』是時，富在外邑，則以職事處之於城中。列三人者薦於朝，以爲可用，仍以去非《墨梅》詩繳進。於是去非除太學博士，季申除京西漕屬，寶臣亦相繼褒擢。初，寶臣字去塵，先公一日謂之曰：『君廊廟具也，宜改字寶臣。』取荀卿『輔拂之人爲國寶』之義。且作序而衍其意。及三人者俱貴，先公喜曰：『吾未嘗讀玉管之書，亦未嘗究金書之義，而能逆知其必大者，獨以其所爲知之耳。汝輩勉其在我者，在人者，不問可也。』」魯卿爲作《段拂教授字序》：「願以光輔若寶臣爲字。」（本集卷八）在汝州期間，段拂與魯卿有唱和，魯卿有《段去塵教授示書以茶菊自況作詩謝之》（本集卷二〇）。洪邁《容齋三筆》卷四《外制之難》有其軼事。

春末，陳與義離汝歸洛，有詩留別（參白敦仁《陳與義年譜》），魯卿次韻答之（本集卷一八《次韻去非留別》）。

魯卿知汝州期間，尚有與其他親友唱和之什，以年月不可考，姑附於此：

本集卷一七《送侄元延之官》有「相攜泛清汝」云云，「清汝」指汝水，必作於汝州。

本集卷二〇《次韻覺心道人游郡園》詩。

案：覺心爲汝州天寧寺僧。陳與義在汝州期間，與其唱和頗多。參《陳與義集校箋》卷八、卷九、外集。

本集卷二〇《次韻何總管等慈寺二首》：「古寺瀟清汝水湄，寓公仍有庾征西。」據「汝水」句，知詩作於汝州。同卷《二月三日游風穴白雲寺呈通判二首》，亦作於汝州。正德《汝州志》卷四：「白雲寺，俗呼風穴寺，在州東北二十里風穴山内。」

四月，轉中大夫（《行狀》）。

五月二十一日乙丑，夫人張氏歿於汝州。

六月，護喪歸常州。旋移知湖州。

本集卷一四《妻碩人張氏墓誌銘》：「宣和四年五月乙丑，碩人張氏歿於汝州公府。時某領郡，以妻亡諗於朝，求移守吳郡，詔許之。六月，護喪歸常州，留二息奉柩而趨治。」

案：魯卿在夫人卒後、返故鄉前，請於朝，求移知湖州，朝廷許之。六月護喪歸常州之後，留二子（常之及其弟立中）奉柩回江陰，魯卿則赴湖州任所。《行狀》謂是年「七月，轉太中大夫，徙知湖州」。清同治《湖州府志》卷五謂魯卿「宣和四年七月十日到任」。然《嘉泰吳興志》卷一四《郡守題名》謂葛勝仲「太中大夫顯謨閣待制宣和四年十月初四日到任」，與《行狀》所載不同。依魯卿在其夫人墓誌銘中所言，亦當是七月至湖州任所。

魯卿自汝州赴湖州途中，曾至京入覲，有書上時相王黼，諫勿興兵。

《行狀》云：「徙知湖州。是行實過闕，例得入覲。時親黨當國，將爲燕山之舉。公先以書遺之，其略曰：『方今東南靖息，西北歡盟，相公之功業可謂大矣。然天下無事則宰相安，宰相生事則天下危，願相公享宰相之安而無使天下危也。』省書不悅，及晝旨令便道之任。」

案：《四庫全書總目提要》卷一五六《丹陽集提要》云：「王信跋及章倧行狀並稱：宣和北伐之時，勝仲貽書蔡京，力言其不可。」實則勝仲是貽書王黼，而非蔡京，《提要》誤。蓋自宣和三年九月至宣和六年九月，王黼獨相，勝仲書中所言之「宰相」實指王黼。王黼以姻黨故，雖魯卿諫阻其用兵，亦僅令「便道」赴任而已。

回鄉時，有《謝江陰曹縣尉襲啓》（本集卷四）。

到湖州任後，有《湖州到任謝表》（卷二）、《湖州到任謝兩府啓》（卷五）。

初至湖州，即有政聲。

《行狀》：「公之未至湖，已聞有黠吏數輩持郡將短長，肆爲不法。及視事數日，盡得其奸贓流放之，闔郡稱快。燕山之役既興，國用益屈，乃科免夫錢於天下，輸後期者俾以軍法從事，民大驚懼。時浙西連歲水潦，公持檄憂形於色，顧其佐曰：『方茲艱食，何堪重斂？』議減其半，衆爭諫以爲不可。公曰：『苟利於民，死非所憚。』卒奏減之。」

案：本集卷三《答顔教授書》謂「不知僕之不肖，使有所建明，以蘇民之急」，或與奏減免夫錢有關。

《行狀》又云：「前此浙寇方臘起青溪，既破睦陷杭，湖與杭接壤，無賴輩乘時相劫掠，州縣兵單弱，弗能禁，乃便宜使土豪捕擊。有愚民無知，因平昔纖芥，遂誣其鄰以叛逆，殺數人。及事平，鄰家訟冤，有司推治，連蔓不已，因以求貨。無辜聯繫者百餘家，前二千石逾年不能決。公究問，則其首二三人皆瘐死久矣，即日決遣之。歡騰市里。」

是年，常之任國子監書庫官。

魯卿《妻碩人張氏墓誌銘》：「男立方從事郎、國子監書庫官。」是銘作於宣和五年四月，常之在本年五月母卒（詳前）後丁艱，故其爲書庫官當在本年五月前。

常之之得官，乃以父蔭。其晚年所作《謝改官啓》即謂：「勉從門調，得齒仕途。中緣陟屺以纏哀，復以尋戈而避地。」（《歸愚集》卷一〇）「纏哀」，指喪母，由此亦可見常之「得齒仕途」是在喪母之前。

六月，常之隨父護母喪回故鄉江陰。

**宣和五年癸卯，魯卿五十二歲，常之三十二歲。**

在知湖州任。初春，上書兩浙發運使，乞免均糴。

本集卷三《與制置發運書》開篇謂「初春氣和」，知此書寫於初春。去秋魯卿始至湖州任，故定此書作於本年初春。書云：「朝廷方復轉運之舊，敝邑當輸米四萬餘斛，日夜鞭笞科督，殆將如額，而民已病矣。今米價正踴，一斗將三百餘，儻以百錢糴一斗，何止倍蓰之償，則必有流徙饑殍之困，所以累承公檄，不敢從命。又況執事原奏請止於平江、常、秀三郡均糴，初無吳興之文，則是執事已知吳興非產米之地矣。今乃欲移嘉禾所賦於不腆弊邑，瘠此以肥彼，未燭所以也。」由此事亦可見魯卿爲民請命之勇氣。跡此而論去歲魯卿奏減免夫錢事，亦當可信。

三月三日上巳節，魯卿與同年葉夢得游烏程法華山，並賦《臨江仙·與葉少蘊夢得上巳游法華山九曲池流杯》。夢得有和詞（見拙著《葉夢得年譜》）。

魯卿另有《臨江仙·燕諸部使者》：「自古吳興稱冷僻，菰城水浸粼粼。」同調又一首：「千古烏程新釀美，玉觴風過粼粼。」俱言及吳興（湖州之別稱）、烏程（湖州治所），知作於湖州。又二詞與上首游法華山詞完全同韻，當爲同時所作。

三月十六日，至卞山訪葉夢得（詳拙著《葉夢得年譜》）。

四月，返江陰安葬亡妻，並作《墓誌銘》。

本集卷一四《妻碩人張氏墓誌銘》：「既卜葬，得地於江陰縣由里山之原。復詣於朝，取急以視窆，詔又許之，遂以（宣和）五年四月己酉襄事。叙其行事，而泣銘之。」

五月，以朝廷收復燕山府，魯卿上表稱賀。

魯卿《賀收復燕山府表》《謝收復燕雲進馬賜詔書表》（本集卷一），即爲五月癸亥前後所上。

七月十六日夜，與葉夢得待月駱駝橋，有《定風波》二首次葉夢得韻，葉先賦《定風波·七月望趙倅置酒與魯卿同泛舟駱驕橋待月》，魯卿繼作《定風波·與葉少藴陳經仲彥文燕駱駝橋少藴作次韻二首》。

是年，乃兄和仲攜家來湖州相訪，魯卿有詩紀之。

本集卷二〇《提宮工部兄攜家見過輒成律詩二首上呈》有云：「過飯今成五郡間（自注：某官守五郡，並蒙兄見顧，謂錢塘、東魯、漣水、汝海及今霅川）。」霅川，即指湖州。然確切日月難考。在此前後又有《次韻工部兄見寄三首》，其一謂：「影落邗溝是我家，端來吳地寄生涯。」此指仕宦於吳興。又云：「西還約醉中秋月，屈指同襟尙阻賒。」是此詩作於中秋前。

是年，常之居江陰，丁母憂。

**宣和六年甲辰，魯卿五十三歲，常之三十三歲。**

在知湖州任。秋與葉夢得同游西余山，有詩唱和（本集卷一七《次韻葉夢得游西余山》）。西余山，在烏程縣東十八里（《嘉泰吳興志》卷四）。

案：魯卿尙有《和少藴石林谷草堂三首》（本集卷二〇）、《少藴內翰和朱氏新治澗泉之什依韻和兩絕》（卷二二），俱作於此次知湖州期間內，因確年難考，附於此。

九月初六日，移知鄧州。

《行狀》：「宣和六年，移知鄧州。」《嘉

泰吳興志》卷一四《郡守題名》載魯卿「六年九月初六日，移知鄧州安撫」。同治《湖州府志》卷五亦載魯卿宣和「六年九月移知鄧州安撫使」。

離湖州前，葉夢得在卞山山居餞別，席間，魯卿作《浣溪沙·少蘊內翰同年寵速且出後堂並製歌詞侑觴即席和韻二首》答之。詞有「可憐虛度二年春」云云，魯卿此次知湖州，歷時兩年多，故有此句。席上，魯卿又作《浣溪沙·少蘊內翰同年寵速遣妓隱簾吹笙因成一闋》詞。

通判餞行，有《瑞鷓鴣·和通判送別》詞和韻。

到鄧州任後，上《鄧州謝上表》（卷二）、《鄧州到任謝執政啓》（卷五）。

又有與前任范致虛啓數幅。

本集卷五有《鄧州謝范左丞啓》、《與范左丞致虛啓》、《再與范左丞啓》、《賀范留守致虛啓》。

案：范致虛爲魯卿前任。是時，自鄧州移知河南府、西京留守（《宋史》卷三六二《范致虛傳》），故魯卿第一啓謂：「伐柯在前，既仰承於舊政；鄰輝不遠，又獲借於餘光。」

有《至南陽卻寄吳興諸同僚》（本集卷一七）詩。南陽，即鄧州。此詩當是初到鄧州接湖州諸同僚書信後寄贈之作。

又有詩寄兄弟友卿。

本集卷二〇《友卿寄謝並月波酒和其韻》，自注：「昨赴南陽，友卿至震澤相餞。案：震澤，太湖之別稱。」

十二月，因朱勔之譖，落職奉祠。

《宋會要》職官六九：宣和六年十二月十一日，「顯謨閣待制知鄧州葛勝仲提舉江州太平觀，並落職。……皆王黼黨也。」《行狀》：「公之在湖，朱勔嘗求鸂鶒白雀之屬，公拒之甚峻。勔銜公入骨。由是橫加媒蘖，遂落職，提舉江州太平觀。」

案：是年十一月初三丙子，王黼罷相（《宋史·宰輔表》），凡其舉薦及目之爲黨與者，皆被貶或落職。魯卿爲其姻黨，又有朱勔之譖，故亦遭罷職。

是年，常之丁母憂，隨父居鄧州。

魯卿明年所作《還鄉有作二首》云：「孑孑攜家返故園。」既是攜家人自鄧州返鄉，則常之本年亦當侍居於鄧州。

**宣和七年乙巳，魯卿五十四歲，常之三十四歲。**

是春，始離鄧州。行前，有《浪淘沙》、《驀山溪》諸詞。

魯卿去歲十二月十一日罷知鄧州，然未當即離去，本集卷二一《與工部兄邇歲離多會少又樂少苦多抒懷》「百謫還鄉獨後期」句，自注即云：「親友皆罷官歸鄉，某留南陽數月方歸。」據知其罷職後尚留鄧州「數月」。

離鄧州前，魯卿有《浪淘沙·將去南陽作》。詞云：「步屧對東風。細探春工。百花堂下牡丹叢。」據「春工」云云，知其「將去」鄧州（即南陽），時當春日。

魯卿初春曾作有《驀山溪·天穿節和朱刑掾二首》。詞有「秦頭楚尾，千古風流地」云云，「秦頭楚尾」，即指鄧州。

案：《荆楚歲時記》謂天穿節在正月三十日，祝穆《事文類聚》謂宋江東俗以正月二十日爲天穿節（參俞正燮《癸巳存稿》卷一一《天穿節》）。此節在正月下旬，故詞有「步春風」云云。此二詞或當作於《浪淘沙》前，爲行文方便，列於其後。

離鄧州後有詩抒懷，同僚見和，遂再和。

本集卷二一《去南陽有日書懷二首》，魯卿知鄧州，實僅兩月餘，故詩中謂「未溫座席已當去」。鄧州同僚有和此詩者，魯卿遂復作《南陽諸僚和留別詩再和二首》（本集卷二〇）。

自鄧州赴襄陽途中，魯卿先後作有《題須江驛》、《題横林灘》詩（本集卷一九）。

至襄陽，游峴山、習家池等，作詩甚夥。

在襄陽，曾與襄陽太守張亞仲泛漢江、游習家池。有《與襄陽太守張亞仲顔幾泛漢江》（本集卷一七）、《陪亞仲游習家池不攜妓偶作二首》詩（本集卷二二）紀游。

封丹陽開國子。

《行狀》：「（宣和）七年，加開國子。」魯卿回鄉後作詩亦有云：「某見封丹陽子。」（詳下）

回鄉，以里中無居，暫寓丹陽縣，有詩。

本集卷二一《還鄉有作二首》：「孑孑攜家返故園，尚沾榮祿愧空飧。」「榮祿」，指被封丹陽子。因故鄉江陰暫無屋居住，遂寓丹陽縣。本集卷二一《里中無居寓丹陽書懷呈邑宰張子蒙》云：「幸逢庇邑人惟舊，暫脫浮家計亦良。退食井腴如就國（自注：某見封丹陽子），遙尋祖系似還鄉（自注：葛稚川，丹陽人）。」

案：丹陽縣令張子蒙乃魯卿故交，故魯卿依之而寓丹陽縣。

年底，回江陰故里居住，築三老堂，有詩。

《韻語陽秋》卷二一：「先人文康公罷官

南陽，適當兵擾，復還舊業，奉伯父工部居焉。別建二老堂於宅南，眷望由里諸山，皆在目，植花竹於四隅。命某日治饌，往往樂飲竟日。」《行狀》亦云：「晚與仲兄工部居故里，公築堂山水佳處，名以二老，且日致珍異甘膬爲奉。」

案：魯卿故居二老堂在江陰青暘。本集卷二一《先兄中散挽歌辭》「遺墨空留二老堂」句自注：「某結屋青暘，與兄日夕同處，號二老堂。」嘉靖《江陰縣志》卷二：「青暘（鄉），北界去縣二十里，南去縣四十五里。」

又案：《韻語陽秋》謂魯卿自南陽（經襄陽）返鄉時「適當兵擾」。「兵擾」，指是年冬金兵分兩路侵宋。據此，魯卿之返鄉寓丹陽當在冬、臘月之間，而其還居故里則當在年底，魯卿《依韻和工部兄雪五首》其五有云：「偶兹窮臘悲鄉關，無蒂花飛過海寰。」（本集卷二一）據知「窮臘」（年底）魯卿與其兄和仲已在故里居住。同時魯卿又有《與工部兄邇歲離多會少又樂少苦多抒懷》云：「一麾爲郡乖同濟（自注：兄守琅琊，某守南陽，本約同途。後以事參差），百謫還鄉獨後期（自注：親友皆罷官歸鄉，某留南陽數月方歸）。第隔東西希聚首，憂連宗戚罕伸眉（自注：到鄉遭排岸侄之戚，繼有子崇之喪）。」（同上）據「還鄉」、「到鄉」云云，知此詩同爲本年居故里時作。又，魯卿《吾家故事子侄登第必有酬獻詩什去歲立悌立經二侄並中科選未有慶以詩者偶示四韻》有云：「同榜連榮追紹聖，傳名躋甲首宣和。」原注：「順之、權之並蒙恩陞甲，吾家前未有。」據嘉靖《江陰縣志》卷一四葛立經字權之，立悌字順之，宣和六年同登進士第。此詩謂去年立經、立悌登第，當作於本年。

十二月二十四日辛酉，欽宗即位，二十九日尊徽宗爲太上皇。魯卿有賀表。

《宋史·欽宗紀》：（宣和七年十二月二十四日辛酉）「即皇帝位，御垂拱殿見羣臣」。二十九日丙寅，「上道君皇帝尊號曰教主道君太上皇帝」。魯卿《賀孝慈淵聖皇帝登寶位表》、《賀太上皇表》（本集卷一），即爲此月所上。《賀太上皇表》或當爲明年初所作。

是年，常之隨父遷徙。年底侍父居江陰故里，有詩。

《韻語陽秋》卷一〇謂乃父在故鄉建二老堂後，「命某日治饌，往往樂飲竟日。某嘗賦詩云：『去家纔隔水一股，二老堂成三百弓。鴿原暮下沙渚暖，雁行夜落霜天空。竹根酌酒不妨醉，花萼斷詩如許工。坐久與關笻竹杖，出門人指兩仙翁。』」

**欽宗靖康元年丙午，魯卿五十五歲，常之三十五歲。**

居江陰故里。覃恩轉通議大夫。

《行狀》：「靖康元年，以淵聖皇帝（欽宗）即位，覃恩轉通議大夫。」

二月，有《賀耿左丞啓》（卷四）。

耿左丞，指耿南仲，是年二月庚戌耿南仲自同知樞密院事除尚書左丞（《宋史·宰輔表》）。

同月，有賀吳敏二啓。

本集卷五《賀吳少宰啓》、《又賀少宰

啓》，吳少宰，指吳敏。是年二月庚戌吳敏自知樞密院事遷太中大夫、少宰兼中書侍郎（《宋史·宰輔表》）。

是冬，寓平江，有祭外祖父母文。

《行狀》：「靖康元年……冬，公寓平江。」平江，即今蘇州。本集卷一五《平江祭外祖父母文》即作於此時。

十二月，爲妹夫施大倫作其父《朝議大夫施公墓誌銘》（本集卷一二）。

是年，常之奉父居江陰、平江。

**高宗建炎元年丁未，魯卿五十六歲，常之三十六歲。**

寓平江。三月，作《承議郎王公墓誌銘》（本集卷一三）。

案：本年五月改元建炎，靖康二年實爲本年。

四月，聞徽、欽二帝被俘北去，請平江郡守出師勤王。

《行狀》：「公寓平江，敵人再攻東都，圍甚堅，四方音問莫通。公憂懣殆廢寢食。旋聞二帝北狩，西向號慟，白郡守曰：『公當帥師勤王。』又曰：『元帥在濟南，以表勸進，不可緩。』因呼左右索紙筆，立草數百言，俾郡守即遣官持詣元帥府。詞旨懇切，讀者流涕。及上即祚，一時人士皆爭爲攀附計，而公未嘗一語及之。」

案：三月二十九日，徽、欽二帝被金兵俘擄北去，時大元帥康王趙構在濟州（今山東鉅野），事詳《三朝北盟會編》卷六九、卷八九。魯卿聞「二帝北狩」及上表勸康王繼位，當在本年四月初。

五月初一，高宗即位，魯卿有《賀今上皇

登寶位表》（本集卷一）。覃恩轉通奉大夫（《行狀》）。

是歲，常之奉父居平江。

**建炎二年戊申，魯卿五十七歲，常之三十七歲。**

避亂至常州。家中藏書盡散失。

本集卷九《十八羅漢贊並序》：「至建炎戊申，値兵亂，並與家藏書盡散失於毗陵東門第中。」

案：去歲魯卿寓平江，本年當是避兵亂至毗陵（今江蘇常州）而致藏書散失。

後攜家至湖州，寓菁山寺，有詩。

本集卷八《贊能長老字序》：「始予爲吳興，聞智海禪師能公遍參諸方，得教外別傳之旨，爲其黨所宗，即檄住德清之順慶院。後五年，予攜家就食吳興之別業，寓景山寺，則智海在焉。蓋自順慶改尸禪席，相從累月。」魯卿宣和六年秋自湖州移知鄧州，至今重來湖州（即吳興）已是「五年」。

案：魯卿先寓景山寺，後寓菁山寺。本年魯卿所作《即事》云：「他年莫忘菁山寺，百口啼饑兩鬢皤。」（本集卷二一）可知其家「百口」又寄寓於菁山寺。案：菁山，由湖州「郡城南渡溪，舟行四十五里登陸，又二里許，是爲菁山。泉清水深，峰巒峭拔，巖壑鬱紆，最爲勝處。」（雍正《浙江通志》卷一二《山川·湖州府》）。

未久，魯卿在菁山築屋以居。

魯卿《喜元舉歸》云：「溪東作舍已蓋茆，溪西築庵新立棟」；「忽聞故交還五

嶺，聊喜居鄰依二仲。」（本集卷一七）

案：周元舉所居山莊在菁山（詳後），魯卿既謂與之爲鄰居，則魯卿所作之「舍」，所築之「庵」，亦在菁山（又參後譜建炎四年）。

是年，常之奉父居湖州菁山。

上引魯卿詩文謂其全家「百口」俱寓居菁山寺，而常之爲長子，乃弟立中又爲金人掠去（詳後譜紹興五年），自當隨奉父居。

**建炎三年己酉，魯卿五十八歲，常之三十八歲。**

寓居湖州菁山。春日野步，有詩寫懷。

本集卷二一《春日野步》有云：「一年春好是清明。」知詩爲清明前後作。

是春，有詩與乃兄和仲唱和。

本集卷二一《中散兄罷郡有詩次韻即寄》：「如來同習菁山隱，白髮臞仙兩弟兄。」中散兄，指乃兄和仲（參本集卷八《中散兄詩集序》）。詩邀乃兄來菁山隱居，知作於居菁山時。同卷《次韻中散兄見寄》、《喜中散兄將至》、《次韻中散兄將到先示詩》俱爲一時先後次韻之作。後詩云：「春事闌珊三月尾。」知諸詩爲暮春三月作。「中散兄將到」，指和仲將至菁山。

又有詩次元述韻。

本集卷二一《春晝偶作次元述韻》、《次韻元述》亦爲本年春作。元述，其人未詳。

是秋，常之曾避亂至景山，魯卿亦同往，並有詩。

《歸愚集》卷六《憶菁山賦》：「己酉之秋，羯胡入寇，飲馬於江，衣冠震讋，奔遁僻壤。我乃流巖越佚，孤蓬夜馳，辭山墩之衡茅，棲景山之招提，遠兵戈之騷屑，翕林巒之幽奇。」

案：景山寺，《嘉泰吳興志》卷一三：「旌忠崇先院，在（烏程）縣西南四十五里。唐貞觀中覺聞禪師建，號景山寺。本朝隆興元年檢校少保張子蓋請置功德院，賜今額。」魯卿亦隨常之避亂至景山，並作有《景山寺居大風步月》詩（本集卷二）。詩有「溪邊空谷偶來逃」，「欲識羈懷愁幾許」云云，正是逃難時語氣。又謂「氣寒秋盡衣裳薄」，時令在秋日。其時魯卿又作有《村人寫予像即景山飯道僧祈禱爲會頗盛》。

秋九月，在菁山與周元舉賞菊，有詩。

本集卷一七《蒙莫伯鎔餉酒攜即菁村元舉山莊賞菊坐客皆稱嘆以詩二首謝》。

案：菁村，與菁山同在一地。張元幹《訪周元舉菁山隱居》之「菁山隱居」（《蘆川歸來集》卷一）與魯卿所言之周元舉菁村山莊，實爲一地（又參明年譜）。周元舉，名里未詳。常之《歸愚集》卷二有《周元舉待制挽歌詞二首》。

十一月二十二日，菁山梅花盛開，魯卿父子俱有詩與周元舉唱酬。

魯卿《菁山梅花盛開予獨未知之十一月二十二日周元舉察院餉數枝以詩三首爲謝》：「習隱菁山眞不惡，吟鞍十里看芳鮮。」（本集卷二一）據「習隱菁山」句，知魯卿此時仍居菁山。詩中又有「左幡不要宜春郡，應戀南枝映水鮮」。並注：「元舉被袁州之命，力辭不赴。」時常之亦有詩次韻，其《周元舉侍郎梅花次韻三首》與魯卿詩同韻，詩中又有「怪底窮冬凜冽天，一枝香艷媚尊前」（《歸愚集》卷一）云云，時令與魯卿所叙之十一月二十二日亦相符。

**建炎四年庚戌，魯卿五十九歲，常之三十九歲。**

居菁山。

是年春，魯卿曾至歸安東南四十里之千金村訪寓居於此地之張元幹（詳拙著《張元幹年譜》）。常之以守舍不得行，遂賦《大人游千金訪張仲宗以守舍不得侍行用仲宗韻二首》以見意（《歸愚集》卷下）。魯卿則作有《次韻張仲宗元幹絕糧五絕》（本集卷二二）。

擬在景山結屋卜居，有詩與沈與求唱和。

魯卿《沈必先殿院用策字韻賦詩見贈謹依韻和時居盛林》有云：「菁山遽用檀公策，水村來作浮家客。」（本集卷一八）是魯卿已暫離菁山寓所，來水村「盛林」作客。「盛林」，其地未詳，當在湖州菁山一帶。

沈與求寄魯卿「策」字韻詩凡三題五首（見《龜溪集》卷一）。其《次韻葛魯卿送示近作一通三首》其一有云：「離離草色亂溝塍，腳底春風隨蠟屐。」知詩作於初春。去歲十月沈與求除殿中侍御史，今年五月改試侍御史（參《建炎以來繫年要錄》卷二八、卷三三）。殿中侍御史，俗稱殿院，魯卿既稱「沈必先殿院」，則詩必作於本年春。沈詩其二又云：「君侯胸次多籌策，歲晚翻爲江海客。」小隱方營一把茅（原注：公詩為結屋景山而作），

幽尋定費幾兩屐。」（《龜溪集》卷一）

據知魯卿此次離菁山，是擬在景山「結屋」建房以居。沈與求《葛魯卿再和復用前韻奉酬》又有「聞公卜居問龜策」（同上卷）云云，亦證魯卿是想在景山卜居（案：明年冬魯卿始移居景山。詳下）。

常之有《避地傷春》詩。

《歸愚集》卷一《避地傷春六絕句》當爲本年春或去年春所作。

七月，魯卿復集英殿修撰，再知湖州，有謝啓。

《建炎以來繫年要録》（下簡稱《要録》）卷三五：建炎四年七月二十五日乙丑，詔「通奉大夫、提舉江州太平觀葛勝仲復集英殿修撰」。《宋史》本傳：「建炎中，范宗尹爲相，凡前日以朋附被罪遠貶者，咸赦還，復知湖州。」

魯卿復集英殿修撰後，有《謝修撰啓》（本集卷六）。

魯卿聞知湖州命後，即自菁山赴州治任職。

本集卷二二《疊前韻三首》云：「菁村小隱卜巑岏，盟在前峰詎肯寒。卻把青鞵踏城市，赤蘭山色帶慚看（自注：某自菁山起赴州治）。」

案：據「菁村小隱」云云，亦證建炎二年魯卿「溪東作舍」、「溪西築庵」是在菁山。此處「菁村小隱」與「菁山」互舉，又證菁山與菁村同在一地。

到任後，有表、啓、上謝。

本集卷二《再任湖州謝上表》、卷六《湖州到任謝兩府啓》、《湖州到任謝監職啓》、《上監職啓二首》等，俱爲到湖州任後所作。

重九賞菊，賦《南鄉子》詞。

魯卿作《南鄉子·九日》，自宣和六年離任，至本年再任，已有六年，故云「千騎重來已六年」。同調《九日用玉局翁韻作呈坐上諸公》云：「晴日亂雲收。人在蘋香柳惲洲。」案：「蘋香柳惲洲」，指湖州之白蘋洲。雍正《浙江通志》卷一二《山川·湖州府》：「白蘋洲，《太平寰宇記》：在霅溪之東南，去州一里，梁太守柳惲詩云：『汀洲采白蘋，日暮江南春。』因以爲名。」據知此詞亦爲本年重九作。

十一月，故人富直柔除簽書樞密院事，魯卿有賀啓。

富直柔本年十一月戊申，自御史中丞除簽書樞密院事（《宋宰輔編年録》卷一四、《宋史·宰輔表》），魯卿作《賀富樞密啓》（本集卷五）以寄。

是年，魯卿有《祭劉頒政文》。

本集卷一五《祭劉頒政文》云：「昔長此邦，公來逆我。」「去職七年，家國俱禍。及再臨郡，我往拜公。」「十日不見，遽罹鞠凶。」「此郡」，指湖州。據「去職七年」、「及再臨郡」云云，知此文爲再任湖州時作。

是年，常之有《攜家避地》諸詩。

本集卷一《攜家避地二首》有「去去家山遠，行行澤國深。光陰三翼過，情緒二毛侵。何日干戈定，鷗盟得再尋。」案：據「行行澤國深」句，知是避地於兩浙。金兵自建炎三年十月渡江南侵，至四年四月退師浙西，歷時半年多。常之攜家避難即在此期間內，姑將此詩繫於本年。同卷《避地復歸故鄉》亦爲同期作。

**紹興元年辛亥，魯卿六十歲，常之四十歲。**

魯卿在知湖州任。正月上元，有詞與劉燾、葉夢得、沈與求等唱和。

魯卿《江城子·呈劉無言燾》有「浮家重過水晶宫。五年中，事何窮。」「應怪史君，顔鬢便衰翁」云云。「水晶宫」，指湖州。既曰「重過」，又自稱「史君」，知是再任湖州時作。而據葉夢得和詞《江城子·次韻葛魯卿上元》，知爲本年上元節作，蓋魯卿去秋再知湖州，今冬解任，其間唯本年之上元節在知湖州任。魯卿此詞寫成後，分别寄劉燾、葉夢得、沈與求等，葉、沈俱有和作（並參《葉夢得年譜》）。又沈與求和詞題作《葛使君示書，有元夕寒廳孤坐之嘆。昨日石林寄示所和長短句，輒亦次韻和呈，因以自見窮寂之態》，既稱「葛使君」，亦證葛詞是再知湖州時之「元夕」作。魯卿同調《和無言雪詞》係叠前詞韻，又有「飄瞥三吴眞妙絶」云云，知是同時同地之作。

案：是春魯卿又有《次韻劉無言燾五絶句敢請諸僚和》（本集卷二二）。

時江浙「盜賊蜂起」，魯卿修城郭，練士卒，「賊」不敢犯。

《嘉泰吴興志》卷一四《郡守題名》載魯卿再知湖州，「時金人蹂江浙，盜賊蜂起，劇賊邵青欲過江入湖。公大修城郭，教閲士卒，賊望風引去。」《行狀》所載更詳，可參。

案：邵青「欲過江入湖」，事在本年六月間。《要録》卷四五：紹興元年六月十九日甲申，「邵青自太平州以舟師泊鎮江，留三日。是日，復叛去。引兵趨江陰。」原注：「此據十一月一日知湖州葛勝仲所奏。」又卷四六載是年七月十三日丁未，「殿中侍御史章誼言：『聞邵青自太平州乘船經由鎮江府、江陰軍，遂入平江之常熟縣，所至劫掠。……』時青已移舟通州海門鎮，而行在未知也。」六月十九日邵青「引兵趨江陰」，則其「入太湖，窺伺湖州」，當在此日後七月十三日以前。此事又爲「葛勝仲所奏」（案：原奏今佚），正若相冥合。

《行狀》云：「有頃，孫誠於烏墩鎮殺傷官吏，官民散走，公亟遣單騎諭以禍福恩信，賊徒乃相戒曰：『葛使君至誠，吾儕聞之舊矣。』即投戈就降。安吉頑民施四九見羣寇洊至郡境，因起爲盜，旬日間，嘯聚千衆，鄰邦皆震恐。公選將校之驍勇者，俾統兵，授以方略，直擣其巢，遂生擒誅之。餘衆奔潰，皆縱不問。將吏請奏功，曰：『捕盜，守臣職也，何功之有？』終不自言。」

是歲大饑，魯卿發官廩賑民。

《嘉泰吳興志》卷一四《郡守題名》：「是歲大饑，斗米千錢，餓殍相枕藉。公（勝仲）大發官廩，又輸以穀數百斛，遣官吏賑給之。民賴全活。」《行狀》亦同。

六月，轉左正議大夫（《行狀》）。

冬十月，奉祠退隱。

《宋史》本傳：「紹興元年，丐祠歸。」《行狀》：「紹興元年六月，轉左正議大夫，復顯謨閣待制，提舉亳州明道宮。」

案：魯卿自謂：「紹興元年冬十月某

解秩吳興郡。」（本集卷一四《葛君墓誌銘》）《嘉泰吳興志》卷一四《郡守題名》：「汪藻，紹興元年十一月初三日以龍圖閣直學士朝散大夫到任。」繼任者汪藻十一月初三日既已到任，則魯卿最遲在此日已離任。魯卿是冬復待制制詞，見程俱《北山小集》卷二二《葛勝仲復顯謨閣待制》。

離任時，州民挽車相送。

《行狀》：「公在郡，留心庶政，事雖甚微，亦不輕委其屬，視其民如恐傷之。有利立行，有害立去，邦人愛公如父母。出境之日，民挽車號泣，祖送數十里不絕。至今言及公，猶以手加額，頌嘆不已。」

離任後，築室居寶溪之景山，有詩。

《行狀》：「爲湖州，適時多艱，疲於應接，慨然有退休之志。既遂奉祠之請，乃築室寶溪之上。山水環湊，名人魁士，杖策造門，公爲之賦詩飲酒，樂而不厭。客去則觀書著文，優游閑適。」《嘉泰吳興志》卷五：「寶溪，在（府治歸安）縣東南四十五里，即射村也。太守葛勝仲卜居溪上。」（又參《湖州府志》卷二一，《歸安縣志》卷五）

案：魯卿自謂其歸休後居景山。本集卷一四《葛君墓誌銘》：「紹興元年冬十月，某解秩歸吳興郡，居景山，族子開眞自江陰來拜。」去年春魯卿曾至景山卜居，擬「結屋」（詳上），本年當已「結屋」成。景山，當在寶溪之上。前年秋避亂居景山時所作《景山寺居大風步月》即有「溪邊窮谷偶來逃」之句，可見景山即在「溪邊」。居景山時，作有《次韻章婿道祖倧山居》，詩有「歸來卧湖海」，「騰裝居景山」云云（本集卷一七）。又《和韻答馬用洪毅朝散》、《用洪見和復和一首》有「歸來駭貧舍」，「歸來蓬蒿園」云云（同上卷），亦爲退隱後作，並繫於此。

時故人富直柔罷官，攜家來寶溪寓居。

《韻語陽秋》卷一八：「先公晚年寓居湖州之寶溪，季申既罷樞管，亦挈家來寓，一觴一詠，必與之俱。季申嘗有十絶，其一云：『青衫短薄汝陽天，鶚牘當時誤薦賢。承乏西樞了無補，還依丈席聽章編。』……餘七篇不録。」

案：富直柔（季申）本年十一月初五日戊戌以沈與求之彈劾而罷同知樞密院事，即「罷樞管」（《宋宰輔編年録》卷一五）。直柔早年在汝州曾蒙魯卿舉薦，故其詩有「當時誤薦賢」云云，其罷樞府後，來湖州陪魯卿寓居，故詩又云：「承乏西樞了無補，還依丈席聽章編。」直柔本年十一月初五日罷官，其來寶溪，當在此月中下旬。

與富直柔唱和詩。

至葛山觀梅，有《減字木蘭花》詞，又有

魯卿《減字木蘭花·薛肇明同二侍姬至葛山觀梅薛公會作》：「葛山仙隱。尚有餘膏留舊鼎。」葛山，在烏程縣游仙里（見本集卷一三《右承議郎致仕丁公墓志銘》），爲葛洪鍊丹之處。《韻語陽秋》卷一二：「葛洪鍊丹之處，在天下者十有三，湖州烏程縣葛山者，其一也。山之上，丹竈尚存。」薛肇明，未詳。

時魯卿又有《以梅花餉季申樞密有詩謝次

其韻》（本集卷二二），其三有曰：「葛山麓畔野梅清，風便猶需半日程。」知此詩與上詞俱爲赴葛山觀梅時作。是年冬富直柔寓居湖州寶溪，故定魯卿此詩及詞作於本年。

又本集卷一八《用立方韻二首》：「年大才疏合退休，尚玷恩華只自羞。」或當爲本年退休後作。

是年，常之當居湖州寶溪，有詩。

常之《大人築室將畢道祖作宅基治園作四首示道祖》有云：「篷轉欣上定，泛金非我鄉。買田無好時，共宅有清漳。」（《歸愚集》卷一）是年乃父築室奠居，詩當作於泛金溪，即寶溪。道祖，即後爲魯卿作《行狀》之章倧，乃常之妹夫，紹興八年，與常之同登科。

紹興二年壬子，魯卿六十一歲，常之四十一歲。

居湖州寶溪。二月，作《葛君墓誌銘》（本集卷一四）。

三月，作《宣議郎致仕王公墓誌銘》（本集卷一四）。

秋，與富直柔同游湖州霅川，作《陪樞密富公游霅川即事呈三首》、《叠前韻三首》（本集卷二二）。

《叠前韻》其二有云：「青蘋風起遞秋香」，而富直柔去冬始來湖州居住，知葛、富同游霅川，在本年秋。

九月，赴烏程卞山訪葉夢得，有詩酬唱。作《九月二十四日陪少藴左轄飲朱氏林亭以朱行中寄其弟詩爲韻席上同賦》、《蒙左轄復次韻見寄復賦一首》（本集卷一六）。

案：本年三月葉夢得罷官居卞山（參筆者

《葉夢得年譜》），故詩云：「急流勇自退。」朱氏林亭，在卞山，與葉夢得所居毗鄰。

是年，有詩與沈與求等唱和。

本集卷一八有《蒙維心示謝必先尙書餉筆佳什時維心方刊正三國史輒依韻攀和》詩。維心原唱不傳。沈與求（必先）和作則見於《龜溪集》卷一，題作《維心方刊正三國史某以精筆遺之蒙餉大篇爲謝氣格渾然三復感嘆謾依元韻奉和蕪陋增愧》。沈詩韻與魯卿詩韻全同，知爲同時作。

案：沈與求，紹興二年七月除吏部尙書（《宋中興學士院題名》），十二月除龍圖閣直學士（參劉一止《苕溪集》卷三〇《知樞密院事沈公行狀》），魯卿此詩稱沈爲「尙書」，必作於本年七月。沈與求除吏部尙書後、十二月除龍圖閣直學士之前。鄭維心，名知幾，湖州人。《直齋書錄解題》卷四《三國志》云：「紹興間吳興鄭知幾維心嘗爲之（刊正），鄉里前輩多稱其善，而書亦不傳。」此與葛、沈二詩謂鄭維心「方刊正三國史」正合。

**紹興三年癸五，魯卿六十二歲，常之四十二歲。**

是年，常之當隨父居湖州寶溪。

居湖州寶溪。初春，送酒與沈與求，有詩酬唱。

沈與求《龜溪集》卷二有《謝葛魯卿雪中遺介送酒》詩，魯卿《和必先龍圖謝酒兼呈沈次律琯大學士》云：「臺閣高賢卧里門，淸揚乖隔阻寒溫。」「亂後官居同幕燕，春來香味憶河豚。」

案：沈與求去冬十二月初八日甲午除龍圖閣學士湖南安撫使兼知潭州。十三日己亥，力辭不赴，遂落職提舉江州太平觀（《要録》卷六一）。魯卿既稱之爲「龍圖」，又謂其「卧里門」，且有「春來」云云，詩當作於本年初春。沈琯，字次律，號柯田山人，沈與求之兄（參筆者《張元幹年譜》）。

三月三日，與客泛溪，有詩。

《韻語陽秋》卷一九：「先文康公晚歲卜居於寶溪之上，建觀禊堂於水濱。紹興癸丑，與客泛舟，修禊甚樂，距永和癸丑，不知其幾癸丑也。因與客相與推算，……凡七百八十年矣。乃作詩以紀其事云：『快雨霽亭午，晴曦作春妍。鄰曲饒勝士，共開浮棗筵。……且畢今日觀，不期來日傳。』」

案：魯卿此詩不見於今傳四庫輯本《丹陽集》，《永樂大典》卷一三九九三「系」字韻下引葛勝仲《丹陽集》載此詩並序，詩句與《韻語陽秋》所載同，唯幾處文字稍異（又見欒貴明《四庫輯本别集拾遺》）。

又魯卿《流杯》詩云：「我傾山資結茅舍，兩載經營端爲此。春風上巳一月前，小試禊事來水邊。」（本集卷一八）此詩亦當本年春作。「兩載經營」而成之「茅舍」，即寶溪上的觀禊堂，故有「小試禊事」云云。

又魯卿《次韻范昌齡大有慶新居》亦是本年觀禊堂落成後所作。詩云：「我家渺在澄江浦，泛客幸依白蘋渚。客居十載席爲門，上蓋茅茨下榛楚。邇來作舍倒歸貲，聊爲兒曹庇寒暑。」（本集卷一八）

「迺來作舍」，指建觀禊堂。自靖康元年以來，魯卿長期客居他鄉，故概稱「客居十載」。

是秋，作《中奉大夫葛公墓誌銘》（本集卷一四）。

是年，常之居官雲間。

**紹興四年甲寅，魯卿六十三歲，常之四十三歲。**

居湖州寶溪。有《跋胡待制舜陟詠史詩》。

《永樂大典》卷九〇六「詩」字韻引葛勝仲《丹陽集》載《跋胡待制舜陟詠史詩》云：「新安胡公汝明……所論著甚富，間以餘意，爲《詠史》三百篇，而所存者什四。」「紹興甲寅同寓寶溪，蒙示詩編，俾題其末。」

案：胡寅《斐然集》卷二八亦有《跋胡待制詠古詩》云：「宗兄汝明，有志當世，不以材能自高，又尙論古之人，形於詠歌。觀其所否，可以知其所不爲；味其所與，可以見其所景行，非特評史，蓋言志也。」胡舜陟，字汝明，徽州績溪人。大觀三年進士。累官至廣西經略安撫使。《新安文獻志》卷七八、《宋史》卷三七八俱有傳。紹興三年十二月戊戌，胡自徽猷閣待制知廬州罷任（《要録》卷七一、《南宋制撫年表》卷上），今春來寓湖州。《歸愚集》卷二《送胡汝明待制赴鎭桂林》詩亦云：「暫解淮西郡，來浮霅水航。求田多好蒔，卜宅類清漳。」胡舜陟與魯卿「同寓寶溪」，故求魯卿爲其詠史詩作跋。

六月，有詩送洪興祖之江陰。

洪興祖，字慶善，鎭江丹陽人，政和登

上舍第。著有《楚辭補注》等。《要錄》卷七三載紹興四年二月十一日辛卯，「駕部員外郎洪興祖、比部員外郎范振、樞密院編修官許世厚並罷。坐席益所薦引，爲御史常同論列也。」原注：「葛立方撰興祖墓誌，稱因上封事罷去。」《宋史》卷四三三《洪興祖傳》亦云：「紹興四年，蘇、湖地震。興祖時爲駕部郎官，應詔上疏，具言朝廷紀綱之失，爲時宰所惡，主管太平觀。」興祖罷職後，亦來「同寓寶溪」（本集卷一〇《跋洪慶善所藏本朝韓范諸公帖》）。六月，興祖赴江陰，魯卿賦《送慶善之江陰》（本集卷一八）。

重九，有詩與洪興祖往復唱和。

本集卷一八《次韻慶善九日》、《再和慶善》、卷一九《次韻慶善九日》、《慶善再和復和》，俱爲同時作。洪氏原唱皆佚。

本集卷一九《次韻和慶善游圓覺寺歸四首時僕亦方自徑山歸》其四有「黃花兼露重，白鳥帶煙微」云云，亦作於秋天。或亦本年秋作。

案：洪興祖紹興八年知廣德軍（見《丹陽集》卷八《軍學記》），自紹興四年至八年，興祖居湖州，魯卿與之唱和諸什，必作於此四年內。

又案：魯卿至徑山，亦有詩。本集卷二二《游徑山蘊常上人字無可以山中秋日十詩求和因次韻》之六有云：「卧聽秋聲鳴索索。」是魯卿游徑山亦在秋日。徑山，在今浙江臨安縣北。

魯卿徑山之行，作詩甚夥，計有《己丑次梅溪樂平寺兄子宗臣嘗監鎮即寺爲廨卒官晚之東莊》、《辛卯次霧山大明院進士萬廷老介來謁》、《壬辰至靈峰山百福院》、《癸巳次古浮山普德寺》、《甲午次東天目山紫陽觀梁武初置昭明太子勒碑記當時恩獎之盛》、《己未次普信院與首座惟表談道》（以上本集卷一六），《戊戌次福勝院》（本集卷一七）等。

案：天目山亦在臨安縣西北。浮山，在「錢塘縣舊治東南四十里」，「今號浮山頭」（施諤《淳祐臨安志》卷八），故魯卿稱「古浮山」。

魯卿此行紀游詩，因難以確定是否爲本年作，姑附於此。其中癸巳日所賦詩有「老人百念冷，看山獨不足」云云，定是歸休後作。

十一月，爲洪興祖撰《跋洪慶善所藏本朝韓范諸帖》（本集卷一〇）。

與胡舜陟小飲梅花下，有詩。

本集卷二二《次韻胡汝明舜陟梅花下小飲三首》有云：「南枝連夜犯寒開，好事誰曾步陟來。」此詩作於深冬。胡舜陟今年春來寓湖州，明年冬即赴廣西任職，則此詩必作於今冬。

同卷《汝明以詩謝餉菊次韻二首》，爲秋天作。胡氏唯今秋與明年秋寓湖州，此詩必作於今、明兩年內，姑繫於本年。

是年，常之官雲間。魯卿《答胡學士書》云：「某晚途薄祜，第二子昨緣鎖廳預薦，因逗留拱州，與其姊及姊夫俱爲金人所掠，至今不知存亡。初聞實不賴生，日遠日忘，偶留殘息，屏居江壘。會科調不堪命，避地吴興，依薄業以糊口，今四年矣。所居號寶溪，連甍一大聚落，日須租辦。而十里有菁山隱庵，林谷奇勝，時以煙艇往來。又里中屋廬雖屢遭灰燼，而書籍偶無恙，近者輩至數簏，頗有遮眼之具。長子立方，繫官雲間，欲歸未遂。一一薦聞，恐公念見及也。」（本集卷三）胡學士，未詳指何人，疑指胡松年。此信寫於本年夏，蓋篇首有「甘露僧至，奉四月五日示問，具審長夏向暑，寓居僧廛」云云，本應繫於前，爲述常之事之方便，故繫於此。

此書謂「立方繫官雲間，欲歸未遂」，立方今秋所作詩又有「連年走俗爲貧仕」云云，可見常之在雲間爲官至少已有兩年。故上文謂紹興三年常之在雲間爲官，但不知官何職。雲間，今上海松江縣。

是秋，常之請祠去職，退居湖州。有詩。

常之《丐祠將離雲間崔申之以詩爲別次韻》：「荆蘭戲彩關情切，朱墨爲官與願違。夜鶴悵空周子去，秋鱸風動季鷹歸。」「引領吳興何許是，碧雲深處暮山微。」（《歸愚集》卷四）又《崔申之以詩爲別蘇明父郭逢叔各有和章謹復用韻二首》：「貝遠亭邊送落暉，菁山挽我作睽違。連年走俗爲貧仕，一日投閑恐富歸。」（同上卷）

案：「丐祠」，指請監漳州南嶽廟（見下譜）。由「秋鱸風動」句，知常之在本年秋自雲間「丐祠歸」吳興。

是年，常之有《滿庭芳·胡汝明罷帥歸坐間次韻作》。

「胡汝明罷帥」，指罷知廬州。詞云：「歸來，何早計，白蘋洲畔，危穫深耕。」

案：白蘋洲正在湖州（參前建炎四年）。本年春胡舜陟（汝明）罷淮帥後來寓湖州，故知此詞爲本年作。

紹興五年乙卯，魯卿六十四歲，常之四十四歲。

居湖州寶溪。

春，作《樊宜人蔡氏墓誌銘》（本集卷一四）。魯卿銘文云：「紹興五年春，右朝散大夫主管台州崇道觀樊滋德淵訪余於吳興，曰吾妻宜人蔡氏不幸以去年七月終，願得子銘。」

案：蔡氏，乃常之岳母，銘文謂蔡氏之「女適右承直郎監漳州南嶽廟葛立方」。本年春，常之監漳州南嶽廟（宮觀官，可任便居住），可證去年其自雲間「丐祠歸」，乃是請監漳州南嶽廟歸居湖州寶溪。

閏二月，魯卿有《次韻鄭維心游西余山》詩，云：「閏歲春遲空水樹，雨時溪漲失沙洲。吾衰久矣欲何適，更爲前山一上樓。」（本集卷一八）

案：本年閏二月，故有「閏歲春遲」語。西余山，在湖州府治烏程縣東十八里（《嘉泰吳興志》卷四）。

九月，有《跋道雲刺血書經》（本集卷一○），云「紹興乙卯季秋九月三日攜一本至寶溪見觀」，知爲本年九月寓寶溪時作。

是年，加開國伯（《行狀》）。

是年，常之居湖州。有《送胡汝明待制赴鎮桂林》（本集卷二）。

案：胡舜陟（汝明）紹興三年十二月罷知廬州（淮西郡），來湖州寓居（參去年譜），今年冬起知靜江府兼廣西經略安撫使。《要錄》卷九六載：紹興五年十二月八日丙午，「徽猷閣待制新知靜江府胡舜陟言……。」十二月八日胡舜陟已到桂林並有言事章疏，其離湖州赴任當在是冬十一月前後，常之詩即作於胡舜陟離湖州時。

紹興六年丙寅，魯卿六十五歲，常之四十五歲。

居湖州寶溪。三月，有《賀汪少卿思溫知湖州啓》。

汪思溫，「紹興六年三月二十六日以左朝散大夫直徽猷閣到（知湖州）任」（《嘉泰吴興志》卷一四）。魯卿作《賀汪少卿思溫知湖州啓》（本集卷五）以投獻。思溫字汝直，鄞縣人。登政和二年進士第，累官至太府少卿。事跡具孫覿《鴻慶居士集》卷三七《汪公墓誌銘》。

本年八月，汪思溫除太府少卿回朝。十一月二十五日，新知湖州宇文時中「以左中奉大夫直寶文閣到任」（《嘉泰吴興志》卷一四）。魯卿作《賀宇文寶文時中知湖州啓》以獻（本集卷五）。

常之居湖州。《九日慶善示詩次韻》、《次韻洪慶善同飲道祖家賞梅四首》（本集卷一），當作於本年前後。蓋其時洪興祖寓居湖州。

紹興七年丁巳，魯卿六十六歲，常之四十六歲。

居湖州寶溪。春，作《右朝散大夫侍其公墓誌銘》（本集卷一三）。

四月，游天台山。六月，在寶溪作《十八羅漢贊並序》。

本集卷九《十八羅漢贊並序》：「紹興丁巳，寓寶溪。有鬻羅漢象一堂者，筆法奇古」，「以錢七萬售焉。」又云：「己未遊天台山，辛未次石橋，前七日齋宿，以四明茶及海南香作供且飯寺衆。」「六月己未取家所藏像十八軸各爲之贊，且識石橋所覩以警世云。」

案：六月辛卯朔，六月己未爲六月二十九日，逆推「辛未次石橋」，爲五月初十日，「己未游天台山」之己未，爲四月二十七日。據知魯卿游天台山在本年四月底。天台山，在今浙江天台縣北。

除夕，有詩抒懷。

本集卷二一《除夕郊居抒懷》：「六十七年明日是，亦逢村釀也浮椒。」知是本年六十六歲時作。

是年，加封開國侯（《行狀》）。

常之居湖州。

**紹興八年戊午，魯卿六十七歲，常之四十七歲。**

居湖州寶溪。四月，新知湖州陳與義到任，魯卿有賀啓。

《嘉泰吳興志》卷一四《郡守題名》謂陳與義「紹興八年四月初二日，以資政殿學士、左太中大夫到任」。魯卿在其到任之初，即作《賀陳大資與義知湖州啓》以獻（本集卷五）。

六月，常之登進士第，父子俱有詩紀慶。

《行狀》謂常之「登紹興八年進士科」。《歸愚集》卷六《蛛硯銘》自謂：「紹興戊午五月，余與妹夫章道祖待省試於臨安之資國，同舍郎王叔容言其父大觀間與親黨在都城，同待上舍試，各有蛛窠冪其硯，衆咸以爲登科之祥，已而果然。次日，道祖所用硯遂結蛛網，越翼日，余硯池亦有之，衆有愕眙且爲賀語□，未幾，余與道祖偶皆預賜第之末。」《韻語陽秋》卷一八亦謂某黃公度榜登第。

案：黃公度狀元及第榜，在本年六月

始放。《宋史全文》卷二〇載：紹興八年六月十八日壬申，「上特御射殿，引見禮部合格舉人黃公度以下」（又參黃公度《莆陽知稼翁文集》卷末附《黃公行狀》、《黃公墓誌銘》）。黃公度榜在六月發放，則常之登第亦在此時。常之及第後，有《謝及第啓》云：「大小百戰，首末十年。」（《歸愚集》卷一〇）由「大小百戰」云云，知常之久困科場，至今方及第。故其《次韻伯父工部見慶壓忝之什》有云：「人間學子垂垂老，天上丹枝恰恰芳。」（同上卷三）魯卿亦有《次韻中散兄慶立方賜第》詩（本集卷二一）。魯卿詩與常之詩同韻，俱同時作。

七月，常之曾貽書御史中丞常同。

汪應辰《文定集》卷二〇《御史中丞常公（同）墓誌銘》載：「八年，在外如葛立方，則又貽書於公曰：『昔朱雲論張禹罪，成帝欲刑之，則辛慶忌死爭。王章直言，成帝欲戮之，則梅福申救。劉毅以晉武比漢桓靈，則鄒湛寬廣帝意。陽城論裴延齡不宜相，則張萬福揖衆稱賀。數子非有言責，猶自奮若是，況爲聖主耳目之官，以古之正臣自任者乎！身雖暫退，而忠節德義滋進矣。』」

案：向子諲與潘良貴廷爭之事，在本年六月二十九日，常同因替潘良貴辯護而出知湖州，在七月初六日庚寅。《要錄》卷一二一載，是日，「御史中丞常同充顯謨閣直學士，知湖州」。常同於七月二十七日到湖州任（《嘉泰吳興志》卷一四《郡守題名》）。常之貽書常同，在常同出知湖州後，時當在是年，七月間。魯卿有《跋錢仲仲東坡詩卷》。跋云：「仲仲襲藏歲久，庚戌兵寇，並與墳籍散。後八年始復得之。」（本集卷一〇）。案：建炎四年庚戌「後八年」，即爲本年。錢仲仲，名紳。魯卿《錢氏遂初亭記》（本集卷八）即爲其作。魯卿又有《送仲仲歸漆塘以語及君臣際經書滿腹中爲韻十首》云：「如何五載間，七返慰羈旅。」（本集卷一七）《次韻錢仲仲紳見貽兼送別》云：「四年五度訪郊村，苜蓿羹稀不厭貧。」（本集卷二一）可見魯卿與錢仲仲交往甚多。洪邁《容齋三筆》卷二《題詠絶唱》云：「錢伸仲大夫，於錫山所居漆塘村作四亭，自其先人已有卜築之意，而不克就，故名曰遂初。……求詩於一時名流，自葛魯卿、汪彦章、孫仲益既各極其妙，而母舅蔡天任四絶獨擅場。」

**紹興九年己未，魯卿六十八歲，常之四十八歲。**

居湖州寶溪。十月，作《右奉議郎致仕賜緋魚袋魯公墓誌銘》（本集卷一三）。

是年，磨勘轉正奉大夫。劉《行狀》：「九年，磨勘轉正奉大夫。」一止《苕溪集》卷四四《葛勝仲磨勘轉左正奉大夫制》。

**紹興十年庚申，魯卿六十九歲，常之四十九歲。**

是年，常之亦居湖州寶溪。

魯卿、常之俱居湖州寶溪。

**紹興十一年辛酉，魯卿七十歲，常之五十歲。**

居湖州寶溪。春初，魯卿作《故顯謨閣直學士魏公墓誌銘》（本集卷一二）。

六月，有賀秦梓啓。

新知湖州秦梓於本年六月初五日以左承議郎直秘閣到任（《嘉泰吴興志》卷一四《郡守題名》），魯卿投以《賀湖州秦守啓》（本集卷五）。秦梓，字楚材，江寧人。秦檜兄。自江寧徙居溧陽。使高麗還，登進士第。歷知台、秀、袁、太平、常、湖六州。除翰林學士，出知宣州。民詣闕請留，進職再任。再移湖州（《至正金陵新志》卷一三）。秦梓亦能詩，《宋詩紀事》卷四五録存其詩一首。

紹興十二年壬戌，魯卿七十一歲，常之五十一歲。

居湖州寶溪。爲陳與義詩集作序。

本集卷八《陳去非詩集序》：「紹興壬戌，毗陵周公葵自柱史牧吴興郡，剸裁豐暇，取公詩離爲若干卷，委僚屬讎校，而命工刻版，且見屬爲序。蓋將指南後學，而益永功名於不腐。」

案：周葵本年三月初四日以左承議郎直秘閣到任知湖州，「當年十二月二十一日移知平江府」（《嘉泰吴興志》卷一四《郡守題名》）。其編成陳與義集當在本年三月至十一月間，魯卿之序亦作于此數月内。陳與義紹興八年十一月病逝於湖州。據沈曾植《寐叟題跋》卷一稱，周葵刻本乃是陳與義所自書：「《墨林快事》：『宋刻《陳簡齋集》是公自書上木，醇古豐圓，出自黄庭。』然則周葵所刻非但爲公自訂本，且爲自書本也。」

八月，作徽宗皇帝及皇后梓宫還闕表。

《要録》卷一四六：紹興十二年八月己丑，「徽宗皇帝、顯肅皇后及懿節皇后梓宮皆至行在，寓於龍德別宮。」魯卿聞知，即上《徽宗皇帝顯肅皇后懿節皇后梓宮還闕表》（本集卷一）。

九月，秦檜加太師，魯卿上啓賀之。

《宋宰輔編年録》卷一六：紹興十二年九月乙巳，「少保、左僕射秦檜加太師。檜面辭新命，上曰：『梓宮歸葬，慈寧就養，皆卿之功，此未報百分之一，不必辭也。』」（又參《要録》卷一四六、《宋史·高宗紀》）魯卿聞訊，即獻《賀秦太師啓》（《永樂大典》卷九一七「師」字韻下引葛勝仲《丹陽集》，又見《四庫輯本別集拾遺》）。

案：秦檜賣國求榮，當時朝野上下，紛紛反對和議，魯卿啓卻稱其「獨公決策，與神爲謀」以求和。正直之士，多與之決裂，魯卿身處江湖，本可緘默，卻獻此啓以賀，則其晚節，不無可議之處。

十二月，魯卿作《右承議郎致仕丁公墓誌銘》（本集卷一三）。

是年，常之居湖州寶溪。

**紹興十三年癸亥，魯卿七十二歲，常之五十二歲。**

居湖州寶溪。三月，魯卿爲洪興祖作《軍學記》。

本集卷八《軍學記》係記洪興祖在桐川（即今安徽廣德）所建之軍學。《宋史·洪興祖傳》亦謂洪興祖「起知廣德軍」，「一新學舍」。

加封開國公。

《行狀》謂魯卿紹興「十三年，加開國公，食邑自三百戶累封至二千戶，實封一百戶。」

案：魯卿自紹興元年退休以來，累加封丹陽郡開國伯、開國侯、開國公。未明何故，魯卿能獲此「殊榮」。

是年，常之居湖州寶溪。

《歸愚集》卷六《蛛硯銘》：「癸亥六月二十六日，寓居寶溪。復有蛛戍余硯，三垂披離，而蛛巋然其中，因作《蛛硯銘》。」

**紹興十四年甲子，魯卿七十三歲，常之五十三歲。**

魯卿居湖州寶溪。常之在臨安任諸王宮大小學教授。有詩。

《要錄》卷一五一：紹興十四年五月丁卯，「左奉議郎、諸王宮大小學教授葛立方言：『陛下決策定計，成此中興，親迎長樂之鑾輿，坐息邊陲之烽火，格天之業，敻無前比。臣雖賤微，惴惴然惟恐讒說潰成，動搖國是，早夜思之弗置也。伏望特降詔旨，申敕臣工，使之精白一意，上承休德，如有懷奸弗靖，煽惑士流者，令御史臺覺察，流之四裔，永爲臣子不忠之戒。』從之。立方，勝仲子也。（原注：紹興二十九年，朱倬論立方嘗請與秦檜不合者立為黨碑。檜雖不從，人皆怒罵。恐即是此時也。）」

本年五月常之已在諸王宮教授任上言事，而去年六月常之尚居湖州寶溪，則其始任此官，當在去年秋至今年春夏之間。其《謝宮教啓》云：「濫叨世賞，繼竊文科。一夕不離親，欣酬素志；十年不得調，固所甘心。」（《歸愚集》卷一〇）據此，紹興八年常之及第後，一直居湖州侍奉乃父，故謂「一夕不離親」。赴官前，常之有《余赴官宮庠與道祖通判久聚乍散每有懷想作詩五十韻道二十餘年出處寄呈》詩（《歸愚集》卷二），「宮庠」，即諸王宮大小學。「道祖通判」，指其妹夫章倧，曾任湖州通判。又其《宮庠旅泊》詩云：「客里絶經營，淸心推五兵。功名兩蝸角，田舍一牛鳴。」（同上卷）亦爲任諸王宮教授時作。

案：常之上言，請嚴禁與秦檜不同之言論，顯係附和討好秦檜，其詩謂「功名兩蝸角」，實非心聲。至若請朝廷效倣蔡京立元祐黨碑而立與秦檜不合者爲黨碑，更顯其用心之卑劣，無怪乎「人皆怒駡」也。

九月八日，魯卿無疾而終。常之丁憂。

《行狀》：「尤喜釋氏書，謂與吾儒同道。究其奥旨，每宴坐，凝然終日，或至夜分不寐。易簀之夕，數聞異香，索水盥手，合爪掌跏趺端坐，久之，乃北首右脅而卧，薨於正寢，合夫釋典所爲如來涅槃相者。享年七十有三，時紹興十四年九月八日也，初公屬疾，命左右上章告老，詔以左宣奉大夫致仕。」（《神道碑》同）

《要錄》卷一五二：紹興十四年九月辛亥，「顯謨閣待制、提舉亳州明道宮葛勝仲卒，後謚文康。」

案：是月己酉朔，「辛亥」爲初三日，與《行狀》、《神道碑》所載時日不合，當以《行狀》所載爲是。又案：魯卿以宣奉大夫致仕事，《容齋三筆》卷三《侍從轉官》亦有記載，可參。

**紹興十五年乙丑，常之五十四歲。**

常之丁憂居湖州。九月，奉父柩歸葬江陰。

《行狀》謂魯卿夫人張氏「先公二十年

卒，葬於江陰軍由里山之原，諸孤以十五年九月壬申奉公之喪合葬焉」（《神道碑》同）。嘉靖《江陰縣志》卷六：「葛文康公勝仲墓，在由里山南。」常之爲長子，乃父既歸葬江陰，常之自當扶柩還鄉安葬。

有《胡樞横山堂五首》（《歸愚集》卷一）。

案：「胡樞」，指胡松年。松年字茂老，海州懷仁人。登政和二年上舍第。紹興四年，除端明殿學士簽書樞密院事，故稱「胡樞」。紹興五年閏二月罷簽書樞密院事（《要録》卷八六、《宋宰輔編年録》卷一五），「俄以疾提舉洞霄宮，卜居陽羨」（《宋史》卷三七九《胡松年傳》）。其所築横山堂即在陽羨（今江蘇宜興）。成化《重修毗陵志》卷二三：「胡松年……紹興間奉祠居陽羨之言村，築室自娱，扁曰横山。」胡松年自紹興五年卜居陽羨，直至紹興十六年去世。常之《横山堂》詩、賦，即作於此期間内。或是本年返江陰葬乃父途經陽羨時作，姑繫於本年。案：孫覿《鴻慶居士集》卷四《横山堂》、汪藻《浮溪集》卷三一亦有《横山堂》二首，可參。

**紹興十六年丙寅，常之五十五歲。**

常之丁憂居湖州。是歲，魯卿謚文康，常之有《謝先人賜謚文康啓》。

《行狀》謂魯卿歸葬之「明年，太常、考功以公之行治言於朝，曰：道德博聞曰文，安樂撫民曰康。宜賜謚文康。詔從之。」（《神道碑》同）

案：當時太學博士蔡宰所撰《故左宣

奉大夫顯謨閣待制贈特進葛公謚議》、考功員外郎張頡所撰《故左宣奉大夫顯謨閣待制贈特進葛公謚文康覆議》，今俱附存《丹陽集》末。

魯卿謚文康後，常之有《謝先人賜謚文康啓》：「伏遇某官，片言寤主，一德格天，以甚易而成天下之甚難，以至靖而息天下之至擾。」（《歸愚集》卷一〇）「一德格天」，係指秦檜。《宋史》卷四七三《秦檜傳》載紹興十五年十月「帝親書『一德格天』扁其閣」（又參羅大經《鶴林玉露》甲編卷五《格天閣》、劉一清《錢塘遺事》卷一《格天閣》）。據知常之此啓乃謝宰相秦檜。

**紹興十七年丁卯，常之五十六歲。**

在臨安。服除，起爲太學博士。六月，爲秘書省正字。

《要録》卷一五六：紹興十七年六月丁酉，「大常博士葛立方、太學正孫仲鰲并爲秘書省正字。既而提舉秘書省秦熺奏以二人並兼編定書籍官，從之（原注：熺奏辟，在是月辛亥）。」《南宋館閣録》卷八「正字」：「葛立方，十七年六月除。十九年六月爲校書郎。」

案：宋制，丁憂二十七月。常之自紹興十四年九月丁憂，至去年十二月已滿。《要録》謂常之自太常博士除正字，則其爲太常博士當在本年正月至六月除正字以前。

除正字後，常之上執政《謝正字啓》（《歸愚集》卷一〇）。

**紹興十八年戊辰，常之五十七歲。**

在臨安任秘書省正字兼編定書籍官。二月，充試院參詳官。

《宋會要》選舉二〇：紹興「十八年二月十二日，以吏部侍郎邊知白知貢舉，……秘書省正字葛立方、御史臺主簿陳㬊、太常寺主簿林大鼐、宗正寺主簿王葆並差充參詳官。」芮煇《歸愚集序》：「煇與先兄祭酒同爲紹興十八年進士，吏部先生實參掌文衡。」「吏部先生」，即常之。時年充試院參詳官，故謂其「參掌文衡」。

案：《紹興十八年同年小錄》云：「紹興十八年二月十二日鎖院，敕差知貢舉左朝奉郎權尚書吏部侍郎兼權直學士院邊知白，……參詳官……左承議郎行秘書省正字兼提舉秘書省編定書籍官兼權尚書禮部員外郎葛立方。」是常之又兼權尚書禮部員外郎。

六月，撰潘賢妃祭文。

《南宋館閣錄》卷五載：紹興十八年六月，「賢妃潘氏」「祭文」，「正字葛立方撰」。

案：此文見《歸愚集》補遺（《常州先哲遺書》本）。

十一月，撰祀神樂章。

《南宋館閣錄》卷五：「紹興十八年十一月一日，臣僚言：『欲乞遇上辛日祀感生帝，並依本朝舊制，大祀樂章報秘書省修撰。』有旨從之。降神大安之樂四曲，正字葛立方撰。」

**紹興十九年己巳，常之五十八歲。**

在臨安。任秘書省正字。六月，除校書郎。有謝啓。

《南宋館閣錄》卷八《校書郎》：「葛立方，字常之，江陰人。黄公度榜同進士出身。治《書》。十九年六月除，二十一年六月爲考功員外郎。」常之《謝校書郎啓》、《又謝校書郎啓》（《歸愚集》卷一〇）即此月所上。

十一月，有和御製詩。

《南宋館閣録》卷五：「十九年十一月，《恭和御製郊祀喜晴詩》，……樞密院編修官兼權實録院檢討官周紫芝、……校書郎葛立方、孫仲鰲各一首。」「《恭進郊祀大禮慶成詩》，樞密院編修官兼權實録院檢討官周紫芝五首，……校書郎葛立方、仲鰲各一首。」同卷又載葛立方撰有《蠟祭百神東蠟大明正位帝神農氏配后稷氏配歲星以下從祀諸神祝辭》，今俱不傳。

**紹興二十年庚午，常之五十九歲。**

在臨安任秘書省校書郎。八月，充國子監發解試點檢試卷官。

《宋會要》選舉二〇：紹興二十年八月，「以監察御史湯允恭充國子監發解監試官，……秘書省校書郎葛立方、秘書省校書郎孫仲鰲、太學博士吳武陵、太學録周麟之充點檢試卷官。」

**紹興二十一年辛未，常之六十歲。**

在臨安任校書郎。六月，除考功員外郎。

《南宋館閣録》卷八謂葛立方「二十一年六月，爲考功員外郎」。《要録》卷一六二：紹興二十一年六月丙子，「秘書省校書郎葛立方爲尙書考功員外郎。」

案：常之在秘書省五年，至本年六月始改任。《韻語陽秋》卷一四載其在秘書省事云：「秘省古今名畫，殆充棟宇。余在省歲久，與同舍郎日取數軸評玩，殆有啗炙之味。如所用絹素，凡涉名筆，必密緻緊厚，蓋慮其易敗也。」

旋兼權中書舍人。

《歸愚集》卷七、卷八之外制，即撰於任中書舍人期間內。

九月，罷職。

《要錄》卷一六二：紹興二十一年九月十一日戊申，「尚書考功員外郎兼權中書舍人葛立方罷，以右正言章廈論其輕恣也。」《直齋書錄解題》卷一八《歸愚集》謂常之「以郎官攝西掖，忤秦檜得罪」，即謂此。攝西掖，即權中書舍人。

案：常之兼權中書舍人在六月除考功員外郎後，至九月罷職，歷時僅三月。

**紹興二十二年壬申，常之六十一歲。**

罷職閑居湖州。

**紹興二十三年癸酉，常之六十二歲。**

閑居湖州。

**紹興二十四年甲戌，常之六十三歲。**

閑居湖州。

三月，仲子郯進士及第，常之有詩誌喜。

《韻語陽秋》卷一八：「郯始留意星曆學，紹興癸酉取解漕臺，問《斗爲帝車賦》，首試復以『日星爲紀三台色齊』爲詩賦題。其所爲貫穿甘石之學甚詳。小孫女夜夢郯登樓至十六級而止，筮之，爲省闈第十六人之祥。已而果然。余作詩贈之曰：『張鈴走幟到金溪，喜子文闈預品題。名字巍峨先蕊榜，詞章斐亹動文奎。階梯已合嬰兒夢，星斗先分天老題。後日臚傳當第一，天倫科甲尙爲低。』」

案：郯本年進士及第（嘉靖《江陰縣志》卷一四），據《宋會要》選舉八是年榜首爲張孝祥，發榜在三月八日，常之詩即作於三月進士放榜後。又詩中「張鈴走幟到金溪」云云，知常之本年居湖州泛金溪。《韻語陽秋》卷一二亦云：「余居泛金溪上，暇日率同志拏小舟，載魚鱉蝦蟹，命五比丘誦寶勝佛名若十二因緣法，作梵唄，捨之溪中。坐間有請作詩以紀一時之事者，余輒爲書云：『漁師竟日漁，水族作斤賣。……香餌莫巨愛。』」泛金溪，即寶溪。

**紹興二十五年乙亥，常之六十四歲。**

閑居湖州。十月，有詩悼洪興祖。

常之《洪慶善郎中興祖挽詩四首》，見《歸愚集》卷四。紹興四年前後，洪興祖與常之同寓湖州泛金溪，故有「同社記金溪」云云。

案：洪興祖本年十月卒。《宋會要》選舉三二載，紹興「二十五年十月十六日詔朝散大夫洪興祖昨錄罪犯編管昭州卒，許歸葬，從其子葳請也。」常之挽詩即作於本月洪興祖卒後不久。

同月，又有《禮部尚書洪公皓挽歌詞三首》（《歸愚集》卷三）。

洪皓字光弼，鄱陽人。建炎三年使金，留十五年而後返。回宋後不久，因忤秦檜，安置英州（《宋史》卷三七三《洪皓傳》）。《要錄》卷一六九載是年十月二十一日乙未，「左朝奉郎、主管台州崇道觀洪皓卒於南雄州，年六十八。」二十二日丙申，「夜，（秦）檜薨，年六十六。」常之挽詩，當作於是月底。

十二月，除尚書吏部員外郎。

《要錄》卷一七〇：紹興二十五年十二月十八日辛卯，「左朝散郎葛立方爲尚書吏部員外郎（原注：葛郯題立方文集後云：太上更化，伯父被召為郎。數日，沈公該始除参知政事，而言者乃謂賂該之子得之，後議該者往往以為口實，而伯父亦卒以此一跌不復。伯父即捐館，諸孤上書叫閽，下其事於吏、刑部，而吏、刑部考冤狀甚白，謂伯父除郎乃紹興二十五年十二月十八日，而沈該除参知政事，乃當年十二月二十一日也。）」

案：葛郯爲常之仲子，此引葛郯「題立方文集後」稱常之爲「伯父」。此處「葛郯」疑有誤，當是葛郃或葛鄰之訛。

**紹興二十六年丙子，常之六十五歲。**

在臨安任吏部員外郎。八月，守左司郎中。

《要錄》卷一七四：紹興二十六年八月庚午朔，「尙書吏部郎中葛立方守左司郎中。

閏十月，爲賀金生辰使使金。

《要錄》卷一七五：紹興二十六年閏十月三日辛丑，「尙書左司郎中葛立方爲賀（金）生辰使。」

**紹興二十七年丁丑，常之六十六歲。**

春在金邦，作《好事近》詞。

常之《好事近·歸有期作》：「幾騎漢旌回，喜動滿川花木。遙睇清淮古岸，散離愁千斛。」（《歸愚詞》）「歸有期」指在金邦歸南宋之期已近。據「滿川花木」句，知作於春天。

行至汴京，賦《朝中措》。

常之《朝中措·回至汴京喜而成長短句》有「時節馬蹄歸路，楊花亂撲征韉」云云，知其自金中都（今北京）回至汴京（今開封）在春日。

行至睢陽途中，見桃李盛開，賦《雨中花》二首，有「青門紫陌芳春」云云，同調和詞亦有「寄徑睢陽，陌上忽看，夭桃穠李爭春」云云，知二詞亦爲春天作。

案：詞題原注：「以下奉使途中作。」知此二首及前《好事近》、《朝中措》俱作於奉使途中。常之出使金邦，時當冬天，而諸詞皆爲春天作，知是在返程中所賦。睢陽，今河南商丘。

寒食節，至淮水，賦《春光好》。

常之《春光好·寒食將過淮》：「禁煙卻釀春愁。正繫馬、清淮渡頭。後日清明催叠鼓，應在揚州。」

案：寒食節在清明前二日，故有「後日清明」之句。常之抵臨安，當在春末。

六月，權吏部侍郎。有謝表及詩。

《要錄》卷一七七：紹興二十七年六月二十二日乙卯，「尚書左司員外郎葛立方權吏部侍郎」。朝命下達後，常之上《謝吏部侍郎表》（《歸愚集》卷九）。

時常之又有《蒙恩除吏部侍郎子侄以詩相慶》（同上卷三）。常之除侍郎後，頗爲自得。

陸友《研北雜志》卷上云：「吏部侍郎葛立方，因陛對，高宗從容語及前代書法，曰『唐人書雖工，至天然處，終不及魏晉，如鋪算之狀，皆非善書。』立方對曰：『古人論書，先論筆法，若不能求用筆意於點畫之外，便有鋪算之狀矣。』」

十月，罷吏部侍郎。

《要錄》卷一七八：紹興二十七年十月二十七日己未，「殿中侍御史王珪言：權吏部侍郎葛立方違法爲其子營求薦章。詔罷之。」《宋會要》職官七〇亦載是月「二十七日，權吏部侍郎葛立方放罷。臣僚言：立方身爲長貳，輒爲其子弟郛越新制用舉狀，故有是命。」

**紹興二十八年戊寅，常之六十七歲。**

罷職還家居湖州，有詩。

常之《罷職還家漢卿叔賜詩和韻》有云：「雖叨荷槖簪纓舊，頗愧銓衡水鏡徵。」（《歸愚集》卷四）

案：「荷槖」，指任侍郎職。據知「罷職」，乃指罷吏部侍郎。「還家」，指還湖州金溪（參後）。

**紹興二十九年己卯，常之六十八歲。**

四月，起知袁州，有詩。

常之《所居二室號書癡禪說各成一詩》云：「枕溪曲室巧涵虛，黃卷旁羅恣卷舒。」「坐穴藜床撻掖事，哪知新有鶴頭書（原注：是日聞有袁州之命）。」（《歸愚集》卷三）

案：「袁州之命」，指起知袁州之命。四月二十七日常之赴袁州任，其受命當在同月。袁州，亦稱宜春郡，即今江西宜春市。

四月二十七日，自湖州赴袁州知州任。有詩。

《歸愚集》卷三《己卯歲四月二十七日自湖州赴宜春郡餘杭出陸至富陽》有云：「發軔出江津，晴薰綠野勻。泉聲漱沙石，嵐翠濕衣巾。」

案：常之自湖州赴任，可見其此前是居湖州。此行赴袁州，沿途作詩甚夥。餘杭、富陽，今俱屬浙江。

自富陽過新城，有《新城道中》詩（《歸愚

集》卷三）。

經桐廬牛嶺，賦《桐廬牛嶺》詩（同上卷）。

入壽昌，作《入壽昌縣界》，又作有《壽昌道中壁間有烏石詩和其韻》、《早行二絕》、《晚泊二絕》（俱同上卷）。

將至江西玉山，賦《將至玉山》詩（同上卷）。

行臨江道中，賦《過九坡》詩：「行盡千山與萬山，鍾情偏在此煙嵐。」

到袁州任後，有《謝袁州到任表》（本集卷九）。

案：常之四月二十七日離湖州赴任，到任一月後於閏六月初六罷職（參後），則其到袁州，當在五月中下旬。

閏六月六日，以言者論劾罷職。

《要録》卷一八二：紹興二十九年閏六月六日，「左大中大夫敷文閣待制知福州沈調、左朝散大夫知袁州葛立方並罷。調降授左中大夫，仍落職。侍御史朱倬、殿中侍御史任古言：……立方汙賤躁進，先因賂該之婿，自曹郎旋至侍從。今又賂該之子，自起廢而遽守萍鄉。在秦檜時，曾乞以檜不合者立爲黨碑，檜雖不從，人皆憤怒。望賜罷黜。故有是命。」《宋會要》職官七〇同。

案：沈該六月二十六日己酉罷左相（《宋宰輔編年録》卷一六、《要録》卷一八二）。常之與有連，故亦遭罷。常之賄沈該子婿而得官事，前引葛郯（？）《題立方文集後》有辨，可參。

《直齋書録解題》卷一八《歸愚集》云：「以郎官攝西掖，忤秦檜得罪。罷更化召用，言者又以爲附會沈該，罷去，遂不復起。」案：此將數事混同連書，不確。「更化召用」，指秦檜死後，紹興二十五年十二月常之被召爲吏部員外郎，二十七年權吏部侍郎。「言者又以爲附會沈該，罷去」，實在二十九年，且所罷之職爲知袁州，而非吏部侍郎。《直齋書錄解題》將時隔四年之事連書，易使人誤以爲常之罷吏部侍郎後「遂不復起」。繆荃孫《葛立方傳》亦因之而未辨，且謂紹興二十一年常之「以吏部侍郎攝西掖」（《常州先哲遺書》本《歸愚集》附録），亦誤。常之實以考功員外郎兼權中書舍人（見前譜）。繆氏將《解題》「以郎官攝西掖」之郎官，誤以爲是吏部侍郎，故致誤。

罷職後，離袁州回湖州。途中有《旅次》（本集卷四）二詩，有云：「視印宜春一月過，寧知平地起風波。」可知常之在袁州僅一月餘。

**紹興三十年庚辰，常之六十九歲。**

居湖州泛金溪。築室後圃。有文、賦。

《歸愚集》卷六《小樓上梁文》：「歸愚老人上韓愈宜春之印，歸肩吾霅水之廬。芟薙北隅，經營後圃。」既曰「上宜春之印」，可知小樓乃自袁州回泛金溪後所築。上梁文即小樓落成時所作。同卷《餘慶堂賦》有云：「歸愚居士，泛金溪上有居焉。其堂三楹，衆戶發樞。」亦當爲同期作。

又常之《築室以乏金小輟》有云：「萍踪留異縣，小隱卜清苕。囊罄欲質史，官卑難貫貂。」（《歸愚集》卷四）此謂「築室」，或亦是自袁州回後所作。若是，當作於上梁文之前。

始撰《韻語陽秋》。

常之《韻語陽秋自序》：「懶眞子既上宜春之印，歸休於吳興泛金溪，止我先人之弊廬，歸愚識夷塗，游宦泯捷徑，湛然胸次，不掛一絲。而多生習氣，尚牽蠹簡，雖不能如毛萇鄭康成泥蟲魚之注，又不能如虞卿李德裕著窮愁之書。未諳王氏之青箱，懶問董生之朱墨。獨喜讀古人韻語，披味抽繹，每畢景忘倦。凡詩人句義當否，若論人物行事，高下是非，輒私斷臆處而歸之正。若背理傷道者，皆爲說以示勸戒。」觀其語意，常之歸休泛金溪即開始撰寫《韻語陽秋》。

**紹興三十一年辛巳，常之七十歲。**

居湖州泛金溪。撰《韻語陽秋》。十一月，宋采石大捷，有《聞我師大捷虜騎宵遁上時宰五十韻》詩（《歸愚集》卷四）。

案：采石大捷，在十一月八日丙子，常之詩當作於十一月中旬。「時宰」，當指左相陳康伯。是年三月陳康伯自右僕射遷左僕射、同平章事（《宋宰輔編年録》卷一六、《宋史·宰輔表》）。

**紹興三十二年壬午，常之七十一歲。**

居湖州泛金溪。撰《韻語陽秋》。

**孝宗隆興元年癸未，常之七十二歲。**

居湖州泛金溪。曾除知宣州，旋罷。

本年八月，常之曾除知宣州，未及赴任，即罷。《宋會要》職官七一：隆興元年八月二十五日，「詔新知宣州葛立方……罷新任，依舊宫觀，皆以臣僚論列故也。」

是年，撰成《韻語陽秋》。

徐林《韻語陽秋序》：「隆興元年，常之

由天官侍郎罷七年矣，於是《韻語陽秋》之書成，貽書謂余叙之。」

案：常之自紹興二十七年罷吏部侍郎，至本年正七年。

**隆興二年甲申，常之七十三歲。**

居湖州泛金溪。七月，自序《韻語陽秋》。

是年，常之卒。

徐林《韻語陽秋序》：「隆興元年，常之由天官侍郎罷七年矣，於是《韻語陽秋》之書成。貽書謂余叙之，會予以病未暇也。明年常之卒。乾道改元三月九日，夜夢常之如平生。既寤，愴念疇昔，泫然流涕，乃題其首，而歸其書於其孤。」

案：隆興元年之「明年」，即本年。而常之本年七月尚作自序，是其卒於本年秋冬。

**乾道元年乙酉**

八月，徐林爲作《韻語陽秋》序。

徐林《韻語陽秋序》末署「八月十二日，敷文閣直學士、左朝議大夫致仕武夷徐林序」。

案：八月十二日，指本年八月十二日，蓋前文有「乾道改元」云云。

**乾道二年丙戌**

是年，《韻語陽秋》梓行，沈洵作序。

沈洵《韻語陽秋序》：「公（指常之）既殁，或請其書鏤板以傳世，輒掇其大旨，書於篇末，使覽者得詳焉。乾道二年八月既望，右朝請郎、行秘書省校書郎兼權戶部員外郎沈洵題。」

案：沈洵字子直，儀眞人。紹興二十一年趙逵榜進士。乾道二年四月除秘書郎（《南宋館閣録》卷七）。

# 葉夢得年譜

王兆鵬 編

據《兩宋詞人年譜》刪訂

葉夢得（一〇七七—一一四八），字少藴，號石林居士，吴縣（今江蘇蘇州）人。紹聖四年進士，調丹徒尉。徽宗朝歷議禮武選編修官，除起居郎，遷翰林學士，出知汝州、蔡州、潁昌府。靖康元年知杭州，建炎二年遷翰林學士兼侍讀，除户部尚書，爲尚書左丞，罷歸湖州。紹興初起爲江東安撫大使兼知建康府，次年罷，八年再任。十二年，移知福州兼福建安撫使。十六年致仕，十八年卒，年七十二，贈檢校少保。

葉夢得爲晁氏外甥，又嘗從晁補之、張耒諸人學，在詩文創作與評論方面均有較大成就。著述甚富，有《石林總集》一百卷，已佚。今存《石林居士建康集》八卷、《石林奏議》十五卷、《石林詞》一卷、《石林詩話》一卷、《石林燕語》十卷、《巖下放言》一卷、《避暑録話》二卷等。事蹟見《宋史》卷四四五本傳。

據《直齋書録解題》卷一八，宋人嘗編《石林先生年譜》一卷，收入《石林總集》，久佚。清葉廷琯編有《石林先生兩鎮建康紀年略》一卷，僅記紹興間葉夢得兩鎮建康共七年之事。本譜爲王兆鵬所編，博採群籍，較全面地反映了譜主的家世、生平事蹟、詩文著述等。本譜最初收入《兩宋詞人年譜》（臺灣文津出版社一九九四年版），本書所收爲節編本。

葉夢得，字少蘊，因所居烏程卞山奇石林列，故自號石林居士。

陳振孫《直齋書錄解題》卷三《春秋傳》：「夢得自號石林居士，明敏絕人，藏書至多，博覽強記，故其爲書，辨訂考究，無不精詳。」同書卷一八：「《石林總集》一百卷、《年譜》一卷，尚書左丞吳郡葉夢得少蘊撰。……其居在卞山，奇石森列，藏書數萬卷。既沒，守者不謹，屋與書俱燼於火。『石林』二字，本出《楚辭·天問》。」周密《癸辛雜識》前集「葉氏石林」：「左丞葉少蘊之故居，在卞山之陽，萬石環之，故名，且以自號。正堂曰兼山，傍曰石林精舍。」案：「精舍」，猶言讀書齋。《韻語陽秋》卷一三：「晉孝武初奉佛法，立精舍於殿內，引沙門居之。故今人皆以佛寺爲精舍。殊不知精舍者，乃儒者教授生徒之處。《後漢》包咸、檀敷、劉淑傳，皆有立精舍教授生徒之文。謝靈運《石壁精舍》詩曰：『披拂趨南徑，愉悅偃東扉。』皆靈運所居之境，非佛寺也。故李善注云：『精舍者，今讀書齋是也。』」葉少蘊所居號石林精舍，蓋用此義。」

蘇州長洲人。

葉夢得籍貫，史載不一。其一，宋李攸《宋朝事實》卷十《宰執拜罷》、《宋名臣言行錄》（下簡稱《言行錄》）別集卷四《葉夢得傳》、《宋史》卷四四五《葉夢得傳》俱作「蘇州吳縣人」。《宋詩紀事》卷三五、《四庫全書總目》卷一二七等因之。《歷代詩餘》卷一百四《詞人姓氏》、《詞綜》卷一一亦作「吳縣人」。今人多從此說。其二，宋王象之《輿地紀勝》

自稱「吳郡」、「蘇州」人，蓋宋人有稱人郡望之習。其五，嘉靖《浙江通志》卷四〇、《山堂肆考》卷一二三《石林燕語》謂葉夢得爲「松陽人」。

今案：明葉盛《水東日記》卷一八載有葉夢得所撰《湖州葉氏族譜》前後兩叙佚文，言其世系源流頗詳。其前叙云：「漢有尤者爲太尉。尤生太中大夫禕，禕生長樂太守嘉。嘉二子：光爲侍中，原爲武陵令。原生南頓太守宗，宗生雁門太守仲。仲生雲夢令穎，穎生太中大夫望。自尤以下，嘉、光、宗皆别爲祖，合葉公之後爲六族，皆葬南陽，以南陽郡葉縣南頓鄉高貴里爲定著。漢末天下亂，望以建安二年渡江僑居丹陽句容，子孫始有居丹陽者。望之夫人陳氏生一子遂，遂生

卷四、談鑰《嘉泰吳興志》卷一七及其後諸種《湖州府志》、《烏程縣志》等，俱謂夢得爲「烏程人」，《全宋詞》因之。清陸心源《重刻石林奏議叙》謂：「夢得字少藴，湖州人，原籍蘇州吳縣。」宋烏程縣屬湖州，故陸氏稱其郡望爲「湖州人」。其三，乾隆《蘇州府志》卷五五列其爲「長洲縣」人，並注：「史作吳縣人。」其四，宋祝穆《方輿勝覽》卷九則將夢得列爲處州人，王質《雪山集》卷十《石林贊》又稱「縉雲葉氏」，洪邁《夷堅志》甲志卷八《黄山人》亦謂夢得之父「贈太師葉助，縉雲人。」縉雲，宋屬處州（今浙江麗水）；當時處州又别稱「縉雲郡」（參《元豐九域志》卷五、《宋史·地理志四》）。祝、王、洪諸氏所稱「縉雲」，或是指「縉雲郡」，亦如夢得之

成胤，（成胤）二子：長琚、次璲。琚四子：長碩、次儉、次游、次願。碩二子：長曠、次豫。豫二子：長績、次續。琚以下，各以其族散居四方，派別不一。縉雲派：儉字臣文，晉折衝將軍，括蒼太守，徙居縉雲。十三世曰乾昱，乾昱四世曰法善，以方技顯於唐，皆世居縉雲、括蒼州、永嘉郡。唐大曆十四年更名處州，故居處州者皆祖儉，而以松陽縣移風鄉爲定著。烏程派：夢得七世祖彪，生贈刑部侍郎逵，事吳越。刑部夫人永安郡太君羊氏葬湖州，葉氏始自縉雲遷湖州，而居烏程者，以烏程縣霅川鄉中書星爲定著。長洲派：夢得曾祖贈金紫光祿大夫諱綱，葬蘇州寶華山，遂爲吳郡人，而以長洲縣道義鄉爲定著。」

葉氏既有縉雲派、烏程派，夢得又久居烏程之卞山，故宋人稱其爲縉雲人或烏程人、湖州人，不爲無據，然不確切。夢得曾祖葉綱葬於蘇州，其後裔遂居蘇州（夢得祖父故居即在蘇州城内，其《避暑録話》卷四云：「虎邱山，晉王珣故居。……舊傳宅在城内日華里，今景德寺即是，虎邱乃其外第耳。……余大父故廬與景德寺為鄰」），而以蘇州長洲縣道義鄉爲定著，遂又衍生成葉氏「長洲」一派。乾隆《蘇州府志》謂夢得爲「蘇州長洲人」，甚是。《宋史》卷二九五《葉清臣傳》謂夢得之曾從祖清臣爲「蘇州長洲人」，亦甚確切。故夢得籍貫應定爲蘇州長洲人。長洲，今已併入蘇州市。宋時長洲縣隸於蘇州，蘇州又稱吳郡，故宋人習稱夢得及其自稱爲吳郡人、蘇州人。又長洲縣治與吳縣縣治同在蘇州城內，夢得既自稱爲蘇州人，時人及後人遂想當然，誤以爲他是「蘇州吳縣人」，或徑稱爲「吳縣人」。至民國時長洲縣廢入吳縣，今人更難辨明，更易將歷史上的長洲縣與吳縣等而同之，混淆莫辨（參方建新《葉夢得事蹟考辨》，載《文獻》一九九一年第一期）。

曾祖綱，贈金紫光祿大夫（見上引夢得所撰《湖州葉氏族譜》前叙）。

曾叔祖清臣，累官至翰林學士。

清臣，字道卿，仁宗天聖二年進士，累官至翰林學士。《宋史》卷二九五有傳。夢得頗引以爲自豪。其《避暑錄話》卷三云：「曾從叔祖司空道卿，慶曆中受知仁祖，爲翰林學士，遂欲大用。會宋元憲爲相，同年素厚善，或以爲言，乃與元憲俱罷。然仁宗欲用之意未衰也。……吾大觀中，亦忝入翰林，因面謝略叙陳，太上皇聞之，喜曰：『前此兄弟迭爲學士者有矣，未有宗族相繼于數世之後，不唯朝廷得人，亦可爲卿一門盛事。』吾頓首謝。今之叨冒仁宗不得盡施於司空者，吾又兼得之，而無前人報國之一二，每懷眷遇，未嘗不流涕也。」

案：《宋詩紀事》卷三五、《全宋詞》之葉夢得小傳等俱謂夢得爲「清臣曾孫」，誤。非嫡曾孫，乃從曾孫也。

祖父羲叟，以清臣蔭入官，累官至荆湖南路提點刑獄公事。

據張擴《東窗集》卷七《觀文殿大學士左太中大夫知福州軍州事葉夢得故祖葉羲叟追封福國公制》，知夢得祖父名羲叟。羲叟以清臣蔭入官，《避暑錄話》卷四云：「司空（清臣），國史有傳。其大節略已備矣。而平生出處與章奏論事，見於謀國者，遺落甚多。先大父太師兄弟三人，皆以司空蔭入官，至老不敢忘。」元豐五年三月爲江南西路提舉常平（見《續資治通鑑長編》卷三二四，下簡稱《長編》）。元祐間，曾爲荆湖南路提刑，《石林詩話》卷中有「大父元祐間自湖南憲請宮祠歸」云云，可證。

叔祖溫叟，官至主客郎中。

溫叟，字淳老，與蘇軾同年進士。《避暑錄話》卷三：「叔祖度支諱溫叟者，與蘇子瞻同年，議論每不下。元祐末，子瞻守杭州，公爲轉運使。」《蘇軾詩集》卷三三有《與葉淳老侯敦夫張秉道相視新河秉道有詩次韻二首》紀事。《長編》亦載其仕履：神宗元豐四年爲提點開封府界諸縣鎮公事（卷三一三）；哲宗元祐元年爲秦鳳路提點刑獄公事（卷三七二）；元祐四年由朝散大夫、度支郎中權知兩浙路轉運副使（卷四三〇）；元祐六年六月入爲主客郎中（卷四五四）。因溫叟曾任度支郎中，故石林稱「叔祖度支」。

父助，官至潁州通判。

助，字天祐。登進士。熙寧中曾任睦州建德縣尉，又官拱州。《夷堅志》甲志卷八：「贈太師葉助天祐，縉雲人，爲睦州建德尉。年壯無子，問命於日者黄某，黄云：『公嗣息甚貴，位至節度使，然當在三十歲以後。若速得之，亦非令器也。』天祐不樂。後官拱州，黄又至，令以《周易》筮之，得《賁》卦。黄云：『今日辰居土，土加賁爲墳字，君當生子，但必有悼亡之戚。』果生男。數歲而夫人卒。其子即少藴也。」元祐初，助爲達州司理參軍（詳後譜元祐元年），後官上饒（詳後譜元祐五年）。大觀三年，爲潁州通判（参後譜大觀三年。又参葉廷琯《吹網録》卷六《石林家訓跋》）。

母晁氏，晁補之女兄。

黄庭堅《豫章黄先生文集》卷二三《晁君誠墓誌銘》：「君誠晁氏，……夫人楊氏，生一男，則補之；女嫁某官張元弼、進士葉助、曹碩、陳琦。」晁補之《鷄肋集》卷六四《晁夫人墓誌銘》：「前達州司理參軍葉助將葬其夫人晁氏於蘇州吴縣之靈巖鄉寶華山北，元祐八年某月甲子吉以書屬夫人之弟補之爲銘。」據知石林母爲晁補之之姊。墓誌又謂晁氏「歸之」葉助，「時年十九」，後「生男曰藴，舉進士，好文自立；曰蘩，卒。」藴，當爲夢得原名。其弟蘩，幼年即卒，故《石林家訓》曾慨嘆平生無兄弟。

石林外祖晁端友，字君誠；舅氏晁補之，字無咎。濟州鉅野人。俱能詩。《石林詩話》卷一云：「外祖晁君誠善詩，蘇子瞻爲集序，所謂『温厚靜深如其爲人』也。黄魯直常誦其『小雨愔愔人不寐，卧聽羸馬齕殘蔬』，愛賞不已。」晁補之爲蘇門四學士之一，著有《鷄肋集》、《晁氏琴趣外篇》等。《宋史》卷四四四有傳，《張耒集》卷六二有《晁無咎墓誌銘》。

有子十人。

據《石林家訓》序，夢得有子十人：棟、桯、模、楫、橹、繕、繪、綬、絺、綽。葉模，曾任秀州通判。《石林燕語》由其編成（見《石林燕語·序》）。《避暑録話》

則由其執筆寫成（見《避暑録話》卷一首條）。

葉程，曾任臨安府通判（《咸淳臨安志》卷五〇）。淳熙五年知郴州（《宋會要》職官七二）。又歷知永州、吉州（周必大《周益國文忠公集》卷二三《回永州葉守程啓》、卷二四《回吉州葉守程啓》）。

葉棟，字叔範，紹興十一年任江東安撫司書寫機宜文字官（詳後譜紹興十一年）。乾道六年知興國軍（王質《雪山集》卷六《興國軍學記》、《興國四營記》）。淳熙元年爲浙西提舉茶鹽（《宋會要》食貨六六）。淳熙四年，爲大理卿（《宋會要》職官七二）。淳熙七年，由司農卿除秘閣修撰與監司差遣（《宋會要》職官六二）。

餘子未詳。

有孫若干人。

石林之孫，有名氏可考者爲：篔、簨、箋、籈、籌、筠、簵。

葉篔，字景山（洪咨夔《平齋文集》卷九《饒州州學新田記》），一作字進卿（陳造《江湖長翁集》卷二一《興化縣移建學記》）。曾知興化縣，任太府少卿、直寶謨閣。開禧元年任浙西提刑（《宋會要》食貨六六）。嘉定四年知太平州（《宋會要》職官七四）。

葉簨，淳熙十二年權發遣南康軍（《宋會要》兵三）。紹熙二年知台州（陳耆卿《赤城志》卷九）。又曾爲兩浙路轉運副使（虞儔《尊白堂集》卷二《葉簨兩浙運副制》）。嘉泰二年爲司農卿兼權戶部侍郎（《宋會要》禮五〇）。

葉箋，開禧元年以朝奉郎知台州。《赤城

志》卷九：「開禧元年六月二十日，以朝奉大夫知。（箋）霅川人，簨之從弟，籈之從兄。」

葉籈，歷官淮南西路轉運判官、江南西路提刑（衛涇《後樂集》卷二《降授朝奉郎淮南西路轉運判官……葉籈依前官特授復直寶文閣權江南西路提點刑獄公事兼本路勸農提舉河渠公事借紫誥》）。慶元三年以朝奉郎知台州（《赤城志》卷九）。嘉泰四年由戶部侍郎任淮西總領（《景定建康志》卷二六、《宋會要》職官七四）。

葉籌，紹熙元年知嚴州（《宋會要》職官七三、同書刑法六）。

葉筠，字端卿。慶元六年庚申知臨江（劉昌詩《蘆浦筆記》卷十《石林詞》）。開禧中，曾刻乃祖所著《春秋考》、《春秋傳》、《春秋讞》於南劍州。（《四庫全書總目》卷二七《春秋考提要》）。

葉簵，紹熙元年爲秀州通判（《宋會要》職官七三）。嘉泰間，曾刻乃祖《石林總集》於吳興里舍，有《建康集跋》遺文。

綜上所考，列葉夢得世系表如次：

葉綱—羲叟—助—夢得—棟　程　模　楫　櫓　繕　繪　綬　絺　綽

葉清臣　溫叟

棟　程　模　楫　櫓　繕　繪　綬　絺　綽—簀　簨　箋　籈　籌　筠　簵

葉夢得博極羣書，著述繁富，多達二十餘種。今傳世之作有：

《春秋傳》二十卷。宋開禧元年乙丑葉筠刻於南劍州。今有《通志堂經解》本、《四庫全書》本、《摛藻堂四庫全書薈要》本、鈔本等。

《春秋考》十六卷。撰成於紹興八年（詳後譜）。開禧元年乙丑葉筠刻於南劍州。原本久佚，四庫館臣自《永樂大典》輯出，有《四庫全書》本、《武英殿聚珍版叢書》本。

《春秋讞》二十二卷。成書于《春秋考》之前（詳後譜紹興八年）。開禧元年乙丑葉筠與《春秋傳》、《春秋考》合刻於南劍州，原本久佚，四庫館臣從《永樂大典》中輯出，有《四庫全書》本、《四庫全書珍本初集》本、清顧氏藝海樓鈔本。

《石林奏議》十五卷。石林第三子葉模所編。奏議始於知應天府，迄於知福州。「開禧中從孫箋知台州始版行之。《宋史·藝文志》、《直齋書錄解題》、明《文淵閣書目》著於錄。其後葉氏菉竹堂、陳氏世善堂、毛氏汲古閣皆有其書。入國朝流傳漸罕。乾隆中開四庫館，未經採進，至黃氏《百宋一廛賦》出世，乃知孤本之僅存。輾轉而爲仁和胡心耘所得。亂後歸於鄉先輩吳平齋太守，余以文衡山《石湖卷》易得之。」（陸心源《重刊石林奏議叙》）宋刊本今不傳，傅增湘曾於日本靜嘉堂文庫中見之（《藏園群書題記》卷三《校影宋本石林奏議跋》，又參葉廷琯《吹網錄》卷六《石林奏議宋本》）。今傳有明毛氏汲古閣景宋鈔本、葉廷琯跋清鈔本、咸豐五年仿宋原刻本、光緒十一年陸氏皕宋樓刊本、日本昭和四十五年據東京靜嘉堂文庫藏開禧二年刊本影照本。

《石林燕語》十卷，成書於建炎三年（詳後）。宋刊本不傳。今有明正德元年楊武刻本、《稗海》本、《四庫全書》本、《琳琅秘室叢書》本、《儒學警悟》本、《説郛》本、《筆記小説大觀》本、《唐宋叢書》本、《石林遺書》本、《郋園先生全書》本、《叢書集成初編》本、中華書局點校本等。其源流可參《吹網録》卷六《石林燕語》。

《避暑録話》四卷，或作二卷。成書於紹興五年（詳後譜）。宋刊本作二卷（《直齋書録解題》卷一一），不傳。今有《稗海》本、《津逮秘書》本、《四庫全書》本、《學津討原》本、《石林遺書》本、《叢書集成初編》本、《郋園先生全書》本、涵芬樓據項氏宛委堂本影印《宋人小説》本（上海書店影印）作四卷。可參《吹網録》卷六《避暑録話》。

《巖下放言》一卷，或作三卷。約成書於紹興十六年（詳後譜）。《直齋書録解題》卷一一作一卷，不傳。今有《説郛》本、《四庫全書》本、《石林遺書》本、《觀古堂所刊書》本、《郋園先生全書》本等，俱作三卷。其源流可參《吹網録》卷六《巖下放言》。

《玉澗雜書》十卷，存一卷。成書於宣和五年（詳後譜）。《直齋書録解題》卷一一著録作十卷，今存一卷。有《説郛》本、《五朝小説》本、《石林遺書》本、《郋園先生全書》本、《古今説部叢書》本等。

《石林家訓》一卷，撰成於紹興元年（詳後譜）。宋刊本不傳。今有《說郛》本、《石林遺書》本、《郋園先生全書》本等。

《建康集》八卷，紹興八年至十二年在建康所作詩文集。嘉泰間刻本，葉籍跋云：「右先君大卿手編《建康集》八卷，乃大父左丞紹興八年再鎮建康時所作詩文也。別有總集一百卷，昨已刻於吳興里舍。侄凱任總司酒官，來索此本，欲置諸郡庠，並以年譜一卷授之，庶廣其傳云。嘉泰癸亥重陽日籍謹題。」今有明鈔本和多種清鈔本、清道光二十四年葉廷琯刻本、咸豐六年刻本、《四庫全書》本、《觀古堂叢書》本、《石林遺書》本、《郋園先生全書》本、民國九年石竹山房書局石印本。

案：《直齋書錄解題》、《文獻通考·經籍考》俱作十卷。可參葉廷琯《吹網錄》卷六《建康集足本》之考鏡。

《石林詩話》一卷，或作三卷，成書於宣和二年前後（詳後譜）。今有《百川學海》本、《唐宋叢書》本、《歷代詩話》本、《古今說部叢書》本，俱作三卷。又有元陳仁子刻本，題《葉先生詩話》三卷，清鈔本《葉先生詩話》亦作三卷（俱藏北京圖書館）。又有《津逮秘書》本、《詩學指南》本、《四庫全書》本，俱作一卷。另有《石林遺書》本、《郋園先生全書》本，此本作三卷，又有拾遺二卷並附錄二卷，最爲精善完備。是書版本源流，可參《吹網錄》卷六《石林詩話》及郭紹虞《宋詩話考》上卷《石林詩話》。

《石林詞》一卷，今有明吳訥輯《唐宋名

賢百家詞》本、明紫芝漫鈔《宋元名家詞》本、明毛晉輯刻《宋六十名家詞》本、《四庫全書》本。又有道光二十九年葉氏華庵刻本、《石林遺書》本、《郎園先生全書》本（此本有補遺一卷）。另有清道光十八年葉光復刻本，作二卷。

已佚之作有：

《石林書傳》十卷。見《直齋書錄解題》卷二。

《論語釋言》十卷。見《直齋書錄解題》卷三。

《維揚過江錄》一卷。見《直齋書錄解題》卷五、《遂初堂書目·本朝雜史》。

《老子解》二卷。見《直齋書錄解題》卷九。

《石林過庭錄》二十七卷。《直齋書錄解題》卷十云：「葉夢得與諸子講說者，其中子模編輯之。」

《石林總集》一百卷、《年譜》一卷。見《直齋書錄解題》卷一八和《宋史·藝文志》。明焦竑《國史·經籍志》卷五尚著錄《石林集》一百卷，錢謙益《絳雲樓書目》亦載「葉石林夢得全集（總集一百卷、年譜一卷）。」《增訂四庫簡明目錄標注》卷一六：「絳雲樓有總集百卷，後此書遂絕。」瞿良士輯《鐵琴銅劍樓藏書題跋集錄》卷四《石林居士建康集》錄葉萬跋云：「《國史·書目》載石林公集一百卷，虞山桑思玄藏書目曾有之，思玄去今百有餘年，已不可得。」

《石林審是集》八卷。《直齋書錄解題》卷一八：「其門人盛光祖子紹所錄。亦已入《總集》。」

《琴趣外篇》三卷。《直齋書錄解題》卷

二一：「《注琴趣外篇》三卷，江陰曹鴻注葉石林詞。」

《志愧集》十卷。馬端臨《文獻通考·經籍考》卷七四《石林奏議》十五卷下錄石林自序《志愧集》曰：「進對以來，奏稿藏於家者若干篇，不忍盡棄，乃序次爲十卷，目之曰《志愧集》。夫天下豈無大安危，生民豈無大休戚？矧戎狄亂華，中原分裂，上方櫛沐風雨，旰食圖功，而身遭不世之主，橫被非常之知，所言僅如是而已。心非木石，安得不愧？姑自識之，留以遺子孫，庶後世悼其意之不終，或有感勵奮發、慨然少能著見者，猶足雪其無功之耻，而償其未報之恩也。」

《金石類考》五十卷。張淏《雲谷雜記》卷三：「石林葉夢得又取碑所載與史違誤者，爲《金石類考》五十卷。」（又見後譜紹興二年引《避暑録話》卷一）

《石林書目》。見清鄭元慶《吳興藏書錄》，《遂初堂書目·目錄類》題《葉石林書目》。

《葉少蘊自序並制誥錄》。見《遂初堂書目·本朝雜傳》。

《葉石林集略》。見《遂初堂書目·別集類》。

《禮記解》。見葉廷琯《吹網錄》卷六《禮記解輯存本》。

**神宗熙寧十年丁巳，一歲。**

是年，石林生。

《避暑錄話》卷四：「始吾守蔡州，方三十九。」而《言行錄》載石林「政和五年除顯制知蔡州」。《宋史》本傳亦云：「政和五年，起知蔡州。」自政和五年

（一一一五）逆推三十九，得其生年在本年。《避暑録話》寫於紹興五年六月間（詳後譜），而此書卷四謂「吾明年六十歲」，據此推其生年亦在本年。又，《夷堅志》甲志卷八「黄山人」謂石林「紹興十六年（一一四六），年七十」；《直齋書録解題》卷一八《石林總集》下謂石林「三十一歲掌外制，次年入翰林」，而其任中書舍人掌外制在大觀元年（一一〇七），大觀二年入翰林（詳後譜）。此皆可證石林生於本年（參葉廷琯《吹網録》卷六《石林公年齒》）。至若其生日，當在年底，參後譜紹興十四年引張元幹賀石林生朝詩。

**元豐元年戊午，二歲。**

**元豐二年己未，三歲。**

**元豐三年庚申，四歲。**

**元豐四年辛酉，五歲。**

八月二十六日，石林生母晁氏病卒。《鷄肋集》卷六四《晁夫人墓誌銘》謂石林母晁夫人「元豐四年從其舅大夫君提舉兩浙常平倉事，八月二十六日暴得疾以卒，年三十。」

**元豐五年壬戌，六歲。**

**元豐六年癸亥，七歲。**

是時，石林已能熟誦詩文。《避暑録話》卷四：「李育，字仲蒙，吴人。馮當世榜第四人登科，能爲詩，性高簡，故官不甚顯，亦少知之者。與外大父晁公善，尤愛其詩。先君嘗得其親書《飛騎橋》一篇於晁公，字畫亦清麗，以爲珍玩。……略追記之，附於此：『魏人野戰如鷹揚，吴人水戰如龍驤。氣吞魏王惟吴王，建旗敢到新城旁。……

濟主艱難天借力，艱難始是報主時，平日主君須愛惜。』此詩五、七歲時先君口授，小子識之。」五、七歲時所誦記，直至五十九歲時仍一字不漏地背誦出來，足見石林非凡的記憶力。

《巖下放言》卷中亦載其「童子時」所記誦之詩及軼聞。

**元豐七年甲子，八歲。**

**元豐八年乙丑，九歲。**

**哲宗元祐元年丙寅，十歲。**

是年前後，隨父入蜀，寓達州，從州人樂君學六經。

《避暑錄話》卷四：「少從先君入峽，瞿塘、灧澦、高唐、白帝城，皆天下絕險異奇，乃一一縱觀，至今猶歷歷在目。」同卷又云：「樂君，達州人，生巴峽間，不甚與中州士人相接，狀極質野，而博學純至，先君少師特愛重之，故遣吾聽讀。今吾尚略能記六經，皆樂君口授也。家貧甚，不自經理，有一妻二兒、一跛婢，聚徒城西，草廬三間，以其二處諸生，而妻子居其一。樂易坦率，多嬉笑，未嘗見其怒。……俯仰如昨日，幾五十年矣。每旦起，分授羣兒經，口誦數百過不倦。少間，必曳履慢聲抑揚，吟諷不絕，躡其後聽之，則延篤之書也。羣兒或竊效勒侮之，亦不怒。喜作詩，有數百篇。先君時爲司理。」

綜上二條觀之，石林少年時隨父入蜀後居達州（今四川達州市），遵父命在達州城西從州人樂君學。其時乃父任達州司理參軍。此事距寫《避暑錄話》時已近「五十年」，而《避暑錄話》寫於紹興五年（一一三五）石林五十九歲時，則石林在達州從樂君學，當在十歲左右，即本年前後。其中「羣兒」云云，亦見其時石林尚少。

案：《避暑錄話》卷二有「吾少從峽州一老先生樂君嘉問學，樂君好舉東海延篤書語人」云云，此言「峽州」（今湖北宜昌）之樂君與上言「達州」之樂君爲同一人，但地點有異。依上引「少從先君入峽」、觀白帝城云云，當以「達州」爲是，蓋至峽州不需入三峽，沿江赴達州，才必經三峽、白帝城。所言「峽州」，當是因達州在巴峽一帶，泛而言之，或非專指一名夷陵郡之峽州也。

**元祐二年丁卯，十一歲。**

當在蜀中達州。

**元祐三年戊辰，十二歲。**

當在蜀中達州。

**元祐四年己巳，十三歲。**

**元祐五年庚午，十四歲。**

隨父官居上饒。

《避暑錄話》卷一：「余少時苦上氣，每作輒不能卧，藥餌起居，須人乃能辦。侍先君官上饒，一日秋晚，游鵝湖，中夕疾作，使令既非素所役，篋中適不以藥行。喘憊，頃刻不可度起，吹燈據案，偶見一《易》冊，取讀數十板，不覺遂平，自是每疾作，輒用此術，多愈于服藥。」此謂「少時」「侍先君官上饒」，未詳乃父爲何官，亦不明究在何年，姑繫於此。上饒，今屬江西。

**元祐六年辛未，十五歲。**

**元祐七年壬申，十六歲。**

**元祐八年癸酉，十七歲。**

在京師開封，數往來於舅氏晁補之家。

《建康集》卷三《書高居實集後》：「元祐末，余與居實同舉進士，試春官，數往來舅氏晁無咎家。時張文潛爲右史。二公一時後進所推尊，每得居實文，皆擊節稱賞不已。」

案：石林明年正月應試禮部（詳下），「元祐末」實指本年。又晁無咎（補之）本年在京城爲著作佐郎（見《長編》卷四七八元祐七年十月乙亥、卷四八四元祐八年五月壬辰紀事，張耒《晁無咎墓誌銘》），故石林得以出入其家。張文潛（耒）元祐八年冬任起居舍人（即右史），次年四月即出知潤州（見邵祖壽《張文潛先生年譜》），石林謂「時張文潛爲右史」，亦證其住京師、往來其舅氏家，在元祐八年和次年春間。高居實，名茂華，一字秀實。「元氏人，祖化始徙祥符。茂華人物高遠，有出塵之姿，其爲文稱是。」（《宋史翼》卷二七《高茂華傳》）

**紹聖元年甲戌，十八歲。**

是春，試禮部，不第。

《石林燕語》卷四：「余紹聖初試禮部，時鄧安惠公溫伯以翰林學士承旨知舉，亦就拜尚書右丞。時試已第二場，鄧公自廳事上馬揚鞭，左右揖諸生而去。」

案：「紹聖」，實爲本年，蓋鄧溫伯知貢舉在本年也。《宋會要》選舉一云：「紹聖元年正月十八日，以兵部尚書鄧溫伯權知貢舉，（原注：是年二月八日鄧溫伯除尚書左丞）。」《宋宰輔編年錄》卷十亦載，紹聖元年二月丁未鄧溫伯自端明殿學士守兵部尚書除尚書左丞，並「權同知貢舉」。

上譜引《書高居實集後》所言「元祐末，余與居實同舉進士試春官」，即指本年之應禮部試。元祐九年（即本年）四月癸丑始改元紹聖，故本年正月仍可稱「元祐末」。

下第後回南方，途經靈壁縣，購奇石以歸。

《巖下放言》卷中：「余紹聖間春試下第，歸，道靈壁縣，世以爲出奇石。余時病卧舟中，行槖蕭然，聞茶肆間多有求售，公私未之貴，人亦不甚重。亟得其一，長四尺許，價當八百，取之以歸。探己所有，僅得七百錢，假之同舍而足，不覺病愈，夜抱之以眠。余之好石，不特其言耳。」（又見乾隆《洛陽縣志》卷一三所録葉夢得《平泉草木記跋》）靈壁，宋屬宿州，汴河（運河）流經此縣，自江南沿汴河乘舟入汴京，必經此地，今爲安徽靈壁縣。然未詳石林此行所歸何處。

春末，賦《賀新郎》詞。

《石林詞》中《賀新郎》（睡起流鶯語）有「亂紅無數，吹盡殘花無人見」云云，知作於暮春。據石林之孫筠所言，此詞爲石林十八歲時作。劉昌詩《蘆浦筆記》卷十《石林詞》：「葉石林《賀新郎》詞有『誰采蘋花寄與，但悵望蘭舟容與』下『與』字去聲，漢《禮樂志》：『練時日，澹容與。』顔注：『閑舒也。』今歌者不辨音義，乃以其兩『與』字，妄改『寄與』作『寄取』，而不以爲非，良可笑也。慶元庚申，石林之孫筠，守臨江，嘗從容語及，謂賦此詞時年方十八，而傳者乃云爲儀眞妓女作。詳味句意，皆不相干，或是書此以遺之耳。」

案：《夷堅志》丁志卷一二謂此詞是石林紹聖末登第調丹徒尉後所作：「葉少藴左丞初登第，調潤州丹徒尉。郡守器重之，俾檢察徵税之出入。務亭在西津上，葉嘗以休日往，與監官並欄杆立，望江中有彩舫，傃亭而南，滿載皆妓女，嬉笑自若。謂爲富貴家人，方趨避之，舫已泊岸。十許輩袨服而登，徑詣亭上，問小史曰：『葉學士安在，幸爲入白。』葉不得已出而見之，皆再拜致詞曰：『學士雋聲滿江表，妾輩乃眞州妓也，常願一侍尊俎，愜平生心，而身隸樂籍，儀眞過客如雲，無時不開宴，望頃刻之適不可得。今日太守私忌，郡官皆不會集，故相約絕江此來，殆天與其幸也。』葉慰謝，命之坐。同官謀取酒與飲，則又起言：『不度鄙賤，輒草具餚醖自隨，敢以一杯爲公壽。願得公妙語持歸，夸示淮人，爲無窮光榮，志願足矣。』顧從奴挈榼而上，饌品皆精潔，迭起歌舞。酒數行，其魁捧花牋以請，葉命筆立成，不加點竄，即今所傳《賀新郎》詞也。其詞曰：『睡起聞鶯語。……重爲我，唱金縷。』卒章蓋記實也。此詞膾炙人口，配坡公『乳燕華屋』之作，而葉公自以爲非其絕唱，人亦罕知其事云。」前引《蘆浦筆記》謂「傳者乃云爲儀眞妓女作」，即針對此説而言。

復案：當以《蘆浦筆記》所載石林之孫筠所言爲可信。石林此詞傳之廣且久，張侃《張氏拙軒集》卷五云：

「葉石林『睡起流鶯語』詞，平日得意之作也，名振一時，雖游女亦知愛重。帥潁日，其侶乞詞，石林書此詞贈之。」黄昇《中興詞話》亦云：「石林葉少藴『睡起流鶯語』詞，人人能道之，集中未有勝此者，蓋得意之作也。」因是名作，故小說家附會以風流本事，此宋人慣技。《夷堅志》所載石林與儀眞妓會面事，即令實有其事，《賀新郎》亦未必是當時「立成」，或是早已寫成，而「書以遺之耳」。

又案：余嘉錫《四庫提要辨證》卷二四《石林詞》以爲「洪邁所紀，蓋其實。葉筠乃謂詳味句意全不相干，殆由年幼不知本事，故曲爲之說云爾」。亦可備一說。

《巖下放言》卷中：「正素處士張舉字子厚，毗陵人。治平初試春官，司馬溫公主文，賦《公生明》，以第四人登第。既得官歸，即不仕終身。元祐初，嘗起爲潁州教授，力辭不就。余家與之有舊，故余未冠得拜之，稍長，亦相親，亦不以不肖視余。」張子厚爲毗陵（今江蘇常州）人，據「得官歸，即不仕終身」云云，子厚當家居於毗陵。石林「得拜之」，當是赴毗陵拜識之；其時「未冠」，大約在十八、九歲時，姑繫於本年。

**紹聖二年乙亥，十九歲。**

**紹聖三年丙子，二十歲。**

**紹聖四年丁丑，二十一歲。**

是春，石林再試禮部及第。

《言行錄》、《宋史》本傳俱謂石林「紹聖四年登第」。據《宋會要》選舉一一：紹聖「四年正月十四日，以翰林學士林希權知貢舉，刑部侍郎徐鐸、起居郎沈銖同知貢舉，合格奏名進士五百六十九人。」友人葛勝仲同榜及第（參筆者葛譜）。

三月初，尚在京師，往觀金明池、瓊林苑。

《石林燕語》卷五：「金明池龍舟，太宗時造，每歲春駕上池必登之。紹聖初，亦常命別造形制，有加於前，亦號工麗。余時正登第在京師。初成，瓊林賜燕，蔡魯公爲承旨，中休往登以觀，至半輒墜水，幾不免相繼。哲宗臨幸，是日大風晝冥，池水盡波，儀衛不能立，竟不能移蹕步。自後遂廢不用。」

案：京城金明池、瓊林苑，每歲三月一日對士民開放，皇帝亦臨幸「賜燕於此」。孟元老《東京夢華錄》卷七載：「三月一日，州西順天門外，開金明池、瓊林苑，每日教習車駕上池儀範。雖禁從士庶，許縱賞，御史臺有榜不得彈劾。池在順天門外街北，周圍約九里三十步，池西直徑七里許。入池門內南岸西去百餘步，有面北臨水殿，車駕臨幸觀爭標，錫宴於此。」「駕先幸池之臨水殿，錫燕羣臣。殿前出水棚排立儀衛，近殿水中橫列四彩舟，上有諸軍百戲……。」金明池「自三月一日至四月八日閉池。雖風雨亦有游人，略無虛日」。

又，蔡魯公，即蔡京。其爲翰林學士承旨正在紹聖四年（見《長編》卷四八五紹聖四年四月丁亥「翰林學士承旨蔡京言」條，又見《宋史》卷四七二《奸臣·蔡京傳》）。據上引《石林燕語》文意揣測，是時石林或與蔡京已相識，或在金明池已覿其面。所記蔡京登龍舟、哲宗臨幸事，似爲親歷目見。

調丹徒尉。

《言行錄》：「登進士第，尉丹徒。」《宋史》本傳同。又參前譜紹聖元年所引《夷堅志》。丹徒，今屬江蘇，宋屬兩浙路潤州。

自京赴丹徒任。六、七月間，途經揚州，館於平山堂。

《避暑錄話》卷一：「歐陽文忠公在揚州，作平山堂，壯麗爲淮南第一，上據蜀岡，下臨江南數百里，眞、潤、金陵三州，隱隱若可見。……余紹聖初始登第，嘗以六、七月之間館於此堂者幾月。環堂左右，老木參天，後有竹千餘竿，大如椽，不復見日色。」

案：「紹聖初」，當爲「紹聖末」，石林記憶有誤，蓋登第在紹聖末，即本年，其自京赴丹徒，沿汴河南下，必經揚州。謂館于平山堂「幾月」者，意爲寓此近一月。

秋後，在丹徒縣尉任。

《建康集》卷三《程致道集序》：「紹聖末，余官丹徒。信安程致道爲吳江尉，有持其文示余者，心固愛之，願請交未能也。」據首句，本年石林已抵丹徒就任。

**元符元年戊寅，二十二歲。**

在丹徒縣尉任。獲識名士鄒浩。

《建康集》卷三《書鄒志完曾祖陰德詩後》：「某初任丹徒尉，獲拜忠公，齒尙少，辱引與論當世事及立朝行己大方，諄諄累數百言，如訓子弟，至今不敢墜也。」

案：鄒浩，字志完，常州晉陵（今江蘇常州）人，元符間爲諫官，危言讜論，朝野推仰。《宋史》卷三四五有傳。卒謚忠，故石林稱之爲「忠公」。據《道鄉先生文集》附《年譜》載，鄒浩自紹聖三年二月至元符元年八月在故鄉常州居父憂，元符元年八月二十三日起爲太學教授，九月壬子，爲右正言，石林或是在鄒浩自常州赴汴京途經丹徒、鎮江時「獲拜」鄒浩，亦或是在石林赴常州拜會鄒浩，其時當在本年九月鄒浩赴京之前。

與葉致遠會於鎮江甘露寺。

《避暑錄話》卷三：「……往在丹徒，嘗記與葉致遠會甘露寺。」案，葉致遠，名濤，處州龍泉（今屬浙江）人。紹聖元年任起居舍人、中書舍人，次年罷知光州（《宋會要》職官六七）。《宋史》卷三五五有傳。石林僅謂在丹徒任職時，與致遠會於甘露寺，未言在何年。考《長編》卷五〇四：元符元年十二月初二丙子，「給事中范鏜言：中書省送到新知明州葉濤改知淮陽軍，爲元祐中訴理先朝被罪不當。詳濤所進狀，辭情不遜，侵讟先朝，今止降知州軍，猶有民社，未敢書牘行下。」詔濤知興國軍，鏜再論奏，改管勾崇禧觀。」石林或是在致遠落職奉祠返鄉途中與之相會於甘露寺。姑繫於本年。

**元符二年己卯，二十三歲。**

在丹徒縣尉任。

**元符三年庚辰，二十四歲。**

宋官制，一任三年。本年石林在丹徒已滿任期。未知是否留任。

**徽宗建中靖國元年辛巳，二十五歲。**

是年，曾至長安，會晤張舜民。

《避暑錄話》卷四：「建中靖國初，有前與紹聖共政者，欲反其類，首建議盡召元祐諸流人還朝，以爲身謀。未幾，元祐諸人並集，不肯爲之用，則復逐之，而更召所反者，既至，亦思其翻覆，排之尤力，其人（鵬案：當指曾布）卒不得安位而去。張芸叟時以元祐人先罷居長安里中，聞之，壁間適有扇架，戲題其下曰：『扇子解招風，本要熱時用。秋來持壁間，卻被風吹動。』時余季父任關中，偶至長安，見芸叟道其事，指壁間以爲笑樂。」

案：張舜民，字芸叟，號浮休居士，邠州（今陝西邠縣）人。累官至右諫議大夫。著有《畫墁集》，《宋史》卷三四七有傳。張舜民與葉家爲世交，石林《巖下放言》卷下載，元豐中張舜民「謫監郴州，余先大父魏公適爲湖南憲，傾意待之。芸叟意感激，自是以兄事大父，始終不少異。故先君與諸父皆得從其游。」亦因此故，石林至長安而拜訪之。案：「偶至長安」者，或指其季父，而非石林。

**崇寧元年壬午，二十六歲。**

是年，除婺州教授。

《言行錄》：「崇寧元年除婺州教〔授〕。」婺州，今浙江金華市。赴任途中，曾過吳江長橋，晚歲所作《念奴嬌·中秋宴客有懷壬午歲吳江長橋》即是回憶此段經歷。

九月，蔡京立元祐黨人碑於端禮門，又籍元符末上書人分邪正等黜陟之。或謂石林曾參與其謀。

陳均《九朝編年備要》卷二六：崇寧元年九月乙未，「籍元符末上書人爲邪正等。初，上出其書付蔡京，京以付其子攸與其客強浚明、葉夢得詳省，第爲正上、正中、正下、邪等尤甚、邪上、邪中、邪下七等，計五百八十二人，詔中書省籍記姓名。」《宋史全文》卷一四：「蔡京責元祐人分三等定罪，蓋夢得及強（原誤作張）浚明所建也。」《宋史》卷三五六《強淵明傳》：「（淵明）與兄浚明及葉夢得締蔡京爲死交，立元祐籍，分三等定罪，皆三人所建，遂濟成黨禍。」明嘉靖《浙江通志》卷四〇《強淵明傳》即據此修入。元陳桱《通鑑續編》卷一一，明陳邦瞻《宋史紀事本末》卷四九所載亦同。

案：諸史謂石林出謀、參與定元祐黨籍事，頗有疑點：

其一，據《言行錄》載，本年石林在婺州任州學教授，不在朝中，似不可能參與其事。

其二，大觀間，石林任祠部郎官時曾親對蔡京云：定元祐黨籍、立黨籍碑太過分，「恐非所以彰先帝之德」（詳後譜大觀元年），依情理度之，石林似未參與其事，否則他不會出此言。

其三，楊仲良《通鑑長編紀事本末》卷一二一、卷一二二載元祐党籍事甚詳，然未言及石林參與其事，然陳均言之鑿鑿，《宋史·強淵明傳》更寫入傳記之中，必有所據，似無必要杜撰史實以誣石林。又《朱子語類》卷一三〇曾謂「葉夢得、宇文虛中二人所爲，極是亂道，平日持論卻甚正。」所言「亂道」事，或指參與黨籍之謀。姑照錄史書，並誌所疑，以俟識者。

**崇寧二年癸未，二十七歲。**

正月，在京爲檢點試卷官。

《避暑錄話》卷三：「崇寧二年霍侍郎端友榜，吾爲省試點檢官。」

此時石林在試院中，與翟汝文有交往。吳曾《能改齋漫録》卷一四載葉少藴云：「翟公巽作文艱得，然得必奇也。在西掖時，以草辭遲罰銅。崇寧間，與予同在試院，逼晚，商量作策題，以冗官爲問。及曉問之，云：『一夜僅成四句。』云：太平日久，人樂仕進。可爲朝廷慶者一，可爲有司慮者二。』雖止四句，然實佳作也。」崇寧間石林僅本年曾在試院任職，其與翟公巽「同在試院」，必爲本年事。

**崇寧三年甲申，二十八歲。**

十一月，爲議禮局編修官。

《言行錄》：「三年，召爲議禮武選編修官。」《宋史》本傳同。《宋史全文》卷一四：「崇寧三年十一月，婺州教授葉夢得爲議禮武選編修官。」

案：石林崇寧元年任婺州教授，崇寧二年正月已在京試院任點檢官，其本年爲議禮武選編修官，自不應由婺州教授改任，《宋史》本傳及《宋史全文》連書此時隔二年之事，似不確。

後六日，以蔡京薦召對。

《言行錄》：「爲編修才六日，蔡京亟薦之，召對，論『自古帝王爲治，必先自治其心。今國勢有安危，法度有利害，人才有邪正，民情有休戚，若不先治其心，或誘之貨利聲色，則所謂安危、利害、邪正、休戚者，未嘗不顛倒易位，而况求其功乎？』上異之，京謂曰：『公言得無意乎？』公曰：『此某所學也。』」《宋史全文》卷一四亦載有此事，唯字句有出入。

**崇寧四年乙酉，二十九歲。**

在議禮局編修官任。

《避暑録話》卷一：「崇寧歲乙酉，余爲書局時，一養馬僕馳馬至局中，忽仆地氣絶。」據知本年夏石林尚在議禮局中。

八月，遷祠部員外郎。

《言行録》：「四年，遷祠部員外郎。」《宋史》本傳、《宋史全文》卷一四同。石林此次陞遷，得力於蔡京。《續資治通鑑》卷九〇即謂「夢得附蔡京，得爲祠部員外郎。」是年蔡京爲宰相，正炙手可熱，石林與之私交甚密切，著述中屢言及蔡京事，且言必尊稱爲「魯公」。如《避暑録話》卷一載：「崇寧間，余在京師」，醫官王繹「出入蔡魯公門下」，「余猶及見其與魯公言從子瞻事。」醫官王繹出入蔡京（魯公）之門，而石林「及見」其與蔡京閑談，則石林常出入蔡京之門亦可知。

**崇寧五年丙戌，三十歲。**

在祠部郎官任。九月，與張景修同宿祠部曹廳，有詩紀事。

《避暑録話》卷四：「景修與吾同爲郎，夜宿尚書新省之祠曹廳，步月庭下……吾爲作詩記之云：『霜風獵獵動寒威，林下山僧見亦稀。怪得題詩無俗語，十年肝鬲湛寒輝。』」據《石林詩話》卷中「張景修……大觀中，始與余同爲祠曹郎中」，知此謂「景修與吾同爲郎」是指同爲祠部郎官。景修與石林同宿祠部曹廳並談及往歲九月游西湖事，或亦在九月間某月夜。明年春三月，石林已遷起居郎，則此事必在本年九月或去年九月，姑定於本年。

案：上文所謂「新省之祠曹廳」，乃相對元豐五年前之舊省廳而言，詳參《石林燕語》卷二「元豐五年官制初行」條所載。張景修，字敏叔，常州人，余（石林）大父客也」（《石林詩話》卷中）。

**大觀元年丁亥，三十一歲。**

是春，在祠部郎官任。正月，蔡京復相，石林勸以稍弛元祐黨禁。

徐度《卻掃編》卷中：「崇寧初，蔡太師持『紹述』之說爲相，……其後再相也，……葉左丞爲祠部郎，從容謂之曰：『夢得聞天下有道，則庶人不議。今舉籍上書之人名氏刻之於石以昭示來世，恐非所以彰先帝之盛德也。』蔡大感寤，其後黨禁稍弛而碑竟仆焉。胡尚書直孺聞之歡曰：『此人宜在君側。』」

案：蔡京崇寧五年二月丙寅罷相，大觀元年正月甲午復相（《宋宰輔編年録校補》卷一一、卷一二；《宋史·宰輔表》），石林與蔡京論元祐黨籍事當在蔡京「再相」後之正、二月間，蓋徐度謂此時石林爲祠部郎，而本年三月石林已遷任起居郎也。復案：此後黨禁確稍有松弛，大觀二年三月詔放陸佃、張耒、葉祖洽等四十八人出黨籍，同年六月戊戌又依赦放韓維、李之儀、趙令時、洪芻等九十五人出籍（《續資治通鑑》卷九〇），大觀三年七月丁未詔：「謫籍人除元祐奸黨及得罪宗廟外，餘並錄用。」（同上）此類弛禁，或與石林之勸説不無關係。

三月，除起居郎。

《宋史》本傳：「大觀初，京再相，向所立法度已罷者復行，夢得言：『《周官》，太宰以八柄詔王馭羣臣。所謂廢置賞罰者，王之事也，太宰得以詔王而不得自專。夫事不過可不可二者而已，以爲可而出於陛下，則前日不應廢，以爲不可而不出於陛下，則今不可復。今徒以大臣進退爲可否，無乃陛下有未了然於中者乎？』上喜曰：『邇來士多朋比媒進，卿言獨無觀望。』遂除起居郎。」

案：蔡京「再相」在本年正月（詳上），石林既在蔡京再相後除起居郎，自當是在本年正月以後。《宋史紀事本末》卷四九即繫此事於大觀元年三月十二日丁酉，《續資治通鑑》卷九〇亦繫此事於大觀元年三月二十七日癸丑，二者所言時日雖相去十餘天，但都在三月，必有所本。《言行錄》謂石林崇寧「五年徙起居郎」，不確。

論用人需以有德爲先。

《宋史》本傳載石林除起居郎後，「時用事者喜小有才，夢得言：『自古用人必先辨賢能。賢者，有德之稱；能者，有才之稱，故先王常使德勝才，不使才勝德。崇寧以來，在內惟取議論與朝廷同者爲純正，在外惟取推行法令速成者爲幹敏，未聞器業任重、識度經遠者，特有表異。恐用才太勝，願繼今用人以有德爲先。』」《宋史紀事本末》卷四九繫此言於石林除起居郎之日，今從之。

除中書舍人兼實錄院修撰兼直學士院。

《言行錄》：「大觀初爲中書舍人兼實錄院修撰兼直學士院。二年爲翰學。」石林大觀二年拜翰林學士，則其除中書舍人當在本年。而《直齋書錄解題》卷一八《石林總集》條明確謂石林「三十一歲掌外制」，掌外制者，中書舍人之職也。然未詳在何月。翟汝文《忠惠集》卷九有《賀中書葉舍人啓》，「葉舍人」，即葉夢得。

案：祠部員外郎官秩爲正七品，起居郎爲從六品，中書舍人爲正四品。石林一年之內由七品陞入四品，可謂超常陞遷，此與蔡京之提拔當不無關係。

釐正有關官制。

《石林燕語》卷四：「官制：寄祿官銀青光祿大夫，與光祿、正議、中散、朝散，皆分左右。朝議、中散，有出身人皆超右，其餘並以序遷。大觀中，舍人奉詔以爲非元豐本意，下擬定釐正，乃參取舊名，以奉直易右朝議，中奉易左中散，通奉易右正議，正奉易右光祿，宣奉易左光祿，而右銀青光祿大夫正爲光祿大夫，遂爲定制。」此事在石林任中書舍人期間內，未詳在何時，姑繫於本年。

**大觀二年戊子，三十二歲。**

在中書舍人任。四月，勸蔡京勿以童貫爲陝西宣撫取青唐，不聽。

《言行錄》：「（蔡）京初欲以童貫爲陝西宣撫取青唐，公（石林）聞，見京，問之曰：『貫以八寶恩除節使，已非祖宗法令，又以執政之任付之。青唐，朝廷所必欲復也。使成功，則何以處之乎？』京有愧色。既得青唐，公又見京，問：

『何以賞貫？』京沈思未有以答。公曰：『節度使上惟有開府儀同三司，不識朝廷遂與之否？』公曰：『甚幸，外人以爲必進此官矣。某憂不能寐，前爲節使，某不當制，無可言。今者進使相，萬一某當制，決不敢命辭，然亦不敢逃譴。勢必過嶺，儻相公念之，得一善地，足矣。』京笑曰：『公慮事每過，好相戾，此人亦何可犯衆？竊公者多矣，何不自畏禍？』公曰：『幸不至此則已，設或有之，今日言與他日言，其受禍一也。何遲速之間？』」《宋史》本傳亦載此事而文字有異。

案：石林再見蔡京，是恐蔡京欲封童貫爲開府儀同三司，而蔡京表示不致如此，遂封童貫爲檢校司空。此事可見石林之正義感，他雖與蔡京關係密切，然並不一味阿附，議事多不合。而自此石林與蔡京童貫結下怨隙（詳下年譜）。

五月十七日，上言事劄子。

《宋會要》職官五六：「（大觀二年）五月十七日中書舍人兼直學士院葉夢得劄子：『勘會編修神宗官制六典，昨承朝旨再展一年，至今年五月限滿。緣官制係總三省密院省臺寺監諸司庫務，不隸省曹寺監諸司庫務計三百餘處，並逐一取索。本處條例所立事務齊足，攢類成沓，方可下筆編修，兼朝廷日近補完官制事，如殿中省、六尚、開封府牧尹諸曹及禮樂學校之類，並合候法令完備日取索編載，委于限內難以了當。今欲乞朝廷詳酌，寬展期限。』詔再展半年。」

遷翰林學士。

《言行錄》：「二年爲翰學。」《宋史》本傳：「二年，累遷翰林學士。」然未言何月除授。

案：上引《宋會要》載五月十七日石林劄子繫銜爲中書舍人兼直學士院，則石林之拜翰林學士，在本年五月十七日後、十月十六日前（詳下）。

高麗使臣入貢，石林爲館伴使。

《石林燕語》卷七：「大觀中，余以中書舍人初差館伴，未至而遷學士，執政擬改差人，上使仍以余爲之。」據此，石林之爲館伴使，在拜翰林學士前夕已受命，拜翰學後仍依前命爲之。

《石林詩話》卷中文載其館伴事云：「余大觀間館伴高麗人，嘗見《誠一語錄》備載此事。故事，使人到闕不過月許日即遣發，余館伴時，上欲留觀殿試放榜及上巳，遂幾七十日。使者頗修謹詳雅，余撫之既厚，每相感，餞行至佔雲館而別。其副韓繳如，馬上忽使人持一大玉帶贈余，云此唐故物，其家世傳以爲寶，今以爲獻。且於笏上自書一詩相別云：『泣涕汍瀾欲別離，此生無復再來期。謾將寶玉陳深意，莫忘思人見物時。』余以高麗使故事無解挽例，力辭之。其詞雖撲拙，然亦可見其意也。」據知石林館伴高麗使人近七十日。

十月十六日，應詔撰王皇后哀冊文。

《宋會要》禮三四：「徽宗大觀二年九月二十六日皇后王氏崩。……（十月）十六日，翰林學士葉夢得撰哀冊文。」案，石林所撰冊文載於同卷中。

嘗極論朋黨之弊。

《宋史》本傳載石林遷翰林學士後，嘗

「極論士大夫朋黨之弊，專於重內輕外，且乞身先衆人補郡。」《言行錄》亦載其「論朋黨之弊」，然《宋史》及《言行錄》未書年月，其他史籍亦未稱引。既爲任翰林學士後所論，而明年五月石林罷翰學，當在本年或明年初，姑附於本年末。

**大觀三年己丑，三十三歲。**

是春，在翰林學士任。

《避暑錄話》卷二曾自叙其任翰學時軼事。

奉詔撰《翰林志》，後以罷職，書未成。

《避暑錄話》卷三：「大觀末，余奉詔重修《翰林志》，嘗備錄本末，會余罷，書不克成。」

案：本年五月石林罷翰林學士，其奉詔重修《翰林志》，當在此前不久。

五月十四日，罷翰林學士，出知汝州。旋落職奉祠。

《宋會要》職官六八：「大觀三年五月十四日，詔葉夢得罷翰林學士知汝州，以言者論其內行不修故也。」岳珂《桯史》卷四載石林被罷職的內情，言因不附合童貫，遂以龍學出知汝州，繼又落職，領洞霄祠。石林此次罷職，直接彈劾者爲殿中侍御史毛注。《宋史》卷三四八《毛注傳》云：「俄擢殿中侍御史。蔡京免相留京師，注疏其擅持威福，動搖中外，以葉夢得爲腹心，交植黨與。帝爲逐夢得，而遷注侍御史。」（又參《宋宰輔編年録》卷一二「蔡京罷左僕射」）

案：石林出知汝州之命方下，旋即落職奉祠，並未赴汝州任。上引《桯史》即謂「出少蘊汝州，繼又落職，領洞霄祠」。《言行錄》亦謂：「三年，以龍圖閣學知汝州，尋免，提舉洞霄宮。」《宋史》本傳同。石林《建康集》卷三《程致道集序》亦謂「余自翰苑罷領宮祠」。《巖下放言》卷中亦有「（余）初自翰林免官」云云（詳下），皆可證石林被罷翰林學士後，即奉祠閑居，知汝州僅是免官前的小插曲而已。

免官後，隨父居潁州，有詩紀事。

《巖下放言》卷中：「余中歲少睡，……嘗在潁州時，初自翰林免官，先君爲倅，歸養居後圃，三間小室，旁無與鄰，左右惟一黥，意況已如此。嘗有詩云：『城頭曉漏鳴丁丁，窗間月落卻未明。衡陽歸雁過欲盡，汝南荒鷄初一鳴。悠悠繼夢了不記，草草微吟還獨成。人生得意須幾許，一睡稍足還餘情。』」

案：「先君」，石林乃翁葉助，其時爲潁州（今安徽阜陽市）通判（俗稱倅），故石林免官後到潁州隨父居住，石林本年何時抵潁，難以確考。

石林在潁期間，曾訪寓居此地的歐陽棐。

《避暑錄話》卷一：「歐陽氏子孫奉釋氏甚衆，往往嚴于它士大夫家。余在汝陰，嘗訪公（歐陽修）之子棐于其家。」（葛立方《韻語陽秋》卷一二「歐陽永叔素不信釋氏之説」條所載同）。

案：汝陰，即潁州，當時潁州一名汝陰郡。歐陽棐，字叔弼，歐陽修子。累官知蔡州。《宋史》卷三一九《歐陽修傳》有其附傳。是時歐陽棐已六十三歲，家居潁州。

**大觀四年庚寅，三十四歲。**

是年，曾道過泗州。游南山十餘日。

《避暑錄話》：「吾素不能琴，然心好之。少時嘗從信州道士吳自然授指法，亦能爲一兩弄。怠而棄去，然自是每聞善琴者彈，雖不盡解，未嘗不喜也。大觀末，道泗州，遇廬山崔閑，相與游南山十餘日。閑蓋善琴者。」「大觀末」，當指本年。石林明年居蘇州，本年當是自潁州回蘇州途經泗州。

過潁上縣，賦《應天長》詞。

石林自潁州還蘇州，沿潁水東下至潁上縣（今屬安徽）時，曾賦《應天長·自潁上縣欲還吳作》。詞有云：「松陵秋已老，正柳岸田家，酒醅初熟。」

案：此詞作於過泗州前，爲行文方便，故繫於後。

**政和元年辛卯，三十五歲。**

居蘇州。

《避暑錄話》卷一：「蘇州白樂天手植檜在州宅後池光亭前池中，余政和初嘗見之。」「政和初」，當爲本年，時居蘇州，得見白居易所植檜。又其《程致道集序》云：「政和間，余自翰苑罷，領宮祠，居吳下。致道亦以上書論政事與時異，籍不得調，寓家於吳，始相遇。」（《建康集》卷三）前年石林罷翰林學士，其始居吳下（即蘇州），亦當在政和初元，即本年。

案：程俱字致道，衢州開化人。而程俱亦自謂：「政和間，余居吳。」（賀鑄《慶湖遺老詩集》附程俱撰《宋故朝奉郎賀公墓誌銘》）與石林所言相合。案：石林所居在蘇州城東布德坊。陸友《研北雜志》卷上云：「葉左丞少蘊嘗居在郡之鳳池鄉，門前有橋名

魚城（原注：《石林總集》）。政和中，寓居城東布德坊。」（又參明王鏊《姑蘇志》卷三一）

在蘇州，程俱與石林有詩唱和。《北山小集》卷一有《和葉翰林阻雨楓橋》、卷三有《同葉翰林游虎丘分韻得丘字》。楓橋、虎丘山，俱在蘇州，知作於此間。然石林原唱已佚。

**政和二年壬辰，三十六歲。**

居蘇州。二月，蔡京自杭州復召爲太師，石林見之，與論爲政之先務。

《言行錄》：「京再召，公見之，問還朝當何先，人材孰可用？公曰：『公所以見議於天下者，權太盛意太果，以喜怒爲賢否，以恩怨爲廢置耳。方公居位時，士以諛說日獻不暇，何敢輒逆耳！幸今出外逾年，公所聞必亦多矣。惟虛心平氣求抵於是而已。然今有大患，自童貫用事，天下之權半分於宦者，今則梁師成、楊戩等數十輩踵貫而起，宰執用舍，多出此曹。公不能先痛裁制，使國柄復歸朝廷，雖公之喜怒恩怨且不得騁，況求其是乎？宰相，公嘗爲之，得失亦何計！』京改容曰：『極是，積漸至此，京不得爲無罪。』因論俞栗頗力學，有志於遠大，似與目前稍異。京曰：『某亦知之。』既相，即用栗爲中丞。而栗首陳六弊，無所顧望，又發劉炳爲舉子時爲富人竇盟代筆取貸事，炳方自拱州道見京，敎京盡除居中等黨，法度不問是非，一切皆復，得召爲户書。京方得以爲腹心，於是積前事大憾公。謂蔣猷曰：『前爲其屬石公弼，今爲其屬俞栗，兩敗吾事。』前有相惡意。而劉炳等從而媒蘖曰：『夢得蓋欲自爲門戶，素何嘗以公爲是？』」炳與其弟煥、蔣猷、翟汝文、蔡靖、毛友十數人，皆居中所所逐者，相繼召用，獨公不召。」

案：蔡京於大觀三年六月罷左僕射，出居杭州；至政和二年二月戊子朔詔蔡京復太師，回京居住，賜第京師；三月十八日乙亥，蔡京抵闕下，朝見引對（參《宋宰輔編年録校補》卷一二、《宋史·蔡京傳》、《續通鑑》卷九一）。石林見蔡京，當是政和二年二月間蔡京自杭州赴京師沿運河北上途經蘇州之時，即石林是在蘇州見蔡京，而非赴汴京求見。

先是，石公弼、張康國因蔡京進用，任御史中丞的石公弼連上數十章劾京，致使京罷相出居杭州。因石公弼爲石林所薦，故蔡京責其「薦非其人」。後又有石林所薦的俞栗彈劾蔡京心腹劉炳之「陰事」，致使石林遭蔡京厭惡，不再重用。可見，石林雖一度爲蔡京所籠絡，依之而進用，但並未助紂爲虐、朋比爲奸。當蔡京炙手可熱之時，能仗義直言，正其過失，面指其弄權專斷，乃至與之決裂，尤屬難能可貴。石林因依附蔡京，南渡後其品行多「爲士人貶」（韓淲《澗泉日記》卷下），實應具體分析其依附時的行爲表現，未可不分青紅皂白而一概貶抑否定。

是年，嘗作《橘薪》詩。

陸友《研北雜志》卷上：「洞庭以種橘爲業者，其利與農畝等。宋政和元年冬，大寒，積雪尺餘，河水盡冰，凡橘者皆凍死。明年伐而爲薪取給焉，葉少蘊作《橘薪》以誌其異。」

案：政和元年之「明年」即本年。石林所作《橘薪》，已佚。

**政和三年癸巳，三十七歲。**

居蘇州。夏日，與程俱同游蘇州南峰寺，作《游南峰寺》詩。

石林《游南峰寺並序》：「游南峰寺，獨登待月嶺而還。長老才上人示欲作亭嶺上，以等予再至。因以詩贈云：『澤國種下流，有山獨西南。標奇借明眼，夙昔多窮探。……言尋覺庵路，更欲從遍參。』」（《吴郡志》卷三二，又見《宋詩紀事》卷三五）

案：程俱有《同葉内翰游南峰窮觀壬辰舊題詩謹次嚴韻》，即次石林此詩韻（《北山小集》卷三）。知程俱與石林同游。石林詩中有「高木氣未炎，綠陰正清酣」一句，當作於夏間。又程俱詩題有「觀壬辰舊題詩」云云，壬辰，爲政和二年（即去年），可見此詩非去歲壬辰作。本年重游南峰寺，觀去年「舊題詩」，故作此詩。而政和四年石林已移居湖州卞山，不在蘇州，因定此詩作於本年夏間。案：南峰寺，即天峰院。范成大《吴郡志》卷三二：「天峰院，在吴縣西二十五里南峰山，亦名支硎山。」朱長文《吴郡圖經續記》卷中謂天天峰院原爲報恩寺，天福五年改曰南峰，聖朝賜以今額。

**政和四年甲午，三十八歲。**

秋日，在蘇州與賀鑄、曾紆等會别於熙春臺，有《臨江仙》（《石林詞》）詞。

案：本年石林將移居湖州卞山（詳下），此次與賀方回於熙春臺會别，當是離蘇州赴湖州前。夏承燾先生《賀方回年譜》繫此事於政和三年，亦是推論。茲依石林之行踪，繫於本年，由詞「碧樹已驚秋」句，知作於秋日。此詞確年雖難考，但必作於政和元年至四年石林居蘇州期間內。熙春臺，故址未詳。

葬其父於湖州烏程卞山，因以卜築居焉。

《建康集》卷四《祭淨山主文》：「我葬先君於卞之麓，遂將終焉，因以卜築。」

案：程俱《北山小集》卷三之《奉陪知府內翰至卞山有詩五首》，係程俱奉陪石林至卞山時作。據詩題原注「甲午」，知詩作於本年，據此亦可知石林始至卞山卜築在本年。程詩其一有「卞維吳興鎮，傑出衆山外」，「新阡表南陽，獨據山月會」云云。同書卷四載有程俱後來所作之《卞山信至三首》，亦云：「公或舉阡隴，二毛不勝簪。」，與石林所言「我葬先君於卞之麓」互證，亦見石林是安葬乃父葉助於卞山，因而卜築居此。又程詩其二《庵居》云：「回頭三百年，勝地成荒墟。公今草堂址，無乃昔所居。」正叙石林初至卞山擇址建堂的情景。

《石林家訓》云：「少師（案：指石林父葉助）捐館，惟二姑氏未嫁，榮國太夫人（石林繼母）追念不已。……初免喪，家無餘貲，爲汝陽守，假貸於陳州蔡寬夫侍郎。」石林政和五年爲汝陽守（即知蔡州），其時「初免喪」，依宋人丁憂三年（實爲二十七個月）之制，則石林父「捐館」（去世）及石林始守喪當在政和二、三間。至本年，石林始安葬乃翁於卞山。

又《玉澗雜書》云：「吾政和間初至此時（指卞山），自白石橋下水皆漫流，草木交塞，水行蒙翳，不復知佳處。」此言「政和間初至」卞山，正與前文謂其本年初至卞山僦居相合。政和紀年凡八年，「政和間」，正爲本年前後。周密《癸辛雜識》前集謂石林故居在卞山之陽，「其鄰有朱氏怡雲港、涵空橋、玉澗，故公復以玉澗名書。」俱可互爲參證。又，《建康集》卷二《與惇立夜話有懷石林復用前韻》自注：「余經營石林，今幾三十年矣。」此詩作於紹興十二年（一一四二）。自政和四年始經營卞山石林，至紹興十二年已有二十九年，亦合「幾三十年」之數。此又可證石林始至卞山卜築在本年。

**政和五年乙未，三十九歲。**

是年，起知蔡州。程俱有詩贈行。《言行錄》：「政和五年，除顯制、知蔡州。」顯制，即顯謨閣待制。《宋史》本傳、《避暑録話》卷四同。程俱作有《葉内翰赴淮西》詩贈行（《北山小集》卷九）。案：淮西，此指蔡州，今河南汝南縣。

至蔡州後，石林曾有詩寄程俱。程俱《次韻葉翰林見寄》二首即爲次韻酬答之作。程詩題下原注「乙未」作（《北山小集》卷九），據知葉、程唱和詩作於本年，惜石林原唱不傳。

曾與蔡寬夫置酒小宴，有《虞美人》詞。石林《虞美人·同蔡寬夫置酒王仲弓出歌人甚妙》：「東風一夜催春到，楊柳朝來好。」

案：石林初到蔡州時，曾向蔡寬夫借

貸（詳去年譜引《石林家訓》），其與蔡寬夫置酒，或爲本年事，姑繫此詞於本年。案：蔡寬夫，名居厚，時知陳州，《宋史》卷三五六有傳。著有《蔡寬夫詩話》。王仲弓，詳後政和七年譜。

**政和六年丙申，四十歲。**

在蔡州任。正月二日，有《八聲甘州》詞。

石林《八聲甘州·正月二日作是歲閏正月十四纔立春》，據陳垣《二十史朔閏表》石林一生中唯本年閏正月，故知此詞作於本年。

元夕，有詩寄程俱。

程俱《北山小集》卷四《元夕塊坐因用葉翰林去年見寄元夕詩韻寫懷》其二有云：「今年春苦寒，寒威劇幽并。連綿積三白，雲埋閭廬城。」程俱此詩作於政和七年元夕（正月十五日）之蘇州（即閭廬城），詩題謂石林「去年見寄元夕詩韻」，知本年石林曾寄詩與程俱，然石林原唱不傳。同卷又有《蔡州葉翰林示近詩次韻八首》，卷七有《復次韻葉翰林見寄》，據知石林寄詩唱酬頗多，惜皆失傳。

在蔡州治所築不惑堂。

《避暑錄話》卷四：「始吾守蔡州，方三十九。明年，作堂於州治之西廡，名之曰不惑。」

是年，復龍圖閣直學士。

《言行錄》：「政和……六年，復閣職。」

夏日，自釀酒以贈京師親舊。

《避暑錄話》卷一：「《洛陽伽藍記》載河東人劉白墮善釀酒，雖盛暑曝之日中，經旬不壞。今玉友之佳者亦如是也。吾在蔡州，每歲夏以其法造，寄京師親舊，陸走七程不少變。」

**政和七年丁酉，四十一歲。**

是春，移知潁昌府。

《宋史》本傳僅謂「移帥潁昌府」，未書年月。《言行錄》則謂「重和初，移知潁昌府」。重和紀元僅一年，「重和初」，即重和元年。

案：《言行錄》謂石林移帥潁昌（今河南許昌市）在重和元年，不確，實在本年，蓋程俱《北山小集》卷四有《酬潁昌葉內翰見招》，此詩是酬答石林至潁昌任後寄贈招游之作，而詩題原注曰「丁酉」，可知作於本年，亦知石林移師潁昌是在本年。又程詩有「觸熱西游溯濁波，京華旅食謝經過」云云，知其詩是夏日在汴京所作，據知本年夏石林早已到潁昌府任。潁昌府，又稱許昌郡，故石林每稱潁昌爲「許昌」。

石林離蔡州任時，有《永遇樂·蔡州移守潁昌與客會別臨芳觀席上》詞，其中有「指點栽成，東風滿院，總是新桃李」和「明年春到」云云，知詞作於春天，據知石林是本年春由「蔡州移守潁昌」。

與蘇過等十二人結詩社唱和，詩詞酬唱，往返不已。

陸友《研北雜志》卷上：「葉夢得少蘊鎮許昌日，通判府事韓璔公表，少師持國之孫也，與其季父宗質彬叔，皆清修簡遠，持國之風烈猶在。其伯父丞相莊敏公玉汝之子宗武文若年八十餘致仕，耆老篤厚，歷歷能論前朝事。王文恪公樂道之子實仲弓，浮沉久不仕，超然不嬰世故，慕嵇叔夜、陶淵明爲人。曾魯公之孫誠存之，議論英發，貫穿古今。蘇翰林二子迨仲豫、過叔黨文彩皆有家法，過爲屬邑郾城令。岑穰彦休已病，羸然不勝衣，窮今考古，意氣不衰。許亢宗幹譽沖澹靖深，無交當世之志，皆會一府。其舅氏晁將之無斁自金鄉來過，説之以道居新鄭，杜門不出，遥請入社，時相從於西湖之上，輒終日忘歸，酒酣賦詩，唱酬迭作，至屢返不已。一時冠蓋人物之盛如此。」韓元吉《南澗甲乙稿》卷一六《書許昌唱和集後》亦載：「葉公爲許昌時，先大父（韓瑨）貳府事，相得歡甚。……紹興甲子歲，某見葉公於福唐，首問詩集在亡，抵掌慨嘆。且曰：『昔與許昌諸公唱酬甚多，許人類以成編，他日當授子。』其後見公石林，得之以歸。」此次結社唱和，非止一日，石林在許昌，凡三年多。詩社唱和，或始於本年。

是年，石林有《同許學士亢宗幹譽泛舟湨水》諸詩。

程俱《北山小集》卷七《次韻和潁昌葉翰林》七首，係和石林《同許學士亢宗幹譽泛舟湨水》、《目病廢讀書》、《同許幹譽步月飲杏花下》諸詩，惜石林原唱俱佚。案：「湨水，在州北二里。」（嘉靖《許州志》卷一）

開浚潁昌西湖。

《石林詩話》卷上：「許昌西湖與子城密相附，緣城而下，可策杖往來，不涉城市。……數十年來，公廚規利者，遂涸以爲田，歲入纔得三百斛，以佐釀酒，而水無幾矣。余爲守時，復以還舊，稍益開浚，渺然眞有江湖之趣。」前引《研北雜志》謂詩社諸公「時相從於西湖之上」之西湖，即此許昌西湖，石林詞中亦屢言及，故特列此條，以備參。明嘉靖《許州志》卷一：「西湖，在州西北七里。今水涸，民田其中。」

案：晁沖之《姚貝茨先生詩集》卷一《和葉甥少蘊內翰重開西湖見寄二首》：「使君重鑿西湖罷，也復封詩寄我來。」亦言及石林開浚西湖事。同卷又有《和寄葉甥少蘊內翰見招》、《次韻答少蘊知府甥和四兄以道長句並見寄二首》、《復和少蘊內翰甥兼謝伯溫通判兄再贈》、《復用韻》諸詩，可見當時「唱酬迭作，往返不已」之一斑。

**重和元年戊戌，四十二歲。**

在潁昌知府任。正月二十四日，有《臨江仙》詞。

石林《臨江仙·正月二十四日晚至湖上》云：「一枝重插去年花。此身江海夢，何處定吾家。」是在外仕宦未歸之語。詞題所言之「湖上」，當指潁昌西湖。姑繫於此。

二月十日，宴客西湖，作《水龍吟》。

石林《水龍吟·二月十日西湖宴客作》：「猶有清明未過，但狂風、匆匆難保。」西湖，指潁昌西湖。去年仲春石林尚在蔡州，此詞必作於本年二月或明年二月，姑繫於本年。

與王幼安、曾存之等唱和《浣溪沙》諸詞。

石林《浣溪沙·許公堂席上次韻王幼安》：「斗樞光照坐生春。」同調《用前韻再答幼安》係用前詞原韻，必作於同時。據後詞「梅蕊舊年迎臘雪，月華今夜破寒雲」語意，當作於春初。而去歲仲春石林始離蔡州來許昌，二詞當是本年春初或明年在許昌所作。

案：王幼安，初名寧，大觀間使高麗，還對稱旨，詔賜名襄，鄧州南陽人。事跡具《宋史》卷三五二《王襄傳》。又案，《宋史·王襄傳》未書其字，僅載其名。據王明清《揮麈錄·第三錄》卷二「靖康末，虜騎渡河」條及其《玉照新志》卷四「先祖舊字子野」條，王襄字幼安。石林《避暑錄話》卷四曾自叙其在許昌與王幼安之交往。

又《浣溪沙·次韻王幼安曾存之園亭席上》：「柳絮尚飄庭下雪，梨花空作夢中雲。」亦作於春末之許昌。

案：曾存之園亭，《石林詩話》卷上嘗言及：「許昌崔象之侍郎舊第，今爲杜君章家所有，廳後小亭僅丈餘，舊有海棠兩株，持國每花開時，輒載酒日飲其下，竟謝而去，歲以爲常。……曾存之家池中島上亦有海棠十許株，余爲守時，歲亦與王幼安諸人席地屢飲，然此公勝處，不能繼也。」此載可與詞題互參。又《臨江仙·十一月二十四日同王幼安洪思誠過曾存之園亭》、同調《次韻答幼安思誠存之席上梅花》二首係用同韻，乃同日先後酬唱之作，亦是在許昌曾存之園亭中賦。《減字本蘭花·雪中賞牡丹》、《減字木蘭花·王幼安見和前韻復用韻答之》以及《臨江仙·次韻洪思誠席上》、《臨江仙·席上次韻韓文若》、《臨江仙·晁以道見和答韓文若之句復答之》二首等，俱作於許昌任期內，姑並繫於本年。

案，洪思誠，名中孚，休寧（今屬安

徽）人。是年前後洪中孚奉祠閑居許昌（《新安文獻志》卷七三《贈光禄大夫少師洪公中孚神道碑》），故石林得與之交游唱和。

冬日，李亘來許昌訪石林。

《避暑錄話》卷四：「李亘，字可久，兗州人。舉進士，少好學，通曉世事。吾識之最早，知其卓然必有立者。吾守許昌，一日冒大雪，自兗來見，留十日而去。未嘗及世事，惟取古人出處所難明者，質疑于余。」李亘，南渡後爲僞齊劉豫所害，參《宋史》卷四五二《忠義傳》之《李亘傳》。李亘來許昌訪石林，在此兩三年內之某冬，姑繫於此。

**宣和元年己亥，四十三歲。**

在潁昌知府任。與蘇軾諸子游。

《避暑錄話》卷二：「宣和初，有潘衡者，賣墨江西，自言嘗爲子瞻造墨海上，得其秘法，故人爭趨之。余在許昌，見子瞻諸子，因問其季子過，求其法。過大笑曰：『先人安有法？在儋耳無聊，衡適來見，因使之别室爲煤……。』」「宣和初」，即本年，蓋明年石林已離許昌。

夏，疾病流行，石林以藥散軍民。

《避暑錄話》卷一：「余在許昌，歲適多疾，……遂並出千緡市藥材京師，余親督衆醫分治，率幕官輪日給散，蓋不以爲職而責之，人人皆喜從事此，何憚而不爲乎！」

歲遇水災，發常平所儲糧食賑濟災民，並使人收養棄兒（《避暑録話》卷二）。

馬端臨《文獻通考》卷一一《戶口》亦謂：「淳熙八年臣僚言，饑饉之時，遺棄小兒。爲人收養者，于法不在取認之限，聽養子之家申官附籍，依親子孫法。昨葉夢得守潁昌，歲大饑，仍爲空名劵，坐上件法印板付里胥，凡有收養者給其劵，所全活甚衆。」

案：京西一帶水災，發生於本年五月。《宋史・徽宗紀》載，宣和元年五月，大水犯都城。《續通鑑》亦載是年五月「大雨如注，歷七日而止，京城外水高十餘丈」。不僅京城受大淹，因黄河泛濫，京西諸州亦受災嚴重。當時李綱《論水便宜六事奏狀》云：「今兹積水之來，衝白沙，蕩中牟，迫都城，散漫畿甸之邑，淹浸屋廬，漂溺民畜，損傷苗稼，不可以計數。今又決其南以注於陳、蔡之郊，決其北以注於相、衛之境，疏汴渠之下流於陳留，則數千里之内悉被其患矣。」（《梁溪先生文集》卷四〇。又參《長編拾補》卷三九）石林發常平倉儲糧賑濟災民，又使三千八百餘棄兒得以全活，堪稱仁政，本該重奬，然以此得罪宦官楊戩與常平使者劉寄，而被罷職（詳下年），實令人恨之。

**宣和二年庚子，四十四歲。**

罷知潁昌府，提舉南京鴻慶宫。蘇過有詩送行。

《言行録》：「宣和二年，提舉鴻慶。」

《宋史》本傳：「移帥潁昌府，發常平粟振民，常平使者劉寄惡之。宦官楊戩用事，寄括部内，得常平錢五十萬緡，請糴粳米輸後苑以媚戩。戩委其屬持御書來，責以米樣如蘇州。夢得上疏極論潁昌地力與東南異，願隨品色，不報。時旁郡糾民輸鏹就糴京師，怨聲載道，獨潁昌賴夢得免。李彥括公田，以黠吏告訐，籍郟城、舞陽隱田數千頃，民詣府訴者八百戶。夢得上其事，捕吏按治之，郡人大悅。戩、彥交怒，尋提舉南京鴻慶宮。」

離潁昌時，蘇過有《送葉少蘊歸縉雲》詩。詩云：「手援溝壑危，自上蠲賦表。不知古襦袴，能活幾枯槁。」（《斜川集》卷一）正指其賑濟災民、全活棄兒事。

罷官後，南下寓楚州，會遇賀鑄。

《避暑錄話》卷一：「《盧鴻草堂圖》，舊藏中貴人劉有方家。余往有慶曆中摹本……。宣和庚子，余在楚州，爲賀方回取去不歸。當時余方自許昌得請洞霄，思卜築此山（案，指卞山）之下。」楚州，即今江蘇淮安。

有詩賀程俱除著作佐郎。

《北山小集》卷十《酬葉翰林喜某除官東觀》題注「庚子」。知程俱在本年除東觀官，石林寄詩賀之（原詩失傳），程俱作此詩酬謝。程詩中未言及石林罷官事，當作於石林落職前。

是年前後，撰成《石林詩話》。

《石林詩話》非寫於一時，但成書必在本年前後。其證有二：（一）卷中云：「崇寧末，蔡魯公罷相，始賜第於梁門外，大觀初再入，因不復遷府居。自是相繼，何丞相伯通、鄭丞相達夫與今王丞相將明，皆賜第，援魯公例，皆於私第治事。」此處稱丞相王將明（黼）特冠以「今」，表明其時王黼尚在相位。而王黼宣和元年正月拜相，宣和六年十一月罷相（《宋史·宰輔表》），則《石林詩話》必成書於宣和元年至六年間。又王黼賜第宅亦在宣和元年。《宋史》卷四七〇《王黼傳》：「宣和元年，拜特進、少宰。由通議大夫超八階，宋朝命相未有前比也。別賜城西甲第，徙居之日，導以教訪樂，供張什器，悉取於官，寵傾一時。」（《宋宰輔編年録校補》卷一二、《續通鑑》卷九三）（二）卷下末條云：「唐以來，座主門生之禮尤厚。今王丞相將明、霍侍郎端友榜南省奏名時，知舉四人，安樞密處厚、劉尚書彥修，與今鄧樞密子常、范右丞謙叔。我亦忝點檢試卷官。」此處稱鄧子常（洵武）爲「今樞密」，可知石林撰此條時鄧洵武尚在世。洵武政和六年除知樞密院事，宣和三年正月壬寅卒（《宋史·宰輔表》、《宋史》卷三二九《鄧洵武傳》、《宋史·徽宗紀》），據知《石林詩話》必成書於宣和二年底以前。若在宣和三年正月以後寫此條，當稱「故」樞密鄧子常。此書最後一條紀事在宣和元、二年之間，則全書之完稿亦必在此期間。余嘉錫《四庫提要辨證》卷二二《石林居士建康集》據《石林詩話》之末條紀事而推定該書「輟筆於宣和元年正、二月之間」，亦可備一說。

**宣和三年辛丑，四十五歲。**

春，寓楚州。上巳日，有《醉蓬萊》詞懷許昌諸友。

石林《醉蓬萊》詞序：「辛丑寓楚州，上巳日有懷許下西湖，作此詞寄曾存之、王仲弓、韓公表。」

秋，回到卞山。

《玉澗雜書》：「宣和辛丑秋，自許昌還，則朱氏傍橋作小樓，即吾所名治雲者。」

疊石東澗流，跨橋其上，下爲橫堤，匯水爲浮空潭，遂依然在目。」

案：「自許昌還」，指還歸卞山，蓋此段文字前後皆是言卞山之事（參後譜宣和五年）。

**宣和四年壬寅，四十六歲。**

居卞山。

**宣和五年癸卯，四十七歲。**

卜居卞山石林谷，開始撰《石林燕語》。有《弁山》詩。

《石林燕語》自序：「宣和五年，余既卜別館於卞山之石林谷，稍遠城市，不復更交世事，故人親戚時時相過周旋。嵁巖之下，無以爲娛，縱談所及，多故實舊聞，或古今嘉言善行，皆少日所傳於長老名流，及出入中朝身所踐更者，下至田夫野老之言，與夫滑稽諧謔之辭，時以抵掌一笑。窮谷無事，偶遇筆札，隨輒書之。」

案：石林，在卞山之陽。雍正《浙江通志》卷一二載，「石林在卞山之陽，宋葉少蘊之所居，即玲瓏山。」又錄葉夢得《弁山》詩云：「山勢如冠弁，相看四面同。歸鳥縣門近，苕霅水源通。白鶴嶺盤峻，黃龍洞竅空。登臨舒老眼，何用到崆峒。」此爲佚詩，姑附於此。

買得石林谷後，有詩寄李綱，綱次韻答之。

李綱《梁溪先生文集》卷一六有《次韻葉少藴内翰丈霅川上買得弁山石林二首》，據知石林曾寄詩李綱（今佚）。李詩其一云：「我亦新沾散人號，浮家正欲老江湖。」李綱是年丁父憂居無錫梁溪（今屬江蘇），故詩謂「我亦新沾散人號」。趙效宣《李綱年譜長編》繫此詩於宣和六年，然夢得買得卞山石林谷卜居是在本年，且宣和六年李綱已除服知秀州，與「新沾散人號」不合。

上巳日，與湖州知州葛勝仲同游法華山，有《臨江仙》詞。

葛勝仲原唱《臨江仙·與葉少藴夢得上巳游法華山九曲池流杯》現存於《丹陽詞》中。合二詞題觀之，葉、葛同游法華山是在本年三月三日上巳節。法華山，爲卞山之别峰，在烏程縣北十里，山有法華寺，「寺有偃松、九曲池、流杯亭、望湖亭。」（談鑰《嘉泰吴興志》卷四、卷一三）葛魯卿詞中「九曲池、流杯」，即指法華寺之九曲池、流杯亭。

三月十六日，葛勝仲等來卞山相訪。

《玉澗雜書》：「癸卯三月十六日，余在山間，葛魯卿率林彦振、劉無言、莫彦平來相過，俾無言書名石上云。」

案：劉無言名燾，湖州長興人，未冠游太學，與陳亨伯俱以「八俊」稱。元祐三年登進士第，其文頗爲蘇軾所賞（參《嘉泰吴興志》卷一七、《揮麈録》後録卷七）。著有《南山集》五十卷，已佚。《宋詩紀事》卷三二録存其詩四首，《全宋詞》載其詞十一首。林彦振、莫彦平，未詳。

四月二十八日辛亥，與劉燾同游長興，有石刻題名。

錢大昕《潛研堂金石文跋尾》卷一五《少藴等題名》云：「右少藴等題名，在長興縣。丁氏邢佺同明府拓其文寄予，字畫甚完好。文云：『少藴、無言、慧覺道人宣和癸卯四月辛亥同來。』凡三行，十八字。」案：長興爲劉燾故里，石林或至其地訪劉燾而題名石上。

七月十二日夜，與葛勝仲等月下泛舟。

《玉澗雜書》：「癸卯七月十二日夜，天氣稍涼，月色如霜雪。余寓居溪堂，當苕、霅兩溪之會，適自山中還，葛魯卿亟相過，因同泛舟。」

與客飲湖上，夜歸作《臨江仙》詞。

石林《臨江仙·與客湖上飲歸》：「不見跳魚翻曲港，湖邊特地經過。蕭蕭疏雨亂風荷。微雲吹散，涼月墮平波。」

案：七月十二日夜游湖，「聞跳魚潑剌水上」，此景在石林心中留下極深印象，稍後再游湖，而「不見跳魚」，遂有此作，「涼月」、「風荷」，亦是秋景，故定此詞作於七月十二日夜游湖後不久。

七月十六夜，與葛勝仲泛舟登駱駝橋待月，有《定風波》詞。

葛勝仲同時和作二首，其《定風波》序云：「與葉少蘊、陳經仲、彥文燕駱駝橋，少蘊作，次韻二首。」（《丹陽詞》）勝仲和答後，石林又賦同調「魯卿見和復答之」：「猶記，一尊同得二年秋。」去年七月葛勝仲始知湖州（詳葛譜），至本年七月已歷「二年秋」。亦證此詞作於本年七月。駱駝橋，在今湖州市城區東。《嘉泰吳興志》卷一九《橋梁》：「駱駝橋，在子城東。唐初建，以其形穹崇若駱駝背也。」「宋朝祥符五年知州事刁衎重修。」

是年秋冬間，撰成《玉澗雜書》。

《玉澗雜書》屢言及「今歲」，其中有云：「今歲自春不雨累月。筍類不出，顧頗念之。四月初一日雨逾旬，(筍)忽裂地迸出如拔。」前譜五月十一日引《玉澗雜書》亦謂「壬寅、癸卯之冬春，不雨連數月」，「五月十一日，既雨逾旬始霽」(案：「五月十一日」，或當作「四月十一日」，蓋自四月初一下雨，「逾旬」方止，正為四月十一日，與「逾旬始霽」相合)，所言是歲之天氣情況與前條完全相同，可證自春累月不雨之「今歲」，是指癸卯歲，即本年。《玉澗雜書》記本年事而曰「今歲」，且記有中秋時事，則此書當寫成於本年秋後。

玉澗，乃卞山一景。《玉澗雜書》云：「吾玉澗道旁，古松皆合抱，每微風驟至，清聲琅然，萬壑皆應，若中音節，或中夜達旦，意亦喜之。」故石林以之名書。周密《癸辛雜識》前集「葉氏石林」亦謂卞山石林精舍之「鄰有朱氏怡雲港、涵空橋、玉澗，故公復以玉澗名書」。

**宣和六年甲辰，四十八歲。**

居卞山。承詔堂、知止亭竣工，劉燾來訪，有《八聲甘州》、《南歌子》諸詞。

石林《八聲甘州·甲辰承詔堂知止亭初畢工劉無言相過》：「况是巖前新創，帶小軒橫絕，松桂成蹊。試憑高東望，雲海與天低。」承詔堂、知止亭，俱築於卞山。《癸辛雜識》前集「葉氏石林」即載卞山石林精舍「有承詔、求志、從好等堂」，「又有巖居、真意、知止等亭」。又《南歌子》序：「是日微雨，過午而霽，晚遂月出，次劉无言韻。」亦當是本年前後所作。劉無言(燾)原唱失傳。

秋游西余山，有詩，程俱、葛勝仲俱次其韻。

《北山小集》卷四《次韻葉内翰游西余山用袁奉議韻》題注：「甲辰。」知石林游西余山在甲辰，即本年。西余山，在湖州府城東十二里（《湖州府志》卷一九）。石林原唱失傳，而葛勝仲《次韻葉夢得游西余山》云：「洞庭四萬頃，旁佔鐺腳州。中有東西山，千奴熟霜秋。」（《丹陽集》卷一七）據知石林游西余山及與諸公唱和，在本年秋日。

游太湖，有次韻葛勝仲之《鷓鴣天》詞。

石林《鷓鴣天·次韻魯卿大錢觀太湖》：「蘭茝空悲楚客秋，旌旗誰見使君游。」據知石林與葛勝仲游太湖是在秋天。又云：「公欲去，尚能留。」勝仲本年秋九月離知湖州任（詳筆者《葛勝仲年譜》），「大錢」，未詳。又同調「與魯卿晚雨泛舟出西郭用煙波定韻」，亦當是本年或去歲所作，姑繫於此。葛勝仲原唱，不傳。

九月，葛勝仲離知湖州任，石林宴別，並賦《浣溪沙》。

勝仲原唱爲《浣溪沙·少藴内翰同年寵速且出後堂並製歌詞侑觴即席和韻二首》，勝仲同時又有《浣溪沙·少藴内翰同年寵速遣妓隱簾吹笙因成一闋》詞（俱見《丹陽詞》）。據「出後堂」，「隱簾」云云，知石林是在卞山家中宴別勝仲。去今兩年，勝仲與石林唱和詩頗多，詳《葛勝仲年譜》。

十一月，梅開數枝，賦《南鄉子》。

石林《南鄉子》詞序：「癸卯，種梅於西巖，地瘦難立，石間無華開，今歲十一月，輒先開數枝，喜之，爲賦。」

**宣和七年乙巳，四十九歲。**

除吏部尚書。四月二十一日罷職奉祠。

《宋會要》職官六九：宣和七年四月「二十一日，吏部尚書葉夢得提舉南京鴻慶宫。……御筆：夢得害風教，……故有是命，亦以蔡絛之黨也」。石林四月二十一日即罷職，則其召爲吏部尚書當在年初。

**欽宗靖康元年丙午，五十歲。**

二月二十五日，起知潁昌府。

《靖康要錄》卷三：靖康元年「二月二十五日，葉夢得差知潁昌府。」《北宋經撫年表》卷三據之入錄。案：石林三月十日改知東平府，未赴潁昌任。

三月十日，改知東平府。

《靖康要錄》卷三：靖康元年三月十日，「葉夢得差知東平府。」案：東平府，宋屬京東東路，治今山東東平。

秋間，移知應天府。

《石林奏議》卷一載知應天府時所上《奏修城利害並乞截撥發運司拖欠斛斗應副使用狀》有「右臣近承尚書工部符，備到七月十八日敕節文，京東路州軍修城壁樓櫓仰當職官隨宜修治」，「自到任再檢視以勞費浩大，民力不易」云云，是七月十八日前石林已抵應天府任。

九月二十日，罷知應天府。

《宋會要》職官六九：靖康元年九月「二十日，龍圖閣直學士、知應天府葉夢得落職宫祠，起居舍人許亢宗與郡，以言者論夢得爲吳敏之黨，而亢宗又因夢得以進，故黜之。」石林《建康集》卷一《自和》「追尋念往跡，六鷁慚宋都」句自注：「余以請宫祠去官。」案：宋都，即應天府；「去官」，指罷知應天府。

十月十三日，復職知杭州。

《靖康要録》卷一一：靖康元年十月十三日，「以葉夢得知杭州。」周淙《乾道臨安志》卷三：「靖康元年十月乙卯，朝散大夫葉夢得復龍圖閣待制，知杭州。」潛説友《咸淳臨安志》卷四六、吳廷燮《北宋經撫年表》卷四同。

案：此年十月乙卯，爲十月二十三日，府志所載當是石林到任之日，而《靖康要録》所載十三日則爲除命之日。孫覿《鴻慶居士集》卷二五有《葉夢得落職知杭州》制詞。

又案，石林除知杭州，乃因胡安國之陳情。胡寅《斐然集》卷二五《先公行狀》：「公（指胡安國）言：『京罪已正，子孫編置無遺，土地悉入縣官，家財沒於府軍，無蔡氏矣。則二十年間向爲蔡京所引用者，今皆朝廷之人也，若更指爲京黨，則人才之棄於此時者衆矣，且黨論何時而弭乎？以臣所見，棄瑕捨過，消散朋黨，正在今日。』乃除夢得小郡。」又見《宋史》卷四三五《胡安國傳》）

十二月，有奏狀。

本年十二月十七日前後，有《奏嚴州淳安縣管孫衆等結集兇徒狀》《奏嚴州倪從慶竊發第一狀》（《石林奏議》卷一）。

**高宗建炎元年丁未，五十一歲。**

在知杭州任。正月初，有奏狀

《石林奏議》卷一《奏倪從慶第二狀》有「右臣去年十二月十七日據嚴州申，遺鳳林鄉師巫徐周倪從慶等聚衆以勤王爲名結集作過」「已於十二月二十 日具録奏聞」，「今又據本州申正月初七日賊徒五百餘人」云云，知此狀作於本年正月上中旬。

二月，續有奏狀。

二月，石林有《奏倪從慶第三狀》、《奏截留福建槍仗手討倪從慶第一狀》、《奏截留福建槍杖手討倪從慶第二狀》（《石林奏議》卷一）。

三月，續有奏狀。

三月，石林有《奏乞招安汀州潰兵狀》、《奏見進兵討捕倪從慶狀》、《奏乞權差張昭等點檢軍期防托狀》、《奏進討倪從慶次第狀》、《奏乞免嚴州遂安等三縣二稅和買狀》、《奏乞放免嚴衢州諸縣夏稅等狀》（《石林奏議》卷一）。

四月，又有奏狀。

四月，石林有《申大元帥府乞差新江東提刑莫朝議權湖州狀》、《申大元帥府乞令監司同共承行軍期狀》、《申大元帥府拘繫兩浙提刑季龍圖狀》、《申大元帥府乞總決萬務狀》、《申大元帥府乞移軍浙右狀》、《申大元帥府繳納告諭軍民牓牒狀》、《申大元帥府乞差江東西等六路帥臣狀》（《石林奏議》卷二）。

五月，又有奏狀。

五月，石林有《奏倪從慶已降狀》、《奏乞分送倪從慶等三十四人近邊州軍自効狀》、《奏招捕倪從慶統領官等功賞狀》、《奏乞添置嚴州遂安縣弓手狀》、《奏起發杭州勤王人兵狀》（《石林奏議》卷二）。

六月，續有奏狀。

六月間，石林有《奏乞添置徽嚴衢三州巡檢狀》、《奏乞差人至高麗探報金賊事宜狀》、《奏江寧府營造乞從簡約狀》、《奏乞措置瀕海州縣防秋狀》、《奏乞鄂州建帥府及修江寧等五城狀》、《奏乞弓手免他役及教閱激賞狀》（《石林奏議》卷三），《奏乞禁罷獻納借貸指揮狀》、《奏措置招募弓手狀》（《石林奏議》卷四）。《奏末狀云：「臣六月二十九日準樞密院六月十七日劄子節文，奉聖旨江淮兩浙路」「措置弓手以備使喚」。知以上諸狀最遲者作於六月底、七月初。

七月六日，復龍圖閣直學士。

李心傳《建炎以來繫年要錄》（下簡稱《要録》）卷七：建炎元年七月初六甲午，「龍圖閣待制、知杭州葉夢得復龍圖閣直學士」。汪藻《浮溪集》卷一〇有《知杭州葉夢得復舊職制》。

考兩浙路山水源流，欲補《水經注》之闕失，會兵亂，不及成書。

《避暑録話》卷四：「桑欽爲《水經》，載天下水甚詳，而兩浙獨略……。余守錢塘，嘗取兩路山水證其名實，質諸耆老，頗得其詳。欲使好事者類爲一書，以補桑、酈（道元《水經注》）之闕，會兵亂，不及成也。」案：「兵亂」，指本年八月杭州兵變（詳下）。

八月初一，杭州兵變，石林被囚執（《要録》卷八）。

案：浙東安撫使翟汝文八月初二日聞兵變，以爲石林被殺害，其《奏乞不許提刑司招安杭州軍賊專用兵進討狀》云：「右臣於八月初二日聞杭州軍賊閉城放火，殺戮帥臣葉夢得以下數人。」（《忠惠集》卷七）因杭州城閉，消息不通，兩月後翟汝文進奏時仍以爲石林被害，其《奏爲杭州軍賊攻劫提刑不知所在乞朝廷遣重將將兵併力討殺狀》云：「右臣昨聞杭州軍賊閉城叛亂，殺戮帥臣（葉夢得）及漕臣將官等，日夕縱火，至今兩月不息。」（同上。又參《要録》九月甲午條）同狀又云：「杭州士大夫自特進薛昂以下百十人，皆爲其幽閉一處，不得飲食，且夕餓死。」據此推知，直至本年十月，石林仍被「幽閉」在杭州城中。另據《要錄》卷一二載，至本年十二月初六丙辰，御營使司都統制王淵始入杭州城，平定兵亂。而此前，杭州城一直緊閉被圍，翟汝文即謂：「自八月至十二月，凡五月，攻守戰士未嘗解甲，調發糧食，糜費不貲。」（《忠惠集》卷七《分析統兵杭州城下不會合狀》）石林當是在十二月兵變平定後才被釋放。

石林《避暑録話》卷四自謂在杭州十個月。案，石林自去歲十月始知杭州，至本年八月兵變，恰爲十月，其所謂「在錢塘（杭州）十月」，乃指兵變被執前爲官十個月，而未包括被囚執之四個月，蓋此四月間，身被幽閉，更不可能顧及遊覽西湖形勝。

**建炎二年戊申，五十二歲。**

正月初，召至揚州行在。十四日，以兵變罷職。

《石林燕語》卷一：「余建炎中召至揚州行在，以杭州變罷職，官朝請大夫，親如上制。」

案：去歲冬十月癸未，高宗至揚州。本年正月初一，高宗行在仍在揚州（參《要録》卷一二、《宋史》卷二五《高宗紀》）。正月十四日石林以杭州兵變去職，則其召至揚州行在，在正月十四日前。

《要錄》卷一二：建炎二年正月十四日己亥，「龍圖閣直學士葉夢得落職，提舉江州太平觀，坐守杭州軍變故也。」原注：「《日曆》、《會要》：夢得並自待制落職。案：夢得去年已復舊職爲雜學士，不知何故。」《宋會要》職官七〇：建炎「二年正月十四日，朝散大夫、龍圖閣待制〔葉夢得〕落職，提舉江州太平觀，坐守杭州軍變故也。」今本《宋會要》所載與《要錄》原注所言《會要》相同。

七月二十八日庚戌，試戶部侍郎。

《要錄》卷一六：建炎二年七月「庚戌，朝請大夫、提舉江州太平觀葉夢得試戶部侍郎。」

八月七日戊午，在行在揚州奏事。

《要錄》卷一七：建炎二年八月七日，石林既以戶部侍郎身份在揚州行在奏言綱運事，則是時他已在揚州任職無疑。除戶部侍郎後，石林有《奏論治體劄子》、《奏論金人劄子》、《奏論財用劄子》（《石林奏議》卷四）。

同日，拜翰林學士。

《要錄》卷一七載：同日「尚書戶部侍郎葉夢得爲翰林學士。」原注：「熊克《小曆》附此事於七月末，云據《夢得行述》。案：《日曆》乃八月六日事，今附本日。」

鵬案：此條原注當附上條「從之」後。蓋「此事」非指石林除翰林學士事，乃指石林任戶部侍郎時所言綱運事，即上條所載。今本熊克《中興小紀》（即《要録》所言之《小曆》）卷四於是年七月末云：「戶部所餘金帛尙數百萬，尚書呂頤浩、侍郎葉夢得皆慮倉卒難於輦運，遂以行在府充牧爲言，請自今上供之物，兩浙、福建者寄平江府，江湖、二廣者寄江寧府。從之。（據《葉夢得行述》修入）。」同卷又載，八月「戊午，以夢得爲翰林學士。」與《要錄》同。何異《宋中興學士院題名》：「葉夢得，建炎二年以戶部侍郎除翰林學士，十一月除左丞。」案，石林除尚書左丞在明年正月，此謂「十一月除左丞」，誤。

九月九日庚寅，兼侍讀（《要録》卷一七）。

九月十一日壬辰，舉薦辛炳、王庭秀。

《要錄》卷一七載是年九月壬辰，以上命近臣各舉所知一二人，「翰林學士葉夢得舉直龍圖閣新知潭州辛炳、朝散郎致仕王庭秀。」（又見《中興小紀》卷四）

案：辛炳，字如晦，福建侯官人。《宋史》卷三七二有傳。王庭秀，字穎彥，慈溪（今屬浙江）人。《宋史》卷三九九有傳。

十月十一日，應詔與孫覿等討論常平法。

《要錄》卷一八：建炎二年十月十一日「壬戌，詔翰林學士葉夢得、給事中孫覿、中書舍人張澂討論常平法，條具取旨。」《宋會要》職官四三同。石林《奏乞復置常平使者播告中外劄子》，見《石林奏議》卷四。

十月十二日，請復鈔旁定帖錢（見上引《要録》同卷，又參《中興小紀》卷四十月壬戌條，《宋會要》食貨六四，《言行録》別集卷四《葉夢得》）。

李心傳《建炎以來朝野雜記》卷一五云：「所謂經制錢者，其始行之東南，後又行之京東西、河北，歲入錢數百萬緡。靖康初廢。建炎二年冬，上在維揚，四方貢賦不能如期至行在，戶部尙書呂元直、翰林學士葉少蘊乃請復之。於是先取鈔旁定帖錢命提刑司掌之，仍禁不得擅用。」

十月二十二日，奏乞降赦書。

《宋會要》禮二八：建炎二年十月二十二日，翰林學士葉夢得上《奏乞赦書深自貶損劄子》（《石林奏議》卷四）。

十一月六日丙戌，試戶部尙書。

《要錄》卷一八：建炎二年十一月「丙戌，戶部尙書呂頤浩試吏部尙書，翰林學士兼侍讀葉夢得試戶部尙書。」原注：「《日曆》於十一月丙戌載頤浩、夢得除命，而熊克《小曆》併綱、徵書之。案，《日曆》十二月戊午記討論常平事，夢得、澂尙帶舊銜，豈非未遷時已上此奏，而後乃行之耶？」《言行錄》：「建炎二年，召爲翰學，拜戶部尙書。」《宋史》本傳：「逮高宗駐蹕揚州，遷翰林學士兼侍讀，除戶部尙書。」

十二月八日，奏言常平法事。

《要錄》卷一八：建炎二年十二月八日「戊午，執政進呈從官呂頤浩、葉夢得、孫覿、張澂討論常平法事，……夢得請選歷州縣通世務者爲提舉官。……會戎馬南牧，未克行。」《中興小紀》卷四、《建炎以來朝野雜記》甲集卷一五、《宋會要》職官四三皆有相同記載，而《宋會要》所載更詳，可參。

十二月十六日丙寅，兼修國史（《要録》卷一八）。

十二月二十八日戊寅，陳待敵之計，並請皇帝南巡。

《宋史》本傳：「陳待敵之計有三：曰形、曰勢、曰氣而已。……因請上南巡，阻江爲險，以備不虞。又請命重臣爲宣總使，一居泗上，總兩淮及東方之師以待敵；一居金陵，總江浙之路以備退保。疏入不報。」（全文見《石林奏議》卷五《奏應詔大詢狀》。又見《要録》卷一八、《中興小紀》卷四、《言行録》別集卷四、周應合《景定建康志》卷一四《年表》等。）

是冬，嘗受命館伴高麗使，以病辭。

《石林燕語》卷七：「建炎三年，余在揚州，復入爲學士，高麗自海州來朝，遂差余館伴。余因建言：高麗用學士館伴，出於一時之命，而陞爲『國信使』，亦宜和有爲爲之。今風示四夷，示以軌物，當正前日適然之失，盡循舊制。因辭疾請命他官。於是張達明以中書舍人改差。」

案：「建炎三年」，「三」字或是誤刻，或是石林誤記。蓋石林復爲翰林學士，在建炎二年八月至十一月（詳上），而受命館伴高麗使亦在建炎二年十一月初。《宋史》卷二五《高宗紀》載，建炎二年十一月辛巳朔，「高麗國王王楷遣其臣尹彥頤入見。」《要錄》卷一八亦載是年十一月四日甲申「高麗國王楷遣其臣尹彥頤等入見，且奉表謝罪，詔中書舍人張澂押伴。」張澂，字達明，《要錄》明謂其押伴高麗使，正與《石林燕語》所言「張達明以中書舍人改差」相合。石林受館伴之命後，以爲依故事高麗使應由中書舍人館伴，而他本人已是翰林學士，身份不合，遂以病辭，於是朝廷改命中書舍人張澂館伴。張之爲館伴在是年十一月初四，則石林之初受命當在十一月初一高麗使至揚州入見高宗前後。

復案：《要録》謂高麗使「且奉表謝罪」，未言何故。《中興小紀》卷四則載：建炎二年「冬十月甲寅，借刑部尚書楊應誠等奉使高麗回，具奏高麗君臣見拒之意。宰執皆欲罪其負恩，上亦怒形于色。……後兩月，高麗使奉表謝罪，執禮甚恭，優詔答之。」此亦可證石林受命館伴高麗使當在建炎二年。

**建炎三年己酉，五十三歲。**

正月，在揚州。十八日戊戌，奏禦寇之策（《要録》卷一九、《言行録》別集卷四）。

二月初一，以金人逼近揚州，高宗欲南渡，石林具舟楫備運錢帛。

《要録》卷二〇：建炎三年二月庚戌朔，「上駕御舟泊河（熊克《小曆》云：葉夢得請以赴行在所藏金帛五十萬，分其半併歸姑蘇、金陵，從之。蓋據《夢得行述》所云，當考），戶部尚書葉夢得即具舟楫，從大將假二千人津發，一日而畢。然公私舟交河中，跬步不容進矣。夢得復請以戶部所餘物，前期支六軍軍衣及官吏俸一月。亦從之。」（又見《中興小紀》卷五）其時石林又有《奏乞徙虜人必經由州縣居民劄子》（《石林奏議》卷五）。

二月初四，從高宗至鎮江（《要録》卷二〇。又參《中興小紀》卷五）。

四日夜，渡江走失，遂徒步間道至常州，旋經宜興、長興。十一日，至杭州，迎迓高宗於臨平鎮（《避暑録話》卷一）。

案：據《要録》卷二〇，二月四日上午石林等尚在鎮江府治與高宗計議去留，當日中午高宗不聽石林等留下抗敵之計即離鎮江南逃，夜宿呂城鎮。五日，高宗「次常州，時鎮江官吏皆散。」此後繼續沿運河南奔，二月十一日抵距杭州城數十里之臨平鎮（今浙江餘杭）。石林所言「從大駕渡江，夜相失」，當是二月四日夜之事。其與高宗一行走散後，即徒步至常州。因偶遇前知杭州時麾下小校，得小船，遂走宜興，經荆溪（又名陽羡溪）入太湖，過霅溪，於十一日先高宗而抵杭州。聞高宗至臨平後，石林前往迎入杭州。《要録》卷二〇：三年二月十一日「辛酉，御舟泊臨平鎮，戸部尚書葉夢得自宜興間道之杭州，至來迓。夢得言：『平江、江寧兩府所留上供，約可支半載，欲刷杭州諸司所有借支，俟取兩處紅帛至而償之。』又請更給百官諸軍券曆及命官權領戸部、司農、太府寺職事。皆從之。」《中興小紀》卷五記載同而時日略異。

十二日，高宗至杭州，以州治爲行宮。石林請罷昇暘宮。

《要録》卷二〇：二月十二日「壬戌，上至杭州，以州治爲行宮，顯寧寺爲尚書省。先是以轉運司爲昇暘宮，葉夢得爲上言：『小人遂傳復開應奉之端，不可不慮。』乃亟命罷之。」（又參《中興小紀》卷五）。

十四日，在杭州行宫奏事。

《宋會要》方域二：建炎三年二月十四日，「車駕初至杭州，霖雨不止（原誤作「至」），執政葉夢得奏事畢，因言：『州治屋宇不多，六宫居必隘窄，且東南春夏之交多雨蒸潤，非京師比。』上曰：『亦不覺窄，但卑濕爾。然自過江，百官六軍皆失所，朕何敢獨求安？』」（又參王明清《揮麈録》後録餘話卷一）。

案：此處謂「執政葉夢得」，小誤。是時夢得爲户部尚書，不得稱執政。原文「執政」下疑有脱文。《中興小紀》卷五即載：「上初至杭州，霖雨不止。至是執政奏事，葉夢得曰：『東南春夏地濕。』上曰：『自渡江，百官六軍皆失所，朕何獨求安？今尚寢堂在外，俟稍定方入正寢。』執政曰：『如此，人心孰不感動？』」

十八日，又奏事。

《要錄》卷二〇：二月十八日戊辰，「户部尚書葉夢得言：『行在官吏軍兵等，除食料外，應公使花果、房卧、生日、身亡、孝贈錢物並權住支。』從之。」《宋會要》禮四四同。

二十日己巳，遷尚書左丞。

《中興小紀》卷五：二月二十日己巳，以户部尚書葉夢得爲左丞。張守《毗陵集》卷八有《葉夢得除尚書左丞制》。

二十二日，奏時當兵間，扈從車駕，禮宜簡便。

《宋會要》輿服六：「建炎三年二月二十二日，執政官張澂、葉夢得、顔岐、盧益、路允迪言：扈從車駕，駐蹕杭州，方在兵間，禮宜簡便，乞權免張蓋，候回鑾日依舊。從之。」時石林又有《奏乞募探事人赴左右司投狀劄子》（《石林奏議》卷六）。

二十三日，奏罷掊斂民財之軍期司。

《要錄》卷二〇：二月二十三日壬申，「詔監司州縣擅立軍期司掊斂民財者並罷。用尚書左丞葉夢得奏也。」原文詳見《石林奏議》卷六《奏乞罷州縣軍期司及掊刻民財等事劄子》。

二十六日，奏對，贈陳東、歐陽澈官（《要錄》卷二〇）。

《揮麈錄》後錄餘話卷一載石林任尚書左丞期間「自記奏對聖語」甚多。

三月三日，罷尚書左丞。旋歸卞山。

《宋會要》職官七八：建炎三年三月三日，「中大夫、尚書左丞葉夢得罷爲資政殿學士、提舉中太一宮使、兼侍讀、提領戶部財用、車駕巡幸頓遞使。夢得執政十四日罷而有命，力辭不就職，遂出知洪州兼江西制置使，復辭，於是提舉西京嵩山崇福宮。」其詳見《中興小紀》卷五、《要錄》卷二一。

石林之罷左丞，乃緣與新任宰相朱勝非議事不合，門下侍郎顏岐忌而擠之，並唆使杭州知州康允之指使杭州士人上書劾石林靖康元年知杭州時過失，石林遂罷執致，而專一提領戶部財賦、充巡幸頓遞使，石林力辭，又改命洪州。石林復固辭不就，遂奉祠退居湖州卞山。離杭州前，石林曾上《奏乞撫定諸軍無失機會劄子》（《石林奏議》卷六）。

《要錄》原注謂石林除知洪州「諸書皆無此事」，實則《宋會要》已有明載，而張守《毗陵集》卷八、卷九更載有《葉夢得除知洪州制》和《賜資政殿學士葉夢得辭免知洪州恩命不允詔》，亦證石林罷尚書左丞後嘗除知洪州，唯未赴任而已。

案：石林除知洪州，約在三月五日苗傅、劉正彦兵變之後。《石林奏議》卷六《奏乞皇帝復辟狀》云：「右臣昨留杭州，罷政家居。今月初五日，遽聞苗傅、劉正彦等殺戮內侍並王淵，擁兵駐蹕門外，繼聞主上遜位皇太子，隆祐太后垂簾聽政。臣尋以疾病乞宮觀，蒙恩除守洪州，……臣今來未敢前赴新任。」「今月初五日」，指本年三月初五，是日苗、劉兵變，逼高宗遜位於皇太子魏國公（詳參《宋史·高宗紀》、《要録》卷二一、汪應辰《文定集》卷一一《書朱丞相渡江遭變録》）。據石林所言，其時石林尚留杭州；苗、劉兵變後，除守洪州，然未赴任。大約兵變後不久，石林即離杭回湖州卞山。

三月二十七日乙巳，石林在湖州，謀請兵勤王。

《要錄》卷二一：二十七日乙巳，「勤王所檄至湖州，新除資政殿學士提舉中太一宮葉夢得行舟碧瀾堂下，召守臣梁端、通判州事張燾及寓客龍圖閣直學士許份、徽猷閣直學士曾楙、徽猷閣待制致仕賈安宅等謀之，夢得欲與端等共爲一檄，調諸縣射士勤王，而留平江檄書不發。安宅曰：『時已後矣，此事豈可欺人？』直秘閣主管南京鴻慶宮曾紆聞之，亦勸張端趣用建炎年號，於是夢得引兵次平望，以俟呂頤浩、張浚之至，欲與俱，燾亦從之。會舟師擁隔不得前，夢得乃止。」

四月五日壬子，提舉西京嵩山崇福宮。

《要錄》卷二二：建炎三年四月五日壬子，「資政殿學士提舉中太乙宮兼侍讀葉夢得提舉西京嵩山崇福宮。」

案：上文「三月三日」條所引《宋會要》等已載石林提舉崇福宮事，唯未書年月。

是秋，感於時事身世，作《水調歌頭》抒懷。

石林《水調歌頭》開篇謂：「秋色漸將晚，霜信報黃花。」知詞作于秋天。

是冬，避亂於縉雲。

《避暑錄話》卷二：「仙都觀，在縉雲縣東十四里，……己酉冬避地將之處州，道縉雲，暫舍於縣南之靈峰院，束裝欲往游，聞潰兵入境，遽止。其東十里有崇道院，謂之小仙都，一日可往返。兵既退，乃乘間冒微雪過之，時臘已窮矣。」《石林家訓》「避難縉雲以樂自況」條亦云：「日與祖宗伯叔昆弟子侄詩酒之樂，雖吾嫡子孫各散處他方，而亦無纖芥之憂。」

案：是年冬十一月八日壬午，金兵攻入安吉縣（參《要録》卷二九、卷三〇）。廣德（今屬安徽）、安吉（今屬浙江）距湖州烏程均不足二百里之遥，金兵由此趨臨安必經湖州。而另一路金兵自蘇州（平江府）入太湖亦焚掠湖州，故石林離湖州至縉雲縣（今屬浙江）避難。直到年底窮臘石林仍在縉雲。又葉氏宗族有一派居縉雲（詳譜首），故石林在此日與葉氏同姓伯叔昆弟子侄爲詩酒之樂。

**建炎四年庚戌，五十四歲。**

春，自縉雲歸卞山。八月，撰成《石林燕語》，自爲序。

案：《石林燕語·自序》所言「建炎二年避亂縉雲而歸」，應爲建炎三年，「二」當爲傳刻之誤。蓋石林避亂縉雲乃在建炎三年深冬，而建炎二年石林則在揚州行在任職（詳前）。石林自「縉雲而歸」至卞山，當在建炎四年春間，其明年（紹興元年）所作《石林家訓·自序》即謂「去年自浙東歸。「去年」，即本年（建炎四年）；「浙東」，因雲縉縣當時屬兩浙東路故稱。又本年二月十三日金人始自臨安退兵北上，二十五日至平江府焚城而去（參《要録》卷三一），石林當在金兵退出浙東後返回湖州卞山。回卞山後，由其長子葉棟將其自宣和五年以來隨筆偶記編類爲《石林燕語》十卷，石林自爲序。

又案，《石林燕語》本年編成後，續有潤色增益，直至紹興六年定稿，蓋書中紀事最晚者爲紹興六年。卷二云：「本朝宰相，自建隆元年至元祐四年，一百三十年，凡五十人；自元祐五年至今紹興六年，四十六年，凡二十八人，幾倍於前也。」紹興六年而曰「今」，可知此書最後定稿於紹興六年。中華書局點校本《石林燕語》之《點校説明》謂此書「建炎二年由其子棟、程（原誤作程）、模編集成書」，不確，成書實在建炎四年；又謂「其書中所記建炎二年之後事，當屬後人增益」，亦无確據，若謂書中所記建炎四年之後事，當屬其本人增益，或更近實。

有詩與曾紆唱和。

《韻語陽秋》卷一二：「大觀中，吳興郡有邵宗益者，剖蚌將食，中有珠現羅漢像，偏袒右肩，矯首左顧，衣紋畢具。僧俗創見，遂奉以歸慈感寺。寺臨清流。建炎間，憲使楊應誠與客傳玩之次，不覺越檻躍入水中，亟禱佛求之，於煙波渺茫之中，一索而獲。噫，亦異矣！葉少蘊有詩云：『九淵幽怪舞垂涎，遊戲那知我獨尊。應跡不辭從異類，藏身何意戀窮源。歸來自說龍宮化，久住方驚鷲嶺存。此話須逢老摩詰，圓通無礙本無門。』曾公袞云：『不知一殼幾由旬，能納須眉不動尊。疑是吳興清霅水，直通方廣古靈源。月沉濁水圓明在，蓮出汙泥實性存。隱現去來初一致，莫將虛幻點空門。』一時名公和篇甚衆，今藏慈感寺。」（又見《夷堅丁志》卷一四《慈感蚌珠》）

湖州慈感寺蚌珠，建炎間失水而復得，觀石林詩「歸來自說龍宮化」云云，其詩當是蚌珠復獲後所作。考建炎元年至三年初，石林在行在揚州、杭州任職，似無暇在湖州詠此蚌珠事；建炎三年三月石林罷左丞後閑居卞山，則有暇與故人詩酒酬唱。故初定此詩作於建炎三、四年間。同時唱和者曾紆，字公袞，亦居湖州（汪藻《浮溪集》卷二八《右中大夫直寶文閣知衢州曾公墓誌銘》），故能與石林在一起唱和。又，程俱《某啓伏蒙宮使資政左丞以某末疾漸平寵貺新詩仰荷眷私欽誦不足謹依嚴韻攀和四首少叙盛德仍述鄙懷伏惟採覽某再拜》四首（《北山小集》卷十），亦當作於本年前後。石林原唱不傳。

**紹興元年辛亥，五十五歲。**

居卞山。正月，有《江城子·次韻葛魯卿上元》詞。

石林《江城子·次韻葛魯卿上元》詞，係和葛勝仲《江城子·和無言雪詞》，葛詞作於紹興元年再知湖州時（參葛譜），據知石林此詞亦作于紹興元年正月上元節（十五日）後。和詞寫成後，石林寄示友人沈與求，與求爲之和作二首（《沈忠敏公龜溪集》卷三）。時人毛幵亦有《江城子·和德初燈夕詞次石林韻》（《樵隱詩餘》）。

沈與求，紹興元年正月與石林唱和時，當居故鄉湖州德清縣，其時又有幵與石林唱和詩，《龜溪集》卷一有《次韻葉左丞見寄》四首和《顏提舉博士謁葉公左丞於石林公遺之詩屬余次韻》等，前四首與同卷《和張仲宗送柯田山人歸隱》同韻，當作於建炎三年冬（參筆者《張元幹年譜》）。惜石林原唱已佚。毛幵，字平仲，信安（今浙江常山）人，有《樵隱詩餘》，與大詩人陸游多有唱和。其時或居湖州。

是夏，撰《石林家訓》成。

據序中「今五十五」歲及「今夏」云云，知《石林家訓》始撰并成於本年夏間。

九月，起爲江東安撫大使。

《要錄》卷四七：紹興元年九月六日己亥，「資政殿學士、提舉西京嵩山崇福宮葉夢得爲江東安撫大使、兼知建康府、兼壽春等六州宣撫使。」汪藻《浮溪集》卷一四有《新除江南東路安撫大使兼知壽春滁濠廬和州無爲軍宣撫使葉夢得辭免恩命不允詔》，據此，石林在此前嘗有辭呈。

案：《景定建康志》卷二五《官守志二·諸司寓治》云：「壽春府、滁、濠、廬、和州、無爲軍宣撫使，紹興元年七月置，寓司建康，以江東安撫大使知府兼領，葉夢得、李光繼爲之，光後省。」「江東安撫大使……紹興初，置江南東路安撫大使，自葉夢得始，後省『大』字，止除安撫使。至紹興八年，又以安撫制置合爲一，加『大使』，葉夢得復爲之。」

十一月二日乙未，至建康府任。

《石林奏議》卷六《奏自宣州太平州赴建康府按視沿江渡口劄子》：「今月初二日已至建康交割職事訖，謹具奏知。」案，宣州，今安徽宣城；太平州，今安徽當塗；建康府，今江蘇南京市。《要錄》卷四九載石林至建康諸般事務。并有《奏請畫一事件狀》、《奏乞招安濠州橫澗山王才狀》、《奏濠州祝友等賊事宜狀》（《石林奏議》卷六）。

案：抵建康前，石林曾奉旨體究宣州茶鹽事。《宋會要》食貨二六：紹興元年十月二十六日，「有旨：朝廷大費，全藉茶鹽之利，務要客旅興販通快。其宣州知州輒敢將妄亂告首客鹽，更不勘會詣實，拘收入官，擅置回易務，賤價收買。李彥卿可先次降一官，令葉夢得體究，詣實聞奏。」

到任後，收埋暴骨，有《建康掩骼記》（見《建康集》卷四）。

案：葉廷琯《石林先生兩鎮建康紀年

略》云：「案此記作於前鎮時，而編在後鎮時集中，殊不可曉，因疑前鎮亦必有集，前後兩集或本合編，故《書錄解題》有十卷之數，後不知何時分編。此記誤入後集，幸而獲存，其前集則隨總集並佚矣。又案，《建康集》第三卷有目一條云：《書唐李氏告後》，下注：『文闕。』而《避暑錄話》下卷有『余在建康，有李氏子自言唐宗室後，持其五代而上告五通，援赦求官』云云，似即一事。但《避暑錄話》作於紹興五年，則《書後》一文，當亦前鎮建康時所作，而誤編其目入後集者。」

在建康，興復學校，延集諸生。

《景定建康志》卷一四《表十》：「夢得於大兵之後，營理學校，延集諸生，得軍賦餘緡六百萬以授學官，使刊六經於學。」同書卷三三《文籍志》：「紹興初，葉夢得爲守，嘗求《周易》，無從得，蓋當大兵之後，舊書無復存者。夢得乃捐軍賦餘緡六百萬，以授學官，使刊六經。」

**紹興二年壬子，五十六歲。**

正月初三乙未，受命措置邊防（《要録》卷五一）。

正月初四丙申，奏請爲楊邦乂立祠。

《要録》卷五一：是年正月四日「丙申，故奉議郎直秘閣楊邦乂加贈朝奉大夫，爲立祠，名褒忠，以江東安撫大使葉夢得言其忠節也。」

案：石林言楊忠節事，當在去歲，姑依朝命下達之日繫此。

二月，陳乞子侄爲監司屬官，不從。

《宋會要》職官四五：紹興二年二月五日，「臣僚言：『近葉夢得、李回、馮澥並以曾任執政，陳乞子侄爲監司屬官，至或創添窠闕與之。且監司屬官，並係堂除，若發運司則壓通判，其餘往往亦與諸州通判叙官，遇本司長官除出簽廳，實行其事，其權甚重，豈可輕畀未出官人？請收還。夢得等三人已降指揮，令別陳乞合入差遣。其以前未曾出官經任堂除屬官人不以已未到任，並令放罷歸部，別選歷任三考以上實有材能之人，以重其選。』從之。」又，今春石林有奏劄甚夥，詳《石林奏議》卷六、卷七。

二月二十八日，遣兵援陳卞（《要録》卷五一卷五二、《中興小紀》卷一二）。

三月七日戊戌，罷江東帥任，提舉臨安府洞霄宮（《要録》卷五二）。

案：葉夢得罷帥與韓世清有關。世清時駐紮宣州，「怙從跋扈」，高宗命李光、王瓔前往宣州擒殺世清。世清爲夢得所用，世清既被誅，夢得難以自安，遂請祠罷職，故朝廷命李光代葉夢得爲江東帥。三月七日罷夢得帥任，乃朝命始下之日，是日夢得並未離任。

三月十三日甲辰，改葬楊邦乂，有《褒忠廟記》、《改葬楊忠襄公祭文》（《建康集》補遺）。

四月，離建康任。

《景定建康志》載紹興二年閏四月夢得提舉臨安府洞霄宮，或是記夢得離任之日。然據《要錄》卷五三所載，是年四月二十四日乙酉繼任江東帥李光已在建康府治事，依情理度之，其時夢得當已離任。《要錄》卷五三載：紹興二年閏四月十六日，「時光世招納蕃漢及淮北人民來歸者不絕，江東安撫大使葉夢得之未去也，亦招宿州人陸清等率衆來歸。」

案：此言「夢得之未去」建康，乃指李光到建康府任之前，即是年三、四月間。

途經鎮江，游茅山三日。

《巖下放言》卷中：「鎮江茅山，世以比桃源，余頃罷建康時，往游三日。」案：茅山，在鎮江府句容縣東南四十五里。

歸卞山，過宜興，游善權、張公兩洞（《避暑録話》卷一）。

是年夏，有賀翟汝文除參知政事啓。

翟汝文《忠惠集》卷九《回謝葉左丞賀除參政啓》。

案：翟汝文是年四月初九日庚午除參知政事（《宋宰輔編年録校補》卷一五、《要録》卷五三），石林作啓賀汝文除參政（原啓今佚）當在四月九日稍後，汝文之回謝亦當在四月間。

九月二十四日，與葛勝仲會飲卞山朱氏林亭，有詩唱和。

葛勝仲《丹陽集》卷一六有《九月二十四日陪少蘊左轄飲朱氏林亭以朱中寄其弟詩爲韻席上同賦》詩（參《葛勝仲年譜》），石林原唱不傳。

**紹興三年癸丑，五十七歲。**

居卞山。中秋，有《水調歌頭·癸丑中秋》詞。

又有《江城子·登小吴臺小飲》、《水調歌頭》諸詞。

石林《江城子·登小吴臺小飲》有「投老歸來，終寄此山間」云云，是晚年罷官居卞山時心態，約作於本年前後，姑繫於此。

石林《水調歌頭·次韻叔父寺丞林德祖和休官詠懷》詞有「須信超然物外，容易扁舟相踵，分占水雲鄉」云云，似是罷官居湖州卞山之語氣。其平生卜居卞山後多次罷官歸，未詳作於何年，姑繫於此。石林此詞，南宋中葉趙師俠有和韻，見《坦庵長短句》之《水調歌頭·和石林韻》。

本年石林又有《車駕親征奏陳利害劄子》、《奏金賊移軍稍前乞講民兵水軍二事劄子》（《石林奏議》卷八）。

**紹興四年甲寅，五十八歲。**

居卞山。是年冬，與許亢宗訪梅於西園，作《定風波》詞。

《避暑錄話》卷二：「今予所居，常過我者許幹譽，此外即鄰之三朱。」許亢宗（幹譽）是時亦隱居卞山。韓元吉《南澗甲乙稿》卷一八《祭許舍人幹譽文》云：「公隱卞峰，……赴官上饒，公無慍喜。行未兩驛，遇疾不起。」亢宗紹興五年七月起知信州，是由卞山居所赴任，則紹興四年許亢宗必在卞山隱居，故能常過訪同居一山之葉夢得。

石林《定風波·與幹譽才卿步西園始見青梅》爲冬日所作，明年秋幹譽病卒，則此詞當作於本年冬或去年冬。西園，在卞山，石林詞中屢言及之，如《臨江仙·西園右春亭新成》等，此詞亦約作於本年前後居卞山時。才卿，其人未詳，待考。

冬至日，與許亢宗小飲，作《采桑子》。

**紹興五年乙卯，五十九歲。**

居卞山。正月十八日，應詔上書言事。

《要錄》卷八四：紹興五年正月五日己酉，賜呂頤浩、朱勝非、李綱、范宗尹、葉夢得、李邴、徐俯、路允迪、富直柔、翟汝文等詔書，訪以攻戰之利、備禦之宜、措置之方、綏遠之略，令悉條上。十八日，石林聞詔命後，即上《應詔咨詢狀》（詳《石林奏議》卷八）。

二月十二日，復左中大夫。

《宋會要》職官七六載本年二月十二日，詔「葉夢得復左中大夫，並依舊宮祠」。

閏二月，舉薦門人徐度。

《宋會要》選舉二九載：「紹興元年閏二月二十八日，中書門下省言：『檢會龍圖閣直學士汪藻、資政殿學士葉夢得薦右承奉郎徐度，可備著述科。』……詔徐度令中書舍人試策一道。」

案：「紹興元年」之「元」應爲「五」字之訛，據《二十史朔閏表》及《要錄》等編年史，紹興元年無閏二月，唯紹興五年閏二月。

暮春，與許亢宗等置酒花下，作《虞美人》。

石林《虞美人·雨後同幹譽才卿置酒來禽花下作》：「落花已作風前舞。又送黃昏雨。曉來庭院半殘紅。」是暮春之景，去年與今年春許亢宗居卞山，此詞當作於本年春或去年春，姑繫於此。

是春，在卞山建知非堂。

《避暑錄話》卷四：「吾明年六十歲，今春治西塢隙地，作堂其間，取蘧伯玉之意，名之曰知非。」

六月，撰《避暑錄話》。十一日，自爲序。

《避暑錄話》由石林口述，其長子棟執筆記錄，故以「錄話」爲名。是夏「不雨凡四十日，熱甚，草木焦槁，山石皆可薰灼人」（卷四），是書爲石林在山間避暑時所談論，故名《避暑録話》。是歲石林作自序之六月十一日，乃是此書始撰之時，非成書之日，蓋書中卷二記有「六月二十日晚，忽雨至夜半，明日又雨」一事。是書約成於是歲六月底。

八月中秋前，與徐度等登南山臺賞月，作《臨江仙》詞三首。

石林《臨江仙·乙卯八月九日南山絶頂作臺新成與客賞月作》及同調「明日與客復登臺，再用前韻」、「明日小雨，已而風大作，復晚晴，遂見月，與客再登」，爲先後次韻之作，分别寫於八月九日、十日和十一日。「客」，指徐度兄弟。明年《臨江仙·詔芳亭贈坐客》詞，《樂府雅詞》卷中録題云：「去歲中秋，南山臺初成，與徐敦立氏昆仲，連三日極飲其上，月色達旦無纖雲，嘗作《臨江仙》三首。」

是年，又有《點絳唇》詞。

石林《點絳唇·紹興乙卯登絶頂小亭》有「縹緲危亭，笑談獨在千峰上」云云。「絶頂小亭」，當指《臨江仙》詞所言「南山絶頂」新作之臺，此詞當作於八月九日南山臺新成之後。

**紹興六年丙辰，六十歲。**

居卞山。中秋，與客會詔芳亭，繼用去秋《臨江仙》詞韻賦二首。

同調又一首（草草十年真過夢）用同韻，亦爲同時作。

八月二十七日，與何彦亨小飲，賦《點絳唇》。

**紹興七年丁巳，六十一歲。**

居卞山，六月，友人陳克赴淮西軍幕，石林勸止之，不聽。

《要錄》卷一一：紹興七年六月十八日「戊申，兵部尚書兼都督府參謀軍事呂祉往淮西撫諭諸軍。……祉又辟都督府準備差遣陳克自隨。資政殿學士葉夢得與克厚，謂之曰：『呂安老非馭將之才，子高詩人，非國士也。淮西諸軍，方互有紛紛之論，是行也危矣哉。』亦弗聽。祉、克皆留其家，以單騎從軍。」《會編》卷一七七亦載此事，有云：「夢得贈以詩曰：『解談孫破虜，那厭庾征西。』」

案：《會編》繫此事於三月二十三日，而《宋史·高宗紀》繫此事於六月十五日乙巳，與《要錄》基本相同，今從《要錄》。

又案：葉廷琯《石林先生兩鎮建康紀年略》引《會編》所載夢得贈陳克詩後云：「《建康集》中有《陳子高移官浙東戲寄》之作，又有《與陳子高夜話》之作，『解談』一聯，即在《戲寄》詩內。其詩云『幕府陳琳老，官身戀故溪。解談孫破虜，那厭庾征西。未擬煩刀筆，聊應謝鼓鼙。登臨如得句，小字與親題。』子高，臨海人，故第二句有『故溪』云云，後半言外有從軍歸後、倦游自放之意。次聯正指其話淮西軍中事耳。其非初辟參謀時贈行顯然。《會編》之說未確，當以《建康集》爲是。」（此條又見葉廷琯《吹網錄》卷六）廷琯之意，乃謂夢得贈陳克詩，並非如《會編》引《遺史》所言是紹興七年陳克赴淮西軍幕時作，而應如《建康集》所載是紹興八年夢得再帥建康後送陳克移官浙東之作。

復案：紹興七年陳克赴淮西軍任參謀時，石林曾勸阻，《會編》及《要錄》皆有載，自屬可信。至於石林贈陳克此詩是紹興七年作抑或是紹興八年後作，尚難考實，謹誌其疑：《建康集》卷一題作《陳子高移官浙東戲寄》，似與陳克（字子高）赴淮西軍無涉。惜陳克移官浙東史無明載，已難考實在何時。又《建康集》爲石林紹興八年至十二年再帥建康時之作品集，此《戲寄》詩收入其中，自應爲紹興八年之後作。然《會編》謂陳克紹興七年赴淮西後，在酈瓊兵變中「終於不免」，與呂祉同被害。康熙《臨海縣志》卷七《忠義傳》亦云：「陳克字子高，貽序子。博學能詩，薦爲删定官。尚書呂祉帥建康，辟致爲屬，後祉參督府謀議，從至淮西。紹興間，酈瓊叛殺祉，公奮勇出戰，兵敗就擒，叱令屈膝。子高曰：『吾爲守臣，學忠信之道，寧爲珠碎，不爲瓦全。』賊積薪焚之，公罵不絕口，聲如震雷。衆懼，羅拜，舉酒酹曰：『公忠臣也，吾輩無知，誤公命爾。』軍民聞子高死，號慟如喪所親。」（民國《臨海縣志稿》卷二四《忠義傳》、民國《台州府志》卷一一一《忠義傳》亦據以修入）。若此載屬實可信，則紹興八年後石林已不可能再有詩贈之。而《要錄》卷一一三、《中興小紀》卷二二、《宋史》卷三七〇《呂祉傳》等載紹興七年八月淮西酈瓊兵變及呂祉等被害過程頗詳實，皆未載陳克被害事。《要錄》卷一一四又載：紹興七年九月乙亥（淮西兵變一月之後），「右承事郎、都督府準備差遣陳克送吏部與遠小監當。御史石公揆論克每爲誇大無稽之語，吕祉信之，置之幕中，凡祉失軍情者，皆克所爲，故有是命。」據此，淮西兵變後，陳克受到彈劾，並被送吏部，貶謫至偏遠小郡縣，是陳克並未在淮西遇難。此與《臨海縣志》所載完全相左。案，《要錄》載石公揆彈劾陳克、克因送吏部事，必有所據；聯繫《建康集》所載石林《戲寄》詩觀之，紹興七年陳克在淮西兵變中並未遇難殉國，或更可信。《臨海縣志》爲清人所撰，其中所書陳克遇害事未知有無確據。各書相互矛盾之記載，暫難斷定是非，謹書此以俟識者。陳克，字子高，號赤城居士，臨海（今屬浙江）人。徽宗朝嘗任光祿寺丞（《忠惠集》卷二《光禄寺丞陳克致仕制》），紹興四年在建康任安撫司準備差遣，與吕祉等共作《東南防守利便》三卷（《要録》卷七七、《宋史·吕祉傳》。今存）。著有《天台集》，已佚，今人輯其詞爲《赤城詞》。

**紹興八年戊午，六十二歲。**

居卞山。正月，撰《春秋考》。

石林治《春秋》，著有《春秋三傳讞》二十二卷、《葉氏春秋傳》二十卷、《春秋考》十六卷。《春秋考》自序末署「紹興八年正月旦」，是此書撰於本年。《春秋考》自序又謂「吾爲《春秋讞》是正三家之過，亦略備矣」，則《春秋三傳讞》成書於紹興八年正月初一以前，或爲紹興七年撰。《葉氏春秋傳》未知作於何時。

五月二十四日戊申，除建康帥，三辭不允。

《宋史》本傳：「八年，除江東安撫制置大使兼知建康府、行宮留守。」《要錄》卷一一九：紹興八年五月二十四日「戊申，資政殿學士、提舉臨安府洞霄宮葉夢得爲江南東路安撫制置大使、兼知建康府、兼行宮留守司公事。」

案：《南宋制撫年表》卷上謂石林再帥建康在是年「四月戊申」，誤。是年四月丙辰朔，無戊申日，應從《要錄》作「五月戊申」。《言行錄》謂石林「三年，召除建康留守」，亦誤，應爲紹興八年。

石林在卞山接除命後，即具奏辭免（《建康集》卷六）。

途經京口，會晤劉季高，有詩贈之。

《建康集》卷一《赴鎮建康過京口呈劉季高》：「客路重經黃鵠前，故人仍得暫留連。長槍大劍笑安用，白髮蒼顏空自憐。」結句「漫對雲峰說舊年」自注：「時季高在新城上月觀。」據「暫留連」句，石林在京口（今江蘇鎮江）曾作短暫停留，與故人劉季高相聚。劉岑字季高，湖州人。是時知鎮江府（參汪藻《浮溪集》卷一八《鎮江府月觀記》）。

將至建康，將佐出迎，有詩《將至建康將佐出迓》紀事（《建康集》卷一）。

六月下旬，抵建康。有《再至建康》二首及《府中即事》詩（《建康集》卷一）。

《景定建康志》卷一四載，是年六月二十六日，前任江東制置大使兼知建康府章誼提舉江州太平觀離任，其時石林當已至任。

至建康後，有《謝到任表》、《到任謝執政啓》（《建康集》卷五）。

又謁孔子像及諸廟，有祝文。

《建康集》卷四《到任謁先聖文》、《到任謁諸廟文》，俱當爲六月下旬初抵建康時作。

入境問民疾苦，遇夏旱，有祈雨文。

《建康集》卷四《祈雨寶公塔文》：「某入境問民疾苦，皆曰自春雨澤僅足播種而未洽，乃五月不雨至于今。」此文當作於六、七月之交。

七月底，有《與秦相公論防冬書》。

《建康集》卷七《與秦相公論防冬書》：「某頓首再拜僕射相公鈞座，秋暑猶未退，即日伏惟鈞候動止萬福。某近因到官，具書伸謝，必已呈浼記室，衰鈍黽勉，亦將幾月。」由「至官」「將幾月」云云，知此書爲到建康任近一月時。不數日，復上《與秦相公書》。

八月，送次子模歸卞山，有詩三首。

《建康集》卷一《送模歸卞山並示僧宗義爲余守西巖者三首》有「自我離山間，忽已兩改月」，「汝歸馬蹄輕，初不恨觸熱」云云，石林六月初三離開卞山，「兩改月」後爲八月上旬，其時暑氣已退，故謂「初不恨觸熱」。

同月，減免民絹二萬八千疋。有《與曾天游書》。

《建康集》卷八《與曾天游書》謂到官「勉強已兩月」，此信當寫於八月底。又謂：「前所當料理者，稍就緒，免民絹横斂二萬八千疋。」案：曾開字天游，是年八月乙丑，由禮部侍郎兼侍讀（《要録》卷一二一），故石林致函與論時事，以便曾開向高宗皇帝進言。

九月九日，有次韻詩二首。

《建康集》卷一《建康舊俗貴重九上巳諸曹皆休務祀神登北山參議馬君獨不出攜詩相過因言石林之勝次其韻》有「倦飛歸鳥正思還，叩戶聊分半日閑」云云，是石林與馬君閑話有半日。馬君，未詳。同日又有《去歲以九日期賀子忱徐惇濟祝子權爲松竹臺之會作寒字韻詩唱酬數次今歲郡齋獨坐慨然有懷復用前韻寄惇濟子權時皆在湖州》（同上卷）。

案：去歲九日松竹臺之會所作詩，已佚。賀子忱，名允中，蔡州汝陽（今河南汝南）人。事跡具韓元吉《南澗甲乙稿》卷二〇《資政殿大學士左通議大夫致仕賀公墓誌銘》。徐惇濟，名康，徐度兄（參汪藻《浮溪集》卷二八《吴國夫人陳氏墓誌銘》）。紹興七年重九徐康當居卞山，蓋其父母俱葬於此（參上引《吴國夫人陳氏墓誌銘》），康與乃弟度因居卞山，故「去歲」得以在卞山與石林等爲松竹臺之會。

郡齋望蔣山，有詩二首。

《建康集》卷一《郡齋望蔣山》有「再來撫城郭，始悟非吾廬」云云，是到建康不久時語氣。又《建康集》卷一開卷十數首詩，基本上是依寫作先後次第編排，而此詩編在上引重九日所作二詩後，亦當作於重九日前後。同卷《自和》即和《郡齋望蔣山》詩，乃同時所作。蔣山，一名鍾山，即今南京市東北郊之紫金山。

夜坐不眠，讀舊書，有詩。

《建康集》卷一《獨坐不得眠讀舊書》有「辭家屈指驚三月」語，石林六月初離卞山之家，詩當作於九月間。

閱武士回，有詩。

《建康集》卷一《閱武士回邊報與山中信並至》詩有「乞盟似欲回天意」語，是年秋冬，南宋朝廷向金乞和（參《要録》卷一二一至一二四、《宋史紀事本末》卷七二《秦檜主和》），「乞盟」即指此事，詩當作於秋冬間。「山中信」，指自卞山所寄家信。是時金人雖遣使議和，然仍有南侵之謀，遠近探報皆言金兵開河積糧器具，欲南侵，「邊報」指此。

郡中西齋初成，有詩紀事。

《建康集》卷一有《西齋初成廨中舊有太湖石數十枚因壘之庭下》和《雨夜西堂獨宿》詩。西齋，即西堂。後詩有「閉關傲初寒，坐聽風雨交」云云，據知作於本年初冬。前首《西齋初成》詩之作略早於《雨夜西堂獨宿》詩，蓋西齋建成後方可夜宿。

雨夜與子模論中原事，有詩勉之。

《建康集》卷一《雨夜與模論中原旦起與徐惇濟游清涼觀形勢嘉其有志因以勉之》詩，編次緊隨前引《雨夜西堂獨宿》詩後，天氣亦爲「雨夜」，此詩當爲同時而稍後之作。葉模八月間當由建康返卞山，九月九日徐惇濟尚在湖州（詳上九月九日紀事），至初冬（十、十一月間）石林作此詩時，葉模與徐惇濟當已同至建康。清涼寺，故址在今南京市區內清涼山上。

年底，邊報稍稀，夜坐西齋，有詩感懷。

《建康集》卷一《連日邊報稍稀西齋默坐至夜分》：「歲晚胡床閉深閣。」據此，知詩作於年底。

是年，建忠烈廟，撰《忠烈廟碑》。

《建康集》卷八《忠烈廟碑》載之甚詳。

案：碑中亦僅言紹興八年建此廟，「三月告成」，未詳此碑文究竟作於何月。廟成之前，石林有《乞晉卞將軍廟額狀》（《建康集》卷六）。

又建紬書閣，有《紬書閣記》（《建康集》卷四）。

《景定建康志》卷二一謂「紬書閣在府治東北鍾山樓下，紹興初葉公夢得嘗於府治建書閣，榜曰紬書。後毀於火。」另參周煇《清波雜志》卷三所載石林建康軼事。

**紹興九年己未，六十三歲。**

在建康。正月初，有《與晁激仲夜話》詩四首。

《建康集》卷一《與晁激仲夜話》、《次韻答激仲》、《再答》、《又答》四詩，俱爲同時次韻之作。《再答》詩有「已看梅柳動初陽」云云，當作於正月初梅花尚未開時。本月十四日所作詩（詳下條）有「正月望後梅花盛開」之語，故定此詩作於正月初。據《與晁激仲夜話》詩自注「激仲以池州酒正從余辟」和《次韻答激仲》「參軍暫肯佐戎行」云云，知晁激仲時爲石林帥幕屬官。同卷又有《遺晁公昂按行瀨江營壘》詩，公昂與激仲當爲一人，即公昂，字激仲。以石林外家晁氏諸表兄弟輩行推之，公昂當爲石林之表兄弟，如晁補之（石林之舅父）子名公爲（《宋詩紀事補遺》卷四〇）、公汝（《張耒集》卷六一《晁無咎墓誌銘》）、晁說之子名公壽（《嵩山文集》卷一九

《嵩隱長子墓表》)、公亳（《宋元學案補遺》卷二二）。

正月十四日夜，張暘叔、晁澂仲相過共話，有感懷詩《山間每歲正月望後梅花盛開多與客飲花下今年郡廨獨坐十四夜張暘叔晁澂仲相過共話宣和間事慨然歸不能寐因以寫懷》（《建康集》卷一）。

正月，以肺氣屢發，上章請退閑乞宮觀。

《建康集》卷六《第一次乞宮觀第一狀》有「就職今已半年」和「去歲兼以夏秋服涼藥過多，入冬肺氣喘滿，寒嗽屢作，至今未平」云云，知此狀爲本年正月間所上。

同月，有《與梁仲模論権貨務書》、《回霍經制啓》。

案：梁汝嘉，字仲模（一作謨），處州麗水（今屬浙江）人。《宋史》卷三九四有傳。是年正月十七日壬戌梁汝嘉由尙書戶部侍郎兼江湖荆浙閩廣路經制使（《要録》卷一二五），江東路権貨、市易由其經管，故石林與之論権貨，以增收入。《與梁仲模論権貨務書》（《建康集》卷八）言及梁汝嘉「兼領經制使事」，又有「寒力未解」云云，此信當寫于正月十七日後幾日。信中又自謂「坐慚尸素，已上章請閑，且暮待報」，此又可證上引《第一次乞宮觀第一狀》作於正月十七日前。

石林同時又有《回霍經制啓》（《建康集》卷七）。霍經制，指霍蠡。蠡亦於本月十七日由司農少卿權發遣經制判官（《要録》卷一二五）。啓謂「委跡家山，嘗迂軒騎；剖符江介，復枉緘書」，是霍蠡此前嘗至卞山拜訪石林；本月其任經制判官後又修書問候，故石林以此啓作答。

在此前後，石林又有《奏乞蠲免回易錢狀》（《石林奏議》卷八）。

仲春，與馬參議同游蔣山，有酬唱詩四首。

《建康集》卷一《次韻馬參議同游蔣山》、《再次韻》、《三次韻》、《四次韻》爲同韻同時所作。《四次韻》詩有「雨厭殘雲暝不飛，亂紅猶欲點春折」句，是仲春之景，當爲本年春游蔣山時作。

蔡子因相過，留連逾月，石林有酬唱詩四首。臨別，復以《虞美人》詞贈行。

《建康集》卷一《蔡子因相過留逾月》、《次韻再答子因》、《蔡子因前韻留別再答二首》係同韻同時之作。第一首有「築室君方論並舍（自注：子因約同居霅上），歸山我已辦扁舟」云云，是年正月石林上章乞宮觀歸休，故有「歸山」之句。石林《虞美人·贈蔡子因》謂「新亭風景尚依然」。新亭，在建康，知此詞同在建康時作。詞又云：「白髮故人相遇且留連」，「喚取扁舟歸去與君同」，正與《蔡子因相過留逾月》之「解作江山一月留」，「歸山我亦辦扁舟」情事相合。詞又有「梅花落盡桃花小，春事餘多少」云云，據知此詞與四首詩同爲本年仲春所作。《建康集》卷一《題子因雙鳩百葉桃畫》亦當爲同期作。

三月，薦辟王才爲建康府兵馬鈐轄。

《要錄》卷一二七：紹興九年三月二十八日丁未，「武翼大夫閤門宣贊舍人王才爲建康府兵馬鈐轄，以江東制置大使葉夢得言其知淮南利害也。」

四月，再乞宮觀，上《第二狀》。

本年正月石林上《乞宮觀第一狀》，皇帝降

詔不允，石林遂上《謝乞宮觀不允降詔表》（《建康集》卷五）。至本年四月，石林再上《第二狀》（《建康集》卷六），陳乞宮觀求退。由「今復遷延三月」句，知此狀距上《第一狀》已有三月；又據「待罪」建康「已將及一年」云云，知此狀爲本年四月間作。

五月十七日，有《菩薩蠻》詞贈無住道人。

曾慥《樂府雅詞》卷中載有石林《菩薩蠻·己未五月十七日贈無住道人》詞。

案：無住道人，行事未詳。《建康集》卷二《東山圖贊並序》謂龍眠李伯時畫《東山圖》，而「無住道人少規模伯時，爲余臨寫，眞贋殆不可辨」，是無住道人善畫。此《東山圖贊》當與《菩薩蠻》同時作。

六月，有《賜硯銘》（《建康集》卷二）。

是夏，有與秦檜論買耕牛書。

《建康集》卷七《又與秦相公書》云，「今正夏時」，「暑所日增」諸語，知此書爲夏間所寄呈。又卷四《祈晴諸廟文》謂：「去歲夏旱，民力未蘇，今春牛疫繼之」。「去歲」，指紹興八年，據知「牛疫」之流行乃在今年春，與秦檜書作於本年夏。時石林又有《奏措置買牛租賃與民耕種利害狀》。

秋，有《祈晴諸廟文》。

《建康集》卷四《祈晴諸廟文》：「去歲夏旱，民力未蘇；今春牛疫繼之，南畝之艱，亦已至矣。而連月陰霖不已，復將害於秋成。」本年春牛疫流行，知此文作於本年秋。

是年，有《書高居實集後》文（《建康集》卷三）。

又有《與秦相公論臧梓獄事書》。

《建康集》卷八《與秦相公論臧梓獄事書》有「某去歲到官之初」云云，知爲本年作，蓋「去歲到官」，指紹興八年初到建康府任。

**紹興十年庚申，六十四歲。**

在建康任。正月，以疾病上章再乞宫觀。

《建康集》卷六《第二次乞宫觀第一狀》：「伏念臣犬馬之齒六十有四」，又云「去歲嘗具奏乞就閑秩」，「今已逾年」。去年正月石林上《乞宫觀第一狀》，至本年正月「已逾年」。案，本年所上《第二狀》在二月間，則此《第一狀》當在正月，蓋自《第一狀》呈進到皇帝降詔不允而再上《第二狀》，需經一段時間。

二月，上乞宫觀《第二狀》。

《建康集》卷六《第二狀》（第二次上）有「今者待罪一年零八個月」語，自紹興八年六月始任建康帥，至本年二月爲一年又八月，知此爲本年二月間作。

二月十二日，作《書明皇吹簫圖後》（見《建康集》卷三）。

二月二十二日丁卯，進官一秩，有辭免狀、劄子與謝啓。

《要録》卷一三四：紹興十年二月二十二日丁卯，「資政殿學士、左中大夫、江東安撫制置大使、兼知建康府、兼行宫留守葉夢得並進一官。」時石林有《辭免左太中大夫劄子》，內有云：「伏念臣自到任以來，行將二年」（《建康集》卷六），正爲本年事。又有《辭免左太中大夫狀》：「右臣自今月初九日準尚書省劄子，奉聖旨與轉一官者，聞命震驚，罔知攸措。」（同上卷七）此謂「今（二）月初九」，或是指始命之日；《要錄》所載二月二十二日，當是指朝命行下之日。石林復有《轉太中大夫謝執政啓》（《建康集》卷七）。

是月，建康府學竣工，作《府學記》。

《建康集》卷四《府學記》云：「乃命其屬因舊址盡撤而新之。起己未孟冬，訖庚申仲春，凡五月。」稍後，石林又上《奏乞府學添差教授狀》、《奏乞府學不許官司指佔狀》（《石林奏議》卷一一）。

三月，有詩寄徐度。

《建康集》卷一《徐惇立罷吏部郎官出守天台待次卞山舊居因寄》：「肯記舊游聊待我，未須催駕赤城車。」上月石林已上章乞宮觀擬退歸卞山，故請徐在卞山稍留時日以「待我」歸。案《要錄》卷一三四：紹興九年三月十六日辛卯，「尚書吏部員外郎徐度知台州，以右諫議大夫何鑄奏其有心懷異，傲物自賢，故有是命。」據知徐度出守天台（指台州，今浙江臨海），石林作此詩在今年三月間。

同月，上乞宮觀《第三狀》。

《建康集》卷六《第三狀》：「右臣近再具奏陳乞宮觀，今月十九日準尚書省劄子，奉聖旨，依已降詔旨不允，不得再陳請。」《第二狀》爲二月所上，則《第三狀》所言「今月十九日」或當爲三月十九日。

四月，奏薦部屬李朝正。

《宋會要》儀制一〇：紹興十年四月三日，「知建康府溧水縣李朝正言：『奉旨：以本路安撫使葉夢得奏舉政績顯效，特贈一官，賜緋章服，欲將服色與母，乞一封號。』從之。」《要錄》卷一三五亦載。

五月十三日，奏擴建行宮，不從。

《要錄》卷一三五：紹興十年五月十三日丙戌，「江東制置大使兼行宮留守葉夢得奏修行宮，欲大慶、文德、垂拱、紫宸四殿規模稍大。上恐勞民，諭輔臣令從簡儉，止營兩殿足矣。」在此前後，石林曾上《宮室議》、《奏繳行宮圖並宮室議劄子》、《奏營葺行宮制度畫一劄子》、《奏論行宮防守劄子》、《堂白營葺行宮畫一劄子》等（《石林奏議》卷十）。

同日，金人敗盟，分四道侵宋。石林有《聞邊報示諸將》、《敵兵復過河王師出討》諸詩。

據《會編》卷二〇〇載：五月二十日，「金人敗盟，報到行在」臨安。石林《聞邊報示諸將》詩云：「插羽驚傳赤白囊，邊塵動地尚跳梁。頗聞廟算無遺策，但遣封人謹豫防。」（《建康集》卷一）當作於五月二十日邊報傳到臨安前後。石林另有《奏金賊敗盟乞下三大將措置捍禦劄子》（《石林奏議》卷十）和《奏乞下劉錡李世輔進兵討賊劄子》（同上書卷一一）。

時石林又有《敵兵復過河王師出討》：「羽檄初徵天下兵，誤慚一陣守王城。」（《建康集》卷一）

案：五月二十五日，宋廷「詔諭諸路大將各竭忠力，以圖大事」，並下賞格以激勵將帥軍民抗金（詳《會編》卷二〇〇）。詩謂「羽檄初徵天下兵」者即指此事，當作於五月二十五日前後。

又，金兵渡黃河攻宋，《要錄》卷一三

五亦有載：五月十三日，「金右副元帥薩里干自河中渡河入同州界，疾馳二百五十里，趨永興軍」。十六日己丑，金人「渡河」，攻陷西京。然此訊至五月下旬石林始聞知，故有《敵兵復過河王師出討》之作。此詩結句「書生豈解論機事，不信平涼有劫盟」自注：「始議講和，余數言其不然。」於此可見石林對紹興八年宋金和議之反對態度。

五月底，作《賀三京招撫劉太保啓》。

《建康集》卷七《賀三京招撫劉太保啓》云：「某久幸從游，欣聞布告。」

案：劉太保，指劉光世。《要錄》卷一三五載，是年五月二十六日己亥，「少師、護國鎮安保靜軍節度使、萬壽觀使、雍國公劉光世爲三京招撫處置使，以援劉錡。」《中興小紀》卷二八亦載，《會編》卷二〇〇繫此事於六月初，茲從《要錄》及《小紀》。石林聞劉光世起爲太保、招撫三京之「布告」（當時以邸報傳播），當在五月二十六日後幾日，姑定此啓作於五月底。

是時，又有《遣晁公昂按行瀕江營壘》詩（《建康集》卷一）。

是年五月，金兵渡河南侵，石林積極備戰，遣幕官晁公昂往長江邊巡視營壘工事，而作是詩，時當在五月底。

六月初二日，金兵圍攻順昌府（參《要録》卷一三六及《會編》卷二〇一）。順昌一破，即可長驅入淮，南侵淮西。石林視師至壽春（今安徽壽縣），有《聞兀朮（《四庫全書》本作敵兵）將過淮再遣晁公昂覘師》詩：「試向八公山上望，當關何用守濡須。」由首句，知石林已至八公山（又詳下）。詩末自注之「壽陽」，即壽春。六月十一日，金兵圍攻順昌府被劉錡南敗后即退師至汴京。此詩謂「聞敵兵將過淮」，當在十一日金兵敗退順昌府之前。又詩曰：「先聲須破鐵浮圖。」自注：「敵將下親兵皆精練，號鐵浮圖。」

案：《會編》卷二〇一叙六月十一日金兵圍攻順昌時有云：「（金帥）四太子披白袍甲馬，往來指呼，以渠自將牙兵三千策應，皆重鎧全裝，虜號『鐵浮圖』，又號扢叉千戶，其精鋭特甚，自用兵以來，所向無敵，至是以爲官軍殺傷。」「鐵浮圖」在六月十一日已被宋軍所破，而詩謂「先聲須破鐵浮圖」，亦證此詩當作於六月十一日前。

時石林又有《八聲甘州·壽陽樓八公山作》：「故都迷岸草，望長淮，依然繞孤城。」詞既作於壽陽之八公山，詞中又有「笑我來」云云，則石林必已至壽陽視師。此詞與上詩當同時在八公山作。

六月十一日，劉錡大敗金帥兀朮，取得順昌大捷。兀朮退師至汴京，「自是不出師矣」（詳《會編》卷二〇一、《要録》卷一三六）。石林有《寄順昌劉節使》詩（見《建康集》卷一），當作於六月十一日後幾日。

是時石林又有《劉太保招撫淮北劉軍馬屢奏捷》詩（《建康集》卷一）。劉太保，指劉光世（已見前），時爲招撫使援劉錡。劉錡之捷，或由光世所奏（光世在順昌之役中並未建功）。此詩約與《寄順昌劉節使》同時作。

又有《送馬參議從辟劉太保》二詩。

《建康集》卷一有《送馬參議觀國從辟劉太保》、《次韻馬參議留別》二詩。後詩有云：「傳聲已報連三捷，觸熱那辭冒百艱」云云，馬參議被劉光世所辟用，當在順昌之捷不久，其時當六月，正是「觸熱」之時。

六月二十三日丙寅，勸諭王德兵援順昌。

《要録》卷一三六：紹興十年六月二十三日丙寅，「行營左護軍都統制王德至順昌府。初，上命淮西宣撫使張俊遣德以所部援劉錡，俊既不樂錡，而德復懼隸劉光世，遷延未行。建康留守葉夢得諭德曰：『朝廷頒賞格，能立奇功者，使節度使皆軍中書告，舊未聞也。且劉錡名素出君下，今且奮報國，君能救錡，則可謂奇功矣。』德遂行，未至而敵已去。德以數千騎入城，與錡相見，俄復還廬州。」石林勸諭王德當在六月二十三日王德抵順昌之前，姑依王德抵達之日繫此。

閏六月十七日己丑，陞資政殿大學士，有辭免狀及謝表等。

《要録》卷一三六：紹興十年閏六月十七日己丑，「資政殿學士、江南東路安撫制置大使、兼知建康府葉夢得陞資政殿大學士」。聞命後，石林有《辭免資政殿大學士狀》（《建康集》卷七）、《辭免資政殿大學士第一劄子》、《第二劄子》和《貼黄》（《建康集》卷六）。又有《除資政殿大學士謝執政啓》（《建康集》卷七）。

同時又加封食邑，通贈二代，石林有辭免狀及焚黄文。

《建康集》卷七《辭免加封食邑狀》謂所加封食邑，臣不敢祗受，已寄納建康府軍資庫。未詳加封食邑多少。同書卷四有《顯祖贈太師惠國公焚黃文》謂：「某待罪建康之二年，上不以爲無能，過錄其勞，進職資政殿大學士，禮得通贈二代。是歲，大享明堂，賜我顯祖爵。」

案：《焚黃文》作於是年秋，蓋明年所作《顯考贈太保焚黃文》謂「去歲秋明堂禮成」，知「大享明堂」在本年秋。而據《宋會要》禮二四、《要錄》卷一三七，「大享明堂」在本年九月十日，姑繫於此。

七月，有《立秋二首》詩。

《建康集》卷一《立秋二首》「一日頓傳三節度」句自注：「是日聞陝西三帥並建節。」陝西三帥指吳璘授鎮西軍節度使（《宋史》卷三六六《吴璘傳》），楊政拜武當軍節度使（《宋史》卷三六七《楊政傳》），郭浩拜奉國軍節度使（《宋史》卷三六七《郭浩傳》）。

八月，有《秋高申戒諸屯示幕府》。

《建康集》卷一《秋高申戒諸屯示幕府》：「草枯馬健已高秋，堂上應須早伐謀。傳箭猶聞聚蜂蟻，控弦那得犯貔貅。」

案：是秋宋金在陝西仍激戰未休，爲防金兵再度入淮南侵，石林遂作此詩戒諸守將防秋，又上《奏論防江利害劄子》、《奏措畫防江八事狀》（《石林奏議》卷一一），以爲待敵之計。

是秋，在濠州，有《水調歌頭》詞。

石林《水調歌頭·濠州觀魚臺作》作於濠州（今安徽鳳陽）。濠州位於淮河之濱，故詞有「兩淮不辨牛馬，輕浪舞回風」云云。本年夏石林在壽州，壽州與濠州爲鄰郡，而詞有「秋水去無窮」云云，故定此詞爲本年秋作，石林或是視師至此。又，濠州於紹興十一年三月八日丁未失守，爲金人所據（《要録》卷一三九），石林之至濠州，必在本年秋或去秋。

又有《念奴嬌》詞。

石林《念奴嬌·次東坡赤壁懷古》詞有「秋水黏天無壁」、「萬里雲屯瓜步晚」云云。瓜步，在長江北岸，與建康隔江相望，此詞當在建康之某年秋作。紹興元年十一月石林初帥建康，次年四月離任，未遇秋天，故此詞必作於再帥建康時。石林在建康四年多，未知確爲何年秋作，姑繫於此。

九月十六日，與客習射西園，賦《水調歌頭》。

石林《水調歌頭·九月望日與客習射西園余偶病不能射》：「歲將晚，客爭笑，問衰翁。」亦當作於再帥建康時。未詳確在何年，姑繫於此。

案：《樂府雅詞》卷中載此詞題作：「九月望日，與客習射西園，余偶病不能射，客較勝相先。將領岳德弓強二石五斗，連發三中的，觀者盡驚，因作此詞示坐客。前一夕大風，是日始寒。」將領岳德，當是其帥幕將領，此亦證詞作於帥建康時。岳德，未詳其人。

是冬，在建康，有《登南城》詩。

《建康集》卷一《登南城》云：「大江南渡是長干，北望清淮歲已寒。」據知此詩作於冬天。

案：經對《建康集》卷一所載有年可考之詩的繫年，基本可確認此卷詩是編年排列，唯少數詩什的編次前後略有錯亂，此卷自《徐惇立罷吏部郎官出守天台待次卞山舊居因寄》至《寄順昌劉節使》，基本上是紹興十年所作。《登南城》詩編列於《寄順昌劉節使》之前，當爲本年冬作。

是年，又有《與陳子高夜話》諸詩。

《建康集》卷一《與陳子高夜話》、《陳子高移官浙東戲寄》、《戲示幕客》、《章幾道將歸小飲懷謝城父》、《久不飲酒廚人獻白醪卻之》等詩俱編於《寄順昌劉節使》之前、《徐惇立……因寄》之後，俱當爲本年作。

案：或謂陳子高（克）紹興七年遇難（詳前譜），從《建康集》卷一、卷二所收諸詩看，別無一首爲紹興八年前，此與陳子高夜話詩和寄贈之作似亦不會作於紹興八年前，則陳子高紹興七年遇難之說，甚可懷疑。

又有《程致道集序》。

《建康集》卷四《程致道集序》謂程致道（俱）曾自集平生所爲文四十卷屬爲序，「紹興十年，召重修哲宗史，復起致道領其事，力辭疾不拜，而以其前欲屬余者請之堅甚。」可知序作於本年。程俱被詔領修哲宗史事，原在紹興九年十月辛酉（見《要録》卷一三二），石林所謂「紹興十年」，乃指程俱辭疾不赴後請石林作序之時。又《程致道集》，後名《北山小集》。

又有《祭韓運使文》。

《建康集》卷四《祭韓運使文》「宣和丁

亥，從我許下，二十二年，如閱晝夜。」

案：宣和紀年無丁亥，當作己亥，即宣和元年，是年石林正在許昌。自此年至本年爲二十二年。韓運使，名里未詳。

**紹興十一年辛酉，六十五歲。**

在建康任。二月初四，金兵再度侵淮西，石林勸請大將張俊速出兵（見《要録》卷一三九）。

二月六日，有感懷詩《二月六日敵兵犯歷陽方出師客自吳江來有寄聲道湖山之適趣其歸者慨然寫懷》（《建康集》卷一）。

案，《宋史紀事本末》卷七一《順昌柘皋之役》載是年「二月癸酉，詔張俊、楊沂中赴淮西。時兀朮自合肥趨歷陽，游騎至江。」

自二月四日南宋張俊諸軍渡江在淮西與金作戰以來，連敗金兵。二月十八日，柘皋大捷。石林賦《淮西軍連日告捷喜成口號二首》，其中「面內疲民元不改」句自注：「柘皋之捷，驅虜吾民，盡復得之。」（《建康集》卷一）此詩當作於二月十八日稍後。

金兵侵犯長江邊，石林團結沿江軍民數萬，分據江津，金兵不得渡而還（《要録》卷一三九）。

張俊奏淮西柘皋大捷，石林作《賀張少師奏捷啓》（《建康集》卷七）。

《要録》卷一三九載是月二十三日壬辰「柘皋捷奏至」行在。石林此啓，當作於此日前後。

時石林有《小飲示幕府》詩。

《建康集》卷一《小飲示幕府》詩有「邊書日夜急，王旅方徂征。我非劉越石，長嘯徒登城。黃旗三面至，奏捷紛紛橫」云云，當作於柘皋大捷前後。

二月二十七日，上奏稱賀淮西軍敗敵。石林以饋餉諸軍有勞，朝廷益嘉之。

石林《奏淮西宣撫使殺敗金人劄子》謂：「全師鏖戰，連告六捷，敗亡喪釁，狼狽是遁。」臣「少伸慶賀之誠。」（《建康集》卷六）

案：此奏爲二月二十七日丙申所上。《要錄》卷一三九載是日，「江東制置大使葉夢得上奏稱賀。詔嘉獎。初，建康屯重兵，歲費錢八百萬緡、米八十萬斛。榷貨務所入，不足以贍，至是禁旅與諸道之師皆至，夢得被命兼總四路漕計，以給饋餉，軍用不乏，故諸將得悉力以戰，由是朝廷益嘉之。」石林給軍餉不乏事，又見《言行錄》別集卷四、《景定建康志》卷四四、《宋史》本傳。石林之善理財，於此又可見出。

聞嘉獎之詔後，石林上《謝奏陳金師退敗降詔獎諭表》（《建康集》卷五）。

三月，刻石記淮西大捷。

《建康集》卷四《書爲山亭石上》逐日載淮西戰況，自是年正月金兵渡淮入寇記起，直至二月二十六「乙未，班師」；三月十六日「乙卯，獻俘於王所」。此記當爲三月中旬十六日稍後幾日作。

同月，上《第三次乞宮觀第一狀》。

《建康集》卷七《第三次乞宮觀第一狀》謂「臣去年春嘗以疾病三具奏」，「去年春」，指紹興十年（詳去年譜）。可知此狀作於本年。又云：「叨冒養痾，首尾亦及三年。」自紹興八年六月至今年，正

「首尾亦及三年。」又云：「復遇疆事遽興，瀕江正當捍禦，義難顧身，因遂勉強遷延至今。」案：此指本年二月金兵侵淮、石林沿江捍禦事。又謂「今者將及解嚴，於臣私義，可以自列。」二月下旬金兵退出淮西，故有「將及解嚴」云云，故定此狀爲本年三月所上。

四月，上乞宮觀《第二狀》。

《建康集》卷七《第二狀》謂第一狀陳乞宮觀，皇上「未賜俞允」，遂「欲再伸犬馬之誠」。又謂自第一狀至「今」，「已復遷延逾月」。據此，《第二狀》當爲本月所奏陳。狀中謂「將士用命，強敵亡敗，淮甸平靜，瀕江之備，盡已釋放，民皆安業」，亦是三月金兵完全退出淮西以後之事。

六月初，上乞宮觀《第三狀》。

---

《建康集》卷七《第三狀》謂「今歲以來兩上章乞罷府事除一外任宮觀差遣」，「未賜俞允」，「今又累月」，「兼至六月已周三年秩滿，亦合罷免」。是年六月十六日詔命石林再任，而此狀謂「至六月」已秩滿乞罷免，則此狀當爲六月初或五月底所上。

六月十六日，陞觀文殿學士，續任江東安撫制置大使兼知建康府。石林有辭免狀與謝表等。

《會編》卷二〇六：紹興十二年「六月十六日癸未，建康府留守葉夢得加觀文殿學士。先是和州之役，張俊猶遲遲未有渡江之意，知建康府兼行宮留守葉夢得力促其行，於是大軍欣躍，俊見軍情勇於出戰，乃令進發，王德首取和州，次有柘臯之勝，皆夢得啓之也。上嘉夢得之功，乃加觀文殿學士。」

案：朝命石林觀文殿學士之同時，以其在建康三年秩滿，遂令其再任原職。石林《辭免觀文殿學士再任狀》云：「伏奉聖恩，除臣觀文殿學士令再任者，聞命震驚。」（《建康集》卷七）可知除觀文殿學士再任之命乃同時下達。《景定建康志》卷一四謂本年十一月初十日「除觀文學士再任」，誤。時又有《辭免觀文殿學士劄子》（《建康集》卷八），石林兩上狀辭免，不允，遂聽命。並上《謝觀文殿學士表》、《謝再任表》（俱見《建康集》卷五）、《除觀文殿學士再任謝執政啓》（同書卷七）。啓云：「及瓜而代，初無可錄之勞；采菲不遺，遽竊非常之寵。」「及瓜」，謂任期屆滿，此又可證除觀文殿學士與再任實俱在六月。

同月，再任後遣子模歸卞山按視石林，有詩四首。

《建康集》卷二《再任後遣模歸按視石林四首》其一有「巖石三年別，君恩未許歸」云云，自紹興八年六月離卞山石林，至此整三年。又本年六月令「再任」，知詩爲本年六月所作。

七月七日，有感懷詩。

《建康集》卷二《七夕》：「七夕仍殘暑，三年記此宵。」「三年」，指在建康任已三年。

久旱，石林赴茅山、采石祈雨，有詩。

《建康集》卷二《祈雨》之二有「今年淮西騷邊騎，王師盡掃無餘類」云云，知此詩爲本年作。又謂「東求三茅西采石」，「三茅」，指句容茅山，知石林曾赴句容茅山與當塗采石磯祈雨。同卷又有《祈雨未應復請於茅山采石庶幾得遂之》詩，其一云：「苗當七八月之間，甘膏不濡何太慳。」據知此兩組祈雨詩作於本年七月前後。時又有《祈雨諸廟文》「某待罪此邦，行三年矣」。此文當爲六月再任前所作。茅山「在句容縣東南四十五里」，「初名句曲山，像其形也。茅君得道，更名曰茅山。」（《景定建康志》卷一七）

八月二十日，有感懷詩。

《建康集》卷二《八月二十日》：「漸覺涼風入，軒窗亦自幽。」據此詩編次，當作於本年。據上文對《建康集》卷一和卷二所載詩之考證，基本可以肯定集内之詩是以年編次，自卷一《二月六日敵兵犯歷陽……寫懷》至卷二《祈雨未應復請於茅山采石庶幾得遂之》俱爲本年所作。玆將本年所作而無月日可考之詩列於次：

《爲山亭後有小池叢石間得石螭因以斛水導注之》。詩末云：「索寞歸心誰與寄，家山不到已三年。」至本年六月，石林離卞山家居已三年，可知爲本年作。

《爲山亭移植冬青等近遂成陰》（以上卷一）。

《偶書爲山亭五首》（以下卷二）。

《徐惇濟書報嘗過余石林》，有「正想陰陰夏簟寒」之句，當作於夏間。

《夜聽莫撫幹彈琴流水操》。

《送沈傳曜》：「王師肅西征，萬馬先雲屯。」正爲本年春後之事。

《次韻程伯禹贈宗室趙朝請》、《次韻程伯禹用時字韻見寄二首》。案：程伯禹，名瑀，饒州浮梁人。本年程瑀奉祠閑居。

《送表弟晁公耄沿海帥幕》、《題晁公耄惠崇溪山》、《再賦》。案，據第一首詩末自注，知晁公耄爲晁説之之子，是年罷遂昌令。

《觀化堂編校舊書》，詩云「赫日眞能永，微風亦自涼」，當爲本年秋作。

《憶朱氏西澗》：「應知六月冰壺外，未許人間得暫逢。」當爲六月作。朱氏西澗，在卞山。

《雨後爲山亭獨卧》。

《送王昇歸知果州》：「山川楚越已先秋。」當爲夏秋間作。

九月，府前民居失火，石林奮力出救，有待罪二劄子。

《建康集》卷六《奏居民遺火待罪劄子》謂「本府今月十九，西南風火起，居民遺漏，乘風勢猛威直趨東北，向著正當府治。臣先以瘧疾在告，即時扶持出救，已延及府前。」又謂「伏念臣誤荷異恩，再賜留鑰」，知此文爲本年作，蓋「再賜留鑰」，指本年再任建康帥兼行宮留守。又同卷《再奏居民遺火待罪劄子》謂前劄「自劾待罪」，然接「九月二十五日」尚書省劄子「令某安職」，據知失火之「今月十九日」，爲九月十九日。奉接軍職之命後，石林上《謝居民遺火待罪令安職表》、《謝軍寨遺火赦罪表》（《建康集》卷五）。案：二表當爲九月二十五日後所上。

是年，建芙蓉堂。

《景定建康志》卷二一：「芙蓉堂，在安撫司僉廳之後，紹興十一年葉公夢得建。」

紹興十二年壬戌，六十六歲。

在建康任。肺病稍愈，有詩。

《建康集》卷二《余每歲病肺往往坐達旦去冬以來偶不作遂行安眠》：「衰殘每苦病相纏，粗喜今年勝去年。」「去冬」當指十一年冬，詩當作於本年春。或「去冬」乃指十年冬，則此詩應爲十一年冬作，而此詩編次在去歲所作《祈雨未應復請於茅山采石庶幾得遂之》之後，姑繫於本年春。

初春，聞莫將等赴唐鄧割地與金人，有詩紀事。

《建康集》卷二《聞莫尚書周侍郎已自鄂州過江入漢上》：「傳軍已割淮壖地，牙帳仍收鄂渚兵。」周侍郎，指周聿；莫尚書，指莫將。《要錄》卷一四三載：先是詔刑部侍郎周聿充京西路分畫地界官。十一日乙亥，「朝廷亦遣莫將、周聿往割唐、鄧」。莫將、周聿自去歲十二月十一日自臨安出發，至鄂州（今湖北武漢）後之消息傳至建康，當在本年初春。此詩即爲本年初春作。

築東園草堂新成，賦詩二首。

《建康集》卷二有《東園草堂新成二首》。案三月八日有草堂獨坐詩，則此二詩必作於三月八日前，蓋草堂築成後方能坐其間。

三月八日，獨坐草堂，有詩。

同書卷二《三月八日草堂獨坐》謂「四年身不至吾廬」，知爲本年作。

徐度過建康相訪，石林有詩紀事。

同書卷二《徐惇立相過》：「落寞歸心誰與話，坐談聊爲起衰顏。」徐度（字惇立，已見前紹興五年譜）紹興十年三月知台州，是時或從台州來。

同徐度游蔣山，有詩紀游。

同書卷二《同惇立游蔣山謁寶公塔王荆公墓晚過草堂寺周顒故宅也》有云：「零雨洗驕陽，谷中聽流泉。」「麥隴稍已滋，橫水漲微漣。」當作於初夏，蓋是時小麥尚未成熟，故有雨後「麥隴稍已滋」之句。上首《徐惇立相過》亦作於同時而稍前。

明日復游石頭城、清涼寺，有詩。

同書卷二有《明日復游石頭城清涼寺再用前韻》。「明日」，指同徐度游蔣山之次日。「前韻」，即上首紀游蔣山詩韻。清涼寺，故址在今南京市區內之清涼山上。

又明日，同徐度游雨花臺，再用前韻賦詩。

同卷《明日復同惇立總領吳德素運使章思臺過天禧寺登雨花臺再用前韻》之「復度白鷄年」句自注：「去歲辛酉。」據知以上與徐度同游諸詩俱爲本年初夏作。同卷又有《與惇立夜話有懷石林復用前韻》、《用前韻送惇立》，亦爲同時作。

六月，上《乞宫觀劄子》。

《建康集》卷六《乞宫觀劄子》：「臣待罪留都，去年夏合當終秩，誤蒙聖恩，復令再任」，「至今六月又將滿歲。」知此劄爲本年六月所上。

所請未允，再上乞宫觀劄子。

同卷《再乞宫觀劄子》：「臣近嘗陳乞在外宫觀一任。今月十二日準都進奏院遞到一詔書」，「未賜俞允」。「今月」，當爲六月。

同時有次韻馬參謀詩。

《建康集》卷二：《次韻馬參謀新作山

亭》末句自注：「時方又上章乞歸。」知此詩乃與《乞宮觀劄子》同時作。同卷《方參議用前韻記嘗過余石林次韻答之》係用前首次馬參議詩韻，亦爲同時作。又同卷《次韻馬參謀蔣山開堂飯素》、《諸幕府見和復答二首》編次於上二首之前，亦當爲本年夏間作。

又有與方勺唱和詩，並爲方勺文集作跋。同卷《次韻方仁聲惠文編》、《戲方仁聲四絶句》當爲同時作，而後詩有云：「盧橘楊梅已及時」，或亦是夏間所作。

案：方仁聲，名勺，其所惠文編名《雲茅漫録》。石林有《書方勺雲茅漫録後》，其中謂方勺「既老，結廬吳興西溪之上」，「名其居曰雲茅庵」，「取近歲所存詩文稿，次爲《雲茅漫録》十卷。余鎮建康，仁聲年七十六矣，間關自吳興特來見余」（《建康集》卷三）。又案：方勺生于英宗治平三年（一〇六六），至今年滿七十六歲，據知方勺自吳興（即湖州）來建康見石林在本年，石林與之唱和諸詩及書其文集後一文，俱作於本年。《宋史翼》卷三六有《方勺傳》。方勺今傳世之作有《泊宅編》、《青溪寇軌》。

十月，作《徽宗皇帝挽歌詞五首》。

八月，徽宗皇帝、顯肅皇后及懿節皇后梓宮還臨安，十月丙寅，權攢於會稽之永固陵（詳見《要録》卷一四六、卷一四七）。石林《徽宗皇帝挽歌詞五首》第四首有「卜宅軒臺近，因山禹穴深」（《建康集》卷二）云云，大禹廟、「禹穴」正在會稽（今浙江紹興）。此組詩當作於十月丙寅前後。同時石林又作有《徽宗皇帝祭文三首》（《建康集》卷四）。

十二月十二日，移帥福州。

《要録》卷一四七：紹興十二年十二月十二日庚午，「少傅、新判福州信安郡王孟忠厚與觀文殿學士、江南東路安撫制置大使、知建康府葉夢得兩易，時海寇朱明連歲作亂，環閩八郡，皆被其毒，乃詔夢得挾御前將士便道之鎮。」《中興小紀》卷三〇亦同。

十二月二十六日，起發離建康。

《石林奏議》卷一四《奏將帶官兵取徑路之任狀》云：「右臣準尙書省劄子，奉聖旨，以臣僚上言福建路漳汀南劍盜賊未甚衰息，令臣將帶高舉官兵二千人疾速起發徑路兼程前去之任，臣昨被命移易」，「尋於十二月二十六日起發離建康府。」

**紹興十三年癸亥，六十七歲。**

正月初四日，行至鎮江府待命。有奏狀。

上年譜引石林之任狀謂十二月二十六日離建康府後續云：「今至鎮江府，已經隔八日，即不見得高舉軍。」去歲十二月二十六日後八日，爲本年正月四日，知是日石林已至鎮江，並上此之任狀。

正月十七日，行至宣州寧國縣界。

《石林奏議》卷一四《奏見留南劍州措置討蕩劉大小老狀》自謂「正月十七日行至宣州寧國縣界」。

二月初二日，行至信州鉛山縣界。有奏狀。

《石林奏議》卷一四《奏乞遇本路討賊權令江西廣東官吏聽節制劄子》自謂「臣今月初二日將帶高舉官兵行至信州鉛山縣界」。「今月」，指二月。鉛山縣，今屬江西。此奏劄亦爲本月所作。

二月初六日，入福建界。十二日，到南劍州，有奏狀。

上引討劉大小老狀云：「今月初六日入本路界，交割安撫使職事，各具狀奏聞外，臣十二日已到南劍州，體問得賊徒。」又《奏本路討捕盜賊略盡乞下江西廣東帥司提刑司乘時措置劄子》云：「至二月初六日入本路界，交割安撫司職事，十二日到南劍州，躬親詢究。」（《石林奏議》卷一四）案：討劉大小老狀爲本月作，乘時措置劄子，當爲三月間所奏。

同月，用三策弭盜，頗爲監司所議。

《中興小紀》卷三一：紹興十三年二月二十一日「己卯，宰執奏福建安撫使葉夢得措畫弭盜之事，上曰：『盜之竊發，多緣守令非人，掊克所致。宜令帥司條具，凡有害於民者除之。』」自此夢得或招或捕或誘之相戕，三策並用，然頗與監司相異，至交奏其事。監司謂盜魁林元仲必不可致，既而夢得遂招致之；又謂僉徽明必再叛，萬少佺必大熾，而夢得處之皆定，異議遂息。（此據《葉夢得行述》）」《要錄》卷一四八所載相同。

六月初一，在福州與張元幹游，並爲之題跋。

張元幹《蘆川歸來集》卷十《宣政間名賢題跋》載石林題張元幹《幽巖遵祖事實》云：「仲宗用心如此，而所推許皆一時名人，可以厚風俗矣。紹興癸亥六月旦，觀於福唐東野亭。石林葉夢得。」

案：福唐即福州，《輿地紀勝》卷一二八《福州·景物下》：「東野亭，在東禪院，蔡襄書額。」是年張元幹閑居福州，故石林得與之游（參筆者《張元幹年譜》）。

六月二十三日，有《奏措置分捕過盗賊火數官兵各已回軍狀》（《石林奏議》卷一四）。

七月八日，又有《奏乞將殘破州縣今年税賦量行蠲減狀》（《石林奏議》卷一四）。

八月中秋，石林宴客，張元幹、富直柔等與焉。席上，石林賦《念奴嬌·中秋宴客有懷壬午歲吴江長橋》，張元幹即席作《念奴嬌·代洛濱次石林韻》答之。張詞有「坐揖龍江，舉杯相屬，桂子落波心」（《蘆川詞》卷上）云云，龍江，在福建福清縣南，又福建連江東南之九龍江一名龍江，據知石林是在閩中宴客。

案：葉廷琯《吹網錄》卷六謂石林此詞「爲在建康時作」不足信，詳參筆者《張元幹年譜》。富直柔紹興十一年五月罷知泉州（《要録》卷一三九）後，即閑居閩中，與張元幹、李彌遜等多所唱和。

八月二十六日，有《奏福興巡檢仍兼統領水軍就辟喬昌祖狀》（《石林奏議》卷一四）。

十月六日，上《申尚書省擬定五縣賞格狀》（《石林奏議》卷一四）。

是年，張元幹有賀石林生朝詩。

張元幹《蘆川歸來集》卷一《葉少藴生朝》云：「詔書移鎮來旆旌，山川草木知威名。」所寫乃石林初自建康移帥福建時情事，當作於本年。詩又謂石林「出入四紀更寵榮」，石林自紹聖四年登第，至今已四十六年，故概稱「四紀」（十二年為一紀）。

紹興十四年甲子，六十八歲。

在知福州任。春日，與李彌遜同游鼓山，有詩唱和。

李彌遜《筠溪集》卷一二《次韻葉觀文游鼓山》、《次韻葉觀文東禪開堂》、《次韻葉觀文游賢沙鳳池安國之作》，三詩俱同韻，爲同時次韻之作。後詩有云：「春雲覆老屋，孤僧正安禪。」知詩爲春日所作。同卷又有《次韻葉觀文再賦游靈源桃花二洞之作》二首，其二有「餘紅點潤色，新絲浮巖光」云云，亦是春日作。卷一三《次韻葉觀文送杏花》云：「春風不與寒威爭，輕雷自轉驚羣萌。」亦爲春日作。

案：葉觀文，即葉夢得，因其爲觀文殿學士故稱。鼓山，在福州市東閩江北岸。李彌遜自紹興十年奉祠歸隱福建連江西山，至今仍在閩中（參《筠溪集》附《筠溪李公家傳》），故能與石林在福州同游唱和。又，石林原唱已失傳，石林唯本年春與去年春在閩中，其在閩中與李彌遜唱和必在此二年春天，姑繫於本年。

五月十六日，石林有《申樞密院乞將明溪爲鎮置監鎮巡檢狀》。十九日，又上《申樞密院乞改明溪巡檢爲清流等三縣巡檢狀》（《石林奏議》卷一五）。

九月初八日，石林上《申樞密院乞下浙西沿海縣權暫禁止販米以絕朱明糧食狀》（《石林奏議》卷一五）。

曾追封二代。

據張擴《東窗集》卷七所載外制，知本年前後「觀文殿學士左中大夫知福州軍州事葉夢得」之「故祖羲叟追封福國公」，「祖母劉氏贈韓國夫人」，「故父助贈太傅」，「故母晁氏贈鎮國夫人」。

韓元吉至福州拜訪石林。

韓元吉《南澗甲乙稿》卷一六《書許昌唱和集後》云：「紹興甲子歲，某見葉公於福唐，首問詩集在亡，抵掌慨嘆。」

在府治建萬象亭。富直柔、韓元吉等爲之題詩作賦。

《淳熙三山志》卷七：「萬象亭，在燕堂之北，紹興十四年葉觀文夢得創。」同卷又載富直柔《題萬象亭並序》云：「燕堂後本登覽勝處，窘於短垣殘薄中，未見識拔。觀文葉公政成之暇，命鑿垣築臺，建亭其上，遂爲一府面勢特殊之觀。落成有日，謹賦拙詩，少見欣快之意。」（又見《宋詩紀事》卷四二）。韓元吉亦撰有《萬象亭賦序》（《南澗甲乙稿》卷一）。

十二月十一日，落職奉祠退閑。

《要錄》卷一五二：紹興十四年十二月十一日「丁亥，觀文殿學士左太中大夫知福州葉夢得特遷一官，提舉臨安府洞霄宮。從所請也。」遷一官，指由左太中大夫遷爲左通議大夫。

案：石林之請老退閑，《直齋書錄解題》卷一一謂因「秦檜秉政，欲令（石林）帥蜀，辭不行。忤檜意，以崇慶軍節度使致仕。」（又參明董斯張《吴興備志》卷一一）當有所據。

年底，張元幹有賀石林生辰詩。

《蘆川歸來集》卷三《葉少藴生朝三首》其三云：「志在麟經成事業，頗聞天子詔公歸。」「詔公歸」，當指「詔」石林提舉臨安府洞霄宮以歸隱。此詩當作於十二月十一日詔石林落職奉祠稍後不久。據此又可知石林之生日當在臘月中、下旬。

**紹興十五年乙丑，六十九歲。**

是春，離福州回卞山山居。

去歲十二月十一日丁亥，石林罷知福州，但並未當即離任。次日戊子，朝廷改命莫將知福州（《要録》卷一五二）。然莫將自去歲十二月十二日受命，待其抵福州接任，當在本年春間，《淳熙三山志》卷二二正謂其在本年三月知福州，當是記其到任之日。又宋人慣例，原任罷職後，尚需待繼任者到任相互交接後方能離任。故石林離開福州回卞山，最早亦在本年春。

在卞山，營建寺廟。

《巖下放言》卷中：「頃蒙恩賜寺號『積善』『敎忠』，守其丘墓。自閩還，規摹作屋八十楹，去余居無一里，四山環集，兩澗其旁，今漸成三之一。尚意有道生輩肯從之，終以成余志也。」「自閩還」，指自福建還卞山。

元佚名《東南紀聞》卷一云：「葉少蘊早年貴顯，退居石林累年，當以吟詠自娛。每遇風和日暖，輒以數婢子肩小車，且攜酒樽食奩自隨。遇其意適處即下車酌酒賦詩。有小史稍慧，每使之檢書，薰染既久，亦能詩詞。」

**紹興十六年丙寅，七十歲。**

居卞山。正月，拜崇慶軍節度使致仕。

《宋會要》職官三八：紹興「十六年正月十八日，制以觀文殿學士、左通議大夫、提舉臨安府洞霄宮葉夢得特授崇慶軍節

度使致仕。」（《要録》卷一五五同）

案：《言行録》、《宋史》本傳、《宋宰輔編年録校補》卷一四俱謂石林是拜「崇信軍節度使」，當以崇慶軍節慶使爲是，蓋《中興小紀》、《要録》及《建炎以來朝野雜記》載石林逝世時皆繫銜曰崇慶軍節度使。

時韓元吉有《代賀葉觀文致仕啓》（《南澗甲乙稿》卷一二）。

**紹興十七年丁卯，七十一歲。**

居卞山。是年夏，撰《巖下放言》成。

《巖下放言》卷上：「今年夏，暑雨彌月，卧載欣堂，百念無復干其中。案頭適有老氏書，偶取誦之，使模執筆在旁，時記其所欲言，不覺閲九日而終篇，蓋余初未嘗有意于言也。其間雜以《易》及佛書，口到即言，不復有所擇。」又云「念掛冠以來，未嘗言世務。然親舊之往來，兒輩環繞，耳目所及，何能自苦至於無言，亦任之耳。時時自記録，因目之爲《巖下放言》云。」

案：《巖下放言》乃石林紹興十六年正月致仕後之某年夏作，至十八年八月卒，其間三經夏暑，約當作於本年夏。其中曾謂大觀三年「在潁州」，「録今四十年」，自大觀三年至本年爲三十九年，亦可概稱四十年；又本年冬石林之藏書盡毁於火，而書中未言及此災難，故定此書成於本年夏。若「逮今四十年」爲確數，則當爲明年夏作。

冬，十萬餘卷藏書毁於火。

王明清《揮麈録·後録》卷七：「南渡以來，惟葉少藴少年貴盛，平生好收書，逾十萬卷，置之霅川弁山山居，建書樓以貯之，極爲華煥。丁卯冬，其宅與書俱蕩一燎」。

**紹興十八年戊辰，七十二歲。**

居卞山。二月，韓元吉來卞山拜訪。

韓元吉《南澗甲乙稿》卷一《戊辰二月清明後三日見葉丈於石林承命賦詩作古風一首》，詩謂「丈人厭調元，玩意丘壑裏」，「時從詩酒樂，不負湖山美。方瞳照玄髮，眉壽端自此。」葉丈，即葉夢得。同書卷一六《書許昌唱和集後》亦言及見公（夢得）石林，得《許昌唱和集》以歸。

八月初二，卒於卞山。贈檢校少保。

《要錄》卷一五八：紹興十八年八月二日丁亥，「添差兩浙東路馬步軍副總管、崇慶軍節度使致仕葉夢得薨於湖州，贈檢校少保」。《中興小紀》亦載是年八月「卒湖州」，唯未書日期。

《宋會要》儀制一一：「崇慶軍節度使葉夢得十八年八月贈檢校少保。」

石林卒後，韓元吉有挽詞、祭文（《南澗甲乙稿》卷三《葉少保挽詞六首》，卷一八《祭葉少保文》）。

# 王庭珪年譜

蕭東海 編

吉安師專學報一九九四年第二、三期

王庭珪（一〇八〇—一一四二），字民瞻，吉州安福（今屬江西）人。政和八年進士，調衡州茶陵縣丞。宣和末，棄官家居，教授生徒，葺茅堂於盧溪之上，號盧溪真逸。紹興十二年，胡銓上疏乞斬秦檜，貶新州，王庭珪贈詩有「癡兒不了公家事，男子要爲天下奇」之句，被流放夜郎。秦檜死，許自便。孝宗召對便殿，除國子監主簿、直敷文閣。乾道八年卒，年九十三。

庭珪以詩文馳名，楊萬里稱其「言直而工，詩源於杜甫，文自韓愈出，大要主於雄剛渾大」（《盧溪先生文集序》），並非虚美之辭。詩文均有較强的現實針對性，不爲空言。亦長於詞，以「格力雅健，興寄高遠」見稱（《歷代詞話》卷七）。其著述有《盧溪集》、《易傳》、《六經講義》、《滄海遺珠》、《鳳停山叢録》等十餘種，可惜大多已佚。文集五十卷，南宋淳熙間刊行，今存明嘉靖五年刻本、《四庫全書》本。《盧溪詞》一卷，今有趙萬里輯本。事蹟見周必大《直敷文閣王公行狀》（《周文忠公集》卷二九）、胡銓《王公墓誌銘》（《澹庵集》卷二九）。

本譜爲蕭東海所編，據文集及行狀、史志、墓銘等，對異説並存的譜主生平事跡，如生卒年、爲官茶陵、隱居盧溪、賦詩送胡銓、貶竄辰州等，多有考訂。繫事以行實、交遊、詩文創作爲主，引文證事，較爲簡明。原載《吉安師專學報》一九九四年第二、三期，本書所收略有增訂。

王庭珪字民瞻，自號盧溪眞逸，吉州安福（今江西吉安市安福縣）人，是北宋末、南宋初在詩壇上起過重要影響的一位具有愛國思想和正義感的詩人。

王庭珪從小努力，有志於學，至二十歲，已遍讀經、史、百家之書。于徽宗崇寧二年（一一〇三）二十四歲時參加三舍取士考試，名列第一。政和八年（一一一八）進士及第，授迪功郎，調任衡州茶陵縣丞。因與上司不合，又見時事阽危，便棄官歸居，長期退隱盧溪。在家鄉設館授徒，「雖不仕，常懷經世心，事苟宜民，必告於當路」（周必大《直敷文閣王公行狀》）。在南宋朝廷主戰派與主和派的激烈鬬爭中，一直堅定地支持抗戰，反對和議。紹興十二年（一一四二）作詩送胡銓貶新州，後被鄉人歐陽安永告訐，朝廷以爲「謗」，十九年貶辰州（屬湖南）編管。二十五年秦檜死後，獲許自便回鄉。孝宗即位，召對，他乘機极言時政，建議「誠宜赫然奮威權，震動天下，委任賢相良將，以掃除宿憤，恢復中原」，力戒「和議斷不可用」（《上皇帝書》）。授左承奉郎，除國子監主簿，以年高力辭。乃命主管台州崇道觀，領祠家居。乾道六年（一一七〇），以胡銓薦復召，次年冬到京。詔除直敷文閣，領祠如故。乾道八年三月，以九十三歲高齡辭世。

王庭珪一生經歷哲宗、徽宗、欽宗、高宗、孝宗五朝，活了九十三歲，在宋代詩人中年壽最長。然而他的生平，向來無人詳加研究，也未見任何年譜。至近現代學術界，往往異說並存，尤於其生卒年、爲官茶陵、隱居盧溪、詩送胡銓、貶竄辰州等，更是訛誤時出。本年譜簡列其一生行事，亦冀能奏澄清史實、還以全貌之效爾。

王庭珪上繼歐陽修，下啓楊萬里，以詩文馳聲當時，「主盧陵文盟者六十年」（周必大《跋王民瞻楊廷秀與安福彭雄飛詩》）。楊萬里《盧溪先生文集序》云：「蓋其詩自少陵（杜甫）出，其文自昌黎（韓愈）出，大要主於雄剛渾大云。」錢鍾書《宋詩選注》云：「北宋末、南宋初的詩人裏，有些是瞧不起江西派而對黄庭堅卻另眼看待的，例如葉夢得和王庭珪；他們的態度恰好象元好問的《論詩》絕句所說：『論詩寧下涪翁拜，不作西江社裏人。』王庭珪的詩明白曉暢，可是好些地方模仿黄庭堅的格調，承襲他的詞句，運用經他運用流行的成語典故。」

王庭珪學問淵博，著述頗豐。曾著有《易傳》二十卷，在詩獄案發時被獄卒掠去，因而失傳。今傳《盧溪集》五十卷，《盧溪詞》一卷。

王庭珪（一〇八〇—一一七二），字民瞻，自號盧溪眞逸，人稱盧溪先生。吉州安福縣（今江西吉安市安福縣）人。

王庭珪祖籍太原。八世祖王該因避唐末亂而徙居廬陵郡西六十里之何山，吳順義元年（九二一）遷居安福縣北之連岭。宋元祐三年（一〇八八），其父王奭又徙居安福縣城南。

周必大《行狀》：「其先太原人。十一世祖該避唐末亂徙居廬陵郡（按：據胡銓《墓誌銘》，此脱一「西」字）六十里之何山，好善樂施，人稱長者。僞吳順義元年，龍見所居陂田間，有異僧云：『是將爲佛寺，公宜北去百里，遇三白即止，子孫當繁衍，且出文士。』長者如其言，行至安成北之連岭，遇白馬，一問其地，名曰大白茆，稍前曰小白茆，乃家焉。」胡銓《墓誌銘》略同。然而，楊萬里《王叔雅墓誌銘》（《誠齋集》卷一二七）則云：「九世祖該自太原徙家吉之廬陵，又徙安福。」考吳順義元年（九二一）至王庭珪生年不過百六十年，不可能相隔十世以上，故周、胡所記恐誤，當以楊説爲是。

王庭珪曾祖王著、祖王祥、父王奭，皆儒而未仕。胡銓《墓誌銘》：「曾祖著、祖祥、父奭，皆業儒，以氣節聞於鄉。」楊萬里《王叔雅墓誌銘》：「曾祖祥、祖奭，皆隱德不仕。」

王庭珪學無不通，造詣高明，尤邃於《易》而工於詩文，是北宋末、南宋初在詩壇上起過重要影響的一位具有愛國思想和正義感的詩人。「蓋其詩自少陵（杜甫）出，其文自昌黎（韓愈）出，大要主於雄剛渾大云。清江劉清之子澄評先生之文，謂廬陵自六一之後，惟先生可繼聞者」（楊萬里《盧溪先生文集序》），「主廬陵文盟者六十年」（周必大《跋王民瞻楊廷秀與安福彭雄飛詩》）。尤以《送胡邦衡之新州貶所》二首而「詩名一日滿四海」（楊萬里《盧溪先生文集序》）。

王庭珪著述頗豐。今存《盧溪文集》五十卷，其中詩二十五卷，七百五十二首；《盧溪詞》一卷，《全宋詞》收其詞四十三首。

王庭珪生平，《宋史》無傳。周必大爲作行狀，胡銓爲作《墓誌銘》。明錢士升《南宋書》卷六三和清陸心源《宋史翼》卷七皆有傳。

**宋神宗元豐三年庚申，一歲。**

先生生於安福縣北連岭（今連村鄉）。

---

《盧溪文集》卷一八（以下只稱卷次）《生日周公予惠詩次韻》詩：「皇天何時生此漢？六十年前歲遇庚。」卷一三《次韻謝同年劉子堅生日惠詩》序：「某與子堅同年生，既長，同學，又同預州里薦名。今各潦倒，蟠居巖穴。因生日蒙惠詩，次韻奉謝。」詩：「詩詞清麗筆如神，猶記同年歲在申。」

安福，古稱安成。卷三五《鳳林橋記》：「安成古爲郡，介於吳楚之間，雖非通邑，而山川城郭壯偉宏大，猶有故郡之遺風。」卷三七《贈劉呈才序》：「吾邑僻在一隅，山水亦奇絕，故人無富貧，皆喜教其子弟。」

周必大《行狀》：「公之在母，大父夢赤文亘天，既寤，公生，知爲文字之祥矣。」

按：譚正璧《中國文學家大辭典》，錢鍾書《宋詩選注》，林庚、馮沅君主編《中國歷代詩歌選》，唐圭璋編《全宋詞》，《中國大百科全書·中國文學（二）》，《中國歷史大辭典·宋史》，《宋詩鑒賞辭典》，金性堯《宋詩三百首》，《文學百科大辭典》，《中國文學大辭典》等，皆謂先生生於神宗元豐二年（一〇七九），誤矣。

**哲宗元祐元年丙寅，七歲。**

弟庭璋生。

卷四六《故弟才臣墓誌銘》：「庭璋字才臣，安成王庭珪民瞻弟也。」

劉才邵生。

劉才邵（一〇八六—一一五八），字美中，號杉溪，廬陵（今吉安縣）人。

**哲宗元祐二年戊辰，八歲。**

弟庭珍生。先生父率家自連岭徙安福縣城南。

卷四六《故弟漢臣墓誌》：「庭珍字漢臣，先君居安福之連岭，生十日而從先君徙居城南。」

周必大《行狀》：「元祐間，自連徙邑中。公時爲兒童，毅然有成人風。」

胡銓《墓誌銘》：「元祐戊辰，復徙邑之南。」

與劉茂實並席從師求學。茂實大先生一歲，後娶先生姊爲妻。

卷四三《故劉元弼墓誌銘》：「居士姓劉氏，元弼其字也，諱茂實，世居吉州安福……余自幼時，與元弼聯茵席，共燈燭，從師授業。」

**哲宗元祐六年辛未，十二歲。**

先生急於進取，刻苦求學。

卷三七《送李生序》：「余少年時，急於進取，欲與四方豪英爭得失，惟恐不嶄然以出也。」

周必大《行狀》：「年十二三，刻苦求學，晝夜不息。」

弟庭瑋生。

卷四六《故弟德莊墓誌》：「余幼弟庭瑋，德莊。」

**哲宗元符二年己卯，二十歲。**

先生學通經史百家。

周必大《行狀》：「弱冠，通經史百家。」

胡銓《墓誌銘》：「既冠，通經史百家。」

**徽宗崇寧元年壬午，二十三歲。**

《故劉元弼墓誌銘》：「崇寧初，三舍法遍行郡邑。」

是歲，胡銓生。胡銓（一一〇二—一一八〇），字邦衡，號澹庵，廬陵縣値夏（今屬吉安市青原區）人。

**徽宗崇寧二年癸未，二十四歲。**

先生游廬陵郡學，參加三舍取士考試，名列第一。講書頖宮，聽者環堵。

卷三六《王彥休春秋解序》：「余崇寧中始游廬陵郡學。」

周必大《行狀》：「崇寧癸未，舍法取士，公一試右諸生。何損以對策貶廬陵，故工部侍郎郭公孝友之學，一日聽公講書，歸以大義告損，損驚曰：『後來之雋也！』」

胡銓《墓誌銘》：「崇寧癸未，三舍法行，公一試即爲選首。爲頖水講書，間出新貫，聽者環堵。時何損以對策訐直竄廬陵，侍郎郭公孝友受業焉。一日聽公講，歸以語損，損驚異。」

《宋史·徽宗本紀》：「冬十一月庚辰，以元祐學術政事聚徒傳授者，委監司察舉，必罰無赦。」

**徽宗崇寧三年甲申，二十五歲。**

先生入東京太學。與劉才邵、曹崇之等盡閱歐陽修、蘇軾、黃庭堅之書，吟詩著文，名聲大振。見曹輔，得詩法。

周必大《行狀》：「崇寧癸未……明年，貢辟雍。時方錮史學，禁士人說詩，公獨與故顯謨閣直學士劉公才邵吟誦自若。」

胡銓《墓誌銘》：「崇寧癸未……明年，貢辟雍。方禁史學及元祐學，無敢犯者，公獨與其友劉公才邵手不停批。」

楊萬里《杉溪居士集序》：「唯我廬陵有盧溪之王、杉溪之劉，兩先生身作金城以郛此道。自王公游太學，劉公繼至，獨犯大禁，批六一、坡、谷之書以入，晝則庋藏，夜則翻閱。每伺同舍生息燈就寢，必起坐吹燈縱觀三書。迨暇，或哦詩歌，或續古文。每一篇出，流布輦轂，膾炙薦紳。紙价爲高。」

卷五〇《跋曹子方墓誌銘》：「曹子方起孤生，一經蘇、黃品題，遂以能文章名於世，一時豪士詩人，咸慕而稱之。余崇寧初與公之幼子唐老同舍於東京太學，暇至其家，盡閱蘇、黃諸老先生詩文尺牘，皆極力推挽，以故名益貴。唐老後亦登科。」

楊萬里《廬溪先生文集序》：「嘗見曹子方，得詩法。」

曹崇之（一〇八二—一一二五），字唐老，曹子方（名輔）之子，鄭州管城縣人。

**徽宗崇寧四年乙酉，二十六歲。**

先生在太學。

卷四七《故校書郎曹公行狀》：「余崇寧初以里選貢於辟雍，補上舍，升入太學，遇唐老太學舊人，共窗席爲筆硯之友二年。」

**徽宗崇寧五年丙戌，二十七歲。**

先生之父捐館。丁父憂，居安福。

周必大《行狀》：「丁父憂，家事一付弟侄，居喪盡禮，縣榜其里曰『清節』。」

胡銓《墓誌銘》：「丁父憂，一一如禮，撫弟侄，人無間言，邑榜其里曰『清節』。」

按：考先生紹興十一年（一一四一）所撰《故弟才臣墓誌銘》曰：「自先人捐館三十餘年。」紹興十四年（一一四四）所撰《劉氏二婦墓誌銘》又曰：「先君子殁僅四十年。」是知其父捐館於今年。

**徽宗大觀二年戊子，二十九歲。**

先生家居。辭不應八行詔。

周必大《行狀》：「大觀間，提舉本路學事張公根欲薦以八行，公曰：『此士之常，乃以爲異耶？』辭不就。」

胡銓《墓誌銘》：「大觀間，提舉學事張公根薦公以應八行詔，公曰：『此士之常，以釣爵位，豈吾志耶？』辭不就。」

張根（一〇六二—一一二一），字知常，號吳園，饒州德興人。元豐五年（一〇八二）進士。

**徽宗大觀三年己丑，三十歲。**

先冢被盜。先生赴闕上書陳冤。

卷二八《答鄧克强書》：「後因盜傷先冢，遭桑梓之吏不良，僕走闕下上書陳冤。是時，宰相公卿與臺諫之臣皆惻然動懷，爭爲論列，決欲窮究。惟鄉閭私好惡之人忌以布衣動天庭，乃郵傳他詞污蔑之。紛嘵十年，卒有公議，不能加損，如蟲喧鳥咋，自鳴自已，了無相干。亦有輔盜賊鼓唇吻，教其張皇筆札，欲以奇動某者，蓋亦不知某之不可動也。方上書理墳墓時，死且不惜，遑他惜哉！世俗欲以區區謗語相搖脅，寧不謬乎！頃得官湖南……」先生此書寫於宣和五、六年之間，由「紛嘵十年」及「頃得官湖南」考之，約當今年。

**徽宗政和四年甲午，三十五歲。**

先生設教於蒙嶺。

卷一四《次韻羅世英》詩序：「世英昔年從學蒙嶺書齋，相別三十餘年。紹興丁卯重陽日復相會於廬溪草堂……」據此推算，姑繫於今年。蒙嶺，亦稱蒙岡嶺，在安福縣城東南。《安福縣志》：「鳳山，一名秀峰，又名蒙岡山，在治東里許。山勢聳拔，巨石巉崖，北臨瀘江。」

**徽宗政和七年丁酉，三十八歲。**

十月，先生游廬山。

卷三四《游廬山記》：「予往年偕計吏，數取道山趾，望其巔，欲躋焉，探天地，觀造化，擘出怪譎……不可人意，雖好游者，不果力躋，而寓目以償所願焉。政和七年十月七日，道遇武陽聶名世，自圓通同宿東林，觀虎溪蓮池。明日，登羅漢閣，上白公草堂，至上方五杉閣，憑高而望，九十六峰隱見天末，不可名狀，而香爐一峰尤勝絕……予與名世冒風埃走數千里，忘其悲憂感慨、羈旅戚戚不已之懷，而驟得天地怪奇偉麗之觀，則此游所得，時人亦叵測云。」

**徽宗政和八年、重和元年戊戌，三十九歲。**

三月，先生登進士第。

卷三〇《答黃元授書》：「某與令叔次淵同登政和八年進士科，又同官於衡陽。」

周必大《行狀》：「惟先伯父暨先君與公同爲政和戊戌進士。」

《宋史·徽宗本紀》：「（重和元年）三月……戊申，賜禮部奏名進士及第、出身七百八十三人……以王昂爲榜首。」

**徽宗宣和元年己亥，四十歲。**

先生調衡州茶陵縣丞。

卷三一《與范元觀》：「某政和末得一官，調茶陵丞。」卷二六《上李丞相書》：「某江西書生，天稟介拙，宣和初得官湖南……」比較兩説，可知先生在「政和末」大概只是「得一官」，而「調茶陵丞」則已是「宣和初」的事情。

周必大《行狀》：「登政和八年第，調衡州茶陵丞。邑大俗樸，公擇秀民教以學，應書者歲增。猾吏文雅善交結，脅持橫甚，前令、丞莫敢治，公獨發其奸言於郡，黥徙之。至今父老能道其事也。先是，湖南田賦不均，茶陵尤甚，富者受田不受稅，以避力役。公與令約，凡執役者一毫無所需。民既不病役，徐下令正其賦，不悛者沒入之。自是產與稅偕而役均矣。」

胡銓《墓誌銘》：「政和戊戌登進士第，調衡州茶陵丞……他郡之民，以事訴於監司，願得公決者相踵。」

**徽宗宣和二年庚子，四十一歲。**

先生爲官茶陵縣丞。秋，至郴州考試貢士。

卷一一《送鄒去非》詩序：「余宣和庚子歲作郴州考試官，去非時爲榜首。」

卷三六《送黃秀才序》：「余宣和庚子秋至郴州考試貢士。」

卷三五《重修東華寺記》：「……宣和二年十有二月吉日，迪功郎、衡州茶陵縣丞管勾學事王某記。」

**徽宗宣和五年癸卯，四十四歲。**

春，先生游嶽麓，與釋惠洪唱和。

卷二三《書覺範詩後》引：「余昔年游嶽麓，識覺範於南台，因留數日，酬唱詩盈巨軸。」卷三《同陳思忠訪洪覺範》詩：「尋春反向僧房卧，無乃行藏與時左。起來刮目覽新詩，花壓欄干夢初破。」

洪覺範（一〇七一—一一二八），即釋惠洪，又名德洪，又稱覺範道人。

棄官茶陵，歸隱盧溪。

卷二六《上皇帝書》：「自宣和五年罷茶陵丞，隱居江西盧溪之上，窮苦困厄四十餘年，未嘗一出仕。」

卷二八《答鄧克強書》：「頃得官湖南，會監司、守、倅皆庸俗人，爭事不直，棄官而歸，放浪山水間，與漁樵雜處，甚自負也。而紛嘵之徒復加醜惡語，甚者至蹙額相弔唁，以爲失意，尤可笑也。此非特不知某之心，亦是世間久無我輩人，驟見一二事，自然怪駭。」

卷三一《與范元規》：「某政和末得一官，調茶陵丞，值監司、守、倅皆庸俗。某素樸拙，不能取容，又見州縣之態不可爲，遂歸耕於盧溪之上。」

卷三二《答方性夫》（之二）：「某自湖南歸，見監司黃某等皆被朝廷擢用而營私背公，無愛民之意，知其將變，遂歸耕於盧溪之上，不復出仕。」其「自湖南歸」，當即指獄麓之游。

卷四六《故弟才臣墓誌銘》：「會某登第，得官湖南，當宣和天下極盛之時，見公卿大臣其語偷，知其將亂，棄官而歸。庭璋亦即日褫舉子服，芒鞋竹杖，相從於寂寞之濱，爲余藝修竹、結茅堂草庵盧溪之上。藏書數千卷，彈琴賦詩，日哦其間……未嘗一日失也。」

周必大《行狀》：「丞舊兼造船場，有部使者嘗薦公，既而諉公役匠造私器，公不可，且歸其章，使者大怒。亦會與守、倅爭公事，遂拂衣去。潭帥曾公孝序挽留再三，頃之，宰掾倪公濤左官來，致書願交，且責監司不能容一賢者，其爲名人所重如此。宣和末，公年未五十，知時年阽危，無宦游意，學道著書，若將終焉。邑有盧溪，筑草堂其上，鄉人號盧溪先生。執經來者屨滿戶外。」

曾孝序（一〇四九—一一二七），字逢原，晉江人，時知潭州。倪濤，字巨濟，廣德軍人，大觀三年進士。

胡銓《墓誌銘》：「宣和末，公見禍根已萌，葺草堂盧溪之上，年未四十，棄官卻歸，教授鄉里，執經踵堂者肩摩。人不稱其官，曰盧溪先生。」其說「年未四十」，不確。

楊萬里《盧溪先生文集序》：「調茶陵丞，以上官不合，棄官去，隱居盧溪者五十年，自號盧溪眞隱。」

先生「盧溪」之號，當源自於安福主水之名。《漢書》卷二八《地理志下》：「安成，盧水東至廬陵入湖漢。」《江西通志》卷五八《山川略·川五》：「盧水，在安福縣北門外，一名盧水，又名瀘江。源出盧蕭山，東流合洋溪水繞縣北，又折東南與王江合，又東入廬陵縣界，合永新江水，抵神岡山下入贛江。」《吉安府志》卷三《地理志·安福水》：「瀘溪水，繞縣北至洋口與王江合，又東流會永新水。」先生在卷四一《祭向宣卿文》中，正是以「盧水之陽」來指稱自己的隱居之所的。《中國大百科全書·中國文學（二）》乃說先生隱居之盧溪「今屬湖南」，誤矣。

又，卷二〇《次韻贈慈書記》序：「仰山慈書記往來安福道中，數經我草堂。」《吉安府志》卷五《地理志·安福古跡》：「瀘溪草堂，宋縣人王庭珪乞祠歸隱，筑室於城南……」先生祖居本在安福縣北之連嶺，元祐戊辰（一〇八八）先生九歲時，其父王奭復徙家定居於縣邑城南，則先生其實是歸隱於自己做官之前所長期居住的故里的。胡銓《墓誌銘》之云「棄官卻歸，教授鄉里」者，是也。

子王頔生。

頔字叔雅，楊萬里《誠齋集》卷一二七有《王叔雅墓誌銘》。

**高宗建炎三年己酉，五十歲。**

先生與劉彥弼挈家避亂鴿湖山中。

卷四八《書鴿湖寺壁（時十二月五日也）》：「建炎三年，寇犯安成，王某、劉英臣挈家避亂於鴿湖山中。」

卷二〇《建炎己酉十二月五日避亂鴿湖山十絕句》其一：「今逢四海干戈動，憂得山間卧白雲。」

劉英臣（一〇九一—一一四二），名彥

弼，小先生十一歲。其女後嫁與先生之子爲妻。卷四四《故縣尉劉公墓誌銘》：「君劉氏，諱彥弼，字英臣，世家安福之北四十里曰東岡……建炎初，江湖盜起，余避亂山中，君亦橐其書以相從，倉皇轉徙，未嘗一日廢書不觀……大丞相朱公以軍興制置江南，君因補右迪功郎，有薦其才用，權新淦縣尉。……女一人，余之子曰頔，其壻也……君從余游最久，且有姻婭。」《宋史·高宗本紀》：是年十一月乙巳朔。壬子，太后由洪州退保虔州。江西制置使王子獻棄洪州走。丁巳（八日），金人陷臨江軍。戊午（十四日），金人陷洪州。撫、袁二州守臣皆降。辛酉（十七日），太后至吉州。乙丑（二一日），太后發吉州，次太和縣。護衛統制杜彥及後軍楊世雄率衆叛，犯永豐縣，知縣死之。金人至太和縣，太后自萬安陸行如虔州。丁卯（二十三日），金人犯吉州，守臣棄城走。

**高宗建炎四年庚戌，五十一歲。**

先生避亂東村（屬今山莊鄉）。

卷四八《題華嚴寺壁》：「建炎庚戌之亂，避地東村，尋西泉故墓，跡樵徑，步飛岑，立巖嶂，十數重至華嚴寺。……正月日王某書。」卷一一《移居東村作（山中有西泉寺故墓）》詩：「避地東村深幾許？青山窟裏起炊煙。」卷四三《故王氏墓誌銘》：「建炎末，米斗千錢。」

**高宗紹興元年辛亥，五十二歲。**

先生避亂隱居。

《故王氏墓誌銘》：「建炎末，米斗千錢

……明年，劉大任據郭江作亂，所過焚掠殆盡。」

## 高宗紹興三年癸丑，五十四歲。

先生避亂隱居。

卷三一《與范元觀》：「數年前，鄉人王世臣自廣東歸，始知元觀登進士科，入館閣。韓徽猷居吉州時，車從亦嘗經由，適避盜山中，皆不及知。」范元觀，名寅賓，紹興二年進士。《建炎以來繫年要録》：是年二月庚子，「詔以湖南安撫司統制官韓京爲江西安撫大使司統制官，將所部千五百人自衡州移吉州屯駐。」

三月，得李綱辟書。

卷四《贈劉允升》詩序：「紹興三年，歲在癸丑，暮春三月，允升自湖南李相公幕府歸，致相公之意，因留數日，洽甚，作詩以贈之。」詩：「自言長沙來，幕府天下冠。相公秉旄鉞，英僚照藩翰。辟書欲交飛，置我在門館。事繫國輕重，忽逐雲雨散。請君企踵待，勢若馬脫絆。」按：據《建炎以來繫年要録》，紹興二年十二月甲午（初八），「觀文殿學士、知潭州、充湖南安撫使李綱罷。」

六月，勸縣令黃衡力諫郡府修城之役。

卷一五《感雨（癸丑）》詩序：「天久不雨，群情焦熬，郡府方索民筑郛，縣内惴恐。既而禱雨石屋山，連日大澍。喜而作是詩呈縣令黃平國。」詩：「君王屢詔寬徭役，亦念凋民苦未蘇。」

周必大《行狀》：「紹興初，州賦屬邑修城，期會迫遽。公語假令黃衡：『軍興民困，城幸堅，胡爲勞人？』衡告太守，守大怒，將劾衡。公謂衡：『君盍輕一官而全民力乎？』衡即日解印綬去。守聞，愧甚，爲輟是役。趙丞相安撫江西，奇衡，薦於朝。衡欲扳公，固辭乃已。公雖不仕，常懷經世心，事苟宜民，必告於當路。宣諭劉公大中、李公棠皆遣官屬咨訪利病。公盡言無隱，二公賴之。」

黃衡，字平國，建安人，建炎二年進士。劉大中，字立道，眞州人，時任江南東西路宣諭官，十月還朝，行監察御史。李棠，字亮卿。

卷二七《與宣諭劉御史書》：「比年江西盜賊蝟毛而起，虔、吉尤甚。原其所始，皆緣貪吏暴虐。一夫揭梃叫呼，則無告之民易爲嘯聚。頃常親見吉州境內巨盜所起，未有不如此也。」

是年三月，趙鼎爲江西安撫大使，九月，爲江西安撫制置大使。

**高宗紹興四年甲寅，五十五歲。**

是年初，先生條列「憫時憂國」之言，上書江西安撫制置大使趙鼎。

卷二七《上趙丞相書》：「蓋中原大亂，於今十年。」《宋史·高宗本紀》：三月，以趙鼎參知政事。

**高宗紹興六年丙辰，五十七歲。**

卷四六《故保義郎劉君墓誌銘》：「紹興丙辰，歲大旱，米斗千錢。」

**高宗紹興七年丁巳，五十八歲。**

先生著《盜賊論》二篇，上書以獻江西制置大使李綱。

周必大《行狀》：「嘗著論二篇，極言招安大盜之害，洪帥李丞相奇其說，未及用而去。後帥參政張公守遂以遺逸薦於朝。」

胡寅《跋王盧溪盜賊論》：「王民瞻嘗以

《盗賊論》獻江西大帥李相公，盡得盗賊根柢蹊隧。大帥欲用其言，而以宫祠去矣。時紹興七年也。」

李綱自前年十月爲江西制置大使，於今年閏十月罷。《宋史·高宗本紀》：「五月丁卯，詔李綱趣捕虔、吉諸盗。」

卷二六《上李丞相書》：「去年相公初來鎮南，諸州盗賊震恐，縮頸不敢揺。厥後聞有小人妄言利害，獻招安之策，於是群凶復跳聚山林……某江西書生，天稟介拙……歸卧山間十五年矣，未嘗識中朝士大夫，唯是仰服相公之勛德赫然惊人。平昔無因進望履舄，今兹伏遇相公開藩，作鎮一方，招納天下之士，不問疏賤，則采取風俗利病閭閻所患苦者數事，别爲札目，隨書以獻。」

卷二八《與黄平國正字書》其一：「向嘗略及盗賊事，正患行朝誤聽，得來教，果鑒其事。因李丞相與孫虔州佑不相能，各爲異論，孫欲殺而李欲招，既而罷孫，除張觷。遂專用招安之説，破械釋死，因而與之官，以歆艷群賊，不數日皆解甲束手來授官。因以盗息聞於朝。此豢虎狼之術，飢飽適時，未肆毒耳。」

張守（一〇八四—一一四五），字全真，一字子固，晉陵人，崇寧元年進士，紹興八年正月，以資政殿大學士知婺州，尋改洪州，兼江南西路安撫使。孫佑，不詳。張觷，字柔直，福州人，政和五年進士。

與劉才邵聚會唐興寺。

卷五〇《題唐興寺壁》：「後七年，美中自翰苑出守漳浦，再會於此三日……甲子十月二十九日民瞻書。」

**高宗紹興八年戊午，五十九歲。**

是年正月，張守知婺州，尋改洪州。八月，監察御史李寀宣諭江西。

十一月，樞密院編修官胡銓上高宗封事，乞斬秦檜等以罷和議，辛亥（二十九日）貶昭州編管，壬子（三十日），改差監廣州都鹽倉。先生擬作詩壯其行，未果。

卷五〇《跋曾世選三賢論》：「秦檜忽自金舉族以歸，力主和議，有異議者，檜輒害之，人皆股栗。獨一胡編修上書，乞斬檜罷和議。方其歷天階、攀殿檻、陳禍福，左右皆震動，敵亦知國有人焉，俯首聽命，不復他言。」

卷四六《故劉君德章墓誌銘》：「今侍讀胡公時爲樞密院編修官，上書乞斬檜，中外大悅，喜聞直言。」

卷三二《與胡邦衡》：「某自去年聞邦衡以言事貶昭州，中外聳瞻，嘗約劉校書作送行詩，以俟邦衡之南走，欲效昔人送唐介，爲一時勝事。既而恨邦衡謫太輕，此作遂廢。」

**高宗紹興九年己未，六十歲。**

王洋來守吉州，邀先生至郡。先生講經郡學。

周必大《行狀》：「郡守右史王公洋號儒宗吏師，下車，首以禮幣邀公，虛正堂延訪政事，即學宮聽公講經。一時士大夫多爲歌詩紀賓主之兩賢也。」

卷二九《答王元渤舍人書》其一：「舍人下車之初……獨某未獲造謁者，蓋以憔悴窮愁之人不特自棄，而時人棄之亦久矣。伏辱台慈遣吏致書，如待古之有道者。捧讀惊懼，至於失措……」其二：「伏念平昔，本以愚疏，與時不相値，遂自放於山巔水涯者僅二十年，聲跡不聞於人。」

卷二九《與周秀實監丞書》其一：「某湮沉之跡，鹿鹿林巷，僅二十年，將終老盧溪之上……十五年不入吉州城門矣，尚冀怜惜，保其進退。某近亦卧病新起。」

王洋《招安福士人王丞民瞻啓》（《東牟集》卷一二）：「某官圣世逸才，南州望士。安貧守節，懷昔賢樂道之心；勇退養恬，躬幽人嘉遁之操。某濫分支郡，适處名邦，虚齊相之堂，敢希蹤於前賢？結王生之襪，覬少遂於初心。」

王洋（一〇八六—一一五三），字元渤，山陽人。宣和六年進士。紹興初，累官起居舍人、知制誥、直徽猷閣，歷典三郡，晚守鄱陽。先生有《王舍人生辰作》（卷六）詩云：「己巳四月二十四，甲子夜半天門開。是時群星懷北斗，一星謫墮人間來。」可証其生年。周秀實，名芑，錢塘人，周邦彦之侄，時任吉州通判。

劉琮訪盧溪，爲先生作隱居圖。

卷二一《贈寫眞劉琮》引：「廬陵劉琮與其父俱以寫眞名一時，玉局老人（按：指蘇軾）自海上歸，嘗贈以言，由是士大夫益稱之。紹興己未過盧溪草堂，爲余作隱居圖，頗有勝處。」

劉琮，字慶先。

**高宗紹興十年庚申，六十一歲。**

是年正月乙巳（二十九日），「布衣歐陽安永獻《祖宗龜鑒》，詔戶部賜束帛」（《建炎以來繫年要録》卷一三四）。

安福縣修鳳林橋。六月十日，先生爲作《鳳林橋記》。

卷三五《鳳林橋記》：「兵興以來，……後十有二年，歙溪韓侯邦光始爲安福令。……明年三月，……橋經始於三月己亥，訖於六月甲辰，凡六十有日而畢。……紹興十年六月初十日邑人王某記。」王洋《安成令以長橋圖來且示王民瞻記喜其有成因成短章》：「王子吐琳琅，文章助光价。」又《寄題安福鳳林橋》：「二年廬陵城，不踏安成野。」

**高宗紹興十一年辛酉，六十二歲。**

五月十七日，弟庭瑋卒，享年五十一歲；二十二日，弟庭璋卒，享年五十六歲。

卷四六《故弟德莊墓誌》：「試藝不得志，從余隱於盧溪之上，築室號淸隱堂……開竹徑通草堂，從余彷徨，未嘗不移日也。享年五十有一，紹興十一年五月十七日以疾終於淸隱。」卷四六《故弟才臣墓誌銘》：「嗚呼！天固奪余之助，使是子也不克延於上壽，歲止五十六，以疾終於家，紹興十一年五月己未也。」

天久不雨，先生隨縣宰禱雨西山。

卷三四《西山記》：「紹興十一年夏五月至六月不雨，苗將槁矣，遍禱群祀，弗獲。縣宰向公子賁披地圖，訪耆老，咸言西山之靈，乃率僚佐潔誠以往……」

**高宗紹興十二年壬戌，六十三歲。**

七月，胡銓貶新州編管。先生爲作《送胡邦衡之新州貶所》詩二首。

《宋史·高宗本紀》：「秋七月壬辰朔，福州簽判胡銓除名，新州編管。」

胡銓《盧溪文集序》：「紹興壬戌秋，銓坐不肯與金人議和，且乞斬主議大臣三人，銓坐削爵竄嶺表。先生送行詩有云：『名高北斗星辰上，身落南州瘴癘問。』人爭傳誦。」

卷四六《故劉君德章墓誌銘》：「胡公後得罪貶新州，余作送行詩，有『癡兒不了官中事』之句，蓋指檜也。」

十二月一日，弟庭珍卒，享年五十五歲。

卷四六《故弟漢臣墓誌銘》：「晚年始欲棄俗事，樂閑曠。得唐趙居士東湖，近余竹林草堂不數十百步，地最幽勝，與西湖安成太守讀書齋相對而峙，皆山水佳處。蒔花竹，建亭宇，泛舟湖中，日夕上下。不唯有以自樂，實以待余之往來，使忘其老而樂於此也。……不幸以紹興十二年腊月一日寢疾終於家，壽五十有五。」

**高宗紹興十三年癸亥，六十四歲。**

是年，楊萬里進拜先生爲師。

楊萬里《杉溪居士集序》：「予生十有七年，始得進拜盧溪而師焉，而問焉。其所以告予者，太學犯禁之說也。」又《劉隱君墓誌銘》：「蓋予與堯京父子同登盧溪先生王公之門。」

劉堯京（一〇七五—一一六一），名冀，安福人。《盧溪文集》卷四六有《故保義郎劉君墓誌銘》。

閏四月初三日，先生妻劉氏卒，享年六十六歲。

卷四六《劉氏二婦墓誌銘》：「盧溪居士王某之妻劉氏，同縣鄉貢進士諱瑗之女，卒於紹興十三年閏四月三日，壽六十有六。一子，名頔；一女，嫁將仕郎彭飛。」

周必大《行狀》：「娶同邑劉伯玉女，前二十八年卒。」

十月十五日，作《寅陂行》詩。

卷二《寅陂行》序：「安成西有寅陂，溉田萬二千畝。歲既久，官失其籍，大姓專之，陂旁之田，歲比不登。邑丞趙君搜訪耆老，盡得古跡，乃浚溪港、起堤閼，躬視阡陌，灌注先後，各有繩約，俾不可亂。是歲紹興十三年，適大旱，二寅陂溉萬二千畝，苗獨不槁。民賴其利，咸頌歌之。……今寅陂功績崇崛，丞不肯自言，部使者終不及省察。某出城別君東門外，逢寅陂之民塞路，涕泣言此。爲叙其事，作《寅陂行》，不復緣飾，皆老農語也，冀當時有采之者。紹興癸亥十月望日書。」

**高宗紹興十四年甲子，六十五歲。**

六月十日，弟庭璋媳劉氏卒。

卷四六《劉氏二婦墓誌銘》：「弟庭璋亦娶劉氏同居之女，以紹興十四年六月十日卒，壽五十有九。父諱成制，亦嘗貢於禮部。」

劉才卲出守漳浦，十月，先生與其會於唐興寺三日。

卷五〇《題唐興寺壁》：「後七年，美中自翰苑出守漳浦，再會於此三日，道舊賦詩，談玉堂天上事，感今懷昔，酒酣气振，躍馬而別。甲子十月二十九日民瞻書。」卷一三《唐興寺再呈美中》詩：「七年三過唐興寺，夢裏聞君得好官。」劉才卲《㮤溪居士集》卷三《過唐興寺》二首：「領郡尙叨分竹箭，羡君不肯裂荷衣。」「荷公高誼存眞趣，不作尋常俗眼看。」

按：文淵閣四庫全書本《㮤溪居士集》卷八《漳州到任謝表》注：「考何喬遠《閩書》載才卲任漳州在紹興十六

年。」不確。

高宗紹興十五年乙丑，六十六歲。

先生至臨江，觀周忘機畫於任紹畫室。

卷四《題周忘機畫軸》序：「舊聞周忘機隱於浮屠，如洪覺範之流，然未見其畫也。紹興乙丑清明日觀於任子嚴畫室。」

周忘機，名純，成都華陽人，自稱楚人，善畫。任子嚴，名紹，臨江軍人。

高宗紹興十六年丙寅，六十七歲。

三月十五日，題宣和御畫。

卷一《題宣和御畫》：「恨臣不及宣政初，痛哭天涯觀畫圖。」「臣既獲仰觀，撫卷太息，思宣、政間當國家太平極治之時，景物宛然，不覺流涕，乃再拜稽首而賦是詩。紹興丙寅三月望日，小臣王庭珪謹題。」

高宗紹興十七年丁卯，六十八歲。

歐陽安永上飛語訐先生《送胡邦衡之新州貶所二首》詩於朝。事寢。

卷四六《故劉君德章墓誌銘》：「胡公後得罪，貶新州，余作送行詩。……里中有寒乞子妄意炙手權門，訐其語於朝。」

楊萬里《誠齋詩話》：「……有歐陽安永上飛語告之。」

卷六八《次韻羅世英》序：「……紹興丁卯重陽日復相會於盧溪草堂，世英即席賦詩，次韻酬之。是日坐客皆預免解，唯劉世臣得失未定，須臾解榜至，巍然在選。」

卷二《題秀光亭壁餞劉世臣劉仲美并序》：「余遭小人之謗，諸友嘗憤惋切齒，欲起而攻之。會劉世臣、劉仲美當赴省試，諸生設俎道於秀光亭。酒既行，忽報小人敗績，於是滿座歡叫，獻酬紛錯，終夕酣暢以爲樂。蓋小人既衰，吾道必盛，且以卜二君明春光大之兆。歐陽臣明作序以紀餞筵之盛，盧溪老人賦詩以贈行。」其詩「坐中蟾宮客，再占北斗魁」二句自注：「北斗第一至第四爲魁，世臣前舉郡魁，今第四名。」又詩：「朝來得好語，仍聞小人災。請觀盧溪老，談笑消弭回。見敵未嘗卻，坐令敵傾摧。庸兒不量力，自倒非人推。」卷四五《故左朝奉郎劉公墓誌銘》：「朝奉諱安世，字世臣……紹興十四年始獲就試，是歲掉鞅者五千人，以君爲榜首。十七年又以第四人薦，說者謂北斗第一至第四爲魁星……明年登進士第。」《建炎以來繫年要錄》卷一五九：「胡銓之貶也，庭珪爲衡州茶陵縣丞，以詩送之，有曰：『痴兒不了公家事，男子要爲天下奇。』銓鄉人歐陽安永告之，以爲謗訕朝政。事下虔、吉兩郡，而守臣曾慥、王珉，江西路提點刑獄公事李芝不切究之。會芝奉祠直秘閣，林大聲代芝提點刑獄，亦寢其事。」

胡銓《贈王復山人序》：「初，某之南遷，登聞鼓院陳剛中以啓送行，得罪，死荒遠，天下以言爲諱。繼而盧溪王公民瞻以詩送行，其略云：『痴兒不了官中事，男子要爲天下奇。』而安成凶人嘯群不逞，訐其語以爲訕。民瞻坐獄，欲救根樹，而太守吳溫彥、運使林大聲、提刑李芝、贛守曾慥不切究之。」

曾慥（？—一一五五）字端伯，晉江人。林大聲（一〇七九—一一六一），字欲仲，福建侯官人。

高宗紹興十八年戊辰，六十九歲。

先生爲詩獄奔走於洪、贛兩州。

卷三一《答董體仁參政》其一：「往歲參政射策廣庭，魁天下多士，鄉邦仰嘆。是時，某政以詔獄初興，奔走洪、贛兩州，供詩帳不暇。」

董體仁（一〇九六—一一六三），名德元，吉州永豐人，於今年登進士一甲第二。卷一五《喜劉世臣仲美及第》詩：「共喜秀光前日會，爭傳眞逸老人詩。萬牛回首扶棟梁，可笑蚍蜉欲撼樹。」

高宗紹興十九年己巳，七十歲。

詩獄興，先生談笑就逮，所著《易解》散佚。

《建炎以來繫年要錄》卷一五九：「敷文閣待制沈昭遠知洪州，白發之時，大聲已去，而昭遠與降授右朝議大夫、江西轉運副使勾光祖以他事交章俱罷，庭珪遂坐貶之。」

周必大《行狀》：「公學無不通，而尤邃於《易》。少嘗師鄉先生張汝明，晚自得於言意之表。漢上朱先生震、文定胡公安國、薌林向公子諲見其解，皆嘆賞，以爲必傳。公亦不示人，欲獻公車。會詩獄興，郡守議收公。理掾汪公涓奮曰：『王君剛介，勇於義。一紙書招之，必來。』他掾變色云云，自請提禁卒、挾巡尉捕公。守唯唯。他掾遂行，至則突入公家，公談笑就逮。家四壁立，惟《易解》鐍篋中。卒疑其貨也，挈以去。他日，公嘆曰：『天厄吾書。』或謂今藏掾家云。」

七月，竄辰州。別南昌，道經衡岳。至辰州，居蘇氏園。

卷四六《故劉君德章墓誌銘》：「余初得

罪時，天子不忍誅，止竄夜郎郡。」

楊萬里《盧溪先生文集序》：「小人飛語告之。時相怒，除名流夜郎。時先生年七十矣。於是先生詩名一日滿天下。」

關於具體時間，有兩种記載。胡銓《盧溪文集序》：「奏下江西帥司，鞫治久之，竄辰州，時紹興己巳秋七月壬午也。」《建炎以來繫年要錄》卷一五九：六月「丁巳，左迪功郎王庭珪特勒停，送辰州編管。」兩説相差二十五天，其實并無矛盾。六月丁巳，是朝廷下詔時間；七月壬午，則是先生受詔離家時間。卷二九《答劉喬卿書》有「去秋臨行」之語，可互證。

卷一六《豫章別彭養直》詩題自注：「時謫辰州。」詩：「金雞放赦知何日？」

卷二三《衡岳銓德觀作》引：「盧溪老人謫沅湘過此，見故人胡明仲留題同司諫游山之樂，悵然有懷。」

卷五〇《書向豐之詩軸後》：「余竄夜郎日，道出伊山，宣卿駭愕，與豐之出三十里，下馬流涕而別。」

向宣卿（一〇九七—一一六五），名子忞，開封人。曾知衡州，伊山爲其於紹興十四年貶三官所營居。《盧溪文集》卷四七有《故左大奉直大夫直秘閣向公行狀》。向豐之，名濡，子忞侄。

卷二九《答劉喬卿書》：「自入荆湖界，行路之人皆逆知之，爭相迎問。……至貶所，未敢遽入城，而城中士大夫多出城見訪，相勞苦，州民惊喜，如異人至其邦。授館如歸，得一蘇氏花園，枕沅江之上。」

卷二三《贈別陳君授》序：「紹興十九

歸自辰陽，乘扁舟下桃源至武陵，始見中原衣冠士大夫，而昆仲在焉。」

程子山，名敦厚，眉山人。

卷二三《贈日者張谷》序：「余竄夜郎八年，東歸至長沙，遇日者張谷，考十年前所聽，皆不誤。」卷三〇《答張欽夫機宜書》：「東歸之日，道經長沙，始獲進拜大丞相於服制中。」

張浚（一〇九七—一一六四），字德遠，漢州綿竹人，紹興五年出任宰相，秦檜執政後，謫居永州近二十年。張欽夫，名栻，張浚子。

胡銓《盧溪文集序》：「先生貶八年，會權臣薨，得旨自便。」

春末，歸至安福。歐陽安永死。

卷三一《與劉舜元》：「相別七八年矣，今春末到家。」卷四六《故劉君德章墓誌銘》：「既歸，及境而聞訏者病浸劇，方欲遣人問無恙，未數日而訏死矣。德章迎我於郊外，握手道平生，一笑如故。」

卷一七《胡邦衡移衡州用坐客段廷直韻》：「朱崖萬里海爲鄰，百煉不屈剛爲腸。」

按：《中國大百科全書·中國文學（二）》云：「王庭珪不畏權勢，勉勵胡銓『男子要爲天下奇』（《送胡邦衡之新州貶所》）；後又寄詩，贊揚胡銓『百煉不屈剛爲腸』（《胡邦衡移衡州用坐客段廷直韻》），於是得罪。」《文學百科大辭典》云：「紹興八年（一一三八），胡銓上疏反對和議，乞斬秦檜，謫新州（今廣東新會）編管。庭珪獨以詩送行，贊揚胡銓『百煉不屈剛爲腸』，於是得禍。」皆誤。

是年四月，先生姐夫劉茂實卒。

卷四三《故劉元弼墓誌銘》：「居士姓劉，元弼其字也，諱茂實，世居吉州安福……紹興二十六年四月十八日……是夜終於所寢之室，壽七十有八。娶王氏，盧溪之姊也。」

**高宗紹興二十七年丁丑，七十八歲。**

先生讀書益力。

周必大《行狀》：「太上更化，許公自便，時年幾八十，讀書益力。夜對短檠作細字，率夜分乃寢。」胡銓《墓誌銘》：「公歸自夜郎，年幾八十，觀蠅頭字，率夜分乃寢。」

向子忞自衡州來訪。

卷二八《與向宣卿直閣書》其一：「往年衡陽山中執別，時方被竄蠻荒，李林甫爲國怪祥，無復生還之望。自舊歲蒙還鄉，實出萬死一生之中，每欲渡湘水一見顔色。而久客乍歸，百事牽制，前日遽辱使車壓境，枉道見訪，喜不自勝。衰蹇之人，何以當此厚義！」

卷一九《謝向提刑見訪》引：「某自貶所東歸，伏辱提刑直閣千里命駕來訪死生，感激高義，輒成長句，聊伸謝悃。」

**高宗紹興二十九年己卯，八十歲。**

春，先生應魏守之邀至州府，寓居盧陵郡齋。

卷三五《吉州新修教授廳記》：「紹興戊寅八月，鄱陽魏侯來守盧陵。……魏侯命記之。己卯三月望日，盧溪王某記。」又卷一九有詩題曰《魏彥成座上忽見擒至吉水賊奉呈彥成》。魏彥成，名安行，饒州樂平人。

卷四八《跋程子山詩後》題注：「時己卯四月望日，寓盧陵郡齋書。」

卷一九《贈胡紹立》引：「己卯秋，預清江高薦，復至安成訪別。道舊賦詩，因以送行。」

楊萬里二訪先生於盧溪。

卷三二《答楊廷秀》：「某去歲獲見清矩，慰十年懷想之誠。少年登科，未足爲左右賀。……去冬之官，再經敝里，失於偵伺，辱留手墨，追見不及。」

按：楊萬里於紹興二十四年登進士第，今年十月赴任零陵縣丞。

**孝宗隆興元年癸未，八十四歲。**

春，先生被召赴臨安。賜對，上《上皇帝書》。

卷二四《癸未春被召東山益老來賀曰趙州八十猶行腳以詩答之》：「八十心猶未悄然。」

卷二六《上皇帝書》：「臣近奉詔命，來趨闕庭，聞諸道途，采之縉紳，咸謂國家長計今已紛紛，漸無成說。臣竊惑之，請爲陛下試陳其大略。自靖康之初，迄於今日，敵人多以一和字誤中國，何以循而用之猶未已也？」

胡銓《盧溪文集序》：「自隆興癸未至乾道辛卯，凡兩賜對。」

八月，授左承奉郎，除國子監主簿，主管台州崇道觀。

《盧溪文集》附《除國子監主簿告詞》：「爾粹然者儒，凜有直節，頃以言語文字，抵忤權臣，流落排抯，殆逾二紀。召對便殿，敷奏詳華，京秩峻遷，姑示褒寵。……可特授左承奉郎、國子監主簿。隆興元年八月十四日。」

周必大《行狀》：「公以年高，力求退。命主管台州崇道觀，令所在州常加存問。既歸，滋以道誼化鄉里，無貴賤賢愚，一接以誠。」

冬，離臨安歸安福。

楊萬里《誠齋集》卷二有詩曰《送王監簿民瞻南歸》，云：「夜寒報晴豈待曉？天公端爲盧溪老。盧溪在山不知年，盧溪出山即日還。黄紙苦催得高卧，青霞成癖誰能那？詔謂先生式國人，掉頭已復煙林深。路旁莫作兩疏看，老儒不用橐中金。」

**孝宗乾道二年丙戌，八十七歲。**

先生家居。

卷三一《與胡觀光知府》：「今年八十七矣，然尚健。」

**孝宗乾道四年戊子，八十九歲。**

秋，赴郡府，與胡銓、周必大等參與郡守宴舉人之盛會。

卷五〇《跋錢吏部燕舉人詩》：「乾道四年戊子賓興之秋，乃遇臨安錢侯吏部紹銅虎適至，閲仕版，見俄冠侈袂爭鋒而入棘圍者至千人，拔其尤而升者六十八人。侯乃修故事，舉墜典，以鄉飲酒禮設賓主，陳俎豆，合樂張宴，歌《鹿鳴》之詩，叙長少焉。太守即席敷詩，鄉先生胡侍講、周舍人，貢首劉懷英等六十八人皆屬和。州民耆老聚以爲榮，咸稱頌太守之美。」按：胡侍講，即胡銓；周舍人，即周必大。

**孝宗乾道六年庚寅，九十一歲。**

冬，因胡銓薦，再召赴闕，先生固辭。

周必大《行狀》：「乾道六年冬，再召赴闕，固辭。上不聽，敕守臣備舟車禮遣。仍以引道日聞……其再召也，必大適對禁中，坐定，上問：『胡銓薦詩人朱熹、王某，卿識之乎？』必大既奏熹出處，乃具言公『年德文章在今未易多得，且登第五十三年矣』。上曰：『官卑，何故？』必大曰：『斯人蚤忤上官，晚復流竄，官簿所以不進。陛下若哀窮悼屈，厚加品秩，錫之章服，足以勸善。』上曰：『俟其至，議之。』」

胡銓《墓誌銘》：「銓頃於榻前論人物，及公，云：『雖老，宰相才也。』蓋用狄梁公薦張柬之語。上不以爲過。公倘無恙，殆未量也。嗚呼，惜哉！」

**孝宗乾道七年辛卯，九十二歲。**

冬，先生應召至臨安。對內殿。除直敷文閣，仍主管崇道觀。

胡銓《墓誌銘》：「乾道庚寅再被召，固辭……明年冬始到闕。」

周必大《行狀》：「逾年始至，對內殿，特蠲拜跪禮，賜坐，勞問甚寵。上欲留公，公固乞歸。於是制誥有曰，王某『年九十餘，而智識不衰，行義益固，錫對便坐，富有嘉言』。其特除直敷文閣，復以崇道俸祿之加，賜寶香茶綵，皆異恩也。公蒙犯霜雪，往來數千里，略無勞瘁容。」「明年，公至，上命寓直西清，蓋待以卿監，去朝禮。必大嘗白丞相濟公：『王某百年故老，扶杖造朝，意欲挂其冠神武門。丞相能爲上言，俯聽其請，而官其子，非美事歟？』丞相曰：『君言是也。上必不爲老人惜一小官。』明日，又言之。丞相曰：『決矣。』已而乃不報。天其或者欲公子孫自以儒業發聞於世乎？」

胡銓《盧溪文集序》：「自隆興癸未至乾道辛卯，凡兩賜對。對必坐，免拜，玉音諄諄，問勞款款，退則賜茗藥束帛不貲。書生之榮至矣。」

《盧溪文集》附《除直敷文閣誥詞》：「以爾少而力學，長而有聞，今茲年九十餘，而智識未衰，行義益固，錫對便坐，富有嘉言。……可特授依前左承奉郎、直敷文閣，主管台州崇道觀。乾道七年十二月二十二日。」

**孝宗乾道八年壬辰，九十三歲。**

三月，先生以微疾卒。

胡銓《墓誌銘》：「乾道八年，歲在壬辰，三月己丑，盧溪先生王公卒。」周必大《行狀》：「明年三月己丑，乃得微疾，啓手足，辭色不亂，則其所養可知矣。享年九十有三……一男：頔；一女，嫁將仕郎彭飛。孫男二人：詹，澹，皆世其業。孫女二人。」

**淳熙元年甲午**

正月丙午，葬先生於安福縣清化鄉長賦之原。

**淳熙二年乙未**

閏九月一日，先生子頔卒。

楊萬里《誠齋集》卷一二七《王叔雅墓誌銘》：「先生沒之四年，而叔雅卒。叔雅未嘗疾，一日，與客飲酒至丙夜，無惰容，明日夙興，坐而逝云。實淳熙二年閏九月一日也。享年五十有三。娶劉氏。男二人：詹，澹。女二人，長適將仕郎葛耆年，次許嫁進士劉逢原。孫男五人，女二人。將以明年十一月庚申葬於安福縣翔鸞鄉青陂之原……某少出先生門下，與叔雅有五十年之舊，晚復托婚焉。」

# 胡少師年譜

（清）胡培翬 編
胡培系補編
李春梅校點

清光緒間胡廷楨校刊本

胡舜陟（一〇八三—一一四三），字汝明，號三山老人，績溪（今屬安徽）人，胡仔父。大觀三年上舍及第，調山陰主簿，歷會州、秀州教授，睦親宅宗子博士，遷監察御史。靖康初，進殿中侍御史，拜侍御史。建炎初知廬州，遷淮西制置使，知建康府、臨安府，奉祠。紹興間起知江州，歷廬壽等州安撫使、知静江府兼廣西經略使，以忤秦檜入獄，紹興十三卒，年六十一。後追贈少師。

胡舜陟立朝論議，每指陳時政闕失，終忤秦檜，入獄而死。又喜作詩，嘗親自校訂杜甫詩集。著有文集，久佚，清道光間其裔孫胡培翬輯有《胡少師總集》六卷。事蹟見羅願《胡待制舜陟傳》（《新安文獻志》卷七八）、《宋史》卷三七八本傳。

清光緒間重刻《胡少師總集》，後附年譜二卷，爲其裔孫胡培翬編、胡培系補編，前有光緒十年俞樾序，稱其「惓懷先德，撮拾遺文，年經月緯，體例秩然」。是譜採輯史傳、方志、筆記、家譜，多注明出處，有綱有目，有考有辨，記録了其子胡仔等家屬生年仕歷，較有參考價值。

# 敘

績溪胡氏自明諸生東峰先生以來，代有撰述。至國朝而言經學者，必推績溪之胡，與婺源之江、休甯之戴，並爲海内所宗仰。乃今讀胡主政培翬所撰先少師《年譜》，然後知胡氏之原遠而流長也。少師公於《宋史》有傳，而主政復刺取各書，參互鉤比，以成斯譜。其弟曰培系字子繼者，又博求之南宋雜史，如《靖康要録》、《建炎以來繫年要録》之類，以補苴其未備，分爲上下兩卷，少師事蹟亦略具矣。余按《宋史》本傳，與衛膚敏等同爲一卷，稱其論議時政，指陳闕失，皆一時之表表者，亦一佳傳也。乃於《高登傳》又載公爲秦檜父建祠，且爲之記。夫公與檜素不相能者也。本傳固言檜素惡公，遣大理寺官往推劾。居兩旬，辭不屈，死獄中。檜雖奸惡，亦人情耳，豈有爲其父建祠作記之人而惡之至此，必寘之死地者哉？《宋史》蕪雜，兩傳自相矛盾。以是推之，則本傳所稱論宰相李綱之罪者，亦容有不可盡信者矣。烏乎！士君子身後得列名史策，豈不甚幸？乃史家但事鈔撮，漫無别白，使後人但於《高登傳》中見公姓名，則且以爲檜黨矣，惡知其固與岳忠武同死於檜者哉！賴有賢子孫於七八百年後補作《年譜》，考論其事，使史家之誣大白於世。此余所以深爲公幸，而又爲青史痛哭者也。公在當時頗有建白，其乞命康王爲元帥，請誅趙良嗣，請救中山，言郭京不可用，責張邦昌退位反正，論岳飛冤，皆有關宋中興大計。惜所謂乞遷都者，其疏不傳，未知奉春之策果安在也。公之次子號苕溪漁隱，所著《漁隱叢話》，至今藝林傳誦。自是以來，世有聞人，蓋公之遺澤遠矣。主政昆弟惓懷先德，攟拾遺文，年經月緯，體例秩然。又有曰廷楨字荻洲者，力任校刊之役，皆可嘉焉。余是以知胡氏之澤未艾也。大清光緒十年歲在甲申秋九月，德清俞樾。

# 胡少師年譜卷上

裔孫 培翬 原輯
培系 補編
廷楨校刊

公諱舜陟，字汝明，號三山老人，宋大觀三年進士。歷官廣西經略，爲秦檜所害。舊譜紀公事實未詳，培翬敬考《宋史》及各書，參互鉤比，集成《年譜》一卷。但南宋雜史有資考證者，如《靖康要録》、《建炎以來繫年要録》之類尚未得見，恐遺漏舛誤均所不免。茲特摘其確有依據者録之，而其餘將俟續加考訂，爲別本以行云。

裔孫培翬謹識。

**宋神宗元豐六年癸亥，公生。**

父咸公，母閻夫人，是年十一月二十四日寅時，生公於績溪市東之胡家巷。【原譜】

《家譜序》：公五世祖沼公遷居績溪市東。公祖策公兄弟同居一巷，人謂之胡家巷。

《新安文獻志》：公自幼端重。培翬謹案：各書中凡稱公名者，茲以公字代之。【原譜】

《家譜》：咸公字誠甫，以公貴封朝散郎，賜緋魚袋，累贈金紫光祿大夫。夫人閻氏歷贈永嘉、同安、吳興郡夫人，生子四：長即公；次諱舜申，字汝嘉，以兄蔭補登仕郎，歷官至朝議大夫，通判舒州；三諱舜俞，字汝賢；四諱舜舉，字汝士，建炎二年登第，歷官至朝請郎，知南劍州，轉光祿大夫。【培系補】

**元豐八年乙丑，三歲。**

**哲宗元祐元年丙寅，四歲。**

**元祐八年癸酉，十一歲。**

**紹聖元年甲戌，十二歲。**

**紹聖四年丁丑，十五歲。**

**元符元年戊寅，十六歲。**

元符三年庚辰，十八歲。

徽宗建中靖國元年辛巳，十九歲。

崇甯元年壬午，二十歲。

遊學江浙，寓杭、湖、饒最久，皆學館盛處。及聞朝廷建太學，行三舍，自饒徒步入京師，就補入學，升內。見《舜申公譜序》。【原譜】

培翬謹案：《宋史·徽宗紀》：「崇甯元年八月，詔天下興學貢士，建外學於國南。」《選舉志》：「是年，宰臣請州學生貢太學，考分三等，入上等補上舍，入中等補下等上舍，入下等補內舍，上舍生、內舍生皆處太學。餘居外舍。外舍生處外學。」據此，則公之遊太學，當在斯時。

崇甯五年丙戌，二十四歲。

大觀元年丁亥，二十五歲。

大觀三年己丑，二十七歲。

三月，登進士第。【原譜】

《宋史》本傳：登大觀三年進士第。《徽宗紀》：是年三月乙丑，賜禮部奏名進士及第出身六百八十五人。【原譜】

授將仕郎、越州山陰縣簿、會稽儒學教諭。【原譜】

培翬謹案：以上歷官年月未詳，附記於此。

大觀四年庚寅，二十八歲。

六月初二日，次子仔生。公娶同邑敦禮坊汪藻公女。長子億早卒，生年無攷。【原譜】

《家譜》：夫人汪氏，歷封沂國夫人。億公字元永，仔公字元任，號苕溪漁隱，以蔭補將仕郎，歷官奉議郎，知晉陵縣。【培系補】

政和元年辛卯，二十九歲。

赴調京師。【原譜】

《漁隱叢話》：政和間，公赴調京師，館於景德寺。夜步月庭中，指月爲對云：「圓少缺多天上月。」同赴調者應聲戲云：「員多缺少部中官。」字雖假借，亦一時實事。【原譜】

培系謹案：此條不詳年月。據《叢話》係政和間事。

**政和七年丁酉，三十五歲。**

陞通直郎秀州教授。【原譜】

培翬謹案：秀州即嘉興府。《宋史·地理志》：政和七年，賜郡名嘉禾，後改名嘉興。此猶云秀州，見《新安文獻志》本傳。則公陞是職在七年以前可知。

**重和元年戊戌，三十六歲。**

七月二十七日，三子傅生。【原譜】

《家譜》：傅公字元輔，以蔭補承務郎，歷官至朝奉郎，知海甯縣。【培系補】

**宣和元年己亥，三十七歲。**

改奉議郎，睦親宅宗子博士。【原譜】

《漁隱叢話》：政、宣間，京師置四輔郡，拱州東輔也。公時爲宗學官。從兄孝著遊學拱輔，因有書來，公寄之以詩。孝著，倬公字。【原譜】

培翬謹案：爲宗子博士未詳何年，據《宋史·地理志》：「四輔郡，政和四年置，宣和二年罷。」則公爲是職當在此數年中。

培系謹案：爲睦親宅宗子博士，見《新安文獻志》本傳，「奉議郎」作「宣教郎」，原譜疑誤。

**宣和三年辛丑，三十九歲。**

冬，盜犯績溪。【原譜】

舜申公《譜序》：宣和庚子冬，盜發幫

源。明年冬，犯績溪。吾家屋宇一夕煨燼，骨肉驚散，渡江逃避。【原譜】

培翬謹案：睦州青溪人方臘以宣和二年十月爲亂，三年就擒，四年始盡平餘黨。幫源，青溪洞名也。

**宣和五年癸卯，四十一歲。**

由御史臺檢法官遷朝奉郎、監察御史，丁母憂。【原譜】

《宋史》本傳：爲監察御史，以内艱去。《家譜》：是年四月二十日，閻太夫人卒。【原譜】

培翬謹案：公爲檢法官遷御史皆不詳年月，蓋在是年以前可知。

培系謹案：爲檢法官見《新安文獻志》本傳。

**宣和七年乙巳，四十三歲。**

題秋香亭詩。【培系補】

《漁隱叢話》：余頃歲居泗上，假館官舍。小圃中有一亭，牓曰秋香，環植以黃菊。先君題詩云云。【培系補】

培系謹案：舜申公《乙巳泗州録》云：「宣和乙巳，予家寓居泗州之教授廳。」蓋即《叢話》所云假館官舍。公題詩當在是年。

服闋，再爲監察御史。見《宋史》本傳。【原譜】

**欽宗靖康元年丙午，四十四歲。**

二月，乞依祖宗法令監察御史言事。【原譜】

培系謹案：此疏二月十五日上，見《靖康要録》。今依《要録》月日編次，其並見他書者，不悉箸。後俱倣此。

《宋史·職官志》：靖康元年，公乞令本臺增入監察御史言事之文，以復祖宗之制，詔依。《宋名臣言行録别集》同。【原譜】

《新安文獻志》本傳：當靖康初，金虜騾

侵，中外多事。公建議依祖宗法許六察官言事。於是，極言軍國利病無所隱，爲上所信。嘗面諭曰：「有事盡言，不得觀望。」自此五日一對，率漏下五刻。嘗奏言今日威令未振，是非亂紛，裔夷内侮，驕將跋扈，大臣無同寅協恭之誼，小吏有徇私背公之風，罪大者傳輕典，惡同者其罰異，勞未見而賞驟及，過已暑而任愈隆，及言横恩有可奪，苟賤有宜去，及治道先後緩急之序，因勸上以乾綱獨斷。上竦然曰：「斯言深救朕失，非卿忠直，安得聞？」【培系補】

培翬謹案：《宋史·欽宗紀》：「是年二月辛亥，詔監察御史言事如祖宗法。」公上疏當在是時。本傳以爲在丁内艱前，蓋誤。

培系謹案：《建炎以來繫年要録》云靖康初用公言，大治濫賞。今疏無存，不詳年月，附箸於此。

奏論宇文虚中罪狀及擅離任姓名。此疏二月十九日上，見《靖康要録》。【培系補】

三月，奏論蔡攸罪狀。此疏三月五日上，見《靖康要録》。【培系補】

《宋史·蔡攸傳》：靖康元年，從上皇南下，及還都，始責爲大中大夫。繼而安置永州，連徙潯、雷。京死，御史言攸罪不減乃父，當竄諸海島。詔置萬安軍，尋遣使者隨所至誅之。【培系補】

奏請褫鄭修年、億年等職。此疏三月二十五日上，見《靖康要録》。【培系補】

奏劾王孝迪。此疏三月二十五日上，見《靖康要録》。【培系補】

《宋史·李邦彦傳》：金人薄都城，太學生陳東數百人上書言邦彦及白時中、張邦

昌、趙野、王孝迪、蔡懋、李梲之徒爲社稷之賊，請斥之。【培系補】

兩上疏劾朱勔。見《靖康要録》。【培系補】

謹案：《要録》兩疏同載三月二十八日上，蓋因事彙附，據疏首數語，似非同日。

《宋史·欽宗紀》：是年三月甲午，籍朱勔家。《朱勔傳》：欽宗用御史言，放歸田里。凡由勔得官者皆罷。籍其貲財，田至三十萬畝。言者不已，羈之衡州，徙韶州、循州，遣使即所至斬之。【培系補】

四月，上疏乞措畫邊備。【原譜】

培系謹案：此疏四月十五日上，見《靖康要錄》。

《宋名臣言行錄》：公奏河北寇已遁去，今日備禦之計不可不講，乞令大臣愛日措畫邊備。【原譜】

再劾宇文虛中。此疏四月十六日上，見《靖康要録》。【培系補】

《宋史·高宗紀》：建炎元年五月庚子，詔以靖康大臣主和誤國，責李邦彥爲建甯軍節度副使，潯州安置。徙吳敏柳州，蔡懋英州，李梲、宇文虛中、鄭望之、李鄴皆以使金請割地，責廣南諸州安置。【培系補】

奏請誅趙良嗣。【原譜】

培系謹案：此疏四月二十七日上，見《靖康要錄》。

《宋史·趙良嗣傳》：靖康元年四月，公論其結成邊患，乞戮之於市。時已竄柳州，詔廣西運副李昇之即所至梟其首，徙妻子於萬安軍。【原譜】

五月，奏請責大臣以大義，使各安職業。此疏五月七日上，見《靖康要録》。【培系補】

兩劾李轂。【培系補】

謹案：公奏論宦官之害疏內，嘗自言兩劾李轂。今《靖康要錄》止存一疏，五月七日上。

再劾蔡攸。此疏五月七日上，見《靖康要錄》。【培系補】

奏乞裁省閤門員額。【原譜】

培系謹案：此疏五月二十五日上，見《靖康要錄》。

《宋史·職官志》：靖康元年，公奏：「閤門之職，祖宗所重，豈可賣以求財？乞賜裁省。」詔閤門並立員額。【原譜】

上以公言罷詳議司。見《靖康要錄》。【培系補】

培系謹案：《要錄》止言五月，不詳何日，今繫於此。

六月，上疏請詔舉文武官才堪將帥者。詳《宋史》本傳。【原譜】

培系謹案：此疏六月三日上，見《靖康要錄》。

培翬謹案：《宋史·欽宗紀》：是年二月，金人退師去。乞措畫邊備，及奏請詔舉文武官才堪將帥。二疏當上於是後。

培系謹案：二疏原譜俱繫在二月，今依《靖康要錄》月日編次。

奏論臺諫殿班先後。詳《宋史》本傳。【原譜】

培系謹案：原譜繫「奏舉秦元兵法可用」條前。攷本傳未詳月日，而叙其文於奏請詔舉文武官才堪將帥後，今依之。

奏請正是非及治道先後緩急之序。【原譜】

培系謹案：此條未詳月日。據《新安文獻志》本傳，叙於進殿中侍御史前。

進殿中侍御史。【原譜】

奏舉秦元兵法可用。【原譜】

《宋史·兵志》：靖康元年，公奏通直郎秦

元所箸兵書陣圖，皆酌古之法，參今之宜，博而知要，實爲可用。詔令賜對。【原譜】

奏請罷武臣提刑，以保甲屬秦元，專一訓練。【原譜】

培系謹案：此疏六月七日上，見《靖康要錄》。原譜無「罷武臣提刑」五字，今補。

《宋史·兵志》：靖康元年六月，公奏乞罷武臣提刑，以保甲屬元，庶得專一，從之。十一月，京畿提舉秦元集保甲三萬，先請出屯，自當一面，不從。金兵薄城，又乞行訓練，乘閒出戰。守禦使劉韐奏取保甲自益，元謀遂塞云。

《職官志》：提舉保甲司掌什伍其民，教之武藝。【原譜】

培系謹案：以上二條，原譜繫「請正是非」條前。據《靖康要錄》，六月七日，公奏請罷武臣提刑，以保甲屬秦元，專一訓練，時爲殿中侍御史。今並前條移次於此。

兩劾蔡懋。【培系補】

培系謹案：公《請奪罷趙野職郡疏》首云：「臣自蔡懋知大明府，兩嘗論奏，以爲其人凶悍，敢爲不義，乞賜罷斥」云云。今據補於此。

奏請奪趙野職郡。此疏六月二十日上，見《靖康要錄》。【培系補】

《宋史·趙野傳》：建炎元年，起復知密州。時寇盜充斥，野棄城去。軍校杜彥等作亂，追野以歸。彥坐堂上數之曰：「汝知州而擕家先遁，此州之人誰其爲主？」野不能應，遂見殺。【培系補】

奏請罷內侍，領外局。此疏六月二十六日上，

見《靖康要録》。【培系補】

七月，奏請愼密兵機。此疏七月一日上，見《靖康要録》。【培系補】

奏請罷顔岐職事。此疏七月二十八日上，見《靖康要録》。【培系補】

八月，監秋試進士。見《新安文獻志》本傳。【原譜】

培系謹案：《宋史·選擧志》：舊諸州以八月選日試擧人，紹興二十四年始定期用中秋日。靖康間尙無定期，公監試未詳何日，然在八月可知。原譜無「八月」二字，今據補。進士即擧人，唐宋時擧人，雖未第即稱進士，詳顧氏炎武《日知録》。

拜侍御史，面賜緋魚，又賜文犀帶。見《新安文獻志》本傳。【原譜】

奏請詔東宮讀《孟子》。【原譜】

培系謹案：此疏八月七日上，見《靖康要録》。

《宋史·欽宗紀》：是年四月，立子諶爲皇太子。《東宮備覽》：「靖康時，公爲侍御史，上言以中書舍人晁説之乞令皇太子講諸經而廢《孟子》，竊謂孟軻氏發明聖道，豈可以爲百家而黜之？今請東宮官進講仍舊制用《孟子》。」國朝厲鶚有詩云：「嶧雨凫雲天際昏，誰從配食憶魚門。七篇幸不忘金鏡，勅付東朝細討論。」【原譜】

培系謹案：此吳焯詩，原譜作厲鶚，誤。

奏劾李偃。此疏八月十一日上，見《靖康要録》。【培系補】

九月，奏陳御戎策。此疏九月九日上，見《靖康要録》。【培系補】

十月，奏請厚禮招譙定。詳《宋史》本傳。【原譜】

培系謹案：此疏十月十一日上，見《靖康要錄》。

譙定，涪陵人，受《易》於郭雍。【原譜】

《宋史》本傳：公奏譙定究極象數，逆知人事，洞曉諸葛亮八陣法，宜厚禮招之。【培系補】

培系謹案：原譜繫「奏請詔東宮讀《孟子》」一條後，今依《靖康要錄》月日編次。

諫假金人名號。詳《新安文獻志》本傳。【原譜】

《宋史·欽宗紀》：是年八月庚申，遣王雲使金軍。十月壬子，詔太常禮官集議金主尊號。【原譜】

諫遣康王出使。詳《新安文獻志》本傳。【原譜】

《宋史·欽宗紀》：是年十月，命尚書左丞王寓副康王使斡離不軍。【原譜】

《新安文獻志》本傳：王雲使北還，欲假名號、車服餌虜求和。公言虜氣方張，何畏而欲解，一墮其計不可悔。尋議遣康王出使，公又言肅王出質不反，當以爲戒。【培系補】

上疏乞救中山。【原譜】

培系謹案：此疏十月二十三日上，見《靖康要錄》。

《宋史·欽宗紀》：是年十月庚申，公請援中山，不省。中山爲河北重鎮，時被圍急，故公請救。【原譜】

培系謹案：庚申爲十月二十八日，蓋公已再乞救矣。

《靖康要錄》載公疏云：「伏見陳遘蠟封申狀，稱中山府城下，賊寨造攻城具。今月九日，於寨立起砲竿一百餘座，及用大車般運攻具近城，必須旦暮極力攻打。欲望朝廷指揮宣撫司火速遣兵應

援。」【培系補】

乞卻高麗貢使。【原譜】

培系謹案：此疏十月二十五日上，見《靖康要錄》。

《宋史·高麗傳》：欽宗立，賀使至明州。公言高麗必事金國，安知不窺我虛實以報。宜止勿使來。乃詔留館於明，而納其贄幣。

《宋名臣言行錄》：靖康丁未，高麗來貢。公請止令遞表以進，卻其使還。【原譜】

《靖康要錄》：公疏論高麗人使所過州縣之擾，我之山川形勢、兵旅衆寡、財用虛實往往窺測以報虜人。勿使入朝，實國之利。如使人已到明州，止令本州遞表入進，遣還使人。詔依。【培系補】

培翬謹案：據《宋史·高麗傳》，則公奏當在欽宗初立時。今仍《名臣言行錄》編次，而識其疑如此。

培系謹案：原譜仍《名臣言行錄》繫在二年，蓋誤。今依《靖康要錄》編次。

再乞救中山。此疏十月二十六日上，見《靖康要錄》。【培系補】

《宋史·欽宗紀》：明年中山陷，遘死之。【培系補】

上疏論反正六事。【原譜】

培系謹案：此疏十月二十九日上，見《靖康要錄》。

《新安文獻志》：靖康元年十月上。大旨謂金寇猖獗，由於天怒未解，宜修人事以應天。【原譜】

培系謹案：原譜此條繫「乞救中山條」前，今依《靖康要錄》編次。

十一月，奏請罷黜宋伯友。此疏十一月八日上，見《靖康要錄》。【培系補】

《靖康要錄》又載臣僚合奏伯友爲廷尉，觀望内侍風旨，多殺以希恩寵，怨氣充塞，傷天地之和，使上皇負謗於天下。伏望竄之遐裔。奉旨宋伯友降充右文殿修撰，知鄭州。

《宋史·欽宗紀》：是年閏月，宋伯友坐棄鄭州廢罷。【培系補】

金寇壓境，陳備禦之術。詳《新安文獻志》本傳。【原譜】

《宋史·欽宗紀》：十一月丙子，金人渡河。乙酉，斡離不軍至城下。【原譜】

《新安文獻志》本傳：虜壓境上，獨召公問曰：「卿嘗以和議爲不可信，今果然乎，將奈何？」公對曰：「今日之策，在於守河。大臣之議，惟欲守城，則爲失計。」退陳備禦之術，且言宰執得人，則寇不足平。章下三省。宰執怒，擬下遷光祿，上不許。【培系補】

培系謹案：《三朝北盟會編》：閏十一月一日，公再劾唐恪、聶昌疏，首云：「臣十一月十七日奏狀，條具備禦得失事」云云。蓋此疏十一月十七日上，今次於此。

奏請擇任人才竝劾唐恪等。【原譜】

培系謹案：此疏十一月十八日上，見《靖康要錄》。原譜作「奏請擇任人才是先」，今據《要錄》補「竝劾唐恪等」五字，刪「是先」二字。

《宋名臣言行錄》：公以上所用唐恪、耿南仲、何㮚、聶昌、李回皆非其人，故有是奏。【原譜】

培翬謹案：《宋史·欽宗紀》：是年八月，以唐恪爲少宰，何㮚爲中書侍郎，陳過庭爲尚書右丞，聶昌同知樞密，李回簽書樞密。公上疏當在是時。

培系謹案：原譜此條繫「諫假金人名號」條前，今依《靖康要錄》月日編次。

奏乞遷都。【培系補】

培系謹案：《三朝北盟會編》：靖康元年十一月二十七日戊子，中書舍人孫覿狀論遷都事，略云：「今月日本省送到侍御史胡某奏乞遷都，奉聖旨令胡某分析。伏見胡某實有區區愛君國之誠心，臣詳味其言，推其用意，蓋謀臣議上先是之明，爲宗廟社稷計萬全，不可不察也。伏望陛下審彼己，奮神斷，不憚旬日之勞，徙建別京，圖萬全之策。如胡某之議，特賜開納，天下幸甚」云云。今公之原疏不存，據補於此。

上以公言籍沒譚稹財產。見《靖康要録》。【培系補】

培系謹案：《要錄》止言十一月，不詳何日，今繫於此。

閏十一月，再劾唐恪、聶昌。【原譜】

培系謹案：此疏閏十一月一日上，見《靖康要錄》。原譜無「聶昌」二字，今據《要錄》補。

《宋史·唐恪傳》：金兵薄城下，恪從帝巡城，爲都人遮擊，策馬得脫。公繼劾其罪，乃以觀文殿大學士、中太一宮使兼侍讀罷。

《欽宗紀》：是年閏月壬辰，唐恪罷爲中太一宮使。【原譜】

乞命康王爲元帥，募兵來援。詳《新安文獻志》本傳。【原譜】

《宋史·欽宗紀》：閏月己酉，命康王爲天下兵馬大元帥，速領兵入衛。【原譜】

《新安文獻志》本傳：虜酋薄青城而軍。

公言：「聞康王在河北，人服其忠義，乞多遣蠟書，以爲元帥，募武勇來援。乃遣秦仔等八人以大元帥命王。」【培系補】

上疏詆郭京不可用。見《永和公支譜》。【原譜】

方回云：「回嘗見其族孫示予家傳六大帙。靖康圍城中，奏議戰守事甚多，故詆郭京尤力。」《宋史·欽宗紀》：是年閏月丙辰，妖人郭京用六甲法，盡令守禦人下城，大啓宣化門出攻金人，大敗。京託言下城作法，引餘兵遁去。金兵登城，衆皆披靡，京城陷。方回說見《文獻志》。【原譜】

培翬謹案：公奏議甚多，今多不存。如救中山，詆郭京，所論尤關一時存亡之大，惜乎不見。

靖康二年丁未，四十五歲。

奏乞不差内侍上城。【培系補】

培系謹案：公《奏論宦官之害疏》内有云：「臣於治子城時，見都人喧鬧，欲毆此輩，遂嘗内奏，乞不差内侍上城，面奉從臣所奏」云云。年月無攷，今次「奏論宦官之害」條前。

正月，奏論宦官之害。此疏正月六日上，見《靖康要録》。【培系補】

二月，奉詔督索金帛，抗言被鞭。【原譜】

《宋史·梅執禮傳》：金人質天子邀金帛，執禮與同列陳知質、程振、安扶皆主根索不盡。金酋怒，先取公及胡唐老、姚舜明、王坦各杖之百。時靖康二年二月也。【原譜】

《新安文獻志》本傳：虜所邀金帛億萬，公奉詔督索，以言抗之，被鞭瀕死。【培系補】

四月，詒書責張邦昌亟退位反正。【原譜】

《南宋書》：張邦昌僭命，公再上書請邦昌亟退居臣位。

《宋史·本紀》：三月丁酉，金人立張邦昌爲帝，稱大楚。

《新安文獻志》有公《責張邦昌反正書》一篇。【原譜】

培系謹案：原譜作三月。考《三朝北盟會編》載，靖康二年四月四日癸亥，公詒張邦昌書。原譜蓋誤，今據改。

上疏元祐皇后，請下詔播告天下。此疏四月上，見《三朝北盟會編》。【培系補】

培系謹案：《三朝北盟會編》載此疏四月十七日丙子上。攷《建炎以來繫年要錄》四月甲戌，元祐皇后告天下手書，云：「先是，胡舜陟上疏，請后降詔諸路，使知中國有主，康王即位有日，以破亂臣賊子之心」云云。據此，則公上此疏當在甲戌以前。《三朝北盟會編》作十七日丙子上，蓋誤，今闕之。

請留勤王兵邀還二聖。見《新安文獻志》本傳。【培系補】

培系謹案：此條未詳月日，據《新安文獻志》叙於乞降詔迎立康王前。

上疏元祐皇后，請迎康王。此疏四月二十日上，見《靖康要録》。【培系補】

# 胡少師年譜卷下

裔孫　培翬　原輯　培系　補編　廷楨　校刊

## 高宗建炎元年丁未

靖康二年三月，金人以欽宗北去，康王即位于南京。自五月以後改元爲建炎元年，是爲南宋之始。【原譜】

五月，上疏議建四鎮。此疏五月壬辰上，見《中興小紀》。【培系補】

《中興小紀》：未幾，公除秘閣修撰，知廬州，其議遂寢。

《中興大事記》曰：當建炎之初，河北惟失眞定等四郡，河東惟失太原等六郡，其他固在也。胡某四鎮之説不行乎前，李綱招撫經總之事復沮於後，故當時無連衡合從相援之勢。金兵方盛，又非一州之所能敵。既破一州，又取一州，使忠臣義士守孤城以待盡，非金殺之也，實朝廷殺之也。觀徐徽言奏使土豪復故地，使之世襲，而敵憚之，則胡某、李綱之計不行，豈不惜哉！【培系補】

轉朝請郎、秘閣修撰，知廬州。【原譜】

《宋史》本傳：高宗即位，除集英殿修撰，知廬州。時淮西寇盜充斥，廬人震恐，日具舟楫爲南渡計。公至，修城治戰具，人心始安。

《宋名臣言行錄》：建炎三年除秘撰，知廬州。

《新安文獻志》本傳：高宗即位於南京，以瘡痏丐去，除秘閣修撰知廬州。

《成化譜》：建炎中，轉朝請郎、秘閣修撰，知廬州。【原譜】

《宋史》本傳：高宗即位，公論宰相李綱之罪，帝不聽。言者論其嘗事僞廷，除集英殿修撰知廬州。【培系補】

培翬謹案：公以建炎元年知廬州，至三

年遷官，故云守廬二年。《名臣言行錄》以爲建炎三年知廬州者，誤也。又公是時止除秘閣修撰，後加集英殿修撰，當以《新安文獻志》爲正。《宋史》本傳尚未詳晰。

培系謹案：《宋史》本傳：言者論其嘗事僞廷云云。考鄧肅奏劾叛臣之事僞楚者，乞先立罪格，然後按僞楚之籍，取叛臣姓名就格斷之，一網而盡。高宗謂肅在圍城之中，固知姓名，令其具奏。當時諸執政、侍從、臺諫稱臣於僞楚及拜於庭下者，無不被彈劾。臺諫中如洪芻、黎確等，皆直斥其名。而獨無一語及公，則公之未嘗事僞廷可知。詳見《栟櫚文集》。且公方以抗言被鞭，瘡痏未平，《新安文獻志》本傳云：僞楚立，病中貽以書，勸速歸政。而遽供職他人之廷，亦情勢所必無者，不待辨也。

奏復帥府於廬州，增築東西水門，糾合鄉民爲巡社。見《新安文獻志》本傳。【培系補】

巨寇劉文舜降。詳《宋史》本傳。【原譜】

《新安志》：首招降劉文舜兵萬餘，因以爲用。【原譜】

《宋史》本傳：濟南僧劉文舜聚黨萬餘保舒州投子山縱剽，公遣介使招降之。

《新安文獻志》本傳：首招巨寇劉文舜、高勝命以官，以其徒爲部曲。自是諸郡有警，檄之無不辦。【培系補】

培翬謹案：《宋史》本傳叙劉文舜事在孫琦後，此依《新安志》及《新安文獻志》編次。

盜孫琦圍廬索糧，擊之，琦遁。詳《宋史》本傳。【原譜】

《宋史·高宗紀》：十月，孫琦作亂。

《永和公支譜》：琦宵遁，公命文舜將兵擊之，斬獲殆盡。【原譜】

《宋史》本傳：冀州雲騎卒孫琪聚兵爲盜，號一海蝦。至廬，公乘城拒守，琪邀貲糧，公不與。衆請以粟遺之，公曰：「吾非有所愛，顧賊心無厭，與之則示弱，彼無能爲也。」乃時出兵擊其抄掠者。琪宵遁，公伏兵邀擊，得其輜重而歸。【培系補】

謹案：《高宗紀》及《新安志》、《新安文獻志》「孫琦」俱作「琦」，惟《宋史》本傳作「琪」，疑誤。

遣劉文舜破丁進，光、蘄、壽三州圍解。【原譜】

《新安志》：時孔彥舟、白彥中、丁進、李勝皆以巨盜合從，光、蘄、壽久被圍，命文舜及其將破之，解三州之圍。

《宋史·高宗紀》：十一月，賊丁進圍壽春府。【原譜】

賊張遇至梁，擊敗之。【原譜】

《宋史·高宗紀》：十二月，張遇寇黃州。

《永和公支譜》：公伺遇半濟擊之，斬首數千級，降兵萬餘，張遇僅以身脫。事聞，詔陞安撫使。【原譜】

《宋史》本傳：張遇自濠州奄至梁縣，梁，廬屬邑。公使毀竹里橋，伏兵河西，伺其半渡，擊敗之。【培系補】

培翬謹案：敘孫琦、丁進、張遇事，先後略依《宋史·本紀》爲次，《新安志》及《文獻志》皆敘張遇事在孫琦前，而《新安志》并敘孫琦事於劉正彥討丁進後，此疑誤，蓋正彥討丁進在後年進再叛時也。

**建炎二年戊申，四十六歲。**

兼淮西安撫使。見《成化譜》。【原譜】

《宋史·地理志》：廬州舊領淮南西路兵馬軨轄，建炎二年兼本路安撫使。【原譜】

培翬謹案：據《地理志》，則公兼安撫使當在是年。

九月，丁進再寇淮西，遣劉文舜破之。詳《新安志》及《新安文獻志》本傳。【原譜】

《宋史·高宗紀》：九月甲申，丁進叛，再寇淮西。十月，劉正彥擊丁進，降之。【原譜】

培翬謹案：前年丁進叛降於宗澤。至是澤卒，復叛。明年二月，王淵誘誅之。史稱劉正彥擊降者，蓋正彥掩公之功以爲功也。

劾劉正彥。【原譜】

《新安志》本傳：劉正彥受命討丁進，至則須兵。公已先遣文舜破進，因拒正彥不與。正彥留屯不肯去，驛聞於朝，公亦劾正彥逗撓。

《新安文獻志》本傳：丁進攻光州，劉正彥討進至廬，而進已去。公止之於外，正彥欲取廬卒以自益，又不與。正彥不勝忿，聞於朝，公亦劾其有異志。明年，正彥果作亂。建炎三年，正彥以叛伏誅。【培系補】

培系謹案：原譜此條與上條合而爲一，今分爲二。

十月十七日，四子仰生。【原譜】

《家譜》：仰公字元高，以廕補承務郎，試中大法，除大理評事。歷官至朝議大夫、直秘閣。【培系補】

**建炎三年己酉，四十七歲。**

范瓊來責錢帛，卻之。【原譜】

《宋史》本傳：范瓊自壽春渡淮，貽書責

贍軍錢帛，公諭以逆順，瓊乃去。《高宗紀》：是年二月，范瓊自東平引兵至壽春。其部兵殺守臣鄧紹密。四月，范瓊自光、蘄引兵屯洪州。七月，自洪州入朝，賜死。【原譜】《新安志》本傳：叛將范瓊破壽春，焚掠聲搖淮、浙，移書遣五騎責錢帛給軍，叱斬其四，留一騎還報。又檄諸郡勿與糧，瓊遂由光、蘄絶江而南。時淮西八州，惟廬按堵，民繪其象於敎弩臺。【培系補】

加朝奉大夫、集英殿修撰。見《新安文獻志》本傳及《成化譜》。【原譜】

七月，奏請身守江北之地，以護行在。此疏七月甲申上，見《建炎以來繫年要録》。【培系補】

陞朝請大夫、徽猷閣待制、淮西制置使。【原譜】

《宋史·高宗紀》：七月甲申，以公爲淮西制置使。

《宋史》本傳：公請以身守江北，以護行宮。帝壯其言，擢徽猷閣待制，充淮西制置使。

《成化譜》：陞朝請大夫、徽猷閣待制、淮西制置使。【原譜】

《新安文獻志》本傳：除徽猷閣待制、淮西制置使。入覲，抗言方今搢紳皆謂國勢未易振，故兵備弛而土宇侵。自古未聞有顓務退避而能立國者，唯陛下堅意不屈，效漢高之必戰以起士心。上嘉歎之。【培系補】

閏八月，改沿江都制置使，知建康府。【原譜】

《宋史·高宗紀》：閏八月丁丑朔，以公爲沿江都制置使。集英殿修撰王羲叔副之。

九月，改兩浙宣撫司參謀官。【原譜】

培系謹案：舜申公《己酉避亂錄》作十月。

《宋史·高宗紀》：九月癸丑，以周望爲兩浙、荆湖等路宣撫使，領兵守平江。己巳，以公爲參謀官。【原譜】

舜申公《己酉避亂錄》：建炎己酉，先兄待制帥建康，與右丞相杜充不相能。是歲十一月，杜充叛，降金。充時領兵駐建康。自遣將來，奪取經制司錢物，待制聞於朝，充亦往往知而後奏。朝廷知二公不合，十月，移待制兩浙宣撫司參謀。時周望自樞府出爲宣撫，望老繆，本由八行舉，與論軍事率不合。先有旨令堅守平江，所措置初無可守之計，待制有奇謀，皆不用。【培系補】

降右文殿修撰。【原譜】

《新安文獻志》本傳：公奏乞分兵前途控虜，言者以爭進爲罪，降右文殿修撰。【原譜】

**建炎四年庚戌，四十八歲。**

三月，遣裨將陳思恭敗金軍於太湖。詳《新安文獻志》本傳。【原譜】

《宋史·高宗紀》：三月，金人去平江，統制陳思恭以舟師邀敗其後軍於太湖。【原譜】

《己酉避亂錄》：思恭，周望軍統制官也。公嘗語望云："樞密必欲守平江，莫若移軍吳江，據太湖天險。吾輩以中軍扼其前，使諸將以小舟自太湖旁擊之，可必勝。"望不主其議，但令召諸將議之。及諸將畢集，望命公語方略，諸將不從。蓋諸將如郭仲威輩皆賊魁，喜亂，志在爲賊而已。思恭兵最少，居下，聞此謀，躍而前曰：「待制之言甚善，思恭願爲先鋒。」自餘不從，竟已。及虜過吳江，思恭不白望，自以兵出太湖，横擊其尾及中軍。係虜之民聞兵至，皆爲内應。縱火焚舟，幾獲四太子者。【培系補】

六月，轉奉直大夫，知臨安府，復爲徽猷閣待制。【原譜】

《宋史》本傳：知建康府，踰年改知臨安府，復爲徽猷閣待制。

《新安志》：六月，以徽猷閣待制知臨安府。

《成化譜》：紹興元年，轉奉直大夫，知臨安府。

《永和公支譜》：入掌臨安府，兼兵部侍郎，同中書門下三品。【原譜】

培翬謹案：知臨安府在是年六月，《新安志》有明文。據《宋史》本傳云「踰年知臨安府」，謂知建康之踰年，是四年也。《成化譜》以爲在紹興元年，蓋誤。

奏罷和買絹十萬，鐵三萬，牛、驢、鹿皮二千。見《新安文獻志》本傳。【培系補】

釋徐權冤。詳《新安文獻志》本傳。【原譜】

《新安文獻志》本傳：新城豪徐權出力捕殺羣盜，盜有得逸者，妄訴其殺平民，幾償死。公一問得情，誅盜而釋豪，闔府稱快。【培系補】

丁父憂。【原譜】

《成化譜》：朝散公於是年八月二十四日薨。

《新安文獻志》本傳：知臨安府。未幾，丁父憂。【原譜】

培翬謹案：《成化譜》載公丁外艱在紹興元年，誤也。

紹興元年辛亥，四十九歲。

詔以故職宣諭京淮湖北，未赴。【原譜】

《新安文獻志》本傳：紹興初，詔奪服乘驛赴行在，以故職宣諭京淮湖北，與時相議不合，謝歸。【原譜】

培翬謹案：秦檜從二帝入金。前年十月，金人縱之歸。是年二月參知政事，八月爲尚書右僕射，同平章事兼知樞密。所謂與時相議不合者，即檜也。檜之忌公，蓋始於此。

紹興二年壬子，五十歲。

起復知江州，兼沿江安撫使。【原譜】

《新安文獻志》本傳：時新經李成之禍，止存空壘。公修城訓兵，他日劉忠至城下，聞有備，去。【培系補】

充京畿數路宣撫使。【原譜】

十二月，爲廬、壽等州宣撫使。以上見《宋史》本傳及《成化譜》。【原譜】

《宋史·高宗紀》：十二月己亥，以公爲廬、壽等州鎮撫使。

《廬州府志》：建炎初知廬州，後遷廬壽宣撫使。【原譜】

《新安文獻志》本傳：先是公去後，州遭殘破，守者武人，責官逋在民者數萬甚急，又託贍卒令市販輸金。至則蠲罷之，招集流散官，爲築室貸種，簡集鄉民，威聲甚震。僞齊豪帥王彥充遣其弟谷永求款附，公將與之，約併力取劉豫，會議和乃止。【培系補】

培翬謹案：《廬州府志》作「宣撫使」，《宋史》作「鎮撫使」。考《宋史·職官志》，鎮撫使乃中興後所設，假權宜以處羣盜者，不應以內臣爲之。且本傳上云「充京畿數路宣撫使」，則「鎮」當爲

「宣」字之誤無疑。

**紹興三年癸丑，年五十一歲。**

二月，改淮西安撫使。【原譜】

《宋史·高宗紀》：二月庚戌，改公爲淮西安撫使。【原譜】

三月，至廬州，王全降。【原譜】

《宋史·高宗紀》：二月壬子，王全犯廬州。三月壬戌，公至廬州，王全降。【原譜】

《宋史》本傳：至廬州，潰兵王全與其徒來降。公散財發粟，流民漸歸。【培系補】

培翬謹案：公以建炎元年知廬州，三年改知建康，至是復爲廬州。方虛谷回謂「公兩帥廬州，文臣之善用兵者」，以此。

培系謹案：《陳定宇文集》載公文，有云：「孫子曰：『水之形避高而就下，兵之形避實而擊虛。』光武之破尋邑，衝其中堅；李光弼破史思明兵，擊其最堅處。因其亂也，亂則堅易擊，堅破則衆潰矣」云云。可以見公用兵之大略。今其全文不可見，年月無攷，附著於此。

奏官包孝肅曾孫。見《新安志》。【原譜】包孝肅名拯，廬州合肥人。【原譜】

**紹興四年甲寅，五十二歲。**

知廣州。【原譜】

《新安志》：後知廣州，有功。

《成化譜》：知廣州，擒賊首張廣。

《永和公支譜》：經略兩廣，征降賊將張廣等，得兵五萬餘，兼平靖倭寇。【原譜】

培翬謹案：廣州屬廣南東路，《宋史》不言公知廣州，惟《新安志》載之。考是年十二月，金、齊兵逼廬州，守者爲仇悆，則公是時已移廣州也。

**紹興五年乙卯，五十三歲。**

十二月，上疏乞罷保甲新法。此疏十二月丙午上，見《建炎以來繫年要録》。【培系補】

培系謹案：《建炎以來繫年要錄》：紹興五年十二月丙午，公上疏乞罷保甲新法。時新知靜江府。考仔公《漁隱叢話》自序稱，紹興丙辰，侍親赴官嶺右，與此不符。然仔公自序必不誤，或者五年冬已奉除知靜江府之命，至六年始赴官耳。今依《叢話》自序編次，而志其疑於此。

**紹興六年丙辰，五十四歲。**

除徽猷閣學士，知靜江府兼廣西經略安撫使。【原譜】

《宋名臣言行録》：除徽猷閣學士，守靜江。

《永和公支譜》：移知靜江府，爲廣西經略安撫使。【原譜】

《新安文獻志》本傳：知靜江府兼廣西經略，聽訟率盡辰漏，庭中肅然。【培系補】

培翬謹案：經略廣西，《宋史》不詳年月。唯仔公《漁隱叢話》自序稱紹興丙辰侍親赴官嶺右，則公之移鎮靜江蓋是年也。

海寇周聰平。詳《新安文獻志》本傳。【原譜】

《新安文獻志》本傳：海寇周聰及東寇陳旺相繼奔軼，聰犯高、化等三州，旺軼入雷境。公命將嚴守津岸，使不得登。聰無水可飲，而食且盡，轉泊南恩，乞降於東路。旺尋亦就縛。【培系補】

題《漱玉泉詩》。【培系補】

《廣西通志·靈川縣·滑石泉》：紹興六年，公帥桂易名漱玉，並有詩。【培系補】

題靜江府枕流亭詩。【培系補】

培系謹案：此詩見《新安文獻志》及《粵西詩載》，不詳年月，因在靜江作，並繫於此。

**紹興七年丁巳，五十五歲。**

修市馬政。【原譜】

《宋史·兵志》：建炎末，廣西提舉峒下李棫請市馬赴行在。紹興初，隸經略司。三年，即邕州置司提舉。未幾，廢買馬司，帥臣領之。七年，公爲帥，歲中市馬二千四百匹，詔賞之。【原譜】

《新安文獻志》本傳：自國家南狩，增市戰馬於横山諸蕃，而馬政未立。公爲定規畫，置官立務，謹火印，減役呼，所買比常歲贏四倍。【培系補】

南丹州猺莫公晟平。詳《新安文獻志》本傳。【原譜】

《新安文獻志》本傳：南丹州猺莫公晟命知南丹，桀黠不受勑，結猺人入暴省地。公揭榜諸洞，募能擒斬者，以其官爵貲產畀之，又益以錢鹽萬計。猺人動心，公晟屏跡，時以爲胡公一榜賢於兵數萬。【培系補】

封績溪開國男，進封子爵。【原譜】

《成化譜》：轉中散大夫，封績溪開國男，食邑三百戶，中奉大夫，進封子爵，加邑三百戶，中大夫。

《新安文獻志》：事略上，封績溪縣伯。《府志》同。【原譜】

**紹興八年戊午，五十六歲。**

奏訓練土丁、保丁。此疏紹興八年上，時爲廣西經略。見《文獻通考》。【培系補】

秦檜諷御史中丞常同奏公，罷職，提舉洪州玉龍觀。【原譜】

《永和公支譜》：公嘗陳劾奸相秦檜十餘條，檜深恨之，諷御史中丞常同奏公，罷歸。

《新安文獻志》：尋奉祠歸。

《成化譜》：提舉洪州玉龍觀。【原譜】

培翬謹案：公罷歸不詳何年，考《宋史·常同傳》，同以七年秋除御史中丞。則公之罷職蓋在是後也。

培系謹案：此條原譜繫在七年。據《文獻通考》，紹興八年，公上疏言訓練事，時尚爲廣西經略，則常同奏公罷職當在八年以後，今移次於此。

培翬又案：秦檜以紹興元年知樞密，二年八月罷，五年復資政殿學士，六年八月參決尚書省樞密院事。自是柄國，終其身矣。

居歸安之射邨，作《感皇恩》詞。【原譜】

《漁隱叢話》：「先君嘗丐祠居射邨，作《感皇恩詞》云：『乞得夢中身，歸棲雲水，始覺精神自家底』云云。」【培系補】

培系謹案：原譜此條繫前條之下，今分繫於此。

三月，撰《孔子編年序》。【原譜】

《直齋書錄解題》：《孔子編年》五卷，公命子仔採摭經傳爲之，而序其譜。【原譜】

培翬謹案：公此序作於是年三月壬子，或以爲自靜江罷歸時作。

培系謹案：宋景濂《孔子生卒年月辯述》：公言主司馬遷，謂如《穀梁》、《公羊》所書，則孔子出處之年，與經史諸子皆不合云云。今其全文不可見，附著於此。

**紹興十年庚申，五十八歲。**

起知靜江府，復爲廣西經略。見《宋史》本傳。【原譜】

《漁隱叢話》：比歲兩次侍親赴官桂林。

【原譜】

紹興十一年辛酉，五十九歲。

四月，節制廣東、廣西、湖南三路兵，討駱科，平之。詳《新安文獻志》本傳。【原譜】

《宋史·高宗紀》：四月丙申，以公節制廣東、湖南兵，趣討駱科。時公爲廣西經略使。【原譜】

《新安文獻志》本傳：宜章巨寇駱科自稱鎮東王，爲湖廣之害者十五歲。詔公節制三路兵討之，即日趨賀州，擒李松，科挺身降。引兵搗其柵，所向披靡。公從江華出桂陽，時他軍已散，獨與本道二千人俱。而賊處處屯結，公拔郭振於囚隸，使爲先鋒，深躡臨武洞中，五戰皆捷，降馘萬計。振自是進用，至秉節鉞，世以爲知人。【培系補】

進封新安伯，加封金紫光祿大夫、明國公，食邑九百戶。【原譜】

《成化譜》：大中大夫，進封新安伯，加邑二百戶。通請大夫[一]，加封金紫光祿大夫、太師、明國公，食邑九百戶。按，《成化譜》後有累贈太師之文，則此「太師」二字疑衍。

《永和公支譜》：加金紫光祿大夫、太子太傅、新安伯。【原譜】

冬，上疏論岳飛冤。見《永和公支譜》。【原譜】

培翬謹案：《宋史·高宗紀》：是年冬十月，下岳飛獄，十二月賜死。公上疏當在斯時。

紹興十二年壬戌，六十歲。

九月，撰《家譜序》。【原譜】

培系謹案：《家譜》：公此序作於九月十六日。

紹興十三年癸亥，六十一歲。

遭秦檜搆誣，下靜江府獄，六月十八日薨。

【原譜】

《宋史·秦檜傳》：紹興十三年，公因語忤檜，以非笑朝政下獄死。

《宋史·刑法志》：紹興十一年，秦檜欲誅岳飛，命万俟卨鍛鍊成之。飛賜死，公爲廣西帥，與轉運使呂源有隙。源奏公贓污僭擬，又以書抵檜，言公訕笑朝政。檜素惡公，遣大理官往治之。十三年六月，公不服，死於獄。飛與公死，檜權愈熾，屢興大獄以中異己者，名曰詔獄，實非詔旨也。

《宋名臣言行錄》：公帥廣西，與呂源有隙。呂奏公贓污僭擬，又以書抵秦檜，言公非笑朝政。檜素惡公，入其說，奏遣理丞袁柟、燕仰之往推勘之，居兩旬，辭不服而死。公再守靜江，有惠愛，人聞其死，皆爲之哭，丐者亦斂數十錢致祭。

《成化譜》：六月十八日薨，春秋六十一歲。方回云：公死於靜江府獄中，實秦檜殺之也。羅鄂州《新安志》略不書。公兩帥廬州，文臣之善用兵者，檜之殺之，殆以此。見《漁隱叢話考》。

程敏政云：按羅鄂州《新安志》，於秦檜之殺公略而不書，非虛谷一白之，則其跡泯矣。然則是書精博，雖未易及，至其義類取舍之間，疑大有可議者焉。姑記此以諗觀者。見《新安文獻志》注。【原譜】

《宋史》本傳：以知邕州俞儋有贓，爲運副呂源所按，事連公，提舉太平觀。先是，公與源有隙，公因討郴賊劾源阻軍事，源以書抵秦檜，訟公受金盜馬，非訕朝政。檜素惡公，入其說，奏遣大理

寺官袁栴、燕仰之往推劾。居兩旬，辭不服，死獄中。公有惠愛，邦人聞其死，爲之哭。【培系補】

培系謹案：《宋史·高登傳》：公謂登曰：「古縣秦太師父舊治，實生太師於此，盍建祠祀之。」登曰：「檜爲相亡狀，祠不可立。」公大怒，摭秦琥事，移荔浦丞康甯以代登，登以母病去。公遂創檜父祠，而自爲記。且誣以專殺之罪，詔送靜江府獄。公遣健卒捕登，屬登母死舟中，藁葬水次，航海詣闕上書，求納官贖罪，帝閔之。故人有爲右司者，謂曰：「丞相云嘗識君於太學，能一見，終身事且無憂，上書徒爾爲也。」登曰：「某知有君父，不知有權臣。」既而，中書奏故事無納官贖罪，仍送靜江府獄。登歸葬其母，訖事詣闕，而公先以事下獄死矣云云。攷公與秦檜素不相能，何至爲檜父立祠？即高登謂檜爲相無狀，祠不可立，似亦未爲太過，何至觸公之怒，至誣以專殺之罪，必置之死？似公之媚檜有不遺餘力者，乃不肯媚檜者尙未至死。而悉力媚檜者反爲檜所殺。檜即至愚，不應自相剌繆若是。又登之故人謂檜嘗識登於太學，能一見，終身事且無憂，似檜亦未嘗不稍有優容者。況爲檜父立祠之人，檜豈不心德之，何難貸其一死，乃不旋踵而斃之於獄，曾不稍從末減。檜何寬於登，而獨嚴於公哉？以當日事勢揆之，此傳之誣，可不待辨。且公既媚檜，又何至於忤檜，檜亦何至於惡公？《新安文獻志》本傳：紹興初，詔以故職宣諭京淮、湖北，與時相不合，謝歸。所謂時相即檜也。公之忤檜，其由來久矣。以《宋史》而論，其見於《刑法志》者，稱岳飛與公死，檜權愈熾，屢興大獄，以中異己者；其見於《秦檜傳》者，稱公因語忤檜，以非笑朝政下獄死；其見公本傳者，稱公與呂源有隙，源以書抵檜。檜素惡公，入其說，奏遣大理官推劾，居兩旬，辭不服，死獄中。按之此傳，全不相符。或者登實有專殺之罪，爲公所按治，其後人誣公爲檜父立祠，以自解說。修史者非出一人之手，僅據其子孫之傳志，隨文鈔撮，而不知一書之中，前後自相矛盾也。

趙氏翼《陔餘叢攷》云：「宋人之家傳、表、誌、行狀以及言行錄、筆談遺事之類，流傳於世者甚多。修史者固當參互以核其實，乃不及考訂眞僞，但據其書鈔撮爲文，成何信史乎？」培系謹案：《宋史》此類甚多，以致是非錯誣，莫得其實。其他見於諸家記載者，公之大節昭然具著，茲不備論。

夫人汪氏訴冤得白。【原譜】

《宋名臣言行錄》：既而其家訴寃，再遣官究實，言公受金事涉曖昧，其得人心，雖古循吏無以過，於是柟等皆送吏部。

《永和公支譜》：夫人汪氏泣訴於朝，詔判德慶府洪元英究實。元英言公受僋金馬事涉曖昧，其撫士卒得民心，雖古循良無以過。上謂秦檜曰：「胡舜陟乃文臣之善用兵者，且罪不至死。勘官不可不懲。」遂械繫袁柟、燕仰之於大理獄，呂源削籍爲民。【原譜】

賜葬湖州，遣官致祭。【原譜】

《永和公支譜》：賜葬湖州歸安縣謝勘邨，

遺官致祭，因名其地爲胡家隝。【原譜】

累贈少師。見《成化譜》。【原譜】

培系謹案：原譜據《成化譜》作累贈太師，而《新安文獻志·事略》云贈少師。培翬公編公總集仍之，今依總集。

著有《奏議》、《文集》、《論語義》[一]、《詠古詩》、《師律陣圖》、《三山老人語錄》。詳《家譜書目》。【原譜】

公既貴，封贈父母，弟姪、子孫皆以公廕得官。詳《家譜序》。【原譜】

乾道中，公季子仰輪對，以公所論江淮事進呈。上語仰曰：「豈非欽宗朝作臺諫者乎？朕觀《實錄》，惟卿父奏疏甚多。」歎息久之。《新安文獻志》本傳及《永和公支譜》。【原譜】

嘉定中，縣令王公柟賞特建三先生祠於學宮，祀公及蘇黃門轍、崔正言鶠。《縣志》。【原譜】

明裔孫珣嘗建仰山祠於邑東祀公，並輸田二十畝以供祀事。《府志》。【原譜】

府縣崇祀鄉賢祠。詳府縣志。【培系補】

---

[一] 請：疑誤，或當作「議」字。

是譜仿《韓柳年譜》及《朱子年譜》之例，有綱有目，有辨證。凡事標其大旨爲綱，細注其源委出處爲目，而附辨證於後。其見於《宋史》本傳及《新安文獻志》本傳者，止注云詳某傳，而不復載其文，以二傳已見前故也。培翬又識。

培系謹案：此譜從《家譜》中録出，所云二傳已見前，謂已見《家譜》也。

嘉慶間，族兄培翬公始撰此譜，載入《家乘》。是時南宋雜史或多未見，故采摭未備。嗣後培翬公蒐訪得公之遺文及詩，道光乙亥編爲總集刊行，而年譜亦多增補，未及付刻。咸豐初遭寇難，藁本亡佚。族弟培系據《靖康要録》及《建炎以來繫年要録》等書重加排纂，補其缺略，其體例一依原譜。原譜止一卷，大字爲綱，細注爲目。今悉用大字，釐爲二卷。舊題《三山公年譜》，今依總集之例，題曰《胡少師年譜》。惟原譜中間有前後失次者，略爲移易。所依據各書，一一注明於下。又見《宋史》本傳及《新安文獻志》本傳者，原譜止注云見某傳，今則詳載其文，源委畢具。廷楨竊謂是編實有關於公之大節，當與總集竝傳於世，乃敬授剞劂而記其緣起如此。光緒八年歲次壬午季秋月朔，裔孫廷楨謹識。

# 梁溪先生年譜

（宋）李綸 編

彭邦明 校點

傅增湘校訂本《梁溪先生文集》附録

李綱（一〇八三—一一四〇），字伯紀，號梁溪居士，邵武（今屬福建）人。政和二年進士，授鎮江教授。歷國子正，除監察御史，宣和初謫監南劍州沙縣稅。欽宗即位，除兵部侍郎。靖康元年，爲行營參謀官，除尚書右丞、親征行營使，知樞密院事，出爲河北東路宣撫使。徙知揚州。以言者劾其專主戰議，責授保静軍節度副使，建昌軍安置，再責寧江。建炎元年，除資政殿大學士，率兵勤王。高宗即位，拜尚書右僕射。爲相纔七十五日，因反對避地東南，落職居鄂州，移澧州。起爲荆湖廣南路宣撫使兼知潭州。紹興十年卒，年五十八，贈少師，謚忠定。

李綱于國家危難之際，能以社稷生民爲意，人品經濟，彪炳史册，且詩文詞均有所長，著有《梁溪集》一百八十卷，今存宋刻殘本（存三十八卷）、《四庫全書》本、清道光十四年刊本等。事蹟見《李公行狀》（《梁溪集》附録）、《宋史》卷三五八、三五九本傳。

李綱年譜，在宋有其門人鄭昌齡所編《梁溪先生年譜》一卷（華東師範大學圖書館藏趙琦美鈔本《梁溪先生集》附）及其季弟李綸所編《梁溪先生年譜》一卷。其後復有明李氏編《忠定公履歷》、闕名編《李忠定公輔政本末》，清林侗《李忠定公年譜》二卷、王景賢《補輯李忠定年譜》二卷、黄宅中《李忠定公年譜》一卷、楊希閔《李忠定公年譜》一卷，今人趙效宣撰有《李綱年譜長編》，收入《新編名人年譜集成》第九輯。本譜爲李綸所編，採自傅增湘校訂本《梁溪先生文集》附録，並據影印文淵閣四庫全書本《梁溪集》附《年譜》訂補。

元豐六年癸亥，公生〔一〕。
七年甲子
八年乙丑
元祐元年丙寅
二年丁卯
三年戊辰
四年己巳
五年庚午
六年辛未
七年壬申
八年癸酉
紹聖元年甲戌
二年乙亥
三年丙子
四年丁丑
元符元年戊寅
二年己卯

三年庚辰
徽宗皇帝建中靖國元年辛巳，公年十九。
正月七日，丁韓國夫人憂。
按龜山楊公所撰《墓誌》云：夫人姓吳氏，括蒼人。奉議郎長興府君之女，名犯淵聖廟諱。
公廬毗陵錫山塋次，書釋氏《妙法蓮華經》七卷，置槨中。手植松栢數十萬。
崇寧元年壬午
二年癸未
三年甲申，公年二十二。
補國學監生第一。
方先衛公之入上庠也，名在第一，而公繼之，每試必上列。後公之叔弟經補入國子監，亦以魁選。時人榮之。
是歲夫人張氏來歸。夫人，鄱陽人，秘閣脩撰、贈少師根之女。

**四年乙酉，公年二十三。**

舉進士預貢。

**五年丙戌，公年二十四。**

八月七日，長子儀之生。

**大觀元年丁亥，公年二十五。**

十月三十日，子宗之生。

閏十月，公以父任朝請大夫、守宗正少卿，遇宗祀大禮，奏補假將仕郎。

**二年戊子，公年二十六。**

附試國學貢士，復首選。屬聞期親之喪，友人貽書，謂：「道路之傳，蓋不的。勉試春官，以慰親望。」公不可，調將仕郎、眞州司法參軍。

**三年己丑，公年二十七。**

在眞州。

**四年庚寅，公年二十八。**

在眞州。

**政和元年辛卯，公年二十九。**

在眞州。

二月二十六日，子集之生。

**二年壬辰，公年三十。**

中莫儔榜乙科。臚傳之日，上顧問再三，特旨升甲，改合入官，與學官差遣，授承務郎、相州教授。以親庭遠，易鎭江。

**三年癸巳，公年三十一。**

在鎭江。

按謁告迎奉詩云：「薄宦便甘旨，兩載官南徐。山川富佳致，足以爲親娛。」則知衛公自鄧帥得請祠宮，就養子舍，蓋是年也。

**四年甲午，公年三十二。**

召赴闕，三省審察院，除行國子正。

十二月，對便殿，除尙書考功員外郎。

**五年乙未，公年三十三。**

謁告迎衛公於霅川，有旨除衛公提舉醴泉觀，以便就養。

九月還闕，道除監察御史，兼權殿中侍御史。嘗因職事進對，時衛公亦以是日見上，上顧公曰：「卿父子同日造朝，搢紳榮事。未幾以論內侍建節及宰相任用堂候官、從官入朝以笏擊其下，凡三事，罷言職，授尚書比部員外郎。

**六年丙申，公年三十四。**

磨勘轉承事郎。嘗因奏對，有《理財以義》等五劄子。

**七年丁酉，公年三十五。**

充禮部貢院參詳官。

**八年戊戌，公年三十六。**

四月，再對。

五月，除太常少卿。

八月，出朝陵寢，未還闕，除起居郎。

十二月，兼國史編修官。

**宣和元年己亥，公年三十七。**

同知貢舉。

六月，京城之西大水滲漫，如江湖漕運不通，畿甸之間悉罹其患，無敢言其災異者。公上章論列，降一官，監稅。再上章論六事，再降一官，與遠小監當，授承務郎、監南劍州沙縣稅。

按《奉迎錄》：靖康元年春，公知密院，奉迎道君太上皇帝於南京。道君曰：「相公頃爲史官，緣何事去？」公奏云：「頃緣論都城外積水，以狂妄得罪，上荷陛下保全。」道君曰：「想當時宰執中有不喜公者。」公因奏曰：「臣昨論水災，偶有所見。自古雖亡道之國，水猶不冒其城郭。天地之變，各以類應，爲今日兵革攻圍之兆。」道君以爲然。淵聖皇帝即位之初，召對，淵聖迎謂曰：「卿頃論水章疏，朕在東宫見之，至今猶能誦憶。嘗賦詩，有『秋來一鳳向南飛』之句。」

按忠愍李公若水上公書云：「宣和初，水危京城，獨閣下抗章敷奏，天下雜然稱曰：『此鳳鳴朝陽之舉也。』」

方公得罪時，故諫議陳公瓘以書賀衛公曰：「積誨有自，可以百拜爲壽，而遠莫能也。」

按龜山楊公所撰《衛公墓誌》云：「子某自左史論事得罪，方遠謫，公誨之曰：『進退出處，士夫之常。汝勉自愛，毋以吾老爲念也。』」

是年有《留別諸弟》等詩。道江南，入閩境，遂遊武夷，乘小舟泛九曲，留山中，賦詩幾五十篇，又廣其意而爲之賦。

十二月，到任。

**二年庚子，公年三十八。**

六月，復承事郎。

十月，復本等差遣。

按《梁谿集》，有《迷樓》等九賦、《求仁堂》等八記、序五、贊十三、箴六、銘四、和《歸去來》《秋風》二辭、《災異》等九論、《方城侯》等三傳、題跋七，雜著如《清議説》、《答賓勞》、《釋疑》及《書事》等，皆公在沙陽時所作也。又有《到沙陽》至《崇安朱令送示武夷圖》詩三百餘篇。

是年公叔弟補太學上舍生，季弟綸預鄉選。公有詩云「吾家世儒業，教子惟一經。邇來四十載，父子三成名。季弟亦鄉選，來年試春卿」之句。

**三年辛丑，公年三十九。**

磨勘轉宣教郎。

是年，衛公以方臘之亂，自錫山避地海陵。公泛大江歸膝下。有《與宰執等論方寇書》、《江上愁心》、《梅花》二賦。自分水嶺過江南，至自海陵，泛江歸梁谿，詩百餘篇。

閏五月，衛公還錫山，感疾不起，實二十七日也。終中大夫、右文殿脩撰。以公貴累贈太師，追封衛國公。

八月，合葬衛公於韓國塋次。

**四年壬寅，公年四十。**

**五年癸卯，公年四十一。**

八月，服闋。

按《冬至後三日詩》序云：「自罹艱棘，絕不復作。今秋既御祥琴，適友人胡俊明寄示鍾山酬唱，因次韻和之，自此漸理筆墨。」有《次韻上元宰》等數十篇，有《中隱堂上梁文》。

**六年甲辰，公年四十二。**

除知秀州。

八月九日，子秀之生。

**七年乙巳，公年四十三。**

未赴秀州間，三月，除太常少卿。

按《梁谿詩集》，有《自乙巳春赴太常召如京師》等詩。

六月，到闕。

是冬，金人敗盟，分兵兩道入寇。公上封事，又有《刺血書劄子》。

十二月二十四日，淵聖皇帝受內禪。公上封事。二十八日召對，二十九日除通直郎、兵部侍郎。再對，進《禦寇用兵劄子》。

**孝慈淵聖皇帝靖康元年丙午，公年四十四。**

正月三日，門下侍郎吳公敏爲行營副使，公爲參謀官。四日，面除中大夫、尚書右丞。是日宰執有奉鑾輿出狩之議，公乞對力爭，故有是命。既又俾留守東京，公再求對，上乃許留。五日，除親征行營使。方治都城四壁守具，自五日至八日粗畢，而賊馬已抵城下，攻西水門。公臨城捍禦，自夜達旦。九日，攻酸棗、封丘門甚急。公登城督戰，激勵將士，自卯至申，殺賊數千人，斬獲酋虜首級，皆耳有金環。賊知城守有備，乃退師。十日，虜遣使請和，且乞遣大臣赴軍前議所以和。上顧宰執，未有對者，公因請行，上曰：「卿方治兵，不可。」公曰：「所以和者得策，即中國之勢遂安。不然，禍患未已。」十一日，使人回自軍前，道金人之意，須犒師金銀、絹綵、馬駝騾驢之屬，各以萬計，求尊其國主爲伯父，乞親王宰相爲質，及割太原、中山、河間三鎮之地。朝議欲悉從之，公力爭，以謂尊稱如其所欲，固無害；犒師金幣，雖竭天下不足以充數，當量與之；三鎮，國家屏蔽，又保塞，翼宗、僖宗、順宗三祖陵寢所在，子孫奈何與人；至於遣質，則宰相當往，親王不當往。宰執皆不以爲然，公自度不能勝衆說，因再拜求去。上慰諭曰：「卿第出治兵，恐金人款我。」公遂出，至城北壁復回，則誓書已行矣。自是金人益肆須索，無所忌憚。及勤王之師既集，西兵將帥日至，上始赫然有用兵意。二十七日，公與太常李公邦彥、少宰吳公敏、宣撫使种公師道、都統制姚公平仲、宣幹折公彥質同對於福寧殿，以二月六日出師。

二月一日夜，姚平仲率步騎萬人以劫金人之寨，欲生擒斡離不。雖种宣撫在城中，弗知也。公時以疾給假卧行營司，夜半，上遣中使降親筆曰：「姚平仲已舉事，決成大功。卿可將行營司兵出封丘門，爲之應援。」公辭以疾，且非素約，兵不豫備。斯須之間，中使三至，且取軍令狀以聞。公不得已，力疾會三軍將士。二日旦，出封丘門，勒兵於班荆館天駟監，分命諸將解范瓊、王師古等圍虜騎，出没鏖戰，斬獲甚衆。是夜宿於城外。姚平仲者一夕劫寨，爲虜所覺，即遁去。宰執、臺諫皆謂西兵、勤王之師及行營司兵，皆爲金人所殲，無復存者。三日，詔不得進兵。斡離不遣使請再和。遂罷公右丞、行營使，以蔡左丞懋代焉。种亦罷宣撫。公得止兵詔，即振旅以入城。聞罷命，乃退處浴室院待罪。蔡左丞計會行營司兵，所失裁百餘人，西兵及勤王之師折傷千餘人外，餘幷如故，朝廷乃知前所聞之非。是夕，上降親筆慰勞，且令吴少宰宣諭將復用之意。五日，太學生陳東與諸生千餘人詣闕上書，明公與种不當罷。軍民聞之，不期而集者數十萬人。上遣中使召公，公固辭不敢行，宣召者絡繹而至。既入對，即復尚書右丞，都大提舉京城四壁守禦使。十日，金人退師。十四日，除知樞密院事，封開國伯。有《乞議不可割三鎮劄子》。

三月，道君回鑾，御批吴敏、李某等令一人來，公請行。十七日，離國門。十八日，次陳留縣秋口，遇道君、太上皇后船。公拜謁，有《奏知接見道君太上皇后劄子》，具言已許居寧德宮之意。二十日，抵南都。二十一日，道君引對，獎諭曰：「都城守禦，宗社再安，相公之力爲多。」公因出劄子，乞早回鑾輿，不須詣亳社、西都。道君詢虜騎攻圍次第，及朝廷更改等事。公條具以對，道君感悟，内出玉帶、金魚袋、古象〔簡〕以賜。二十三日，朝辭。道君袖中出書付公，宣諭曰：「公輔助皇帝，扞賊守宗社，有大功。若更能調和父子間，使無疑阻，當書青史，垂名萬世。」公先具劄子，以所得道君聖語奏知，上批答有「知卿奏對，忠義煥然」之語。二十五日，還抵闕下。二十七日，宰執進呈車駕出郊奉迎道君儀注，執政議論不同，公力爭之，言甚激切。再對，遂有乞治伏闕之事者。上及宰相皆愕然，公乞身待罪，上笑曰：「伏闕士庶以億萬計，如何結約，朕所洞知。卿不須如此。」公再拜辭出，求去章十餘上，皆批答封還不允，且降御筆，有「迺者虜在近郊，士庶伏闕，一朝倉卒。衆數十萬，忠憤所激，不謀同辭，此豈人力也哉？不悅者造言，何所不可？故卿不自安，殊不知朕深諒卿之不預知」等語。既又召至内殿，面加慰諭，且曰：「賊馬方退，正賴卿協濟艱難。今遽欲捨朕何之？前事不足介懷，宜爲朕少留。」公勉就職。四月，有《乞用富鄭公守禦策》、《乞益脩邊備措置塘濼水櫃》等劄子，又條具備邊禦敵八事，及條具調發防秋之兵。二十四日，以覃恩轉太中大夫。得旨撰《起防秋兵》等三詔，及《賜夏國》、《與高麗》、《通金國》三書。

五月十九日，除河北東路宣撫使，辭免凡八上，上出《裴度傳》以賜。二十三日，受命。

六月十四日，復五具劄子乞罷。又有《論宣撫職事》四劄子。二十五日，戒行前期，錫燕紫宸殿，特賜玉束帶、牙簡等。又賜御筵於瓊林苑，且幸東華門，臨遣，累降親筆，有「朕之任卿，堅如金石。一應行事，朝廷豈能預定？可一切便宜行事」，及有「李某所至，如朕親行」之語。

七月初，抵河陽，望拜陵寢。有《乞深考祖宗之法劄子》。進次懷州，日肄習車戰，候防秋之兵集，以謀大舉。而朝廷降旨，凡詔書所起之兵悉罷之。公兩上疏力爭，不報。而宣撫副使、制置副使、察防使至幹當公事、都統制等，皆承受御前處分，事得專達，進退自如，宣撫司徒有節制之名，公乃力上章乞罷。會奉使王公雲、曹公曚自虜中回，有許以租賦代割地之意，乃詔宣撫司不得輕易進兵，公前後乞罷表劄十餘上，上許令赴闕。

九月初，交宣撫職事與折公彥質。十八日，除觀文殿學士，知揚州。公具劄子乞覈寔宣撫司見在軍兵財物，既而言者果謂公專主戰議，喪師廢財，著落職提舉亳州明道宮。責授保靜軍節度副使，建昌軍安置，再責寧江。

按《靖康行紀序》，公十月抵無錫，一宿湛峴，兩遊惠山，與昆弟嘯咏。聞有建昌軍之責，即日命駕過虎丘，臨劍池，月夜步松江長橋，與親友爲別。渡錢塘江，經嚴陵瀨，自三衢入江西，歷上饒、弋陽，遊龜峰寺，道金溪，抵建昌，時十二月也。

是歲有《靖康傳信錄》二十卷、《奉迎錄》一卷。

**今上皇帝建炎元年丁未，公年四十五。**

按《靖康行紀序》，自建昌復聞有寧江之命，即泛舟由臨川如豫章。邂逅遊人長老懷宗，同進翠巖寺觀洪崖井，復遊玉隆萬壽宮，觀許旌陽手植檜。道龍虎山望仙巖，次筠陽上高，遊九峰寺，次宜春。遂由萍鄉、醴陵以次長沙，遊道林嶽麓寺陵，觀唐人篇翰，時仲春之初也。幽懷壯志，時發於文詞之間。則如《乘閒志》之類是也。

又按《湖海詩序》云：「余舊喜賦詩，自靖康謫官，以避謗輟不復作。」則知兩年無詩。

公次長沙，聞有淵聖皇帝召命，復元官，除資政殿大學士，領開封府事，即率湖南義旅以進，時四月八日也。由岳陽登舟，沿江順流而東。

五月初，次繁昌，傳元帥府檄，方審都城不守，二聖播遷，號慟幾絕。次太平州，睹上登寶位赦書，即上書論時事。次寶應，聞降麻告廷除正議大夫、尚書右僕射，兼中書侍郎，進封開國侯。次金果園，賜燕，且令龍圖閣學士兼侍讀董公耘傳旨，云嘗遣從事郎劉默齎賜御書及復觀文殿學士劄子，御書有「方今生民之命急於倒懸，諒非不世之才，何以協濟事功？閣下學窮天人，忠貫金石，是以盡復公舊官職，澤被斯民，功垂竹帛，乃公素志」之語。

六月一日，對於殿內，面辭新命，上曰：

「朕知卿忠義智略甚久，在靖康間宣力爲多，特爲同列所不容，故使卿以非罪去國，而國家禍故如此。朕嘗欲言於淵聖，欲使夷狄畏服，四方安寧，非相卿不可。今朕眇然一身，託於士民之上，賴卿左右扶持，以濟艱難。此志已定，卿其勿辭。」公頓首泣謝。二日，再對，力辭，上曰：「卿素以忠義自許，豈可於國家艱難之時，而自圖安閒？朕決意用卿，非在今日。社稷生靈，賴卿以安，卿其勿辭。」公因出《十議》以進，皆當時急務，度能從，乃敢受命。五日，進《漢唐三帝紀要錄》。六日，受告，兼充御營使。以覃恩轉正奉大夫，進封開國公。公既拜命之後，竭力爲上規畫捍禦金寇、奉迎鑾輿之策，且謂：「河北河東，國家之屏蔽，雖頗爲虜所陷沒，然其兵民戴宋之心堅甚。朝廷不議救援，使人力屈而附賊，爲患非細。」於是薦張所招撫河北，傅亮經制河東。又請車駕一至京師見宗廟，慰安都人之心。度未可居，則巡幸南陽駐蹕，示不棄中原。而西通關、陝，可進兵馬；東達江、淮，可運糧餉；南通嶺、蜀，可取財貨；北援三都、兩河，與賊爭利。天下形勢，莫便於此。有旨遣使經畫。又勸上益募兵買馬，繕器仗，脩軍政，擇將帥，置帥府要郡，經略天下。是時劇賊李昱擾山東，杜用起淮南，李孝忠亂襄陽，皆遣將討平之，其餘降者十餘萬，纔兩月間，威令大振。無何詔欲巡幸東南，公極論其不可，上乃收還所降詔。翌日，再具劄子，援楚漢滎陽成皋間、曹操袁紹官渡事，論天下形勢甚詳。又與執政爭於上前，然南幸之議已定，而公求去之意亦決矣。

八月五日，遷銀青光祿大夫、尚書左僕射兼門下侍郎，公未拜。適有沮張所而罷傅亮者，公爭之不得，乃入表劄丐去，上曰：「卿所爭事小，何必便爲去就？」公曰：「宰相之職在薦人材，方今人材，將帥爲急，恐不可謂之小事。」章三上，降麻除觀文殿大學士、提舉杭州洞霄宫，時十八日也。

十月，抵鎮江府，聞有辛道宗下叛兵自秀州作過，迤邐由常州而來，即雇客舟，由大江以歸，未嘗相遇。時公季弟在無錫，與知縣郗漸商議，說誘叛兵，不曾焚掠邑室。公是時方到鎮江，初不與知。言者乃謂公遣弟迎賊，傾家貲犒設，坐此落職，鄂州居住。公在相位纔七十有五日，既罷之後，招撫經制司皆廢，車駕遂東巡，兩河郡縣皆陷於賊。金人以次年春擾京東西，深入關輔，殘破尤甚。凡募兵買馬，團結訓練，車戰水軍之類，一切廢罷，中原盜賊蠭起，跨州連邑，莫能制禦，率如公之所料云。

是年有《建炎進退志》十卷、《迂論》六卷。紹興四年得旨，令編次《建炎時政記》二卷、《建炎制誥表劄集》四卷。

**二年戊申，公年四十六。**

在鄂州。

十月，以謫降〔官〕不許同在一州，移澧州。會有上書訟公之冤者，言者復有論列。

十一月，責授單州團練副使，移萬安軍安置。

公兩被遷責，皆次子宗之從行。時著《論

語詳說》十卷、《易傳內篇》十卷、《外篇》十二卷。

**三年己酉，公年四十七。**

六月一日，長子房下長孫震生。

按《寄長子詩序》云：「時在雷州解《易》，適至《震卦》，因名之曰震孫。」詩有「洊雷名震因觀《易》」之句。

十一月，次瓊州，三日而德音放還，任便居住。

**四年庚戌，公年四十八。**

自嶺表訪家鄱陽，未幾挈家邵武。

七月，復銀青光祿大夫。復以盜作，自邵武避地長樂。

按《湖海集序》云：「建炎改元之秋，乞罷機政。其冬謫官居武昌，明年移澧州，又明年遷海外，未嘗不作詩。」則知自元年秋有《寶劍聯句》，至四年《次韻葉夢授送家園梅花絕句》等六百餘篇是也。又有乘桴浮於海十二賦，記序各五，題跋十。自崇陽與許崧老及吳元中諸公書。

**紹興元年辛亥，公年四十九。**

三月，除提舉杭州洞霄宮。

九月，復資政殿大學士。

是年有《汀州均慶院轉輪藏記》、《福州天寧寺松風堂記》、《甌粵銘》。編次《唐朝諸將傳》兩卷，且有序跋，及《溫泉絕句》至《止戈堂》詩二十餘篇。

**二年壬子，公年五十。**

正月十六日，次子房下孫泰生。

二月八日，除觀文殿大學士、荊湖廣南路宣撫使兼知潭州、〔荊〕湖東路兵馬鈐轄。續有旨荊東西依舊爲荊湖南北路，湖南依舊潭州置帥，以公兼本路安撫使、馬步軍都總管，公力辭。有《辯謗》等奏狀。

閏四月七日，内侍撫問。二十四日，開司。五月六日起行。公始入湖南境，即措置招捕羣盜，彈壓曹成七萬餘人出界，降步諒二萬餘衆，又降王進，破王俊及其餘羣黨，以次討定，凡五萬餘，境内遂安，流移歸業。上章丐祠，未報間，以諸路帶宣撫者并罷，公止帶湖南安撫使。

**三年癸丑，公年五十一。**

除提舉西京嵩山崇福宫。即由醴陵道江南，訪武夷，如長樂。時有《宣撫荆廣記》二十卷，及自《蒙恩除宣撫》至《水口泛舟如長樂》等詩四十篇。

**四年甲寅，公年五十二。**

七月十三日，第三子房下孫升生。

十月，虜人窺伺淮楚，上親總六師，往臨大江。公具捍禦三策以獻。

十一月六日得旨，以公所陳皆今日急務，付三省、密院措置施行。降詔奬諭，有「忠貫神明，慮先蓍蔡，料敵於千里之外，制勝於三策之間」之語。又具稟目與時相，條具捍禦事宜。

是年有《桂齋上梁文》及《荔支後賦》等。

**五年乙卯，公年五十三。**

正月，詔詢邊防利害，公條具以聞。

二月，復觀文殿大學士。

七月，降親筆褒諭詔，有「首陳三策，適投卻敵之機；繼上六條，大闡經邦之略。精忠許國，誠節表時，雖在燕閑之中，不忘開濟之事」等語。公立碑具記以誌之，於是併以三朝所賜宸翰摹勒上石。

十月六日，除江南西路安撫制置大使兼知洪州。公自湖外歸，迨今三年。有自

《天寧遷居東報國寺》至《次韻丹霞本老見示拂子》詩百餘篇。

**六年丙辰，公年五十四。**

正月，召赴行在。

二月三日，兼本路營田大使。二十四日，到國門。凡三對，所進呈劄子幾二十事。又有《繳進靖康間奉迎錄劄子》，三月六日，送史館。公既陛辭，因具劄子極論所以進兵者。

四月一日，至洪州。

六月乙巳，地震，詔求直言，公應詔奏陳八事。

七月二十日，子申之生。

十月，虜僞入寇。有《論擊賊及奏陳防秋利害劄子》，降詔獎諭。

**七年丁巳，公年五十五。**

正月，以公賑濟饑民，招還流亡，降詔獎諭。公以防冬無虞，疆埸寧謐，丐祠，未報，間會左司諫陳公輔乞出，以靖康間士庶伏闕，爲人誣爲鼓唱，至今猶未辨雪爲言。公再上章丐祠，謂：「臣當時遭謗尤甚，雖嘗蒙淵聖皇帝降詔宣示四方，而讎怨至今以之藉口。」詔不允，訓辭有「且伏闕之往事，皆不根之浮辭。排邪議以用卿，斷由朕志；守夙心而自信，無恤人言」之語。

及車駕將幸建康，有《乞益脩戰守之備劄子》。

二月，報道君升遐，寧德上僊，有《乞推廣孝思益脩軍政劄子》。

二十七日，車駕進發。有《論建中興之功》、《舉直言極諫之士》、《乞不必遠召將帥》等劄子。

四月十六日，以公典藩踰年，民安盜息，

十一月，除提舉臨安府洞霄宮。聞除端明殿學士李光爲代，公貽書具言措置次第。公在江西，有《制置江右録》二十卷，有《贈羅偉政奉議》至《次韻徐顯謨中冬教閲》詩及題跋十數篇。

**八年戊午，公年五十六。**

正月，還次長樂。

是冬，王公倫使虜。有《論使事劄子》。

是歲置義莊於邵武。

**九年己未，公年五十七。**

二月，除荆湖南路安撫大使，兼知潭州。凡三上章，力以疾辭。

四月十三日，依舊提舉臨安府洞霄宮。

公歸自豫章，詩文絶少，僅有數篇。公之仲弟維自吏部〔員〕外郎除芸閣，持憲浙東，以與公别久，有請於朝，乞因巡歷，來閩省公，款曲再旬。

特轉金紫光禄大夫。

五月二十二日，長子房下孫晉生。

八月，聞酈瓊叛逆，有《論淮西軍變劄子》。

九月，以到任以來，賑濟饑民，招塡軍額，建置營房，脩築城池，繕治器甲，增脩官府，創置倉庫，催發錢糧，招捕盜賊等事，釐爲六狀繳申，丐祠。十三日有旨，以公奏陳淮西事宜，切中事機，降詔獎諭。

時張公浚既罷相，而言者引漢武誅王恢事以爲比。公以爲非是，遂具劄子奏陳利害。又聞車駕有幸平江之意，因併言其不可。

明堂恩加食邑，公之子有未官者，乃先以恩命奏補姪琳之。

駐蹕之謀既審，有《車駕不宜輕動劄子》。

是年冬，公有送行詩，蓋絶筆也。

**十年庚申，公年五十八。**

正月十一日，中使徐珣傳宣撫問。十五日，公薨。

初，公叔弟校書公博學多識，公所以期待者甚遠。入館未幾，不幸早世，公悼恨不已。適上元具祭，撫几號慟，倉卒感疾，即薨於楞嚴精舍。遷特進致仕，特贈少師。官其親族十人，奏補一子四孫外，其夫人請於朝，授公之姪鼎之、從姪昌之、母舅吳彥舉、甥周伯駿、外孫黄同寅，從公素志也。又命公弟自浙東憲移閩部，以營襄奉。十二月十四日，葬於福州懷安縣桐口大家山之原。

後四年癸亥，以長子儀之陞朝遇郊祀恩，贈太保。又三年丙寅，再贈太傅。

〔一〕鄭昌齡譜謂元豐六年癸亥閏六月初十日生，其他年譜或作正月十二日生。

# 李忠定公年譜

（清）楊希閔 編

彭邦明 校點

據廣陵古籍刊行社重印《十五家年譜》本

譜主李綱（一〇八三—一一四〇）事蹟，已見前李綸《梁溪先生年譜》簡介。

清楊希閔編譜時，未見宋李綸、鄭昌齡及明清諸人所爲李綱年譜，雖聞林侗編有年譜，而亦未曾親見，因就文集、正史及各家記述撰爲此譜。譜中對張浚、吕好問、陳東等與李綱之曲折關係辨析尤詳，對《宋史》及吕本中《大事記》、朱勝非《秀水閒居録》的舛誤，批駁尤力。所載資料也較翔實，有較高史料價值。

本譜有清同治五年刊本、清光緒四年刊《四朝先賢六家年譜》本、五年刊《先賢十五家年譜》、一九五八年揚州古籍書店重印補刊《先賢十五家年譜》本等。此據一九八〇年廣陵古籍刊行社重印陳氏刊《十五家年譜》本校點。原書天頭存有批語，今迻入正譜，以【原批】標識之。

# 李忠定公年譜加識序

同治丙寅，曾應吴廉訪大廷之屬，撰《李忠定公年譜》一卷，刻於福州。彼時周護院開錫新刊《梁溪全集》尚未出，故以未得集中《年譜》相印證爲憾。今覈對之，集譜反略於茲譜，又缺去首葉九歲以前事。緣當時多所忌諱，言有不盡，又各家著述，未通行於世，作譜者未及見，故不能詳也。林同人所作譜，聞有鈔本在閩故家，求之未獲，不知如何。茲且仍存舊本，并原序亦存之。敝帚自珍，可一笑也。光緒丁丑十一月十八日，江右新城楊希閔鐵傭再識。

同治戊己間，偶獲長樂陳先生庚焕《惕園集》讀之，中有修理忠定祠墓事，詳記本末，及辨宋齊愈獄數篇，雖入之年譜爲羸出，而事有關繫，不可不録以示後來。今從附録例補録於末簡。

# 李忠定公年譜序

余既脩福州西湖李忠定公祠堂，復屬新城楊卧雲舍人編輯年譜。再閱月，譜成，屬余序之。余嘉其採擇詳慎，不蔓不遺，洵足括公生平、昭示來許矣。顧余獨因公有感天地生才之難、成功之不易，而命世之英往往遭際艱虞，其精誠偉略或反足以揭日月而光九幽，蓋三綱之賴以不淪，九法之賴以不斁者此耳。方宣和末年，國家方强盛，位九列者未嘗乏人。自金人敗盟，敵騎日迫，獨公決策内禪，身親捍禦，能使强敵攝服，宗社危而復安，而外此無一人焉。天之生才信若是之難也。然使公始終柄政，不爲宵小所移，恐金人將自謀之不暇，而於南渡乎何有？即不幸播遷南服，亦可徐圖進取，恢復中原，乃屢起屢黜，卒致宋室局於偏安，而公之深謀至計迄不得施，豈成功者天，人固有不能强致者耶？雖然，公之功雖未成，而忠愛之至誠、脩攘之大略，不獨當時人惜之，百世後亦無不咨嗟太息，怪當時人君以不能盡公用爲恨。然則斯之成，後之人有能究其始終而三復焉，知必有以興起其義之心，而使薄夫敦，鄙夫寬，雖謂三綱九法賴是以存焉可也。誥授資政大夫、欽加二品頂戴、按察使司銜、臺澎兵備道兼提督學政、前福建鹽法道沅陵吴大廷撰。

# 李忠定公年譜自序

當世運艱屯，以天下之重自任而未竟其志者，三代下三人焉：漢諸葛武侯、唐陸宣公、宋李忠定公。顧武侯得昭烈爲君，可以無憾；宣公雖斥於後，親佐君恢復有成功，亦無憾也；惟忠定公亟奮亟躓，並不及宣公之於德宗。天下皆知用公則轉危爲安，宋無北轅、南渡之患，不用則否，而朝廷獨若安其危而利其菑者。嗟乎！此諸葛公表後主，所以誠親賢臣、遠小人也。《宋史》論欽、高二君闇弱，不足有爲，蓋闇則昏惑而無遠慮，弱則苟且而事偷安。所用又皆邪佞小人，持禄尸位，頑鈍無耻，忠定欲久於其位，得乎？忠定爲相止七十餘日，宣撫兩河荆湖、制置江西不過閲月踰年，又多方以掣其肘。然而却敵靖寇，保境息民，旋至立效，其它陳論利害，驗若蓍蔡，豈非與武侯、宣公伯仲之間哉？集無《年譜》，閩林侗同人曾爲之，未見也。因就本集、正史及各家傳説緝爲此編。夫正史似足信矣，而本紀與列傳有不合者；《行狀》爲公弟綸作，彌足信矣，而與公自撰書有不合者。並詳書内。推之各家傳説，詎能無誤？甚矣，記述之難也！今以本集公自撰書爲主，次行狀，次正史，次《續通鑑》及各家傳説可據依者，擇取極慎，有關治亂出處之大者正書之，資玫鏡當附見者節要注之，有校正者案語别之。秖悟疏漏，殆均不免，惟世之君子董而正之。同治丙寅九月九日，江右新城楊希閔鍈傭書於福州旅寓。

# 采用各書

《宋丞相李忠定公奏議》六十九卷。明刻本。

此公子秀之編者，陳少保俊卿爲之序。序言：「淳熙丙申，予帥三山，公子秀之裒集表章奏劄至六十九卷，而詩文猶不與焉。」「六十九」，《四庫提要》作「八十」，蓋誤。

《李忠定公集選》四十四卷。康熙中刻本。

此明萬曆中閩人李嗣元所選，康熙中建甯李榮芳重刻者。

案公全集爲《梁溪集》，凡一百八十卷，附録六卷。《四庫》著録，外間罕有。曩故友何願船刑部秋濤得一鈔本，訛脱特甚，願船細爲校正，隨校隨刻，已於邵武刻至四十五卷。閱爾時客邵武，每從假觀，歎校本精善，促其竣功。俄寇亂，各分散，願船由福州航海北上，携稿本并板以去。後聞願船殁于保定，此書不知流落何所，思之惘悵。今欲一取此書采緝，何可得也？

又案《提要》，公《梁溪集》末已附有《年譜》，今未見，不知同異如何。

《建炎時政記》三卷。鈔本。

《靖康傳信録》三卷。集本。

案《直齋書録解題》題作一卷，當是寫誤。

《建炎進退志》三卷。集本。

此三書皆公自撰。

《孤臣泣血録》三卷，《拾遺》一卷。

宋武陵丁特起撰。案范氏《天一閣書目》有丁特起《靖康記聞》一卷，疑即此書之異名，然未見其書，當再攷。

《建炎以來繫年要録》二百卷。鈔本。

此宋工部侍郎井研李心傳撰。案此書以國史、日曆爲主，而當時稗官、野記、家乘、誌狀采取極博，又有别擇，不蕪雜。南宋雜史部最佳之本。

《皇朝中興傳信録》十卷。鈔本。

此宋鮮于綽大受撰。自序謂：「集雜史傳記近三十種。」案此書四庫館未箸録，其目見馬氏《經籍攷》。今鈔本云從《永樂大典》鈔出，起紹興元年，一卷至六卷皆元年事。訖紹興二年。七卷至十卷皆二年事。歲月甚短，於吾此書無甚采獲。

《中興小記》四十卷。鈔本。

宋熊克子復撰。起建炎丁未，訖紹興壬子。陳氏《書録解題》謂其疏略抵捂。岳氏《桯史》亦摘其疵，蓋在李心傳書之下也。

《中興兩朝編年綱目》十八卷。鈔本，不著撰人名氏。

宋□□□□□撰。起高宗建炎元年，訖孝宗淳熙十七年。案莆田陸均平甫有《中興編年舉要》十四卷，《備要》十四卷。《直齋書録解題》云依仿朱子《通鑑綱目》，舉要者綱也，《備要》者目也云云，頗與此書相似。惟卷數名目不同，當再攷。

《名臣言行録别集》十三卷。

宋李幼武士英撰。

《宋史》。所采止靖康、建炎、紹興間，故不必著卷數，下同。

元托克托撰。案，舊作脱脱撰，今從《四庫提要》。

《宋元通鑑》。

明薛應旂撰，陳仁錫刻本。

《御批資治通鑑輯覽》。

乾隆三十二年奉敕撰。

《續資治通鑑》。

乾隆中鎮洋畢制府沅撰。嘉慶六年桐鄉馮集梧刻行。

《宋元學案》。

國初黄宗羲原本，乾隆中全祖望修補。

外零星雜部書，古如戴氏《鼠璞》，近如邵□□□□□類不悉載〔一〕。

# 李忠定公年譜

江西新城楊希閔鋏傭編

宋神宗元豐六年癸亥，公年一歲。

公諱綱，字伯紀。先世系出有唐，有以宗室爲建州刺史卒官，因家焉。太平興國四年，析建州置邵武軍，故爲邵武人。居八龍鄉慶親里。曾祖僧護，祖賡，隱居不仕。父夔，字師和，少穎敏。舅黄履器之，與龜山友善。登元豐進士第，嘗爲華亭縣尉，有政聲。遷縣令，累官右文殿修撰，終龍圖閣待制。以子貴贈太師、衛國公。母吴氏，處州龍泉人，封韓國夫人。賢業懿範見龜山所撰《墓誌銘》。正月十二日，生公於華亭官舍。

元豐七年甲子，二歲。

元豐八年乙丑，三歲。

哲宗元祐元年丙寅，四歲。

元祐二年丁卯，五歲。

元祐三年戊辰，六歲。

元祐四年己巳，七歲。

元祐五年庚午，八歲。

元祐六年辛未，九歲。

元祐七年壬申，十歲。

元祐八年癸酉，十一歲。

紹聖元年甲戌，十二歲。

紹聖二年乙亥，十三歲。

紹聖三年丙子，十四歲。

公自幼有大志，舉動必於矩度，見者知爲名世。年十四，從父官延安。時夏人入寇，圍城甚急。舊法，邊城被圍，乘城者以日計功，僚屬子弟皆登城冀賞，公獨不從，然時時騎繞城上，示無所畏。朝廷以言者謂賞濫報罷，衆以是愧公。

紹聖四年丁丑，十五歲。

元符元年戊寅，十六歲。

元符二年己卯，十七歲。

元符三年庚辰，十八歲。

徽宗建中靖國元年辛巳，十九歲。

丁母韓國夫人憂，廬於錫山塋次三年，哀感閭里。

崇甯元年壬午，二十歲。

居憂。

崇甯二年癸未，二十一歲。

居憂。

崇甯三年甲申，二十二歲。

補國子監第一。

夫人張氏來歸。

夫人番陽人，故直龍圖閣、贈左紫金光祿大夫根之女，故資政殿大學士、會稽郡公黄公履之外孫，後公十二年薨。

案《行狀》末又云：「累封越國夫人，追封魯國夫人。」

崇甯四年乙酉，二十三歲。

崇甯五年丙戌，二十四歲。

長子儀之生。

大觀元年丁亥，二十五歲。

次子宗之生。

以父衛公遇郊祀恩，補假將仕郎。時附試貢士，復首送。屬聞期親之喪，友人貽書，道路之傳不實，勉試春官以慰親望，公不可。

大觀二年戊子，二十六歲。

調將仕郎、眞州司法參軍。

大觀三年己丑，二十七歲。

在眞州任。

大觀四年庚寅，二十八歲。

在眞州任。

政和元年辛卯，二十九歲。

在眞州任。

三子集之生。

**政和二年壬辰，三十歲。**

中進士乙科。臚傳之日，上顧問再三，特旨升甲，改合入官，授承務郎，充相州州學教授，以親庭遠，易鎭江。

**政和三年癸巳，三十一歲。**

在鎭江任。

**政和四年甲午，三十二歲。**

召除行國子正。

十二月，對便殿，除尚書考功員外郎。

**政和五年乙未，三十三歲。**

謁告迎父衛公於霅川，有旨除衛公提舉醴泉觀，以便就養。

九月還闕，道除監察御史兼權殿中侍御史。

既入臺，嘗因職事進對，衛公亦以是日朝見。上顧公曰：「卿父子同日造朝，縉紳榮事。」

未幾，以論內侍建節及宰相任用堂後官、從官入朝以笏擊其下，凡三事，忤權貴，罷言職。公在臺甫一月。

十一月，除尚書比部員外郎。

**政和六年丙申，三十四歲。**

轉承事郎。

**政和七年丁酉，三十五歲。**

差充禮部貢院參詳官。

**重和元年戊戌，三十六歲。**

四月，復召對。

五月，除太常寺少卿。

八月，除起居郎。

十二月，差兼國史編修官。

**宣和元年己亥，三十七歲。**

同知貢舉。

六月，京師大水。公奏言：「災異不虛發，

必有感召之因，災害未易禦，當有消復之策。臣有急切利害事須面奏，乞許臣因侍立次直前奏事。」翊日，宰執班退，傳旨閤門下令公先退，更不侍立。公因奏便宜六事，且上章待罪。六事者，一曰治其原，相視陂塘疏導京索也；二曰折其勢，距城數里繚以長隄也；三曰固河防，相地形，回清汴，使與大河遠也；四曰卹民隱，宜賑濟蠲免也；五曰省煩費，營繕工役、花石綱運皆宜罷也；六曰廣儲蓄，當廣行收糴以備災歉也。有旨所論不當，送吏部與監當差遣。繼以待罪章上，有旨更降一官，與遠小處監當，授承務郎、監南劍州沙縣稅務。

先是，父友了齋陳公瓘識公於幼時，每謂人曰：「李公有子。」了齋以天下之重自任，欲求天下奇士付以此道。方是時，人皆以公爲鳳鳴朝陽，了齋聞之，與衛公書曰：「積誨有自，可以百拜爲壽。」既來沙陽，目所居曰「寓軒」。《文集》有《寓軒記》，蓋在興國佛寺。時修撰羅公疇方家居，與了齋書，道公從游之適。了齋答曰：「吾儕老矣，寓軒之人嘗發妙音於箜篌，舉世傾耳以需其再鼓，今乃韜絃袖手以適吾儕羸歇之社。若許其來而不拒，則是私乎適己而以天下爲非己事也。」其爲一時名德推與愛重如此。

**宣和二年庚子，三十八歲。**

六月，復承事郎。

十月，復本等差遣。

公《謝復官表》有云：「豈期謫宦之鄉，忽拜復官之命。省循既往，銘刻何言。」又云：「念臣親年踰於七十，喜懼之懷交深；庭闈遠者三千，甘旨之奉久闕。願垂日月无私之照，獲申烏鳥欲養之心。則臣失東隅而收桑榆，捐軀未晚；先朝露而填溝壑，結草爲期。」蓋公先有乞養之奏，故下歲即歸省，而五月遽丁大故，得侍湯藥、親含殮，孝思爲無歉也。

宣和三年辛丑，三十九歲。

轉宣教郎。告歸省親。

時睦州清溪人今淳安縣。方臘作亂，陷睦、歙、杭等州縣，朝廷以童貫討之。公有《與中書馮侍郎論破賊及募閩兵書》，公論破賊之策在擇良帥，遣重兵以臨要害之地。又謂要害之地，兩浙在杭，江東在宣。杭得則跨浙東西皆有所恃，可以進而取睦；宣得則瀕江諸郡皆有所恃，可以進而取歙。歙、睦復，賊當退保巢穴，然後兩路協力進討，絶其本根，此策之得者也。又云：「入巢穴，冒險阻，與賊爭利於崎嶇山谷之間，恐非西北兵所便。當起福建路兵及募福建槍杖手，自衢入睦，自信入歙，以攻賊於巢穴，則必勝矣。閩人趫勁，耐辛苦而習步戰，履峻險如坦途，尚氣而好鬭，以誅賞激之，用其所長，必可以得其死力。」又有《與梅和勝侍郎論破方臘書》。大半與前書同，而後一段云：「士大夫所養以氣爲主。平時如虎，猶恐臨事如鼠，况復伈伈俔俔，惟知柔佞以媒富貴，餘何足觀？和勝剛介自喜，胸中之氣常勃勃，然不知在掖垣瑣闥所論何事，以平日料之，必有可觀。然方今居可言之地者，論事當以天下大利害、生民大休戚爲本，至於掊擊一二士夫，此未足道，願公勉之。」

五月，父衛公感疾不起，公哀慕不自勝。

八月，合葬衛公於韓國夫人之塋。

宣和四年壬寅，四十歲。

居憂。

宣和五年癸卯，四十一歲。

居憂。

宣和六年甲辰，四十二歲。

除知秀州。

子秀之生。

宣和七年乙巳，四十三歲。

三月，除太常寺少卿。

六月，到闕。

是冬，金人敗盟，邊報狎至，朝廷震懼，不復講戰守，惟謀避狄之計。先是，詔求直言，公上封事，論禦戎急務當治其本原，杜牧云「上策莫如自治」，誠爲至言。治本原有五：一、正己以收人心；二、聽言以收士用；三、蓄財穀以足軍儲；四、審號令以尊國勢；五、施惠澤以弭民怨。

又陳捍敵十策。一、擇良帥；二、據要地；三、募民兵；四、旁近州縣屯宿重兵；五、餉幣就中都應付，勿使闕乏；六、並河州郡選守臣有風力可委任者；七、募文武小官有膽智辭辯者奉使兵間，復約和好，以緩師期；八、河北諸郡令堅壁清野，使敵無所獲，難以持久；九、命並塞諸道控制要衝，扼其歸路，擾其餉道；十、宜令陝西、河東諸路兼虞夏人乘釁而動。

金師日迫，上決意東幸，以皇太子爲開封牧。公謂所知給事中吳敏字元中，真州人。曰：「建牧之議，豈非欲委皇太子以留守之任乎？今敵勢猖獗，非傳太子以位不足招徠天下豪傑。」敏曰：「監國可乎？」公曰：「肅宗靈武之事，不建號不足以復邦，而建號之議不出於明皇，後世惜之。上聰明仁恕，曷不爲上言之？」翊日，敏入對，具以公言白上，上即召公入議。公刺臂血上疏曰：「皇太子監國，禮之常也。今大敵入攻，安危存亡在呼吸間，猶守常禮，可乎？名分不正而當大權，稟命則不威，專命則不孝，何以號召天下？若假皇太子以位號，使爲陛下守宗社，收將士心，以死捍敵，天下可保。」於是內禪之議遂決，時十二月二十三日也。

二十四日，皇太子即位。尊帝爲道君太上皇帝，皇后爲太上皇后。

詔有司討論所以崇奉太上者，公在奉常，條具以聞。

二十六日，上實封言事，大略謂：「方今中國勢弱，君子道消，法度紀綱蕩然無統。陛下履位之初，當上應天心，下順人欲，攘除外患，誅鋤內奸，以副太上付託之意。」又謂：「童貫、王黼、蔡攸、朱勔、李彥、高俅，罪實比於四凶，誅宜行於兩觀。陛下以久在太上左右之故，未欲誅殛，亦宜流竄遠方，以正典刑。」

二十八日，召對延和殿，上迎謂公曰：「卿頃論水災疏，朕在東宮見之，至今猶能誦憶。嘗爲賦詩，有『秋來一鳳向南飛』之句。」公敘謝訖，因奏曰：「金人聞內禪，必請和，厚有所邀求。臣料之，大概有五：欲稱尊號，一也；如契丹故事，當法以大事小之義，不足惜。欲得歸朝人，二也；當盡以與之，以示大信。欲增歲幣，三也；當告以舊約，以燕山、雲中歸中國，故歲幣增於大遼者兩倍。今既背約自取之，則歲幣宜減，國家敦示和好，不校貨財，姑如原數可也。欲求犒師之物，四也；當量力以與之，欲求割地，五也。祖宗之地，子孫當以死守，不可以尺寸與人。願陛下留神此數者，執之堅，毋爲浮議所搖，可無後艱。」上嘉納。

是日，又上《論禦寇用兵二十事劄子》。

二十九日，除兵部侍郎。有《辭免恩命奏狀》。

**欽宗靖康元年丙午，四十四歲。**

正月三日，差充行營參謀官。時以吳敏爲行營副使。時斡離不兵渡河，案：「斡離不」，《通鑑輯覽》作「斡喇布」，蓋舊史臣繙譯之誤。今循原文録之而注明於此，下同。太上東幸，宰執請上出幸襄、鄧以避敵鋒。公曰：「太上挈宗社以授陛下，委而去之，可乎？」上嘿然。太宰白時中曰：「京城不可守。」公曰：「天下城池，豈有如都城者？且宗廟社稷、百官萬民所在，舍此欲何之？今日之計，當整飭軍馬，固結人心，相與堅守，以待勤王之師。」上問：「誰可將者？」公曰：「白時中、李邦彥雖不知兵，藉其位號，撫將士以抗敵鋒，乃其職也。」時中忿然曰：「李綱莫能將兵出戰否？」公曰：「陛下不以臣庸懦，倘使治兵，願以死報。」乃以公爲尚書右丞，面賜袍帶幷笏。公致謝，且言方時艱難，不敢辭免之意。

宰執猶守避狄之議，有旨以公爲東京留守。公爲上力陳所以不可去，且言：「明皇幸蜀，宮廟朝廷毀於賊手，范祖禹以爲其失在於不能堅守以待援師，陛下奈何輕舉以蹈覆轍乎？」上意頗悟。會內侍奏中宮已行，上色變，倉卒降御榻曰：「朕不能留矣。」公泣拜，以死邀之。上顧公曰：「朕今爲卿留，治兵禦敵之事專責之卿，勿致疏虞。」公惶恐受命。

未幾，復決意南狩，公趨朝，則禁衛擐甲，乘輿已駕矣。公急呼禁衛曰：「爾等願守宗社乎？願從幸乎？」皆曰：「願死守。」公入見曰：「六軍父母妻子皆在都城，願以死守，萬一中道散歸，陛下孰與爲衛？且敵兵已迫，知乘輿未遠，以健馬疾追，何以禦之？」上感悟，遂輟行，遣中使追還中宮。公傳旨，語左右曰：「敢復有言去者斬！」禁衛皆拜伏，呼萬歲。公復勸上御門樓以見將士。上登宣德門，宰執、百官、將士班樓前起居，復降步輦勞問將士，於是固守之議乃決。自車駕御樓之後，方治都城四壁守具，以百步法分兵備禦，每壁用正兵萬二千人。保甲、居民、廂軍之屬不與。凡防守之具無不備。又團結馬步軍四萬人，爲前、後、左、右、中軍，軍八千人。以前軍居東水門外，護延豐倉。倉有粟豆四十萬石，其後勤王之師集城外，賴之以濟。以後軍居宋門外，占樊家岡，使賊騎不敢近。以左、右、中軍居城中，備緩急。自五日至八日，戰守之具粗畢，而敵馬已抵城下，據牟駝岡。在開封府祥符縣西北，宋時有天駟監，爲養馬之所。是夕攻水西門，案《續通鑑》作「宣澤門」，今依《行狀》。下有異同仿此。以火船數十順汴流而下。公臨城捍禦，募敢死士二千人，列布拐子弩城下。火船至，以長鉤摘就岸，投石碎之，斬獲百餘人。至旦乃退。

翊日，敵攻酸棗封邱門。公慮城上兵不足用，乞禁衛班直善射者千人以從。敵渡壕，以雲梯攻城，公命班直軍乘城射之，應弦而倒。公登城督戰，激厲將士，人皆賈勇，近者以手砲檑木擊之，遠者以神臂強弩射之，又遠者以牀子弩座砲及之，敵死甚衆。又募壯士縋下城，燒雲梯數十座，斬酋首十餘級，皆耳有金環。是日，敵攻陳橋、封邱、衛州等門，而酸棗門尤急，箭集城上如蝟，士卒亦有中傷者，皆厚賞之。上遣中使勞問，御筆褒諭，中有「公忠略之志，朕記於心」及「公悉心捍禦，朕皆知之」之語。自卯至酉，殺敵數千人，敵知有備，乃退師。遣使請和，抵城下已昏，欲入城。公傳令輒開門者斬，竟俟明乃入。此初十日也。

上命李棁奉使，棁時同知樞密院。鄭望之、高世則爲副，赴軍前議和。公奏曰：「虜氣方銳，吾大兵未集，固不可以不和。

然和而得策，則中國安，不然未也。臣恐李棁等柔懦，誤國事。」因具道所以不可割地及過許金幣之故，上頗以爲然。李棁至軍中，果辱命，北面再拜，膝行而前，恐怖失所。敵人出事目一紙付棁等達朝廷，唯唯不能措一辭。

十一日，棁至自軍前，呈事目，乃金五百萬兩、銀五千萬兩、絹一百萬匹、綵一百萬匹，馬駝之屬各以萬計。尊其國主爲伯父，凡燕雲之人在漢者悉歸之。割太原、中山、河間三鎮之地，又以親王宰相爲質，乃退師。且述其語甚狂厲。宰執恐，欲盡與之，公引前議力爭，且曰：「三鎮國家屏蔽，割之何以立國？又保塞三祖翼、順、僖。陵寢所在，子孫奈何與人？爲今日計，莫若擇使與之往反熟議，宿留數日，大兵四集，彼孤軍深入，雖不得所欲，亦將速歸。此時與之和，以重兵衛出之，則不敢輕中國而和可久也。」宰執謂都城破在旦夕，何有於三鎮，金幣之數又不足校。上惑羣議，爭踰兩時，無一人助公言者，自度不勝衆說，再拜求去。上慰諭曰：「卿第出治兵，益固守城，恐敵欺我，此徐議可也。」不得已乃出，復前進曰：「敵所須，宰執一切許，不過欲免一時之禍。他日付之何人，能爲陛下了此願，後悔恐無及。」出至城北壁，復回，尚冀可力爭，而誓書已行矣，所求悉皆與之。詔括金帛，遣康王構、少宰張邦昌爲質於金軍。公無如何，則爲留三鎮詔書，戒中書吏，輒發者斬，庶幾俟四方勤王之師集，以爲後圖。後公罷，乃遣宇文虛中賚送於敵，又差臧禹、秦檜爲割地使，事在下月上旬。

自十五日後，四方勤王之師漸有至者，乃於四壁置統制官招集之。給芻糧、授器甲、踏塞地、團隊伍，皆行營司主之，晝夜竭力，無可休息。

十七八日，統制官馬忠以京西募兵至，遇敵於鄭州南門外。案《續通鑑》作「順天門外」，今從《行狀》。乘勢擊之，殺獲甚衆。於是敵始收斂，游騎不敢旁出，西路稍通，援兵得達。

二十日，种師道、姚平仲以涇原、秦鳳兵至。公言：「敵貪婪無厭，兇悖已甚，勢非用師不可。且彼以孤軍入重地，猶虎豹投檻穽中，當以計取之。如周亞夫所以困七國者，俟其食盡力疲，然後以一檄取誓書，復三鎮，縱其北歸，半渡而擊之，此必勝之計也。」上以爲然。約二月六日舉事，姚平仲急於要功，先期

二月一日。夜斫敵營，欲生擒斡離不，及取康王以歸。夜半，中使傳旨諭公曰：「姚平仲已舉事，卿速援之。」公率諸將旦出封邱門，與敵戰於幕天坡，在祥符縣西。以神臂弓射卻之。平仲竟以襲敵營不克，懼誅亡去。敵遣使責問，宰執曰：「用兵乃李綱、姚平仲，非朝廷意也。」遂罷公。廢親征行營使。以蔡懋代之。是夕，上親筆慰勞，賚白金、緡錢五百貫兩，且令吳敏宣諭將復用之意。公感泣，方欲丐歸，而初五日太學生陳東與諸生千餘人上書宣德門，明公無罪。書略言：「李綱奮勇不顧，以身任天下之重，所謂社稷之臣也；李邦彦、白時中、張邦昌等庸謬不才，忌嫉賢能，動爲身謀，不恤國計，所謂社稷之賊也。陛下拔綱，中外相慶，而邦彦等嫉如仇讎，恐其成功，因緣沮敗。且邦彦等必欲割地，曾不知無三關四鎮，是棄河北也。棄河北，朝廷能復都大梁乎？

又不知邦彥等能保金人不復敗盟否也。竊恐虜兵南向，大梁不可都，必將遷而之金陵，則自江以北，非朝廷有。邦彥等不爲國家長久之計，又欲沮李綱成謀，罷命一傳，兵民騷動，至於流涕，咸謂不日爲虜擒矣。罷綱非特墮邦彥計中，又墮虜計中也。乞復用綱而斥邦彥等，且以閫外付种師道。宗社存亡在此一舉，不可不謹。」

【原批】戴氏埴《鼠璞》云：孫覿論東誘衆爲亂，黃潛善輩寘東極刑。此二人固不足道，張魏公亦奏胡珵筆削東書，欲使布衣挾進退大臣之權，幾至召亂，將珵追勒編置。或謂魏公乃潛善客，珵則李綱客也，因借此去之。魏公爲一代人物，亦有此失。所言六賊及薦李綱、去潛善輩，乃天下之公言，珵果筆削之，其心皆止於愛君。乃不論所言之是非，以草萊之士挾權爲罪，瞽誦工諫，何所逃讁。使建炎果思公言，必無渡淮航海之事。然高宗特以靖康之鬨爲懼，不欲伏闕，却不以言罪人。他日贈東官，祭東墓，瞻其家而官其後，以生前布衣爲身後法從，於東亦無憾。予深爲魏公惜之。

軍民不期而集者數十萬，呼聲動地，擊破登聞鼓。及不得報，則殺傷內侍二十餘人，又欲毆宰執等。上亟召公，復爲尚書右丞，充京城四壁守禦使，民乃定。敵既得割三鎮詔及親王爲質，初十日退師。

十三日，公奏請如澶淵故事，遣兵護送，恐其無所忌憚，肆行擄掠。且戒諸將可擊則擊之。乃以兵十萬分道並進。諸將受命，踴躍而行，已追及於邢、趙間，遽得還師之命，無不扼腕。時澤州奏粘罕破忻、代等州，已次高平，朝廷震懼。宰執咎公遣兵追敵，公曰：「斡離不之師既退，自當遣兵護送。粘罕之師雖來，聞既和，亦當自退，決無它慮。」而宰執中有密啓上追還諸將之兵者，故有是命。後粘罕果退，如公言。案：「粘罕」《續通鑑》作「粘沒喝」，《通鑑輯覽》作「尼瑪哈」，蓋譯語無定，今從《行狀》。比公力爭復追，而將士解體矣。

十四日，除知樞密院事，封隴西郡開國伯，

食邑八百戶，實食封一百戶。公有《辭免知樞密院劄子》。

上《乞議不可割三鎮劄子》。

三月，詔以道君太上皇帝回鑾，議所以奉迎者，以門下侍郎趙野爲奉迎使，而太學生陳東上書乞誅六賊。謂蔡京、蔡攸、童貫、朱勔、高俅、盧宗原也。王黼、李彥先誅，故不及。於是，議遣聶昌案昌初名山，故《行狀》作「山」，今從《續通鑑》。爲發運使，密圖之。案《續通鑑》作「道路籍籍，言童貫爲變，朝議以聶昌爲發運使往圖之」。今依《靖康傳信録》。公啓上曰：「此數人罪固不可恕，然聶昌之行不可如此措置。昔肅宗欲發李林甫墓，李泌諫曰：『其如明皇何？』肅宗抱泌頸，泣曰：『思不及此。』使昌所圖成，震驚太上，此憂在陛下。所圖不成，是數人者挾太上於東，西求劍南一道，何以處之？」上感悟曰：「奈何？」公曰：「不若罷昌行，請於太上，去此數人，自可不勞而事定。」上然之。童貫等果相繼去。

太上還次南都，有批「吳敏、李綱令一人來」，莫喻其意。案史稱太上還次南都，吳敏、耿南仲朝夕撼於上前，謂童貫等將邀太上，復辟於鎮江，或陳唐明皇與我劍南一道。上憂且疑，遣宋晚賫書至行宮，具言思奉晨昏之意。太上喜，即還，又批令吳敏、李綱二人，一人前來。公奏曰：「此無它，欲知朝廷事耳。吳敏不可去，臣請行。如蒙太上賜對，條陳圍城以來事宜，以釋兩宮之疑。」上初不許，力請乃可，即令賫御書達行宮。十七日啓行，二十日抵南都。二十一日引對，具道皇帝聖孝思慕、欲以天下養之意。太上泣數行下，曰：「皇帝仁孝，天下所知。」且獎諭曰：「都城守禦，宗社再安，相公之力爲多。」公再拜謝訖，因出劄子乞早回鑾輿。太上慰勞再三，因詢虜騎攻圍都城守禦次第，公以實對。太上復曰：「虜既退師，方渡河，何不邀擊？」公曰：「朝廷以肅邸在軍中，故不許。」太上曰：「爲宗社計，豈論此。」語既浹，因詢問行宮止遞角等事，公一一解釋，因奏曰：「皇帝仁孝小心，每得御批詰問，輒憂懼不進膳。臣竊譬之家長出而強盜至，子弟不任事者，不得不隨宜處置；爲家長者，正當以其能保田園大計慰勞之，不當問其細故。陛下回鑾，臣謂宜有以大慰皇帝之心者，其它細故一切勿問可也。」太上感悟，曰：「卿言極是，朕只緣性快，問後即便無事。」出玉帶、金魚袋、象簡賜公，且曰：「卿捍守宗社有大功，若能調和父子間使無疑沮，當垂名青史。」二十五日，還闕，具道所以答問語，上嘉勞久之。

二十七日，議奉迎太上儀注。耿南仲欲盡屏左右，車駕乃進。公奏曰：「如此是示之以疑也，爲患不細。天下之理，誠與疑、明與闇而已。誠則明，明則愈誠；自誠明推之，可至於堯舜；疑則闇，闇則愈疑，自疑闇推之，其患有不可勝言者。耿南仲不以堯舜之道輔陛下，其人闇而多疑，所言不必深采。」上笑之，南仲忿甚。既退，再召對睿思殿，賜茶訖，南仲忽奏曰：「臣適遇左司陳公輔於對班中，此人乃二月五日爲李綱結構士民伏闕者，豈可處諫職？乞送御史臺根治。」上及宰相皆愕然。公奏曰：「臣適與南仲辯論於延和殿，實爲國事，非有私意。南仲銜臣，故有此奏。臣不敢復有所辯，請得乞身。」待罪求去，章凡十餘上，上皆批答封還不允。

四月三日，道君太上皇帝入國門，公以守禦職事迎拜於新東門，太上於輦上顧揖。翊日，扈從朝於龍德宮訖，復上章懇求罷知樞密院事。上降手詔數百言，不允，又召至內殿，面加慰諭。不得已，再拜受命就職。

尋又上《乞罷劄子》。因五月守禦司補進武副尉二人，以賚御前蠟書至太原賞之。補訖奏知，上批有「大臣專權，浸不可長」之語，因乞罷。

京師自金兵退後，上下恬熙，置邊事於不問。公獨以爲憂，數上備邊禦敵之策，輒爲南仲所沮。公先陳守禦二策，又條上備禦八事：一請於太原、真定、中山、河間建藩鎮，又滄州宜分濱、棣、德、博，建橫海一軍，如諸鎮之制，則帝都有藩衛之固矣；二謂宜仿照熙豐團結河北、河東保甲，可無養兵之費、調發之勞；三謂宜復祖宗監牧之制，則諸軍不至闕馬；四謂修理河北塘濼；五謂修理兩河州縣城池；六謂優免兩河租賦；七謂宜使沿邊諸郡儲蓄豐衍；八謂宜復陝西解鹽，無煮海之勞，而邊費民食足。

及姚古、种師中敗，种師道以病乞歸，乃以公爲河北河東宣撫使。劉韐副之。公力辭，章十餘上，皆不允，督令受命，且錄《裴度傳》以賜。臺諫謂公不可去朝廷，上以其爲大臣游説，斥之。或謂公此行非爲邊事，緣此以去公，則都人無辭耳。不起，上怒且不測，許翰復書「杜郵」二字遺公，公不得已受命。上錄賜《裴度傳》後，公上劄子云：「諸葛《出師表》謂：『親賢臣，遠小人，此先漢所以興隆也；親小人，遠賢臣，此後漢所以傾頹也。』夫小人在朝，柔害本根，浸長難去，患有不可勝言者。裴度相唐，以東討必去奸邪之元稹，用能成功。君子小人不兩立，自昔已然，今取裴度論元稹、魏洪簡章疏，節其要語，輒塵天聽。」上優詔答之。

【原批】案《宋史》本傳云「上手書《裴度傳》

以賜」。邵太史晋涵云：「公集謝表不言手書，劄子下旁注，止云上令直筆録《裴度傳》降賜而已。又公所進呈《淵聖御筆》，止《宣諭》一首，則此云手書，誤。」今從邵説，止云録，不云手書。

將以六月二十五日啓行，而庶事未集，宣撫使兵僅萬二千人，請銀絹錢各百萬，僅得二十萬之類。乞展行期。上批曰：「遷延不行，豈非拒命？」公又上劄子曰：「陛下前以臣爲專擅，今以臣爲拒命。方遣大帥解重圍，而專擅、拒命之人爲之，可乎？願併罷樞密之任。」上不允。趣召數四，公入對，上曰：「卿爲朕巡邊，便可還朝。」公曰：「臣行無復還理，臣以愚直不容於朝，使既行之後無有沮難，則進而死敵，臣之願也。萬一朝廷執議不堅，臣自度不能有爲，則當求罷。陛下宜察臣孤忠，以全君臣之義。」上爲感動。陛辭，又爲上道唐恪、聶昌之奸，任之必誤國，言甚激切。竟以二十五日戒行。前期賜宴紫宸殿，臨行又賜御筵於瓊林苑。

上《論宣撫職事劄子》。略云：「今日之事，莫大於防秋，莫急於解太原之圍。獻説者不過和戰二策而已。敵人留吾親王、宰相爲質，屯重兵於太原已半年矣。使者旁午，欲得三鎮之意愈堅，和果可恃乎？种師中、姚古以十萬之師相繼潰敗，戰果可恃乎？和不可恃，則秋高馬肥，賊騎侵軼，必以臣今日出師爲致寇之端。戰不可恃，則萬一將士或復有挫衄，又必以臣爲輕舉誤國。不知廟算所以授臣使防秋而解太原之圍者，當決以何策而可也？」

七月，總師道出鞏洛，望拜陵寢。上《乞深考祖宗之法劄子》。以進君子退小人爲言。

行次懷州，有詔罷遣防秋兵，公上言：「秋高馬肥，敵必深入，宗社安危殆未可知，防秋兵盡起尚恐不足。今河北、河東日告危急，未有一人一騎以副其求，奈何甫集之兵又皆散遣？且以軍法勒諸路起兵，而以寸紙罷之，恐後時有所號召，無復應者矣。」疏上不報，趣赴太原。時諸將皆承受御畫，事皆專達，進退自如，宣撫司徒有節制之名，多不遵命。公嘗具疏論之，而承受專達自若。至是，又詔宣撫司不得輕易進兵，而和議之使紛然道路，公遂上《乞罷宣撫司劄子》。

八月，以种師道爲兩河宣撫使，召公還。

九月，還次封邱，除觀文殿大學士。言者又論公專主戰議，喪師費財，罷知揚州。公具奏辭免。

尋又有論公十罪者，落職提舉杭州洞霄宮。舍人劉玨當制，謂公勇於報國，侍郎馮澥斥爲公游説，坐貶提舉亳州明道宮，是誤劉於公也。案：《行狀》謂公提舉亳州明道宮。今據公所撰《建炎進退志叙》。

十月，責授保靜軍節度副使，建昌軍安置，再謫甯江。以公上疏辨論，退有後言，爲惑衆聽。案：甯江乃今四川夔州府，宋時爲甯江軍。

**靖康二年丁未，四十五歲。**

赴謫所，假道長沙。適寇據荆南，道梗莫進，留長沙。

二月，作《靖康傳信錄》。案：本書二月二十五日作於長沙漕廳翠靄堂。

四月，復舊官，除資政殿大學士，領開封府事[二]。此召命上年閏十一月所降，蓋都城圍急時也，至是，始聞命。時敵再犯闕，都城圍閉，道路阻絶。公聞命，即率湖南勤王之師入援。以四月初啓行，五月次繁昌，聞都城破，二聖播遷，號慟幾絶。次太平州，睹新皇登極詔赦書，改元建炎，悲喜交集。

行次江甯，定叛卒周德之亂。案李心傳《繫年要録》，宇文粹中知江甯，驕倨殘酷，軍校周德因之作亂，囚粹中，害官屬，焚舟船，掠財物，嬰城自守，公私爲一空，公至平之。

**建炎元年丁未，四十五歲。**案：此丁未一年，五月以前爲靖康二年，五月以後爲建炎元年。

五月，在江甯。奉表詣行在賀登極，且辭領開封府事之命。又上書論時事。大略謂：「金陵形勢之地，新罹兵火，宜擇帥以鎮撫之。」又上皇帝封事。大略謂：「自古處夷狄之患，不過三策：吾城池堅而人心固，則可守；吾士卒勇而形勢利，則可戰；吾詞理直而威力强，則可和。能守而後可戰，能戰而後可和，三者雖殊，其致一也。」又曰：「興衰撥亂之主，非英哲不足以當之。英故剛，足以斷大事而不爲小故所揺；哲故明，足以任君子而不爲小人所間。願以漢之高、光，唐之太宗，國朝之藝祖、太宗爲法。」

次寶應，除正議大夫、尚書右僕射兼中書侍郎，隴西郡開國侯，加食邑七百戶，實食封三百戶。公奉表劄以辭恩命。

【原批】吕本中《大事記》曰：「李公者，天所生以弭宣和、靖康之禍，而開建炎、紹興之業也。當上即位之初，誤國之臣不可用，僞命之臣不可用，張、趙之德望未孚，天下人望所歸者李公一人而已。上不内用汪、黄，而自外召公，則高宗之志主于恢復可見矣。觀上未即位時與公書云：『王室多故，乘輿蒙塵，方今生民之命急于倒垂，諒非有不世之才，何以成協濟之功。』則高宗屬意于公久矣，遄爲汪、黄所擠，纔七十五日而去位，豈天意未願恢復耶？」

【原批】李心傳《繫年要録》云：「汪、黄自謂有攀附之勞，虚相位以自擬。上恐其不厭人望，乃外用綱。二人不平，由此與綱忤。」閔案：此特一端耳。汪、黄一主議和，一意南渡，忠定與同事，如何得協耶？忠佞□□□□。

次虹縣，有旨趣召。蓋行在前，此不知公由江淮以來也。

次穀熟，御史中丞顔岐遣人投文字，乃論公不當爲相。疏前後凡五上，未降出，故封示公，欲公留外不進也。論章謂張邦昌金人所喜，雖爲三公、郡王，宜更加同平章事以重其禮。李綱爲金人所惡，雖已命相，及其未到罷之。乃知命相出於上意，外廷沮之者無不至，益感懼。

上聞公且至，命徽猷閣學士、提舉萬壽觀兼侍讀董耘往勞，又命執政燕公於金果園，趣召入見。六月己未朔，進對於内殿。公涕泣，上亦感動。公具言：「内修政事，外攘夷狄，以還二聖，以撫萬方，皆責在陛下與宰相，宜得大過人之材，相與圖治，以扶中興。臣材薄不足仰副知遇。」因出劄子，懇辭新命。上慰諭久之。公又具道顏岐封示章疏之事，且言：「岐之論臣不足以任宰相則可，謂爲金人所惡、不當爲相則不可。且爲趙氏臣而金人喜之反可爲相，則自古賣國與人者皆忠臣矣。陛下於金人所喜、所惡之間，更望審處。」上笑曰：「岐嘗有此言，朕告之，如朕之立恐亦非金人所喜，岐語塞而退。朕知卿忠義智略甚久。在靖康時，嘗欲言於淵聖，使遠人畏服，四方安寧，非相卿不可。今朕此志已定，卿其勿辭。」尋詔幹辦御藥院邵成章宣押赴都堂視事，時日已夕，上命黄潜善等留省中俟之。公復固辭，猶未受命也。案：此段奏對語參用《繫年要録》。

六月二日庚申，有旨立新班奏事，公感泣，再曰：「昔唐明皇欲相姚崇，崇以十事要説，類多施行。臣嘗慕其爲人，今亦敢以十事仰干天聽，願賜施行，乃敢受命。設有未合，願賜折難，臣得盡其説。」上可之。公出劄子奏陳，一曰《議國是》，大略謂：「今日之事，欲戰則不足，欲和則不可。竊恐國論猶以和議爲然，蓋以二聖播遷，非和則速二聖之禍，臣謂不然。項羽獲漢太公，高祖不顧，其戰彌厲，羽卒不敢害而還太公。然則高祖亟戰，乃所以還太公之術也。昔金人與契丹二十餘戰，戰必割地厚賂以講和。既和，則又求釁以戰，卒滅契丹。今又以和惑中國，至於破都城，隳宗社，易姓改號，而朝廷猶以和議爲然，是將以天下畀敵而後已。爲今之計，莫若一罷和議，專務自守，建藩鎭於要害之地，置帥府於兩河及江淮之南，修城壁，治器械，敎水軍，習車戰。三數年間，竢吾政事修士氣振，然後議大舉。」六月丁卯，下詔守兩河。己卯，置帥府要郡及水軍。丙戌，教車戰，招軍買馬。乙亥，遣傳雩奉表兩宮。二曰《議巡幸》，大略謂：「天下形勢，關中爲上，襄鄧次之，建康又次之。今四方多故，除兩京外宜以長安爲西都，襄陽爲南都，建康爲東都，各命守臣豫備巡幸，三都成而天下之勢安矣。夫汴梁宗廟社稷之所在，天下之根本。陛下即位之始，豈可不一見宗廟以安都人之心也。」六月壬戌施行。三曰《議赦令》，大略謂：「惡逆不當赦，選人不當盡循資，罪廢之人不當盡復。今登寶位赦書，一切比附張邦昌僞赦，謂非是，宜改正以法祖宗。」六月壬戌施行。四曰《議僭逆》，大略謂：「張邦昌久預機政，擢冠宰司。國破而資之以爲利，君辱而攘之以爲榮。易姓建邦四十餘日，逮金人之既退，方降赦以收恩。考其四日之手書，猶援周朝之故事。今方冒處王爵，極其褒崇，秋高馬肥，敵騎猖獗，陛下將何以制之？願肆諸市朝，以爲亂臣賊子之戒。」六月癸亥施行。

五曰《議僞命》，大略謂：「受僞官、汚僞命者，宜依唐肅宗平賊後以六等定罪。近年以來，士知利而不知義。平居無事，惟以保家謀身爲得策；一經變故，坐視君父如行路之人。自非一振國威，大變其風，天下未易理也。」六月癸亥、七月辛丑施行。

【原批】朱子曰：「南渡建國時，全無紀綱，自李忠定入來整頓一番，方略成朝廷模樣。如僭竊及受僞命之臣方行誅竄，死節之臣方行旌卹，然公亦以此去位矣。」

六曰《議戰》，大略謂：「軍政久廢，宜一新紀綱，信賞必罰。」六月乙亥施行。

七曰《議守》，大略謂：「宜於沿河及江淮措置控禦，以扼敵衝。」六月己卯施行。

八曰《議本政》，大略謂：「朝廷天下之本也，政事法度於是乎出。故中書進擬，門下審駮，尙書奉行，奄宦、恩倖、女謁不得干預。李德裕初相武宗，即上言曰：『宰相非其人，當亟廢罷。至天下之政，則不可不歸中書。』武宗聽之，故能削平僭僞，號爲中興。」

九曰《議責成》，大略謂：「靖康間進退大臣大速，宜擇人而久任之，以要成功。」

十曰《議修德》，大略謂：「初膺天命，宜益修孝悌恭儉之德，以副天下之望。」

奏上，上與黃潛善等謀之。翊日，出其章付中書，惟僭逆、僞命二章不下。《繫年要録》云：「公《建炎進退志》載上語有云：『執政中有與卿論不同者，俟欵曲商量。』蓋指潛善等也。」

六月四日壬戌，公同執政進呈《議國是劄子》。上曰：「今日之事正當如此，可付中書省遵守。」次進呈《議巡幸劄子》，上命促留守司修治京城，祗備車駕還闕，欵謁宗廟。詔永興軍、襄陽、江甯府增葺城池，重修宫室、官府以備巡幸。次進呈《議赦令劄子》，僉謂藝祖登極之初，嘗赦惡逆，今已行，難追改。乃命選人惟在職者循資，左降官等第叙復。執政退，公留身奏，僭逆、僞命二事皆今日政刑之大者，乞賜施行。上曰：「執政中有與卿論不同者，少遲議之。」公曰：「執政中論不同，臣請與之廷辨。」上乃遣小黄門召黄潛善、吕好問、汪伯彦再對。上語之故，潛善猶力主之。公詰難再三，乃言在遠不若在近。好問亦曰：「唐德宗幸奉天，不挾朱泚行，後以爲悔。」公曰：「邦昌僭逆明白，當正典刑，何遠近之有？借使在近，當幽縶而反尊崇之如此，何也？此豈可留在朝廷，使道路指目曰此亦一天子哉？」因泣拜曰：「臣不可與邦昌同列，正當以笏擊之。陛下欲用邦昌，第罷臣，無不可者。」伯彦曰：「李綱氣直，臣等不及。」上曰：「卿欲如何措置？」公曰：「邦昌罪當誅夷，陛下以其嘗自歸，貸其死而遠竄之，受僞命者等第謫降可也。」上乃出公奏。

翊日，又得旨受僞命者皆散官安置。案：是日，奉御筆：「邦昌僭逆，理合誅夷，原其初心，出於迫脅，可特與免貸，潭州安置。」于是竄王時雍于高州，吴幵永州，莫儔全州，而李擢、孫覿、王紹、顔博文、馮澥、李回等落職奉祠。

【原批】案：吕本中《雜記》謂：「前日諸臣在圍城中力攻李相者，至是李相復以圍城中事中傷之，凡有怨者次第定罪。由是觀之，耿南仲、李綱更相加誣，于國事所害甚大，皆不能無罪也。」而李心傳《繫年要録》斥之云：「李相斥逐僞黨，乃國法所當然。本中以綱與其父異論而排之，今不取。」

是日，六月五日癸亥。執政退，公留身奏事。上曰：「卿昨日内殿爭邦昌事，内侍皆涕泣，卿今可受命矣。」公言：「自古創業中興之主如漢高光、唐太宗，皆有英明之資，寬誠之德，仁厚而有容，果斷而不惑，故能戡定禍難，身致太平。」因請以所編《三君行事紀要録》以進，上可之。公又言：「靖康間雖號開言路，然議論鯁峭者皆遠貶，其實塞之也。」上以爲然，詔靖康間敢言之士。或致竄逐者，宜悉召還。公又言今日急務在通下情，宜置院以達四方章奏。詔置檢鼓院于行宫便門之外。公又請置看詳官二員，臣民封事簽擬可行者，將上取旨，從之。公又言：「崇、觀以來，朝廷不尚名節，故士大夫寡廉鮮耻，不知君臣之義，靖康之禍，兩宫播遷，如路人然，罕有杖節死義者。在内惟李若水，在外惟霍安國，死節顯著，餘未有聞，願詔諸路詢訪，優加贈卹。」從之。除若水先褒贈外，自安國及劉韐等次第褒録。

六月六日甲子，有旨兼充御營使。以覃恩轉正奉大夫，加食邑、實封。

上《乞於河北路置招撫司河東路置經制司劄子》，其略曰：「今國勢不逮靖康遠甚，非有規模而知先後之序，不能以成功。夫外禦强敵，内銷盜賊，修軍政，變士風，裕邦財，寬民力，改弊法，省冗官，自治既周，然後問罪金人，迎還二聖，此所謂規模也。至於所當急而先者，則在於料理河北、河東。蓋兩路國之屏蔽，謂宜於河北置招撫司，河東置經制司，擇有材略者爲之，使宣諭天子恩德，所以不忍棄兩河於敵國之意。有能全一州、復一郡者，以爲節度、防禦、團練使，即唐方鎮之制，使自爲守，非惟絶其從敵之心，又可資其禦敵之力，使朝廷無北顧之憂，最今日之急務也。」

【原批】吕本中《大事記》曰：「嗚呼！建炎之初，肩背初失之時也。河北惟失真定等四郡，河東惟失太原等六郡，其他固在也。天下之勢，不進則退。進則當主李綱經理兩河之議，宗澤留守之計，則不惟故疆可全，而讎耻亦可復也；退則不惟河北河東不可保，而河南亦不保，不惟淮甸不可保，退而渡江，退而航海矣。」

上曰：「誰可任此者？」公請詢訪其人以奏，上許之。既而，公薦張所、傅亮。

六月二十九日丁亥，上以責授鳳州團練副使張所借通直郎直龍圖閣，充河北西路招撫使。七月己丑朔，以溫州觀察使、樞密院都承旨王𤫉爲河東經制使，通直郎、直秘閣傅亮爲副使。

所，山東人，先爲監察御史。五月二十七日丙辰，按視陵寢還，上疏言：「行在留南京失計。兩河天下之根本，不可失。若棄京師而不居，則兩河之民無所係望，陛下事去矣。今急還京城有五利：奉宗廟，保陵寢，一也；慰安人心，二也；繫四海之望，三也；釋河北割地之疑，四也；早有定處，壹意于邊防，五也。一舉五利而陛下不爲，不知誰爲此謀者。臣知其必無長策，不過緩急之際，意在南渡，殊不知國家安危在兵之强弱、將相之賢不肖，不在都之遷與不遷。誠使兵弱而將相不肖，雖云渡江而南，安能自保，徒使人心先離、中原先亂耳。大河不足恃，則大江不足恃亦明矣。誠使兵强而將相賢，正須坐撫中原以制强敵，尚何遷都之有？」尋又條上兩河利害，上欲以其事付所，會所復言黄潛善兄弟奸邪，恐害新政，潛善引去，上諭旨留之，乃罷所言職。潛善意未已，責爲鳳州團練副使，江州安置。

亮，陝西房州文學。去年六月，以所募兵數千人入援，道陳、蔡間，羣盜紛然，皆爲亮所破。因以便宜假亮通直郎，爲統制官，率之以行。亮自朱仙鎮直抵青城，左副元帥宗維後軍大驚，狼狽而去。邦昌遣使召亮，亮曰：「二聖北狩，大元帥康王未還，城中遣使爲誰？」欲斬之，僞使遁歸。是年五月五日甲午，除直秘閣通判滑州。亮爲人勁直，議論不能屈折，執政不喜之。滑兩經殘破，無城壁，會趙子崧薦其才，得召見。亮上疏自陳曰：「陛下能歸東都，則臣能守滑。陛下未歸，則臣亦不能守也。」執政責其語悖傲不遜，降通判河陽。公後見之與語，謂可爲大將，即奏用之。上猶以亮前疏爲言，公曰：「亮所言但欲激陛下歸京師耳。況言勁氣直，關陝人氣習之常，不足深責。」上乃召見而遣之。

【原批】案：後人有訾公所薦非任者，故從《建炎進退志》、《繫年要録》略見張、傅行事，以見公用人不苟也。

所、亮之措置兩河也，公白上賜所内府錢百萬緡爲半年之費，給空名告千餘道，又以京畿卒三千人爲衛，將佐官屬許自辟置，一切以便宜從事。所入見，條上利害。上喜，賜五品服遣行。亮入辭，亦賜五品服，且予兵萬人及蜀綱之在陝西者。亮請置司陝府，許之。亮又言：「今經制司所得兵才萬人，皆盗賊及潰散之兵，未經訓練，難以取勝。陝西正兵及弓箭手皆精鋭，舊以童貫賞罰不當，隱於民間，每應點集者，皆其家人也。今厚資給以募之，并將家子弟，不旬日可得二萬人，與正兵相表裏，其勝可必度州縣可復即復之。」公以爲然，遂命亮募兵，令陝西、京西漕臣悉力應付。所、亮既行，兩河響應，而門下侍郎黄潛善深嫉之。

【原批】案：此後日言者摭爲罪戾張本，故詳載之，使天下後世知真是非也。

時開封闕尹，公言綏復舊邦非宗澤不可，上以爲東京留守。初，澤至南都，公與相見語國事，慷慨流涕，公契之，故薦澤。上曰：「澤在磁，每下令一聽于崔府君。」公曰：「古人亦有用權術假于神以行其令者，如田單火牛之類是也。京師根本之地，新經擾攘，人心未固，不得人以撫之，非獨外憂，且有内患。」上乃許之。

【原批】何氏俌《龜鑑》曰：「自綱之入爲右僕射也，以英哲全德，勉人主以內修外攘爲己任。和守之議決而國是明，僭逆之罪正而士氣伸，幸都之謀定而人心安，他如修軍政，變士風，定經制，改弊法，置檢鼓院以通下情，置賞功司以伸國法，減上供之幣以寬州縣，修茶鹽之法以通商賈，剗東南官田而募民給佃，倣保甲弓箭手而官爲教閱，招兵買馬，分布要害，遣張所招撫河北，王𤫉經制河東，宗澤留守京城，西顧關陜，南葺樊、鄧，且將益據形便，以爲必守中原之計。此朱文公所以謂李綱入來，方成朝廷也。」

是月十三日，皇子生，大赦。公言宜加恩兩河及勤王之師，廣示德意，上從之。

公又薦許翰字崧老，襄邑人。外柔內剛，謀議明決，宜參決大政。上以爲尚書右丞。

又上三劄子：一募兵，二買馬，三募民出財以助兵費。

又上《乞於沿河沿江淮置帥府要郡次要郡劄子》。上從其請，凡十有九府，要郡三十九，次要郡三十八。帥府兼都總管，守臣兼鈐轄、都監，此寓方鎮之法，許辟置僚屬將佐以治兵。

又《上乞修軍政劄子》。立軍法：五人爲伍，伍長以牌書同伍四人姓名。二十五人爲甲，甲長以牌書伍長五人姓名。百人爲隊，隊長以牌書甲長四人姓名。五百人爲部，部長以牌書隊將正副十人姓名。二千五百人爲軍，統制官以牌書部長正副十人姓名。招置新軍及御營司兵，以此法團結。又詔諸路並依此法，有所呼召使令，按牌以遣。

又上《宜詔諸路州縣以漸修葺城池繕治器械劄子》。

又上《乞教車戰劄子》。公言：「步不勝騎，騎不勝車，請以車戰之制頒京東西路，使教習之。」車製：兩竿雙輪，上設皮籬以捍矢石，下施鐵裙以衛人足。旁施鐵索，可聯爲營。四人推竿以運車，一人登車以發矢，二十人執牌弩槍刀列兩旁。每車用二十五人，行則爲行陣，止則爲營壘，平原可以馳逐，險阻可以控扼，士卒有所依而鐵騎不得奔衡。李心傳《繫年要録》云：「此車制每四軍萬人，爲車三百二十乘止有射士三百二十人，恐太少，當考。」関案：宗忠簡尹開封，亦造戰車千二（萬）〔百〕乘。每乘用五十有五人，運車者十有一人，執器械輔車者四十有四人，回旋曲折，可以應用。此與忠定之法微不同，記之以備參考。

又上《乞造戰船募水軍劄子》。議製造戰船，招募水軍。帥府置水軍二軍，要郡一軍，立軍號曰樓船軍、淩波軍。

自六月初至是，六月十九、二十。措置邊防軍政之類始漸就緒。是時，六月十九丁丑。遣使赴金，或爲祈請，或爲通問使，皆未行。公言：「堯舜之道，孝弟而已矣。今日正當枕戈嘗膽，內修外攘，使刑政修而中國強，則二聖不俟迎請而自歸。不然，雖冠蓋相望，卑詞厚幣，亦無益也。今所遣使，但當奉表通問、致思慕之忱可也。」上從之。

又上《議巡幸劄子》。七月十一日乙丑，上手詔「京師不可往，當巡幸東南，爲避敵之計，來春還闕」云云。時汪、黄皆欲上幸東南，公獨抗議。其一劄云：「天下形勢，關中爲上，襄鄧次之，建康爲下。縱未能行上策，猶當且適襄鄧，示不忘故都，以繫天下之心。不然，中原非復我有，車駕還闕無期矣，况欲迎歸二聖哉？南陽光武所興，西鄰關陝，可以召兵；北近京畿，可以遣援；南通巴蜀，可取貨材；東達江淮，可運穀粟。有高山峻嶺可以控扼，有廣土寬城可屯重兵。民風號爲樸古，盜賊未嘗侵犯，此天設以待陛下巡幸，事機不可失也。暫議駐蹕，乃還汴都，策無出于此者。」上許之，以范致虛知鄧州，預備巡幸。其二劄云：「勝天下者以勢，而據地利，毋先退者勢也；蓋天下者以氣，而盡人事，毋先屈者氣也。漢高祖與項羽戰滎陽、成皋間，相持累年，高祖雖累敗，不退尺寸之地。既割鴻溝，羽引而東，遂有垓下之亡。曹操與袁紹戰于官渡，操雖兵弱糧乏，終不解去。既焚紹輜重，紹引而歸，遂喪河北。由此觀之，與勁敵爭勝負，豈可不據勢厲氣而先自退屈哉？」

又上《乞減上供數留州縣養兵劄子》，略曰：「今日國勢人心，比靖康之初又不相侔，自非無名之斂一切罷去，與民更始，則失業不聊生之民皆將聚而爲盜賊，而天下之勢離矣。宜於原額以十分之三留本路養兵及官吏祿廩，受納常賦依法加耗外，不得輒取，犯者寘法。夫民猶魚也，財猶水也，魚恃水以生，民恃財以養。水日汲而涸則魚亡，財日取而匱則民散。故善養魚者，畜之陂池深渺之間；善養民者，臨以寬大簡易之政。」

又上《乞修茶鹽之法以三分之一與州縣劄子》。大略謂：「近來茶鹽之利悉歸御府，爲玩好宴游錫予之物。今州縣匱乏，兵革未息，官吏廩祿裁減亦微，宜損益其法，以三分之一與州縣，既足紓州縣，又足給朝廷之用。内外相權，天下之政事可舉矣。夫王室根本也，州縣枝葉也；王室腹心也，州縣四支也。槁澤肥瘠，通爲一體。州縣不足，重困吾民，此法不可不變通也。」

又上《乞刬刷官田倣弓箭刀弩手之法給地養兵劄子》。略曰：「今東南官田最多，如所謂户絶田、逃亡田、天荒田、屯田之類皆是。莫若一切令刬刷，用弓箭刀弩手之法，參酌中制，募民爲義勇軍，給地與之。州縣籍其名數，依新軍團結，以時教閱，則數十萬之衆可以不勞而具。」

又上《乞籍陝西保甲京東弓箭社免支移折變團結教閲劄子》。

又上《論君子小人劄子》。其略曰：「范祖禹有言，避害就利者，小人之常也。利于己而不利于人則爲之，害于國而不害于家則爲之。自以爲得計矣，然而害於國則亦害於家，不利于人則亦不利于己，是以自古小人之必至家國俱亡而後已。爲人主者，曷嘗不欲用君子、退小人哉？卒之君子多不能安於朝廷，小人嘗得志者，君子行道直不阿諛以取容，信道篤不過防以遠害，去就輕不爲爵禄所累，好惡正不爲奸邪所喜。自非人主明足以察，誠足以任，君子雖欲有爲於當世，不可得也。」

時都統制王淵討江淮羣盜祝靖之徒，皆招安赴行在。公言：「今日正當因其力而用之，如銅馬、綠林、黄巾之比。然不移其部曲則易叛，而徙之則致疑，宜以術制之，使由而不知。」乃命御營司分揀，凡潰兵願歸營與良農願歸業者皆聽，所發至數萬。其它以新法團結，分隸諸將，由是無叛去者。獨李昱、杜用、丁順等不可招安。公以爲專事招安則彼無所憚，勢難遽平，乃白遣王淵等分討之。

八月五日，除銀青光禄大夫、尚書左僕射，兼門下侍郎。與黄潛善並相。公有《乞罷尚書左僕射劄子》，不允。續又有乞罷三表。初劄云：「使中國之威立，則二聖之還可期。」表有云：「譬呼醫而吐藥石，敢言瞑眩之期；猶斲匠而止斧斤，難任斲削之巧。與徒尸素，曷若退休。」第二表云：「惟天下危而注意將，則四面立而國勢安。」第三表云：「顧難得者可乘之機會，而所惜者已定之規模。豈惟係宗社之安危，蓋亦本生靈之休戚。如臣用舍，曷足少多。雖一夫無不獲自盡之功，而大臣有不可則止之戒。」末云：「犬馬之戀無窮，徒深踞踖；天地之恩難報，終誓糜捐。」

【原批】吕本中《大事記》曰：「始也獨相綱，已爲汪、黄所不悦。繼且與潛善同相，則必爲潛善所排。綱于此時，懲宣和大臣不和之咎，且欲與潛善共事，豈知君子小人決無共事之理。高宗猶望其同心，只合同惡相濟耳。」

公常侍上，論及靖康時事，上曰：「淵聖勤於政事，省覽章奏終夜不寐，卒至播遷，何也？」對曰：「人主之職在知人，進君子、退小人則大功可成，否則衡石程書無益也。」因勉上以明恕盡人言，恭儉足國用，英果斷大事。上皆嘉納。公論諫切直，上初無不容，至是惑於黄潛善、汪伯彥之言，常留中不報。

八月十八日乙亥，罷相，除觀文殿大學士，提舉杭州洞霄宮，任便居住。時傅亮軍行十餘日，黄潛善以爲逗留，欲罷之。公爲之請，不能得，因乞去。公退而亮竟罷，乃再求去。上曰：「卿所爭細事，胡乃爾？」公言：「方今人材，將帥爲急，恐非細事。臣昨議巡幸，與潛善、伯彥異，宜爲所疾。顧一去中原，後患有不可勝言者，願以宗社爲心，生民爲意，二聖未還爲念，勿以臣去而改其議。臣雖去左右，不敢一日忘陛下。」泣辭而退。或曰：「公決於進退得矣，如讒者何？」公曰：「吾知盡事君之道不可，則全進退之節，禍患非所恤也。」

會侍御史張浚劾公以私意殺侍從宋齊愈，右諫議大夫宋齊愈當邦昌僭逆時，實書其姓名以示衆。先爲李擢所劾，上命侍御史王賓根勘，齊愈引伏，黄潛善頗營救之。上曰：「使邦昌之事成，置朕何地？齊愈探金人之情，親書姓名，謀立異姓以危宗社，造端在先，其罪非受僞命臣僚之比，可特不原赦。」七月十五日癸卯，腰斬於都市。或曰齊愈附汪、黄論公不已，公以危法中之。且論其招軍買馬之罪，潛善、伯彥等復加力排，遂罷公爲觀文殿大學士，提舉杭州洞霄宮。公以六月己未朔入朝，八月十六癸酉免去，在相位凡七十五日。浚論公不已，乃落職。

淩疏略曰：「綱杜塞言路，獨擅朝政，所陳敷奏之語，無非殺戮之事，蓋欲陰爲慘毒，外弄威權。當時臺諫如顔岐、孫覿、李擢、李會、范宗尹，重者陷之以罪，輕則置之閑散。若非察見之早，而養成其惡，則宗廟之寄幾敗于國賊之手，可不爲之寒心邪？向使綱之輔相止于任職不堪，當此危難，尚應借綱行法，以示懲戒，矧其得罪于宗廟百姓，與夫不道之蹟顯著如此，願早賜竄殛，以厭士論。」章凡再上。

公罷後，張所以罪去。先是，權北京留守張益謙附黃潛善意，奏所騷擾。又言自置招撫司，盜賊愈熾，不若罷之，專以其事付帥司。公言：「所留京師，招集將佐，故尚未行，不知益謙何以知其騷擾？朝廷以河北民無所歸，聚而爲盜，故置司招撫，因其力而用之，豈由置司乃有盜賊？今京東西羣盜公行，攻掠郡縣，亦豈招撫司過邪？方時危難，朝廷欲有所經略，益謙小臣，乃敢非理阻抑，此必有使之者。」上乃令益謙分析。所方招徠豪傑，以忠翊郎王彦爲都統制，效用人岳飛爲準備將。彦，河内人，豪縱不事生産，明韜略，習騎射，所奇其才，故擢爲都統制。飛，安陽人，嘗爲人庸耕。去爲市游徼，使酒不檢。上之在相州也，飛以效用從軍至北京，論事罷廢，因投招撫使，所一見與言異之，升充至統制。

【原批】案：張所識拔岳飛，則公之薦所，良不謬矣。

傅亮以母病歸，此據公《行狀》。而招撫經制司皆廢，車駕遂東幸，兩河郡縣皆陷于賊，以次年春擾京東西，關輔殘破尤甚。凡募兵、買馬、團結、訓練、車戰、水軍之類，一切皆罷。中原盜賊蜂起，跨州連邑，朝廷不能制，卒如公所料也。

二十五日辛巳，太學生陳東上書留公而罷黃潛善、汪伯彦，且請上還汴，治兵親征，迎還二帝。其言切直，章凡三上，汪、黃等憾之。二十六日壬午，東棄市。東未識公，特以國故至爲之死，行路之人有爲之哭者。上甚悔之。東死年四十一。

九月，行抵鎮江府，聞辛道宗兵變于秀州，宿留不行者半月。又聞其掠毘陵、焚丹陽，遂以客舟由外江以歸梁溪。言者謂公遣弟綸與賊通，傾家貲以犒賊，爲緋巾數十頂與之。朝廷不究其實，遂責鄂州居住。言者不一，他不足論，張浚可恨也。今略節浚疏于此。十一月二日戊子，浚言：「綱邪險不正，崇設浮言，足以鼓動流俗，非竄之殛之，上無以謝宗廟，下無以謝生民，次無以嚴君臣之分，而國是紛紛，陛下黜陟之典，終不能明于天下，況誣罔不根，事有可恨者。惟綱不學無術，始肆(疆)〔彊〕忿，首議遷都于金陵，陛下固嘗寢其請矣。而乃狠戾輕狂，施設大謬，故爲反覆，以惑衆心。如前所謂括馬、招兵、勸納民財之政，此最大者。三者果如其言，民心大怨，國本先困矣。逮其易詔令以庇翁彥國之親黨，捐金帛以資張所、傅亮之妄費，奸迹謬狀，不逃聖鑒。臣嘗歷考綱之所爲，當靖康初力請淵聖皇帝留京師，雖無制敵之策、遠慮之明，亦可爲奮身以徇國矣。而乃小器易盈，不知涵養，貪名自用，競氣好私，忠義日虧，浸失所守。謂蔡京之罪可略，蔡攸之才可用，交通私書，深計密約，凡蔡氏之門人雖敗事誤政，力加薦引。綱之負宗廟與夫存心險惡，抑亦有素，若不早加竄殛，臣恐非所以靖天下。」中書舍人汪藻草制曰：「朋奸罔上，有虞必去于驩兜；欺世盜名，孔子首誅于正卯。」當時無是非至如此。

**建炎二年戊申，四十六歲。**

十月，有旨謫降官不許同住一州，移公澧州。時責授忻州團練副使范宗尹在鄂州。

是月，作《建炎進退志》。

十一月，責授單州團練副使，萬安軍安置。謗者謂公資士人上書詆訐朝政，以圖復用，故有是貶。案：《繫年要録》云：「至是有上書訟公之寃者，御史中丞王綯因劾公經年不赴貶所，又論公靖康中要功劫寨、結衆伏闕、覆師太原凡三大罪，請投之嶺海。疏上，遂有是命。案：此與《行狀》不同，今兩載備考。又案：今瓊州府萬州，宋爲萬安軍也。

**建炎三年己酉，四十七歲。**

二月，上至杭州。十六日乙丑，大赦，惟李綱不赦，用黃潛善計罪公以謝金也。案：胡安國論曰：「元惡大憝，皆得洗滌，而李綱獨不與，此雖假借朝廷詔令行之，安能掩天下之公論乎？」

四月，行次桂林。《答吳元中名敏書》云：「承錄示靖康舊語，讀之感慨。其秋出師，固知墮唐恪計中，亦嘗面道其詳。初，某既有總師指揮，旋命劉韐爲副，後乃知恪所薦也。解潛與韐會議于隆德，韐志甚銳。及潛出兵，韐得恪書緩師，遂中變，失期會，而潛有南北關之潰。又諸將各受御前處分，節制不歸一，太原之圍必無可解之理。願丐罷去，遂得請。夫恪之意不過欲作相耳，而妨功害國如此。范祖禹謂用小人者必至家國俱亡而後已，信哉？」又云：「或者以靖康之末失守而以靖康之初堅守爲非，可謂不知變矣。賊初犯闕時，失於隄防，使渡河而至城下，其所以急欲去者，初不爲久留計。及再舉南牧，則有必取之心。此不同者一也。賊初抵城下，不數日間援師已集，中外音問絡繹不絕。及再至，則虜抵城下，圍城之中始以蠟書起兵，中外阻隔不通。此不同者二也。淵聖登極初，士氣人心賈勇百倍，其後稍稍解體。此不同者三也。其他細故，不可勝言。故在靖康之初有備則當守，靖康之末無備則當避，豈可膠柱而鼓瑟耶？」

又一書云：「睹三月六日內禪詔旨，王室變故至此，痛憤何言？案：此指苗傅、劉正彥之變。自古不能自強，專以退避爲事，威靈盡去，必有此變。曩議巡幸，亦嘗陳此，蓋以理料之耳。」又云：「宣和王、蔡、童、梁所以謀身者至矣，然卒不免；靖康間唐、聶之徒所以謀身者亦至矣，然又不免。至汪、黄則又巧于數子，然又有今日之事。案：汪、黄是年二月以罪免。吾二人者，以其拙故反得視聽食息于其閒，此豈可人力至耶？」

五月，行次鬱林，作《易傳内篇》。

八月，行次雷陽，作《易傳外篇》。

冬，十月杪。行次瓊州，有旨十一月二日丁未。放還，任便居住。

又聞詔贈陳東官，是年二月，詔贈東承事郎。與一子恩澤，賜緡錢五十萬。詔又云：「官有服一人，令所居州縣存卹其家。」感涕作詩。詩有云：「忠血他年應化碧，英魂今日已生光。」又云：「幽冥我已慙良友，忠憤君應念本朝。」

**建炎四年庚戌，四十八歲。**

自嶺表訪家鄱陽，未幾，挈家還邵武。

二月，《易傳内篇》成。三月，《易傳外篇》成。

三月二十五日乙丑，復銀青光祿大夫。

**紹興元年辛亥，四十九歲。**

居長樂。

三月，提舉杭州洞霄宫。

時有《與周元中》一書，自述踪跡甚備，今節于此：「僕前年春間有萬安之徙，未受命即行。夏秋之交，次雷陽，適海南黎寇猖獗，未敢南渡。其冬，官軍破賊，乃乘桴次瓊管。兩日而德音至，蒙恩許自便。留十日，復渡海而北，歲盡抵容南。傳報虜騎深入，江湖間大擾，道塞不可行。宿留至春暮，得寇退報，且知家寓鄱陽，乃由滕、梧、康、端、廣、惠、循、梅以趨臨汀。意欲身留建劍間，遣子弟挈家來會，適有王瓔潰軍之變，不果。因自盱江訪家于山谷中，幸骨肉長少無恙。留兩月，與姻戚會聚，得歸寓昭武之泰甯，案：昭武即今邵武府。蓋鄉邑也。方且安之，値鄰境盜起，連破數縣，案：此建州盜范汝爲也。勢不可處，則又冒險遷徙，得達長樂，纔數日耳。奔走五年間，繚絡萬里餘，幸頑健，又蒙恩悉還舊秩，近復竊祿宮祠，僥倖多矣。以足下眷眷於我，故詳布之。自溫陵案：即今晉江縣。至此六驛，願即命駕見過。在海上了得《易傳內外篇》，頗究聖人立象立意之旨，冀足下來一觀，有以訂正之。」案：公雖居長樂，亦時寓福州南臺天甯寺，所謂松風堂者是也。

九月，復資政殿大學士。

紹興二年壬子，五十歲。

正月，韓世忠討平建州盜范汝爲，疑城中人皆附賊，欲盡殺之。至福州見公，公曰建城百姓無辜，世忠受教，民得全活。及師還，父老送之，請爲建生祠。世忠曰：「活汝曹者，李丞相也。」

二月，除觀文殿學士、荊湖南路宣撫使，兼知潭州。時盜擾鼎、澧、潭三州，故除是職。公以憂患之餘，具疏辭免。

四月七日，內侍敦遣上道，不得已受命。樞密院差任士安領兵三千至，以二十四日假福州貢院開司。

五月六日啓行，有旨就孟庾、韓世忠下撥統制辛企宗、郝晸兩軍及今現在湖南岳飛、韓京、吳錫、吳全等軍，聽受節制。

上《荊湖南北路已見利害奏狀》，大略謂招撫盜賊須壓以重兵，又當分別良悍爲招討次第，及分隸強壯，刺充廂軍，放散老弱，安插流人。

七月十二日庚午，詔公速往潭州置司。時公引兵至吉州，須犒軍物，而摧貨務官不時與，公械繫之。公之乞錢糧也，得旨孟庾、韓世忠班師日所餘錢糧留與公。公劄下吉州，增「依奏」二字。江西轉運判官陳球《文集》作江西漕使韓球，豈二人耶？今姑依《繫年要録》。以他郡所受不同，審其故。公怒，劾球，事下安撫大使李回覈實。回言錢糧官高公惕違誤，坐免公惕官，事遂已。案《文集》，公抵任後，有《與政府書》，略云：「既抵本路，粗定一方，而横遭口語，如引孟參言受辛企宗米事，甚爲可駭。更有一事可笑者，去秋總師過吉州，江西漕使韓球公然移文州縣，不使應副錢糧，不得已勾決人吏，軍始得食，亦具奏矣。球緣此種種造謗，又嘗爲韓世忠下營婦毆擊，在某未到吉州數日之先，其後言者乃謂激之使然，不知有此理否？此皆細故，不足道。如靖康間事，描畫何所不至？當時不敢自辨，又無爲之辨明者，一再拈出，即遂以爲實矣。聽言莫先于考實，不考實則伏讒蒐慝得以顛倒是非，變亂黑白，害治之大者，《采苓》之詩，止讒之道也。如企宗輩見在，降一指揮，責軍令使其實以聞，即便見有無虚實。難于降指揮而易與人黯黮，此近世循習而不可曉。靖康間不幸有伏闕之事，建炎初不幸當僞楚之後，迨今仇怨滿前，非荷睿明燭照其無它，豈復有今日哉？年來衰病相仍，百念灰冷，世故不復置毫髮于胸中，俯仰無愧，待盡而已。」又案：《繫年要録》作江西轉運判官陳球，公《與政府書》作江西漕使韓球，今兩存之，備考。

【原批】案：此條依《繫年要録》修入。日後劉棐劾公，此其張本也。械繫場務官，初疑必因玩泄太甚。後考公《文集·與政府書》，果非無故也。今故録公書于注中，俾後人有所考見。至「依奏」二字，猶遵行之意，乃公劄下屬員之語，非增益制書也。假如制書言錢糧若干，今加入別項，則增益矣。

公行次衡陽，彈壓曹成七萬餘人出湖南境。又移師衡山，降步諒二萬衆。時馬友將步諒有兵二萬，掠衡山，泊吳集市，公留統制官韓京屯茶陵以扼賊，而親率大軍自白沙潛涉江，諒不虞其至，遂出降。案：事在十一月。既入長沙，次日即遣師，降王進五千餘人於湘鄉縣七星寨。蓋遣統制官郝晸降之。復破王俊三千餘人於邵陽。蓋遣吳錫破擒之。羣盜以次討定，凡五萬餘人，選擇精鋭約萬二千人，分隸諸將。境内遂安，流移歸業。

江南西路兵馬副鈐轄張中彦《行狀》作「忠彦」，誤，今依《繫年要録》。先以討捕駐軍廣州，脅制州縣，供億以萬計，一路不堪其擾。朝命撥隸楊惟忠、李回、岳飛、孟庾、韓世忠、李綱，皆不稟命。公察中彦意樂爲郡，檄令權知岳州，中彦果至。即械送獄，遂併其軍。

公到潭州，械右朝奉郎、知醴陵縣張覿，屬吏、權攝官以漸易置，贓吏稍戢。又延見長老，問民疾苦，皆以盗賊、科須爲言。乃檄州縣，非使司命而擅科率者以軍法從事。令日前科須之物，並以正賦准折。

湖南諸盗悉平，惟湖寇楊太據洞庭不下。公命統領官李建、馬準、吳錫分屯湘陰益陽橋，日以備之。湖南無水軍，公乃拘集沿江漁戶得三千人，屯潭州。言於朝，乞合討蕩。詔湖北安撫使劉洪道、知鼎州程昌禹、荆南鎮撫使解潛遣兵會之，仍權聽公節制。

九月，詔諸路帥臣帶宣撫者並罷，于是公止帶湖南安撫。

十二月八日甲午，罷公提舉西京嵩山崇福宮。

初，公爲宣撫使，請擇人攝所部守貳，又乞所差權官到任，其吏部先差下人雖到，更不放上。內有材能之人，別行辟置。右司諫劉棐言：「此乃藩鎮跋扈之漸，若久任之，將使軍民獨知有綱，不知有陛下，知有宣司，不知有朝廷，非國之利，非綱之福。」既入，不報。棐又言：「綱靖康中力主戰守之議，又令姚平仲夜劫敵寨，遷迫之禍，皆綱發之。」不報。棐又言：「綱與吳敏誣上皇，欺淵聖，謂宣和傳授出于己意。寄居福州，招納賄賂，移文江西，增益制書。方命矯制，不恤國事。」章四上，右諫議大夫徐俯亦奏劾公，乃檢會棐奏，罷公予祠，以吏部尚書沈與求代公。仍詔公俟與求至，乃罷。

先是，公上言荆湖自昔用武之地，今朝廷保有東南，制御西北，當於鼎、澧、荆、鄂皆宿重兵，使四方號令可通，襄漢聲援可接，乃有恢復中原之漸。未及行而公廢。

十二月，公與呂安老提刑名祉，官至兵部尚書，後爲劉豫所害。《書》云：「自到本路半年矣，養兵二萬，錢糧之類皆躬自料理均節，民不告病。今雖欲去，廩有餘粟，庫有見緡，亦不至闕乏，貽後人患。當悉具數以告於朝廷，庶謗者無所容其喙也。」

**紹興三年癸丑，五十一歲。**

是歲本傳及《行狀》無事實，攷《詩集》有《自水口汎舟至長樂》之作，則居長樂也。

**紹興四年甲寅，五十二歲。**

居長樂。

四月，有旨令省記編類建炎元年五月以後時政記，因撰《建炎時政記》以進，詔宣付史館。

是冬，僞齊劉豫侵犯淮甸，邸報既傳，公憂憤甚，具奏防禦三策，略曰：「僞齊悉兵南下，宜遣岳飛以全軍間道疾趨襄陽，出其不意。僞齊必大震懼，退而營救。王師追躡，必有勝理。此舉非惟牽制南牧，亦有恢復中原之兆，此上策也。號召上流之兵，各摘精鋭，進屯要害，仍設奇要擊，絕其餉道，賊必退遁。保全東南，徐議攻討，此中策也。借親征之名，爲順動之計，車駕既遠，號令不行，諸將無應援之謀，卒伍有潰散之勢，爲患不可勝言，此下策也。望降出臣章，與二三大臣熟議。」

初，張浚之謫福州也，公亦寓居焉。浚服其忠義，除前隙，更相親善。及浚召入，公因以奏疏附之。執政進呈，上曰：「綱去國數年，無一字到朝，今有此奏，豈非以朕總師親臨大江合綱之意乎？所陳亦今日急務，可降詔獎諭。」

尋聞上幸平江，又條陳宜防備者有四，曰生兵，曰海道，曰上流，曰四川。至於保據淮南，調和諸將，增置禁衛，廣備糧食，措置戰船、水軍及經畫楊么，凡十事以告輔臣。

**紹興五年乙卯，五十三歲。**

舊歲十二月，金兵自淮引還。宰相趙鼎言金人遁歸，尤當博采羣謀，爲善後計。於是詔宰執議攻戰備禦、措置綏懷之方。

閏二月，公在里上疏曰：「陛下勿以敵退爲可喜，當以大仇未報爲可憤；勿以東南爲可安，當以中原未復爲可恥。議者或以敵馬既退，當遂用兵爲大舉之計。臣竊以爲生理未固，而欲浪戰以僥倖，非制勝之術也。今朝廷以東南爲根本，不大修戰備，無爲自固之計，何能萬里而制敵？議者又謂敵人既退，當且保據一隅以求安目前，臣謂祖宗境土，豈可坐視淪陷，不務恢復？若今歲不征，明年不戰，使敵勢益張，而吾之所糾合精鋭士馬日耗損，何以圖敵？惟宜於防守既固、軍政既修之後，即議攻討，乃爲得計。其守備之宜，則先料理東南屏蔽。當於淮上之東西及荆襄置三大帥，屯全兵以臨之，分遣偏師，進守支郡，加以戰船水軍，上連下接，自爲防守，則藩籬勢固。然後議攻戰之利，分責諸路大帥，因利乘便，收復京畿以及故都，斷以必爲之志而勿失機，則逆臣可除，强敵可滅。若夫萬乘所居，必擇形勢，莫若權於建康駐蹕，治城池，立官府，粗成規模，以待巡幸。近年諸臣間暇則以和議爲得計，而以治兵爲失策；倉卒則以退避爲愛君，而以進禦爲誤國。國勢益弱，職此之由。今敵兵雖退，未大懲創，安知秋高馬肥，不再來擾？且退避之計，可暫而不可常，可一而不可再，退一步則失一步，退一尺則失一尺。往自南都退至維揚，則河北、河東、關陝失矣；自維揚退至江浙，則京東西失矣。萬一敵騎南牧，將復退避，不知何道而可？航海之策，萬乘冒波濤之險，此又不可之尤者。臣願自今以往，勿復爲退避之計。古者敵國善鄰，則有和親，仇讎之邦，鮮復遣使。今金人造釁之深，知我必報，其措意爲何如？而我方且卑辭厚幣，屈體以求之，其不推誠以見信決矣。器幣禮物，所費不貲，使軺往來，坐索士氣，而又邀我以必不可從之事，制我以必不敢爲之謀，是和卒不成，徒爲此擾擾也。臣願自今以往，勿復遣和議之使。二者既定，擇所當爲者，一切以至誠爲之。俟吾之政事修，倉廩實，府庫充，器用備，士氣振，力可有爲，乃議大舉，則兵雖未交而勝負之勢決矣。惟陛下正心以正朝廷百官，君子小人各得其分，則是非明，賞罰當，自然藩方協力，將士用命，雖強敵不足畏，逆臣不足憂，此特在陛下方寸間耳。」疏上，賜詔褒諭，然卒不能用。

又條上六事，曰信任輔弼，公選人材，變革士風，愛惜日力，務盡人事，寅畏天戒。

是日，復觀文殿學士，再提舉西京嵩山崇福宮。

四月二十三日，謁見楊龜山先生，因與論性善之旨。案：此據《楊龜山年譜》，時龜山年八十三。

十月，除江南西路安撫制置大使，兼知洪州。公兩具疏辭免，御賜親筆勉行，且得旨許赴行在奏事畢之官。

先是，上賜親筆詔書有云：「愓若藐躬，懼茲多難，聿求善後之計，敢蹈護前之非。博訪舊聞，屢形深詔。卿首陳三策，適投卻敵之機；繼上六條，大闡興邦之略。有發予衷，如對卿語。」公謝表云：「竊以人臣之言不激切，不足以動人主之聽，而激切則有逆鱗之忿；人主之聽不廣大，不足以盡人臣之言，而廣大則有盈庭之咎。辭順理直而非訐者言之善，博詢精攷而不惑者聽之公。自古所難，於今乃見。」又辭免第二奏狀云：「臣感戴天恩，策駑厲鈍，惟知竭力以向前，不慮煩言之在後。凡造不根之論，率皆可駭之詞。」又辭免第三奏狀云：「臣學術空疏，才能迂拙。建炎承乏宰司者僅七旬，紹興將命荆廣者纔數月，訖無善狀，仰報明恩。豈徒一譽而一非，固已再奮而再躓。衆毁所集，憂患異于他人；多病交攻，精力愆于往日。惟險阻艱難之備嘗，宜恐惕驚危之獨至。使膺委任，必致顛隮。」初，張浚在福州與公契，已見上文。至是張相，數于上前言其忠，趙鼎嘗爲公辟客，亦爲上言公才器過人，故有是命。公具疏辭免，上手書諭之曰：「朕之用卿審矣，宜以社稷爲己任，勿間中外，勉爲朕行，不必數有請也。」公請過闕入覲，再赴任，許之。案：朱勝非《秀水閒居録》云：「李綱富于財，交結中外不效。張浚謫福州，傾心結納，贐行百餘奩，皆珍異之物。自福被召，即薦用公」云云。李心傳《繫年要録》云：「張、李初不相咸，其後相好，當以國事，而勝非以勢利之交詆之，恐非也。」

【原批】案：朱勝非《閒居録》詆毁忠定者尚多，趙鼎亦不免，今略摘此一事概其餘。南宋説部書不可信者極多，君子宜慎擇也。

**紹興六年丙辰，五十四歲。**

二月，準告兼營田大使。二十日，到國門。翊日，内殿引對，上慰勞再四。復遣中使賜銀藥茶合。

三月二日，陛辭。公上言今日用兵之失者四，其略曰：「兵貴精不貴多，多而不精，反以爲累；將貴謀不貴勇，勇而不謀，適爲敗擒；陣貴分合，合而不能分，分而不能合，皆非善置陣者；戰貴設伏而直前，使敵無中斷邀擊之虞，皆非善戰者。願明詔之，使知古人用兵之深意，非小補也。」

又言措置未善者五，其略曰：「善制國用者有生財之道，有節用之法，有救敝之說，有覈實之政，有懋遷之術，有闔闢之權。審此六者，何患兵餉？今惟務降官告、度牒，賣戶帖，理積欠，折帛、博糴、預借、和買，名雖不同，取民則一，未盡善一也；議者謂當因糧于敵，則官軍抄掠甚於寇盜，失民望而堅從賊之心，未盡善二也；金人專以鐵騎勝，而我不求制之之術，未盡善三也；國家之兵悉付諸將，外重內輕，未盡善四也；聞以岳飛、韓世忠爲京東西路宣撫使，初未有其實，徒以先聲臨之，可乎？未盡善五也。」

又言宜預備者三，大略謂：「宿衛單弱，一也；上流屯戍少，二也；下流水軍全無，三也。」

又言當善後者二，略曰：「使王師克捷，何以守其地？何以保其民？勝猶如是，則所以圖敗者可知。」

又進呈劄子凡十有六事，而論中興、金人失信、襄陽形勢與夫和戰、朋黨五事尤利害之大者。

三月二十三日，到江西任。時本路旱災，上《論賑濟劄子》，又上《乞將災傷路分第三等以下人戶四年積欠特予蠲免奏》。

又上《乞賜本錢十萬貫爲營田之本劄子》，其法：初年租課盡畀佃戶，方耕種時，仍以錢糧給之。秋成之後，官爲糴買。次年，始收其三分之一。三年之後，乃收其半，罷給錢糧。詔都督行府措置，其後頗施行之。

又上《乞差軍馬劄子》，謂：「江東、荊

湖、建康有張俊一軍，當塗有劉光世一軍，武昌有岳飛一軍，猶足以爲捍蔽。獨江西一路無兵將，沿江上下千里之間殊乏控禦，使敵騎乘間擣虛，則無如江西者矣。乞差吳錫等軍一萬人充江西大使司軍馬，仍令劉光世、岳飛分兵屯戍舒、蘄、黃三州，與江西相爲表裏。」

六月乙巳，臨安地震，詔求直言。公應詔陳七事。謹天戒、幸建康、重宿衛、分敵兵、廣儲蓄、戒虛費、修城池。

七月，上《論虔州盜賊劄子》，謂虔寇巢穴多在江西、閩、廣三路交界，爲三窟之計。一處有兵，則散逃他處，退則復然。宜設方略，江西路置都統制一員節制三路軍馬，使號令歸一，乃有成功。

又上《論閩寇劄子》，謂近來招安海寇，多予官爵，小民歆效，爲患未艾。宜措置戰船，招集水軍，殄滅一兩頭項，餘有忌憚，海邦可靖。

九月，車駕巡幸江上，公乞扈從，優詔不許，遂奉表起居。又上《乞詔諸帥用兵持重劄子》，謂大兵弔伐，當以招納爲先，不在廣行殺戮；收復境土，當以保守爲上，不在亟務攻取。願詔諸帥持重，勿墮計中。

又上《乞罷江西帥劄子》。乞兵疏二十上，皆不報，始乞罷。

十月，奏陳《防秋利害劄子》。時劉光世、張俊、楊沂中等大破僞齊於淮肥之上，公請宜戒諸將毋以戰勝而驕，益務淬厲以待大敵。

再陳《已見劄子》。勸親征及優卹陣亡將士，並行慶賜。

又上《生擒僞齊賊衆劄子》。欲分散江淮間，充營田使喚。

紹興七年丁巳，五十五歲。

正月，以公賑濟饑民，招集流亡，降詔獎諭。

車駕將幸建康，公上《乞益修戰守之具及沿淮漢修築城壘劄子》，謂：「淮南有藩籬之固，則建康可都，宜命諸將移重兵于江北，料理營田，葺治城壘。守戰一道，能固守而後能進戰也。」

二月，報徽宗皇帝升遐，甯德皇后上仙。公上《奉慰表》，又具劄子乞推廣孝思，益修軍政。

二十七日，車駕巡幸建康。公奉表起居，又具劄子論建中興之功，略曰：「自古建功立事，必以立志爲先，志定于前，功成于後。今親總六師以臨江表，漸爲北伐之計，志慮規模可謂宏遠。願擴充聖志，勿以驟勝自怠，勿以目前自安。夫用兵止是一事，要以修政事、信賞罰、明是非、别邪正、招徠人材、鼓作士氣、愛惜民力、順導衆心以爲先。數者既備，用兵有不勝者哉！」

上《乞屯兵江州防秋奏狀》，謂：「京口無兵則無以護通、泰，江州無兵則無以援舒、蘄，舒、蘄不守則江西受敵矣。」

又上《進舉直言極諫劄子》。

又上《不必遠召將帥劄子》。

四月十六日，有旨以公典藩踰年，民安盜息，寬朕憂顧，宜有褒嘉，可特轉金紫光禄大夫。朱勝非《秀水閒居録》云：「張浚薦李綱帥豫章，以報之未至也，薦其弟維及其腹心鄒柄等，皆立于朝。又以所薦陳公輔爲諫官，議者謂靖康伏闕之變乃公輔所爲。綱聞而懼，上章丐罷。浚又思所以安之，謬言江西民安盜息，轉綱爲金紫光禄大夫。是時，虔、吉盜熾，旁郡亦擾，欺罔如此。」閔案：朱氏所言，直是誣白爲黑，忠定固非結納求顯之人，即張魏公又何至卑污如是哉？虔寇未平，公已先有劄子論其事。詔旨言民安盜息，亦指賑濟饑民大概而言，動輒援爲罪案，此不可不辨也。

【原批】案：公《文集·與秦相公書》云：「鄒柄，志完侍郎之子，學問節操才識皆過人。靖康間，淵聖特命以官。某嘗置幕下。其後造謗者亦波及之，建炎初除衢倅，後以言者報罷，坐廢六年，旅食異方，艱窶甚矣。近因再行辟置，而柄以書力辭，陳義高而慮患深，不欲强之，已從其志。瓌奇之寶，棄擲道傍，誠爲可惜」云云。而朱勝非不分皂白，指爲公之腹心，可歎可恨！

六月，上遣中使勞問，賜夏藥銀合茶果。

七月，引疾乞罷，不允，有「邊吏戒嚴，商秋甫及」之諭。

八月，諸路大旱。上《乞益修政事劄子》，謂：「今日之患，欲民力寬則軍食闕，欲軍儲裕則民財匱。天地之生財有時，人力之理財有限，而度量不立于其間，養兵之費有增無減，坐致耗屈，謂之有政事乎？」

又上《論淮西軍變狀》。時酈瓊叛歸劉豫，公極言朝廷措置失當者五，深可痛惜者五，宜鑒前失以圖將來者五，凡十有五事。

九月初二日，與張魏公書云：「聖上今用閣下，委任之專，古所未有。往年富平之役，三十萬衆一戰而潰，恕而不問，雖秦穆之于孟明，光武之于鄧禹、馮異，何以加此？宜益務愼重，諮諏良策，圖不世之功，以蓋前愆，乃以措置之失亡二十萬人，虜僞得增其氣燄，此豈小變？聖度兼容，天下謂何？愚謂所以致此者，知任而不知所以爲任之道也。柳州《梓人傳》謂斲削在于衆工，而成功收于梓匠，此最爲知軍將職業者。願益自懲創，輯睦將帥，博詢衆謀，則未必不轉禍而爲福。」

又上《奏陳利害劄子》，略云：「淮西之變，言者論張浚引漢武誅王恢爲比，臣竊以爲不然。浚志廣才疏，措置失當，誠有罪矣。若咎其始造兵謀，則是因噎廢食，非策之得也。方今強虜憑陵，僭逆窺伺，不注意治兵以爲自強之計，何以安宗社、禦外侮？願陛下察張浚區區徇國之心有可矜者，少寬假以責來效。昔漢高祖用兵喪師，跳身走者屢矣。然則張良、陳平之流不勝其誅矣。臣前所論淮西事宜，指陳浚失，非黨浚者，今此論奏亦非爲浚游說也，恐因言者講和之議復出，則大事去矣。宗社安危自此而分，敢冒昧有言。」朱勝非《秀水閒居録》云：「合肥兵亂，呂祉見執，綱意浚必敗，條十五事奏浚措畫之失。又貽書詆其過，以副本傳示遠近，欲擠浚而釣奇，且示于浚不厚也。浚既貶永州，綱亦坐浮薄及暴横貪墨而罷。趙鼎復相，窮治浚事，至今未已。嗚呼！勢利之交古人羞，其三相之謂與？」閔案：朱氏所言全是小人不卹國事、誣罔君子之私意。公與浚書乃是直諒之道，而謂爲釣奇；趙鼎營救浚不遺餘力，而謂窮治未已。此種書直當燒燬，無益世道人心，徒亂是非白黑也。

【原批】案：此奏實恐因此遂議和耳。申浚即排議和，非專爲浚發也，志事皎然明白。朱勝非《閒居録》乃曲加詆誣，所謂以小人之心度君子之腹也。

張浚既罷，外議謂車駕將幸平江，公因上《車駕不宜輕動劄子》，謂：「今日之事，豈可因一叛將之故，望風怯敵，遽自退屈？車駕一動，人情動摇，莫有鬭心，虜僞乘之，誰爲堅守苦戰以禦大敵？且建康去平江無數百里之遙，非有高山大川以爲限隔，健馬疾馳數日可到。徒有怯敵之名，無益退避之實。建康有長江天塹之險，不能固守，何有吳會哉？」又云：「使賊得據合肥，則舒、蘄、光、黄一帶莫保，是賊談笑而下淮西也。淮西一失，與共長江之利，江南得安枕乎，一患也；鹽貨不通，糧餉皆阻，二患也；濟渡多端，難以控扼，三患也。」又云：「賊馬南牧，亂臣附之，虎踞鴟張，雖欲如前日復立朝廷於荆榛瓦礫中，不可得也。」

又上《防冬利害事件奏狀》，略曰：「臣所管江西一路實爲上流，翊衛建康駐蹕之所，蔽障閩廣，接連荆湖。自江以北，控引淮西，去僞境不遠。豫章、九江、興國三郡皆係要害，而本路空虛，軍馬單弱，防冬之具闕然無有，誠可寒心。」

累疏乞罷。時趙鼎、秦檜已協議回蹕臨安，公既上疏切諫，與當路意忤，而江西大旱，公課民修城，民不爲便。言者交章論公，石公揆、金安節、李誼等。乃檢會公累乞宫觀奏章行下，罷爲提舉臨安府洞霄宫。公《謝表》有云：「徒有愛君憂國之心，曾無周身防患之術。積有煩言，愧瀆蓋高之聽；事無實狀，難當溢惡之詞。豈敢辨明，但祈照察。」公懲靖康之謗，將到任以來各事件，如本司積蓄財穀之數，釐爲六狀繳奏。

代公者爲尚書李光，公有與光《措置江西畫一劄子》。

**紹興八年戊午，五十六歲。**

正月，還居長樂。

是冬，上《論使事劄子》，云：「竊見王倫使金，奉迎梓宫，倫偕虜使歸，乃以詔諭江南爲名。四方傳聞，無不駭異，此何禮也？金人毀宗社，逼二聖，豈有講和之理？然以二聖在其域中，爲親屈己，不得已而和，猶有說也。今兩宮凶問既至，遣迎梓宮，亟往遄反。以愚料之，虜之邀求大略有五：欲陛下屈體降禮，一也；必有赦文欲頒示郡縣，二也；必立約束，欲陛下奉藩稟其號令，三也；必增歲賂使我坐困，四也；必割地以江爲界，淮南、荆襄、四川盡欲得之，五也。此五者朝廷從其一，則大事去矣。今土宇之廣，猶半天下，臣民之心，戴宋不忘，尚足有爲，豈可弗慮弗圖，遽自屈服，冀延旦暮之命哉？朝廷十數年來，議論不一，執守不堅，無規模素定之計，玩歲愒日，苟且過時，倡爲和議，以致今日之陵侮。臣於建炎元年嘗獻國是之說，又於紹興五年嘗獻乞罷議和之說。區區之忠，幸蒙睿察。臣願陛下出自宸斷，正王倫誤國之罪，肆諸市朝；虜使未入境則弗納，已入境則拘留；降哀痛罪己之詔，深咎前日和議之失，以激勵天下；盡取賂敵金帛，以募敢死之士。將見人情翕然，回心易慮，強虜不戰而自屈矣。」疏上，上亦不爲忤，曰：「大臣當如此矣。」

**紹興九年己未，五十七歲。**

二月，除知潭州、荆湖南路安撫大使。公具疏辭免，略云：「昔漢文帝聞季布賢召之，既而罷歸。布曰：『陛下以一人譽召臣，以一人毀去臣，恐天下有識者有以窺陛下也。』臣區區進退，如雙鳧乘雁之去來，何足少多？然數年間亟奮亟躓，上累知人任使之明，實係國體。況臣衰病，豈當重鎮？伏望聖慈，追寢成命。」疏陳再三，得旨，依所請，仍依舊提舉臨安府洞霄宮。且降詔示不欲重違之意。

**紹興十年庚申，五十八歲。**

正月十五日辛卯，薨於福州。

公之弟校書郎經早卒，公悼傷不已。會上元節，公臨其喪，哭之慟，暴得疾，即日薨于弟家，年五十八。

上方遣中使徐珣存問，訃聞，命公弟兩浙東路提點刑獄公事維移閩部以治其喪，令所居州量給葬事，三省、樞密遣官致祭。

子男八人：儀之，右奉議大夫；宗之，右宣教郎；集之，右通直郎；潤之、望之，俱早卒；茂之，後公百餘日卒；秀之，右宣義郎，新差充福建路轉運幹辦公事；申之。女七人。

孫男九人：曰震、泰、升、晉，俱右承務郎；曰蒙、同、謙、需、頤。

十三年，以子儀之升朝遇郊祀恩，贈太保。十六年，再贈太傅。又以子集之遇郊祀恩，三贈太師。

孝宗淳熙十六年，子申之請于朝，賜謚忠定。

《謚議》略曰：「始公自起居郎極論都城水災，斥爲監當，而抗直之聲震于天下矣。及斡離不來寇，在廷茫然，將從乘輿以出。公獨請與執政辯詰，遂奪其議，力守京師而虜以退卻。然其請留割三鎮詔書，擊女眞之歸而嚴兵以防其再至，皆爲同列阻之，不果用也。高宗中興，首命公入輔，於是張邦昌以僭逆誅矣。先事河北、河東錄堅守者，建言遣張所、傅亮往援救之，乞幸襄鄧以係人心而毋走東南，使周望、傅雱通問二聖而毋踵和約，時中原尚未潰也。公方除京、黼亂政，漸復祖宗舊法，奏請施行數十事，多中機要。使稍得歲年之頃，則兩河不遂陷，而虜不敢鼓行入內地，讎耻因可報矣。不幸七十五日而罷去，迨其後常疏外坎壈，雖僅免顚沛而曾不少得其意焉。自是禍亂横出，而南北竟以分裂，此爲國家惜者所以哀公之志而深悲其相之不終也。」又曰：「以當時避賊乞和、譽賊虜、卑中國之人而議公之得失，故其自許爲謀詳慮密，而謂公爲粗略而疏；自以爲鎭重能消弭，而謂公爲輕鋭而喜事。其恬視君上之仇，畏死持祿，甘爲世所賤侮，而以公之能尊君、以身徇國，爲人望所屬者，謂爲朋黨要結以自營，故主和者非致寇而守京師者爲失策矣。則公之負謗于時，固亦理之所得也，何足辨哉？」案：《直齋書録解題》云《李忠定行狀》後附葉適正則所作《謚議》，今集中《行狀》後却無之。

公著述有《易傳内篇》十卷，《外篇》十二卷，《論語詳説》十卷，文章、歌詩、奏議凡百餘卷。又有《靖康傳信録》三卷，《建炎時政記》三卷，《建炎進退志》三卷。此外尚有《建炎制詔表劄集》、《宣撫荆廣記》、《制置江右録》、《奉迎録》，皆未見。案《四庫全書·梁溪集提要》云：「《梁溪集》一百八十卷，附録六卷。宋李綱撰。綱有《建炎時政記》，已著録。是集首載宋少保、觀文殿大學士陳俊卿序，謂綱少子秀之裒集其表章奏劄八十卷，而詩文不與焉。晁公武《讀書志》則作一百五十卷，陳振孫《書録解題》則作一百二十卷，蓋後人續以詩文合編，互有分併，已非復秀之之舊本。此本賦四卷，詩二十八卷，雜文一百三十八卷，而以《靖康傳信錄》三卷、《建炎進退志》四卷，《建炎時政記》三卷俱編入集中，又以年譜、行狀之類六卷附焉。與晁、陳二家所錄均爲不合，又非宋本之舊矣。

綱人品經濟炳然史冊，固不待言，即以其詩文而論，亦雄深雅健，磊落光明，非尋常文士所及。徒以喜談佛理，故南宋諸儒不肯稱之。然如顔眞卿精忠勁節與日月爭光，固不能以書西京多寶塔碑，作《撫州麻姑壇記》，遂減其文章之價也。集中有《補宋璟梅花賦》自序，謂璟賦已佚，擬而和之，其文甚明。元劉壎《隱居通議》所載璟賦二篇，皆屬僞本。明田藝蘅《留青日記》乃稱得元鮮于樞手書璟賦，急錄之。核其文句，大抵點竄綱賦，十同七八，其爲依託顯然。然亦見綱之賦格置之唐人之中，可以亂眞矣。

朱子曰：「綱知有君父而不知有身，知天下之安危而不知身之有禍難。雖以讒間竄斥，屢瀕九死，而愛君憂國之志終有不可奪者，可謂一代之偉人矣。」

《宋史》傳論略曰：「李綱柄用匪久，遂使主辱國削，甚哉！讒人爲害也。蓋當時排和議，以禦敵復讎爲己任者惟一綱，綱去可以悅虜而舒患。欽、高二君闇弱苟安，豈足與有爲哉？夫綱之進退，布衣之士捐生爲白於朝，非忠誠曷能爾？顧不信於主上，見嫉於同列，至如張浚亦不免見忌訾其短。嗚呼！毋亦天未悔禍使然耶？」

呂本中《大事記》曰：「公初論水災于宣和之時，而爲宣和大臣所斥；建守城之策、陳邀擊之謀於靖康之時，而爲靖康大臣所擠。建炎之初，公爲首相，慨然以修內攘外爲已〔任〕，而爲潛善、伯彥所沮。一人之身，三定大策而三受重謗，然謗之所至，名亦隨之。使公之言用于宣和之初，則都城必無遷迫之憂；用于靖康，則國家必無顚覆之危；用于建炎，則中原不至于淪沒也。以高宗即位之初召于貶所，兩任以臺衡，待之非不專，而公亦以一身任天下之重，邊防軍政已略就緒。中山之功未成，而謗書滿篋矣。公之去就甚輕，而關于天下之安危者甚重。公在位則措置兩河，兵民稍集；公去則兩河無兵，而中原沒矣。公在位則僞臣叛黨稍正典刑，公去則叛臣在朝而政事乖矣。公在位則必主幸襄鄧之策，必從宗澤還京之疏；公去則維揚有警而翠華南幸矣。當時猶以靖康京城之禍、建炎維揚之禍歸咎于公，小人之無忌憚一至于此哉！」

《通鑑輯覽》曰：「綱負天下之望，以一身用舍爲社稷生民安危，雖身或不用，用且不久，而其忠誠義氣凜然動乎遠邇。每使者至金，金人必問李綱、趙鼎安否，其爲遠人所畏服如此。」

林吉人序兄同人《李忠定公年譜》曰：「宋之南也，論者謂其失有三。在宣和，則謂其不宜先挑釁也；在靖康，則謂其不宜以城下盟也；在建炎，則謂其不宜以和議沮也。吾獨以爲不然。宣和時，寇變未形，隴西公因大水陳言必有夷狄兵戎之禍，即遭貶斥，猶曰制治未亂，昏愚不能省也。及靖康之際，強敵猝臨，舉朝君臣望風思竄，公以放逐之餘，決議城守，出身肩難，國勢藉以少紓，敵情賴以少怯，能事頗著見矣。乃欽宗聽左右媒孽，旋用旋斥，甚且欲縛以畀敵人，必使公志不得申，而二聖不終于北狩不止，此孰貽之慼耶？至於高宗，亦宜少懲前事矣。甫召公而相之，僅七十五日而罷，卒斥於外以死，遂使宋室南渡，不能復振。嗚呼！國家未嘗無緩急也，所賴以宏濟者惟賢人耳。乃敵未靖而讒興，功未成而賢退，至破國亡身，僅以殉一二闒茸巽愞之小人，甘心而不悔，此自古衰亂之世莫不皆然。而吾於隴西公出處進退之始末，尤不能不爲宋三宗三嘆息也。公昭武人，其歿也，葬於福州懷安桐口之大家山，去會城四十里而遥，歲久失祠祀，有伐其□□之石者，予兄同人聞而傷之。康熙乙丑二月，偕予與□□巖先生徒步往拜墓下，暴其事于有司，幸不卒毁。於是歸展公之集讀之，家兄稍輯爲《年譜》二卷，藏於家。冀後有覽者，知公一人係于宋室之安危如此，讀其書想見其爲人也。」

閔案：此文刻于《樸學齋稿》中，略節録于此。「《年譜》藏于家」云云，恐當時未刻，後竟佚之也。

〔一〕據靖康元年條眉批，所缺五字或爲「太史晋涵之」。

〔二〕士領開封府：五字原空缺，據《宋史》本傳補。

# 附録

長樂陳庚煥《惕園集·爲通省紳士請申嚴防護李忠定公祠墓公狀》云：「爲名賢祠墓瀕湮籲飭申嚴防護事。竊以祀鄉祭社，每多畏壘之思；臨水登山，猶切峴碑之感。矧聖世所追崇，詎鄉邦所敢忽。伏惟宋丞相李忠定公籍隸樵川，車懸榕嶠。匪一朝之人物，寔萬世之斗山。統近古社稷臣而論，武侯之後無第二人；合全閩鄉先正而言，文公以前首屈一指。然武侯展布自如，忠定則扼於權奸而莫遂；文公經綸未究，忠定則績兼將相而尤彰。閱《靖康傳信録》、《建炎進退志》所自叙，猶應怒髮衝冠；讀少陽《伏闕書》、考亭《奏稿序》之相推，疇不廢書垂涕。幸值聖朝，釐正祀典，黜張魏公而改祀，配宋藝祖以升禋，慰九京之忠魂，快千古之公論。某等伏讀憲章於會典，兼稽則例於春官。凡配享前代帝王之臣，實從祀文廟宮牆之比。凡在祠墓攸隸之區，歲責防守無誤之狀。恭值鑾輅時巡所屆，例邀奏請致祭之榮。列諸典禮，備極優崇；揆厥司存，宜昭毖慎。今公半畝之祠，在閩縣北城越王山之麓，神寢僅存，民居雜賃，祭金例在，歲祀頻愆。而公一抔之土，在侯官縣中房大家山之陽，碣文非故，塋域旁侵，神道就荒，耕犁漸逼。曾異撰發感喟之談，距今將二百載；林同人紀蒐復之績，是後又百餘年。孫枝蕃衍，列郡散居，嫡裔式微，四方糊口。祠固屢經官葺，帑金耗而頽塌尋聞；墓亦頻奉詔修，圖經存而侵漁誰問。前任撫臺李名殿圖捐俸葺祠，幸支傾廈；陞任撫臺溫名承惠留心延訪，遽值遷階。典猶曠而未修，事蓋留而有待。倘及今而不問，將過此而浸湮。合亟僉懇憲台，睠念前修，按行成憲。嚴其香火，毋滋他族之喧囂；釐厥井疆，永杜蚩氓之窺覬。則廢墜畢舉，關係匪輕，式永休聲，寔光德政。」

□□《重修李忠定公塋工始末》云：「歲庚午礲田、淸夫二先生始倡修李忠定公塋，而難其任事者。庚煥舉三從弟玉榕道□道中時初歸自鷺門，聞之慨然自任。即日冒暑走墓下，相視塋域旣廣，廢壞已極，墳無碑碣，宜表；塋前賜坊碎於風雨，宜復。衆度所費非千百金未易辦，道中乃闢草萊，審形勢，往返數四，盡得其所以修狀。於是庀工飭材，往復諏度，又十餘日，遂以七月中旬啓土。先期三夕，塋發靈光，燭天達旦。役旣興，道中偕所親張君宿墓下。晨夕督趣，身雜工作間，與均勞逸。凡所指揮部畫，動中窾郤，工匠莫能違。塋兆正方，四面縱橫各二十丈。墳高丈二尺，甃以甓，形圓如甑，周六丈許。墳臺後繚以磚屛，長約二十丈，迤前張兩翼。墳及屛爲草樹穿壞過半，悉撤而改甃。去墳內樹根，復土其中，凡千八百擔，兼土石，層層間築。隆其頂，用三和灰厚築。四周甃，團拱如浮圖之簷，令雨水旁瀉。若堂之石下多草根，其大如盌，其蟠屈如龍蛇，盡起而築之。墳臺之外，石亡幾半，存者亦多燬於野□。□從故祠墓草叢中取餘石砌補。墳前正中祭臺，舊鋪碎石，悉易以完石，分三道整砌，前除再成，石盡亡，力不能復其舊，則砌其廉以鞏其墓。墳前樹碑七尺，書『宋丞相李忠定公之墓』。碑腳入石趺深且盈尺，勢可不拔。塋前重建□賜坊，顏以『古社稷臣』，石柱入地深數尺。琢舊坊柱作碣，夾柱內外亦入地數尺。夾坊改築横牆幾二十丈，牆端砌兩石關爲坊輔。度其鞏固，殆無復傾仆理。坊內外甬道階級整治繩直，凡甃甓砌石縫閒皆實以三和灰，可永絕草萌。所餘三面繚垣六十丈，前除地面積方四十丈未盡修築，塋外墓道未及修復，以費絀而止，然工之要者大者，則已無不舉矣。是役也，雖號重修，功同改造，凡所措畫皆數百年苞桑。計閱七十餘日而訖工，費緡錢不及二百，蓋道中先事廣諏審度，成竹在胸，全牛在目，工無虛糜，材必覈實，故能費省工堅而其成速也。在事踰再閱月，兩人食料僅支六貫，自城至塋往返數十里，未嘗一日乘輿。家僕執爨，亦遣從事畚鍤，既隨衆給値，即不更支破公中飯食。其刻苦節嗇以期竣事如此。禮不云乎：『貨惡其棄於地也，不必藏於己；力惡其不出於身也，不必爲己。』其道中之謂矣。推是心以任事，復何事之不辦也。」

又按：公塋下地今猶稱塔前，蓋塋本五代時鼓山晏禪師塔也。周顯德四年，湧泉大衆咸夢晏公言欲歸鼓山，乃啓其蛻，徙塔鼓山之喝水巖。及公薨，遂賜葬其故地，是晏公實前百餘年豫虚塔地以待公也。乃南宋宗室趙蔗境與滂詩云：「如何神晏塔，今作李綱塋。聞説山中水，不平空自鳴。」則直疑李氏豪奪晏公塔矣。不知晏公徙蛻年月具詳遷塔誌，非緣公葬而始遷也。然蔗境詩尚傳人口，不可無辯。

又《李忠定公宋史本傳宋齊愈獄事辯》云：「金人之既執宋二帝也，令宋廷臣議所宜立，衆莫測其意。宋齊愈歸自金營，即會議處取筆書『張邦昌』三字於几。王時雍輩據以定議，邦昌遂僭號。李忠定公初相高宗，請誅僭逆，邦昌既竄殛，齊愈亦伏誅，張魏公所爲劾公修怨專殺也。王明清《玉照新志》載南軒先生述其父之言謂退翁（齊愈字）憤李相招兵、買馬、括財三議之病民，毅然力爭，魏公阻之，不聽，遂及於禍。此自魏公欲實其修怨專殺之言耳。南軒不疑父言，而其時忠定奏議尚未行世，其爲是説，容或有之。朱子謂罪如齊愈，豈小小刑杖可斷，則固不惑於南軒之説矣。乃《宋史》猶采其説於忠定之傳，何無識也！夫邦昌身爲宰相，乘危媚敵，干竊君位，而齊愈首發其議，親北面之。向使邦昌事成，齊愈不居然定策首功乎？邦昌既伏其罪，齊愈復何所逭其誅，而謂死於賢相臣之修怨乎？當板蕩之餘，西北之兵散亡既盡，公私之馬全入於金，東南召募烏合之兵，纍賚不貲而步不敵騎，且脆怯不足恃，敵騎一來，列城魚爛矣。東南之民雖有馬有財，將誰與保？

公議取財於東南，募兵於西北，省往來之勞費，收捍禦之實用，信良策也。募有力之民出財佐軍，酬以官告、度牒，括買上戶、僧道之馬，給以善價，未爲厲民也。且朝廷草創，帑藏空竭，而欲因潰敗之餘，抗方張之敵，與之爭兩河，固京邑，乃欲以招兵買馬暫開事例罪相臣，充齊愈輩之見，必束手送款以全生靈而可乎？譬則大廈既災，爲之家督者欲爲父兄全其旁屋，勢必率私錢以招壯士，濡幄帟以蒙鬱攸，乃尤其耗私財、擾子舍也，可乎哉？齊愈當亡國易君，漠然無動，奮筆首議，靦不爲恥，乃能憤相臣謀國之不臧，義形於色，期以死爭如魏公所見，何其逆於前而忠於後，怯於始而勇於終也！是必嗾於汪、黃，欲借是以沮忠定耳。魏公黨汪、黃而力攻忠定，則固以汪、黃爲賢於忠定矣。其後忌武穆，戕曲端，朱子謂其爲人極不好善，則其右齊愈而尤忠定也，言果足據耶？《玉照新志》又載姚平仲劫寨之夕，忠定謂奇功可立成，夜趣幕僚豫撰露布，文成而兵敗。具錄其文，若實有其事者。平仲隸种師道，劫寨之謀乃平仲私請於欽宗，公疏所謂种師道亦不自知，在微臣實無所與者也。其後小人反指以爲公罪，僞撰露布以實之。小人誣善，何所不至？明清好採無稽，其所掌錄，又何足據？昔竇參貶死宮婢之讒，至謂宣公使客行刺，說具稗官，不聞《唐書》闌入陸傳也。今忠定三議具在，其得失有目者能辨之，乃修史者不察忠定之議而惑齊愈之言，豈以南軒所聞言有徵耶？則甚矣，史家之不可以無識也。

《宋史》猥陋如斯類者不勝縷指，乃柯維騏《宋史新編》亦未能遠勝也。大概唐、宋以後稗說最多，作史者不宜闌入乃善。